中国当代青年法学家文库
王迁知识产权法研究系列

网络著作权专有权利研究

王 迁 著

中国人民大学出版社
· 北京 ·

本书系国家社会科学基金重大项目“媒体融合中的版权理论与运用研究”（19ZDA330）的阶段性成果

总　序

近代中国命运多舛，历经战火和民主思想洗礼的法律学科百废待兴。中华人民共和国成立后法治建设也走过了一段曲折、艰难的道路。改革开放的春风吹拂大地，万象更新。伴随着经济的飞速发展，我国在立法、司法、执法、守法等法治建设的方方面面取得了长足发展，法治在社会治理的方方面面发挥着重要的作用。我国的法律体系趋于完备，各个法律部门具有“四梁八柱”功能的规则体系已经建成，无法可依的时代已经成为历史，中国特色社会主义法律体系已基本形成。可以说，在立法方面，我们用短短几十年的时间走过了西方几百年走过的道路。与此同时，司法体系已基本完备，司法作为解决纠纷、维护社会正义最后一道防线的功能日益凸显，依法行政和法治政府建设也有长足进步。法学教育欣欣向荣，蓬勃发展，法学院从最初的寥寥几所发展到今天的六百多所，在校法学学生已逾三十万人。

中国市场经济腾飞的四十年也是我国法学研究蓬勃发展的四十年。风雨百年过，智慧树常青。得益于法学前辈融汇东西的学术积累，经过学界同仁的不懈探索和创新，各个法学学科都涌现出了一大批杰出的法学家。他们不仅躬耕学问、立身治学，而且积极为国家法治建设贡献智慧。他们严谨治学，具有深厚的法学功底，深谙各部门法的骨骼和精髓，并归纳总结出自成一派的法学观点；他们借鉴域外，精通比较法学的逻辑和方法，在博采众长之后，致力于完善我国的相关法学理论。多年的刻苦钻研早已使他们成为中国当代法治和法学教育的大梁，并在著作等身之际桃李天下，培育出更多优秀的青年学者。

当下法学发展的社会环境更是得天独厚。中国以昂扬的姿态迈入新时代，在党的领导下，我国的经济与社会发展更加繁荣昌盛，经济总量已跃居世界第二位。在习近平总书记的领导下，社会治理模式愈见清晰，“一带一路”宏伟倡议彰显大国担当，“中国梦”植根于每一个百姓的心里。全面依法治国被确立为国家治理的基本方略，建设法治中国、全面建设法治国家开始成为社会发展大方向和主旋律。党的十八大强调法治是治国理政的基本方式，并围绕全面推进依法治国、加快建设社会主义法治国家的战略目标，规定了法治建设的阶段性任务，强调要更加注重发挥法治在国家治理和社会管理中的重要作用。党的十九大报告更是以宪法为纲，凸显了法治在社会发展中不可替代的基本性作用，全面依法治国使中国站在了新的历史起点。

对于我们法律人而言，这不仅是最好的时代，也是新的起点。历经半个多世纪，中国的法学发展从中华人民共和国成立初期的百废待举，学习西方的法律内容和格局，到如今逐渐形成自己的理论体系和话语体系，经历了从“照着讲”到“接着讲”的过程，法学已全面服务于国家治理，并深切关注人类命运共同体的前途和命运。随着科学技术的飞速发展和社会矛盾的日益变化，法学研究也面临着前所未有的挑战。随着我国经济转轨、社会转型，社会结构和执法环境发生了深刻变化，如何以问题为导向，如何利用法律思维解决现实社会问题，成为当代法学与实践相结合的新思路和新机遇。

法学学科以法的发展为研究对象，以公平正义为主要价值追求，不同于其他学科之处在于其实践性。“问渠哪得清如许？为有源头活水来”。法学学者要注重理论研究，但不可囿于象牙塔中，而应当走进生活、走向社会，密切关注我国的法治建设实践。法学学者需要守经，既坚守法治理念，守护法治精神，维护社会正义，也要与时俱进、不断创新，切不可因循守旧、故步自封。法学学者需要注重对域外有益经验的借鉴，但不可定于一尊，奉某一外国法律制度为圭臬，忽视本国法治实践，照搬照抄外国的法律制度。面对任何社会问题，法学学者都有义务和责任展开相应的法治思维，以法治的方法解决我国的现实问题。在互联网和各项新的科学技术飞速发展、日新月异的今天，法学学者不仅要思考当下所遇到的法律问题，也要思考未来的法治走向和可能面临的问题。这些都对青年学者们提出了更高更新的要求。所幸我们的法学学者一直在孜孜不倦地努力，不断贡献着智慧与力量。

中国人民大学出版社邀请我组织这套“中国当代青年法学家文库”，我欣然同意。这套书收录了我国当代青年法学研究者中的佼佼者们的代表作。入选著作具有以下特征：既秉持我国法学研究的脉络和精神传统，又反映我国当代法学研究的创新发展水平；既注重对基础理论的深入研究，又注重解决重大社会现实问题；既注重立足于中国学术研究，又有广博的域外研究视野；既博采众长，又落足于中国法学学科体系、话语体系的创新发展。这些作品综合运用了多种研究方法，探索了中国法学研究可能的学术转向，既有效吸收其他学科的研究方法和研究成果，也使法学研究的方法和成果能够为其他学科的学者所借鉴。我希望这套文库的问世，能够为国家法治建设建言献策，为中国法学理论的构建添砖加瓦，为世界法律文化的发展注入中国元素，为中国法治文化的传承贡献一份应有的力量。

是为序。

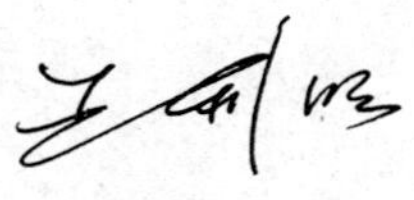

2018 年 4 月

目　录

第一章　专有权利与网络环境、媒体融合概述

2019 年 1 月 25 日习近平总书记在十九届中央政治局第十二次集体学习的讲话中指出："全媒体不断发展，出现了全程媒体、全息媒体、全员媒体、全效媒体，信息无处不在、无所不及、无人不用，导致……传播方式发生深刻变化……"① 习总书记的重要讲话指出了媒体融合的特征，也为研究媒体融合带来的新问题指明了方向——传播方式发生深刻变化对著作权保护提出的挑战。

第一节　以互联网为核心的媒体融合与专有权利的关系

"全程媒体""全息媒体""全员媒体""全效媒体"是媒体融合的特征，它们都离不开信息传播的媒介——互联网。"全程传播"意味着从借助较为单一渠道和平台的传播，转向多层次、全方位的传播。在互联网出现之前，大规模的信息传播主要借助电台、电视台和报纸、期刊。受到专业传播机构的数量、工作时间和信息加工周期的限制，再加之不同渠道和平台的信息相互分离，很难实现对特定主题的信息全过程的覆盖，受众从某一单一渠道和平台获取的信息可能并不全面，形成的是"人找信息"，当然也谈不上"……各种媒介资源、生产要素有效整合……"②。与之形成对比的是，互联网中信息可以通过链接实现互联互通。特别是通过"深层链接"（第七章第三节将有详述），可以实现来源不同的信息之间的无缝衔接。原本有关某一主题的支离破碎并不完整的信息被有效地整合到了一起，真正实现了"信息找人"。网络，特别是网络中的链接技术，显然对"全程媒体"发挥了关键性的作用。

"全息媒体"使信息传播突破纸张、电波等传统媒介和在传送质量上

---

①② 习近平．加快推动媒体融合发展 构建全媒体传播格局．求是，2019（6）.

受到限制的模拟技术，实现网络化和数字化的信息传播，达到信息多角度传播和全方位呈现的效果。新型信息传播方式随着技术的发展而不断更新，从由传播者单方决定接收时间的线性传播走向由受众中的个体决定接收时间的交互式传播。正如本书第四章第一节所述，远程传播（“向公众传播”）中的交互式传播是由互联网实现的。没有网络，就不可能进行交互式传播，当然也不可能实现信息传播方面全方位、无遗漏的“全息传播”。

“全员媒体”意味着从传统媒体作为唯一传播主体进行一对多的单向传播，转变为大众参与的多对多的互动式传播，众多传播主体的参与度大大提升，主动性大大增强。如果离开了微信和新浪微博等社交平台、人民网等网络论坛、抖音等短视频网站给公众提供的信息分享机会，“全员媒体”是不可想象的。

“全效媒体”意味着对信息的传播摆脱了单一媒介的限制。传统媒体只能借助单一媒介传播信息，如传统报刊是纸质的，信息只有印在纸上才能成为报刊的内容，因此视听形式的信息无法在报刊上传播；电台进行声音广播，无法让听众看到画面，电视台的视听传播不能让观众像读小说一样看电视。而互联网可以将各种媒介融合在一起，形成多媒体的信息传播，比如：手机新闻客户端中的新闻可以既有文字报道又有现场新闻视频，还可以让手机发声朗读；以文字形式展示的小说可以带有有声书、舞台剧，甚至是影视剧的链接。原本以不同媒介传播的信息相互融合，传播的效能大大提高，其关键仍然是互联网的互联互通功能。

媒体中的核心内容当然是文字作品、美术作品、摄影作品、音乐作品和视听作品等各类作品，以及与作品存在密切联系的表演、录音录像制品和广播、电视。它们都是受著作权法保护的作品（狭义著作权或“作者权”的客体）或其他客体（邻接权或“相关权”的客体）。媒体融合一方面促进了传播主体的多元化，极大丰富了传播的内容，增强了其完整性，提高了传播效能，满足了人民群众对信息文化产品日益增长的需求；另一方面也导致了极为复杂的著作权保护问题。没有丰富而高质量的作品，媒体也无内容可传播，媒体融合也就成了一句空话。因此媒体融合的发展绝不能以忽视、弱化著作权保护为代价。正如习近平总书记所指出的“没有规矩不成方圆。无论什么形式的媒体，无论网上还是网下，无论大屏还是小屏，都没有法外之地……要使全媒体传播在法治轨道上运行”①。媒体融合发展与加强著作权保护相辅相成，绝非相互排斥。

① 习近平．加快推动媒体融合发展 构建全媒体传播格局．求是，2019（6）．

“著作权”或与之同义的“版权”[①] 并不是一个抽象的概念，而是著作权法赋予权利人的一系列具体权利，如复制权、发行权和信息网络传播权等权利的总称。这些权利往往被称为“专有权利”，是对英语“exclusive rights”的翻译。这里的“专有”对应的是“exclusive”，本意为“排他”，因此对“exclusive rights”更好的译法是“排他权利”。由于“专有权利”的用语已经约定俗成，本书继续沿用。“exclusive rights”的名称揭示了这些权利的作用——权利人能够凭借法律的力量排斥他人以特定方式利用作品或其他受著作权法保护的客体（“其他受著作权法保护的客体”指表演、录音录像制品等邻接权的客体。为了表述的方便，除需要区分作品与邻接权客体的情况外，以下将“作品或其他受著作权法保护的客体”统称为“作品”），也就是专有权利用于规制他人以特定方式利用作品的行为。著作权法规定的各项权利决定了哪些未经权利人实施的行为可以构成直接侵权，因此专有权利是著作权法中最为重要的部分。无论是否处于以网络为核心的媒体融合时代，对著作权的保护都离不开对专有权利的正确适用。

著作权法本身就是广义的传播技术发展的产物[②]，只是著作权法中的专有权利最初都是针对单一传播媒介设计的，如：发行权针对的是面向公众转移作品物质载体（有体物）所有权的行为，即出版和销售纸质报刊、期刊和图书；广播权最初针对的是电台、电视台通过无线电波传送作品的行为；表演权针对的是面向公众以各种方式表演作品的行为，如演唱、演奏音乐作品、表演舞蹈以及播放音乐 CD（机械表演）；放映权针对的是电影院等娱乐场所播放电影的行为；信息网络传播权针对的是通过网络实现的交互式传播行为。在媒体融合尚未得到充分发展时，这些权利之间的界限基本上是清楚的。换言之，当时对于各种广义的传播行为适用何种专有权利基本不存在太大的争议。使用者对于在通过某种媒介利用作品之前，向权利人寻求何种专有权利的许可，以及当未经许可利用构成侵权时，法院对于认定侵犯何种专有权利，也基本上存在共识。

然而，随着网络技术的不断发展和商业模式的不断创新，媒体融合得

① “著作权”和“版权”这两个术语所代表的理念和制度设计存在不少的差异，但《著作权法》第 62 条规定：“本法所称的著作权即版权。”本书统一采用“著作权”的表述。

② 本书第三章将说明，著作权法意义上的“传播”和“发行”具有不同的意义，两者泾渭分明，著作权法意义上的“传播”可被称为狭义的传播。但在新闻传播学界，“传播”具有更为广泛的含义，如出版社对作品的出版和书店对纸质书的销售都可以被称为“传播”，这是广义的传播。本书以著作权法中的专有权利为研究对象，因此除非有特别说明，使用的“传播”都是指狭义上、有别于“发行”的“传播”。

到了深度发展，以各种传统的单一媒介实现的传播模式可以在互联网上相互融合，如交互式传播和非交互式传播，而且这种融合还延伸到了利用互联网获得信息的终端设备和服务，如智能手机、互联网电视和互联网终端点播服务（参见第六章第二节）。这导致了两方面的问题。第一方面的问题是既存的专有权利无法调整许多新型传播行为。例如，在 2001 年修改《著作权法》、增加信息网络传播权之前，对于当时已经出现的通过网络传播作品的行为，没有相应的专有权利可加以调整。而借助复制权等已有专有权利无法实现有效的规制（参见第七章第四节）。再如，对于电视台而言，媒体融合发展最重要的成果就是“在网上看电视”，也就是公众不是只能通过电视机观看电视节目，而是可以接通计算机、手机和平板电脑等移动设备观看“网络电视台”通过互联网同步直播的电视节目。然而，直至 2021 年 6 月 1 日修改后的《著作权法》实施，《著作权法》中根本不存在一项明确的专有权利对该行为进行规制。

对于这方面的问题，当然只能通过修改《著作权法》，增加或修改相应的专有权利加以解决。然而，法律的规定具有高度抽象性，而且增加或修改相应的专有权利之后，也往往会引起对其与原有专有权利之间关系的疑问，使各项专有权利原本泾渭分明的界限变得模糊起来。这就引发了第二方面的问题，也是更为复杂的问题，那就是如何在各专有权利之间划出清晰的界限。例如，媒体融合的表现之一，是大量原本以纸质报刊和图书为载体的作品经数字化后在网络中传播。这一现象被业界称为“互联网出版”、“网络出版”或“网络发行”。2002 年新闻出版总署颁布的《互联网出版管理暂行规定》（2016 年已被国家新闻出版广电总局、工业和信息化部《网络出版服务管理规定》替代）也曾使用了“互联网出版”的用语，并将其界定为“互联网信息网络服务提供者将自己创作或他人创作的作品经过选择和编辑加工，登载在互联网上或者通过互联网发送到用户端，供公众浏览、阅读、使用或者下载的在线传播行为”①。取代该规定的《网络出版服务管理规定》第 2 条使用了“网络出版服务”的用语，并将其定义为“通过信息网络向公众提供网络出版物”。《著作权法》则将“出版”定义为作品的复制、发行。②那么，通过网络传播作品是否属于受发行权规制的行为？回答是肯定的，那么发行权与信息网络传播权的界限又在哪里？再如，作为媒体融合在早期最

① 《互联网出版管理暂行规定》第 5 条。

② 《著作权法》第 63 条。该条在 2020 年修改《著作权法》之前就存在。

为突出的表现——“三网融合”（广播电视网、电信网和互联网的融合）能够通过 IPTV 服务实现对已播出的电视节目的“限时回看”。那么 IPTV 提供的“限时回看”服务仅仅是对电视台广播行为的延续，还是交互式传播？换言之，对其应适用广播权还是信息网络传播权？同样，网络主播在网络直播中唱歌跳舞，实际上是将对作品（音乐作品和舞蹈作品）的表演实时地通过互联网进行现场直播，对该行为，是应当认定为“用各种手段公开播送作品的表演”，从而适用表演权[①]，还是应当认定为“以有线或者无线方式公开传播或转播作品”，从而适用 2020 年《著作权法》修改后的广播权？[②] 与之类似的问题还有：“点播影院”等经营场所提供互联网电视等互联网终端点播服务，供公众在爱奇艺视频等视频网站点播影视剧欣赏的行为，究竟应受到信息网络传播权的规制，还是应受到放映权的规制？而对于媒体融合而言可能最为关键的技术手段之一——“深层链接”的定性，引发的争议就更大了。对他人已在网络中提供给公众在线浏览或下载的作品设置“深层链接”，用户点击后在设链页面就可以在线欣赏或下载被链作品。这是实现媒体融合的一种模式，但该行为是否受信息网络传播权的规制？

对上述问题的回答，在媒体融合时代至关重要。它不仅决定了在发生侵权纠纷时法院应当如何适用法律，用适当的专有权利去调整相关行为，而且指引着媒体就相关行为向适格的权利人获取适当的专有权利的许可。以上文所述的 IPTV 提供“限时回看”服务为例：如果认为该服务仅仅是广播行为的延续，已经被电视台获得的广播权许可所涵盖，那么 IPTV 服务提供者就无须就其提供“回看”的作品获得信息网络传播权的许可。反之，如果认为该服务涉及的并不是广播权规制的广播行为，而是信息网络传播权所规制的交互式传播行为，那么 IPTV 服务提供者就必须另行向作品的著作权人寻求信息网络传播权的许可。同样道理：如果认定“点播影院”等互联网终端点播服务涉及的专有权利是放映权而不是信息网络传播权，那么服务提供者寻求爱奇艺视频等视频网站对信息网络传播权的许可，就是找错了权利人，拿错了专有权利的许可。

由此可见，面对媒体融合中各类新型传播方式，要保障权利人的合法权益，有效地遏制假借发展媒体融合的名义侵害著作权和破坏媒体传播秩序的行为，为媒体融合的健康有序发展保驾护航，就必须明晰著作权法所

① 《著作权法》第 10 条第 1 款第 9 项。

② 《著作权法》第 10 条第 1 款第 11 项。

规定的各项专有权利的界限，探索调整专有权利的范围。这是本书所致力完成的工作。

第二节 专有权利的作用

著作权法是以规定专有权利为核心的，每一项专有权利都规制着一类特定行为，如复制权规制复制作品的行为，发行权规制以销售或赠与的方式向公众提供作品的原件或复制件的行为，信息网络传播权规制通过网络实施的交互式传播行为等。与此相适应，各国著作权立法对专有权利的规定，往往通过列举受专有权利规制的行为进行。美国、加拿大和澳大利亚等英美法系国家的《版权法》首先在“定义”条款中对各种特定行为加以界定，然后在专有权利条款中从正面规定版权人享有实施某种特定行为的专有权利，或从反面规定何种特定行为受到专有权利的规制。以表演权为例：这三国的《版权法》均首先在“定义”或“释义”条款中对“（公开）表演行为”作出界定，然后在专有权利条款中规定：版权人有公开表演作品的专有权利。① 其他没有在著作权法中单独设立“定义”条款的国家，则都在规定各专有权利时明确地列出受规制的特定行为。许多大陆法系国家以及我国的《著作权法》就是如此。

理解专有权利的作用，实际上就是理解包括著作权在内的知识产权的作用。一种观点认为，享有知识产权一方面意味着权利人有利用智力成果等受保护客体的权利（“自用权”），另一方面也意味着权利人可以禁止他人未经许可利用受保护的客体（“禁止权”或称“排他权”）。因此，“自用权”和“禁止权”属于一个硬币的正反面。笔者认为，知识产权并不包含“自用权”，只是“禁止权”，也就是排斥他人实施特定行为的权利。至于知识产权人许可他人利用受保护客体的权利，即“许可权”，则是从“禁止权”中派生出来的。他人之所以需要寻求知识产权人的许可，就是因为知识产权具有排他效力，未经许可利用受知识产权保护的客体将构成侵权并带来法律责任。因此“禁止权”和“许可权”可谓一体两面，当表述知识产权为“禁止权”时，当然隐含了知识产权人有权许可的意思（法律有特别规定的除外）。知识产权的作用并不在于确认权利人有为某种行为的自

---

① (US) Copyright Act, Sec. 101, 106 (4); (Canadian) Copyright Act, Sec. 2, 3 (1); (Australian) Copyright Act, Sec. 27 (1), 31 (1) (a) (iii).

由。换言之，在取得知识产权之后，权利人能否对智力成果或其他受保护客体进行利用，能以何种方式进行利用，与知识产权并无关系，而是取决于法律、法规有无禁止性规定，包括该利用行为是否侵犯他人的权利。

在没有著作权法的年代，作品的创作者当然不享有著作权法意义上的复制权、表演权和发行权。那么该作者是否有权用复印机复制自己创作的作品、公开表演该作品和出版该作品（复制和发行作品）呢？答案当然是肯定的，因为在私人活动领域"法无禁止即自由"（有时表述为"法无禁止即可为"）。对特定作品的复制、表演和发行只要未受到法律的禁止，未构成违法行为，包括未侵犯他人的权利，作者当然可以实施。这本来就是宪法赋予公民的自由。这与有没有著作权法，以及该法是否规定了复制权、表演权和发行权并无关系。可以想象，在尚无著作权观念和著作权法的清朝，曹雪芹对其创作的《红楼梦》可以以手抄或印刷等方式进行复制，可以通过书商出版，也可以将其改编成戏剧后演出。上述活动可能需要符合有关作品内容审查和传播的规定，但不以著作权法规定作者享有复制权、发行权和表演权为前提。

享有著作权的意义就在于：他人未经权利人许可，原则上不得以特定方式利用作品。在著作权法规定了复制权、表演权和发行权后，如果他人未经许可复制、表演和发行作品，除非属于限制和例外中的情形，否则该行为将构成对复制权、表演权和发行权的侵权，作品的权利人就可以阻止他人实施这些行为。反之，如果对作品的特定利用行为受到法律的限制，包括构成对他人权利的侵害，则权利人并不能凭借其享有的著作权实施此种利用行为。例如，虽然著作权法规定了发表权、复制权和发行权，为他人拍摄裸体艺术照片的摄影师作为摄影作品的著作权人，并不能在未经被拍摄者许可的情况下，将该摄影作品刊登在公开发行的杂志上（发表＋复制＋发行）。因为这样做会侵害被拍摄者的隐私。摄影师享有著作权，只意味着其可以阻止他人，包括被拍摄者本人，未经其许可发表其摄影作品并以其他特定方式利用该摄影作品。① 由此可见，知识产权的作用并不在于确认权利人本人有积极从事某种行为的自由，而在于使权利人可以排斥他人实施特定行为。著作权与其他知识产权一样，都是"禁止权"而非"自用权"。著作权的作用并不在于赋予权利人利用自己作品的自由。作者自己能否以及以何种方式对作品进行利用，与其获得的著作权并无关系，而是取决于法律是否有禁止性的规定。"专有权利"的名称本身就体现了

① 北京市朝阳区人民法院（2004）朝民初字第6811号民事判决书。

这一含义。在国外的学术著作和案例中，对专有权利就是排他权利的论述，可谓比比皆是，如“版权法本质上是有关阻止对文学和艺术领域的作品进行复制的消极权利。它的目标是保护作者和艺术家免受对其作品的非法复制”[①]；“版权是作者对作者的智力创作，即作者独创的表演进行复制的权利”[②]；“作者享有的权利本质上具有禁止性……”[③]。

对此可能存在的疑问是：包括著作权在内的知识产权与所有权一样，都具有强烈的排他性，具有排斥他人未经许可利用相关客体的效力，因此，这两类权利都是绝对权或对世权。但《中华人民共和国民法典》（以下简称《民法典》）对这两类民事权利的表述并不相同。《民法典》第123条第2款规定：“知识产权是权利人依法就下列客体享有的专有的权利：……”但第240条在规定所有权的时候，用语并非“所有权人专有的权利”，而是“所有权人对自己的不动产或者动产，依法享有占有、使用、收益和处分的权利”，即所有权人对自己的物享有“自用权”。为什么《民法典》对知识产权和所有权要采用不同的表述方法？

对此需要指出的是：所有权的客体是物，而且主要是有体物。所有权人要实现对物的利用和交易，并从中获取收益，必须控制对物的占有。而对于同一个物，不同的人无法在不同的物理空间同时对其进行占有。《民法典》只要规定了所有权人有权占有自己的物，并以此为基础有权使用、收益和处分，就会自然排斥他人对该物的占有、使用、收益和处分。例如，一个苹果在上海被一个人占有、吃掉或者售出，他人无法同时在北京占有、吃掉或者售出该苹果。因此，规定所有权人对自己的物享有占有、使用、收益和处分的权利，与规定他人不得未经许可，对所有权人的物进行占有、使用、收益和处分效果是相同的，是一个硬币的正反面。换言之，物权的“排他权”和“自用权”是一回事。

与此形成对比的是，著作权和其他知识产权的客体不是物，而是以物为载体的智力成果等客体。这些非物质性的客体可以由不同的人在不同的物理空间同时加以利用。权利人对自己作品的利用并不影响其他人同时对同一作品的利用。例如，当作者在复印机中复制自己的小说时，其他人也可以在另一部复印机中对其购买的同一小说进行复制。因此，规定著作权人对自己作品有自行利用的权利，与规定他人未经许可不得利用该作品并

---

① George Hensher Ltd. v. Restawile Upholstery (Lancs) Ltd.，[1976] A. C. 64，98 (1974).

② Superior Form Builders，Inc. v. Dan Chase Taxidermy Supply Co.，Inc.，74 F. 3d 488，492 (4th Cir.，1996).

③ Land Nordrhein-Westfalen v. Renckhoff，Case C-161/17 (2018)，CJEU，para. 29.

不是一回事，并不属于一个硬币的正反面。因此，《民法典》必须规定知识产权人享有的是依法禁止他人使用作品等受保护的客体的权利，也就是规定知识产权是专有的权利。

对于财产性专有权利而言，其作用还在于通过使权利人规制他人利用作品的特定行为，确保权利人能从他人对作品的利用中获得报酬。仍以表演权为例：如果著作权法不规定这项专有权利，不会妨碍作者自行公开表演作品。可是作品一旦公之于众，作者就无法依靠自己的力量阻止他人对作品的公开表演，也无法从中获得报酬。在著作权法规定了表演权的情况下，需要对作品进行公开表演的人，如演唱会的组织者，为了避免侵害此项专有权利并承担法律责任，就会寻求获得表演权的许可，并向权利人支付许可使用费，从而使权利人获得了报酬。著作权法鼓励创作的立法目的也由此实现。

第三节　专有权利与直接侵权

专有权利的重要性体现在它与直接侵权的认定之间存在密切关系。直接侵权与间接侵权是划分侵权形态的一种方法。① 直接侵权是指未经权利人许可，也缺乏合理使用、法定许可等抗辩理由，实施了受专有权利规制的行为。如出版社未经许可出版作家的长篇小说，因实施了受复制权和发行权规制的复制和发行行为，同时缺乏抗辩理由，就会构成对复制权和发行权的直接侵犯。有些国家的版权法对此作出了非常清楚的规定，如加拿大《版权法》规定，“任何人未经版权人许可即实施了根据本法规定只有版权人才有权从事的行为，构成版权侵权”②。美国《版权法》规定，“任何侵犯了版权人根据第 106 条至第 122 条规定的版权人的专有权利……就是版权的侵权者”③。在著名的“索尼案”中，美国联邦最高法院指出：“‘任何侵犯了版权人的专有权利’是指任何人通过使用或许可使用版权作品，而侵入他人专有领地（exclusive domain），成为‘版权的侵权者’。”④欧盟法院也认为，“除了《版权指令》第 5 条规定的限制和例外，任何第

① 李明德，许超．著作权法．北京：法律出版社，2003：223.

② (Canada) Copyright Act，Sec. 27 (1).

③ 17 U. S. C 501 (a).

④ Sony Corporation of America，et al. v. Universal City Studios，Inc.，et al.，464 U. S. 417，433 (1984).

三人未经（权利人）事先许可而使用作品的行为都必须被认定为对作品著作权的侵权”①。间接侵权是指虽然没有实施受专有权利控制的行为（没有实施“直接侵权”），但故意引诱他人直接侵权，或者在知晓他人即将或正在实施直接侵权时为其提供实质性的帮助，以及在特定情况下为直接侵权做准备和扩大其侵权后果的行为。

在直接侵权与间接侵权的区分中，专有权利居于核心地位。如前文所述，专有权利的作用是规制他人的行为，它们划定了一个只有权利人及经其授权的人才能进入的特定领域，未经权利人许可，也没有法律上的依据而闯入这一领域即构成直接侵权。这非常类似于侵害他人土地所有权的概念——在没有法定理由的情况下，未经权利人同意，擅自闯入他人的土地即构成对他人土地所有权的侵害（trespass）。因此，所有构成直接侵权的行为都落入了专有权利规制的范围。如果相关行为并未落入专有权利规制的范围，则不能构成直接侵权，只在符合间接侵权构成要件的情况下被认定为间接侵权。

由此可见，一项特定行为是否构成直接侵权，关键在于这项行为是否受到专有权利的规制。例如，一个公司的程序员明知市场上出售的一本《计算机软件手册》是盗版书，却故意前去购买、阅读，用以为公司提供商业服务，该行为是否构成对著作权的直接侵权？如果这名程序员明知市场上出售的一套软件是盗版，却故意前去购买并用在公司的计算机上，以便向公司客户提供商业服务，是否构成直接侵权？这两种貌似类似的行为在著作权法上具有不同的法律性质。在著作权法明确赋予著作权人的各项专有权利中，并无所谓“购买权”和“阅读权”，不能规制未经权利人许可购买和阅读作品（购买和阅读盗版书籍）的行为，因此，故意购买和阅读盗版书籍的行为并不构成对著作权的直接侵权。英国最高法院在2013年的一项判决中即指出：“一个人阅读受保护作品的盗版，或者是观赏伪造的受保护的油画，并不构成侵权，虽然向此人销售该盗版或伪造油画的人可能实施了侵权行为。”②

但是，在运行计算机软件之前，却必须“安装”软件，而“安装”是一个将软件从其物质载体（光盘、网络服务器等）中复制到计算机硬盘中的过程，且“安装”的最终结果，是在硬盘这一物质载体之上形成软件的永久性复制件，因此，“安装”属于复制行为，受到复制权的规制。安装

---

① Land Nordrhein-Westfalen v. Renckhoff，Case C-161/17 (2018)，CJEU，para. 16.

② Public Relations Consultants Association Limited v. the Newspaper Licensing Agency Limited and others，[2013] UKSC 18，para. 1.

盗版软件当然是未经软件著作权人许可的复制行为，同时商业性地复制也不属于权利限制的情形。因此，商业性使用盗版软件构成对软件著作权的直接侵权。在我国，最高人民法院《关于审理著作权民事纠纷案件适用法律若干问题的解释》（2020 年修正，以下简称《著作权司法解释》）第 21 条规定："计算机软件用户未经许可或者超过许可范围商业使用计算机软件的，依据著作权法（此处指 2020 年修改之前的《著作权法》）第四十八条第（一）项、《计算机软件保护条例》第二十四条第（一）项的规定承担民事责任的。"2020 年修改之前的《著作权法》第 48 条（2020 年《著作权法》修改后为第 53 条）第 1 项和《计算机软件保护条例》第 24 条第 1 款第 1 项均含有未经许可复制作品应承担侵权责任的规定。需要指出的是：即使最高人民法院对此没有作出司法解释，法院也依然可以从专有权利的性质中推导出同样的结论。

需要指出的是：对包括著作权在内的知识产权的侵权，与普通民事侵权不同。前者的英文为 infringement（在不加特别说明的情况下，infringement 就是指 direct infringement，即直接侵权），后者的英文为 tort。在英美法系以及内容受英美法系影响的《与贸易有关的知识产权协定》（TRIPs 协定）中，infringement 的构成无须主观过错，但赔偿责任的承担往往需要主观过错。如美国《版权法》规定：当法院认为侵权者没有意识到，也没有理由认为其行为构成版权侵权时，法院可以将法定赔偿金降至对每部作品不低于 200 美元。① 英国《版权、外观设计和专利法》（以下简称"英国《版权法》"）规定：当侵权行为发生时，被告并不知道，也没有理由相信其行为涉及的作品受版权保护，原告无权要求其赔偿损失，但不影响获得其他救济。② 显然，美国和英国的《版权法》中的"侵权"认定与行为人是否"意识到或有理由认为其行为构成侵权"并无关系。TRIPs 协定第 45 条第 2 款规定：在适当的情况下，即使侵权人（infringer）并不知道，也没有合理理由知道自己从事了侵权行为（infringing activity），各成员仍可授权司法机关责令其返还利润和/或支付法定的赔偿。该条中使用的"侵权人"（infringer）和"侵权行为"（infringing activity）显然与主观过错无关。

可见，TRIPs 协定中使用的"侵权"（infringement）一词，并非民法中的"侵权"（tort）。从民事侵权的角度看，如果行为人不知道，也没有

① 17 U. S. C 504（c）.

② （UK）Copyright，Designs and Patents Act，Section 97（1）.

合理理由知道自己的行为侵害了他人的权利，则其行为并不构成民事侵权(tort)。但基于物权等绝对权的效力，权利人可以请求行为人停止相关行为。但是，如果包括《著作权法》在内的我国知识产权立法均从普通民事侵权的角度对侵犯著作权等知识产权的行为进行规定，就会出现与国际条约在制度和用语方面存在差异的情况。因此，包括《著作权法》在内的我国知识产权立法中的“侵权”，实际上均为 infringement，而不是 tort。因此，只要未经著作权人许可，也没有法律规定的免责理由，擅自实施受专有权利控制的行为即构成“直接侵权”。至于行为人的心理状态如何，是否具有主观过错，只影响损害赔偿数额或救济方法，并不影响对行为构成“直接侵权”的认定。

假设某作家甲创作了一部小说，其友乙将书稿借去阅读，却在甲不知情的情况下，在书稿上署上自己的名字，并送至出版社。出版社虽然尽到了符合出版业常规的审查义务，但仍然没有发现事实真相。那么，出版社将署上乙姓名的小说予以出版是否构成侵犯甲的著作权？显然，出版社已经尽到了合理审查义务，并无故意或过失的主观过错。但是，出版社在未经著作权人甲许可的情况下，将其未发表的作品予以出版的行为受到以下数项专有权利的规制：首先，将未发表的作品通过出版的方式首次公之于众受发表权的规制；其次，出版社出版的是未正确署名的作品，该出版又受署名权的规制；再次，出版的前提是将作品印刷在纸张上，而印刷是典型的复制行为，故受到复制权的规制；最后，出版意味着向公众出售已印刷、装订成册的书籍，即作品的复制件，而这又是受发行权规制的发行行为。上述未经许可而实施的受专有权利规制的四种行为，根据《著作权法》的规定，均不属于权利限制的范围，因此，尽管出版社没有主观过错，其行为仍然构成对甲的署名权、发表权、复制权和发行权的直接侵犯，出版社仍然应当承担相应的法律责任。

当然，如果直接侵权者并无主观过错，其在承担法律责任的方式方面与有过错的侵权者有所不同：无须承担损害赔偿责任。《著作权司法解释》第 20 条第 2 款规定：“出版者对其出版行为的授权、稿件来源和署名、所编辑出版物的内容等未尽到合理注意义务的，依据著作权法第四十九条（2020 年《著作权法》修改后为第 54 条——引者注）的规定，承担赔偿损失的责任。”这说明出版者“未尽到合理注意义务”，即具有主观过错，是其承担赔偿损失的责任的前提，而不是其行为构成直接侵权（infringement，而非 tort）的前提。

《著作权法》规定的“合法来源抗辩”也印证了这一观点。《著作权法》第 59 条第 1 款规定，“……复制品的发行者……不能证明其发行……的复制品有合法来源的，应当承担法律责任”。此处的“法律责任”实为赔偿责任。换言之，当发行者能够证明复制品有合法来源（通过正规渠道从合法经营者处购入）、自己并无过错（不知晓相关复制品为侵权复制品）时，虽然其发行行为构成直接侵权，但其不承担赔偿损失责任。例如，在“《傅雷家书》案”中，“当当网”销售的《傅雷家书》是某出版社未经著作权人许可出版的，因此，“当当网”的经营者的行为侵害了发行权。但其销售的《傅雷家书》由正规出版社出版，有明确的书号，并由拥有出版物经营许可证等相应资质的公司向其供货，因此法院认为该图书有合法来源，“当当网”的经营者无须承担赔偿损失责任。①

《著作权法》针对复制品的发行者规定“合法来源抗辩”的前提是行为人未经许可实施了受专有权利规制的特定行为，即受著作权中发行权规制的发行行为（以销售或赠与的方式向公众提供作品的原件或复制件），其行为已经构成对发行权的侵犯，只是行为人可以通过举证证明相关复制品来源合法而说明自己的行为并非基于过错，从而免除赔偿损失责任。因此，“合法来源抗辩”并不是对侵权成立的抗辩，而是对赔偿损失诉请的抗辩。“合法来源抗辩”成立，并不改变相关受专有权利规制的行为的侵权性质。

需要说明的是，本书的内容是在媒体融合的背景下，对著作权中的专有权利在网络环境中的适用研究，也就是研究各项与网络环境有关的专有权利规制何种行为。这就意味着本书实际上研究的是网络环境中直接侵权行为的认定，而不是间接侵权的认定。当然，在网络环境中间接侵权是极为重要的问题：没有网络服务提供者对于作品传播行为提供各种帮助，在网络中难以实施直接侵权行为，即使实施了，其损害后果也非常有限。因此，在网络环境中发生的间接侵权，主要与网络服务提供者提供的各类网络服务有关。鉴于这一问题的复杂性，笔者将另行著述，并不将其纳入本书的研究范围。

第四节　本书研究的专有权利

从上文的论述中可以得出一个结论：在媒体融合的背景下，在网络环

① 江苏省无锡市高新技术产业开发区人民法院（2015）新知民初字第 0016 号民事判决书，江苏省无锡市中级人民法院（2015）锡知民终字第 0039 号民事判决书。

境中保护著作权的前提，是明确与网络有关的各类行为是否属于专有权利的规制范围，以及属于哪些专有权利的规制范围。也就是澄清各项专有权利各自规制的行为是什么。只有这样才能在媒体融合的背景下，正确地区分纷繁复杂的各项专有权利，使法院得以正确地适用专有权利认定侵权，使权利人和媒体等使用者能够正确地进行专有权利的交易。

著作权法规定的权利可分为著作人身权（也称为“精神权利”）和著作财产权（也称为“经济权利”）。在媒体融合的背景下，对于著作人身权并没有产生需要研究的特殊问题。这是因为媒体融合所借助的网络传播技术改变的是利用作品的手段与方式，影响的主要是权利人的经济利益；其在法律适用方面带来的困惑，也在于某种在网络环境中利用作品的行为，落入了哪些经济权利的规制范围，应当就哪些经济权利获得许可。对于利用作品的行为，如果涉及署名、发表和修改，与作者在作品中体现的人格利益有关，则无论该行为是否发生在媒体融合的背景下，是否与网络环境有关，对发表权、署名权、修改权和保护作品完整权的适用并无差异，也很少因网络传播这一个因素而产生争议。例如，在媒体融合出现之前未经作者许可在报刊上发表其作品，与在媒体融合出现之后未经其许可将其作品上传至网络发表，在性质上都属于对发表权的侵犯。再如，将作品中作者的署名删除后，无论是将作品印刷成册出版，还是将作品上传至文学网站提供下载，均构成对署名权的侵犯。因此，著作人身权的适用并未被纳入本书的研究范围。

在经济权利中，虽然各国立法规定的专有权利在数量和名称上有很大差异，如我国《著作权法》规定了十三项经济权利（十二项具体权利再加“应由著作权人享有的其他权利”即“兜底权利”），而美国《版权法》只规定了五项经济权利，但这些经济权利可以被划分为四个类别，即复制权、发行权（广义）、公开传播权和演绎权，其中：复制权规制的是在物质载体上固定作品、形成作品复制件的行为。广义上发行权规制的是以转移作品物质载体的所有权或占有的方式向公众提供作品原件或复制件的行为。其中规制以转移作品物质载体的所有权的方式向公众提供作品原件或复制件的权利属于狭义发行权；规制以有偿临时转移作品物质载体的占有的方式向公众提供作品原件或复制件的权利被称为出租权。有些国家的立法还就无偿临时转移作品物质载体的占有的行为规定了出借权。公开传播权规制的是以不转移作品物质载体的所有权或占有的方式向公众提供作品，使公众得以欣赏或以其他方式获得作品内容的行为。演绎权规制的则是在保留原作品的基本表达的情况下，通过发展这种表达，在原作品的基础之上创作新作品并加以后续利用的行为。

在这四类权利中，演绎权在媒体融合的背景下，在网络环境中也并没有产生值得专门研究的特殊问题。这是因为演绎权针对的首先是利用原作品创作出新作品的行为，然后是以特定方式利用该新作品的行为。对作品的创作与媒体融合及网络环境并无关系，对演绎作品在网络环境中的利用与对纯粹原创作品在网络环境中的利用无异，因此并无专门研究演绎权的必要。因此，演绎权也并不在本书的研究范围之内。

这样，本书研究的就是经济权利中的复制权、发行权和公开传播权这三类权利在网络环境中的适用，针对的是这三类权利在媒体融合和互联网出现之前未曾或很少遇到的特殊问题，如："临时复制"能否被纳入复制权的规制范围；是否存在著作权法意义上的"网络出版"或"网络发行"；对视听作品和录音录像制品的"网播"（通过网络实施的非交互式传播）及对广播电台、电视台所播作品的网络转播，究竟应适用广播权、信息网络传播权还是兜底权利；通过网络直播对作品的表演，以及通过互联网电视接收并公开播放所点播的影视剧，是否分别属于表演权和放映权规制的行为。当然，专门针对网络传播而规定的信息网络传播权，是本书研究的重中之重。

第二章　网络环境中复制权的适用

数字时代对著作权法的最大冲击，在于它彻底改变了作品复制和传播的方式。在此之前，复制作品通常需要较高的成本，比如印刷书籍需要价格高昂的印刷设计，操作程序比较复杂。再如，用手抄书需要大量时间，一个人一生也抄写不了几本著作。因此普通人并不具有大规模复制作品的能力。计算机与网络的产生和普及完全改变了这种状况：作品被数字化后，在底层的表现形式即为 1 和 0 两个二进制代码的排列组合。数字化作品被存储在硬盘和光盘等存储介质上后，任何人都可以通过相当简单的操作，对其进行无限次数的高质量复制。通过互联网，任何网络用户都可以在复制作品的同时传播作品，复制过程和传播过程往往合为一体。如一位网络用户将一部小说上传至文学网站供公众在线阅读或下载，小说被存储在网络服务器中形成复制件之时，也是公众可以获得作品之时。上传小说至文学网站既是复制作品的过程，也是传播作品的过程。可以说，在网络环境中，多数传播行为离不开对作品的复制。对于此种复制与传播融为一体的行为，应当适用复制权还是信息网络传播权？与此同时，在网络环境中对作品的任何利用，都会导致作品临时进入计算机、手机等信息处理设备的内存中，形成持续时间极短的"临时复制"现象。此类"临时复制"使作品被临时存储，但其极短的存续时间又使其难以具有独立的经济价值。那么导致"临时复制"现象的行为能否被认定为著作权法意义上的复制行为，受到复制权的规制？在媒体融合的背景下，虽然学术研究关注的重点在于各类传播行为，但复制是绝大多数传播的基础，可以说是媒体融合最底层的行为，实有研究的必要。

第一节　复制行为的构成要件

复制权是各国著作权法明确赋予著作权人的一项专有权利。《伯尔尼公约》第 9 条第 1 款规定，"受本公约保护的文学艺术作品的作者，享有以任何方式和采取任何形式复制这些作品的专有权”。复制权是著作权人之经济权利的核心，因为对作品的利用大多离不开复制。这一结论在媒体融合时代也不会发生改变。从复制是再现作品这一广义来说，翻译、改编、广播等活动都可以被视为复制。[①] 但著作权法只将以特定方式再现作品的行为定义为复制，而将其他再现方式用其他专有权利予以调整，如只有未产生新作品的“再现”才是著作权法中的复制，如果在保护原作品表达的情况下，通过发展该表达形成了新作品，则这种“再现”由演绎权进行调整。在网络环境中，许多利用作品的行为都可能涉及对作品的再现。那么，其中哪些对作品的再现构成著作权法意义上的复制，从而应当受到复制权的规制呢？对这一问题的回答，是解决一系列后续问题，如判断个人用户“浏览”行为和网络服务提供者责任的前提。在 1996 年世界知识产权组织为缔结互联网时代保护作者权和邻接权的两个条约——《世界知识产权组织版权条约》（简称 WCT）和《世界知识产权组织表演和录音制品条约》（简称 WPPT）而召开的日内瓦外交会议上，该问题成为争议的焦点。

一、借助物质载体固定作品

如上文所述，并不是一切事实上的再现作品行为都可以成为著作权法中的复制，只有符合特定条件的再现才是受到复制权规制的复制行为。总结各国著作权立法例可以发现，要构成著作权法中的复制行为，就必须借助物质载体固定作品。

在物质载体上固定作品，是复制行为与其他再现作品行为，如表演、广播和放映等最根本的区别。如果再现作品的行为并不借助物质载体，则该行为不可能是著作权法意义上的复制。如仅将他人的诗歌记住并以朗诵的方式加以再现，就不是著作权法意义上的复制，原因是无论记忆还是朗诵都没有导致在物质载体上固定作品。特别需要注意的是：记忆是一种精神方面的活动，并非在物质载体上固定作品的行为。这里的“物质载体”的范围大于民法上的“物”，包括任何可以承载作品的物。例如，有生命的人体并不属于民法上的物[②]，这是为了保护人格尊严，防止人体成为交易对象。但这绝不意味着人的身体不是由物质构成的，不能承载作品。例如，“文身”，即将图案刻在身体上，就属于在物质载体上再现作品的行为。只要图案本身是美术作品，文身也是复制行为。

---

① 郑成思．版权法．北京：中国人民大学出版社，1997：159.

② 梁慧星，陈华彬编著．物权法．北京：法律出版社，2004：22.

二、作品被相对稳定和持久地固定在物质载体

著作权法中的复制行为必须将作品相对稳定和持久地固定在物质载体上，从而形成作品的复制件。可以说，复制行为与复制件是形影不离的孪生兄弟，复制行为必然产生复制件，复制件也必然是复制行为的结果。许多国家的著作权立法都明确将在物质载体上“固定”作品规定为复制行为的构成要件。如美国《版权法》第 106 条规定：版权人享有将作品制成复制件的专有权利。其第 101 条又将“复制件”定义为“作品以现在已知的或以后发展的方法固定于其中的有形物，通过该物体可直接地或者借助机器或装置感知、复制或者用其他方式传播该作品”。这里的“物体”（object）就是指物质载体。美国国会对 1976 年美国《版权法》的报告指出：“对复制件或唱片（美国《版权法》对普通复制件和唱片进行了区分，前者的用语是 copy，后者的用语是 phonorecord——引者注）中作品进行复制的权利”，是指制作一个物质载体（material object）的权利。[①] 美国法院在司法实践中，也强调“复制发生在受版权保护的作品被固定于新的物质载体之时”[②]。著名版权学者尼默（Nimmer）教授则从侵害复制权的角度指出，“要构成对复制权的侵害，被告必须将原告的作品在‘物质载体’中予以体现”[③]。

英国《版权法》第 17 条第 2 款将“复制”（copying）定义为以任何有形形式（in any material form）复制作品，包括以电子方式将作品存储在任何介质上（in any medium）。“有形形式”和“介质”的用语，说明复制应导致在物理介质上固定作品。法国《知识产权法典》第 L. 122-3 规定：复制是指以任何方法将作品进行有形的固定，使其能够以间接方式向公众传播。虽然该条没有明确提及“物质载体”，但其使用了“有形的固定”（physical fixation），暗示了“固定”必须在物质载体上进行。日本《著作权法》第 2 条第 1 款第 15 项规定：“复制指使用印刷、照相、复印、录音、录像或其他方法以有形形式进行复制”。“有形形式”（physical form）就是指物质载体，而印刷等各种手段，则无不能使作品被“固定”在物质载体之上。

有些国家的著作权立法在界定复制行为时，虽然没有直接提到“固定”或“物质载体”，却将产生作品的复制件作为复制行为的构成要件。

---

① H. R. Rep.，No. 94－1476，94th Cong.，2d Sess.，1976，p. 51.

② Capitol Records，LLC v. ReDigi Inc.，934 F. Supp. 2d 640，648 (SDNY，2013).

③ Melvile B. Nimmer & David Nimmer，*Nimmer on Copyright*，§ 8.02［B］［1］，Matthew Bender & Company，2003.

德国《著作权法》第16条规定：复制权指以任何方式和数量制作作品复制件的权利。意大利《著作权法》第13条规定："专有复制权涉及的是用任何方式制作作品的复制件，如通过手抄、印刷、石印、版刻、摄影、录音、摄片以及其他任何复制过程"。我国《著作权法》第10条第1款第5项也规定，"复制权，即以印刷、复印、拓印、录音、录像、翻录、翻拍、数字化等方式将作品制作一份或者多份的权利"。"复制件"（copy）只能指固有了作品的有形物质载体。《世界知识产权组织版权条约》中的"议定声明"（agreement statement）就明确指出："复制件"（copies）是指"有形物体"（tangible objects）。①

要产生作品的复制件，就必须以物理、化学或电子手段将作品相对稳定地持久地固定在物质载体之上。例如，印刷厂印刷书籍的行为就是典型的复制行为，因为印刷将使作品被固定在物质载体——纸张之上，形成作品复制件——书本。而且这种"固定"是相当稳定和持久的，只要人们不有意识地去破坏载体或消除载体上的作品，如用"消字灵"把书本上的文字涂掉，作品都将长期保存在载体之上。相反，如果作品没有被相对稳定和持久地固定在物质载体之上，则不能认为发生了复制行为。

例如，在一幅画前面摆放一面镜子以让镜面映出这幅画的全貌，并不是对美术作品的"复制"，因为镜子实际上只是暂时映出了这幅画，而没有真正地把这幅画"固定"在镜子之上。一旦将这幅画拿开，或者调整镜子的位置，"镜中花"也就消失了。但是，如果一名工匠把这幅画刻在了镜面上，则这面镜子就"固定"了作品，镜面就成了作品的物质载体，镜子也就是画的复制件了。该名工匠的雕刻行为就是著作权法意义上的复制行为。电影放映机将电影的连续影像投射在幕布上也不属于对电影作品的复制，因为幕布并没有"固定"电影作品，一旦放映机停止放映或者将幕布拿开，电影影像也就从幕布中消失了。同样，电视台对演唱会的现场直播虽然也使音乐作品和歌手的声音通过电视机得到再现，但同样不是著作权法意义上的复制行为。表面上电视机是作品再现的物质载体，但实际上被演唱的音乐作品只是通过电视机的扬声器被实时播放，并没有被"固定"在电视机中。只要歌星在现场停止演唱，电视机中也不会有音乐作品传出了。美国国会的报告在解释1976年美国《版权法》时也明确指出：对"固定"的定义排除了纯粹暂时的和稍纵即逝的复制，比如短暂地投射

① 《世界知识产权组织版权条约》关于第6条和第7条的"议定声明"。该"议定声明"获得了1996年外交会议中全体代表团的一致接受，根据《维也纳条约法公约》第31条第2款（a）项，其具有解释条约的效力。

到屏幕上，在电视机或电子射线管上以电子方式显示，或者在计算机“存储器”中片刻存储。[①] 同样道理，对油画展览的现场进行直播尽管会导致美术作品出现在电视机屏幕上，但该电视直播行为仍然不是对美术作品的复制。曾经有学者认为，“在无线电广播技术发展起来后，对于无载体的表演实况还可以采用无载体的形式复制，这就是不加录制的现场转播”[②]。对此需要指出的是：“采用无载体的形式复制”并不是著作权法意义的复制行为。美国《版权法》确实认定未经许可对广播节目的转播可能是侵犯复制权的，但前提正是认为作品在被播送的瞬间被固定在了物质载体之上。[③] 而我国和多数国家的立法并无此项规定。

无论各国界定复制行为的方式如何不同，在计算机和网络出现之前，用以“固定”作品的手段和“物质载体”的种类都是有限的，因而也是非常明确的。“固定”手段限于印刷、复印、临摹、拓印、录音、录像、翻录、翻拍等，而用以承载作品的“物质载体”也限于纸张、磁带、录像带、胶片等有限的几种。因此，很容易判断用某一传统方式再现作品的行为是否构成著作权法意义上的“复制”，从而应当受到复制权的调整。

第二节　数字环境引发的复制权适用问题

个人计算机的出现和广泛应用，对著作权法中的复制权的适用造成了第一次巨大冲击，原因在于用计算机对作品（包括软件）进行复制时，复制的手段是计算机特有的电子复制，而承载作品的物质载体则是软磁盘、硬盘、光盘等当时的新型载体。这种以电子手段将作品“固定”于新型物质载体之上的方式是之前的著作权法从未遇到过的。这种新型“固定”手段和物质载体是否符合著作权法为复制行为规定的构成要件，以及复制权是否能够对其进行调整在当时就成了问题。

一、数字技术带来的复制问题

网络技术产生了许多能够在物质载体上永久固定作品的新型手段。例如，将作品上传至互联网的网络服务器，将导致在网络服务器的硬盘中固定作品，从而形成作品的复制件。同样，将作品下载至个人计算机，将导

---

① H. R. Rep., No. 94-1476, 94th Cong., 2d Sess., 1976, p. 53.

② 郑成思．版权法．北京：中国人民大学出版社，2009：166.

③ 美国国会对1976年美国《版权法》的报告中对“固定”的解释，以及 Paul Goldstein, *Copyright*, 2nd edition, Aspen Law & Business, 2002, §2.4。

致作品被固定在计算机的硬盘中，形成作品的复制件。无论以何种方式定义复制行为，这两种行为均完全符合复制行为在学理上的构成要件。但为了法律规定的清晰和适用上的确定，仍然需要将新的电子复制手段明确纳入复制行为的定义中。该问题以各国通过修改立法或法律解释、判例，将能够导致作品在软磁盘、硬盘和光盘等载体上长久保存的行为明确纳入复制权的调整范围而得到部分解决。

以弹性的描述方式对复制行为进行界定的国家一般通过法理解释或判例方式将复制权的适用范围扩展至利用计算机技术在新型载体上进行的复制。例如，新西兰 1994 年《版权法》第 2 条第 1 款将“复制”定义为“在任何物质载体上复制和记载任何作品”，包括“在任何介质上，通过任何手段存储文字、戏剧、音乐或艺术作品”。在新西兰政府讨论是否应当修改该定义，以将“扫描”等将作品进行数字化的行为明确纳入“复制”的范围时，多数专家认为现行《版权法》对“复制”的定义本身就是符合技术中立要求的，其关于“在任何介质上，通过任何手段存储……作品”的规定足以涵盖在计算机的磁盘或其他任何存储介质上以数字化形式对作品的复制，因此不需要作出修改。①

以列举方式界定复制行为的国家则相应地修改著作权法或制定单行条例，如英国 1988 年重新颁布的《版权法》第 17 条第 2 款规定：复制包括以电子手段在任何载体上存储作品。澳大利亚对“复制”的定义虽然采用的是弹性描述方式，但为了明确起见，也在修订《版权法》时专门增加了第 21 条 1A 款：将作品在（普通存储形式）与数字或其他机器可读的电子形式之间转化，应被认定为是复制。我国《著作权法》在 2020 年修改之前，将“复制权”定义为“以印刷、复印、拓印、录音、录像、翻录、翻拍等方式将作品制作一份或者多份的权利”②，其中并未提及电子形式的复制，但“等”字留下了解释的空间。多年来学界和法院普遍将以扫描、硬盘存储、光盘刻录、上传和下载或其他电子手段在数字介质上固定作品的行为认定为复制，对此并未发生过太大争议。如在涉及未经许可上传作品的“《大学生》杂志社诉京讯公司、李翔案”中，法院即根据复制行为的一般构成要件认定“将他人作品上载的行为亦属于对他人作品的复制”，从而构成对原告“复制权”的侵犯。③ 但在 2020 年修改时，《著作权法》

① Ministry of Economic Development，Digital Technology and the Copyright Act 1994，Internal Working Paper，2002，p. 8.

② 《著作权法》（2010 年修正）第 10 条第 1 款第 5 项。

③ 北京市第二中级人民法院（2000）二中知初字第 18 号民事判决书。

仍然将"数字化"纳入复制权的定义中，明确其为复制作品的手段之一。

二、计算机和网络带来的"临时复制"问题

上述对数字化复制性质的澄清或修改并未解决计算机技术对复制权的适用带来的全部问题。任何软件在运行过程中，都会在计算机的自动控制下进入计算机内存，即计算机的"随机存储器"（英文为 Random Access Memory，RAM），从而在计算机内存中形成对软件的全部或片段的临时存储。一旦关闭计算机电源或计算机运行新的指令，内存中暂时储存的信息就会消失。这种临时存储，有别于能够使作品稳定地、长久地固定在物质载体上的传统复制，因此在当时被称为"临时复制"①（temporary reproduction，temporary copy）。

这种在软件运行过程中在内存中形成的复制是否构成著作权法上的复制，在当时就引起了巨大争议。问题的焦点在于这种极为短暂的再现是否符合著作权法为复制行为规定的"固定"要件，因为以往的"固定"在当时的技术条件下都是可使作品被长久保存的固定，除非表现作品的物质材料和载体受到物理损坏或自然损耗（如用"消字灵"抹去书上的字，或纸质腐烂），作品被"固定"在载体上之后将在载体的寿命期内一直存在。而内存中的复制却只能使作品在极短暂的时间内被保存，由此形成的数据信息无须人的干预，就会被计算机自动删除。可见，二者存在着显著差异。

在当时的技术条件下，讨论计算机内存中复制问题的现实意义在于：如果将软件运行过程中在内存中形成的"临时复制"界定为著作权法意义上的复制行为，那么用户运行盗版软件（运行计算机软件的用户也被业界习惯地称为"最终用户"）的行为就属于未经许可复制软件，从而受到著作权法中复制权的规制。美国软件出版者联盟（Software Publishers Association，SPA）就认为，"当任何享有版权的数字化内容被存入计算机的随机存储器时，版权法意义上的复制就会发生"②。美国和英国的一些司法判例也确认作品进入计算机内存即构成著作权法意义上的复制。如下文将介绍的"MAI 诉 Peak 案"的判决书就认为：一旦计算机程序进入计算机内存中，就产生了版权法意义上的复制。③ 按照这一理论，任何用户运

① Katrine Levin，Mai V. Peak，"Should Loading Operating System Software into RAM Consitute Copyright Infringement?"，*Golden Gate University Law Review*，Vol. 24，1994，p. 649.

② Tomas J. Smedinghoff，*Online Law*：*The SPA's Legal Guide to Doing Business on the Interent*，Addison-Wesley Developers Press，1996，p. 155.

③ MAI Systems Co. v. Peak Computer Inc.，991 F. 2d 511，518 (9th Cir.，1993).

行盗版软件，也就是未经许可运行软件，都会由于软件在运行过程中不可避免地进入计算机内存，而可能侵犯著作权人的复制权。

在法律条文中明确将计算机内存中的“临时复制”与复制行为和复制权联系起来的是欧盟1991年颁布的《计算机程序法律保护指令》和英国《版权法》。欧盟1991年《计算机程序法律保护指令》第4条规定：以任何方法，在任何介质上，部分或全部的永久性复制或临时复制，应由权利人授权。对于装载、演示、运行、传输或存储计算机程序等需要对程序进行复制才能完成的行为，这些行为应当得到权利人的授权。[①] 英国《版权法》第17条不仅在第2款规定“复制包括以电子手段在任何载体上存储作品”，而且还在第6款强调“对任何作品的复制都包括稍纵即逝的或附属于作品其他用途的复制（transient or are incidental to some other use of the work）”。这实际上是将计算机内存中的“临时复制”也包括了进去。

在现实中，由于最终用户使用盗版软件的行为不易查实，特别是个人用户的经济赔偿能力有限，所以各国打击盗版的主要对象是制作、贩卖盗版软件的行为。即使需要打击盗版软件的最终用户，由于使用盗版软件的前提在当时是在计算机中安装盗版软件，而安装盗版软件显然是永久复制行为，商业性安装盗版软件必然构成对复制权的侵权，因此最终用户使用盗版软件的问题也部分得到了解决。于是，关于计算机内存中“临时复制”性质的争论暂时搁置。

互联网的出现，使对上述问题的讨论愈发重要起来。网络环境中也存在“临时复制”现象，其中最为典型的是“浏览”，即用户通过网络欣赏置于互联网网站中的数字化作品，包括在线阅读网上书籍、观赏网上图片，以及收听网上音乐或观看网上电影。此时数字化作品会被用户的计算机、手机等信息处理设备自动调入内存，形成“临时复制”现象。用户关机或调用其他信息时，内存中的原有信息会自动消失。“浏览”还可以导致一种特殊的“临时复制”：用户在多次登录同一网站或浏览同一网上信息时，某些上网软件将自动在硬盘中划出一块区域作为缓存区（或称“虚拟内存”，以下将RAM这种“物理内存”和缓存区这种“虚拟内存”统称为“内存”），将被浏览的网上作品以临时性文件的形式存入其中（这种现象被称为对数据的“缓存”），形成临时性复制件。用户下次登录同一站点或浏览同一作品时，上网软件将直接从硬盘的缓存区中调取，以加

---

① European Parliament and Council, Directive on the Legal Protection of Computer Programs (1991), Article 4. 该指令在2009年进行了修改，但本条内容不变。

快速度。用户如长时间不访问这一站点，上网软件将自动删除包含该站点信息的临时文件。

如果被“浏览”的作品是未经许可被置于网络中传播的，则“浏览”会给权利人的利益带来一定影响。如果网络用户可以随时在网上免费欣赏未经许可传播的书籍、音乐和影视剧，就可能不再从书店等有形市场购买作品或为欣赏数字作品支付费用了。现实中，不少网站都未经许可提供小说、音乐或影视剧的免费在线欣赏，吸引了大量用户。权利人自然希望著作权法对这些网上行为进行控制。因此，“临时复制”这一对软件保护而言尚未解决的问题在网络时代重新凸显，引发了各国的研究与讨论。

第三节　各国立法及司法实践与国际社会对“临时复制”问题的讨论

对于“临时复制”的定性，许多国家都进行过讨论，在部分发达国家已经基本上达成了共识，但在另一些国家，特别是发展中国家中，这仍然是具有高度争议性的问题。在世界知识产权组织 1996 年日内瓦外交会议上，不同观点之间的碰撞达到了顶点，导致试图将“临时复制”认定为复制行为的“议定声明”没有获得参会代表团的一致同意。

一、美国与加拿大

美国作为世界上软件和数字产业最为发达的国家，其在网络环境中对版权的重视与保护力度在世界上是首屈一指的，其中就包括在内存中“临时复制”问题上采取较为偏向权利人的立场。

美国《版权法》第 106 条规定：版权人有制作复制件的专有权利。“复制件”则被定义为“作品以现在已知的或以后发展的方法固定于其中的有形物，通过该物体可直接地或者借助机器或装置感知、复制或者用其他方式传播该作品”①。同时，美国《版权法》还对作品在何种情况下被视为“固定”在了物质载体上进行了界定：

> 作品在物质载体上的体现必须足够持久或者稳定，使其并非仅在稍纵即逝的期间内，能够被感知、复制或传播。②

对于“固定”，美国国会众议院司法委员会对 1976 年《版权法》的报

① 17 U. S. C. 101，“fixed”.

② 17 U. S. C. 101，“fixed”.

告指出：

> 对“固定”的定义排除了纯粹暂时的和稍纵即逝的复制，比如短暂地投射到屏幕上，在电视机或电子射线管上以电子方式显示，或者在计算机“存储器”中的片刻存储。①

“某一时刻在计算机中存储器中的记录”就是典型的“临时复制”，可见在当时美国国会的报告并不认为“临时复制”是复制行为。

然而，随着美国软件产业的日益发展强大，软件产业要求认定“临时复制”的呼声日益高涨。这主要是出于追究盗版软件用户侵权责任的需要，因为用户运行软件导致的是“临时复制”，只要用户一直在运行软件，复制行为就在持续。如果将“临时复制”认定为复制行为，用户运行盗版软件就可能构成对复制权的侵权，追究用户的法律责任就有了法律依据。这种产业利益也影响了司法实践。

（一）运行计算机软件“临时复制”的典型案例

早在1988年的“Vault诉Quaid案”中，原告Vault公司开发出了一种名为“Prolock”的软件系统，可供软件公司在软磁盘中使用，以防止他人未经许可复制软磁盘中的计算机程序。Quaid公司为了开发破解该系统的程序，在计算机中运行“Prolock”软件，以对其进行分析。② Vault公司认为：在Quaid公司运行其软件过程中，其软件被复制到了Quaid公司的计算机内存中，因此构成对其复制权的直接侵权。美国联邦第五巡回上诉法院认为，“将计算机程序从存储介质调入计算机内存的行为制作了计算机程序的复制件”③。

在这方面，美国影响最大的案例是“MAI诉Peak案”。在该案中，Peak计算机公司应客户的要求，对MAI公司制造并销售的计算机进行维修。为了对计算机进行检测，Peak公司技术人员运行了计算机中的操作系统软件，在运行过程中，该软件会与内存进行数据交换，从而形成内存中的“临时复制”④。该案的关键在于：计算机软件在内存中的临时再现能否被认为符合美国《版权法》有关“复制”的定义；美国联邦第九巡回上诉法院认为：

---

① H. R. Rep.，No. 94－1476，94th Cong.，2d Sess.，1976，p. 53.

② Vault v. Quaid，847 F. 2d 255，257－258 (5th Cir.，1988).

③ Id.，261. 美国《版权法》第117条第1款明确规定：只要此种复制是在计算机中利用程序的必需步骤，其软件复制件所有人就不会因此而侵犯复制权。据此，既然Quaid公司购买了Vault公司的程序，是程序复制件的合法所有人，那么它就可以根据美国《版权法》第117条第1款的规定免责。即使Quaid公司运行该程序是为了破解它，也不会影响它享受免责。

④ MAI Systems Co.，v. Peak Computer Inc.，991 F. 2d 511，513 (9th Cir.，1993).

> 为了运行一个计算机程序，构成该程序的数据必须从一个数据存储载体（例如软磁盘或者硬盘）传输到随机存储器（RAM）中。在随机存储器中，数据将被加工处理。涉案的数据缓冲器同样是 RAM 的一种形式。由于 MAI（公司）能够证明 Peak 公司将软件调入了 RAM，由此可以阅读系统误差记录，并诊断计算机的问题，MAI（公司）已能够充分证明在 RAM 中进行的再现是“足够持久或者稳定，使其能够并非仅在稍纵即逝的期间内，能够被感知、复制或传播的”①。

可见，法院认为软件在运行时在内存中形成的“临时复制”符合美国《版权法》对复制行为的定义。此案对美国以后的版权法理论和司法实践产生了很大影响。

笔者认为：在内存中发生的“临时复制”当然是典型的“稍纵即逝”。本案的判决实际上是以软件被调入内存之后，能不能被利用，产生实际效果（使其能够“阅读系统误差记录，并诊断计算机的问题”）来衡量在内存中的复制是否为“稍纵即逝”的。这是一种颠倒因果关系的混乱逻辑，但它得到了美国版权局的支持。美国版权局在 2001 年对《千禧年数字版权法》所作的报告中认为“除非复制件本身清楚地表明其存续时间过于短暂而不能再被复制出来”，否则就满足“固定”要件。② 这实际上也是以软件被调入内存后能否被继续利用来判断其持续时间是否为“短暂”。这一方法直到下文所述的“Cable News Network 案”才受到了强烈质疑。③

（二）美国和加拿大对网络环境中“临时复制”的立法建议

1995 年，美国专利商标局设立的“信息基础设施专门工作组”下属的知识产权工作组公布了名为《知识产权和国家信息基础设施》的报告（又称“白皮书”，以下均简称“白皮书”）。白皮书认为：

> 作为作者经济权利中最重要的复制权会在国家信息基础设施（此处的“国家信息基础设施”就是指互联网——引者注）中被

① MAI Systems Co.，v. Peak Computer Inc.，991 F. 2d 511，518（9th Cir.，1993）.

② U. S. Copyright Office，“DMCA Section 104 Report”，Aug. 2001，p. 111，at http：// www. copyright. gov/ reports/ studies/ dmca/ sec-104-report-vol-1. pdf.

③ MAI 案之后不少案例中都得出了相同的结论，如 Stenograph L. L. C. v. Bossard Assoc.，144 F. 3d 96，100（D. C. Cir.，1998）；In re Indep. Ser v. Org. Antitrust Litig.，910 F. Supp. 1537，1541（D. Kan.，1995）；MAI v. ACS，845 F. Supp. 356，362 - 64（E. D. Va.，1995）。在 2010 年判决的涉及游戏软件外挂的“MDY 诉暴雪案”中，甚至被告也认同：当游戏玩家运行软件时，就会在计算机的内存中形成软件的复制件。除非获得了许可，否则就可能侵犯版权。MDY Industries v. Blizzard Entertainment，2010 U. S. App. LEXIS 25424，at 11.

无数次涉及，这是由网络基于计算机与计算机之间通信的性质造成的。如计算机用户获取存储在另一台计算机上的一个文件时，在目前的技术条件下，只有该文件被复制至用户的计算机内存时，该文件的影像才会出现在用户屏幕上。而美国法律早就清楚地表明，将受版权保护的作品置于计算机内存中构成复制，因为在内存中的作品可以利用机器或设施被感知、复制或传播。①

白皮书提出，在以下几种情况下，都会产生一件或多件复制件：

(1) 当一件作品被置于一台计算机中，无论是在磁盘、只读存储器（ROM）还是其他存储设备，或随机存储器（RAM）中，只要存储超过极短的时间，就会形成复制件；

(2) 当印刷形式的作品被“扫描”成数字化文件，复制件——数字化文件本身就会形成；

(3) 当其他作品，包括照片、电影、图片或声音被数字化时，也会形成复制件；

(4) 当一份数字化文件被从用户的计算机中“上载”至电子公告系统（BBS）或其他服务器时，会形成复制件；

(5) 当一份数字化作品被从 BBS 或其他服务器上“下载”时，会形成复制件；

(6) 当一份文件被从一台计算机网络用户的计算机中传输至另一名用户的计算机中时，会形成多份复制件；

(7) 在目前的技术下，当一位终端用户的计算机被用于调取存储在其他计算机，如 BBS 或互联网主机中的文件时，至少对于从屏幕上被浏览的那部分而言，在用户的计算机中形成了复制件。如果没有这种向用户计算机 RAM 或缓存器中的复制，屏幕上也不会有内容显示。②

白皮书列出的第七种行为实际上就是“浏览”，而第一种行为“存入 RAM 的行为”则是内存中的“临时复制”。白皮书在说明“复制权经常在网络环境中被涉及”的观点时，也以“浏览”为例——“当计算机用户获取存储在另一台计算机上的一个文件时，在目前的技术条件下，只有该文件被复制至用户的计算机内存时，该文件的影像才会出现在用户计算机的

---

① Information Infrastructure Task Force, “Intellectual Property and the National Information Infrastructure ” (the Report of the Working Group on Intellectual Property Rights), 1995, pp. 64 - 65.

② Ibid., pp. 65 - 66.

屏幕上”[1]。

白皮书断言，“将版权作品置于计算机的内存中是对该作品的复制”[2]。而对这一如此重大的问题，白皮书的解释竟然只有一句话，即内存中的作品复制件也可以利用机器或设施被感知、复制或传播。[3] 这也许体现了美国实用主义法学的思维方式。白皮书对“浏览”行为的定性建议乃是白皮书中最具争议的观点之一。由于白皮书最终被美国国会否决，其主张未能直接转变为立法。

白皮书出台后，美国国内也有不少学者和团体提出了针锋相对的观点，较有代表性的是美国“数字化未来联盟”委派的乔治·华盛顿大学法学院教授罗伯特·L. 奥克利（Robert L. Oakley）于 1996 年 5 月 7 日在美国国会参议院司法委员会为以白皮书为基础起草的《1995 国家信息基础设施版权保护法》作证时的发言。罗伯特教授认为现行美国《版权法》第 106 条对“复制权”的定义应增加一段：

> 在计算机内存或数字介质上对作品的临时复制，如该复制附带于对作品的其他合法用途，且该复制并不导致形成永久性复制，该复制（reproduction）就不会导致复制件（copy）的产生。该规定仅适用于在计算机系统中使用作品时对数字化作品必须的、附带性的复制。它不适用于形成永久性复制件的情况，如在计算机磁盘上形成复制件。[4]

此后在美国国会讨论的两个《版权法》修正案——《数字化时代版权强化法案》(Digital Era Copyright Enhancement Act）和《1997 数字化版权澄清和技术教育法案》(Digital Copyright Clarification and Technology Education Act of 1997）中，采用了一种折中方案，即规定对“临时复制”的免责，而回避“临时复制”是否属于复制行为的定性。它们以“对专有权利的限制：计算机程序和数字化复制件”为条款标题，规定，“在以下情况下，以数字化格式制作作品的复制件不构成侵权：(1) 该复制附带于在合法使用一部作品的过程中对某种设备的操作；以及 (2) 不与对作品

① Information Infrastructure Task Force, “Intellectual Property and the National Information Infrastructure ” (the Report of the Working Group on Intellectual Property Rights), 1995, p. 64.

②③ Ibid., p. 65.

④ Rober L. Oakley, “Digital Future Coalition Testimony on the ‘NII Copyright Protection Act of 1995’”.

的正常使用相冲突，也不会不合理地损害作者的合法利益”①。但该两法案也均未在美国国会获得通过。因此至今美国《版权法》尚未对内存中的“临时复制”作出明确的规定。

在国际上，加拿大的立场与美国白皮书的立场最为接近。1995 年 3 月，加拿大“信息高速公路咨询委员会”提交了一份名为《版权与信息高速公路》的报告。该报告认为，“当作品被以电子方式复制时，应当受到复制权的调整”，“当一份被固定的复制件被从 BBS 中下载至硬盘、磁盘或其他存储设备时，应认为发生了对该复制件的复制”。该报告专门对网络环境下的“浏览”行为进行了讨论，指出“争议的焦点在复制权上。用户担心‘浏览’数据库可能构成复制并需付费”。该报告提出：

> 关键问题是浏览是否会导致对作品的复制……委员会的观点是：在信息高速公路上的浏览行为会导致对作品的复制；要浏览作品，就必须接触（access）作品。委员会认为任何接触作品的行为都构成一种复制行为，即使只存在临时性的或短暂性的固定（temporary or ephemeral fixation）。浏览作品或作品的实质性部分应受到复制权的控制。②

该报告还提到，“有些人担心如果浏览被认为是复制，将会不适当地削弱用户在信息高速公路上接触和使用作品的能力”。对此该报告认为“对于浏览而言，限制用户接触作品的能力并不是主要问题”③，因为：

> 版权人可以事先对作品在数字环境中的复制作出授权，并（与被授权者）商谈费用。应由版权人来决定是否允许用户浏览、何时允许用户浏览，以及浏览行为是否与经济价值相联系。④

该报告还针对“有人认为虽然浏览构成对作品的复制，但对其可以适用合理使用抗辩”，提出“在绝大多数情况下，合理使用抗辩起不了作用”，因为“在大多数情况下，版权人会对复制经电子方式传输的作品作出授权，包括为浏览目的而作出授权。只有在有限的情况下，作品未经授权就被置于信息高速公路上供人浏览时，用户才能以合理使用作为抗辩”⑤。

加拿大“信息高速公路咨询委员会”的这份报告对于因“浏览”而导致的内存中“临时复制”的立场极为激进。其不仅断然将这种“浏览”定

① Digital Era Copyright Enhancement Act，Section 6；Digital Copyright Clarification and Technology Education Act of 1997，Section 205.

② Canadian Information Highway Advisory Council，“Copyright and the Information Highway”，1995，pp. 15－16.

③④⑤ Ibid.，p. 16.

性为受复制权控制的复制行为，而且还强调“浏览”行为也应由版权人进行授权，以及对“浏览”仅能在极小范围适用合理使用抗辩。这实际上是给予版权人控制“浏览”行为的近乎绝对的权利。

（三）与网络环境中“临时复制”有关的典型案例

“Cable News Network 诉 Cartoon Network 案”对“临时复制”的认定较为独特。该案由网络录像机的合法性引发。随着技术的进步，越来越多的电视观众使用数码录影机（DVR）将电视节目录制在硬盘上，并在其方便时播放，而不再使用传统的磁带录像机（VCR）。DVR 通常将录下的节目存储在内部的硬盘上，而不是录像带上。一般的 DVR 机是与用户的有线电视电缆及电视机相连的单机设备，而作为本案被告的有线电视系统运营商 Cablevision 推出了一种“远程存储 DVR 系统”（简称 RS-DVR 系统）。RS-DVR 系统可以使没有 DVR 的用户将有线电视节目录制在 Cablevision 管理的“远程”服务器硬盘上。RS-DVR 用户随后可使用遥控器和装有 RS-DVR 软件的设备，通过家中的电视机回放这些节目。但 Cablevision 没有向电视节目的版权人寻求录制节目的许可。① 本案原告是享有许多电视节目版权的权利人，其起诉 Cablevision 的行为构成对其复制权和表演权的直接侵犯。②

法院发现：一般的有线电视网络服务提供者是与许多电视节目提供者签订合同，并将其提供的电视节目进行集成，并入数据流，通过同轴电缆将这些节目实时传输到订户家中。而在 Cablevision 的 RS-DVR 系统中，电视节目数据流被复制成两个数据流。第一个数据流与以往一样，被直接传输给用户；第二个数据流进入了被称为宽带媒体路由器（BMR）的设备里。该设备的作用是对数据流进行缓冲，重新调整其格式，并将它发送到“Arroyo 服务器”。“Arroyo 服务器”包括两个相关的数据缓冲器和一些高容量硬盘。数据流中的数据进入第一个缓冲器（主获取缓冲器）时，服务器会自动查询用户是否要求录制其中任何一个节目。如果有一个用户要求录制某个节目，那么该节目的数据将会从主获取缓冲器进入第二个缓冲器（次获取缓冲器），并被置于硬盘中事先分配给该用户的那部分空间。当新的数据进入主获取缓冲器时，它们将会覆盖相同数量的原有数据。主获取缓冲器在任何时刻存储的每个频道的节目都不超过 0.1 秒，因此，每过 0.1 秒，在主获取缓冲器上的数据将会自动被清除并替换。而在 BMR

① Cable News Network v. Cartoon Network，536 F. 3d 121，123 - 124 (2nd Cir.，2008).

② 美国《版权法》中的“表演权”范围很广，不但包括我国《著作权法》中的“表演权”，还包括“广播权”和“信息网络传播权”的部分内容。本书第五章第二节会有说明。

中缓冲的数据在任何时间对任何一个节目的缓存不会超过 1.2 秒。[①] 因此本案中 Cablevision 是否侵犯原告作品复制权的关键就在于，这种在缓冲器（也是一种内存）中持续时间极短的数据缓存是否构成美国《版权法》意义上的复制。

美国纽约南区联邦地区法院认为：通过短暂地在主获取缓冲器和其他实现 RS-DVR 功能所必需的数据缓冲器中存储数据，Cablevision 复制了受版权保护的作品，Cablevision 由此直接侵犯了美国《版权法》规定的原告享有的专有权利中的复制权。[②]

美国联邦第二巡回上诉法院对此持不同看法。上诉法院指出：美国《版权法》将“复制件”定义为一种以任何方法固定作品的物质载体，而且可以从中将作品复制出来。同时《版权法》要求的“固定”必须是在物质载体上足够持久和稳定地再现作品，而非短暂地再现。上诉法院认为：《版权法》的这一表述明确提出了构成“复制”的两个独立但相关的要件：首先，该作品必须通过物质载体体现，也即作品能够被置于一个物质载体之上，使其可以通过该载体被感知、复制（此即“再现要件”）。其次，作品必须“使其并非仅在稍纵即逝的期间内”保持被再现的状态（此即“持续要件”）。[③] 而本案中的地区法院以及之前美国版权局的报告，都错误地将内存中的数据是否能够被复制出来作为认定是否构成“复制”的唯一依据。上诉法院强调：根据《版权法》的规定，要确定一部作品是不是被“固定”在某一特定的载体中，不仅要看作品是否通过该载体“再现”，还要看其通过该载体被再现的时间是否为“稍纵即逝”的。如果根据地区法院和美国版权局的观点，只要被再现的作品能够从载体里被复制出来（无论作品再现持续多久），对以上两个问题的回答都将为“是”。这种法律解释方法的缺陷在于它将“稍纵即逝”这一用语从法条中剔除了。[④]

上诉法院指出：本案中任一缓冲器中每一小部分数据的存在时间都不超过 1.2 秒，而且在缓冲器运行过程中，每一小段数据都被后来的数据快速自动覆盖。本案事实充分说明，本案中的作品在缓冲器中被再现的时间仅仅为“稍纵即逝”，不符合“持续要件”。根据《版权法》关于“复制”

① Cable News Network v. Cartoon Network，536 F. 3d 121，124 (2nd Cir.，2008).

② Twentieth Century Fox Film Corp. v. Cablevision Sys. Corp. (Cablevision I)，478 F. Supp. 2d 607，617 (S. D. N. Y.，2007).

③ Cable News Network v. Cartoon Network，536 F. 3d 121，127 (2nd Cir.，2008).

④ Ibid.，129.

的定义，RS-DVR 系统运行过程中的缓冲过程没有制作出复制件。① 原告有关 Cablevision 侵犯其复制权的指称被驳回。

美国联邦第二巡回上诉法院强调那些“稍纵即逝”的再现不能构成版权法意义上的复制行为，笔者认为正确的。但是，上诉法院同时认为：在 MAI 案中，软件在运行过程中一直存在于内存中，直至用户关闭计算机时才消失。这暗示着如果构成作品的数据在计算机内存中停留的时间足够长，也构成版权法意义上的复制。笔者认为：这一观点是不能成立的，否则将出现在内存中数据停留多长时间符合“持续要件”的无解之题。后文的分析将指出：无论数据在内存中停留多长时间（如将一幅美术作品的电子文件打开后一直开着计算机），由计算机自动将作品调入内存的行为都不可能构成版权法意义上的复制行为。

在涉及“网页快照”的“Parker 诉 Yahoo 案”中，法院也提及了“临时复制”问题。在此案中，原告 Parker 在网络中发表的文章被 Yahoo 复制至其服务器后，作为“快照”向用户提供。Parker 起诉 Yahoo 侵犯其版权，其理由之一是 Yahoo 帮助侵权，因为“当搜索引擎的用户观看‘快照’中的原告作品时，用户构成直接侵权”②。法院认为，Parker 是想指称：网络用户在浏览过程中（在其个人计算机内存中）临时存储文件时，直接侵犯了其版权。而这种临时存储却是网络用户为了浏览网页内容而必需的。③ 对此，法院认为：Parker 自己将他的作品置于网络之中，免费向公众提供，而没有采取在线注册或其他限制浏览的措施。这意味着 Parker 默示地许可用户通过网络浏览其作品内容，并为实现浏览目的而进行附带性的复制。④

上述法院对默示许可的一般性解释当然是成立的。如果权利人一方面自行将作品免费向公众提供，另一方面又说在线阅读了该作品的用户因浏览过程中形成内存中的“临时复制”而侵犯其复制权，当然是荒谬的。但是，本案中涉及的内存中的“临时复制”问题实际上要复杂得多，因为 Parker 并没有指称用户因浏览其自己网页中的作品而构成侵权，而是指称用户浏览了 Yahoo 制作的“快照”中的作品构成侵权。由于 Parker 同时指称 Yahoo 未经许可将其作品制成“快照”并向公众提供构成侵权，Parker 实际上是认为用户浏览“盗版”作品构成侵权。对此，默示许可理由是难以适用的。遗憾的是，法院并未对这一点进行深入分析。

① Cable News Network v. Cartoon Network, 536 F. 3d 121, 129 - 130 (2nd Cir., 2008).

②③④ Gordon Roy Parker v. Yahoo!, Inc., U. S. Dist. LEXIS 74512, at 18 (E. D. Pa, 2008).

二、欧盟

欧盟（欧盟成立之前为欧共体，本书统一称为“欧盟”，不再区别“欧共体”和“欧盟”）层次上的立法也将“临时复制”定为复制行为，只是同时规定了例外情形，从而相对提高了这种“复制”侵犯复制权的门槛。

（一）《版权指令》出台前的各种建议

欧共体1991年的《计算机程序法律保护指令》规定“以任何方式、以任何形式进行的永久或临时性的复制”（permanent or temporary reproduction）均为受指令控制的复制行为。① 1996年《数据库法律保护指令》也针对数据库的复制使用了相同的措辞。② 如前文所述，其中“临时性的复制”涵盖了在运行计算机软件过程中在内存中形成的“临时复制”，但它是否也包含网络传输过程中形成的“临时复制”，在当时并未得到澄清。

1996年欧共体委员会发布的《关于信息社会版权和相关权的续绿皮书》（以下简称《续绿皮书》）指出，“在信息社会环境中，传统形式的复制（制作有形复制件）与大量新形式的复制并存。这些新的复制形式包括对印刷作品进行扫描、调入，或将数字化材料存储在计算机存储器或其他电子系统或设施中”③。《续绿皮书》特别提出：“在正常使用电子系统，如通过网络传输材料时也可能产生附带性（incidental）的或短暂性（ephemeral）的复制”。对此绿皮书承认：“这些新形式的复制在多大程度上能被主要针对传统复制行为的传统复制权所包容值得讨论”；“成员国对复制权在范围上和例外方面的规定有很大差异。大多数没有明确涉及对受保护作品进行数字化利用问题以及复制的现代形式”；“目前成员国虽然都同意永久性电子存储是一种应受限制的行为，但对待短暂的或短暂的复制行为却态度不一”④。

《续绿皮书》对此建议“应澄清对作品及其他受保护客体的数字化，以及扫描、上载、下载等行为在原则上受复制权控制”，并特别指出“基于某些原因，复制权也应控制稍纵即逝的或其他短暂性复制（transient or

---

① European Parliament and Council, Directive on the Legal Protection of Computer Programs, Article 4, 1990.

② European Parliament and Council, Directive on the Legal Protection of Databases, Article 5, 1996.

③④ Commission of the European Communities, “Communication from the Commission, Follow-up to the Green Paper on Copyright and Related Rights in the Information Society”, Brussels, 1996, p. 9.

other ephemeral acts of reproduction）”①。但是，对于究竟基于哪些原因应由复制权对“稍纵即逝的或其他短暂性的复制”进行调整，以及如何调整，是否有例外情况，《续绿皮书》却未提及。可以看出，《续绿皮书》的基本观点与美国白皮书相近。

1999年欧洲共同市场委员会向欧洲议会提出的经修订后的《关于协调信息社会版权和相关权规则指令的建议》（以下简称《版权指令建议》）虽然建议成员国赋予版权人以授权或禁止“以任何方式、任何形式、全部或部分、直接或间接、暂时或永久地进行复制”的权利，但也同时提出“对特定的临时复制行为应当规定有例外情形，如在使用作品的技术过程中，构成该技术过程的一部分或为该技术过程所必不可少的短暂的和附带性的复制，包括为便利网络传输所需的复制，以及本身没有独立经济价值的复制”②。

（二）《版权指令》的规定

2001年，欧盟在《版权指令建议》的基础上通过了《关于协调信息社会版权和相关权的指令》（以下简称《版权指令》）。其中第2条对“复制权”的规定是，“成员国应规定（权利人享有）授权或禁止直接地或间接地、临时地或永久地通过任何方法和以任何形式全部或部分复制的专有权”。这意味着“临时复制”仍然被视为一种“复制行为”，而且原则上被纳入了复制权的控制范围。但《版权指令》在第5条“例外与限制”中，又明确规定：第2条所指的临时复制行为（temporary acts of reproduction），如果是稍纵即逝或附带性的（transient or incidental），以及是技术过程中内在且必要的组成部分，而且其唯一目的是：(1) 使作品或其他客体在网络中通过中间网络服务提供者在第三方之间传输成为可能，或 (2) 使作品或其他客体的合法使用成为可能，并且该行为没有独立的经济价值，则不构成对第2条规定的复制权的侵权。③ 对此，《版权指令》在“序言”中的解释是：

> 复制权这一专有权利应当受到限制，应允许某些临时性复制

---

① Commission of the European Communities，“Communication from the Commission，Follow-up to the Green Paper on Copyright and Related Rights in the Information Society”，Brussels，1996，p. 11.

② Commission of the European Communities，“Amended Proposal for a European Parliament and Council Directive，on the Harmonisation of Certain Aspects of Copyright and Related Rights in the Information Society”，Brussels，1999，Article 5.

③ Directive 2001/29/EC of the European Parliament and of the Council of 22 May 2001 on the Harmonisation of Certain Aspects of Copyright and Related Rights in the Information Society，Aritcle 5. 1.

行为成为例外。这种临时性复制行为是稍纵即逝的或附带性的复制，构成技术过程中内在且必要的组成部分，从事此种行为的唯一目的既是使第三方之间通过中间网络服务提供者能够进行有效的网络传输，也是合法使用作品或其他客体。有关的复制行为本身不应具有独立的经济价值。在满足上述条件的情况下，这项例外应当包括允许浏览的行为以及实施缓存的行为，其中包括允许传输系统有效运作的那些行为，只要该中间网络服务提供者未更改有关信息，也未阻碍被业界广泛承认和使用的，为获得信息使用的数据而对技术的合法使用。由权利人授权的使用或不为法律所禁止的使用，就应当被认为是合法的使用。①

需要指出的是：在《版权指令》规定的16种对权利的“限制与例外”情形之中，只有上述“临时复制”的例外情形是强制性的。换言之，成员国可以选择是否在本国立法中规定其他15种限制与例外情形，但必须按照《版权指令》的要求规定适用于“临时复制”的例外情形。《版权指令》之所以有这样的强制性要求，正是基于网络服务的技术现实：在网络中正常传送作品以及许多新型网络服务均涉及对作品的“临时复制”，如接入服务商在根据用户指令自动传输作品过程中，作品会被临时存储在其中转服务器上。再如，提供合法的在线欣赏音乐或电影服务，也必然会导致作品在服务器端和客户端的内存中形成“临时复制”。因此，必须规定符合法定条件的“临时复制”不构成对复制权的侵权，否则互联网产业就无法生存。

然而，“临时复制”被纳入上述例外必须符合严格的条件，其中最重要的是它必须能够“使作品或其他客体的合法使用成为可能”。这意味着只有在“合法使用”过程中发生的“临时复制”才不受复制权的控制，如果是在对作品进行“非法使用”，则在内存中由此发生的“临时复制”仍然是侵犯复制权的行为。例如，某人在线点播一部未经许可而上传的电影，由于在线欣赏电影时内存中发生的“临时复制”并非为了对电影的“合法使用”，所以此人的行为仍然是侵犯复制权的。这使得《版权指令》规定例外的意义大打折扣，因为如果“临时复制”是在“合法使用”过程中发生的，而且又是“构成技术过程中内在且必要的组成部分”，同时还“不具有独立的经济价值”，则权利人起诉这种行为构成侵权的概率就会大

① Directive 2001/29/EC of the European Parliament and of the Council of 22 May 2001 on the Harmonisation of Certain Aspects of Copyright and Related Rights in the Information Society, Recital (33)。该指令的序言部分没有法律约束力，但可以用于解释正文内容。

大降低。例如，某人购买了正版电影的在线欣赏服务，在欣赏电影的过程中发生了内存中的“临时复制”，即使没有《版权指令》的例外规定，电影权利人也不可能认为此人侵犯了复制权。讨论内存中的“临时复制”的主要意义之一，就在于判断能否追究那些盗版用户的责任，即在未经权利人许可阅读、欣赏数字化文字作品、音乐作品、电影作品和美术作品，以及运行计算机软件的情况下，能否将该行为涉及的内存中的“临时复制”视为复制行为，并追究行为人侵犯复制权的法律责任。因此，《版权指令》对例外情形的规定，并没有降低将内存中的“临时复制”定性为复制行为所造成的巨大影响——控制消费者“消费”盗版作品的行为。

（三）与网络环境中“临时复制”有关的典型案例

英国高等法院判决的“索尼诉保尔案”正反映了《版权指令》的这一影响。该案的事实背景是：索尼公司在英国生产和销售 PlayStation 游戏机和与之相配套的游戏软件光盘。为了防止用户运行盗版游戏并对游戏光盘的销售施加区域控制，索尼公司在游戏机和游戏软件光盘中均设有相互匹配的“控制码”，在不同国家销售的游戏机和光盘所使用的“控制码”是不同的。如果有人企图将盗版游戏光盘或在美国购买的正版游戏光盘插入在英国购买的 Play Station 游戏机，都会因为游戏机不能从光盘中读出与之相匹配的“控制码”而无法运行游戏。英国人保尔设计了一种被称作 messiah 2 的电子芯片，并加以销售和提供安装。该芯片能被安装在 PlayStation 二代游戏机内，其作用在于骗过游戏机，使其相信正在运行的 CD 或 DVD 具有所需的嵌入式密码。通过这种方法，该台经过改造的 PlayStation 游戏机不仅能够读取并运行适用于该地域的正版光盘中的游戏软件，还能够运行盗版光盘中以及来自其他地域的正版游戏光盘中的软件。①

英国《版权法》第 296 条规定：如果数字化作品含有“复制保护措施”（也即用于防止未经许可复制的技术措施），那么“制作、进口、销售、许诺销售、宣传推销或出租任何专门设计或改造用以避开作品中的复制保护措施的工具或其他手段”的人应承担法律责任，只要其知晓或有理由知道他人会使用上述工具或手段制作侵权复制件。索尼公司据此起诉保尔。②

根据英国《版权法》第 296 条的规定，被告只有知晓或有理由相信其

① Kabushiki Kaisha Sony Computer Entertainment, Inc. and Others v. Ball, [2004] All ER (D) 334 (Jul.), at 325 - 326.

② Ibid., at 326.

messiah 2 芯片会被用于制作“侵权复制件”时，其提供 messiah 2 芯片的行为才构成违法。而在消费者使用安装了 messiah 2 芯片的 PlayStation 游戏机运行盗版游戏光盘的过程中，唯一可能涉及“侵权复制件”的情形，就是游戏光盘中的游戏软件片段会陆续进入游戏机的内存，形成持续时间极为短暂的“临时复制”现象。对此索尼公司主张：当游戏光盘被插入游戏机中时，其中的软件将会从光盘中被读取，并被复制到游戏机的内存中，导致该过程的行为就是一个复制行为。而被告的律师则认为：由于作品只能在内存中存续极短的时间，不能把内存看作是“侵权复制件”①。

英国高等法院认为：《版权法》第 17 条已明确规定，“对任何种类作品的复制包括制作短暂复制件，或对该作品进行其他使用时附带的复制件”。因此是否制作了“侵权复制件”只取决于复制的那一瞬间，而与是否能够保持存储状态无关。② 一件短暂地存储侵权复制件的物品就是版权法意义上的“侵权复制件”③。这样一来，临时存储盗版软件片段的内存就成了“侵权复制件”，消费者运行盗版游戏软件的行为就成了“制作侵权复制件”，messiah 2 芯片也就成了用于制作“侵权复制件”的工具。故保尔最终败诉。

英国高等法院判决的“索尼诉保尔案”确认了在计算机内存中发生的“临时复制”属于受复制权控制的复制行为，而由欧盟法院（欧盟法院原为欧共体法院，本书统称为“欧盟法院”，不再区分欧共体法院和欧盟法院）判决的 Infopaq 案和“PRCA 诉 NLA 案”则对《版权指令》中“临时复制”的免责条件提供了最好的注脚。

Infopaq 是一家专门追踪和分析商业信息的丹麦公司。其首先将各种报纸和期刊扫描进数据库，然后根据客户提交的查询关键词在数据库内的文章中进行检索。一旦发现关键词，就会将关键词之前及之后的 5 个词连在一起（加上关键词一共 11 个词）打印出来，一并发送给客户。④

文章的权利人和 Infopaq 公司对这一过程中涉及的三次临时存储行为的性质发生了争议。一是在进行扫描时，计算机程序会临时性地生成一个 TIFF（全称为 Tagged Image File Format，意为“目标图像文件格式”）图像文档，并自动将该图像文档传送至 OCR（全称为 Optical Character

① Kabushiki Kaisha Sony Computer Entertainment, Inc. and Others v. Ball, [2004] All ER (D) 334 (Jul.), at 328.

② Ibid., at 329.

③ Ibid., at 329-330.

④ Infopaq International A/S v. Danske Dagblades Forening, Case C-5/08 (2009), paras. 13-21.

Recognition，意为“光学字符识别”）服务器。[①] 二是 OCR 服务器会实时将该图像文档转换为文本格式的文档，以便任何文字处理程序加以编辑。在这一过程结束时，TIFF 图像文档会被删除。[②] 三是在客户提交关键词之后，系统将自动在该文本文档中检索关键词，并临时存储包括关键词在内的前后共 11 个词。当系统在纸张上打印出 11 个词之后，临时存储的文本文档和从中提取的 11 个词都将被删除。[③]

如上文所述，《版权指令》为“临时复制”规定了免责条件。临时性的复制如果是“稍纵即逝或附带性的，以及是技术过程中内在且必要的组成部分”，且其唯一目的是使作品或其他客体在网络中通过中间网络服务提供者在第三方之间传输成为可能，或使作品或其他客体的合法使用成为可能，并且该行为没有独立的经济价值，则该“临时复制”就可享受免责。[④]

本案的争议焦点就在于上述三种临时存储是否符合“稍纵即逝”的免责条件。欧盟法院指出：临时性的且“稍纵即逝”的复制应当是相关技术过程必不可少的组成部分，而且其作用在于使该技术过程得到实现。因此该复制行为不能超过为使相关技术过程得到实现所需的时间。对相关复制件的存储与删除也不能取决于行为人的决定和干预，否则就无法确保行为人确实会在相关技术过程实现后就删除为此而创建的复制件。[⑤] 在本案中，Infopaq 公司创建 TIFF 图像文档以及将其转化为文本文档这两次复制，只要其从计算机内存中被自动删除，就可以被认为是“稍纵即逝的”[⑥]。对于临时存储 11 个词的行为，欧盟法院则指出，现有证据不足以确认该技术过程究竟是不是自动进行的，以至于相关的数字文档在无须人工干预的情况下会被实时删除。提交问题的国内法院应当判断，对该数字文档的删除是否取决于复制行为实施者的意志，以及是否存在一种风险，即相关数字文档在使相关技术过程的运作过程结束后，仍然被存储。[⑦] 但是，Infopaq 公司将由 11 个词构成的作品打印在纸张上，就是在纸媒上进

① Infopaq International A/S v. Danske Dagblades Forening, Case C-5/08 (2009), para. 18.

② Ibid., para. 19.

③ Ibid., para. 20.

④ Directive 2001/29/EC of the European Parliament and of the Council of 22 May 2001 on the Harmonisation of Certain Aspects of Copyright and Related Rights in the Information Society, Article 5. 1.

⑤ Ibid., paras. 61 - 62.

⑥ Ibid., para. 65.

⑦ Ibid., para. 66.

行复制，而作品在被固定在纸张上之后，只有纸张被销毁时，复制件才消失。Infopaq公司的系统并不会自动销毁纸张，该纸质复制件究竟是被长久保存还是即刻被销毁，完全取决于工作人员的意志。这样一来，复制件将有可能根据使用者的需要被长久保存。因此，Infopaq公司提供报刊摘要的最后一步，即打印11个词的行为，并不符合《版权指令》规定的免责条件中的“稍纵即逝”①。

由此可见，如果所谓“临时复制”的最终结果是产生了一个可以被长久保存的复制件，则其必然会具有独立经济价值。此时相关行为不能根据《版权指令》第5条免责。

在欧盟法院判决的“PRCA诉NLA案”中，英国Meltwater公司向公共关系咨询协会（Public Relations Consultants Association Ltd.，简称PRCA）提供了媒体信息服务，具体方式为：由客户提供关键词，由Meltwater公司使用关键词在互联网上搜索相关的媒体文章，经整理、汇编后在线向客户提供一份报告。英国的报纸许可机构（Newspaper Licensing Agency Ltd.，简称NLA）是一家由报纸出版者设立的集体管理组织，职责是发放复制报纸文章的许可。报纸许可机构认为Meltwater公司应当为提供媒体信息服务的行为获得许可，而其客户也需要为使用该服务获得许可。Meltwater公司同意寻求许可，但公共关系咨询协会则认为自己仅在线浏览Meltwater公司所提供的报告，无须获得许可。双方为此发生纠纷。②

用户在线浏览网站中的内容将导致在用户计算机的屏幕以及硬盘缓存中形成“临时复制”，因此，本案的焦点是：用户仅在线浏览互联网网站中的作品但没有下载或打印，是否能因其实施了“临时复制”而构成侵权。也就是该“临时复制”是否符合欧盟《版权指令》规定的免责的条件。③ 对此，审理此案的英国法院认为涉案的“临时复制”符合“使作品或其他客体在网络中通过中间网络服务提供者在第三方之间传输成为可能，或使作品或其他客体的合法使用成为可能”以及“该行为没有独立的经济价值”的免责条件，但对于它是否属于一种“临时性的”、“稍纵即逝或附带性的”以及“构成技术过程中内在且必要的组成部分”存有疑问，

① Directive 2001/29/EC of the European Parliament and of the Council of 22 May 2001 on the Harmonisation of Certain Aspects of Copyright and Related Rights in the Information Society, paras. 67 – 70.

② Public Relations Consultants Association Ltd. v. Newspaper Licensing Agency Ltd. and Others, Case C-360/13 (2014), paras. 7 – 9.

③ Ibid., para. 21.

因此请求欧盟法院作出解释。[①]

欧盟法院指出：计算机屏幕上的“复制件”在用户改变浏览内容时就会被删除，计算机缓存中的“复制件”通常也会在一段时间后自动被其他内容替代，这段时间的长短取决于缓存的容量和用户浏览互联网内容的频度，因此这些“复制件”都是“临时性的”[②]。

对于“临时复制”须是“稍纵即逝或附带性的”的免责要件，欧盟法院先解释了“稍纵即逝”。其指出，如果相关“复制件”的存续期间仅限于为使技术过程正常运作所必需的时间，且该“复制件”使技术过程得以运作的功能结束之后，该技术过程将在无须人工干预的情况下自动删除“复制件”，相关“复制”就是“稍纵即逝的”。但是，对自动删除的要求并不意味着，一旦人工干预导致该技术过程终止，从而提前删除了相关“复制件”，相关“复制”就不是“稍纵即逝的”了。[③] 在本案中，计算机屏幕上的“复制件”是在用户从当前网站转至其他网站时，也就是在浏览当前网站的技术过程终止时，由计算机自动删除的。当然，该“复制件”在用户保持其浏览器的使用状态以及停留在当前网站的情况下，会一直存在。但这只是因为为浏览当前网站所需的相关技术过程在持续。这说明计算机屏幕上“复制件”的存续期间仅限于为浏览网站的技术过程正常运作所必需的时间，因此相关复制件是“稍纵即逝的”[④]。

对于“附带性”，欧盟法院认为，“附带性”是指其不能独立于该技术过程存在，或者没有独立于相关技术过程的用途。[⑤]欧盟《版权指令》为“临时复制”规定的免责条件之一是“稍纵即逝或附带性的”，也就是说，满足“稍纵即逝”或“附带性”两者之一即可。对于浏览过程中在计算机缓存中形成的“复制件”而言，它们并不随着浏览网站的相关技术过程结束而被自动删除。相反，它们会被保留在缓存之中，以为下次浏览相同网站时所用，因此并不是“稍纵即逝”的。但是，与浏览相关的技术过程完全决定了缓存中“复制件”被创建和使用的目的。如不创建缓存中的“复制件”，该技术过程即使能够实施，其效率也会降低。同时，用户无法在浏览网站的技术过程之外创建缓存中的“复制件”。因此，缓存中的“复

① Public Relations Consultants Association Ltd. v. Newspaper Licensing Agency Ltd. and Others, Case C-360/13 (2014), para. 25.

② Ibid., para. 26.

③ Ibid., paras. 34 - 42.

④ Ibid., paras. 44 - 46.

⑤ Ibid., para. 43.

制件”无法独立存在，或没有独立于相关技术过程的用途，因此其属于“附带性的”[①]。

对于“临时复制”应当是“技术过程中内在且必要的组成部分”的免责条件，欧盟法院指出，其含义是相关的“复制”自始至终都应在技术过程的实施中发生，且如果没有该“复制”，该技术过程就无法正确和有效地实施。[②] 在本案中，计算机屏幕和缓存中的“临时复制件”都是在浏览网站的技术过程中创建和删除的，它们完全在该技术过程中产生。至于该技术过程是否由用户启动，以及是否通过用户的另一次“临时复制”行为而终止，无关紧要。换言之，《版权指令》并未将涉及人工干预，特别是人为启动或终止的技术过程排除在外。因此，计算机屏幕和缓存中的“临时复制”都属于“技术过程中内在且必要的组成部分”[③]。结合本案案情，如果没有“临时复制”，即使相关技术过程能够实施，该技术过程也无法正确和有效地实施。缓存中的“复制件”为互联网中的浏览提供了极大的便利，因为如果没有这些“临时复制”，互联网将无法应对海量数据的实时传输。在不创建这些“复制件”的情况下，浏览互联网网站的技术过程在效率上将大大降低，且可能无法正常运作。对于在计算机屏幕中的“复制件”而言，浏览互联网网页的技术要正常且有效运作，就需要创建这种“复制件”。因此，计算机屏幕和缓存中的“临时复制”都“构成技术过程中内在且必要的组成部分”[④]。

这样一来，欧盟法院认为相关复制必须是“临时性的”、“稍纵即逝或附带性的”以及“构成技术过程中内在且必要的组成部分”的免责条件均已符合。[⑤]

与此同时，欧盟法院还强调，要享受免责，相关行为还必须符合《版权指令》第 5 条第 5 款规定的“三步检验标准”，其内容与《与贸易有关的知识产权协定》(TRIPs 协定) 第 13 条相同，也就是要求《版权指令》规定的所有限制与例外都只能在特定的特殊情况下实施，不能与对作品的正常利用相冲突，也不能不合理地损害权利人的合法利益。[⑥] 对此，欧盟法院指出：首先，在计算机屏幕和缓存中的“复制”只为浏览网站而产

① Public Relations Consultants Association Ltd. v. Newspaper Licensing Agency Ltd. and Others, Case C-360/13 (2014), paras. 47 – 50.

② Ibid., para. 28.

③ Ibid., paras. 30 – 33.

④ Ibid., paras. 34 – 37.

⑤ Ibid., paras. 51 – 52.

⑥ Ibid., para. 54.

生，因此构成特殊情况。[1] 其次，虽然这些“复制件”使用户能够浏览在网站中未经许可展示的作品，但它们并没有不合理地损害权利人的合法利益。这是因为相关作品是由网站的经营者提供的，相关行为构成向公众传播，《版权指令》已要求这些经营者获得权利人的许可，从而使权利人的合法利益得到了保障。同时，欧盟法院认为，在网站的传播行为已得到权利人许可的情况下，要求用户获得利用同一传播行为的另一个许可，是缺乏正当性的。[2] 最后，用户通过技术过程浏览网站是一种对作品的正常利用，使用户能够从网站经营者对作品的传播中受益。由于对涉案“复制件”的创建是网络浏览的组成部分，它不可能用于损害对作品的利用，因此，欧盟法院认定为浏览所需的“临时复制”符合“三步检验标准”的要求。[3]

“PRCA 诉 NLA 案”强调最终用户在浏览网络中的作品时，无须因“临时复制”而获得权利人许可。这当然是合理的。但问题在于，欧盟法院的这一结论是以“网站的传播行为已得到权利人许可”为前提的，也就是说用户浏览的是内容为正版的网站。那么，对于浏览了未经许可即被传播的内容即盗版内容的用户而言，附带于浏览这一技术过程的“临时复制”能根据《版权指令》免责吗？欧盟法院只是在讨论“三步检验标准”时提出：该“临时复制”并没有不合理地损害权利人的合法利益，理由是《版权指令》要求网站经营者获得权利人的许可，从而使权利人的合法利益得到了保障。这样的论述并不能消除人们对将“临时复制”定为复制行为的疑虑，因为欧盟法院并没有回答关键的问题——如果网站经营者应当获得许可而未获得许可，浏览盗版内容的用户是否会因“临时复制”而承担责任？同时，此案在由英国最高法院提交欧盟法院时，英国最高法院并没有要求欧盟法院解释《版权指令》中“临时复制”的免责条件——“使作品或其他客体的合法使用成为可能”。这就导致欧盟法院没有机会分析用户在浏览盗版内容时，相关的“临时复制”究竟是否符合“使作品或其他客体的合法使用成为可能”。

还需要指出的是：在“PRCA 诉 NLA 案”中，欧盟法院认为，在计算机屏幕上的显示也构成欧盟《版权指令》意义上的“复制件”，受复制权控制，但属于欧盟《版权指令》规定的例外。笔者对此不能赞同。对于在计算机内存（包括缓存）中形成的临时存储是否构成著作权法意义上的

---

① Public Relations Consultants Association Ltd. v. Newspaper Licensing Agency Ltd. and Others，Case C-360/13（2014），para. 55.

② Ibid.，paras. 56 - 59.

③ Ibid.，paras. 60 - 62.

复制，后文有详细讨论，此处需要强调的是，如果欧盟法院认为计算机屏幕是物质载体，作品在其中显示就构成复制，则该结论明显违背有关复制权的基本法理。“复制”应当使作品被固定在物质载体之上，从而形成对作品的复制件。“临时复制”之所以还需要讨论，是因为作品毕竟在一瞬间在存储器中被存储，或者说被瞬间“固定”了。但计算机屏幕对作品的显示，则无论如何难以被归入“固定”。即使是一贯坚持在计算机内存中的“临时复制”是复制行为的美国，都不承认计算机屏幕对作品的显示构成“复制”。美国国会在对 1976 年美国《版权法》的报告中就曾明确指出：

> 对“固定”的定义排除了纯粹暂时的和稍纵即逝的复制，比如短暂地投射到屏幕上，在电视机或电子射线管上以电子方式显示，或者在计算机“存储器”中的片刻存储。①

屏幕与作品的关系，和镜子与作品的关系没有任何区别。如果计算机屏幕对作品的显示也属于“复制”，则拿一面镜子映出一幅画也是“复制”，这显然是不合理的。

三、澳大利亚

在发达国家中，澳大利亚曾长期反对将内存中的“临时复制”定为受复制权规制的复制行为，这种立场一直延续至 2004 年根据与美国的自由贸易协定对其《版权法》的修改。

(一)《数字议程报告》的建议

1997 年 7 月，澳大利亚司法部及通讯与艺术部联合公布了名为《版权改革和数字议程》的报告（以下简称“《数字议程报告》”）。《数字议程报告》明确反对将复制权延伸至内存中的复制。《数字议程报告》针对“许多临时复制发生在电子传输的技术过程中”的事实，明确建议“在电子传输的技术过程中发生的临时性和附带性复制应排除在复制权的调整范围之外”②，并认为“这将不会阻碍在网络环境中对版权人的保护”③。《数字议程报告》对此的解释是：

> 将版权人的复制权扩展至能够调整传输过程中特定的暂时性和附带性复制，会使版权保护过分有利于版权人。而将这种传输过程中的临时复制从复制权中排除出去，对于在版权人的利益和

---

① H. R. Rep., No. 94-1476, 94th Cong., 2d Sess., 1976, p. 53.

②③ Attorney-General's Department and the Department of Communications and the Arts of Australia, Copyright Reform and the Digital Agenda, 1997, para. 4. 55.

用户在新的通讯环境中获取作品的需要之间谋求平衡具有重要作用。①

《数字议程报告》同时指出，当被暂时存储的临时复制件已不只是作为传输技术过程中的一个部分，而是被用于其他用途时，如果该用途构成了对版权的行使（如将该复制件向公众传输），则该行为应是一个独立行为，应当获得版权人的授权。② 类似的情况还有：将临时复制件下载下来，或将临时复制件转成一文件，或将临时复制件转存在硬盘上。这些行为都应获得版权人对行使复制权的授权。③《数字议程报告》针对“浏览”问题进一步指出：

由于浏览经常，如果不是必然，导致在浏览者的计算机中产生被浏览材料的临时复制件，因此对该临时复制行为是否应受复制权调整，或是作为一种附带性的复制而成为例外存在争议。建议不将这种在浏览过程中产生的附带性复制视为对复制权的侵犯。④

《数字议程报告》建议的对内存中的“临时复制”进行定性的立法方法与欧盟《版权指令》有所不同：《版权指令》是先将“临时复制”界定为一种复制行为，再规定特定的“临时复制”不构成对复制权的侵犯。也即《版权指令》是通过“限制和例外”来使一部分“临时复制”免责的。而《数字议程报告》则不认为在“浏览”中涉及的技术过程中形成的“临时复制”构成受复制权控制的行为。这正是笔者赞成并将在下文进一步论证的观点。

（二）2000 年《版权法》（《数字议程法案》）的规定

2000 年，澳大利亚为适应网络环境中版权保护的需要，通过了《数字议程法案》，对其《版权法》进行了修改。对于在网络传输和“浏览”中涉及的“临时复制”，新增加的第 43A 条作出了两款专门规定：

（1）在进行或接受传输的技术过程中，作为其构成部分而对作品或其改编版本的临时复制，不侵犯作品或其改编版本的版权。

（2）如果进行传输的行为是版权侵权行为，则对于在进行传

---

① Attorney-General's Department and the Department of Communications and the Arts of Australia, Copyright Reform and the Digital Agenda, 1997, para. 4. 56.

② Ibid., para. 4. 57.

③ Ibid., para. 4. 57.

④ Ibid., para. 4. 61.

输的技术过程中，作为其构成部分而对作品或其改编版本的临时复制，第1款不能适用。

该第43A条并没有完全采纳《数字议程报告》建议的上述方法。该条第1款的用语是“在……接受传输的技术过程中，作为其构成部分而对作品或其改编版本的临时复制，不侵犯作品或其改编版本的版权”。在“接受传输”的过程中进行“临时复制”显然就是指“浏览”。而第43A条第1款只是说它“不侵犯版权”。“不侵犯版权”究竟是因为“浏览”根本就不是“复制行为”，还是因为它构成“复制行为”，但属于“限制与例外”的范围呢？从该款中无法得出明确的回答。澳大利亚联邦议会下院（参议室）法律与宪法委员会在所作的《版权法修正案（数字议程）咨询报告》中，也提及有观点主张“临时复制”根本就不是“复制”。该委员会一方面表示其“并不认为临时复制应当从复制的定义中被排除出去”，但另一方面又称“委员会认为不需要详细地讨论这一观点”①。这实际上采取了回避的态度。但有一点是清楚的：即使用户“浏览”的是侵权作品，该“浏览”行为也不侵权。这是因为该第43A条第2款规定：不适用第1款的只是在“进行传输”的过程中进行“临时复制”的行为。这就意味着，对在“接受传输”的过程中进行“临时复制”的行为，也即“浏览”行为，仍然可以根据第1款的规定认定不构成侵权。澳大利亚议会在对《数字议程法案》作出的“解释备忘录”中也明确指出：该条就是意图使“浏览”行为不侵权。②

需要指出的是：上述第43A条针对的只是与网络传输有关的“临时复制”。对于运行计算机软件等其他导致“临时复制”的行为，《数字议程法案》并未作出明确规定。有人因此担心其他导致“临时复制”的行为会被认为构成侵权行为。③ 澳大利亚议会下院法律与宪法事务常设委员会在《版权法修正案（数字议程）咨询报告》中对此作出了回应：

> 委员会没有发现有任何案例，认定运行便捷式CD机或使用个人电脑的人承担版权侵权责任。作为一个实际问题，委员会也注意到在这方面的执法几乎是不可能的。④

---

① House of Representatives Standing Committee on Legal and Constitutional Affairs, Advisory Report on Copyright Amendment (Digital Agenda) Bill 1999, 1999, para. 6. 36.

② House of Representatives, the Parliament of the Commonwealth of Australia, Copyright Amendment (Digital Agenda) Bill 1999, 1999, Explanatory Memorandum, para. 63.

③ House of Representatives Standing Committee on Legal and Constitutional Affairs, Advisory Report on Copyright Amendment (Digital Agenda) Bill 1999, 1999, para. 6. 46.

④ Ibid., para. 6. 47.

由此可见，《数字议程法案》的制定者并没有像《数字议程报告》所建议的那样，明确内存中的"临时复制"不是"复制行为"，只是规定网络"浏览"不构成侵权行为。但澳大利亚法院在下文所述的"索尼诉史蒂文斯案"中，明确认定内存中的"临时复制"不能构成版权法意义上的"复制行为"。

（三）"索尼诉史蒂文斯案"

在2005年澳大利亚联邦高等法院判决的"索尼诉史蒂文斯案"中，"临时复制"被法院排除出复制行为的范围。该案的事实背景与前述"索尼诉保尔案"几乎完全相同，只是被告换成了澳大利亚人史蒂文斯，其制作的用以规避索尼PlayStation游戏机技术措施的芯片被称为"直读芯片"（mod chip）。

澳大利亚2000年《版权法》第116A（1）条规定：如果作品或其他客体是受"技术保护措施"保护的，未经版权人或其独占许可人授权，出售、提供、出租、推销、制造和进口能够用于规避或协助规避"技术保护措施"的"规避设备"，版权人可对其提起诉讼。[①] 索尼公司即以史蒂文斯出售的"直读芯片"是用于规避其"技术保护措施"的"规避设备"为由对其提起诉讼。庭审中，原、被告双方争议的焦点在于索尼公司在其游戏机和游戏光盘中设置的"控制码"是否构成法律意义上的"技术保护措施"。

澳大利亚《版权法》对"技术保护措施"的定义是：一种设备或产品，或某一方法中的组成部分，其被设计用于在通常运行过程中通过以下方法制止或抑制版权侵权行为：（1）通过使用密码或方法（包括加密、解密或者其他转换作品或其他客体的方式）确保只有经过版权人或其独占被许可人的授权才能使用作品；（2）通过控制复制的机制。[②]

从这个定义来看，无论采取密码控制还是复制控制的方法，只有能够制止或抑制"版权侵权行为"的设备或方法才能构成"技术保护措施"。由于版权法并没有像专利法那样赋予版权人以广义的"使用权"，版权人只能控制复制、发行、表演作品等特定的"使用"行为，却不能控制阅读等"使用"行为。因此，一个人明知他人出售的书籍或音乐磁带为盗版，却故意买来供个人阅读和欣赏，并不是侵犯版权的行为。而用户使用史蒂文斯提供的"直读芯片"运行盗版游戏软件的全过程中，唯一可能涉及版权侵权的行为，就是光盘中的游戏软件会被调入游戏机内存中形成"临时

① (Australia) Copyright Act (revised in 2000), Sec. 116A.

② Ibid., Sec. 10 (1).

复制”。如果这种内存中的“临时复制”构成版权法意义上的复制行为，则用户使用盗版或进口游戏软件的行为即构成对复制权的侵权，索尼公司的“控制码”就是一种能够通过密码“制止或抑制版权侵权行为”的“技术保护措施”。反之，如果这种临时性的复制不被认为是版权法意义上的复制行为，则用户运行盗版游戏软件的行为就如同阅读盗版书，并不是版权侵权行为，索尼公司的“控制码”就无法起到“制止或抑制版权侵权行为”的作用，不能成为版权法意义上的“技术保护措施”了。

当时澳大利亚《版权法》对“复制权”的规定是：版权人有“在物质形式”（material form）上复制作品的专有权利。① 对于“物质形式”，《版权法》的定义是：对于作品而言，物质形式包括作品或其实质性部分能够从中被复制的任何存储形式。② 由于游戏软件的一部分从光盘中被调入游戏机内存之后，会很快随着另一部分的调入而消失，通常只能持续存在几分之一秒的时间。对于内存中存续时间如此短暂的复制件，索尼公司的技术人员也承认：除非开发出新的硬件，否则根本无法从游戏机内存中提取并复制。③ 但是，索尼公司又认为：“能够从中被复制”（can be reproduced）包括虽然无法使用通常方法或现有技术进行复制，却可以使用额外设备和未来发展出的技术加以复制的情形。二审法院的一名法官也支持这种观点。④

但是，这一解释遭到了澳大利亚联邦高等法院法官的一致拒绝。联邦高等法院认为：澳大利亚《版权法》之所以将“能够从中被复制”定为构成“有形物质形式”的条件，并进而将之视为“复制”行为一个不可或缺的要件，目的正在于平衡版权人和使用者之间的利益。对诸如计算机软件之类的数字化作品的使用并不能产生可以被再次复制的复制件，将这种使用也认定为复制行为将导致《版权法》对公众使用行为的过分限制。例如，按照索尼公司的解释，个人在家庭中用 DVD 观赏电影时，电影的片段也将临时性地进入 DVD 中的内存，在 DVD 光盘为盗版光盘的情况下，观赏行为将构成版权侵权，而这一结论是不能被接受的。⑤

澳大利亚联邦高等法院特别强调：美国《版权法》对“物质载体”（material objects）的定义较为宽松——“从中可以直接或者利用机器或

① (Australia) Copyright Act (revised in 2000), Sec. 31 (1) (a) (i).

② Ibid., Sec. 10 (1).

③ Kabushiki Kaisha Sony Computer Entertainment and Others v. Stevens, (2002) 200 ALR 55, at 90.

④ Ibid., at 86.

⑤ Stevens v. Kabushiki Kaisha Sony Computer Entertainment and Others, [2005] HCA 58, paras. 71, 76.

设施对作品加以感知、复制或传播的物质载体”①。这样，即使在内存中的“临时复制件”无法被现有机器或设施加以再次复制，只要它能够以任何方式被“感知”，产生该“临时复制件”的行为仍然构成版权法意义上的“复制”行为。但美国的这一立场本身就受到许多批评，同时美国《版权法》对复制行为的定义毕竟与澳大利亚《版权法》不同。②

既然用户在运行游戏软件过程中，游戏软件的片段进入游戏机内存所形成的“临时复制”不是澳大利亚《版权法》意义上的“复制”，那么用户即便运行盗版游戏软件，也不构成版权侵权行为。这样一来，索尼公司在游戏机和游戏光盘中加入的“控制码”虽然能够起到防止用户使用盗版游戏软件或进口正版软件的作用，却不能“制止或抑制版权侵权行为”。由于澳大利亚《版权法》将“技术保护措施”定义为“制止或抑制版权侵权行为”的产品或设备，因此，索尼公司的“控制码”不能被认定为《版权法》意义上的“技术保护措施”。用于绕开“控制码”，使用户可以在索尼游戏机上运行盗版软件的“直读芯片”，也不能构成针对“技术保护措施”的“规避设备”，史蒂文斯提供“直读芯片”的行为就自然不是违法行为了，索尼公司最终败诉。

（四）2005 年之后《版权法》的规定

需要指出的是：澳大利亚联邦高等法院对该案的判决依据的是 2000 年修订的《版权法》。在美国强大的政治与经济压力之下，澳大利亚与美国于 2004 年签订了《自由贸易协定》，该协定对包括版权在内的知识产权问题作出了规定，其中第 17.4 条要求“双方应规定：下列主体有权授权或阻止以任何方法和形式进行任何复制，无论是永久性还是临时性的（包括在物质形式上的临时存储）……”。这等于是要求澳大利亚在立法中明确承认内存中的“临时复制”也是版权法意义上的复制行为。

为了实施《自由贸易协定》，澳大利亚《版权法》也于 2004 年被修改，并于 2005 年生效。新的《版权法》对“物质形式”的定义作出了重大变更：

> 物质形式，对于作品或作品的改编版本而言，包括任何作品或其改编版本，或其实质性部分的存储形式（无论可视与否），无论作品、其改编版本或其实质性部分是否能够被复制出来。③

（注：着重号为引者所加）

① 17 U.S.C 101.

② Stevens v. Kabushiki Kaisha Sony Computer Entertainment and Others, [2005] HCA 58, paras. 77 – 78.

③ (Australia) Copyright Act (2005), Sec. 10 (1).

这意味着：虽然从内存中无法复制出其中存储的作品，但内存仍然是《版权法》上的“物质形式”。在内存中进行“临时复制”今后将被认定为《版权法》意义上的“复制”。澳大利亚议会在“解释备忘录”中也明确指出：根据这一修改，“在诸如计算机、DVD 和光盘播放机内存中形成的具有临时性质的电子复制件”均将被纳入“复制”的范围内。①

为了与该修改相配合，澳大利亚《版权法》还增加了第 43B 条，针对由使用作品引起的“临时复制”作出了规定（但该条不针对由网络传输引起的“临时复制”。如上文所述，这种情况由第 43A 条规定）。其中第 1 款规定：在使用作品的技术过程中，作为必要构成部分而对作品进行的附带性临时复制，不构成版权侵权。第 2 款则规定：如果对侵权复制品进行临时复制，则第 1 款不适用。根据该款，在索尼游戏机上运行正版游戏软件虽然会导致内存中的“临时复制”，但这属于在利用游戏软件技术过程中的附带性“临时复制”，因此不侵犯游戏软件的版权。但运行盗版游戏软件将构成侵犯“复制权”的行为，因为这属于对“侵权复制品（盗版游戏软件）”的“临时复制”。而“使用控制密码”也将成为“制止”版权侵权行为的“技术保护措施”。显然，如果自此在澳大利亚发生类似“索尼诉史蒂文斯案”的诉讼，判决结果将完全不同。

四、世界知识产权组织的两个版权条约

1996 年，在世界知识产权组织为制定《世界知识产权组织版权条约》和《世界知识产权组织表演和录音制品条约》而主持召开的日内瓦外交会议上，美国和欧盟的代表要求对《保护文学艺术作品伯尔尼公约》（以下简称《伯尔尼公约》）中的复制权予以澄清，将“临时复制”也纳入其中，从而引起了激烈的争议。

（一）基础提案中关于复制权范围的第 7 条

在外交会议上，各国代表团讨论的基础是专家委员会起草的关于两个条约的“基础提案”（Basic Proposal，实际上为条约草案及详细说明，下同）②，其中包含了两条约的草案与说明。其中关于《世界知识产权组织

---

① House of Representatives, the Parliament of the Commonwealth of Australia, US Free Trade Agreement Implementation Bill 2004, 2004, para. 671.

② “基础提案”的全称是《供外交会议考虑的有关保护文学艺术作品特定问题的条约实体规定的基础提案》(Basic Proposal for the Substantive Provisions of the Treaty on Certain Questions concerning the Protection of Literary and Artistic Works to be Considered by the Diplomatic Conference)。之所以有“有关保护文学艺术作品特定问题的条约”的用语，是因为《世界知识产权组织版权条约》最早的名称被拟为《有关保护文学艺术作品特定问题的条约》。“基础提案”的作用类似于我国全国人民代表大会常务委员会宪法和法律委员会对法律草案所作的报告，对条约草案中的每一条文都进行了详细解释。虽然不具有法律效力，但对于条约的解释具有很高的价值。

版权条约》的“基础提案”第7条为“复制权的范围”，规定：

(1)《伯尔尼公约》第9条第1款赋予文学艺术作品作者许可复制其作品的专有权利，应包括许可以任何手段或形式，直接和间接复制其作品，而无论是永久还是临时复制。

(2) 除《伯尔尼公约》第9条第1款的规定之外，当临时复制的唯一目的是使作品可以被感知或该复制具有短暂或附带性质时，对于是否应对复制权进行限制的问题，应由缔约国国内法解决。但（对复制权进行限制的）条件是该复制发生在由作者或法律许可的使用作品过程之中。①

显然，该条内容是以美国白皮书和欧盟《续绿皮书》的观点为基础的，其中“应包括许可以任何手段或形式，直接和间接复制其作品，而无论是永久还是临时复制”的用语，就是为了确保内存中的“临时复制”受到复制权的控制。关于《世界知识产权组织版权条约》的“基础提案”对该条的说明也印证了这一点：

技术发展已对用于复制的手段产生了很大的影响。（对作品）完全和准确的复制可以极快地完成，被复制的内容只会在计算机的存储器中存在极短的时间。在一些情况下，特定作品或数据片段可能不会被全部复制到计算机的存储器中，只有那些对于获得特定结果（如为了使作品得以被感知）所必需的部分才会被复制。在这种情况下，对作品各部分在一段时间内的连续复制才能覆盖作品的全部。② 某些相关的作品使用行为可能在现在或将来完全依赖临时复制。③ 该提案意图澄清被广为接受的理解，即永久和临时性复制都构成《伯尔尼公约》第9条第1款意义上的复制。复制的结果可以是像书本、录音制品或光盘那样的有形的、永久的复制件，也可以是在计算机硬盘中的复制件，或是在计算机内存中的复制件。④ ……今天，伯尔尼联盟的成员国可能以不同的方式解释复制权。一些国家可能认为临时复制，至少是一部分只能导致复制结果存续极短时间的临时复制行为，并不属于复制权（控制的）范围。而另

---

① WIPO Doc. CRNR/DC/4, Basic Proposal for the Substantive Provisions of the Treaty on Certain Questions concerning the Protection of Literary and Artistic Works to be Considered by the Diplomatic Conference (1996), prepared by the Chairman of the Committees of Experts on a Possible Protocol to the Berne Convention and on a Possible Instrument for the Protection of the Rights of Performers and Producers of Phonograms, Article 7.

② Ibid., note 7.12.

③ Ibid., note 7.13.

④ Ibid., note. 7.05.

一些国家则可能进行相反的解释。① 对于像复制权这样如此重要权利的解释，应当在全世界范围内以公平与合理的方式加以协调。统一的解释是必要的。要确保版权制度在数字化的未来能够发挥作用，就必须进行统一解释。② 而对复制权范围的解释进行有效协调的唯一方式，就是确认临时复制属于复制权的（控制）范围。③

至于基础提案将“临时复制”定性为受复制权控制的复制行为的理由，则是“在计算机硬盘或其存储器中都可以形成作品的复制件。在极短时间内被存储的作品也可以被复制或被进一步传播，或通过适当的设备被感知”④。这其实就是前文所述美国白皮书、“MAI 诉 Peak 案”及美国版权局观点的翻版。美国著名版权法学者帕梅拉·塞缪尔森（Pamela Samuelson）教授对此指出：克林顿政府在日内瓦寻求制定的国际标准之一就是要“给予版权人以控制对作品在计算机内存中几乎所有临时复制的专有权利”⑤。

同时，正如日后欧盟《版权指令》的规定一样，尽管关于《世界知识产权组织版权条约》的“基础提案”第 7 条规定缔约国可以对在技术过程中具有短暂或附带性质的复制规定例外，也即可以使“临时复制”免责，但前提是对作品的使用本身是合法的。同时这种免责还要通过“三步检验标准”⑥。美国代表在发言中就强调：美国代表团认为应允许缔约国将在“经过授权的使用”（authorized use）过程中，因正常操作诸如光盘播放机、计算机和用于传输信息的设备时产生的“临时复制”作为复制权的例外。⑦

如前文分析欧盟《版权指令》中类似用语时指出的那样，这样的免责条件意味着，如果有人“未经授权”将作品置于网上，任何通过网络“浏

① WIPO Doc. CRNR/DC/4，Basic Proposal for the Substantive Provisions of the Treaty on Certain Questions concerning the Protection of Literary and Artistic Works to be Considered by the Diplomatic Conference (1996)，prepared by the Chairman of the Committees of Experts on a Possible Protocol to the Berne Convention and on a Possible Instrument for the Protection of the Rights of Performers and Producers of Phonograms，note 7. 14.

② Ibid.，note 7. 15.

③ Ibid.，note 7. 15.

④ Ibid.，note 7. 05.

⑤ Pamela Samuelson，“The U. S Digital Agenda at WIPO”，*Virginia Journal of International Law*，Vol. 37，1997，p. 369.

⑥ WIPO Doc. CRNR/DC/4，Basic Proposal for the Substantive Provisions of the Treaty on Certain Questions concerning the Protection of Literary and Artistic Works to be Considered by the Diplomatic Conference (1996)，prepared by the Chairman of the Committees of Experts on a Possible Protocol to the Berne Convention and on a Possible Instrument for the Protection of the Rights of Performers and Producers of Phonograms，note 7. 07.

⑦ WIPO Doc. CRNR/DC/102，Summary Minutes，Main Committee I，para. 260.

览”该作品的行为都会侵犯复制权，因为“浏览”行为必然导致内存或缓存中的“临时复制”，而该对作品的“使用”却未经著作权人授权。这无异于赋予了著作权人以控制网络用户从网络中获取作品的绝对权利。更何况在如此苛刻的前提条件下，关于《世界知识产权组织版权条约》的基础提案也没有将缔约方规定针对内存中的“临时复制”的例外作为一种条约义务，而是允许缔约方自行选择是否规定这种例外。该建议遭到包括中国在内的许多国家的反对，如：日本代表团认为基础提案第7条涉及的问题（主要指临时复制）应当由各国国内法解决。① 新加坡、澳大利亚等代表团赞成原则上将所有“临时复制”作为复制行为纳入复制权的控制范围，但要求清楚地规定限制与例外，以使特定情形下的“临时复制”（主要指浏览与传输过程中的“临时复制”）享受免责。中国、挪威、丹麦、瑞典、非洲集团、和加勒比集团代表团则从根本上反对将特定“临时复制”作为复制行为纳入复制权的控制范围（对这些国家的观点将在下一节进行引用和分析）。泰国代表团则在未解释理由的情况下提出“以目前形式出现的第7条是不可接受的”②。中国代表团针对草案第7条针锋相对地提出：

> 第7条应当被替换为“《伯尔尼公约》第9条第1款赋予文学艺术作品作者的授权以任何形式复制其作品的专有权，应当包括对其作品直接和间接的永久复制”③（注：着重号为引者所加）。

前文提及的澳大利亚司法部及通讯与艺术部联合公布的《数字议程报告》对此也指出：

> 许多代表团基于一系列原因反对该条款。人们担忧：扩张复制权以对在电子传输过程中形成的暂时或附带性复制进行控制，会过分增强版权人的权利，而这会损害新通讯环境，特别是因特网的持续发展和对其的有效利用。④ ……在对基础提案第7条经过激烈辩论之后，对于该条有关复制权范围的提案究竟是用于澄清《伯尔尼公约》中现有复制权的范围，还是用于扩张复制权，并没有达成共识。⑤（注：着重号为原文所有）

正是由于在临时复制问题上无法达成共识，在外交会议的最后一天，各国代表团一致同意从《世界知识产权组织版权条约》的文本中删除关于

① WIPO Doc. CRNR/DC/102，Summary Minutes，Main Committee I，para. 285.

② Ibid.，para. 295.

③ WIPO Doc. CRNR/DC/64，Amendments to Partly Consolidated Text of Draft Treaty No. 1 (CRNR/DC/55)，proposed by the delegation of the People's Republic of China，p. 2，para. 4.

④ Attorney-General's Department and the Department of Communications and the Arts of Australia，Copyright Reform and the Digital Agenda，1997，para. 3. 39.

⑤ Ibid.，para. 3. 40.

复制权范围的第7条提案。但是，美国代表团提出：其同意删除第7条提案是有前提条件的，那就是外交会议必须接受关于《伯尔尼公约》中复制权范围的“议定声明”（Agreed Statement）。①

（二）关于复制权范围的“议定声明”

外交会议在最后时刻以投票表决方式，以多数票通过了关于复制权范围的“议定声明”（Agreed Statement）：

> 《伯尔尼公约》第9条规定的复制权以及经允许的例外，在数字环境下完全适用，特别是适用于数字形式作品的使用。受保护作品以数字形式在电子介质中存储构成《伯尔尼公约》第9条意义上的复制。②

塞缪尔森教授对通过该“议定声明”的背景进行了形象的描述：

> 有人认为《世界知识产权组织版权条约》应当被理解为将临时复制视为版权法意义上的复制行为，理由是美国代表在外交会议的最后一小时坚持以投票方式通过决议。就像舞厅中的灰姑娘一样③，外交会议必须在中午12点之前结束。大约在前一天晚上10点半的时候，也就是在《世界知识产权组织版权条约》的文本完成之许多小时后，以及在其他被普遍接受的、用于解释条约的议定声明已经经过投票表决之后，在近一半代表已经回家，在那些留下来的代表在当天工作了12小时之后筋疲力尽之时，美国代表团要求对关于数字复制的三句话声明进行投票表决。④

① Pamela Samuelson, “The U. S Digital Agenda at WIPO”, *Virginia Journal of International Law*, Vol. 37, 1997, p. 369, at 390. WIPO Doc. CRNR/DC/102, Summary Minutes, Main Committee I, para. 1046.

② 《世界知识产权组织版权条约》中关于第1条第4款的议定声明。

③ 在格林童话关于灰姑娘的故事中，穿着盛装参加舞会的灰姑娘必须在午夜前回家。

④ Pamela Samuelson, “The U. S Digital Agenda at WIPO”, *Virginia Journal of International Law*, Vol. 37, p. 369, at 390 (1997)。但笔者查阅外交会议记录后发现，美国代表团只要求对该“议定声明”的第二句投票。第一句获得了全体代表团的一致同意，无须投票。塞缪尔森教授文中所说的“三句话声明”中的第三句并非美国代表团提议的，而是时任世界知识产权组织总干事的鲍格胥博士（Árpád Bogsch）提议增加的，内容为“对‘存储’一词的解释应根据在第一主委员会的讨论进行”（WIPO Doc. CRNR/DC/102, Summary Minutes, Main Committee I, para. 1090）。但美国代表团反对该第三句（WIPO Doc. CRNR/DC/102, Summary Minutes, Main Committee I, para. 1092）。鲍格胥博士因此撤回了该提议（WIPO Doc. CRNR/DC/102, Summary Minutes, Main Committee I, para. 1093）。由于巴西代表团等支持第三句，第一主委员会仍然对由三句话构成的“议定声明”进行了投票，结果未获得多数。WIPO Doc. CRNR/DC/102, Summary Minutes, Main Committee I, paras. 1091, 1136. 下文提及的第一主委员会的投票结果，是指随后对由两句话构成的“议定声明”中第二句的投票结果。

然而，对于“议定声明”中的第二句话——“受保护作品以数字形式在电子介质中存储构成《伯尔尼公约》第 9 条意义上的复制”，由于代表团之间无法达成共识，是经过投票表决，以多数票通过的。对其中“存储”（storage）的含义，各方有不同理解。一方面，美国代表团既然坚持将通过该“议定声明”作为放弃基础提案第 7 条的前提，自然是认为“议定声明”中的“存储”可以涵盖“临时复制”。另一方面，对于不赞成基础提案第 7 条的许多国家而言，其同意接受该“议定声明”意味着其不认为在内存中的“临时复制”是“存储”的一种形式。如日本代表团并不赞成在条约中对“临时复制”进行规定，而认为应当留给国内法解决。① 而其之所以投票支持该“议定声明”，是因为其认为可以对“存储”一词在国内层面进行不同的解释。② 对此，《世界知识产权组织版权条约》的主要起草者之一、时任世界知识产权组织助理总干事，并在第一主委员会担任秘书的米哈依·菲彻尔（Mihaly Ficsor）博士指出：

> 对“存储”一词可以有各种解释。如果这种存储仅是短暂和附带性的，可能并不是构成复制的那种存储类型。但根据其他解释，这种存储可以构成复制。只有理解在各国层面上对于（该议定声明的）第二句可以有不同的解释，对（该议定声明）才可能达成共识。③

澳大利亚《数字议程报告》对此也指出：

> 应当注意的是：该声明对于一国确定复制权的范围并无帮助，因为其没有明确临时复制是否受复制权控制这一关键问题。④（注：着重号为原文所有）

需要指出的是：《世界知识产权组织版权条约》和《世界知识产权组织表演和录音制品条约》中所有其他议定声明都获得了一致通过，只有该条议定声明的第二句是以多数票的方式通过的。当时在外交会议第一主委

---

① WIPO Doc. CRNR/DC/102，Summary Minutes，Main Committee I，para. 285.

② Ibid.，para. 1096.

③ 这段内容是由美国“家庭录制权联盟”（Home Recording Rights Coalition）的塞思·格林斯坦（Seth Greenstein）在外交会议期间每日所作的报告记载的，当时出现在该联盟网站上，现在该资料在该网站中已不存在了。转引自 Pamela Samuelson，“The U. S Digital Agenda at WIPO”，*Virginia Journal of International Law*，Vol. 37，p. 369，at 390（1997）。但笔者在外交会议第一主委员会的会议记录中只找到了意思相近但措辞不同的内容：“（米哈依·菲彻尔）提出：可能的解释方案是经全体同意的方法通过第二句，但不排除在各国层面上进行不同解释的可能性……”（WIPO Doc. CRNR/DC/102，Summary Minutes，Main Committee I，para. 260）。

④ Attorney-General's Department and the Department of Communications and the Arts：Copyright Reform and the Digital Agenda，1997，note 3. 41.

员会对该“议定声明”的第二句投票的情形是：有 63 个代表团根本不在场，49 个代表团投票赞成，13 个代表团反对，28 个代表团弃权。① 在随后进行的全体会议中，又对第一主委员会以全体同意通过的该“议定声明”第一句和以多数票通过的第二句合并后进行了投票，其结果也只有 51 个代表团投票赞成，而有 5 个代表团反对，30 个代表团弃权。② 可见，实在是难有“共识”可言。

《维也纳条约法公约》第 31 条“解释之通则”第 2 款规定：就解释条约而言，上下文除指连同弁言及附件在内之约文外，并应包括：（甲）全体当事国间因缔结条约所订与条约有关之任何协定（agreement）……在两条约附带的“议定声明”之中，除上述关于复制权范围的“议定声明”之外，其他均获得了全体代表团一致同意，因此可以作为“全体当事国间因缔结条约所订与条约有关之协定”而具有解释条约的效力。但是，关于复制权范围的“议定声明”并没有得到全体代表团的同意，这就使它的解释效力成为问题。在外交会议上，许多国家的代表团也质疑非经全体一致同意的“议定声明”是否具有解释条约的效力。例如，巴基斯坦代表团在讨论该“议定声明”时指出：巴基斯坦代表团无法确定该“议定声明”的法律地位。他认为，有几条“议定声明”已经通过全体接受的方式被采纳，这使这些“议定声明”具有了解释条约语言的效力。而许多代表团愿意接受该“议定声明”是以其能够对该“议定声明”自行进行解释为前提的。在这种情况下，该“议定声明”并未被外交会议全体代表团所接受。没有被全体接受的声明不能被给予与得到外交会议全体代表团一致接受的声明同样的地位。③ 巴西代表团同意巴基斯坦代表团的上述观点，并指出该“议定声明”不可能在全体同意的基础上获得通过，因为巴西代表团不同意其中的第二句。④ 菲律宾代表团也提出，如果该“议定声明”是通过投票表决的方式通过的，则其不能被理解为《维也纳条约法公约》意义上的“协议”，对于解释条约而言价值甚微。⑤

---

① 投票结果见外交会议第一主委员会的会议记录，WIPO Doc. CRNR/DC/102，Summary Minutes，Main Committee I，para. 1151，并参见 Pamela Samuelson，“The U. S Digital Agenda at WIPO”，*Virginia Journal of International Law*，Vol. 37，1997，p. 369，at FN125。

② WIPO Doc. CRNR/DC/101，Summary Minutes，Plenary，para. 497.

③ WIPO Doc. CRNR/DC/102，Summary Minutes，Main Committee I，paras. 1066，1101.

④ Ibid.，para. 1066.

⑤ Ibid.；Attorney-General's Department and the Department of Communications and the Arts of Australia，Copyright Reform and the Digital Agenda，1997，para. 3. 42.

中国代表团团长、时任国家版权局专职副局长的沈仁干先生在讨论该“议定声明”时发言提出，如果第二句中的“构成”（constitute）前加入“可以”（may），即“受保护作品以数字形式在电子介质中存储可以构成《伯尔尼公约》第9条意义上的复制”（注：着重号为引者所加），则中国代表团将支持该“议定声明”①。在第二句未作改动的情况下，中国代表团在第一主委员会中投了反对票。② 巴西代表团在第一主委员会和全体会议中均投了反对票，并在全体会议中指出：其投反对票的原因在于，在外交会议上对于“存储”的定义并没有达成一致意见。巴西代表团认为：无论是在欣赏作品的过程中，还是在通过计算机网络传输作品的过程中，由技术过程产生的临时或非临时性的存储，都不应构成对《伯尔尼公约》意义上的复制权的侵权。③ 韩国代表团在投票前就指出：在数字环境中应对各种利益进行平衡，而“议定声明”的第二句没有解决各种疑虑。因此韩国代表团主张删除整条“议定声明”，至少是删除其中的第二句。④ 韩国代表团最终在第一主委员会和全体会议中对“议定声明”的第二句都投了反对票，并在说明理由时提出：没有经济价值的复制在任何时候都不应被视为复制行为。浏览行为不应受到复制权的控制，对此不应有任何例外。⑤

然而，此次日内瓦外交会议通过的议事规则是允许经过简单多数来通过决议。⑥ 因此对于以多数票而非全体代表团一致同意的方式通过的“议定声明”是否能够作为《维也纳条约法公约》中“全体当事国间因缔结条约所订与条约有关之任何协定”而具有解释条约的效力，还是存在争议的。因此，“浏览”所导致的在内存中的“临时复制”的性质在国际上仍然是悬而未决的问题。

在我国《信息网络传播权保护条例》起草过程中，“临时复制”的法律定位曾是焦点问题之一。《信息网络传播权保护条例》的一个草案曾经出现过承认“临时复制”为“复制行为”、受“复制权”控制的条款。该草案第3条（复制权）规定：

> 著作权法……规定的复制权，适用于以任何方法或者形式对

---

① WIPO Doc. CRNR/DC/102，Summary Minutes，Main Committee I，para. 1056.

② Ibid.，para. 1149. 沈仁干团长在随后进行的全体会议中，要求记录中国代表团对该“议定声明”的保留意见。WIPO Doc. CRNR/DC/101，Summary Minutes，Plenary，papa. 502.

③ Ibid.，para. 499.

④ WIPO Doc. CRNR/DC/102，Summary Minutes，Main Committee I，para. 1058.

⑤ WIPO Doc. CRNR/DC/101，Summary Minutes，Plenary，para. 501.

⑥ WIPO Doc. CRNR/DC/2，Draft Rules of Procedure of the Diplomatic Conference，Rule 34.

作品、表演或者录音录像制品进行的永久或者暂时的、全部或者部分的复制。①

该规定实际上承认了"临时复制"为"复制行为"，但最终未被立法者所采纳。《信息网络传播权保护条例》通过之后，国务院法制办公室负责人在答记者提问时指出：

有人提出，条例应当对临时复制作出规定。我们会同国务院有关部门反复研究后认为，禁止临时复制的症结是制止终端用户在线使用作品，而禁止终端用户非营业性使用作品不具有可行性；国际上对禁止临时复制有很大争议，在互联网条约制定过程中，包括我国在内的发展中国家明确反对禁止临时复制，由于各方争执不下，互联网条约没有规定禁止临时复制；而且，作为授权立法，条例也不宜对著作权法未授权的临时复制作出规定。因此，条例对临时复制未作规定。②

这说明，现行立法基于政策考虑，并不支持将"临时复制"纳入"复制权"的控制范围。

第四节　对"临时复制"的正确定性

从《世界知识产权组织版权条约》和《世界知识产权组织表演和录音制品条约》制定过程中的争议可以看出，认为内存中的"临时复制"构成著作权法上复制行为的主要是欧美国家。争议的实质是为了解决"浏览"行为的定性和法律控制问题，而争议的原因，除了对法律理解不同之外，还有深刻的经济背景。

在网络时代到来之后，欧美国家借助其先进的技术和雄厚的资金，迅速占据了网络发展的制高点。同时基于强大的"软实力"，其以作品为主体的文化产品也有极大的吸引力。欧美国家还不断通过互联网开展与其他国家的电子商务活动。在这个背景下，这些国家中的利益集团——版权产业集团极力要求政府将著作权保护最大限度地延及网络环境，以保证其利润不因网络的出现而受到损失。而"浏览"是网络用户阅读、欣赏网上信息的行为。如果作品在未经著作权人许可、未支付使用费的情况下被搬上

① 《信息网络传播权保护条例（草案）》，2005年7月15日版。

② 张建华主编．信息网络传播权保护条例释义．北京：中国法制出版社，2006：107－108.

网，网络用户就可以自由地免费通过网络“浏览”作品，并可能因此失去购买作品复制件或付费欣赏作品的兴趣。对于这种威胁到版权产业集团自身利益的问题，版权产业集团一方面要求通过扩展著作权专有权利对未经授权通过网络传播作品的行为进行控制，另一方面也希望通过将内存中的“临时复制”（此种现象为“浏览”行为的必要技术过程）纳入复制权的调整范围，以直接限制网络用户“浏览”未经授权而被置于网上传播的作品，迫使他们为“浏览”作品支付费用。此外，以复制权控制“浏览”行为的方案也是在立法上最简便的方法，甚至可以说是将“浏览”行为纳入现行著作权调整范围的唯一可行方案，因为除了复制权外，著作权法中规定的其他各专有权利，均因“浏览”行为不可能符合其适用条件而无法对“浏览”行为进行调整。如果认定“浏览”行为不构成著作权法意义上的“复制”，著作权法中就没有任何专有权利可对其进行控制。因此版权产业集团自然希望把导致内存中的“临时复制”的行为界定为著作权法上的“复制”，以此来控制“浏览”行为。

基于上述经济动因，欧美国家在分析“浏览”问题时的重要出发点是其对著作权人经济利益的影响。其中欧盟《续绿皮书》更是明确借用《伯尔尼公约》第 9 条的“三步检验标准”作为统一复制权定义的指南。《伯尔尼公约》第 9 条第 2 款规定，“本联盟成员国法律有权允许在某些特殊情况下复制上述作品，只要这种复制不致损害作品的正常使用，也不致无故危及作者的合法利益”。欧盟《续绿皮书》据此认为：只要特定复制行为可能不合理地损害著作权人的合法利益或与作品的正常利用相矛盾，就应由复制权加以控制。① 在这种损害和矛盾并不显著的情况下，可以由法定许可结合获酬权的方式取代专有权利。②

这种以经济利益为出发点的分析方式过于偏颇。欧美国家科技领先、文化事业发达，因此在网络建设及网络市场的占有方面其都占有先机，它们成为互联网上大量作品的来源地。而控制了“浏览”网络的行为，就等于垄断了从网络中获得作品的途径，就能够保障来自这些国家的作品著作权人和出版商从授权使用作品中获得报酬，最终增加国家的经济收入。加拿大“信息高速公路咨询委员会”在《版权与信息高速公路》报告中就直言不讳地认为，“版权人可以事先对作品在数字环境中的复制作出授权，并（与被授权者）商谈费用。应由版权人来决定是否允许用户浏览、何时

①② Commission of the European Communities, Communication from the Commission, Follow-up to the Green Paper on Copyright and Related Rights in the Information Society, Brussels, 1996, p. 11.

允许用户浏览，以及浏览行为是否与经济价值相联系（也即浏览行为是否应当付费——引者注）”①。这突出反映了发达国家通过扩张复制权而为本国版权产业谋取利益的愿望。塞缪尔森教授在批评白皮书时就认为：当时的克林顿政府为了获得连任，在数字时代版权保护问题上一味取悦于版权产业集团和好莱坞利益集团，试图将刚刚兴起的信息高速公路变成一条由出版商控制的收费公路。②

可见，用著作权法保护计算机软件所具有的先天缺陷，以及欧美国家保护本国版权产业利益的需要，是欧美国家主张将软件运行过程中以及“浏览”过程中作品进入内存时产生的“临时复制”纳入版权调整范围的深层次原因。

然而，上述欧美的研究报告在提出这一观点时，并没有从法学理论角度透彻地进行论证。在白皮书等发达国家的官方报告被介绍到中国后，国内学者基于经济利益对网络环境与复制权的关系进行了探讨，如“我国是著作权作品的进口国，若暂时存储构成版权，那么就会极大地妨碍国内的用户通过国际互联网络阅读和浏览有价值的作品信息”③。应当看到：法律规则不仅有其存在的经济背景，还有社会的、历史的、现实的种种因素在起作用，但法学又有区别于其他社会科学的自身规律。对法律规则的研究，离不开对概念的界定和逻辑的推演。因此，研究复制权在网络环境中的适用，一方面，当然应考虑我国的现实情况、实际承受能力和国家利益，避免盲从于发达国家的高标准；另一方面，对于我国的立场，也必须找到法学上的理论支撑。只有将两方面结合起来，才能在著作权保护的国际论坛上，有理有据地维护国家利益，促进著作权法的健康发展。

前文已指出，上传、下载等网络环境中常见的永久性复制，属于复制权的调整范围。这一点已成为世界各国的共识。当然，一种行为被界定为著作权法意义上的复制行为，并不意味着未经许可实施这种行为一定构成对复制权的侵权，因为复制权还要受到“合理使用”等法定限制的约束。但如果一种行为根本就不构成著作权法意义上的复制行为，那么未经许可实施该行为也不可能构成对复制权的侵权。对于“浏览”等可导致内存中“临时复制”

① Canadian Information Highway Advisory Council, Copyright and the Information Highway, 1995, p. 16.

② Pamela Samuelson, “The Copyright Grab”, at http://www.wired.com/wired/archive/4.01/white.paper_pr.html.

③ 袁泳．计算机网络上数字传输的著作权问题研究．中外法学，1998（1）.

现象的行为而言，关键在于其是否能够被界定为著作权法意义上的复制行为。笔者认为：即使完全抛开在这一问题上欧美国家与发展中国家不同观点背后的经济动因和国家利益考虑，从法学逻辑来分析，“临时复制”也只是一种客观技术现象，而不能构成著作权法意义上的“复制行为”。

一、内存中的附带性复制是客观技术现象

在著作权法中，复制权作为著作权法规定的一项专有权利，可以被著作权人用以阻止未经授权的复制行为。换言之，只有复制行为才能受到复制权的调整。而复制行为应当是在人的意志控制之下自觉的、有意识的复制作品的行为。对于传统复制行为而言，复制人对其行为的目的和后果都是非常清楚的。无论是用手抄、拍照还是用录音、录像、复印等方式进行复制，行为人都能意识到自己正在实施复制行为，其结果是形成作品的复制件，并可用于个人欣赏、保存或向他人传播等目的。传统复制行为正是因为是行为人意志控制下的复制行为，才可能受到著作权法中复制权的调整，行为人才应对此负法律责任。

与之截然不同的是：内存中“临时复制”现象的产生，并不以行为人的意志为转移。如在“浏览”作品的过程中，虽然在内存中形成了对作品的“临时复制”，但这种现象既非行为人追求的目的，也非行为人所能控制。从“浏览”行为的目的来看，行为人的目的不在于在内存中制作作品的复制件，而在于阅读和欣赏网上作品。用户可以向计算机发出登录网站并欣赏作品等特定指令，但不可能单独指挥计算机将作品“临时存储”在内存之中。内存中的“临时复制”是计算机在正常的运行和网络传输中自动发生的技术过程，是计算机处理数据过程中的一个中间环节，是在用户“浏览”网上作品时不知不觉地发生的。绝大多数用户根本没有意识到计算机在执行自己的指令时还在内存中发生了“临时复制”，更不可能去刻意地利用在内存中形成的数据。用户在“浏览”一部网上作品时，能够意识到自己正在通过网络和计算机屏幕阅读、欣赏这部作品，但一般不会想到计算机正在内存中“临时复制”这部作品。用户“浏览”完毕而关闭计算机后，知道自己已经看完了作品，但很少意识到在自己的计算机内存中还曾经因此而发生过对作品的“临时复制”。用户再次上网“浏览”同一作品时，也绝少能够意识到自己的计算机其实是先从缓存中调用作品的。因此，内存中发生的“临时复制”，是一种附带发生的客观技术现象。“浏览”行为虽然在客观上可导致在内存中对作品的短暂再现，但它只是计算机运行中的附带步骤。由于“浏览”不是以复制作品为目的或目的之一的行为，行为人一般也意识不到“临时复制”现象的发生，因此“浏览”不应被视为一种“复制行为”。

从行为的本质来看，“浏览”行为与读者通过望远镜阅读放在远处的作品，或通过放大器观看缩微片没有任何区别，都是为了阅读和欣赏作品，而非复制作品并利用作品复制件。它们之间唯一的区别在于工具的不同：“浏览”所借助的工具是计算机和网络，因此在“浏览”作品过程中，作品进入内存形成“临时复制”是将作品展现在浏览者面前的必经步骤。而望远镜和放大器只是通过光学镜头放大作品。这种工具在工作原理上的差异，与行为人的主观目的无关，不能成为改变行为性质的因素。

假如某人用照相机将美术展览馆中展出的油画拍摄下来，该行为当然是复制行为。但如果此人仅仅是通过照相机上的取景框观看这幅油画，则没有人会认为这是对油画的复制行为。如果他使用的是一部带有LCD屏幕的数码照相机，则当照相机被打开，镜头对准油画时，油画就会在LCD屏幕上出现，这位拍摄者就不必再费劲地通过小小的取景框选择拍摄的角度了。假设该数码相机也有一个内存（随机存储器RAM），而且景物的画面是首先进入内存进行短暂存储之后才被传送到LCD屏幕上的，那么此人在按下快门之前，通过LCD屏幕观看油画的行为是否构成对油画的复制行为？换言之，此人通过传统照相机的取景框取景的行为，与通过数码相机LCD屏幕取景的行为，是否有本质差别？显然，答案是否定的。在按下快门之前，无论通过何种机制观察被拍摄的对象，都不是著作权法意义上的复制行为。使用传统相机和数码相机取景唯一的区别在于工具和其工作原理的不同，与拍摄者的主观目的无关。不能因为数码相机借助了内存来临时性地存储影像，就认为使用数码相机取景是复制行为，而使用传统相机取景就不是复制行为。同样道理，通过计算机在线欣赏网站中的一幅油画，与通过望远镜欣赏远处的一幅油画也不存在本质上的区别。前者虽然会导致美术作品的片段临时性地进入内存，但这只是附带的客观技术现象，不能影响对行为的定性。

前文提及的美国《数字化时代版权强化法案》、《1997数字化版权澄清和技术教育法案》，欧盟的《版权指令》、澳大利亚的《数字议程报告》，以及关于《世界知识产权组织版权条约》的基础提案均针对内存中的复制的附带性提出了“附带性复制”这一概念。美国两法案规定，“在以下情况下，以数字化格式制作作品的复制件不构成侵权：(1) 该复制附带于在合法使用一部作品的过程中对某种设备的操作；以及 (2) 不与对作品的正常使用相冲突，也不会不合理地损害作者的合法利益”[①]。欧盟《版权指令》在第5条的“例外与限制”中明确规定：第2条所指的临时复制行为，如果是短暂的或附带性的，以及是技术过程中必要的不可分割的组成部分，而且其唯一目的是：（1）使作品或其他客体在网络中通过中间网络服务提供者在第三方之间传输成为可能，或（2）使作品或其他客体的合法使用成为可能，并且该行为没有独立的经济意义，应不受复制权的控制。[②] 澳大利亚《数字议程报告》指出，“由于浏览经常，如果不是必然，导致在浏览者的计算机中产生被浏览材料的临时复制件，因此对该临时复制行为是否应受复制权调整，或是作为附带性的复制而成为例外存在争议。建议这种在浏览过程中产生的附带性复制不被视为侵犯复制权”[③]。关于《世界知识产权组织版权条约》的基础提案中涉及复制权范围的第7条规定：“当临时复制的唯一目的是使作品可以被感知或该复制具有短暂或附带性质时，对于是否应对复制权进行限制的问题，应由缔约方国内法解决。”[④]

从上下文来看，上述文件中同时出现的“附带性复制”是用于描述内存中的“临时复制”的，即指在从事其他非以复制为目的的行为时，计算机为完成工作而在内存中附带产生的复制。“浏览”当然是人的行为，而“临时复制”则是一种附带现象。上述文件没有放弃“临时复制”的用语，是因为这一用语已被人们广泛使用。“附带性复制”是从技术角度界定临时复制现象，是一个比较科学的术语，它可以避免“临时复制”一词可能造成的歧义。欧盟《版权指令》之所以使用了“短暂的和附带性”的用语，是因为欧盟《版权指令建议》建议增加了“短暂的和附带性”（transient and incidental）的用语以解释“临时性”（temporary）一词。[⑤] 澳大

① Digital Era Copyright Enhancement Act，Section 6. Digital Copyright Clarification and Technology Education Act of 1997，Section 205.

② Directive 2001/29/EC of the European Parliament and of the Council of 22 May 2001 on the Harmonisation of Certain Aspects of Copyright and Related Rights in the Information Society，Article 5. 1.

③ Attorney-General's Department and the Department of Communications and the Arts of Australia，Copyright Reform and the Digital Agenda，1997.

④ WIPO Doc. CRNR/DC/4，Basic Proposal for the Substantive Provisions of the Treaty on Certain Questions concerning the Protection of Literary and Artistic Works to be Considered by the Diplomatic Conference（1996），prepared by the Chairman of the Committees of Experts on a Possible Protocol to the Berne Convention and on a Possible Instrument for the Protection of the Rights of Performers and Producers of Phonograms，Article 7.

⑤ Commission of the European Communities，Amended Proposal for a European Parliament and Council Directive，on the Harmonisation of Certain Aspects of Copyright and Related Rights in the Information Society，Brussels，1999，Explanatory Memorandum，3（1）；Comments on the Articles，Article 5（1）.

利亚《数字议程报告》在对“浏览”行为定性时，干脆用“附带性复制”来代替“临时复制”。它提道，“建议这种在浏览过程中产生的附带性复制不被视为侵犯复制权”。这说明，这两份文件的起草者都意识到了“临时复制”可能产生歧义，因此需要对其含义加以特定化，或使用其他术语加以解释和替代。

用“附带性复制”的概念，可以有力地澄清某些特殊的临时存储现象的性质问题。如对于上文提到的作品在“浏览”过程中被自动地临时存储于硬盘“缓存区”的法律性质问题，如果依时间标准界定，会引发争议，因为硬盘“缓存区”中的“临时文件”比内存中的数据存储的时间要长。而依“附带性”这一标准来看，答案则一目了然：这种临时文件是用户在进行“浏览”这一行为时，计算机系统“附带”存储在硬盘缓存区内的。它不是用户有目的、可单独实施的行为，因此毫无疑问是一种“附带性复制”，其法律性质和其他在计算机内存中形成的“附带性复制”一样。

值得注意的是：美国的两个法案、欧盟《版权指令》，以及关于《世界知识产权组织版权条约》的基础提案都把在内存和缓存中的复制视为一种“复制行为”。美国两个法案的用语是：“在以下情况下，以数字化格式制作作品的复制件不构成侵权……”欧盟《版权指令》的用语是“临时复制行为”。这实际上是将导致内存和缓存中临时存储作品片段的行为视为著作权法意义上的复制行为，只是认为这种复制行为在特定情况下属于例外情形，不应受复制权控制而已。关于《世界知识产权组织版权条约》的基础提案中关于复制权范围的第 7 条第 2 款更是直接将“临时复制”置于限制与例外的背景下规定。从这样的规定中可推出，在内存中发生的“临时复制”在法律性质上是一种复制行为，只是在特定条件下不受复制权的控制。① 也有美国学者承认“临时复制”不应被禁止，但认为应当通过将“临时复制”界定为合理使用，或以“临时复制”得到了默示许可来解决。② 在世界知识产权组织于 1996 年召开旨在缔结两个新条约的外交会议之前，欧盟代表团提出：临时存储就是复制，只是不一定要受复制权控制，因为可以根据《伯尔尼公约》第 9 条第 2 款对复制权的限制，在特定

---

① 外交会议主席在发言中提出：第 7 条第 2 款意在使缔约方可以将与经济价值无关的复制行为排除出复制权的控制范围。WIPO Doc. CRNR/DC/102，Summary Minutes，Main Committee I，para. 249. 这仍然是将内存中的“临时复制”视为一种复制行为。

② Henry H. Perritt，JR，*Law and the Information Superhighway*，John Wiley & Sons，Inc.，1996，p. 436.

情况下允许临时复制。①

在外交会议上，一些代表团也赞同采用这一方法来对复制权进行界定。如新加坡代表团一方面明确支持关于《世界知识产权组织版权条约》的基础提案中关于复制权范围的第 7 条第 1 款（规定复制权包括临时性复制），另一方面建议将第 2 款（该款规定：各国可以对特定的临时复制规定例外）修改为：

> 应允许对作品进行临时复制，如果这些复制：(1) 目的在于使本来无法被感知的作品被感知；(2) 具有短暂或附带性质；或 (3) 便利了对作品的传输，同时除便利传输之外，没有独立的经济价值。②

由于关于《世界知识产权组织版权条约》的基础提案中涉及复制权范围的第 7 条第 2 款没有将缔约方对特定的“临时复制”规定限制与例外作为一项条约义务，而仅是允许缔约方选择是否规定限制与例外，有代表团认为应当改变第 7 条第 2 款的措辞，使得特定“临时复制”（主要针对内存中和传输过程中的“临时复制”）免责成为一项强制性义务。如澳大利亚代表团也不反对基础提案的第 7 条第 1 款，只是建议在第 1 款中加入“除第 2 款另有规定外”的用语，同时建议将第 2 款改为：

> 第 1 款不应适用于其唯一目的在于使作品可以被感知，或其作为技术过程的一部分具有纯粹短暂性或附带性质的间接或临时性复制。③

笔者不赞同上述建议。上文已说明：在内存中的“临时复制”是在“浏览”等其他行为实施过程中必然发生的附带现象，行为人并不是希望“制作作品的复制件”，而且行为人一般也没有意识到此种“临时复制”的发生。因此，这种“临时复制”是一种“现象”，而不是“行为”，不应构成著作权法意义上的“复制行为”，更谈不到享受著作权法中的例外。如

---

① WIPO Doc. BCP/CE /VII/4-INR/CE/VI/4，para. 39.

② WIPO Doc. CRNR/DC/12，Amendments to Articles 6，7，8，10，12，13 and 14 of Draft Treaty No. 1，proposed by the Delegation of Singapore，p. 1. 在第一主委员会对提案第 7 条进行讨论时，新加坡代表团也发言指出：新加坡代表团并不反对第 7 条第 1 款，包括该款将复制权延伸至包括临时复制（但要对复制权进行适当限制）的做法。但对于特定合法行为，应当允许适用合理使用，包括在因特网中进行浏览。WIPO Doc. CRNR/DC/102，Summary Minutes，Main Committee I，para. 251.

③ WIPO Doc. CRNR/DC/53，Amendment to Articles 2，7，9 and 10 of Draft Treaty No. 1，proposed by the Delegation of Australia，pp. 1－2. 南非代表团在发言中也认为：基础提案第 7 条第 2 款对于特定“临时复制”规定的例外，应当是强制性的，而不是选择性的。WIPO Doc. CRNR/DC/102，Summary Minutes，Main Committee I，para. 267.

果用限制与例外或默示许可来使“临时复制”获得合法性，等于承认“临时复制”本身构成著作权法意义上的复制行为，应当受到复制权的调整，因为被纳入对复制权的限制与例外范围的都是构成复制的行为，其虽然无须得到著作权人的同意和支付报酬，但它们本身是不折不扣的著作权法意义上的“复制行为”。而著作权人“许可”的当然应当是受复制权调整的复制行为。因此将“临时复制”列为限制与例外或默示许可的范围歪曲了“临时复制”的实质，错误地将这种附带性的现象视为应受法律调整的行为。这种观点显然是难以成立的。

还有一种观点认为：《伯尔尼公约》第 9 条第 1 款早已规定，文学艺术作品的作者，享有授权“以任何方式和采取任何形式”复制这些作品的专有权。“以任何方式和采取任何形式”进行的复制都是受复制权控制的，包括直接的和间接的复制，也包括永久性的和临时性的复制。而关于《世界知识产权组织版权条约》的基础提案中涉及复制权范围的第 7 条只是为了澄清被广泛接受的观点——无论是永久性的还是临时性的复制，都构成《伯尔尼公约》第 9 条第 1 款意义上的复制。[①] 因此，只要承认临时存储行为是复制，任何将临时存储排除出“复制”概念之外的规定，都将与《伯尔尼公约》第 9 条第 1 款相冲突。[②]

笔者认为：这一观点同样是不能成立的。除“承认临时存储行为是复制（行为）”这一前提本来就不存在之外，还应指出的是：《伯尔尼公约》的最后一次修订是在 1971 年（形成了我国加入的巴黎文本）。当时计算机还只应用于工业生产，并没有成为大众欣赏和利用作品的工具。因此认为《伯尔尼公约》中“以任何方式和采取任何形式复制”包括了在计算机内存中的“临时复制”是没有说服力的。况且《伯尔尼公约》也不可能将当时的技术条件下所有再现作品的现象，如用镜子映出一幅画均纳入“复制权”控制的范围。

在外交会议上，加勒比集团建议在保留关于《世界知识产权组织版权条约》的基础提案中涉及复制权范围的第 7 条第 1 款的情况下，将其第 2 款改为：“当临时复制的唯一目的在于使作品可以被感知，或该复制作为技术过程的一部分具有纯粹短暂的性质时，复制权的范围不应延及对作品

① WIPO Doc. CRNR/DC/102，Summary Minutes，Main Committee I，para. 247.

② 参见时任世界知识产权组织助理总干事并在外交会议第一主委员会任会议秘书的米哈依·菲彻尔博士的发言。WIPO Doc. CRNR/DC/102，Summary Minutes，Main Committee I，para. 273. 参见［匈］米哈依·菲彻尔．版权法与因特网．郭寿康，万勇，相靖，译．北京：中国大百科全书出版社，2009：184.

的临时复制，条件是该复制发生在由作者或法律许可的使用作品过程之中。”① 加勒比集团专门陈述了该建议的理由：

> 《伯尔尼公约》第 9 条第 1 款将复制权界定为“以任何方式和采取任何形式”（的复制）。考虑到新技术拓展了传统的“方式”和“形式”，有必要重新界定复制权的范围，并从中排除那些为使作品可以被感知而在技术上必要的，或者构成技术过程一部分的，本身不构成制作作品原件或复制件的行为。如果上述意见未被清楚地陈述，则（第 7 条提案）将产生对《伯尔尼公约》第 9 条第 1 款一边倒的、过分宽泛的解释。②

澳大利亚代表团则在发言中指出：争议的焦点就在于基础提案第 7 条第 1 款究竟是澄清了《伯尔尼公约》第 9 条第 1 款规定的复制权，还是扩大了它的范围。有些国家认为这构成扩张与延伸，而有些国家则不这么认为。③

由此可见，国际社会的共识应当是：“复制行为”确实应当是受《伯尔尼公约》第 9 条第 1 款规定的“复制权”控制的行为，即使由此形成的复制件的存续时间有限。如在雪地里用树枝将他人的诗歌“划”出来，天晴雪融之后，在雪上“划”出的诗自然消失了。但这并不影响相关行为构成“复制行为”。但是，因“浏览”而在计算机内存中形成的“临时复制”与上述行为相比，区别不仅仅在于存续时间长或短的问题，更重要的是它们具有根本不同的性质。内存中形成的“临时复制”根本不能被称为“复制行为”。“复制权”能否延伸至内存中的“临时复制”，才是国际社会争论的问题。将内存中临时再现作品的客观技术现象排除出“复制权”的控制范围，与《伯尔尼公约》第 9 条第 1 款并不冲突，因为后者只能控制“复制行为”。

在外交会议上，中国代表团、挪威代表团、非洲集团等代表团均提交了书面建议：不将内存中的“临时复制”视为“复制行为”，而不是首先

---

① WIPO Doc. CRNR/DC/56，Amendment to Articles 7，10，13 and 14 of Draft Treaty No. 1，proposed by the Delegations of Algeria，Angola，Burkina Faso，Cameroon，Chad，Côte d'Ivoire，Egypt，Ethiopia，Gabon，Gambia，Ghana，Kenya，Lesotho，Libya，Madagascar，Malawi，Mali，Mauritius，Morocco，Namibia，Niger，Nigeria，Senegal，South Africa，Sudan，Togo，Tunisia，United Republic of Tanzania，Zambia and Zimbabwe，pp. 1 - 2，para. 1. 但是，该建议将“该（临时）复制发生在由作者或法律许可的使用作品过程之中”作为“临时复制”不受复制权控制的理由。对此笔者不能赞同。

② Ibid.，p. 2，Explanatory Note.

③ WIPO Doc. CRNR/DC/102，Summary Minutes，Main Committee I，para. 270.

将其定为“复制行为”，再用限制与例外加以免责。

中国代表团的建议是：关于《世界知识产权组织版权条约》的“基础提案”中涉及复制权范围的第7条应当被替换为：

> 《伯尔尼公约》第9条第1款赋予文学艺术作品作者的授权以任何形式复制其作品的专有权，应当包括对其作品直接和间接的永久复制。①（注：着重号为引者所加）

显然，中国代表团不赞成将“临时复制”视为复制行为。

挪威代表团则更是直截了当地建议：在基础提案中关于复制权范围的第7条中，删除第2款（该款规定：各国可以对特定的临时复制规定例外），同时在第1款（规定复制权涵盖临时性复制）中增加一句：

> 唯一目的是使作品可以被感知，或作为技术过程的一部分具有纯粹短暂性或附带性质的临时复制，本身不构成《伯尔尼公约》第9条第1款意义上的复制。②

非洲集团也建议将上述“基础提案”中关于复制权范围的第7条第2款改为：

> 临时复制本身不构成《伯尔尼公约》第9条第1款和本条约意义上的复制，只要：(1) 该临时复制的唯一目的是使作品可以被感知；(2) 该临时复制附带于对相关作品进行传输或利用的技术过程；或 (3) 该复制附带于对作品的利用，该利用已经相关权利人授权或法律准许。③

丹麦代表团在发言中质疑上述“基础提案”中关于复制权范围的第7条第2款，认为没有理由对短暂和附带性的行为适用对复制权的限制与例外。他建议删除第7条第2款，同时在第1款中说明“唯一目的是使作品

---

① WIPO Doc. CRNR/DC/64, Amendments to Partly Consolidated Text of Draft Treaty No.1 (CRNR/DC/55), proposed by the Delegation of the People's Republic of China, p.2, para.4. 中国代表团团长、时任国家版权局专职副局长沈仁干先生在发言时还在此基础上提出：应对基础提案第7条的适用范围进行进一步研究，特别是其是否能够适用于临时性的和转瞬即逝的复制。WIPO Doc. CRNR/DC/102, Summary Minutes, Main Committee I, para.275.

② WIPO Doc. CRNR/DC/22, Amendment to Articles 7 of Draft Treaty No.1, proposed by the Delegation of Norway, p.1, para.1. 挪威代表团在发言时，重申了这一立场。WIPO Doc. CRNR/DC/102, Summary Minutes, Main Committee I, para.274.

③ WIPO Doc. CRNR/DC/56, Amendment to Articles 7, 10, 13 and 14 of Draft Treaty No.1, proposed by the Delegations of Algeria, Angola, Burkina Faso, Cameroon, Chad, Côte d'Ivoire, Egypt, Ethiopia, Gabon, Gambia, Ghana, Kenya, Lesotho, Libya, Madagascar, Malawi, Mali, Mauritius, Morocco, Namibia, Niger, Nigeria, Senegal, South Africa, Sudan, Togo, Tunisia, United Republic of Tanzania, Zambia and Zimbabwe, pp.1-2, para.1.

可以被感知，或作为技术过程的一部分具有纯粹过渡或附带性质的临时复制，本身不构成《伯尔尼公约》第 9 条第 1 款意义上的复制”①。

瑞典代表团团长、著名版权法专家亨利·奥尔森（Henry Olsson）博士在发言中同样认为，当临时复制的唯一目的是使作品可以被感知或该复制具有暂时或附带性质时，第 7 条第 2 款认定此时发生了复制行为，这对瑞典代表团而言难以接受。他为此给出了三点理由：首先，这种行为没有经济价值。其次，这些行为根本不是真正的复制。最后，这样规定会引起与条约通过有关的敏感政治问题。②

荷兰政府和议会一直反对将复制权延伸至内存中的“临时复制”。在 1999 年 5 月 10 日荷兰司法部和文化部致荷兰议会的信中明确提出“那种将纯粹技术意义上、为通讯所需的复制件纳入复制权控制措施的方法，既不必要，也不是人们希望看到的”③。

日本学者和法院也不认为“临时复制”应当是受复制权控制的复制行为。日本唱片公司曾起诉一家广播电台未经许可广播其唱片。但录音制品制作者并不享有“广播权”，因此唱片公司仅起诉广播电台在播出过程中的“临时复制”。日本东京地区法院驳回诉讼请求，认为日本《著作权法》中的“在有形介质上的复制”必须形成能够在未来被反复使用的复制件，因此不包括临时性的存储。④

这些建议正确地区分了“复制行为”和临时再现作品的客观技术现象，是值得肯定的。

二、内存中被临时存储的作品没有“独立”的经济价值

著作权法中有关构成复制行为的“固定”要件具有其实际意义——一旦作品被固定于物质载体之上，形成复制件，著作权人就可以通过向公众提供该复制件而获得经济报酬，社会公众也可以通过获得并保存该有形复制件而阅读、欣赏作品。因此，复制件本身具有可流通性和可利用性的独立经济价值。可以说，在各类传播技术出现之前，作品复制件是作品从作者的单独掌握之下走向社会的桥梁，是整个社会大规模利用作品，实现作品内在价值的起点。从复制权的现实效果分析，复制权虽

① WIPO Doc. CRNR/DC/102，Summary Minutes，Main Committee I，para. 257.

② Ibid.，para. 263.

③ Jon Bing，“The New or Evolving ‘Access Right’ ”，in International Literary and Artistic Association (ALAI) Congress，*Adjuncts and Alternatives to Copyright*：*ALAI-USA*，New York，2001，p. 289.

④ Ibid.，p. 366.

然针对的是具体的复制行为，但真正的作用是防止他人通过制作、获得作品的非法复制件而无偿利用和传播作品，损害著作权人的经济收益，因为复制者复制作品就是为了使作品能够稳定地固定在物质载体上，获得作品的复制件，进而通过自己利用复制件欣赏作品或向他人提供作品复制件而获得利益。单纯复制而不利用作品的复制件，复制行为就没有意义，也不会损害著作权人的利益。著作权人只要能够控制复制行为，就可以阻止复制件的产生，防止他人未经许可获取作品、利用作品和传播作品，损害著作权人的经济利益。因此，著作权法中的复制权旨在通过禁止未经许可复制作品，防止他人在未向著作权人支付报酬的情况下获得作品复制件，无偿享受复制件中所体现的智力创作成果。因此，著作权法上的作品复制件必须具备能够被独立利用的经济价值。如果作品的一种“复制件”根本就不可能或很难使人们阅读、欣赏或传播其中的作品，人们就不会有兴趣去获取这种“复制件”，也不会有制作、出售这种“复制件”的动机，著作权人的经济利益也不会因这种“复制件”的产生而受到损害，著作权法也就没有必要通过复制权去控制制作这种“复制件”的行为，因此这种“复制件”就不应成为著作权法意义上的复制件，受到“复制权”的调整。

作为“浏览”行为的附带性后果，作品会被临时存储在内存中，但此时其没有被利用和传播的独立经济价值。内存中的附带性存储只是作品在被利用或传播过程中的一个附带过程，内存中的作品只在“浏览”等行为过程中产生和存在，不可能脱离“浏览”等行为过程而被单独利用或传播。从技术上分析，内存中的附带性存储，与利用和传播作品的行为几乎是在同一瞬间同时发生的。尽管在理论上讲，计算机是首先将作品调入内存暂时存储，再将作品调出内存，在显示器屏幕上进行显示，或进行其他处理，但这一系列处理都是连续进行的，间隔只有百兆分之一秒，完全可以被视为同时进行。这一先后顺序在现实生活和人们的观念中没有任何意义，也无法被人们感知和觉察。因此，在涉及内存中复制的操作中，并不存在“作品在计算机内存中形成复制件——计算机利用该复制件”这样两个阶段分明的过程，相反，它们应当是一个密不可分的整体。在计算机对作品的任何一部分的调用结束时，该部分在内存中对应的信息也随即消失，不能保留在内存中为下一次操作所用。因此，内存中的临时存储完全依附于计算机对作品的其他操作行为，它产生于该操作的开始，结束于该操作的结束。除非能够发展出特殊的技术手段，否则用户不能直接调出内存中的作品①，加以阅读或欣赏，或者向其他用户提供。因此内存中的“复制件”不具有被独立利用和传播的经济价值。

硬盘缓存区中的临时文件是上网软件为了避免从同一网站重复调入同一信息，而将该信息存储在硬盘缓存中形成的。尽管它在硬盘上的存储时间要长于内存中的数据的存储时间，但它一般也不能被用户直接调用，加以阅读或欣赏。临时文件只能被特定上网软件用以加快运行速度，而且不同的上网软件所形成的临时文件格式不同，不能相互调用。因此，临时文件和内存中的复制件一样，都是附随于其他操作而产生的，没有独立的经济价值。当然，不能说内存和缓存中的临时文件或数据没有经济价值，其经济价值就在于它们是一个完整技术过程不可缺少的一部分。但它们不具有作为作品复制件的经济价值，或者说它们不具有独立的经济价值。人们可以直接阅读一本书，或借助录音机播放音乐磁带，也可以将书或磁带转让给他人，但一般用户无法直接阅读和欣赏内存中临时存储的作品，也不能向他人提供。可见，作品在内存中的临时性存储，只是技术上计算机进行信息交换的一个中间环节。由于内存中的信息不能被用户通过有意识的行为加以阅读、欣赏和传播，人们不会有兴趣去刻意获取它。换言之，在内存中被临时存储的信息不能被用于其他用途，无法产生独立的经济价值。因此，将附带性生成这种信息的行为归为著作权法意义上的复制行为，显然与著作权法通过复制权去阻止复制件被非法利用的立法精神相左。

值得注意的是，即使是对复制权讨论得非常简单的美国《白皮书》，也注意到了内存中附带性复制的经济价值问题。白皮书称“美国法律早就清楚地表明，将受版权保护的作品置于计算机内存中构成复制，因为在内存中的作品可以利用机器或设施被感知、复制或传播”②。这句话的意思显然是说：在内存中被临时存储的作品具有被利用的经济价值，因此应当受到版权法的调整。这一解释是不能成立的，理由在于：首先，如上所述，作品进入内存是一个完整技术过程的附带性组成部分，和附带生成临时存储的行为不可分割。将在网上浏览作品的行为分为“作品在计算机内

---

① 但正如在“索尼诉史蒂文斯案”中索尼公司自己承认的那样，现在还不存在一种技术能够把索尼 PSⅡ 游戏机内存中的信息复制出来。Kabushiki Kaisha Sony Computer Entertainment and Others v. Stevens，(2002) 200 ALR 55，at 90.

② Information Infrastructure Task Force，Intellectual Property and the National Information Infrastructure (the Report of The Working Group on Intellectual Property Rights)，Washington，D. C.，1995.

存中形成复制件——计算机利用复制件”这两个阶段，无论从技术过程的完整性角度来看还是从人们的习惯角度来看都是难以令人信服的。其次，即使从极为学究的观察角度，将计算机调用网络服务器上的作品这一完整技术过程人为地分割为“作品在计算机内存中形成复制件”和“计算机利用复制件”两个阶段，白皮书的理由也不能成立，因为它混淆了复制件具有的“经济价值”和“独立经济价值”。在内存中被临时存储的作品在“浏览”等操作过程中确实可通过计算机被人“感知”，因此它确实有“经济价值”。但问题的关键在于用户无意去独立调用内存中的信息，这些信息也不可能脱离“浏览”等操作过程而被用户独立地使用，用户只想阅读和欣赏置于网络服务器中传播的作品。内存中附带性复制的产生，只是这一操作中的一个技术环节，因此它们不具有“独立的经济价值”，不能形成著作权法意义上的复制件。

关于《世界知识产权组织版权条约》的“基础提案”对其第7条第2款（规定缔约国可以对特定临时复制规定免责）的解释称：该款的目的是从复制权的范围中排除那些与经济意义无关的复制行为，尽管该解释强调这种对复制权的限制应通过三步检验标准。① 欧盟的《版权指令》在涉及“临时复制”时也提及了复制件的经济价值。欧盟《版权指令》第5条规定：“临时复制行为，如果是短暂的或附带性的，以及是技术过程内在且必要的组成部分，而且其目的是：(1) 使作品或其他客体在网络中通过中间网络服务提供者在第三方之间传输成为可能，或 (2) 使作品或其他客体的合法使用成为可能，并且该行为没有独立的经济意义，应不受复制权的控制”。在1996年外交会议上，新加坡代表团支持上述“基础提案”第7条第1款（“临时复制”是复制行为），但建议修改第2款，以允许那些“除了便利传输之外，没有独立的经济价值”的“临时复制”②。荷兰代表团虽然支持上述“基础提案”第7条，但也认为其含义应是复制权“仅针

① WIPO，Doc. CRNR/DC/4，Basic Proposal for the Substantive Provisions of the Treaty on Certain Questions concerning the Protection of Literary and Artistic Works to be considered by the Diplomatic Conference，prepared by the Chairman of the Committees of Experts on a Possible Protocol to the Berne Convention and on a Possible Instrument for the Protection of the Rights of Performers and Producers of Phonograms，Notes on Article 7，para 7. 07.

② WIPO Doc. CRNR/DC/12，Amendments to Articles 6，7，8，10，12，13 and 14 of Draft Treaty No. 1，proposed by the Delegation of Singapore，p. 1. 在第一主委员会对第7条提案进行讨论时，新加坡代表也发言指出：新加坡代表团并不反对第7条第1款，包括该款将复制权延伸至包括临时复制（但要对复制权进行适当限制）的做法。但对于特定合法行为，应当允许适用合理使用，包括在因特网中进行浏览。WIPO Doc. CRNR/DC/102，Summary Minutes，Main Committee I，para. 251.

对有经济价值的复制，无论复制是否为临时性的”；并指出复制权不应超出其自然边界。① 上述规定和观点是首先将“没有独立经济价值”的“临时复制”认定为复制行为后，再将其列入限制与例外的范围，也即使“没有独立经济价值”的“临时复制”免责。对此方法，笔者并不赞同。如上文所述，内存中的“临时复制”即使是一种“没有独立经济价值”的客观技术现象，本身就不应构成“复制行为”。

在外交会议上，瑞典代表团提出：当“临时复制”的唯一目的是使作品可以被感知或该复制具有暂时或附带性质时，没有经济价值，根本不是真正的复制。② 韩国代表团认为“有充分的理由将复制权限于涉及经济意义的行为”③，而“没有经济价值的复制在任何时候都不应被视为复制行为。浏览行为不应受到复制权的控制，对此不应有任何例外”④。这与笔者的上述观点是一致。

澳大利亚《数字议程报告》在讨论内存中的“临时复制”时，从反面指出了复制的经济价值问题。其指出：

> 当被暂时存储的临时复制件已不只是作为传输技术过程中的一个部分，而是被用于其他用途，如果该用途构成了对版权的行使（如将该复制件向公众传输），则该行为应是一个独立行为，应当获得版权人的授权。类似的情况还有：将临时复制件下载下来，或将临时复制件转成一文件，或将临时复制件转存在硬盘上。这些行为都应获得版权人对行使复制权的授权。⑤

笔者赞同这一论述。但需要指出的是，澳大利亚《数字议程报告》中举出的“其他用途”，如“将临时复制件下载下来，或将临时复制件转成一文件，或将临时复制件转存在硬盘上”，是非常罕见的。原因在于大多数用户都不会意识到在传输过程中，在内存中有附带性复制发生，而且如果用户要直接使用内存中的信息，必须通过特殊的技术手段，因为在正常情况下，按照常规操作方法，一般用户是无法通过通用软件自行调用这些信息的。如果确实发展出了特殊的技术工具，用户用其调取内存中临时存储信息，将其转成文件进行存储，再将其上传、下载，或向特定用户传

① WIPO Doc. CRNR/DC/102，Summary Minutes，Main Committee I，para. 259.

② Ibid.，para. 263.

③ Ibid.，para. 264.

④ WIPO Doc. CRNR/DC/101，Summary Minutes，Plenary，para. 501.

⑤ Attorney-General's Department and the Department of Communications and the Arts of Australia，Copyright Reform and the Digital Agenda，1997，para. 4. 61.

输，则这种行为确实是一种对内存中的信息进行单独利用的行为。但这种行为与导致内存中附带性复制的行为也是两个彼此独立的行为，具有不同的法律性质，前者必然导致在用户自己的或其他用户的计算机硬盘上形成稳定的、能够被直接利用的复制件。澳大利亚《数字议程报告》将这两种行为相区别，无疑是正确的。

有些国外学者还提出：由于文件在传输过程中，“缓存”会发生在多个中转服务器中，如果将“作用仅限于便利信息的获取而发生的复制”从版权人专有权利的规制范围中排除出去，某个中转服务器经营者可能会保留“缓存”形成的“临时文件”，当用户下次准备从最终提供信息的服务器中调取这些信息时，该中转服务器就会直接让用户从“临时文件”中调取，这样，该中转服务器就不会再次访问最终提供信息的服务器，也无须再次支付费用了，这样的结果是不公平的。① 事实上，这种担心是不必要的，因为如果中转服务器的经营者将“缓存”形成的“临时文件”刻意保留下来供用户使用，就构成了另一种新的复制行为，它与导致“临时文件”最初在缓存中发生的行为也相互独立，具有不同法律性质。在“临时文件”被刻意保留的情况下，“临时文件”就不是“作用仅限于便利信息的获取而发生的复制件”了，即它具有了独立的经济价值，自然应受复制权的控制。因此，以“独立经济价值”为标准，可以清楚地区分哪些对作品的再现是著作权法上意义上的“复制行为”。

三、用法律调整“浏览”行为不具有现实可行性

立法者在考虑是否以法律手段调整人们的行为时，必须考虑法律实施的可行性。即使著作权法真的将“浏览”行为界定为应受复制权调整的复制行为，有关的法律规定也是很难实施的。几乎每时每刻网上都有大量用户在“浏览”网上作品，而且从目前的状况来看，这些作品在网络中的传播许多都是未经作者许可的。如果将未经许可的“浏览”行为定性为侵权，以此来控制“浏览”行为，则至少会遇到以下难题：（1）“浏览”是最常发生的网上行为，执法者面对的将是数量极其庞大的用户群，根本不可能有如此巨大的人力和精力去应付。（2）执法者要查实某一用户是否浏览了作品是极其费力的。“浏览”是一种用户使用作品的消费行为，既不会像通过在电子邮件中加入附件的方式与第三者发生关系（因为同时涉及发送方和接受方），也很少会像“上传”行为那样在服务器上留下记录

① Henry H. Perritt, JR., *Law and the Information Superhighway*, Wiley Law Publications John Wiley & Sons, Inc., 1996, p. 436.

（接受“上传”的服务器一般都记录上传者的 IP 地址）。执法者查实“浏览”行为的主要途径是与向该用户提供网络接入服务的网络服务提供者联系，看该网络服务提供者是否有该用户在网上活动的记录。如果该网络服务提供者根本没有该记录，或记录得非常简单（很多网络服务提供者都不做此记录），执法者就一筹莫展了。（3）用户也可以采取各种技术手段来隐藏自己的网上地址，那样，连网络服务提供者也很难确切地知道用户在网上的活动。（4）用户个人的经济能力有限，承担侵权责任的能力亦有限。因此与执法所支出的成本相比，执法的收益明显不足。基于以上原因，用法律调整内存的“临时复制”不具有可行性。直至今日，在美国和欧盟成员国有不少追究个人下载者责任的案例①，但却没有一起追究“浏览者”责任的案例。

综上，尽管“浏览”行为客观上导致了对作品在内存中的“临时复制”，但用户“浏览”作品的目的并不在于制作作品的复制件。在“浏览”过程中，在内存中发生的临时性存储只是一种附带产生的技术现象，在内存中被临时存储的作品或片段作为“浏览”行为的后果之一，不具有独立的经济价值或用途，不能形成著作权法意义上的作品复制件。此外，用法律调整“浏览”行为也不具有可行性。因此，“浏览”行为不应作为著作权法意义上的复制行为而被纳入复制权的调整范围。

第五节　网页格式转换与“临时复制”

虽然我国《著作权法》和《信息网络传播权保护条例》并未像欧美立法那样，明确承认“临时复制”属于受复制权控制的复制行为，也没有规定相应的例外，但在司法实践中，我国法院已经遇到了与“临时复制”有关的问题。只是该问题的发生，与用户浏览未经许可传播的内容无关，而是涉及对网络内容的格式转换，其中最为典型的是“WAP 搜索”。“WAP 搜索”是实现媒体融合发展的重要技术手段。

一、对网页进行实时格式转换

一般的互联网网站都是针对台式机、笔记本电脑等配有较大显示屏和较强多媒体处理能力的传统终端设计的，网页采用的是 HTML 格式（全称为 Hypertext Markup Language，意为“超文本标记语言”②）。而对于

① BMG Music v. Cecilia Gonzalez，430 F. 3d 888（7th Cir.，2005）.

② 参见百度百科对“HTML”的解释，http：//baike. baidu. com/view/692. htm。

使用手机上网的用户而言，由于手机屏幕小，且多媒体处理能力较弱，如果直接进入网站浏览，往往无法看全许多内容，并会出现许多乱码；而且调用图片、视频和 flash 动画等也会消耗过多的时间和流量。而要实现媒体融合中的"全息媒体"和"全程媒体"，就必须使手机成为能够获取多媒体信息的终端。可以想见，如果只能借用大屏幕的台式机、笔记本电脑和平板电脑获取多媒体信息，媒体融合的效果将大打折扣。

目前，解决手机用户难以正常浏览互联网网页的有效技术手段，是对网页进行格式转换，即从 HTML 格式转换成适合手机的 WML 格式（全称为 Wireless Markup Language，意为"无线标记语言"[①]）。在格式转换过程中，图片、视频和 flash 动画等特定内容将被过滤或压缩，文本内容也会根据手机屏幕的特点进行调整，由此生成的页面就适合通过手机进行浏览了。

目前向手机用户提供这种格式转换服务的，主要是搜索引擎。其一方面根据手机用户输入的关键词进行搜索，并提供链接；另一方面则在手机用户点击链接时，自动将网页从 HTML 格式转为 WML 格式，这样，用户在手机上就能正常浏览网页内容了。由于手机是通过 WAP（全称为 Wireless Application Protocol，意为"无线应用协议"）接入互联网的，因此这种搜索也被称为"WAP 搜索"。如百度公司就专门设置了面向手机用户的搜索门户（网址为 http：//wap. baidu. com）。

由此可见，与传统搜索相比，"WAP 搜索"的显著特征在于，其提供的不仅仅是链接本身，还有对被链网页的格式转换，因而涉及对网页中的作品在技术意义上的"复制"，从而产生了搜索提供者是否侵权的问题。在我国发生的具有较大影响的"WAP 搜索"案例——"蔡骏诉深圳市宜搜科技发展公司案"（以下简称"蔡骏诉宜搜案"）和"上海玄霆娱乐信息科技公司诉百度案"（以下简称"玄霆诉百度案"）中，手机用户均可通过被告提供的 WAP 搜索服务，在手机上在线阅读侵犯原告著作权的小说。两案的焦点问题之一就在于如何认定"WAP 搜索"服务的性质，即能否将转换网页格式，使手机用户能够阅读的行为认定为侵权行为。

对被链网页的格式转换必然涉及在物质载体上对网页中的作品进行临时存储。在"玄霆诉百度案"中，法院指出："百度公司所称的格式转换，就技术而言，WEB 网页内容需要复制在百度服务器内存或硬盘上才能处

① 参见百度百科对"WML"的解释，http：//baike. baidu. com/view/160091. htm。

理转换 WAP 网页”①。这种在物质载体上固定作品的行为当然是“复制”，因为无论格式如何变化，只要内容保持不变，转换后形成的仍然构成作品的复制件。正如一篇 word 格式的文档通过“另存为”功能转换为 PDF 格式文档，在硬盘上新生成的文档是原文档的复制件一样。问题在于：作品权利人享有复制权，如果其认为搜索引擎未经许可，以“格式转换”的方式复制其作品，应如何认定？

需要指出的是，如果搜索引擎通过自动处理过程，在其服务器内存或硬盘上进行格式转换，并将由此生成的 WML 格式网页传输给手机用户之后，即自动删除了在内存或硬盘中临时存储的内容，则该过程涉及的临时存储属于“临时复制”。虽然如本章第四节所述，对于“临时复制”是否应被定性为著作权法意义上的复制行为、受复制权控制的问题，国际上仍然存在争议，但即使是在立法中明确规定“临时复制”为复制行为的欧盟，也认为上述过程并不会导致侵权责任。

前文提及，欧盟《版权指令》一方面将“临时复制”纳入了复制权的控制范围，另一方面又规定了强制性的“限制与例外”——“临时复制”在符合以下条件时免责：“临时复制”是短暂性的或附带性的，是技术过程中内在且必要的组成部分，且其唯一目的在于：（1）使作品或其他客体在网络中通过中间服务商在第三方之间传输成为可能，或（2）使对作品或其他客体的合法使用成为可能，而且其没有独立的经济价值。

因“WAP 搜索”中对网页格式进行转换而涉及的“临时复制”，完全可以符合欧盟《版权指令》规定的免责条件。首先，为格式转换而进行的“临时复制”具有短暂性的特征。欧盟法院在 Infopaq 案中指出：只要对作品的存储没有超过为完成相关自动技术过程所需要的时间，且被存储的作品在技术过程完成后即被自动删除，而无须人工介入，则这种存储就符合《版权指令》对“短暂性”的要求。② 在“PRCA 诉 NLA 案”中，欧盟法院也针对在用户浏览网站时计算机屏幕中发生的“临时复制”指出，该“临时复制件”是在用户从当前网站转至其他网站时，也就是在浏览当前网站的技术过程终止时，由计算机自动删除的。虽然该“复制件”在用户保持其浏览器的使用状态以及停留在当前网站的情况下，会一直存在，但这只是为浏览当前网站所需的相关技术过程在持续。这说明计算机屏幕上“复制件”的存续期限仅限于为浏览网站的技术过程正常运作所必需的时间，因此相

① 上海市卢湾区人民法院（2010）卢民三（知）初字第 61 号民事判决书。

② Infopaq International A/S v. Danske Dagblades Forening，Case C-5/08（2009），para. 64.

关“复制件”的存续是“短暂的”[1]。该分析和结论完全适用于对网页格式进行转换而涉及的“临时复制”，因为网页格式转换的技术过程完成后，转换后的内容将被实时传输给用户，同时系统就将其从服务器内存或硬盘中自动删除。自动存储的时间并没有超过为便利手机用户浏览网页而进行的格式转换的时间。当然，如果搜索服务提供者刻意在服务器中存储经过格式转换的网页内容，服务性质将发生变化，下文会有讨论。

其次，为进行格式转换而进行的“临时复制”也是附带性的，而且构成了技术过程中内在且必要的组成部分。根据欧盟法院的解释，“附带性”是指临时复制不能独立于相关技术过程而存在，或者没有独立于相关技术过程的用途。[2]“临时复制”构成“技术过程中内在及必要的组成部分”，是指该“临时复制”自始至终都应在技术过程的实施中发生，而且没有该“临时复制”，该技术过程就无法正确和有效地实施。[3] 在“PRCA 诉 NLA 案”中，欧盟法院针对在用户浏览网站时在计算机屏幕和缓存中形成的临时性缓存文件指出，用户无法在浏览网站的技术过程之外创建屏幕和缓存中的“复制件”，因此，缓存中的“复制件”无法独立存在，或没有独立于相关技术过程的用途，因此属于“附带性的”[4]。同时，计算机屏幕和缓存中的“临时复制件”都是浏览网站的技术过程中创建和删除的，它们完全在该技术过程中产生。同时，缓存中的“复制件”为互联网中的浏览提供了极大的便利，如果不创建缓存中的“复制件”，浏览网站的技术过程即使能够实施，其效率也会降低。因此，计算机屏幕和缓存中的“临时复制”都“构成技术过程中内在且必要的组成部分”[5]。

同样道理，对网页格式的实时转换，正是在用户浏览网页的过程中发生的，并非脱离这一过程而独立实施的行为。相关的“临时复制”具有附带性，也就是附带于向用户传输在手机上能正常浏览的网页这一技术过程。同时，实时“转码”也是为用户在手机上正常和有效地阅读网页的技术过程所需要的。如果不对许多网页进行格式转换，而是直接将原始网页传输到手机上，用户在浏览时可能会看到许多乱码，从而无法正常浏览；或者由于原始网页含有的多媒体内容太多，导致传输速度过慢和耗时太

① See Public Relations Consultants Association Ltd. v. Newspaper Licensing Agency Ltd. and Others, Case C-360/13 (2014), paras. 44 - 46.

② Ibid., para. 43.

③ Ibid., para. 28.

④ Ibid., paras. 47 - 50.

⑤ Ibid., paras. 34 - 37.

长，从而降低了手机浏览的效率。因此，对网页进行实时格式转换而导致的“临时复制”构成了“技术过程中内在且必要的组成部分”。

再次，在格式转换过程中临时存储的内容“没有独立的经济价值”。欧盟《版权指令》之所以将“没有独立的经济价值”作为“临时复制”免责的条件，是因为著作权法中复制行为的意义，就在于产生有独立经济价值的复制件。所谓“独立”经济价值，应指复制件具有脱离原件而被独立利用的价值。例如，将一本小说书复印之后，就可以出售该纸质复印件，他人就可以在购买之后阅读小说。如果无法制止他人未经许可制作和提供这种有独立经济价值的复制件，权利人的经济利益必然受到损害。而作为格式转换的必要技术步骤，在服务器内存或硬盘发生的临时存储现象，只是网页在被浏览过程中附带产生的。其经济价值在于它们构成了格式转换和浏览这一完整技术过程不可缺少的一部分。但其不具有“独立”经济价值：被临时存储的内容不能脱离特定手机用户对原网页的浏览行为而被单独利用。当搜索服务器将经过格式转换而产生的 WML 格式网页自动传输给手机用户之后，被临时存储的内容随即消失。除非通过技术手段刻意存储被临时存储的内容，否则其不能被其他手机用户直接调用，加以阅读、欣赏或再次传播。换言之，对网页进行实时格式转换的价值在于使用户能够在手机上正常浏览网页，其由浏览行为所触发，并终结于浏览行为的结束。在经过格式转换的网页传输至用户手机之后，服务器端即自动删除该网页，用户无法在浏览原网页的过程结束之后，再到搜索引擎的服务器中去在线欣赏或下载曾被临时存储的网页内容。其他用户如果通过手机浏览同一网页，实时网页格式转换将再次被触发。由此可见，经过格式转换后的网页，不能在某一用户的浏览行为结束后，被其他用户再次利用。其经济价值只在于便利特定用户正常浏览网页，而没有脱离这一技术过程的“独立”经济价值。

最后，这种“临时复制”正是使手机用户对网页中的作品的合法利用成为可能。如果作品是权利人自己或经权利人许可的人置于网上传播的，用户浏览作品当然是一种合法利用。即使是有人未经许可将作品置于网上传播，也不会使“WAP 搜索”丧失免责的资格。欧盟法院在“PRCA 诉 NLA 案”中认为，网站经营者将作品置于网站中传播当然要获得许可，但没有理由要求用户为浏览作品获得另一个许可，因此网络用户在浏览网页过程中在硬盘中产生的“缓存”，是对作品的正常利用。[①] 同样道理，

① Public Relations Consultants Association Ltd. v. Newspaper Licensing Agency Ltd. and Others，Case C-360/13（2014），paras. 57 - 60.

对网页格式进行实时转换仅能让用户正常浏览原本已经在网络中公开传播的作品，符合“唯一目的在于使对作品的合法使用成为可能”的条件。即使欧盟法院对浏览网络中的盗版内容作出相反的解释，我国法院也不必以之为参考，得出相同的结论。这不仅是因为我国没有像欧盟那样将“临时复制”规定为复制行为，还因为我国《著作权法》在规定对专有权利的限制与例外时，并不要求作品的来源必须合法，即被合理使用的作品本身经过许可。例如，为个人学习或研究而复制盗版书的片段，并不构成侵权。举重以明轻：对专有权利的限制与例外是以承认专有权利控制着特定行为为前提条件的，在我国尚未承认“临时复制”受复制权控制的情况下，当然不应作出更为苛刻的解释。

上述分析基本上是以欧盟《版权指令》对“临时复制”规定的强制性例外为基础的。对于我国而言，由于我国政府在国际上本来就反对将“临时复制”视为著作权法意义上的复制行为，而且国内立法也没有将“临时复制”规定为复制行为，故我国没有理由对“临时复制”适用比欧盟还严格的规则。需要指出的是：如果以欧盟《版权指令》为参考，格式转换过程中的“临时复制”可以免责的结论，是以由此被临时存储的内容在这一技术过程结束后能够被自动删除为前提的。如果“WAP 搜索”服务提供者刻意存储被临时存储的内容，以便在其他手机用户访问同一网页时，直接向其提供该内容，则该所谓的“临时复制”已经丧失了“临时”性。前文引述的欧共体法院判决的 Infopaq 案已经说明了这一点。

当然，“WAP 搜索”涉及的单纯网页格式转换不侵犯复制权，是指它不构成直接侵权，并不意味着相关的搜索与链接服务不可能构成间接侵权。此时应对其适用《信息网络传播权保护条例》第 23 条的规定，即明知或应知所链接的内容侵权而不及时采取措施的，搜索与链接服务提供者应承担共同侵权责任。换言之，对于单纯的“WAP 搜索”而言，对服务提供者的责任认定与对其他搜索与链接服务提供者的责任认定并无二致。在“蔡骏诉宜搜案”中，法院在确认被告宜搜公司仅提供单纯的“WAP搜索”服务后指出，“如被告明知或应知所链接的作品侵权而提供实质性帮助，则可能构成间接侵权”；并进而根据该案案情，认定“被告不存在明知或应知被链接网站构成侵权的情形”，由此驳回了原告的诉讼请求。[①] 这一思路是正确。

单纯的网页格式转换无论在欧盟还是我国都不应构成侵害复制权行为

① 广东省深圳市福田区人民法院（2010）深福法知产初字第 70 号民事判决书。

的结论，还与对证据的采纳有关。因为无论是用户还是权利人，都难以直观地辨别从“WAP 搜索”中获取的经格式转换后的网页内容，究竟是“临时复制”，即自动生成 WML 格式网页传输给手机用户后，立即自动删除临时存储的内容，还是服务提供者预先存储在服务器中供用户浏览的。后者显然构成对复制权和信息网络传播权的侵犯。此时法院必须依靠可信的证据来对该问题作出判断。

通常而言，如果浏览器的地址栏中显示的是被链网页的网址，而不是设链者的网址，则法院可以初步推定相关网页的内容来源于被链网页。但是，“WAP 搜索”不仅涉及对网页的搜索，还提供对网页格式的即时转换，因此当用户点击搜索结果后，其手机浏览器的地址栏中显示的网址既非搜索引擎的网址，也非被链网页的网址，而是一种“混合”网址——“搜索引擎的网址（转换程序的来源网址）＋被链网页的网址（被转换页面的网址）”。

在“蔡骏诉宜搜案”中，法院即以一个“WAP 搜索”结果 http：//www. google. cn/gwt/n?u＝http：//news. baidu. com 为例说明：这实际上是当时的谷歌对“百度新闻”网页进行“WAP 搜索”后，在浏览器的地址栏中显示的网址。其中，http：//www. google. cn/gwt/n 表示转换程序的网址（谷歌的网址），u 是参数名，http：//news. baidu. com 是被转换页面（“百度新闻”网页）的网址。[①] 由于一般手机的屏幕较小，搜索器的地址栏往往无法完整地显示这一长串网址，因此用户能够看到的，一般是搜索引擎的完整网址（表示转换程序来源的网址）和被转换页面的不完整网址。这样的网址显示极容易使人认为相关网页是直接由搜索引擎提供的。在“玄霆诉百度案”中，法院指出：“被告百度公司在 WAP 频道搜索结果及点击阅读功能向用户提供涉讼作品的全部内容，无论是点击阅读页面的地址栏，还是每一个网页的打印结果，地址显示均属于百度公司的服务器”。这里的“地址显示”应指手机浏览器的地址栏中对网址的显示。如上所述，用于表示转换程序来源的百度网址，自然会被完全地显示在手机浏览器的地址栏之中。

对于搜索引擎而言，其在诉讼中难以举出直接证据证明自己没有预先在服务器中存储并直接向用户提供内容。如果仅仅以手机浏览器的地址栏中首先出现搜索引擎网址的事实（该事实往往由权利人提交的公证书中加以记载）推定相关内容是搜索引擎上传至服务器中向用户提供的，则无异

① 广东省深圳市福田区人民法院（2010）深福法知产初字第 70 号民事判决书。

于宣判了“WAP 搜索”技术本身的“死刑”，因为它会使任何利用这一技术向手机用户提供搜索和即时格式转换服务的提供者承担直接侵权责任。这一结果是难以为社会所接受的。

在“蔡骏诉宜搜案”中，法院指出：权利人“公证取证的有关涉案小说搜索、阅读页面显示网址不完整，未能显示被转换页面的网址，无法根据有关被转换的页面网址信息准确判断被控侵权小说的来源网站”，但“被告客观上亦无法就被控侵权小说具体来源网站进行举证，故无法准确判断被控侵权小说来源网站的原因并不可归责于被告”①。在该案中，被告宜搜公司提供了一份“司法鉴定检验报告书”，其记载了用手机登录“宜搜”网站进行“WAP 搜索”时，点击搜索结果阅读涉案小说的过程中，鉴定人员所用手机浏览器的地址栏显示的完整地址信息（前文所述的“混合网址”）。虽然该份“司法鉴定检验报告书”并不能证明其针对的小说与权利人公证书中记载的小说来源于相同的网址，但保存的涉案小说显示页面与公证书保存的同一小说的显示页面“具有相同的技术特征和表现形式”。法院可以据此并结合“WAP 搜索”的一般技术特征认定：宜搜公司所称的“涉案小说来源于第三方网页”的情况具有高度盖然性。因此，法院确认：“在被告搜索网页上，通过在搜索框中输入关键字的方式对涉案小说进行搜索、阅读，是通过客户端链接到第三方网站实现的，即提供小说阅读内容的是第三方网站，而非被告网站”②。在“玄霆诉百度案”中，百度败诉的原因，也并非法院直接推定涉案的侵权作品是由百度预先上传至服务器的，而是法院认为百度在进行格式转换之后在服务器中存储了相关网页，并使后来的用户可以直接从其服务器中获得。

笔者认为：认定“WAP 搜索”服务性质的前提，是对“WAP 搜索”技术的现状达成共识。例如，如果经过与国内外“WAP 搜索”服务的比较，以及专家的论证与鉴定，能够确认，凡是手机浏览器的搜索栏中显示了两个“http：//”的（如前文引述的“蔡骏宜搜案”的判决书举出的实例 http：//www. google. cn/gwt/n?u＝http：//news. baidu. com），即表明该网页是搜索引擎对互联网中的网页进行格式转换的结果，则至少可以否定搜索引擎预先上传相关内容至其服务器的结论。因此不能仅因为地址栏中先出现了搜索引擎的网址，就一概认定搜索引擎直接侵权。当然，搜索引擎未经许可进行格式转换，以及在进行格式转换之后刻意存储网页，并直接从服务器中向后续用户提供是否侵权，则是另一个问题了。

---

①② 广东省深圳市福田区人民法院（2010）深福法知产初字第 70 号民事判决书。

二、网页格式转换＋存储

前文所述的“WAP 搜索”中单纯的网页格式转换不侵权的结论，是建立在该过程只涉及“单独”格式转换的基础之上的。如果网络提供者在进行格式转换之后，在其服务器中保存了经格式转换的网页（含有作品），则此种存储不仅不符合“短暂”的要求，而且显然产生了具有独立经济价值的复制件，因为该被存储的网页可以被其他手机用户反复调用。同时，由于其存储的后果是供其他手机用户随时调用，等同于公众得以在其选定的时间和地点从搜索引擎服务器中获得被存储的作品，故该行为构成受信息网络传播权规制的交互式传播行为。这种行为，在本质上与从其他网页中抓取作品后存储在自己的服务器向公众提供无异，显然构成侵权行为。

当然，在个案中，如何认定涉案的服务是“网页格式转换＋存储”，仍然是一个需要讨论的问题。前文已经指出：从举证角度看，搜索引擎难以直接证明自己只是对互联网中的网页进行了即时格式转换，而没有预先将内容存储于服务器中向手机用户提供。与此类似，搜索引擎也难以直接证明自己没有在提供即时格式转换之后，刻意将转换后的网页保存在自己服务器中加以提供。因此，法院需要借助一些间接证据，根据优势证据规则判断盖然性，并作出适当的判断。如果搜索引擎是刻意将转换格式后的网页保留在服务器中，则当原网页内容发生变化之后，手机用户通过搜索引擎获得的网页内容与之相比就会出现差异。只要查明这一事实，就可以认定搜索引擎提供的是“WAP 搜索与存储”服务。但如果原网页与从搜索引擎获得网页相比，唯一的差异只是格式不同，以及前者包含图片、视频和 flash 动画而后者不包含，则尚不能认定搜索引擎存储了格式转换后的网页，因为这种差异是使用“WAP 搜索”技术的必然结果，与搜索引擎是否对网页进行了存储并无关系。

在几年前一些报社起诉手机应用软件“今日头条”应用软件经营者的诉讼中，“今日头条”应用软件的界面实时列出新闻标题，手机用户点击之后能够即刻看到源于其他网站的新闻内容。这些内容中有许多都不是单纯的事实消息，而是受《著作权法》保护的作品。虽然“今日头条”应用软件也标明了来源网站的名称和具体网址，但并没有完整地显示来源网页，而仅显示其中的新闻内容。一些媒体指责“今日头条”经营者的做法侵犯其新闻内容的信息网络传播权，“今日头条”经营者则抗辩称自己提供的只是链接。但是，链接本身不会对被链的网页进行任何处理，而根据相关媒体的报道，由于“有些媒体的网络化做得不够好，不能跟‘今日头条’进行适配，这影响阅读体验”，“今日头条”方面对来源于网站的内容进行了“转码”[①]。这就意味着其提供的并非单纯的链接服务，该行为是否构成侵权则取决于其属于单纯的网页格式转换，还是在格式转换完成之后在服务器中进行了存储及后续提供。

如果“今日头条”应用软件的经营者仅仅是对网页进行实时格式转换(也就是实质“转码”)，以使用户能够在手机上正常阅读被链接的网页，则该服务涉及的“临时复制”不应被认定为侵权。前文对此已作过较多分析，此处不再重复。

然而，根据相关媒体的报道，“今日头条”方面表示：“如果‘今日头条’带去大量流量，媒体的服务器可能承受不了压力，因此需要进行转码，把媒体的内容临时放到‘今日头条’的服务器上”[②]。如果此项陈述属实，则“今日头条”应用软件经营者的行为性质将发生根本性的变化。这意味着“今日头条”应用软件经营者应用软件将经过格式转换后的网页存储在了自己的服务器中向用户提供，用户点击新闻标题之后，将不再从来源网页的服务器中获取作品，而是直接从“今日头条”的服务器中获取作品。该行为既属于未经许可复制，也属于未经许可通过信息网络向公众提供作品，即最高人民法院在《关于审理侵害信息网络传播权民事纠纷案件适用法律若干问题的规定》(2020 年修正)第 3 条第 2 款所述的“通过上传到网络服务器……将作品……置于信息网络中，使公众能够在个人选定的时间和地点以下载、浏览或者其他方式获得”的行为，且明显不构成合理使用，是对复制权和信息网络传播权的直接侵犯。

需要指出的是，虽然“今日头条”方面强调自己是把媒体的内容“临时”放到了自己的服务器上，但这种“临时”并不是欧盟《版权指令》中可以免责的“临时复制”。如前文所述，免责是以经过格式转换后的网页在用户浏览过程结束后，能够被自动删除为前提的。如果在用户浏览网页过程中，不但进行了格式转换，还将由此产生的网页保存在了自己的服务器中，供其他用户直接获取，则对该网页的存储，就并未随着用户浏览网页这一技术过程的结束而终结，从而丧失了“临时”性，演变为永久性复制。这种存储也已并非依附于用户浏览网页的技术过程，而是构成了复制和交互式传播行为，从而具有了独立的经济价值。因此这种存储并不符合欧盟《版权指令》规定的免责条件。同时，欧盟《版权指令》也没有为交互式传播行为规定任何免责。在我国，该行为并不是所谓“临时复制”，

①② 专访张一鸣：告诉你今日头条到底在玩什么 . http://blog.sina.com.cn/s/blog_4974cbcb0101inoa.html.

而属于永久复制，当然受到复制权的控制。同时，根据公众的请求，向公众提供服务器中存储的含作品的网页，当然也属于受信息网络传播规定的交互式传播行为。因此，“今日头条”应用软件经营者当时的行为，实际上就是通常所说的网络转载。对于该行为，除非被转载的内容属于单纯事实消息①，或者“在信息网络上已经发表的关于政治、经济问题的时事性文章”且作者没有事先声明不许提供②，应认定该行为构成对复制权和信息网络传播权的侵犯。

在前文提及的“玄霆诉百度案”中，法院认为百度公司在提供手机WAP搜索过程中，保存了经格式转换后的网页。法院对此指出：“百度公司直接、完整地将涉讼作品放置在其服务器上，由用户以点击小说搜索方式向用户提供涉讼作品，该行为属于复制和上载作品的行为，并通过网络进行传播，构成直接侵权”③。因此，如果“今日头条”应用软件当时将经格式转换后的网页保存到了自己的服务器中向用户提供，其行为应构成侵权。

在“腾讯计算机系统有限公司诉北京字节跳动科技有限公司（‘今日头条’应用软件的经营者——引者注）案”中，腾讯公司指称“今日头条”应用软件的经营者未经许可转载了其享有权利的作品。法院认定：

> 字节跳动公司未经许可，在其经营的“今日头条”手机客户端上使用了涉案作品954字的内容，使公众可以在其个人选定的时间和地点获得涉案作品部分内容，侵害了腾讯公司享有的信息网络传播权，字节跳动公司应当对其侵权行为承担相应的法律责任。④

特别值得注意的是，在该案中，“今日头条”应用软件的经营者抗辩称：涉案作品来源于第三方，其仅基于与第三方的合作协议提供链接服务，涉案作品未存储在其服务器。法院则指出，“今日头条”应用软件的经营者提交的“著作权许可使用合同”显示，双方所约定的使用方式“明确了系将许可内容进行复制并存储在今日头条公司产品的服务器中”，同时，“今日头条”应用软件的经营者提交的网页打印件还显示“本文转载于腾讯体育”。法院认为，该合同中所约定的使用方式与“今日头条”应用软件经营者主张涉案作品未存储在其服务器上的抗辩相矛盾，因此对其抗辩理由不予采信。⑤

---

① 《著作权法》第5条第2项。

② 《信息网络传播权保护条例》第6条第7项、第10条第1项。

③ 上海市卢湾区人民法院（2010）卢民三（知）初字第61号民事判决书。

④ 北京市海淀区人民法院（2017）京0108民初21649号民事判决书。

⑤ 北京市海淀区人民法院（2017）京0108民初21649号民事判决书。

由此可见，“网页格式转换＋存储”与单纯对网页进行实时转换具有完全不同的法律性质，后者涉及的“临时复制”并不构成侵权，而前者则可能构成对复制权和信息网络传播权的侵犯。

第六节　提供“外挂”与复制权

在讨论网络环境中复制权的适用时，“临时复制”问题集中于复制行为的构成，即何种再现作品的行为属于著作权法意义上的复制。而与网络游戏有关的“外挂”问题与之不同，关键在于再现的内容究竟是什么。尤其值得注意的是，制作和提供“外挂”的定性问题，基本上都出现在刑事案件之中，也就是刑事被告的相关行为是否构成《刑法》第 217 条规定的“侵犯著作权罪”。因此，为什么围绕着“外挂”出现了许多刑事案件，却基本上没有民事案件，也是值得深入思考的问题。

“外挂”常与“私服”一起使用，都与网络游戏有关，但两者是不同的概念。“私服”是“指一个没有得到网络游戏的制作商许可而私自存在并运营的服务器”①，也就是私自设立的网络游戏服务器。要使该服务器发挥功能，其中必须安装与网络游戏有关的服务器端程序，因此开设和运营“私服”需要在服务器中安装服务器端程序，并使“私服”的用户——安装了网络游戏客户端的玩家能够调用该服务器端程序并使其运行。既然是“私服”，那么其对网络游戏服务器端程序的安装必然未经程序权利人许可，因此该行为当然构成对复制权的侵害。而且，由于最高人民法院、最高人民检察院于 2007 年颁布的司法解释将“复制发行”解释为“复制或发行”②，单纯侵害复制权的行为也有可能构成侵犯著作权罪。如在“《劲舞团》私服刑事案”中，被告从互联网下载《劲舞团》网络游戏程序，并将修改后的程序复制在租赁的服务器上，向玩家提供《劲舞团》网络游戏服务，法院认为其行为构成“复制发行”，被告的行为最终被判构成侵犯著作权罪。③

---

① 参见“百度百科”对“私服”的解释，https：//baike. baidu. com/item/%E7%A7%81%E6%9C%8D/201681?fr=aladdin。

② 《关于办理侵犯知识产权刑事案件具体应用法律若干问题的解释（二）》第 2 条第 1 款规定：《刑法》第 217 条侵犯著作权罪中的“复制发行”，包括复制、发行或者既复制又发行的行为。笔者完全不赞同该司法解释。对它的批评参见王迁．论著作权意义上的“发行”——兼评两高对刑法“复制发行”的两次司法解释．知识产权，2008（1）。

③ 上海市第二中级人民法院（2010）沪二中刑初字第 85 号刑事判决书。

与“私服”不同，“外挂”是一种帮助网络用户玩家作弊的计算机程序，它“通过截取并修改游戏发送到游戏服务器的数据而实现各种功能的增强”①。例如，射击类网络游戏的玩家在不使用“外挂”的情况下，自己操纵的游戏角色如果在游戏中捡到了一个子弹夹，可以使子弹增加 10 发。但使用“外挂”之后，游戏角色捡到一个子弹夹时，该“外挂”程序就能截取从网络游戏用户端发送给服务器端的数字“10”，将其改为“1 000”，这样，子弹就增加了 1 000 发，由此大大提高了该玩家的竞争优势。

一、制作和提供“外挂”的定性应以是否复制“代码化指令序列”为依据

对于制作和提供“外挂”的行为应如何定性？其是否构成对网络游戏服务器端或客户端程序的复制和网络传播，由此构成侵犯著作权？在刑事责任问题上，在 2020 年年底通过的《刑法修正案（十一）》实施前，是否可根据最高人民法院、最高人民检察院于 2004 年颁布的《关于办理侵犯知识产权刑事案件具体应用法律若干问题的解释》有关将“通过网络传播作品视为复制发行”的规定②，以及在《刑法修正案（十一）》实施后，是否直接根据修改后的《刑法》第 217 条有关“通过信息网络传播”作品可入罪的规定，认定其构成“侵犯著作权罪”呢？一种具有代表性的观点认为：制作“外挂”属于对网络游戏数据的“复制”，构成对复制权的侵犯。如有学者认为：

> 外挂行为中，从技术手段上看，有下列情形之一的，可以认定外挂行为构成了侵犯著作权的复制行为：(1) 通过外挂程序截取破解游戏服务器端发往客户端的数据封包，获得游戏数据加密算法，复制后在游戏中使用；(2) 通过对游戏客户端程序的反编译或破解，获得游戏数据处理逻辑，复制后在外挂中使用；(3) 直接从游戏的数据文件或客户端程序本身提取数据，在外挂中作为数据库加载使用；(4) 通过非法手段获取游戏服务器端数据，并将其作为数据库在外挂中加载使用。③

对此，笔者认为，制作和提供“外挂”是否构成对著作权的侵犯，乃

---

① 参见“百度百科”对“外挂”的解释，https：//baike.baidu.com/item/%E5%A4%96%E6%8C%82/89291?fr=aladdin。

② 笔者完全不赞同将网络传播行为视为“发行”，对该司法解释的批评见本书第三章第四节。但因本节主要涉及对制作“外挂”是否构成“复制”的讨论，因此仍然引用。

③ 于志刚，陈强．关于网络游戏中“外挂”行为的刑法思考．山东警察学院学报，2009 (1)：48.

至根据《关于办理侵犯知识产权刑事案件具体应用法律若干问题的解释》构成侵犯著作权罪，取决于该“外挂”是否复制了网络游戏程序，而与其是否修改了网络游戏客户端和服务器端之间传送的数据无关。这是因为无论是“复制”还是“发行”，针对的都是作品，也就是网络游戏中的计算机程序，而不是其他。要理解这一点，就必须清楚地认识什么是著作权法意义上的“计算机程序”或“计算机软件”。

试以笔者曾编写的一款“英语单词拼写测试软件”为例：该软件在运行时，首先会显示一个中文单词，要求使用者输入相对应的英文单词，并将输入的单词与软件中预存的英文单词加以比对。如果使用者输入的英文单词拼写正确，则告知“拼对了”并播放欢快的歌曲。如果拼写错误，则会提示“拼错了”并播放悲伤的歌曲。该软件由三部分组成：主程序、中英文单词库和两段歌曲。如果将该程序刻入光盘中销售，人们在口语中会说这是一张“软件光盘”。但是，在著作权法意义上，其中真正能够构成“软件”的只有“主程序”，而不包括中英文单词库和两段歌曲。《计算机软件保护条例》第 2 条规定：“本条例所称计算机软件（以下简称软件），是指计算机程序及其有关文档”。该条例第 3 条则对“计算机程序”作出了非常清楚、明确的界定：

> 计算机程序，是指为了得到某种结果而可以由计算机等具有信息处理能力的装置执行的代码化指令序列，或者可以被自动转换成代码化指令序列的符号化指令序列或者符号化语句序列。

由此可见，著作权法意义上的“计算机程序”必须是直接的或者由符号化指令序列和符号化语句序列转换成的“代码化指令序列”，而“代码化指令序列”与“代码化数据”并不是一回事。前者能够被计算机执行，从而指挥计算机完成某一任务；而后者不具备这样的功能，只能被“代码化指令序列”调用。口语中的“一套软件/程序”在被转化为能够直接为计算机所读取的“机器码”之后，所有内容都以 0 和 1 的“代码”形式表现，其中不但包含了“代码化指令序列”，往往还有大量被“代码化指令”调取的以代码形式表现的其他类型作品（如文字作品、音乐作品、美术作品和摄影作品等），以及不构成作品的数据。由于这些作品和数据本身不是指挥计算机完成某种工作的“指令”，因此即使其存在于口语中的“一套软件/程序”之中，也并不是《计算机软件保护条例》所保护的“计算机程序”。

以上述“英语单词拼写测试软件”为例：其中的“主程序”才是“代码化指令序列”，它可以指挥计算机调取和显示词库中的中文单词，允许用户输入英文单词，将输入的英文单词与词库中预存的英文单词进行比对，显示比对结果并播放相应的歌曲。而中、英文单词库是严格根据英语课本中列出的单词构建的，没有编写者独创性的选择与编排，因此其仅仅属于无独创性的汇编，其中的内容不能受到著作权法的保护。两首歌曲则只能作为音乐作品受到著作权法的保护。因此，中、英文单词库与两首歌曲虽然被编入了这套“英语单词拼写测试软件”，却并不构成“计算机程序”，也不能作为“计算机程序”的一部分受到保护。以上关系可用图 2-1 表示。

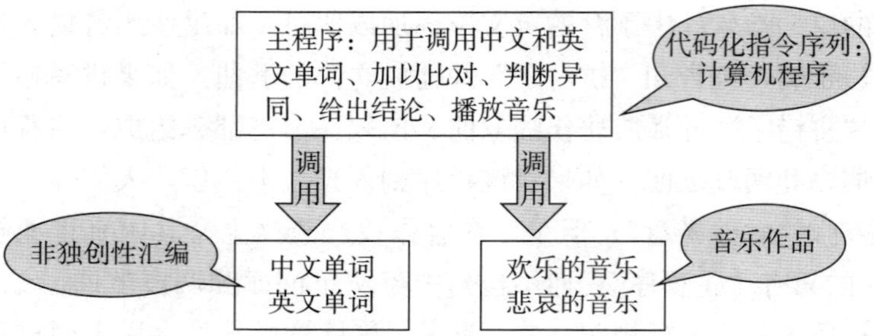

图 2-1

有一种观点认为：对我国《计算机软件保护条例》第 3 条定义的“计算机程序”的范围不应作狭义的理解，而应作广义的理解。“就网游程序而言，程序附带的各种数据（包括以静态方式存贮于硬盘上的数据和根据指令在内存中动态存贮的数据和动态生成的网络数据包）也应视为计算机程序的组成部分”①。这一观点不但缺乏法律依据，而且一旦付诸司法实践，会导致不同类型作品之间的界限荡然无存，以及权利归属的混乱。

仍然以上述“英语单词拼写测试软件”为例：如果他人未经许可仅复制了编写者辛苦输入的“中、英文单词库”，是否就应当认定其复制了“视为计算机程序组成部分”的、“以静态方式存贮于硬盘上的数据”，而认定该行为侵犯了计算机程序的复制权呢？需知，计算机程序编写者只不过是将英语课本中的单词汇集到了一起，既无对单词的“选择”（因为是全部收入），也无对单词的“编排”（因为仅按照在课本中出现的前后顺序收入），无任何独创性可言。该“中、英文单词库”不但不能构成“代码化指令序列”，而且其作为无独创性的汇编，也不可能作为任何其他类型

① 寿步，陈跃华．网络游戏法律政策研究．上海：上海交通大学出版社，2005：57．于志刚，陈强．关于网络游戏中“外挂”行为的刑法思考．山东警察学院学报，2009（1）：47.

的作品受到著作权法的保护。① 为何只要被放入了计算机程序，就“应视为计算机程序的组成部分”而受到著作权法的保护呢？

同样，按照上述观点，如果他人未经许可仅复制了上述“英语单词拼写测试软件”中的两首歌曲，也应认定其复制了“视为计算机程序组成部分”的、“以静态方式存贮于硬盘上的数据”，从而侵犯了计算机程序编写者的复制权。但问题在于，这两首歌曲虽然是音乐作品，却并非计算机程序编写者创作的，而是来源于他人。难道他人创作的音乐作品被放入计算机程序中之后就变成了计算机程序著作权人享有权利的“计算机程序组成部分”了吗？事实上，将他人创作的歌曲编入计算机程序，仅构成著作权法意义上的复制行为。该行为不可能产生新作品或将歌曲转换为“计算机程序”，更不可能改变其权利归属。上述“程序附带的各种数据应视为计算机程序的组成部分”、受到《计算机软件保护条例》保护的观点是不能成立的。

《计算机软件保护条例》对“计算机程序”的定义也与各主要国家的立法相同。美国《版权法》第101条将“计算机程序”定义为“一套在计算机中被用于直接或间接产生特定结果的语句或指令”，其中包含了源代码和目标代码。② 澳大利亚《版权法》第10条对“计算机程序”的定义与美国《版权法》完全相同。日本《著作权法》第2条对“计算机程序”的定义也是类似的：为了让计算机运行以获得特定结果，而向计算机发出的一系列指令的表达。

欧共体在其通过的《计算机程序法律保护指令》中，因担心技术发展

---

① 例如，在美国联邦最高法院于1991年判决的Feist案中，原告郊区电话公司出版了一本电话号码簿，其中收录了当地居民的电话号码，并按照居民姓名的字母排序。被告费思特(Feist)出版公司在未经原告许可的情况下复制了其电话号码簿中的电话号码。美国联邦最高法院认为，原告汇编的电话号码簿并不是符合独创性要求的作品。因为原告作为对当地电话服务享有专营权的电话公司，只要当地居民申请电话服务，原告就会分配给申请者一个电话号码，并将其印在电话号码簿中。这一过程完全是照章办事，不涉及对电话号码任何有创造性的“选择”。同样，按照居民的姓氏字母顺序来排列他们的电话号码也没有任何创造性可言，因为这种排列方式早就存在，一直沿用，以至于已经成为业界的常规。因此，原告对于电话号码无论在选择还是编排方面都没有体现出任何创造性，其电话号码簿并不是版权法意义上的作品。原告因此败诉。Feist Publications v. Rural Telephone Service，499 U. S. 340，341 - 344 (1991). 在我国发生的“族谱案”与之类似：原告辛苦收集了某一家族族人的姓名，并编成了族谱。法院认为，“族谱资料虽然记载了在若干自然村屯上曾经生息繁衍的祖先及其后代的名字，并对这些名字按辈分大小进行编排，但这种编排不具有独创性”[广西壮族自治区河池市中级人民法院 (2004) 桂民三终字第3号民事判决书]。

② Melvile B. Nimmer & David Nimmer，*Nimmer on Copyright*，§2.04 [C]，Matthew Bender & Company，2009.

太快而没有对“计算机程序”作出定义。但在此前，欧洲委员会仍然明确指出：“‘程序’一词应被理解为包含以任何形式、语言、符号或代码表达的一套指令，其作用在于使计算机去执行特定工作或功能”①。

联合国教科文组织编写的《版权法导论》（*The ABC of Copyright*）明确指出：计算机程序是指在信息处理系统中直接或间接使用的一系列指令。② 世界知识产权组织在其《著作权与邻接权法律术语汇编》中，也将“计算机程序”定义为“一组能够使具有信息处理能力的机器执行或实现特定功能、任务或结果的指令”③。

“数据”本身不可能被计算机直接或间接执行，以完成特定工作，产生特定结果，因此其并不构成“计算机程序”。需要指出的是：以代码形式出现的“数据”与其他类型的作品在著作权法中的地位是有差别的。后者虽然不是“代码化指令序列”，不能作为“计算机程序”受到著作权法的保护，但仍然可以作为其他类型的作品受到保护。例如，视频游戏在运行过程中，会显示图片、动画，播放音乐，甚至还会有故事情节，这些内容可能分别构成美术作品、视听作品、音乐作品和文字作品。在英国法院审理的“Nova 诉 Mazooma 案”中，原告指称被告的视频游戏与自己在先的视频游戏在界面和效果上实质性相似，构成侵权。但由于被告并未获得过原告的计算机程序的源代码，因此无论是原、被告双方还是法院，均将重点放在视频游戏中体现的以下几类作品：（1）以图像形式显示的美术作品；（2）以游戏设计说明体现的文字作品；（3）游戏本身体现的戏剧作品和（4）以移动图像表现的电影作品。④ 如果未经许可将视频游戏中的这些作品单独提出后使用，仍然构成侵权。当然，如果视频游戏权利人并未取得这些作品权利人的许可，即使他人未经许可从其视频游戏中单独提取这些作品加以使用，其也无权起诉他人侵权。

但是，至于视频游戏中单纯的数据，如代表游戏中人物的生命力、能量级别等的参数、数值而言，其既非“计算机程序”，也不可能作为任何其他作品类型受到著作权法的保护，因为单纯的数据只是“事实”，并非独创性的表达，不可能构成著作权法上的作品。这与产生该数据的过程或

① Proposal for a Council Directive on the Legal Protection of Computer Programs，COM/88/816，final/revised version，part two，chapter I，Article 1，para. 1.1.

② 联合国教科文组织．版权法导论（汉英对照）．张雨泽，译．郭寿康，审校．北京：知识产权出版社，2009：26.

③ 世界知识产权组织．著作权与邻接权法律术语汇编（中英法对照）．刘波林，译．北京：北京大学出版社，2007：53.

④ Nova Productions Ltd. v. Mazooma Games Ltd.，[2007] EWCA Civ. 219，para. 2.

机制是否具有智力创造性毫无关系。对数据本身进行复制和修改，不可能构成侵犯计算机程序复制权的行为。在著作权保护的民事司法实践中，法院也区分了“代码化指令序列”和被其调用的数据。如在涉及计算机字库的诉讼中，法院指出，“字库中对数据坐标和函数算法的描述并非计算机程序所指的指令，并且字库只能通过特定软件对其进行调用，本身并不能运行并产生某种结果，因此，字库不属于《计算机软件保护条例》所规定的程序”①。

因此，如果针对网络游戏的“外挂”本身并不包含网络游戏客户端程序——代码化指令序列，而是一款独立的计算机程序，则其只能与客户端程序一起运行，并在运行过程中截取网络游戏服务器端和客户端之间的通讯并修改相应的数据，如前文提及的将用户端传送给服务器端的数字“10”改为“1 000”，并不可能侵犯计算机程序作品的复制权和发行权。在迄今为止国外最著名的涉及“外挂”程序的侵权诉讼—“MDY公司诉暴雪公司案”中，美国联邦第九巡回上诉法院据此清楚地指出：使用针对《魔兽世界》的外挂程序“Gilder”并不会侵犯暴雪公司的任何专有权利，因为其不涉及对《魔兽世界》游戏软件的“修改或复制”②。

二、应区分“独立型外挂”和“依附型外挂”

在目前的刑事司法实践中，对于制作“外挂”是否侵犯复制权的问题，法院的认识并不一致，有的法院误将只复制或修改数据的行为认定为对著作权的侵犯，从而作出被告侵犯著作权的有罪认定。

在一些案例中，判决书中认定“外挂”只针对网络游戏客户端程序的数据。如在“《诺亚传说》外挂刑事案”中，法院指出：

> （被告）在编写外挂程序时，对《诺亚传说》客户端软件的功能数据进行了复制……本院认为，被告人刘某某以营利为目的，未经著作权人许可，复制发行《诺亚传说》网络游戏客户端程序，非法经营数额巨大，情节特别严重，其行为已构成侵犯著作权罪。③（注：着重号为引者所加）

如果本案事实如判决书所述，则因被告复制的仅仅是客户端程序的“功能数据”，而该“功能数据”并非代码化指令序列——计算机程序，故被告的行为并不构成对作品的复制。既然该“外挂”不属于客户端程序的复制件，在网络中提供该“外挂”也不可能构成对客户端程序的信息网络

① 北京市高级人民法院（2005）高民终字第443号民事判决书。

② MDY Industries，LLC v. Blizzard Entertainment，629 F. 3d 928，941（9th Cir.，2011）.

③ 广东省深圳市南山区人民法院（2012）深南法知刑初字第31号刑事判决书。

传播，当然不属于对复制权和发行权的民事侵犯，更不可能属于刑事犯罪。

在一些案例中，从判决书的描述可以推断出：涉案“外挂”属于“依附型外挂”。此类“外挂”是一种与网络游戏客户端程序相互独立的计算机程序，其作用的发挥有赖于玩家首先运行客户端程序。此类“外挂”必须与客户端程序同时运行，并实时分析、截取客户端程序产生的数据并加以修改。例如，在“《冒险岛》外挂刑事案”中，判决书记载：

> （涉案外挂）“CS 辅助”通过内存挂钩方式入侵《冒险岛》网络游戏客户端程序，获得对该程序内存地址、数据修改的控制权，调用、复制了《冒险岛》124 项客户端软件功能数据的数据命名、数据结构、运行方式，通过改变数据的数值、参数，以加强应用功能。①（注：着重号为引者所加）

既然这款名为“CS 辅助”的“外挂”需要“入侵《冒险岛》网络游戏客户端程序”，那么该“外挂”应当是与网络游戏客户端程序相互独立的计算机程序，只不过在运行时能够调用客户端程序并修改其数据而已。在这种情况下，不能认为对“外挂”的制作属于对客户端程序的复制。但在该案中，一审法院认定被告的行为属于“复制发行”，构成侵犯著作权罪。被告则“对原判的定性持有异议，认为涉案‘CS 辅助’程序是一种入侵软件，通过运用 Windows 自带的函数入侵《冒险岛》客户端软件，调用该客户端软件运行时的内存数据并修改其中的一小部分，不属于侵犯著作权罪中所规定的‘复制’行为”②。对此，二审法院认为：

> 司法鉴定意见书证实：外挂源程序——“CS 辅助”通过内存挂钩方式入侵《冒险岛》网络游戏客户端程序，获得对该程序内存地址、数据修改的控制权，调用、复制了《冒险岛》124 项客户端软件功能数据，“CS 辅助”没有改变《冒险岛》网络游戏客户端程序的数据命名、数据结构、运行方式，改变的只是数据的数值、参数，以加强应用功能，对《冒险岛》网络游戏客户端程序进行了全面引用复制。③（注：着重号为引者所加）

这里的“引用复制”含义不明。如前所述，既然二审法院根据鉴定结论，认同涉案“外挂”需要“入侵《冒险岛》网络游戏客户端程序”，至少可以推断该“外挂”并不基本完整地包含网络游戏客户端程序，否则还

---

① 上海市浦东新区人民法院（2010）浦刑初字第 3240 号刑事判决书。

②③ 上海市第一中级人民法院（2011）沪一中刑终字第 411 号刑事裁定书。

需要“入侵”吗？该“外挂”的作用应当类似于计算机病毒：计算机病毒也是一种计算机程序，它也会“入侵”其他计算机程序并修改其运行时产生的数值和参数。但计算机病毒程序并未复制被“入侵”的其他计算机程序，制作和传播计算机病毒也并不可能构成侵犯著作权罪。

还有一种观点认为，此类外挂属于“典型的动态复制”，而所谓“动态复制”就是指

> 在运行过程中它只是在数据的数值、参数上作了修改，从而增强游戏人物的战斗能力、攻击能力等状态，但它并没有改变《冒险岛》客户端程序的数据命名、数据结构和运行方式……“CS 辅助”对客户端程序的全面调用就属于在运行过程中实现了对客户端程序的复制，是一种动态的复制。因此，要判断某一种外挂程序是否侵犯了复制权时，我们所要对比的就不是外挂程序本身和原网游程序之间是否实质性相似，而是外挂程序动态运行以后它的结果和原网游程序是否实质性相似。①

由此可见，所谓“动态复制”实际上并不是著作权法意义上对计算机程序的复制，因为它并没有复制“代码化指令序列”，而只是修改了数据。如前文所述，数据本身无论多么有价值，都不构成作品，因此“动态复制”并不属于“对客户端程序的复制”。至于“比较外挂程序动态运行以后它的结果和原网游程序”更是违反了著作权法原理。“外挂”程序是一个独立的程序，有自己的“代码化指令序列”。要判断“外挂”程序是否构成侵权作品，当然需要比较“外挂程序本身和原网游程序之间是否实质性相似”，也就是两者的“代码化指令序列”是否存在实质性相似，前者是否构成对后者的复制或修改。“比较外挂程序动态运行以后它的结果和原网游程序”并无意义。正如前文所述，计算机病毒也是一个独立的程序，其在运行过程中必然会调用并修改一系列数据。可以想见，一定可以编写出一种使计算机程序在运行过程中不断弹出暴力、黄色内容的计算机病毒。该计算机病毒（计算机程序）必然会调用被其感染的计算机程序的数据，但其本身并不需要复制“代码化指令序列”。如果以“计算机病毒动态运行以后它的结果和原计算机程序是否实质性相似”为依据，认为其属于“动态复制”，那么传播此种计算机病毒也算是“复制发行”了，这显然是不能成立的。

与之形成对比的是，在另一些案件中，涉案“外挂”属于“独立型外

① 李小文，杨永勤．网络环境下复制发行的刑法新解读．中国检察官，2013（3）：21.

挂”，也称“脱机型外挂”，它实际上是网络游戏客户端程序的修改版，也就是在复制客户端程序的基础上，增加了新的模板；其内容为“原始网络游戏客户端程序（略经修改）＋外挂程序”。玩家运行该类“外挂”后，无须再运行网络游戏客户端程序即可正常操作网络游戏。例如，在“《龙之谷》外挂刑事案”中，法院指出：

> 本案涉及的脱机型外挂……与其他外挂需挂接到客户端程序不同，它可以脱离游戏的客户端程序，模拟官方的客户端进行登录、游戏，并能实现官方客户端所没有的一些功能，如自动打怪、交易等……（本案被告）……大量复制官方客户端程序中的游戏对话文件、基础数据文件、地图文件、登录文件等关键及核心文件，制作完成了涉案脱机外挂程序。经鉴定，外挂程序与官方客户端程序的文件目录结构、文件的相似度分别为84.92%和84.5%，存在实质性相似。①

显然，该案中的“脱机型外挂”基本完整地包含了网络游戏客户端程序，即代码化指令序列。制作该“外挂”的过程包含对网络游戏客户端程序的复制，通过网络提供该“外挂”供用户下载属于对含网络游戏客户端程序的信息网络传播，在《关于办理侵犯知识产权刑事案件具体应用法律若干问题的解释》中被视为“复制发行”。因此，在“《龙之谷》外挂刑事案”中，法院认定“被告人的行为应属于我国《刑法》所规制的非法复制计算机软件的行为，应以侵犯著作权罪定罪处罚”，是正确的。同样，在“《新惊天动地》外挂刑事案”中，法院指出：

> 在《新惊天动地》游戏客户端不具备自动进行游戏、完成自动创建游戏角色、自动执行任务、自动打怪、自动捡取物品、自动使用物品等功能的情况下，（涉案“外挂”）增加了以上自动实现的功能，该功能的实现必须复制互联网游戏程序的源代码，而被告人肖某某所制作的网络游戏外挂程序与《新惊天动地》游戏程序具有高度的相似性。②

从这段论述中可以推断，涉案“外挂”也属于上文所述的“脱机型外挂”，它集成了网络游戏客户端程序和新增的模块，使该“外挂”可以独立于原网络游戏客户端运行。由于其“复制互联网游戏程序的源代码”，故制作和提供该“外挂”的行为，根据《关于办理侵犯知识产权刑事案件

① 上海市徐汇区人民法院（2011）徐刑初字第984号刑事判决书。

② 四川省成都市武侯区人民法院（2015）武侯刑初字第55号刑事判决书。

具体应用法律若干问题的解释》属于“复制发行”，可构成侵犯著作权罪。

由此可见，制作“外挂”是否构成对网络游戏客户端程序的复制，向公众提供该“外挂”能否依《关于办理侵犯知识产权刑事案件具体应用法律若干问题的解释》在刑事案件中被视为“复制发行”，不能一概而论，而是需要根据“外挂”的类型进行具体分析。“脱机型外挂”实际上是客户端程序外加外挂程序，制作此类“外挂”应属于复制客户端程序的行为，但许多其他外挂中并不包含客户端程序中的大量代码化指令序列，其发挥作弊的功能也有赖于玩家同时运行客户端程序，而且其作用也只是动态地截取客户端程序与服务器端程序之间的通讯并修改数据。制作此类“外挂”并不涉及对客户端程序的复制。有些法院没有对两类“外挂”进行区分，而是笼统地认定制作和提供“外挂”应被视为“复制发行”，并构成侵犯著作权罪。[①] 这样的做法至少缺乏严谨性，也不利于人们区分侵权与非侵权、罪与非罪。

有观点认为，不应将“外挂”区分为“独立型外挂/脱机型外挂”和“依附型外挂”，理由是这种区分“有意回避依附型外挂对游戏软件源程序和相关数据的复制这一情形，存在较大的片面性，其背后体现出来的限缩侵犯著作权犯罪成立范围之立场，也与我国强化著作权刑事保护的趋势不符”[②]（注：着重号为引者所加）。对此需要强调的是，如果涉案“外挂”基本包含了网络游戏的客户端源程序，制作该“外挂”的行为当然构成复制，不过此类“外挂”也不可能被称为“依附型外挂”了。如果复制的只是“相关数据”，如前文所述，由于其不构成“代码化指令序列”，故不可能构成对作品的复制。这并不是“限缩侵犯著作权犯罪成立范围”，而是它根本就不属于“侵犯著作权犯罪成立范围”。

在这方面，北京市海淀区人民法院对“《恶魔的幻影》外挂刑事案”作出的判决可谓典范。在此案中，检察院起诉被告制作和提供针对网络游戏《恶魔的幻影》的“外挂”构成“复制发行”，但法院指出：

> 现有证据无法充分证明涉案外挂计算机程序“部分复制”了《恶魔的幻影》游戏软件。首先，控方证明“部分复制”的主要证据是北京市版权局的鉴定结论，该鉴定存在逻辑证明过程不完整瑕疵。从依据上看，该鉴定既没有将《恶魔的幻影》的源代码与涉案系列外挂软件的源代码进行比对，也没有对执行程序全部

① 上海市静安区人民法院（2012）静刑初字第478号刑事判决书。

② 俞小海．网络游戏外挂行为刑法评价的正本清源．政治与法律，2015（6）．

> 反编译后加以比对，无从证明涉案外挂软件与《恶魔的幻影》软件相同的程序究竟有多少、外挂软件的源代码究竟在多大程度上与网络游戏的源代码存在同一性。从内容上看，该鉴定只有结论，缺乏对鉴定过程和鉴定依据的论证，没有说明“结构、功能、算法”一致的计算机程序具体是哪些以及为何认定这些一致的计算机程序是外挂软件的核心程序，没有说明凭借“结构、功能、算法”一致这一事实判断出部分复制这一结论的依据。其次，与该鉴定紧密相关的北京市版权局的“007外挂举证报告”及其附件……仅仅涉及007外挂软件在运行过程中突破了《恶魔的幻影》游戏软件技术保护措施、修改了数据和调用了函数，虽然此内容经过控辩双方当庭认可，但（由）此事实并不能得出涉案系列外挂软件系部分复制《恶魔的幻影》游戏软件的结论。再者，虽然（对于）光通公司技术人员反编译涉案外挂程序后得出的内容及其证言内容，控辩双方无异议，但该证言和相关资料只能证明涉案外挂软件使用了《恶魔的幻影》游戏软件的一些数据名称和一个配置文档，以及在动态运行状态下调用了《恶魔的幻影》游戏软件的函数，不能证明上述专有名称或配置设置文件的存在就构成外挂软件与《恶魔的幻影》游戏软件内容的实质性相似；同时“调用”与“复制”在行为方式和表现形态上亦有较大区别，二者不可混同。故上述北京市版权局的鉴定结论、“007外挂举证报告”及其附件、证人董某华的证言及相关举证资料不能证明涉案外挂软件构成对《恶魔的幻影》游戏软件的复制。①

法院在判决书中清楚地区分了对“计算机软件（程序）”的复制和对“数据”的复制，指出现有证据仅能证明后者而不能证明前者。法院特别强调，现有证据“无从证明涉案外挂软件与《恶魔的幻影》软件相同的程序究竟有多少、外挂软件的源代码究竟在多大程度上与网络游戏的源代码存在同一性”。换言之，在缺乏此类证据的情况下，法院无法推断涉案“外挂”属于“脱机型外挂”，也就是包含了网络游戏客户端程序的“外挂”。同时，法院也正确地区分了规避技术措施与“复制发行”。有法官对在评论此案时指出：“现有证据也只能证明涉案的‘外挂’软件在运行中突破了《恶魔的幻影》游戏软件的技术保护措施并修改部分数据和调用函

① 北京市海淀区人民法院（2006）海法刑初字第1750号刑事判决书。二审法院认为一审法院适用法律有误、量刑不当，但认为对被告人“犯罪的事实、性质所做判决定罪准确”［北京市第一中级人民法院（2007）一中刑终字第1277号刑事判决书］。

数，但这一结论不能完全等同于‘复制发行’。”① 因此法院没有认定被告的行为构成“复制发行”，从而犯有侵犯著作权罪，而是判决被告犯有“非法经营罪”。该案中法院对计算机程序的理解非常准确，对“外挂”的认识也十分到位，值得称道。

那么，为什么对于制作和提供“外挂”的行为，基本没有发生民事诉讼，权利人愿意选择刑事诉讼程序呢？笔者认为，这与对著作权纠纷案件的民事审判相对精细，知识产权庭和知识产权法院的法官对各项专有权利的认识与理解较为深入、准确有极大的关系。估计网络游戏软件的权利人（刑事案件中的被害人）也了解这一点，觉得提起侵犯著作权的民事诉讼，很可能无法获得支持，因此转而求助于刑事诉讼程序。在公安机关对此类刑事案件侦查终结以后，检察机关以“侵犯著作权罪”提起公诉之后，即使是由实行“三审合一”机制（有关知识产权的民事案件、行政案件和刑事案件都由知识产权庭进行审理）的法院进行审理，法院也很难以刑事被告根本没有复制计算机程序（代码化指令序列）为由，判决被告无罪或者转而适用《刑法》中的其他条文（前文引述的、笔者赞赏的北京市海淀区人民法院对“《恶魔的幻影》外挂刑事案”的判决属于罕见的例外），因为这将置提起公诉的检察机关于十分尴尬的境地。这一现象当然是不正常的，与 2004 年最高人民法院、最高人民检察院颁布《关于办理侵犯知识产权刑事案件具体应用法律若干问题的解释（一）》以来，在刑事司法实践中出现的严重“刑民脱节”现象有关。对此本书第三章第四节还将进行深入探讨。

① 于同志．网络游戏“外挂”的认定与处罚．政法论丛，2018（6）：66．

第三章　网络环境中发行权的适用

“媒体融合”当然是指传统媒体与新型媒体的融合，而传统媒体主要由出版社、报刊社和电台、电视台构成。对于出版社和报刊社而言，其向公众提供信息最为传统的方式当然就是出版，而“出版”是由复制和发行构成的。《著作权法》第 63 条规定，“……出版，指作品的复制、发行”。与之相关的专有权利，当然就是复制权和发行权。

发行权是许多国家的著作权法明确赋予著作权人的一项专有权利。它意味着著作权人有权决定是否向社会公众提供作品原件或复制件及提供的数量和方式。作为一项专有权利，发行权要对相应的“发行”行为加以规制，如未经著作权人许可，又缺乏法定免责理由，擅自实施发行行为即构成对发行权的直接侵犯。因此，要认定一项行为是否构成对发行权的侵犯，首先需要判断该行为是否构成著作权法意义上的发行行为。如该行为并非著作权法意义上的发行，则即使其未经著作权人许可而实施，并给著作权人造成了严重损害，其侵犯的也不可能是发行权，而只可能是《著作权法》规定的其他专有权利。

通过网络对作品进行交互式传播，在表面上看实现了与发行行为类似的效果。特别是提供作品下载，也能形成作品的复制件并导致用户获得作品的复制件。那么交互式传播是否符合发行行为的构成要件，受到发行权规制呢？这是在媒体融合时代需要回答的一个极为重要的问题，因为这将涉及以规制交互式传播为己任的信息网络传播权的范围以及它与发行权的关系，对于在媒体融合时代正确地适用专有权利和进行权利许可极为重要。

与此同时，由于《著作权法》第 63 条将“出版”定义为“作品的复制、发行”，而“发行”与“出版”密切相关，故对于那些既非《伯尔尼公约》成员国国民，又未在《伯尔尼公约》成员国有惯常居所的人而言，其作品能否受到我国《著作权法》的保护，就取决于其作品是否在《伯尔尼公约》成员国首次“出版”，或在成员国与非成员国同时“出版”。因此对“发行”概念的理解，还决定了一些外国国民的作品能否在我国受到著作权保护。本章从发行行为的构成入手，对网络环境中发行权的适用问题进行研究。

第一节 发行行为的构成

在网络时代之前，公众如欲长期地欣赏、阅读任何形式的作品，必须在有形市场以购买、租借等方式获得作品的原件或复制件，因此著作权人可以通过行使发行权向社会提供作品的原件或复制件，并从公众支付的价款中获得经济回报。可见，发行权对于保障著作权人的经济利益有重大作用。为此，有美国学者认为：发行权是版权人其他权利的必要保障。①

一、应提供作品的“原件或复制件”而非提供“作品”

在各国和地区的著作权法中，发行被普遍界定为向公众提供作品的原件或复制件的行为。如美国《版权法》规定：“发行”是“通过出售或所有权转移的其他方式，或者通过出租或出借，向公众散发作品复制件或录音制品复制件”（美国《版权法》区分了“作品的复制件”即“copy”和“录音制品的复制件”即“phonorecord”）的行为。② 欧盟《版权指令》规定：“成员国应当为作者就其作品的原件或复制件规定专有权，以授权或禁止通过销售或其他方式进行的任何形式的发行”③。英国《版权法》规定，“发行”系指“将先前未投放流通领域的复制件投入流通领域”④。加拿大《版权法》规定，“对于作品的有体物（tangible object）形式，销售或以其他方式转移该有体物的所有权”⑤。德国《著作权法》规定：“发行”是将作品的原件或复制件向公众提供或投入流通领域的行为。⑥ 我国《著作权法》借鉴这些国家的立法，将“发行”定义为“以出售或者赠与

---

① Craig Jayce，William Party，Marshall Leaffer，Peter Jaszi，*Copyright Law*，third edition，Mattew Bender & Company，1996，p. 531.

② 17 U. S. C. 106（3）.

③ Directive 2001/29/EC of the European Parliament and of the Council of 22 May 2001 on the Harmonisation of Certain Aspects of Copyright and Related Rights in the Information Society，Article 4. 1.

④ （UK）Copyright，Design and Patent Act 1988，Sec. 18. 该条第 1 款规定“issue to the public of copies of a work”（向公众散发作品复制件）是“受版权控制的行为”。虽然该款使用的术语是“issue”并非“distribute”，但两者是同一意思。

⑤ （Canada）Copyright Act，Sec. 3（1）（j）.

⑥ （German）Copyright Act，Sec. 17（1）.

方式向公众提供作品的原件或者复制件”①。《世界知识产权组织版权条约》第6条对“发行权”的定义同样是“通过销售或其他所有权转让形式向公众提供其作品原件或复制件的专有权利”。

从上述定义可以看出，“发行”针对的并不是“作品”本身，而是作品的“原件或者复制件”。“作品”（work）与“作品的原件或复制件”（the original or copy of the work）并非可以相互替换的同一概念。前者具有“无形”的性质，而后者则必须是有形载体。② 所谓作品的“原件”，是指首次固定了作品的物质载体，而“复制件”则是指随后形成的固定了作品的物质载体。以作画为例：画家在一张白纸上挥毫作画，这张白纸就是物质载体。绘画完成后，美术作品就被首次固定到了纸张（物质载体）上，此时形成的是美术作品的原件。此后画家将原件放入复印机中复印，使该美术作品在另一张纸（另一物质载体）上被固定，形成的是复制件。

由此可见，“原件或复制件”的本质就是有形物，只不过其中固定了作品，从而成为作品与物质载体的稳定结合。如果用一个公式来说明，就是“原件或复制件”＝“作品＋物质载体”。例如，一本小说书是“复制件”，因为纸张（物质载体）上印着（固定了）文字作品（千千万万个文字的独创性组合构成了小说作品）。再如，一张电影DVD是“复制件”，因为光盘（物质载体）上刻录有（固定了）电影作品。一旦脱离了物质载体，就不可能存在作品的复制件。再如，某歌星现场演唱一首歌曲（音乐作品），此时只能说这名歌星在表演“作品”，而不能说在表演作品的“复制件”。尽管歌星手中可能拿着作品的“复制件”，如一张抄有曲谱和歌词的纸，但被歌星所表演的内容不包括“纸张”这一物质载体，只是纸张上所承载的“音乐作品”（曲谱和歌词）。

因此，各国和地区有关发行权的定义中“原件或者复制件”的用语清楚无误地说明：被“发行”的对象并不是作品本身，而是载有作品的物质载体，即有形物。在这方面，美国《版权法》对相关术语的定义提供了极好的注脚。美国《版权法》一方面将“发行”定义为“通过出售或所有权转移的其他方式……向公众散发作品复制件（copies）或录音制品复制件（phonorecords）”的行为③，另一方面又将“作品复制件”（copies）和

① 《著作权法》第10条第1款第6项。

② Jon Bing, “The New or Evolving ‘Access Right’”, in International Literary and Artistic Association (ALAI) Congress, *Adjuncts and Alternatives to Copyright*: *ALAI-USA*, New York, 2001, p. 291.

③ 17 U. S. C. 106 (3).

“录音制品复制件”（phonorecords，指录音的 copies）定义为“有形物”①（material objects）。同样，欧盟《版权指令》将发行权描述为“对体现在有形物（tangible article）中的作品进行发行的专有权利”②。

由此可见，仅仅向公众提供作品本身，而不涉及作品物质载体的行为并非发行行为。只有向公众提供载有作品的物质载体（作品原件或复制件）才能构成发行行为。这也是发行行为区别于表演、放映、展览和广播等传播行为的关键所在。面向位于传播发生地的公众朗诵诗歌、演唱歌曲、放映电影、展览油画，以及以无线或有线方式向不在传播发生地的公众传送作品，虽然也能使公众欣赏作品的内容，却不能使公众获得作品的物质载体，即作品的原件或复制件，因此这些行为并非“发行”行为。与此相对应，“发行权”的意义也就在于：公众如欲长期、反复欣赏作品，必须首先获得作品的复制件，或在个别情况下获得原件。因此，著作权人可以通过行使“发行权”，许可向公众提供作品原件或复制件，并从公众支付的价款中获得经济回报。欧盟法院对此清楚地指出：“欧盟立法者使用‘有形物’（tangible article）的用语，是为了使作者能够控制每一体现了作者智力创作的有形物的初始市场”③。

正因为发行权针对的是作品的“物质载体”（有形物）而不是“作品”本身，才可能对发行权产生“发行权用尽”［exhaustion of distribution right，又称“发行权穷竭”或“首次销售原则”（the first sale doctrine）］的限制。当作品的物质载体通过合法渠道被他人以购买或以其他方式合法获得之后，物质载体的所有权就转移到了他人手中，他人就成了物质载体的所有权人。此时权利人的发行权与他人的所有权指向同一物质载体，从而发生表面上的冲突。为了不干涉他人合法行使所有权，不能允许已经被授权发行的特定物质载体（作品的原件或复制件）仍然由权利人掌控，从而限制该物质载体的进一步流通。换言之，此时他人有权对该特定物质载体进行处分，将其所有权再转让给其他人。这就是“发行权用尽”的来源。假如发行权针对的是作品本身而非作品的物质载体，上述所有权与发行权之间的冲突无从产生，“发行权用尽”不可能出现。

例如，作曲家创作了一首音乐作品，并授权一家音乐出版社出版其曲

① 17 U. S. C. 101.

② Directive 2001/29 /EC of the European Parliament and of the Council of 22 May 2001 on the Harmonization of Certain Aspects of Copyright and Related Rights in the Information Society, Recitals para. 28.

③ Art & Allposters International BV v. Stichting Pictoright，C-419/13（2015），para. 37.

谱，出版社将曲谱印刷在纸张上向公众出售。甲购买了一本曲谱之后，将其拿到二手市场上公开出售。此例中，甲购买到的并不是音乐作品本身，而是载有音乐作品的物（印有曲谱的纸张，即音乐作品的复制件），甲是该物质载体的所有权人。此时虽然作曲家对该物质载体/复制件享有发行权，但他不能凭借其发行权阻止甲将该物质载体/复制件在市场上公开出售（实施发行行为）。因为根据著作权法的原理，为解决作曲家对物质载体/复制件的发行权与甲对同一物质载体/复制件的所有权之间的冲突，应认定作曲家在许可对该物质载体/复制件进行发行后，对该物质载体/复制件的发行权用尽，甲可以不经作曲家许可自由地进行转售，不会构成对作曲家发行权的侵权。

如果歌星乙也购买了一本曲谱，未经其许可在出售门票的演唱会上公开演唱，是否侵犯作曲家的“表演权”呢？回答是肯定的。这是因为表演权与发行权不同，表演权针对的不是作品的原件和复制件，而是作品本身。此例中，乙购买到的只是音乐作品的物质载体/复制件，而不是音乐作品本身。作曲家享有的表演权与乙享有的所有权分别指向不同的客体——前者为作品本身，后者为作品的物质载体/复制件，故这两种权利不可能发生冲突，表演权不可能“用尽”。由此可见，“发行权用尽”规则印证了发行权针对的对象必须是载有作品的物质载体，而不是由物质载体承载的作品本身。

既然发行权针对的是物质载体，那么著作权法意义上的发行行为就只可能是提供物质载体，即作品的原件或复制件，而不可能是提供作品本身。这一点同样可以通过“发行权用尽”规则得到印证。例如，作家创作了一部小说，并通过出版合同授权某出版社印刷 1 000 册出版。这 1 000 册小说书即是小说作品的复制件（载有小说的物质载体——纸张的集合）。出版社销售这 1 000 册小说书后，针对这 1 000 册“小说书”（载有小说的物质载体，即小说的复制件）的发行权用尽。他人购买其中的一册小说书之后，无须经过作家许可即可以转售。但并不能认为“小说”（文字作品）的发行权就此“用尽”了，否则他人对这部小说制作盗版（未经许可制作复制件）并加以公开出售的行为岂不是不侵犯发行权了，因为此人可以称：既然有出版社已经合法出版了“小说书”，这部“小说”的发行权已经“用尽”，作家就不能再控制任何人对自行印制的“小说书”的发行了。这样的结论显然是荒谬的。

二、应转移作品的“原件或复制件”的所有权

在网络出现之前，能够使公众获得作品原件或复制件的行为只能是在市场中出售、出租或出借作品的原件或复制件。因此，广义意义上的发行行为包括书店销售书籍，音像店销售、出租唱片或录像带等①，而出售、出租或出借均会导致作品物质载体所有权或占有的转移。美国《版权法》规定："发行"是"通过出售或所有权转移的其他方式，或者通过出租或出借，向公众散发作品复制件或录音制品复制件"的行为②，显然是界定了广义的发行行为。

在此基础上，许多国家将出租行为和出借行为从广义发行行为中分离出来，单独规定了出租权，以及"公共借阅权"③，由此将转移作品物质载体所有权的行为界定为发行行为（狭义的发行行为），而将有偿临时转移作品物质载体占有的行为定为"出租"④。正是由于"发行"的方式是固定的，因此有些国家和地区的著作权法直接规定："发行"只能以转移作品物质载体所有权或占有的方式进行。前文引述的加拿大《版权法》、欧盟《版权指令》就是如此。《世界知识产权组织版权条约》第 6 条对"发行权"的定义也强调了"销售或其他所有权转让形式"。我国《著作权法》将发行权定义为以"出售或者赠与方式向公众提供作品的原件或者复制件的权利"⑤，采用的是狭义的发行概念。下文在讨论发行行为和发行权时，除非特别说明，否则均以狭义的发行为基础。

只有当发行以转让物质载体所有权的形式进行时，"发行权用尽"的限制才是合理的。如果权利人并非通过所有权转让的方式使他人获得物质载体的所有权，则发行人享有所有权的物质载体并未发生交付及相应的所

---

① 有关《世界知识产权组织版权条约》的"基础提案"明确指出：在许多法律体系中，出租权被认为是广义发行权的一部分。WIPO Doc. CRNR/DC/4，Basic Proposal for the Substantive Provisions of the Treaty on Certain Questions concerning the Protection of Literary and Artistic Works to be Considered by the Diplomatic Conference，Notes on Article 8，para. 8. 03.

② 17 U. S. C. 106（3）.

③ 例如，欧盟 1992 年《出租权和出借权指令》第 1 条第 1 款要求成员国为作者和邻接权人规定授权或禁止出租和出借其作品或其他受保护客体的原件和复制件的专有权利。第 5 条还规定，对于第 1 条第 1 款规定的公共出借行为，成员国可以不规定专有权利，但至少应当为作者规定获得报酬的权利，但可以免除特定类型的出借机构（主要为图书馆）支付报酬的义务。

④ 如我国《著作权法》就将"发行权"与"出租权"规定为两项不同的专有权利，分别控制"发行"和"出租"行为。与许多其他国家的著作权法中的"发行"相比，我国《著作权法》中的"发行"就是狭义的"发行"，因为它不包括"出租"。《世界知识产权组织版权条约》的"基础提案"中也明确指出：在许多法律体系中，出租权被认为是广义发行权的一部分。WIPO Doc. CRNR/DC/4，Basic Proposal for the Substantive Provisions of the Treaty on Certain Questions concerning the Protection of Literary and Artistic Works to be Considered by the Diplomatic Conference，Notes on Article 8，para. 8. 03.

⑤ 《著作权法》第 10 条第 1 款第 6 项。

有权转移，发行人享有所有权的物质载体与接受者享有所有权的物质载体并非同一个物，那么其间必然发生了对作品的复制，也就是将作品固定在新的物质载体上，形成了新的复制件。如果认为对其可以适用“发行权用尽”，允许接受者以同样的方式（转让物质载体所有权之外的方式）使其他人获得作品的复制件，等同于剥夺了权利人的复制权，这显然是不能成立的。

例如，某诗人通过传真机将自己创作的诗歌“群发”给各报刊社，报刊社的传真机中会在传真纸上打印出一份诗人的诗歌，从而形成作品的复制件。虽然报刊社获得了作品的复制件，也就是享有物质载体的所有权，但该复制件的获得，并非诗人转让作品原件或复制件（载有诗歌的物质载体）所有权的结果。如果认为诗人发传真传送诗歌的行为构成“发行”，且适用“发行权用尽”，则意味着收到传真的各报刊社可以以同样的方式对诗歌进行“发行”，也就是再将诗歌以传真的方式向公众传送，而无须经过诗人的许可。由于传真作品实际上是复制作品，即在接收端生成作品的复制件，将其认定为“发行”且适用“发行权用尽”，必然导致收到传真者可以无限制地向公众再次以传真方式发送作品，从而损害作者的复制权。这就违背了“发行权用尽”的基本原理——解决对同一物质载体上发行权与所有权的冲突。

可见，不存在脱离作品物质载体的“发行”，而对载有作品的物质载体实施发行行为的唯一方式，就是转移该物质载体的所有权。[①] 在不转移物质载体的情况下提供作品，不可能构成著作权法意义上的“发行”，因为这种提供作品的行为，并未转让载有作品的物质载体的所有权。欧盟法院在“Peek & Cloppenburg 诉 Cassina 案”的判决中指出：

> 向公众发行的概念……仅适于对该物品的所有权转移。因此，无论是给予公众以使用受保护的作品的复制品的权利，还是只向公众展示这些复制品而没有给予他们使用的权利，都不能构成发行。[②]

欧盟法院在“Art & Allposters International 诉 Stichting Pictoright 案”的判决中也指出：

> 欧盟立法通过使用“有形物”（tangible article）和“该物品”（that object）的术语，希望给予作者以控制欧盟内对每一个

① 当然，此处是指狭义发行权，如果是包括出租权在内的广义发行权，“发行”还包括转移作品有形载体的占有。

② Peek & Cloppenburg KG v. Cassina SpA，C-456/06（2008），CJEU，para. 41.

体现了其智力创作成果的每一件有体物首次销售的权利。①

在我国，早在《著作权法》诞生之前，汉语中已有“发行”一词，无论是出版界还是普通公众都熟悉。而我国《著作权法》对包括发行权在内的各项专有权利的规定，主要借鉴了国际版权公约及国外立法，导致著作权法意义上的“发行”在含义上与绝大多数国家的著作权法中的“发行”相同，却与出版界及普通公众所熟悉的“发行”存在不小的区别。

在日常口语中，“发行”往往意味着“第一次”印制和销售作品或其他特定商品。《现代汉语词典》就将“发行”解释为“发出新印刷的货币、债券或新出版的书刊、新制作的电影等”②。这反映了普通公众对“发行”的一般认识。对作品而言，日常口语中的“发行”通常与“出版”合在一起使用。当媒体报道对小说的“出版发行”时，出版界和普通公众一般只会认为是出版社第一次将该小说印刷成册，以及由新华书店作为“总发行”，第一次公开销售。而书店购入小说书后再公开销售的行为，却不会被说成是“发行”。同样，如果小说书因销量好而重印，出版界和普通公众也只会用“加印”加以描述，而不大会称其为“再发行”。

但是，著作权意义上的“发行”并不限于“第一次发行”或“总发行”。《著作权法》第 10 条第 6 项规定：发行权是以出售或者赠与方式向公众提供作品的原件或者复制件的权利。这意味着“以出售或者赠与方式向公众提供作品的原件或者复制件”就是著作权意义上的“发行”，而无论“出售或者赠与”是否为第一次，也无论是总经销还是分销。出版社首次将小说印刷成册出售固然是“发行”，书店从出版社购入小说书后再公开销售也是“发行”。这批小说书如被阅读后流入旧书摊，书摊将这批二手小说书公开销售仍然是“发行”。正因为如此，出版社未经小说作者许可擅自出版其小说是对其发行权的侵犯，而书店销售这批未经许可出版的小说书也是侵犯发行权的行为。

需要着重指出的是：“销售”本身就是著作权意义上的一种发行方式，而且是最为重要的方式。根据前述《著作权法》对发行权的定义，向公众销售作品的原件或复制件，以及向公众赠与作品的原件或复制件，就是实施发行行为的两种方式。由于“向公众赠与作品的原件或复制件”较为少见，而“向公众销售作品的原件”更为罕见，因此在现实中，绝大多数发行行为是以销售的方式实施的。也即“发行”基本上可以等同于“销售”。

---

① Art & Allposters International BV v. Stichting Pictoright，C-419/13（2015），CJEU，para. 37.

② 现代汉语词典．北京：商务印书馆，1996：340.

第二节　境外代表性立法与司法实践中“网络传播”与“发行”的关系

网络给著作权保护带来的新问题之一在于，它改变了公众获取作品复制件的方式，公众无须经过物质载体所有权或占有的转移就可以获得作品的复制件。当网络经营者或网络用户将作品以数字化文件的形式上传至向公众开放的网络服务器时，其他用户就可以通过网络将该数字化文件下载至自己的台式机、笔记本电脑、平板电脑或手机中。作品被下载后，就被固定在了物质载体——硬盘或其他存储设备中，从而形成了作品的复制件。这一过程与以往的发行行为的最大不同在于，其不会导致作品的物质载体在物理空间中的转移。销售、出租和出借等广义发行方式均会使作品的物质载体，如纸质书籍、报刊、录音磁带和录像带等，从原持有者手中转移至新持有者手中。交易或流通的结果是作品的物质载体发生了占有者的变更和物理空间的转移。而通过网络传播作品的结果，不是数字化文件及载有数字化文件的硬盘、光盘等物质载体离开网络服务器转移至下载者，而是在原文件及其物质载体仍然保留在服务器中的情况下，由网络服务器自动生成一份文件并将其传送至下载者的网络终端设备中。因此，通过网络传播作品可能导致的结果之一不是作品的物质载体在物理空间中的转移（没有发生作品原复制件的转移），以及物质载体所有权或占有的变更，而是作品被固定在新的物质载体之中，形成了新的作品复制件，也就是作品复制件绝对数量的增加。换言之，网络传播的结果可以形成新的复制件，但不涉及向公众提供原有复制件。

显然，从各国和地区的著作权立法对发行行为的定义来看，由于通过网络传播的是“作品”本身，而非作品的“原件或复制件”，即网络传播不可能导致作品的原件或复制件的转移，因此通过网络向公众传播作品的行为不能构成发行行为，当然也不受发行权的规制。但是，网络传播能够导致在接受者的网络终端设备中形成新的复制件，其客观效果与以往通过转移作品复制件实施的发行行为并无二致。那么，是否应当对发行行为的定义进行调整，不再将“物质载体所有权或占有的转移”作为发行行为的构成要件，使通过网络向公众传播作品的行为也能成为受发行权控制的发行行为呢？迄今为止，只有美国的司法实践对上述问题作出了肯定的回答。

一、美国

美国《版权法》将“发行”定义为“通过出售或所有权转移的其他方式，或者通过出租或出借，向公众散发作品复制件或录音制品复制件”的行为。[①] 从字面上看，除采用广义发行的概念，即将出租和出借行为纳入其之中外，该定义与其他国家和地区的著作权法对发行的定义如出一辙，强调的都是提供作品的物质载体，而不是作品本身。然而，美国《版权法》的独特之处在于，它没有像多数国家那样，以《世界知识产权组织版权条约》第 8 条后半句规定的“向公众提供权”（我国《著作权法》中的“信息网络传播”）为参照，专门设置规制交互式传播的专有权利。在美国《版权法》规定的专有权利（复制权、演绎权、发行权、表演权、展示权）之中[②]，根本不存在这样一项权利。美国的政策文件和法院的判决因此对上述“发行”定义中的“复制件”作出了不同于其他国家的极其广义的解释，使之涵盖脱离了物质载体（有形物）的数字文件。

（一）对“复制件”作扩大解释：网络传播可转移“复制件”的所有权

1995 年美国白皮书虽然承认“发行权在传统上是指转移作品的有形复制件占有利益的权利”[③]，但同时提出“没有理由对于通过（网络）传输向公众散发作品和通过其他传统方式散发作品加以区别对待”，因为“无论通过哪一种手段，消费者都会获得作品的有形复制件”[④]。美国白皮书因此建议“修改版权法，明确承认作品的复制件可以通过（网络）传输向社会公众发行，而且该（网络）传输行为是受版权人排他性的发行权控制的”[⑤]，并认为这一立场“无论从法律还是实践角度看，都是符合发行权立法目的的”[⑥]。据此，美国白皮书建议对美国《版权法》第 106 条第 3 款中有关发行权的定义作如下修改：“版权人享有通过出售或所有权转移的其他方式，或者通过出租，或出借，*或通过传输*向公众发行作品的复制件或录音制品的专有权利”。（删除线和斜体字均为原文所有，其中斜体字为白皮书建议增加的文字——引者注）。显然，美国白皮书建议扩大发

① 17 U. S. C. 106（3）.

② 17 U. S. C. 106.

③ “Information Infrastructure Task Force：Intellectual Property and the National Information Infrastructure”（the report of the Working Group on Intellectual Property Rights），Washington，D. C.，1995，p. 70.

④ Ibid.，p. 223.

⑤ Ibid.，p. 219.

⑥ “Information Infrastructure Task Force：Intellectual Property and the National Information Infrastructure ”（the report of the Working Group on Intellectual Property Rights），Washington，D. C.，1995，p. 220.

行权的控制范围，将通过网络向公众传播作品也视为版权法意义上的发行行为。

虽然美国白皮书因其他方面的缺陷被国会否决，美国《版权法》第106条中界定发行权的条款在文字上并未发生变化，但美国法院大多接受了通过网络传播作品可构成发行行为的观点。在涉及用户未经许可将作品上传至网络服务器且有用户实际下载的几起诉讼中，法院均认为上传者的行为构成发行行为。① 在涉及利用P2P软件进行文件分享的案例中，法院也作出了相同的认定。在Napster案中，美国联邦第九巡回上诉法院认为：P2P软件用户未经许可将MP3音乐文件置于“共享区”供其他用户检索和下载的行为构成发行行为，侵犯了版权人的发行权。②在“华纳兄弟唱片公司诉Payne案”中，法院同样认为：“将未经许可制作的唱片列入在线文件分享网络，构成了许诺发行作品，因此侵犯了版权人的专有发行权”③。在“London-Sire唱片公司诉匿名用户案”中，法院再次强调，“对电子文件的转移显然是《版权法》第106条第3款（规定发行权的条款——引者注）意图控制的交易类型……落入了‘发行录音制品的复制件’的定义之中”④。因此，“在对作品进行文件分享或对电子传输的案件中认定对发行权的侵害时，法院并没有犹豫”⑤。美国联邦最高法院在对“Tasini诉纽约时报案”的判决中确认：未经许可将作者的文章置于NEXIS网络数据库向用户销售的行为构成了对作品的发行。⑥

将特定的网络传输行为定性为美国《版权法》所界定的“发行”，会遇到一个法律解释上的障碍。如前文所述，美国《版权法》将“发行”定义为“通过出售或所有权转移的其他方式，或者通过出租或出借，向公众散发作品复制件或录音制品复制件”。再如前文所述，“复制件”是载有作品的有形物，如计算机硬盘。美国《版权法》对“复制件”［copies，但不包括“录音制品的复制件”（phonorecords）］和“录音制品的复制件”（phonorecords）也是如此定义的。该法对“复制件”的定义是：

“复制件”是有形物（“copies” are material objects），作品

① Playboy Enters., Inc. v. Frena, 839 F. Supp. 1552, 1556 (M. D. Fla., 1993). Playboy Enters., Inc. v. Chuckleberry Publ'g, Inc., 939 F. Supp. 1032, 1039 (S. D. N. Y., 1996).

② A&M Records, Inc. v. Napster, 239 F. 3d 1004, at 1014. (9th Cir., 2001).

③ Warner Bros. Records, Inc. v. Payne, 2006 U. S. Dist. LEXIS 65765, at 3 - 4 (W. D. Tex., 2006).

④ London-Sire Records, Inc. v. John Doe 1, 542 F. Supp. 2d 153, 173 - 174 (D. Mass., 2008).

⑤ Arista Records LLC v. Greubel, 453 F. Supp. 2d 961, 968 (N. D. Tex., 2006).

⑥ New York Times Co. v. Tasini, 533 U. S. 483, 498 (2001).

以现在已知的或以后发展的方法固定于其中，通过该物体可直接地或者借助机器或装置感知、复制或者用其他方式传播该作品。①

该法对“录音制品的复制件”的定义是：

“录音制品的复制件”是有形物（“Phonorecords” are material objects），声音（不包括伴随电影或其他视听作品的声音）以现在已知的或以后发展的方法固定于其中，通过该物体可直接地或者借助机器或装置感知、复制或者用其他方式传播该声音。②

既然“复制件”是“有形物”，通过网络传输又如何能对计算机硬盘等载有作品的“复制件”（有形物）进行出售或其他方式的所有权转移呢？

在唱片公司针对P2P文件分享行为提起的诉讼中，唱片公司认为分享者将音乐文件置于P2P系统中供他人下载的行为构成美国《版权法》中的“发行”。电子前沿基金会（EFF）认为：美国《版权法》规定的发行权只针对有形物质载体（physical tangible object）的销售或其他所有权转让行为。本案涉及录音制品的复制件（phonorecords），而“录音制品的复制件”恰被美国《版权法》定义为“声音固定于其中的有形物（material objects）”。因此通过网络传送作品并不构成“发行”③。

对于在笔者看来该正确无误的观点，审理此案的美国马萨诸塞州联邦地区法院回应称：

（上述观点）过度依赖“有形物”定义的字面意思，忽略了版权法中这些用语的意图。对于那些复制了艺术家录音的东西，国会希望使版权人能够控制对其的公开发行。以电子形式，也就是以数据的电子序列形式，而不是以有形物（physical objects）进行发行，（与传统的发行相比）并无区别。④

法院强调，“有形物”（material objects）在《版权法》中不应被理解为用于区别有形复制件与无形复制件，而是用于区别复制件与其中（承载）的作品。⑤ 法院因此对“有形物”作出了自己的解读：

任何录音被固定于其中的东西（object）都是“有形物”（material objects），它包括了涉案的电子文件。当P2P网络的用

① 17 U.S.C. 101，“copies”.

② 17 U.S.C. 101，“phonorecords”.

③ London-Sire Records Inc v. Doe 1，542 F. Supp. 2d 153，169 (D. Mass.，2008).

④ Ibid.，170.

⑤ Ibid.，171.

户从其他用户那里下载了一首歌曲，他就在电脑中收到了一个表现录音的数字序列。这个数字序列在其硬盘的一部分以电磁方式被编码（或以类似方式被写入了其他媒体）。只要有适当的硬件或软件，下载者就可以使该电磁序列以再现录音。该电子文件（或者，也许更为准确地说，是硬盘的相应部分）就是版权法意义上的录音制品。①

由此可见，美国法院对“有形物”（material objects）的解读远远超出了美国《版权法》的文义。如果说电子文件（比如一个 MP3 文件）就是“有形物”（material objects），试问：什么是“无形物”（immaterial objects）呢？如果认为电子文件本身就是“复制件”，试问：拷入了该电子文件的硬盘又是什么呢？难道是“复制件的复制件”吗？更为重要的是，通过网络传输电子文件，并不会导致发送者自动丧失被发送的电子文件，该电子文件仍然保留在发送者的计算机中，而只会使接收者获得一份内容相同的电子文件。这一过程，当然不涉及有形物本身的交付和所有权的转让，法院也承认“网络传输不可能出现有形物‘换手’的过程”②，那么，法院如何协调其“通过网络传输作品构成发行”与美国《版权法》有关“发行”必须“通过出售或所有权转移的其他方式”③ 进行的要求相协调呢？法院作出的解释是：

首先，虽然法律要求发行应针对“有形物”（material objects），但没有理由将“发行”限于一种有形物在整个交易中始终存在的过程，相反，它可以及于一种有形物在结束时才在别处产生的交易。其次，虽然法律强调所有权，但它与受让人获得的新型所有权有关，而不是转让人是否放弃了自己的所有权。④ ……在市场中真正重要的并不是一个有形物是否“换手”，而是在交易结束时，发行的接受者是否拥有了有形物……由于第 106 条第 3 款的重点在于作者控制市场的能力，它与转让人在他人处创设

① London-Sire Records Inc. v. Doe 1，542 F. Supp. 2d 153，171（D. Mass.，2008）.

② Ibid.，172. 电子前沿基金会描述了通过网络传输作品的过程：“电子传输通常涉及在 A 点读取数据并在 B 点复制该数据。当此过程发生时，一个人（传输发起者）可以在 A 点，而另一个人（传输接收者）则在 B 点，从而无须进行‘换手’交易。同样，由于在 A 点的数据并不一定被读取数据的过程所销毁，在 A 点的人可能仍然享有原始数据，因此无须发生‘销售或以其他形式进行所有权转移’”。对此，法院表示“该描述准确地说明了电子文件传输的特点”。

③ 17 U. S. C. 106（3）.

④ London-Sire Records Inc. v. Doe 1，542 F. Supp. 2d 153，173（D. Mass.，2008）.

所有权的能力有关，而不是转让人是否能同时保留其自己的所有权。[①]

这样的解释可谓强词夺理。对于“有形物”而言，“出售或者其他所有权转让方式”居然不需要“换手”——对有形物进行交付、转移占有，居然不需要“转让人放弃自己的所有权”。不问“转让人是否同时保留所有权”，甚至在出售或以其他方式转让所有权的过程中，有形物都不必一直存在。这样的逻辑让人难以接受。该法院以其自己理解的立法意图为依据进行解释，完全背离了美国《版权法》对“发行”、“复制件”和“录音制品的复制件”的定义中相关术语的含义。

（二）认为仅将作品置于可为网络用户获得的状态不构成发行行为

将通过网络传播作品的行为定性为“发行”，还会在美国遇到另一个法律解释问题——“发行”是否需要有实际转移作品复制件的行为发生？换言之，仅仅将作品置于网络服务器中供用户在线欣赏或下载，也就是使作品处于为公众所获得的状态，在用户实际点击欣赏或下载之前，能否构成发行行为？美国《版权法》将“发行”定义为“通过出售或所有权转移的其他方式，或者通过出租或出借，向公众散发作品复制件或录音制品复制件”[②]。该用语似乎要求有实际的所有权转让行为，而不仅仅是可能性，但该模糊的用语仍然为法院留下了解释的空间。在网络时代来临之前，曾有法院认为，只要将作品的复制件置于可为公众所获得的状态，就构成了发行行为。

在“Hotaling 诉耶稣基督末世圣徒会案”中，争议的焦点是当图书馆未经许可将书籍提供给读者借阅，但无证据表明曾经有读者实际借阅时，图书馆的行为是否构成发行行为。该争议在我国当然不可能发生，这是因为我国《著作权法》对“发行”的定义较美国《版权法》要狭窄得多，只涉及“以销售或赠与方式向公众提供作品的原件或复制件”[③]，也就是将“发行”的方式限定于“销售或赠与”，出借作品复制件的行为显然不在此列。但如前文所述，美国《版权法》定义的“发行”是广义的，包括了“出借”，因此才会发生此案中的争议。对此，美国联邦第四巡回上诉法院认为：“当公共图书馆将作品收藏，将该作品列入其目录或索引系统，并将该作品提供（makes the work available）给公众浏览时，其已经完成了为向公众发行所需的所有步骤。在这一时刻，公众中的成员可以进入图书

① London-Sire Records Inc. v. Doe 1，542 F. Supp. 2d 153，174（D. Mass.，2008).

② 17 U. S. C. 106（3).

③ 《著作权法》第 10 条第 1 款第 6 项。

馆并使用该作品。如果这一行为不能被认为是第106条第3款意义上的'发行'，则版权人的利益将因图书馆不保存公众使用的证据而受到损害，图书馆却会因自己（不保存公众使用证据的过失）而获得不当利益”①。

在网络时代到来之后，也曾有法院认为将作品置于网络服务器供用户获得的行为构成发行行为，而无论用户是否实际下载。在“华纳兄弟唱片公司诉Payne案”中，法院认为“在文件分享系统中列出（可供下载）的作品……构成对第106条第3款规定的版权专有权利（发行权——引者注）的侵害”②。美国版权局时任局长玛丽贝思·彼得斯（Marybeth Peters）在致美国国会的信中也认为：未经许可通过P2P网络提供作品，使P2P用户可以获得，就构成了对发行权的侵犯。③

然而，上述观点没有得到多数法院的支持。在“Capitol Records诉杰米·托马斯案”中，被告杰米·托马斯（Jammie Thomas）将原告享有版权的录音制品（录音制品在美国不是邻接权客体，而是法定作品类型——引者注）置于P2P软件的共享区中，供其他用户下载。唱片公司起诉她侵犯其发行权。本案中的关键问题在于：仅通过网络提供作品（making available），也就是使作品处于为公众所获得的状态，而没有实际发生下载，是否还能构成美国《版权法》所定义的“发行”？

在首次审理时，法官给陪审团的指示是：使受版权保护的音乐通过P2P网络向公众进行电子发行（也就是使音乐处于为公众所获得的状态），侵犯了版权人的发行权，而无论是否实际发生了发行行为。陪审团据此认定杰米·托马斯故意侵权并应进行巨额赔偿。④ 被告认为法院对发行权的解释有错误。其提出：美国《版权法》对发行权的定义应当被解释为，仅仅“向公众提供作品”（merely making a work available to the public）并不构成发行行为。只有当实际向公众转移复制件的所有权或占有时，才产生了“发行”⑤。被告并据此申请进行重新审理。审理该申请的美国明尼苏达联邦地区法院认为：原审法院给予陪审团的上述指示是“明显的法律错误”⑥。

美国明尼苏达联邦地区法院认为：对发行行为的解释，美国《版权

① Hotaling v. Church of Jesus Christ of Latter-Day Saints，118 F. 3d 199，at 203 (4th Cir.，1997).

② Warner Bros. Records，Inc. v. Payne，2006 WL 2844415，at 4 (W. D. Tex.，2006).

③ Capitol Records v. Jammie Thomas，79 F. Supp. 2d 1210，1214 (D. Minn.，2008).

④ Ibid.，1213.

⑤ Ibid.，1216.

⑥ Ibid.，1213.

法》第506条可作参照。该条规定“对于为商业发行而制作的作品，通过将之置于能够为公众中成员获得的计算机网络中提供（making available）而发行”，应承担刑事责任。法院比较了第106条第3款的规定后指出：国会没有在第106条第3款中将“提供作品”（making available）或许诺（offer to）发行作品的行为纳入，说明对作品的“实际发行或传播”（actual distribution or dissemination）是构成发行行为的必要条件。[①] 这意味着仅仅“提供”作品，使作品处于公众能够通过下载等手段获得的状态，还不足以构成发行行为。明尼苏达联邦地区该法院也由此得出结论：这种行为仅是“许诺发行，而不是实际发行”（merely an offer of distribution, not an actual distribution）。[②]

法院同时认为，前文所述的“Hotaling诉耶稣基督末世圣徒会案”的观点没有法律依据，只是以公平的考虑为指引而已。[③] 明尼苏达联邦地区法院认为：未经许可将作品上传至网络，构成对复制权的侵犯，同时还可因“促使他人实施未经许可的复制、改编、公开发行、公开表演和公开展示作品而承担间接侵权责任”[④]。这相当于认为：仅仅通过网络提供作品，使公众有获得作品的可能性，不足以构成对发行权的直接侵犯（因为公众还没有实际下载），只能构成对发行权的间接侵犯。同时，该法院虽然认同美国加入了《世界知识产权组织版权条约》和《世界知识产权组织表演和录音制品条约》，而这两条约都规定了“向公众提供权”（相当于我国《著作权法》中的“信息网络传播权”），但这两条约在美国不能自动实施。[⑤] 换言之，当美国《版权法》的规定与这两条约的规定不一致时，法院只能适用美国《版权法》而非这两条约。据此，该法院同意对此案进行重新审理。

该案充分反映出将网络传播纳入“发行”概念所导致的问题。广义的发行行为本质上是在转移作品有形载体的所有权或占有。这就是为什么美国《版权法》在1976年制定时，还在有关“制作和发行录音制品法定许可”的第115条c款第2项规定：当录音制品制作者根据法定许可自愿和永久性地脱离对录音制品的占有时，该录音制品被视为得以“发行”。而网络传播本质上是对构成作品的信息的传送，并不涉及对有形载体的所有

① Capitol Records v. Jammie Thomas, 79 F. Supp. 2d 1210, 1218 (D. Minn., 2008).

② Ibid., 1220.

③ Ibid., 1213.

④ Ibid., 1225.

⑤ Ibid., 1226.

权或占有的转移。特别是《世界知识产权组织版权条约》和《世界知识产权组织表演和录音制品条约》规定的“向公众提供权”（我国《著作权法》的“信息网络传播权”）根本就不要求发生了实际的传输，只要求作品处于能够被公众所获得的状态，而不问是否被公众实际获得。企图对网络传播适用发行权，必然会产生作品何时被“发行”的复杂问题。显然，美国法院的上述观点，将导致美国违反《世界知识产权组织版权条约》和《世界知识产权组织表演和录音制品条约》的后果。

在这种情况下，美国一些法院采用了一种变通方式进行处理，即“推定”被控侵权人将作品置于网络服务器中供用户点击欣赏或下载之后，也就是“making available”之后，有用户因点击而发生了实际的传输时，认定被控侵权人实施了发行行为。如在唱片公司针对文件分享行为提起的诉讼中，法院一方面强调：仅仅因为被告“完成了为发行所需的所有步骤”并不必然意味着“发行”已实际发生，而被告只能就已实际发生的“发行”行为向原告承担侵害发行权的责任；另一方面法院又认为：当被告已经完成了公开发行的所有步骤时，理性的审判者可以推定“发行”已经实际发生。①

但是，美国对发行行为的扩张性解释并没有得到其他任何国家的支持。其中原因，一方面在于广义的发行行为仅限于转移作品物质载体所有权或占有，以及狭义的发行行为仅限于转移作品物质载体所有权这一观念在大多数国家早已根深蒂固，而通过网络传播作品，不可能导致作品物质载体本身的转移，只能在接收端形生新的复制件。就连美国法院自己也承认，根据“物理规律，‘物质载体’不可能通过网络进行转移”②。同时以不转移作品物质载体所有权或占有的方式使公众获得作品内容的行为，早已在多数国家被纳入了传播权的规制范围。因此即使需要扩张专有权利以规制通过网络传播作品的行为，多数国家也认为应当扩张传播权，而不是扩张发行权。另一方面在于著作权法对发行权的内在限制——“发行权用尽”也导致其他国家均认为网络传播不可能构成发行行为。后文对此将进行详细分析。

二、世界知识产权组织的两个版权条约

在国际上，美国希望其国内对发行行为的上述扩张性解释，即对作品的网络传输构成发行行为的观点，能被纳入新的版权条约。在 1996 年世

---

① London-Sire Records Inc. v. Doe 1，542 F. Supp. 2d 153，168－169 (D. Mass.，2008).

② Capitol Records，LLC v. ReDigi Inc.，934 F. Supp. 2d 640，649 (SDNY，2013).

界知识产权组织为缔结《世界知识产权组织版权条约》和《世界知识产权组织表演和录音制品条约》而召开外交会议之前，美国代表团按照美国白皮书的观点，对两条约中准备规定的“发行权”提出了以下建议：

> 作者及其继承人应享有专有权利以授权：通过销售、出租或所有权转移的其他方式，包括通过传输提供（但不包括向公众出借）作品原件或复制件。[①]

塞缪尔森教授对此指出：克林顿政府在日内瓦寻求制定的另一项国际标准就是要“将对受保护作品进行数字传输视为向公众发行作品的复制件”[②]。如前文所述，美国法院对“复制件”和“转让所有权”作出了远超出其在美国《版权法》中的含义的解释。这在其他国家和地区是极为罕见的（除了下文所述的我国香港特别行政区法院所作的判决）。因此，美国有关用发行权调整网络传播行为的建议没有得到多数国家或地区的支持，如欧盟和其他国家基于前文提及的原因，反对美国的上述提案，要求用传播权对通过网络向公众传播作品的行为加以调整。[③] 最终，两条约对发行权均以传统的方式加以定义，没有将通过网络传播作品的行为纳入发行权的规制范围。

《世界知识产权组织版权条约》第6条（发行权）第1款规定：

> 文学和艺术作品的作者应享有授权通过销售或其他所有权转让形式向公众提供其作品原件或复制品的专有权。（注：着重号为引者所加）

《世界知识产权组织表演和录音制品条约》第8条（表演者的发行权）第1款规定：

> 表演者应享有授权通过销售或其他所有权转让形式向公众提供其以录音制品录制的表演的原件或复制品的专有权。（注：着重号为引者所加）

《世界知识产权组织表演和录音制品条约》第12条（录音制作者的发行权）第1款规定：

---

① WIPO Doc. BCP/CE/VI/12，Comparative Table of Proposals and Comments received by the International Bureau，1996，p. 29.

② Pamela Samuelson，“The U. S Digital Agenda at WIPO”，*Virginia Journal of International Law*，Vol. 37，1997，pp. 369，372 - 373.

③ 欧盟《续绿皮书》明确指出：“绝大多数成员国和利益方反对通过适用发行权或作为发行权一部分的出租权”来解决交互式按需传播问题。Commission of the European Communities. “Communication from the Commission，Follow-up to the Green Paper on Copyright and Related Rights in the Information Society”，Brussels，1996，p. 14.

录音制品制作者应享有授权通过销售或其他所有权转让形式向公众提供其录音制品的原件或复制品的专有权。（注：着重号为引者所加）

显然，除非像前文所述的美国法院那样，对“复制件”和“转让所有权”作出远超正常含义的解释，否则通过网络传播的只可能是以数字形式存在的作品、已录制的表演和录音制品本身，不可能是作品、已录制表演和录音制品的“原件或复制品”，网络传播也不可能对“原件或复制品”进行“所有权转让”。

缔结《世界知识产权组织版权条约》和《世界知识产权组织表演和录音制品条约》的主要目的之一，是对通过网络传播作品、已录制表演和录音制品的行为进行规制。既然对发行权的定义并未涵盖网络传播行为，那么这一缔约目的必然是通过对其他专有权利的规定来实现的。《世界知识产权组织版权条约》第8条（向公众传播的权利）规定：

……文学和艺术作品的作者应享有专有权，以授权将其作品以有线或无线方式向公众传播，包括将其作品向公众提供，使公众中的成员在其个人选定的地点和时间可获得这些作品。（注：着重号为引者所加）

《世界知识产权组织表演和录音制品条约》第10条（提供已录制表演的权利）规定：

表演者应享有专有权，以授权通过有线或无线的方式向公众提供其以录音制品录制的表演，使该表演可为公众中的成员在其个人选定的地点和时间获得。（注：着重号为引者所加）

《世界知识产权组织表演和录音制品条约》第14条（提供录音制品的权利）规定：

录音制品制作者应享有专有权，以授权通过有线或无线的方式向公众提供其录音制品，使该录音制品可为公众中的成员在其个人选定的地点和时间获得。（注：着重号为引者所加）

《世界知识产权组织版权条约》第8条要求缔约方为作者规定涵盖面极广的“向公众传播权”，其中包括规制交互式传播的“向公众提供权”，以对任何向不在传播发生地的公众传播作品的行为（其中当然包括通过网络传播作品的行为）进行全面规制。《世界知识产权组织表演和录音制品条约》第10条和第14条则分别要求缔约方为表演者和录音制品制作者规定“向公众提供权”，以规制对已录制的表演和录音制品进行交互式网络传播的行为。对比两条约对“发行权”的定义，可以清楚地看出，在规定

“向公众提供权”的条文中，无论是向公众提供的对象，还是公众获得的对象，都是“作品”、“已录制的表演”和“录音制品”，而不是“作品的原件或复制件”、“已录制的表演的原件或复制件”和“录音制品的原件或复制件”。其原因正如前文所述，通过网络传播的，不可能是固定了作品、已录制表演和录音制品的物质载体（如硬盘和光盘等），只能是作品、已录制表演和录音制品本身。由此可见，在《世界知识产权组织版权条约》和《世界知识产权组织表演和录音制品条约》中，发行行为与网络传播行为之间，以是否转移作品物质载体（有形物）为界，泾渭分明。

关于《世界知识产权组织表演和录音制品条约》的“基础提案”在解释录音制品制作者的“向公众提供权”（right of making available of phonograms，相当于我国《著作权法》中赋予录制者的“信息网络传播权”）时明确指出：

> 提议的新权利针对通过有线或无线方式提供录音制品的行为。因此，第 18 条中发行权（在“基础提案”中，录音制作者的发行权由第 18 条规定，而在最后通过的《世界知识产权组织表演和录音制品条约》中，发行权由第 12 条规定——引者注）所针对的以有形物质形式发行录音制品复制件的行为，与通过传输而提供录音制品的行为存在区别。①

关于《世界知识产权组织表演和录音制品条约》的“基础提案”在解释表演者的“向公众提供权”（right of making available of fixed performances，相当于我国《著作权法》赋予表演者的“信息网络传播权”）时，也使用了相同的措辞。②

由此可以看出：两条约是严格区分通过网络传播作品的行为与发行行为的。

在 2000 年为通过另一新条约——《视听表演保护条约》而举行的外交会议上③，相应的“基础提案”也再次指出：

> 第 8 条中发行权所针对的以有形物质形式发行已录制表演的

① WIPO Doc. CRNR/DC/5，Basic Proposal for the Substantive Provisions of the Treaty for the Protection of the Rights of Performers and Producers of Phonograms to be Considered by the Diplomatic Conference (1996)，notes on Article 18，para. 18. 02.

② Ibid.，notes on Article 11，para. 11. 02.

③ 由于美国和欧盟对于视听表演者是向视听录制品的制作者“转让”还是“许可”权利存在分歧，2000 年举行的外交会议未能通过《视听表演保护条约》。直至 2012 年，以该条约草案为基础的《视听表演北京条约》才在世界知识产权组织北京外交会议上缔结。

复制件的行为，与通过传输而提供已录制表演的行为存在区别。①

《世界知识产权组织版权条约》在关于第 6 条（发行权）和第 7 条（出租权）的“议定声明”中还明确指出：

> 该两条中的用语“复制件”和“原件和复制件”，受各该两条中发行权和出租权的约束，专指可作为有形物品（tangible objects）投放流通的固定（了作品）的复制品（fixed copies）。②

《世界知识产权组织表演和录音制品条约》在关于第 2 条（e）项（对“发行”的定义）、第 8 条［（表演者的）发行权］、第 9 条［（表演者的）出租权］、第 12 条［（录音制品制作者的）发行权］和第 13 条［（录音制品制作者的）出租权］的“议定声明”中作出了同样的界定：

> 这些条款中的用语“复制件”和“原件和复制件”，受各该条中发行权和出租权的约束，专指可作为有形物品（tangible objects）投放流通的固定（了表演）的复制件（fixed copies）。③

显然，有形物才能被“投放流通”。该项“议定声明”清楚无误地表明，能够成为两条约中发行权规制对象的“向公众提供原件或复制件”的行为，必须是转移有形物（有形物品）所有权的行为。由于将数字化文件置于网络服务器之后，服务器的硬盘（有形物）才是作品的物质载体，数字化文件存储在硬盘中才能形成作品、表演或录音制品的复制件，而通过网络传输方式向公众提供数字化作品，并不借助硬盘或其他物质载体所有权的转移，因此除非对“所有权转移”作出区别于传统物权法的扩大解释，否则无法得出通过网络传播作品的行为构成发行行为的结论。

参加年外交会议的欧盟代表团团长莱因伯特（Reinbothe）博士和欧盟代表团成员莱温斯基（Lewinski）博士指出：“议定声明”将“原件和复制件”解释为有形物（physical object），说明只有对有形物质复制件（physical copies）和原件，如书籍、软件光盘、CD 或录像带等的销售和

---

① WIPO Doc. IAVP/DC/3，Basic Proposal for the Substantive Provisions of An Instrument on the Protection of Audiovisual Performances to be Considered by the Diplomatic Conference，notes on Article 10，para. 10. 02.

② 该项“议定声明”的原文为：Agreed statement concerning Articles 6 and 7：As used in these Articles，the expressions “copies” and “original and copies，” being subject to the right of distribution and the right of rental under the said Articles，refer exclusively to fixed copies that can be put into circulation as tangible objects。

③ 原文为：Agreed statement concerning Articles 2 (e)，8，9，12，and 13：As used in these Articles，the expressions “copies” and “original and copies，” being subject to the right of distribution and the right of rental under the said Articles，refer exclusively to fixed copies that can be put into circulation as tangible objects。

散发才适用发行权。① 这些学者进一步指出：

> （议定声明对“原件”和“复制件”的定义）是为了澄清：这两个术语是在传统意义上使用的，即其仅指以有形物质形式存在的“固定了作品的复制件”。这种澄清是为了将任何形式的数字传输从《世界知识产权组织版权条约》第6条规定的发行权以及发行权用尽的范围中排除出去。②
>
> （《世界知识产权组织版权条约》第8条规定的向公众提供权）排除了对在线传播适用《世界知识产权组织版权条约》第6条中发行权和第7条中出租权的可能性。有关《世界知识产权组织版权条约》第6条和第7条的议定声明已经澄清：发行权和出租权仅仅控制将有形物（tangible objects）投入流通的行为。③

我国有学者为了说明“发行行为不以作品存在于有形载体为前提条件”，对《世界知识产权组织版权条约》关于第6条（发行权）和第7条（出租权）的“议定声明”（将“原件”和“复制件”界定为有形物）作出了如下评论：

> 上述针对《世界知识产权组织版权条约》第6条的“外交官议定声明”根本不能说明问题，它仅仅表明《世界知识产权组织版权条约》通过之时，各国外交代表未能达成一致。美国当时就极力主张“发行”应该包括网络发行。为达成《世界知识产权组织版权条约》，各国代表不得不退而求其次，把发行权限定于（针对）有形载体。这是欧盟委员会当时所代表的欧共体的立场……所以，“外交官议定声明”并不是各国达成的共识，不能说明经网络传输数字作品就不是“发行行为”④。

该条“议定声明”是经过参加外交会议的全体代表团一致同意（当然也包括美国代表团的同意）而通过的。事实上，在此次外交会议上，未经一致同意通过，而是经过投票按多数票通过的只有一项“议定声明”，那就是有关复制权范围的“议定声明”中的第二句话——“受保护作品以数字形式在电子介质中存储构成伯尔尼公约第9条意义上的复制”。对此本

---

① Jörg Reinbothe, Silke von Lewinski, *The WIPO Treaties* 1996: *The WIPO Copyright Treaty and the WIPO Performances and Phonograms Treaty*: *Commentary and Legal Analysis*, Butterworths, 2002, p. 86.

② Ibid., p. 87.

③ Ibid., p. 108.

④ 何怀文．网络环境下的发行权．浙江大学学报（人文社会科学版），2013（5）：153.

书第二章第三节已进行过详细说明，此处不赘述。其他所有“议定声明”，包括上述有关发行权和出租权的“议定声明”，都是经过全体代表团一致同意通过的。因此，对该项“议定声明”有关“各国外交代表未能达成一致”“‘议定声明’并不是各国形成的共识”的陈述与事实不符。至于该项“议定声明”的效力，《维也纳条约法公约》第31条“解释之通则”第2款明确规定：就解释条约而言，上下文除指连同弁言及附件在内之约文外，并应包括：全体当事国间因缔结条约所订与条约有关之任何协定（agreement）。因此，该“议定声明”（agreed statement）在国际法上的效力是非常清楚的——对条约有解释效力，而不是“根本不能说明问题”。美国代表团赞成该“议定声明”，表示美国代表团不可能反对条约中的“发行”只针对有形载体。

当然，国际条约必须协调各方的利益。如果两条约要求美国必须增加其《版权法》原本未作规定的“向公众传播权”及其子权利“向公众提供权”，可能会引起美国的强烈反对，导致条约无法缔结。同时，条约是用于实施的，只要缔约方提供的保护达到了条约的要求，其采用的保护方法和途径并不重要。举一个极端的假想例：即使某一缔约方的著作权法没有规定任何一项具体的专有权利，而是笼统地规定“凡是未经许可利用作品的行为都构成侵权，应当承担侵权责任”，同时在司法实践中将未经许可的复制、发行、表演和网络传播等行为都认定为侵权，并且对源于条约其他缔约方的作品在保护方面提供国民待遇，也就履行了条约的义务。

因此，两条约所规定的专有权利虽然清楚地区分了发行行为和网络传播行为，但两条约的制定者允许各缔约方通过对国内法中已有的权利进行解释来实现相同的保护水平。这就是两条约的制定者对网络传播行为采取的所谓的“伞形解决方案”，即并不要求缔约方在其国内法中为权利人专门增加一项专有权利以规制网络传播，而只要求各缔约方的国内法对向公众传播作品的行为，包括交互式传播行为，进行规制。[①] 换言之，缔约方应当通过赋予作者、表演者和录音制作者专有权利，来规制“通过有线或无线方式向公众提供作品、录制的表演和录音制品，使作品、录制的表演和录音制品可为公众中的成员在其个人选定的地点和时间获得”的行为[②]，至于这种专有权利究竟是现有立法中的发行权还是传播权中的一项

① Mihály Ficsor, *The Law of Copyright and the Internet: The 1996 WIPO Treaties, Their Interpretation and Implementation*, Oxford University Press, 2002, pp. 501, 246-247.

② 《世界知识产权组织版权条约》第8条和《世界知识产权组织表演和录音制品条约》第10条、第14条。

或几项权利抑或立法新创设的权利，则在所不问，完全留给各缔约方自己解决。这样，两条约的相关条款就如同一把包容性极强的“伞”，各国各自的解决方案都可以为这把“伞”所包容。

在缔结两条约的 1996 年日内瓦外交会议上，美国代表团也认为这种不要求其增加一项专有权利去规制网络传播行为的做法是可以接受的。[①]在讨论《世界知识产权组织版权条约》第 8 条“向公众传播权”时，美国代表团发言指出：第 8 条规定的权利可以在国内法中通过适用任何特定专有权利加以实施，包括用向公众传播权或提供权之外的专有权利，或专有权利的组合加以实施，只要《世界知识产权组织版权条约》第 8 条针对的行为可以被这些权利所控制。[②] 美国代表团的发言实际上为美国在加入两条约后实施条约的独特方式埋下了伏笔——美国不准备修改其《版权法》，新增加一项“向公众传播权”及其子权利“向公众提供权”（交互式传播权，即我国《著作权法》中的“信息网络传播权”），而是对美国《版权法》中现有的复制权、发行权、表演权和展示权的适用范围进行广义解释，使之共同控制通过网络向公众传播作品的行为，包括交互式传播行为，从而达到两条约要求的保护水平。这体现在对发行权的解释上，就是美国法院并不认为发行行为只针对物质载体（有形物）的“换手”。

需要强调的是，尽管“伞形解决方案”的包容性很强，但是美国实施两条约的方式——没有在其《版权法》中增加与两条约中的“向公众提供权”相呼应的专有权利，而是对包括发行权在内的已有权利作出扩大解释以规制网络传播行为，在两条约的缔约方中是极其罕见的。美国实施两条约的独特方式，也并不能用于否认美国承认《世界知识产权组织版权条约》和《世界知识产权组织表演和录音制品条约》规定的发行权只能规制转让载有作品的物质载体所有权的行为。上述两条约有关“原件和复制件”之含义的“议定声明”，当然可以用于说明在条约中“经网络传输数字作品就不是‘发行行为’”。至于各国以不同的方式履行条约义务，在本国法中对发行行为作出不同解释，那是另一回事了。实际上，到目前为止，在加入两条约的国家和地区中（我国香港特别行政区法院作出下文介绍的“全球首宗 BT 刑事犯罪案”判决时，尚未加入两条约）中，也只有美国一个国家对发行行为作出了不同于两条约之规定的解释，而这是因为美国《版权法》中没有规定涵盖面很广的“向公众传播权”。美国版权局

---

① Pamela Samuelson, “The U. S Digital Agenda at WIPO”, *Virginia Journal of International Law*, Vol. 37, 1997, p. 369, at 396.

② WIPO Doc. CRNR/DC/102, Summary Minutes, Main Committee I, para. 301.

在2001年的一份报告中自己也承认：除美国之外，迄今为止没有一个国家是用发行权来调整网络传播行为的。①

三、欧盟

欧盟的《版权指令》同时规定了发行权和涵盖面极广的“向公众传播权”及其子权利“向公众提供权”（我国《著作权法》中的“信息网络传播权”），并清楚地将发行权和“发行权用尽”限定在有形物上，从而完全排除了对网络传播适用发行权的可能性。然而，欧盟法院于2012年判决的“UsedSoft诉Oracle案”中认定通过网络提供计算机程序下载并许可用户永久使用，可以导致“发行权用尽”，从而引起了关于欧盟版权法中的发行权能否适用于网络传播的争议。

（一）《版权指令》的规定

欧盟《版权指令》第4条第1款规定了发行权，内容是“成员国应当为作者就其作品的原件或复制件规定专有权，以授权或禁止通过销售或其他方式进行的任何形式的发行”。该定义虽然没有直接对“原件或复制件”进行限定，但《版权指令》序言第28段将发行权描述为“对体现在有形物（tangible article）中的作品进行发行的专有权利”。由于网络不可能转移“有形物”（tangible article），因此通过网络传播作品在欧盟不应构成“发行”。这一点也可以从《版权指令》第4条对“发行权用尽”的规定和《版权指令》序言有关“发行权用尽”的描述得到印证。《版权指令》第4条第2款规定：

> 对作品原件或复制件的发行权在共同体内不应用尽，除非在共同体内对该物体（that object）的首次销售或其他所有权转移是由版权人进行的或已经其同意。

《版权指令》序言第29段指出：

> （发行权）用尽的问题对于服务，特别是在线服务并不存在。此点也适用于由该服务的用户经权利人同意而对作品或其他客体制作的有形复制件……不像只读光盘（CD-ROM）或交互式光盘（CD-I）那种知识产权被承载于物质介质（material medium），也就是实物的情况，每一次在线服务事实上都是一种需要经过对版权或邻接权进行许可的行为。

《版权指令》将“发行权用尽”的对象明确限定为“该物体”（that

① U.S. Copyright Office，“DMCA Section 104 Report：A Report of the Register of Copyrights Pursuant to 104 of the Digital Millennium Copyright Act”，August 2001，p.94.

object)，说明无论是“发行权用尽”还是作为其前提的发行权都只能针对一个“物体”(object)。《版权指令》序言中有关“发行权用尽”的描述更是明确将包括“在线服务”在内的服务都排除出“发行权用尽”的适用范围。显然，这些服务当然也不可能是“发行”。由此可见，《版权指令》的制定者认为，任何在线服务都不可能导致诸如光盘那样的“物质介质”被“发行”。所谓“由该服务的用户经权利人同意而对作品或其他客体制作的有形复制件”，无非是指用户合法下载作品，从而在其计算机或其他网络终端设备中形成的复制件。但以用户计算机或其他网络终端设备为载体的复制件，与在网络端以服务器为载体的复制件并不是同一复制件，因此对用户下载而形成的复制件，不存在“发行权用尽”的问题。由此可见，通过网络提供作品供用户在线欣赏或下载的行为，都不可能构成《版权指令》规定的发行行为。

与此同时，《版权指令》还以不同的条文分别规定了广义的“向公众传播权”及其子权利“向公众提供权”(我国《著作权法》中的“信息网络传播权”)和发行权，前者是第3条，后者是第4条。《版权指令》的序言还明确指出：“向公众提供权……不应适用于其他任何行为”[①]。这样的立法结构也决定了通过网络传播作品不可能是《版权指令》规定的发行行为，否则将导致发行权完全被“向公众传播权”所涵盖，失去了独立存在的价值。

（二）欧盟法院对《计算机程序法律保护指令》与《版权指令》中的发行权所作的不同解释

如前文所述，《版权指令》中的发行权只能针对转移有形物的行为，不适用于网络传播。然而，在欧盟法院判决的“UsedSoft诉Oracle案”中，欧盟法院认为：软件公司将软件置于网络服务器中供用户下载，并通过许可协议给予用户永久使用的权利，属于对软件的“销售”，因此可以适用发行权用尽。[②] 有学者认为，该判决“等于说，通过网络传送数字作品(属于‘无形载体’之上的作品)同样可以构成‘发行’，欧盟著作权法之下有‘网络发行’”[③]。那么，此案是否改变了《版权指令》的上述规定？对我国是否有借鉴意义？这值得深入分析。

---

① Directive 2001/29 /EC of the European Parliament and of the Council of 22 May 2001 on the Harmonization of Certain Aspects of Copyright and Related Rights in the Information Society, Article 3, 4, Recitals, paras. 23, 24.

② UsedSoft GmbH v. Oracle International Corp., C-128/11 (2012), paras. 46, 88.

③ 何怀文. 网络环境下的发行权. 浙江大学学报(人文社会科学版), 2013 (5): 153.

对于此案涉及的“发行权用尽”问题，本章第五节将进行详细分析，此处只是指出：该案的争议焦点是用户在合法购买了许可并从软件公司的网络服务器中下载了软件后，能否在销毁软件复制件的情况下，将使用软件的许可转售给他人，使他人可以使用其自行从软件公司的网络服务器中下载的软件。在该案中，欧盟法院被要求对《计算机程序法律保护指令》中有关“发行权用尽”的规定作出解释，而不是被要求对欧盟《版权指令》作出解释。

《计算机程序法律保护指令》规定了发行权和发行权用尽。该指令规定，计算机程序的权利人享有“以任何形式向公众发行，包括出租，原始计算机程序或其复制件”（the original computer program or of copies thereof）的权利；并同时规定，在权利人在欧盟首次销售计算机程序的复制件后，发行权（但不包括出租权）用尽。①

需要强调的是，《计算机程序法律保护指令》与《版权指令》对发行权的定义存在实质差异，前者针对的是“原始计算机程序或其复制件”（the original computer program or of copies thereof），其中包括了发行原始计算机程序本身，而不限于计算机程序的原件或复制件，即有形物；后者针对的是“作品的原件或复制件”（the original of their works or of copies thereof），仅限于有形物。②《计算机程序法律保护指令》的序言并没有像《版权指令》的序言那样，将发行权限定为“对体现在有形物（tangible article）中的作品进行发行的专有权利”，也没有将“在线服务”（on-line service）排除出“发行权用尽”的范围。同时，《计算机程序法律保护指令》也没有像《版权指令》那样，规定广义的“向公众传播权”及其子权利“向公众提供权”（我国《著作权法》中的信息网络传播权），因此在《计算机程序法律保护指令》中并不存在协调发行权与信息网络传播权之间的关系的问题。

对此，欧共体委员会（现为“欧盟委员会”）在有关 1991 年《计算机程序法律保护指令》实施情况的报告中明确指出：

> 委员会注意到，与欧共体有关发行权的既有解释不同，指令第 4 条（c）款提及“以任何形式向公众发行”享有版权的计算

---

① Directive 2009/24/EC of the European Parliament and of the Council of 23 April 2009 on the Legal Protection of Computer Programs，Article 4（1）（c）.

② Directive 2001/29 /EC of the European Parliament and of the Council of 22 May 2001 on the Harmonization of Certain Aspects of Copyright and Related rights in the Information Society，Article 4（1）.

机程序。它可以被解释为，Directive 91/250/EEC 号指令（《计算机程序法律保护指令》——引者注）中的发行权并不限于计算机程序在软磁盘中的有形复制件（tangible copies）。①

由此可见，《计算机程序法律保护指令》与《版权指令》对发行权的用语不同，留下了对前者有关发行权的规定进行广义解释的空间。据此，欧盟法院对《计算机程序法律保护指令》中"发行权用尽"的范围作出了不同于《版权指令》的解释：

专门涉及对计算机程序进行法律保护的第 2009/24 号指令（修改后的《计算机程序法律保护指令》——引者注），构成了第 2001/29 号指令（《版权指令》——引者注）的特别法……对于第 2009/24 号指令规定的保护目的而言，欧盟立法者的意图是不区分对计算机程序的有形复制件和无形复制件（tangible and intangible copies）。在这种情况下，应当认为第 2009/24 号指令第 4 条第 2 款规定的发行权用尽既涉及有形复制件，也涉及无形复制件。②

由此可见，无论该判决的结论正确与否，有一点都是十分清楚的，即该案中的"发行权用尽既涉及有形复制件，也涉及无形复制件"，以及从中推出的"发行权既涉及有形复制件，也涉及无形复制件"的论述，仅用于解释《计算机程序法律保护指令》，也仅适用于计算机程序，不能直接用于解释《版权指令》，不能直接适用于计算机程序之外的其他作品。对此还需要特别指出：《版权指令》和《计算机程序法律保护指令》的关系，与我国《著作权法》和《计算机软件保护条例》的关系完全不同。在我国，《著作权法》是全国人民代表大会常务委员会通过的法律，《计算机软件保护条例》是国务院通过的行政法规，前者是上位法，后者是下位法，下位法不能违反上位法。但《版权指令》和《计算机程序法律保护指令》在欧盟立法中并不是上位法与下位法的关系，而是普通法与特别法的关系，因为它们都是由同一机构——欧盟议会和欧盟理事会制定并颁布的，各自有独立的适用范围，不存在《计算机程序法律保护指令》不能违反《版权指令》的要求。《版权指令》在第 1 条就明确规定：

除了第 11 条所述的情形之外（第 11 条对《版权指令》通过

① European Commission, "Report from the Commission to the Council, the European Parliament and the Economic and Social Committee on the Implementation and Effects of Directive 91/250/EEC on the Legal Protection of Computer programs", COM/2000/0199 final, p. 46.

② UsedSoft GmbH v. Oracle International Corp., C-128/11 (2012), paras. 56, 58-59.

之前的一些相关指令进行了技术性调整，但不包括《计算机程序法律保护指令》——引者注)，与下列事项有关的现行规定保持不变，不应以任何方式受到本指令的影响：(a) 对计算机程序的法律保护……①

因此，欧盟法院对《计算机程序法律保护指令》的解释，不会影响对《版权指令》的解释，特别是它无法突破《版权指令》的序言中有关发行权是“对体现在有形物（tangible article）中的作品进行发行的专有权利”，以及“对在线服务并不存在发行权用尽”的明确限定。

对此，审理“UsedSoft 诉 Oracle 案”的欧盟法院清楚地认识到，其判决结果将使《版权指令》和《计算机程序法律保护指令》中发行权的含义及发行权用尽的范围产生差异，因此其强调这是两个指令的立法意图不同所造成的：

确实，第 2001/29 号指令（《版权指令》——引者注）和第 2009/24 号指令（修改后的《计算机程序法律保护指令》）中使用的概念在原则上应当具有相同的含义（该“概念”指两个指令中的“发行”——引者注）。然而，即使第 2001/29 号指令前言第 28 和 29 段［《版权指令》第 28 段指出发行权是“对体现在有形物（tangible article）中的作品进行发行的专有权利”，第 29 段强调发行权用尽只针对物质载体 material medium，不适用于在线服务——引者注］，以及《世界知识产权组织版权条约》（第 2001/29 号指令的目的就是去实施该条约）表明：对于《版权指令》所适用的作品而言，发行权用尽仅涉及其有形复制件，考虑到欧盟立法者针对第 2009/24 号指令的特殊背景所表达出的不同立法意图，上述（《版权指令》中的用语）情况并不能影响对第 2009/24 号指令第 4（2）条的解释。②

在“UsedSoft 诉 Oracle 案”之后，欧盟法院审理了另两起涉及发行权和“发行权用尽”的纠纷，分别涉及美术作品和计算机程序。欧盟法院在这两起案件中对发行权和“发行权用尽”是否必须针对有形物作出了截然相反的解释，并进一步说明：欧盟法院认为《版权指令》和《计算机程序法律保护指令》对发行权和“发行权用尽”的规定不同。

---

① Directive 2001/29 /EC of the European Parliament and of the Council of 22 May 2001 on the Harmonization of Certain Aspects of Copyright and Related Rights in the Information Society, Article 1. 2.

② UsedSoft GmbH v. Oracle International Corp. , C-128/11 (2012), para. 60.

在“Art & Allposters 诉 Stichting Pictoright 案”中，一家网站销售著名画家创作的画作，并可以根据客户的要求，用化学手段将纸质画中的图案转印至帆布上，并使原纸质画中的图案完全消失。代表艺术家的著作权集体管理组织认为此举未经许可，构成侵权。但网站认为其行为根据“发行权用尽”规则并不侵权。欧盟法院根据《版权指令》，认为“发行”和“发行权用尽”只针对特定的有形物。欧盟法院指出：

> 就发行权的立法目的而言，第 2001/29 号指令（《版权指令》——引者注）第 4 条第 2 款提及的是对“该物体”（that object）的首次销售或其他所有权转让形式。此外，根据第 2001/29 号指令序言第 28 段，该指令“提供的版权保护包括了对体现在有形物（tangible article）中的作品进行发行的专有权利”。根据该序言，权利人或经其同意对作品的原件或复制件在欧盟进行首次销售，会使控制转售该物体（that object）的权利用尽……因此，欧盟立法者通过使用“有形物”（tangible article）和“该物体”（that object）的用语，希望给予作者对每一个承载了其智力创作的有形物在欧盟进行首次市场销售控制权。①

欧盟法院由此得出了适用“发行权用尽”的前提条件：

> 对发行权的用尽适用于承载了受保护作品的有形物（tangible article），只要该有形物已经版权人的同意而置于市场之中。②

与之相反，在涉及销售所谓二手计算机程序的“Ranks 和 Vasiļevičs 刑事案”中，欧盟法院认为：

> 第 91/250 号指令（1991 年欧共体颁布的《计算机程序法律保护指令》，经修改后成为第 2009/24 号指令——引者注）第 4 条（c）款规定的发行权用尽涉及的是计算机程序复制件本身，以及与之相伴的用户许可协议，并不涉及该份复制件所在的物理介质（material medium）……（该条款）提及的是“销售……程序的复制件”，该条款没有作进一步限定，因此没有以复制件的有形或无形形式进行区分。③

显然，“Art & Allposters 诉 Stichting Pictoright 案”的结论——“发

---

① Art & Allposters International BV v. Stichting Pictoright，C-419/13（2015），paras. 34－35，37.

② Art & Allposters International BV v. Stichting Pictoright，C-419/13（2015），para. 40.

③ Aleksandrs Ranks and Jurijs Vasiļevičs v. Finanšu un ekonomisko noziegumu izmeklēšanas prokoratūra and Microsoft Corp.，C-166/15（2016），paras. 34－35.

行权的用尽适用于有形物”，与“UsedSoft 诉 Oracle 案”及“Ranks 和 Vasiļevičs 刑事案”中欧盟法院的观点——“发行权用尽既涉及有形复制件，也涉及无形复制件”“发行权不区分有形或无形形式”，并不一致，而原因正是欧盟法院在“Art & Allposters 诉 Stichting Pictoright 案”中适用的是《版权指令》，而在“UsedSoft 诉 Oracle 案”“Ranks 和 Vasiļevičs 刑事案”中适用的是《计算机程序法律保护指令》。

由此可见，欧盟法院判决的“UsedSoft 诉 Oracle 案”的适用范围非常有限，仅针对计算机程序。不应以此案为依据，认为欧盟和美国一样，都将通过网络传输任何作品的行为定性为发行行为。同时，欧盟法院的该判决有其特殊的立法背景，那就是：《版权指令》和《计算机程序法律保护指令》是同一级别的立法，是普通法与特别法的关系；同时《计算机程序法律保护指令》中没有同时规定发行权和信息网络传播权，也没有将发行行为的对象限定为“有形物”（tangible article）。这样的情况在我国并不存在：如前所述，《计算机软件保护条例》是《著作权法》的下位法，对该条例的解释不能违反《著作权法》的规定。同时《计算机软件保护条例》既规定了发行权，又规定了信息网络传播权。因此“UsedSoft 诉 Oracle 案”中欧盟法院对“发行”的解释，对我国并无借鉴价值。

四、我国香港特别行政区

如前文所述，美国版权局在 2001 年发布的一份报告中承认：除了美国之外，迄今为止没有一个国家是用发行权来调整网络传播行为的。[①] 然而，我国香港特别行政区在 2005 年判决的“陈乃明刑事案”（又称“全球首宗 BT 刑事犯罪案”）中，认定香港市民陈乃明使用 BT 文件分享软件（以下简称 BT 软件）通过网络提供电影的行为构成发行行为。这在当时引起了广泛的反响。对此，实有分析的必要。

此案的事实背景是：2005 年 1 月 10 日、11 日，香港市民陈乃明三次在网上利用 BT 软件，将三部电影制成 BT“种子文件”置于网上供其他网友下载。香港海关（香港特别行政区的知识产权执法机构）发现后，于 1 月 12 日将其拘捕。[②] 同年 10 月 24 日，香港特别行政区屯门地区法院认定：陈乃明的行为是对电影的“发行”，根据香港特别行政区《版权条例》第 118 条第 1 款第 f 项的规定构成刑事犯罪，因此判决陈乃明入狱 3 个

① U. S. Copyright Office，“DMCA Section 104 Report：A Report of the Register of Copyrights Pursuant to 104 of the Digital Millennium Copyright Act”，August 2001，p. 94.

② HKSAR v. Chan Nai Ming，[2005] 1469 HKCU 1，paras. 4 - 8.

月。[1] 此案经过上诉法院和终审法院的审理，地区法院的判决被最终维持。这是当时全球范围内首次有人因使用 BT 软件上传作品种子文件被法院认定为构成刑事犯罪的案件。

然而，我国香港特别行政区《版权条例》对“网络传播权”的规定与多数国家和地区的不同，香港各级法院对“全球首宗 BT 刑事犯罪案”的判决不应为内地法院所借鉴。

我国香港特别行政区《版权条例》第 118 条第 1 款第 f 项规定：未经版权人许可而发行（distribute）侵权复制品，即使并非在任何贸易或业务过程中或与其有关的情况下进行，如达到了损害版权人权利的程度，也构成犯罪。[2] 我国香港特别行政区《版权条例》虽然并未对“发行”的含义作出明确的解释，但该条例第 24 条规定了发行权，其第 1 款规定：向公众发放作品复制件的行为（issue of copies of the work to the public）受版权人控制。虽然第 24 条第 1 款并没有直接规定版权人有权控制对作品复制件的“发行”（distribution），而是规定版权人有控制对复制件的“发放”（issue），但第 24 条第 2 款紧接着将“发放”界定为“将先前没有在香港投入流通领域的作品复制件投入流通领域”。这显然是沿袭了英国 1988 年《版权法》第 18 条的用语。英国《版权法》第 18 条被公认为是对发行权的规定，如英国在版权法方面最具影响力的著作之一 *Copinger and Skone James on Copyright* 就明白无误地说明：“向公众发放作品复制件”即指发行权控制的行为。[3] 同时，我国香港特别行政区《版权条例》第 24 条第 3 款也与英国《版权法》第 18 条第 3 款一样，对发行权作出了“发行权用尽”的限制，明确规定：“向公众发放（issue）作品复制件”并不包括“对先前已经投入流通领域的作品复制件再次发行（distribution）、出售、出租、出借”。显然，从第 24 条第 1 款与第 3 款之间的逻辑关系看，“发行”（distribution）与“发放作品复制件”（issue of copies of the work）是同一意思，因为“发行”实际上是等同于“出售、出租和出借”的。无论怎样理解第 24 条中“发行”的含义，由于第 26 条的存在，都只能得出一个结论——在我国香港特别行政区《版权条例》中，

---

① HKSAR v. Chan Nai Ming，[2005] 1469 HKCU 1，paras. 17 - 18.

② (HK) Copyright Ordinance (CAP. 528)，Sec. 118 (1) (f). 英文原文如下：(1) A person commits an offence if he，without the license of the copyright owner... (f) distributes (otherwise than for the purpose of，in the course of，or in connection with，any trade or business) to such an extent as to affect prejudicially the owner of the copyright，(Amended 64 of 2000 s. 7) an infringing copy of a copyright work。

③ *Copinger and Skone James on Copyright*，Sweet & Maxwell，Ltd.，1998，chapter 7.03 (b).

“发行”是转移作品物质载体的行为。

由于香港特别行政区《版权条例》第118条第1款第f项仅仅将未经许可发行作品的复制件，导致版权人利益受损的行为定性为刑事犯罪①，所以依前文所述的原理，陈乃明未经许可将DVD中的电影文件做成种子文件，通过BT软件供其他网络用户下载的行为并非发行行为，因为该行为通过网络提供的是作品本身，而不是作品的复制件，即作品的物质载体。无论该行为对版权人的利益造成了多么巨大的损失，在我国香港特别行政区《版权条例》中也找不到将该行为认定为刑事犯罪的依据。香港特别行政区三级法院将陈乃明的行为认定为“发行”，并根据《版权条例》第118条第1款第f项判决陈乃明入狱，显然是将网络传播行为与发行行为这两种不同性质的行为混为一谈。

值得注意的是：此案被上诉到香港特别行政区终审法院之后，法院在根据《版权条例》第118条第1款第f项认定陈乃明有罪的同时，提出“在此案件中，本法院没有关注权利人发行权范围的确定”。换言之，香港特别行政区终审法院不愿承认香港特别行政区《版权条例》第118条第1款第f项针对的是侵犯发行权的犯罪行为，当然也不会承认陈乃明的行为侵犯了“发行权”。

香港特别行政区终审法院实际上打了一个《版权条例》第118条第1款第f项和第24条之间的“擦边球”。因为《版权条例》第118条第1款第f项使用的术语是“distribution”，而第24条虽然被公认为规定发行权的条款（关于原因前文已有论述），但它界定“发行”时使用的术语非绝大多数国家或地区使用的“distribution”，而是“issue”。这样一来，表面上《版权条例》第118条第1款第f项规定的犯罪行为就不是针对发行权的犯罪了，因为发行权在《版权条例》中的正式术语是“right of issue”，而不是“right of distribution”，香港特别行政区终审法院自然可以宣布“在此案件中，本法院没有关注权利人发行权范围的确定”。

笔者认为：这种“擦边球”只不过是文字游戏而已，它经不起逻辑上的追问。首先，如果香港特别行政区《版权条例》第118条第1款第f项

① 《中国知识产权报》于2005年11月18日在针对该案的专题栏目“网络并非刑罚的真空地带”中，将香港特别行政区《版权条例》第118条第1款第f项译成中文刊登，但该中文翻译将原文中的“distribute”（发行）译成了“传播”。这一翻译可谓“失之毫厘，谬以千里”，“发行”与“传播”尽管在日常口语中有时可以混用，但两词在著作权法中的含义完全不同。倘若香港特别行政区《版权条例》第118条第1款第f项的用语真的是“传播”（communicate）而非“发行”（distribute），则香港特别行政区屯门地区法院的判决就正确无误。

针对的不是侵犯发行权的行为，那么针对的是何种侵权行为呢？很明显，如果不将“issue”与“distribute”解释为同义反复，那么第 118 条第 1 款第 f 项就不针对任何侵犯《版权条例》规定的专有权利的行为。一种行为连民事侵权行为都不是，怎么可能构成犯罪行为呢？香港特别行政区终审法院在这一点上是无法自圆其说的。香港特别行政区《版权条例》第 24 条使用“issue”一词，是因为其沿袭了英国 1988 年《版权法》第 18 条的相同用语。不仅对英国《版权法》的权威解释明确将“issue”与“distribution”画上了等号，而且《版权条例》自己也对“right of issue”规定了“权利用尽”的限制。版权法中存在“权利用尽”限制的只有发行权，如果不把“right of issue”解释为其他国家或地区版权法中的“right of distribution”，即发行权，“权利用尽”又从何谈起呢？显然，在香港特别行政区《版权条例法》中，“issue”与“distribution”是同义反复，其第 118 条第 1 款第 f 项规定的犯罪行为，就是严重侵犯发行权导致的犯罪。在适用第 118 条第 1 款第 f 项定罪时，绝不能“不关注权利人发行权范围的确定”。

我国香港特别行政区终审法院根据《版权条例 》第 118 条第 1 款第 f 项认定陈乃明犯罪的关键在于，其认为在不转移作品物质载体的情况下，仍然可以实现对作品“复制件”（copy）的“发行”（distribution）。这样一来，陈乃明所进行的网络传播行为虽然不可能导致作品物质载体的转移，也可以被认定为构成对电影作品“复制件”的“发行”了。

笔者认为：香港特别行政区终审法院误解了版权法意义上“复制件”（copy）和“发行”（distribution）的真正含义。香港特别行政区《版权条例》第 24 条规定发行权，其用语也是“向公众发行（issue）作品复制件（copies of the work）的行为是受每一类作品版权控制的行为”（注：着重号为引者所加）。如前文所述，“作品”（work）与“作品的复制件”（copy of the work）并非同一概念，后者必须是物质载体，即有形物。对“物质载体”进行“发行”的唯一渠道，就是转移该“物质载体”的所有权。

香港特别行政区终审法院为了说明可以在不转移作品物质载体的情况下实现“发行”，举出了两个例子。第一个例子是“一个学者发表了一篇书评，该书评是他用计算机写的，并以电子文档文件的形式保存在硬盘上。他的朋友 A、B、C 向他索要复制件。学者制作了电子复制件，并将复制的文档文件作为 e-mail 附件发送给 A、B、C。根据‘发行’（distribution）的通常含义，他在没有转移任何有形存储设备的情况下，向接受者发行了（distributed）作品的电子复制件”。第二个例子是“某一计算机用户想在其计算机中安装杀毒软件，并购买了该程序的在线复制件。他用信用卡支付后，程序的复制件通过网络下载的方式传输至他的计算机中，随后被激活以保护其计算机免受病毒侵害。该复制件是电子形式，通过互联网这一媒介被购买、销售和传递，不需要任何人交付光盘或其他存有该程序的存储媒介。这是一种被广泛接受的发行计算机程序复制件的方法。被销售的每一份电子复制件都是与其他复制件不同的，每份都需要独一无二的密码或产品密钥用以激活”①。

然而，香港特别行政区终审法院举出的这两个例子并不涉及版权法意义上的“发行”。在第一个例子中，在学者向他的三位朋友用电子邮件发送书评之前，书评这一文字作品是有其物质载体的，那就是他的计算机硬盘。当他以电子邮件附件方式发送，并由朋友接收完成之后，这一文字作品仍然有物质载体，那就是他三位朋友各自的硬盘。然而，被“发送”的仅仅是文字作品本身（以数据形式表现），而非载有文字作品的“物质载体”——学者的计算机硬盘。前文已论证：“发行”指向的对象不是“作品”本身，而是载有作品的“物质载体”。既然“发送”并不针对“计算机硬盘”这一载有作品的“物质载体”，那它怎么可能构成版权法意义上的“发行”呢？

同样，在第二个例子中，杀毒软件这一作品在网站中是有其物质载体的，那就是网站服务器的硬盘。在用户付费下载之后，软件作品仍然有物质载体，那就是用户自己的计算机硬盘。然而，网站提供用户下载的只是以数据形式表现的软件“作品”本身，而不是“服务器硬盘”这一“物质载体”。由于这一“提供”行为的对象并非“物质载体”，因此其不可能构成版权法意义上的“发行”。

香港特别行政区终审法院在判决中表现出的问题在于：以日常口语中用语的含义去代替法律中相同用语的特定含义。香港特别行政区终审法院反复指出，在《版权条例》没有对“发行”下定义的情况下，要“根据‘发行’（distribution）的通常含义”理解“发行”一词。如果可以抛开法律规则的逻辑，用日常生活中的“通常含义”去解释一个法律术语，那么还要受过法学院专门训练的法官干什么呢？如果按照汉语中“发行”一词的“通常含义”来解释和适用《著作权法》，恐怕在街头贩卖盗版电影光盘就不会被认为侵犯发行权了，因为在日常用语中，“发行”不可能被“通常”理解为个人向公众出售作品复制件的行为。我国香港特别行政区《版权条例》的确没有对“发行”进行明确定义，但这并不意味着不能从

---

① HKSAR v. Chan Nai Ming，FACC 3/2007，para. 40.

《版权条例》各条文之间的逻辑关系去推出“发行”的正确含义。前文已经论证：《版权条例》中的“distribution”与“issue”是同义语，且《版权条例》同时对发行权施加了“发行权用尽”的限制，从中只能得出“发行”只针对作品的“物质载体”而不是“作品”本身的结论。据此，任何网络传播都不可能是版权法意义上的“发行”，因为通过网络传播的只可能是以数据形式表现的“作品”本身，而不可能是作品的“物质载体”。

与对“发行”这一术语含义的误解相关，香港特别行政区终审法院同样误读了“复制件”（copy）的含义。香港特别行政区终审法院对复制件（copy）和物质载体（physical medium）的关系作了如下描述：“区分电子复制件本身和其依赖的物理介质是很重要的”，“在概念上和物质性质上，物理存储介质不同于其包含的电子复制件”①。

上述描述中的谬误是显而易见的。“复制件”原本就是指载有作品的物质载体（物理介质）。香港特别行政区终审法院显然将以数据形式存在的“作品”本身与作品的“复制件”混为一谈了。上述香港特别行政区终审法院的论述应改为：“区分作品本身和其依赖的物理介质是很重要的”，“在概念上和物质性质上，物理存储介质不同于其包含的作品”（注：着重号为引者所加）。因此，虽然香港特别行政区终审法院在判决中反复论证：无须转移作品物质载体就可以“发行”作品的复制件，但实际是在论证：无须转移物质载体就可以“发行”作品。从对一个术语的错误理解出发，当然不可能得出正确结论。

香港特别行政区终审法院对“复制件”的误解，也与香港特别行政区《版权条例》本身用语不准确有关。《版权条例》第 26 条是有关“向公众提供权”的规定。这一条显然源于《世界知识产权组织版权条约》第 8 条的后半句，类似于《著作权法》规定的“信息网络传播权”。然而，香港特别行政区《版权条例》在规定这一专有权利时的用语是全世界独一无二的。其英文原文如下（斜体为笔者所加）：

> References in this Part to the making available of *copies of a work* to the public are to the making available of *copies of the work*, by wire or wireless means, in such a way that members of the public in Hong Kong or elsewhere may access the work from a place and at a time individually chosen by them (such as

① HKSAR v. Chan Nai Ming, FACC 3/2007, para. 34.

the making available of *copies of works* through the service commonly known as the INTERNET). ①

上述规定可译为：

本条所述“向公众提供作品的复制件”，是指通过有线或无线方式提供作品的复制件，使在香港或其他地方的公众中的成员可以在其个人选定的地点和时间获得作品（如通过通常被称为‘互联网’的服务提供作品的复制件）。②（注：着重号为引者所加）

无论是《世界知识产权组织版权条约》第8条，还是实施该条的缔约方的立法，使用的术语都是“向公众提供作品”（making available to the public of their works），而不是“向公众提供作品的复制件”（the making available of copies of a work）（注：着重号为引者所加）。这样的术语选择绝非国际条约和各国（地区）立法者随意为之的结果，而是符合法律逻辑的——既然“复制件”是指存储有作品的“物质载体”，也即一个实实在在的有形物体，那么它是不可能通过有线或无线手段（包括通过互联网）向公众提供的，能够通过这一手段提供的仅仅是“作品”本身。香港特别行政区《版权条例》第26条的制定者恐怕与香港特别行政区终审法院一样，误解了版权法意义上“复制件”的真实含义。当然，在制定第26条时，我国香港特别行政区尚未加入《世界知识产权组织版权条约》和《世界知识产权组织表演和录音制品条约》，因此在立法上只是“参考”这两条约，而不是“实施”这两条约。③ 令人遗憾的是，2008年。香港特别行政区成为这两条约的缔约方之后，《版权条例》第26条并没有被修改，上述问题仍然存在。这使得香港特别行政区成为这两条约的缔约方中绝无仅有的将“向公众提供权”规制的行为对象界定为作品的“复制件”，而不是“作品”的缔约方。

由此可见，基于立法上的区别以及我国香港特别行政区终审法院对

① （HK）Copyright Ordinance（CAP. 528），Sec. 26（2）. 该条的标题即为“通过向公众提供复制件而侵权”（infringement by making available of copies to the public）。

② 这是笔者的翻译，该条的官方中文本为“在本部中，凡提述向公众提供作品的复制品，即提述借有线或无线的方式提供，而如此提供的方法使公众人士可从其各自选择的地点及于其各自选择的时间观看或收听该作品（例如透过一般称为电脑互联网服务的服务而提供作品的复制品）”（https：//www.elegislation.gov.hk/hk/cap528!sc?INDEX_CS=N&xpid=ID_1438403328476_004）。

③ 2008年9月23日，中华人民共和国中央人民政府向世界知识产权组织总干事提交申明，内容为：根据中华人民共和国香港特别行政区基本法，中华人民共和国政府决定，《世界知识产权组织版权条约》将于2008年10月1日起对中华人民共和国香港特别行政区发生效力。https：//www.wipo.int/treaties/en/notifications/wct/treaty_wct_71.html.

“发行”及“复制件”的误解，“陈乃明刑事案”对内地的司法实践不具有参考价值。

五、其他国家与地区

其他国家和地区是以何种专有权利控制通过网络向公众交互式传播作品的行为呢？综观各地立法可以发现：凡是已经修改本国（地区）立法实施《世界知识产权组织版权条约》与《世界知识产权组织表演和录音制品条约》的国家和地区，采用的都是发行权之外的专有权利。

在美国之外的其他国家和地区，对于以交互式手段传播作品的行为，都有专门的专有权利予以规制。虽然这种专有权利的名称不尽相同，如，在英国和欧盟国家为“向公众传播权”中的子权利“向公众提供权”① (the right to make available to the public)，在澳大利亚则为“向公众传播权”中的子权利——“在线提供作品权”② (the right to make a work available online)，但都控制交互式网络传播行为，也就是使不在传播发生地的公众得以在其选定的地点和时间获得作品的行为。

由于在美国之外的各国和地区的立法中，上述专有权利是与发行权并列的独立权利，通过网络向公众对作品进行交互式传播尽管也能使公众获得（下载）作品的复制件，但并不构成发行行为，不能受到发行权的规制，所以有些立法就特意强调了发行与交互式网络传播行为之间，以及相应的两种专有权利之间的区别。如欧盟《版权指令》不仅以不同的条文分别规定了“向公众提供权”（我国《著作权法》中的“信息网络传播权”）和“发行权”，还在“序言”部分明确指出：“向公众提供权……不应适用于其他任何行为”③。澳大利亚在对《版权法修正案（数字议程）》的立法报告中也指出：新的“向公众传播权”并不适用于以转移物质载体形式进

① Directive 2001/29 /EC of the European Parliament and of the Council of 22 May 2001 on the Harmonization of Certain Aspects of Copyright and Related Rights in the Information Society, Article 3; (UK) Copyright and Related Rights Regulations 2003, SI 2498, Sec. 6 (2) (b).

② 澳大利亚 2000 年通过的《版权法修正案（数字议程）》为实施《世界知识产权组织版权条约》第 8 条新增加了一项“向公众传播权”（the right of communicate to the public），“传播”被定义为“使作品或其他客体可以被在线获得或进行电子传输”［(Australia) Copyright Act (2005), S. 31 (1) (a) (iv), 31 (1) (b) (iii), S. 10］。澳大利亚学者认为“向公众传播权”可以分解为两种“传播权”——“在线提供权”和“电子传播权”。Andrew Christie, “The New Right of Communication in Australia”, *The Sydney Law Review*, Vol. 27, 2005, pp. 237, 252.

③ Directive 2001/29 /EC of the European Parliament and of the Council of 22 May 2001 on the Harmonization of Certain Aspects of Copyright and Related Rights in the Information Society, Article 3, 4, Recitals, paras. 23, 24.

行的“发行”，如对书籍纸质复制件的“发行”[①]。如果认为网络传播行为也构成受发行权规制的发行行为，就会使“网络传播权”彻底丧失其存在的意义，从而完全违背了立法的本意。

第三节 我国《著作权法》中的发行权与网络环境

如前文所述，要在媒体融合时代保护著作权，促进作品的传播，澄清发行权的适用范围极为重要。这是因为在我国，日常口语中的“发行”，与著作权意义上的“发行”，在含义上存在重大区别。这不仅体现在日常口语中的“发行”仅指出版社的“第一次发行”或“总发行”（前文已经论述），还体现在日常口语中的“发行”对行为方式是没有限定的，实物销售或网络传播都可以被称为“发行”。目前，对于权利人授权通过网络向公众提供作品的在线欣赏或下载的行为，出版界和公众将其称作“网络发行”[②]。2016 年国家新闻出版广电总局、工业和信息化部颁布的《网络出版服务管理规定》第 2 条第 2 款和第 3 款分别规定：“本规定所称网络出版服务，是指通过信息网络向公众提供网络出版物。”“本规定所称网络出版物，是指通过信息网络向公众提供的，具有编辑、制作、加工等出版特征的数字化作品……”《网络出版服务管理规定》对“网络出版服务”的界定很容易使人误认为“通过信息网络向公众提供数字化作品”就是著作权法意义上的“发行”。因此，在我国产生了发行权能否在网络环境中适用的问题。

笔者认为，无论是从我国《著作权法》的用语，还是从我国立法参考的国际版权条约和国外立法，抑或从发行权与信息网络传播权的关系，以及“发行权用尽”的适用条件等角度，都可以得出一个结论，《著作权法》中的发行权无法在网络环境中适用。美国在司法实践中将通过网络传输作品的行为界定为“发行”的做法，在我国并不可行。

一、对发行权的定义隐含了转让物质载体的要求

有学者认为《著作权法》中的发行权可以适用于网络传播，理由之一是“我国《著作权法》没有限定‘发行’的对象必须是有形载体上的作

① Attorney-Generals Department，Copyright Amendment（Digital Agenda）Act 2000 Fact Sheet，2000，p. 3.

② 实例见刘仁．网络正版发行为电影产业拓新路．http：//www. sipo. gov. cn/sipo/xwdt/hybd/2007/200711/t20071112_218175. htm；朱河图．网络发行之路．出版科学，2005（5）。

品。我国《著作权法》第 10 条规定的‘发行权’，并没有明确作品原件或复制件的载体形式”①。

这一观点是不能成立的。《著作权法》将“发行权”定义为“以出售或者赠与方式向公众提供作品的原件或者复制件的权利”②。与之相应，《著作权法》中的“发行”自然是“以出售或者赠与方式向公众提供作品的原件或者复制件”。何为“原件或者复制件”？虽然《著作权法》及《著作权法实施条例》本身没有进行定义，但它们当然是指承载了作品的有形物。这一点，可以从文义解释的基本要求、国际版权条约、绝大多数国家和地区的立法，甚至生活的常识都得到印证。

所谓“原件”或“复制件”，当然是指固定了作品的物质载体。脱离了物质载体，就不可能存在“原件”或“复制件”。对于这一点，本书第二章第一节在分析复制行为的构成时已有详细说明。同时，如前所述，关于《世界知识产权组织版权条约》第 6 条（发行权）和第 7 条（出租权）的“议定声明”，以及关于《世界知识产权组织表演和录音制品条约》关于第 2 条（e）项（对“发行”的定义）、第 8 条［（表演者的）发行权］、第 9 条［（表演者的）出租权］、第 12 条［（录音制品制作者的）发行权］和第 13 条［（录音制品制作者的）出租权］的“议定声明”，都将“原件”和“复制件”界定为有形物（tangible objects）。各国（地区）立法，甚至包括美国《版权法》，对此都作出了相同的规定。至于美国法院在司法实践中背离了美国《版权法》的定义而对“有形物”（material objects）作出了远超法律文义的解释，则是另一回事了。

既然“原件”和“复制件”都是有形物，《著作权法》规定的以“出售或者赠与方式向公众提供作品的原件或者复制件”，除了转让有形物（原件或复制件）的所有权之外，不可能有其他方式。因此通过网络传播作品的行为当然不属于“发行”。试举一例：某人将存储在其计算机硬盘中的一部电影上传至网络服务器中，供公众点播或下载。该部电影在此人的计算机中当然有其物质载体，那就是计算机的硬盘。该部电影被上传至服务器之后，在服务器中也有其物质载体，那就是服务器硬盘。然而，此“硬盘”非彼“硬盘”。人们可以将电影（作品）传至网络服务器，然而谁能将电影的复制件（有形物）——存储了电影的计算机硬盘，上传至网络服务器？由此可见，此人上传的是电影作品本身，并不是电影作品的“原

① 何怀文．网络环境下的发行权．浙江大学学报（人文社会科学版），2013（5）：154.

② 《著作权法》第 10 条第 1 款第 6 项。

件或复制件”，故该行为并不构成“发行”。

有学者虽然认同“发行行为以作品复制件的所有权转让为核心特征”，却认为将作品置于网络中传播时，只要“具有转让原件或复制件的意思表示”，也就是“意图转让复制件，让用户永久享有复制件”，就构成“网络发行行为”①。然而，这一观点违反了基本的物权法原理。对于有形物而言，“出售或者赠与”都必然涉及物本身的交付和所有权的转让。也就是《民法典》第 224 条所述的“动产物权的设立和转让，自交付时发生效力……”。将作品上传至网络服务器中，即使有所谓“转让原件或复制件的意思表示”，网络服务器中的“复制件”——以服务器硬盘为载体，与用户下载作品后在其计算机中形成的“复制件”——以用户计算机硬盘为载体，也并不是同一个“复制件”或同一个“物”。试问：何来“出售或者赠与”复制件可言？而且，如果作者是在服务器中直接创作作品（如在用作服务器的计算机中写了一首诗），则作品创作完成后，在服务器中形成了作品的“原件”。试问：通过网络传播如何“出售或者赠与”作品的原件？用户下载作品至其计算机中后，形成的当然是作品的复制件，如何可能是原件？如果认为用户通过下载获得了原件，则作品会随着无数用户的下载而产生无数“原件”。这当然是荒谬的。

上述主张网络传播构成发行行为的观点，可能受到了美国司法实践的影响。如前文所述，美国《版权法》并没有像中国及多数国家（地区）那样规定广义的“向公众传播权”或其子权利——“向公众提供权”（我国《著作权法》中的信息网络传播权），因此美国法院只能通过对发行权进行扩大解释来规制对作品的网络传输，而这样的解释与美国《版权法》对“发行”、“复制件”和“录音制品的复制件”的定义相背，实不足为我国所借鉴。

二、发行权和信息网络传播权的并立澄清了两者的界限

有关《著作权法》中的发行权只能适用于物质载体所有权转让行为的结论，同样可以从《著作权法》条文之间的逻辑关系得到印证。

《著作权法》第 10 条为著作权人规定了 17 项“专有权利”，使著作权人可以相应地阻止他人未经许可实施 17 种行为。从立法和法律解释的常识与逻辑出发，不同的专有权利应当控制不同的行为。假如对一项专有权利进行解释的后果，是使其规制的行为完全落入了另一项专有权利的规制范围，则该项专有权利就变得多余，完全没有存在必要。因此这样的解释

① 何怀文．网络环境下的发行权．浙江大学学报（人文社会科学版），2013（5）：155.

是不能成立的。例如，《著作权法》同时规定了表演权和广播权，这就意味着两项专有权利各自控制的行为必然是不同的。尽管《著作权法》将表演权定义为“公开表演作品，以及用各种手段公开播送作品的表演的权利”，在表面上看似乎可以将对表演的现场直播解释为“用各种手段公开播送作品的表演”，但在法律解释上，不能将电台、电视台和网站用无线电波、有线电缆和互联网实时播送表演实况的行为视为对音乐作品的“公开表演”(用各种手段公开播送作品的表演)①，否则将导致该项行为同时成为表演权和广播权规制的对象。

同样道理，既然《著作权法》同时规定了发行权和信息网络传播权，则“发行”和“通过信息网络进行交互式传播”也必然是有所区别的。如果简单地认为交互式网络传播就是“发行”的一种方式，也就是落入了发行权的规制范围，则发行权就足以控制这种行为，那么旨在控制通过信息网络进行交互式传播的信息网络传播权还有什么意义呢？这种理解将导致对“信息网络传播权”的规定成为具文，显然与立法原意是相冲突的。前文已经提及，在加入了《世界知识产权组织版权条约》与《世界知识产权组织表演和录音制品条约》并按照这两条约的措辞规定了网络传播权和发行权的国家或地区，交互式传播行为都不可能是著作权法意义上的“发行”。

在我国以往的司法实践中，法院也早已确认通过网络进行交互式传播作品并非著作权法意义上的“发行”。早在1999年发生的“中国网络著作权第一案”——“王蒙等六作家诉世纪互联通讯技术有限公司案”中，世纪互联通讯技术有限公司未经许可将王蒙等六名作家的小说上传至网站中供公众浏览或下载。当时的《著作权法》(1990年)并未规定信息网络传播权，而仅在第10条第5项规定著作权人有“以复制、表演、播放、展览、发行、摄制电影、电视、录像或者改编、翻译、注释、编辑等方式使用作品的权利”。如果法院认为通过网络进行交互式传播是著作权法意义上的“发行”，则此案中法院完全可以认定被告未经许可“发行”王蒙等六作家的作品，从而侵犯了作家的发行权。然而，在当时的《著作权法》没有对发行权进行定义的情况下，审理本案的两级法院仍然充分意识到了“发行”的构成是以转移作品物质载体所有权为前提的，因此两级法院均未认定被告的行为侵犯发行权。

一审法院认为，当时的《著作权法》第10条第5项所明确列举的作

① 广播作品的行为在美国等国家确实是受“表演权”控制的，但这正是因为这些国家的著作权或版权立法中只有广义的“表演权”，而没有与之相并列的“广播权”。

品使用方式中，“并没有穷尽使用作品的其他方式存在的可能”；“随着科学技术的发展，新的作品载体的出现，作品的使用范围得到了扩张。因此，应当认定作品在国际互联网上传播是使用作品的一种方式”①。二审法院则是明确地指出：

> 鉴于国际互联网是近几年新兴的一种传播媒介，因此，作品在网络上的使用是制定著作权法时所不可能预见的；虽然我国著作权法未明确规定网络上作品的使用问题，但并不意味着对在网络上使用他人作品的行为不进行规范。②

显然，法院并不认为通过网络对作品进行交互式传播属于立法者预见到的、属于当时的《著作权法》（1990 年）第 10 条第 5 项所明确列出的“发行”，而是认为其属于当时的《著作权法》尚未明确列出的“使用作品的其他方式”。在《著作权法》修改之前法院没有将该行为认定为发行，属于对著作权法原理的精准把握。

在《著作权法》2001 年修订之后发生的“华夏电影发行公司诉华网汇通技术服务公司和湖南在线网络传播公司侵犯电影发行权案”中，华夏电影发行公司依法取得了美国电影《终结者 3》在中国（不包含港澳台地区）的“影院独家发行权”，而华网汇通技术服务公司和湖南在线网络传播公司未经许可将《终结者 3》上传至网站上供用户有偿下载。华夏电影发行公司即以这两家公司侵犯其“独家发行权”为由提起诉讼。法院经审理后认为：华夏电影发行公司对影片《终结者 3》仅享有影院独家发行权，仅能就侵犯该权利的行为提出主张，而“通过网络擅自上载并传播该影片的行为，并未落入其对该影片所享有的影院独家发行权范畴”。据此法院驳回了华夏电影发行公司的诉讼请求。③ 显然，既然原告对该部电影只有发行权而没有信息网络传播权，针对他人的交互式网络传播行为以侵犯发行权为由提起诉讼，属于犯了选择诉因方面的重大错误，它使诉讼请求成为无源之水、无本之木，理应被法院驳回。

在 2010 年由上海市第一中级人民法院判决的“北京源泉知识产权代理有限公司诉北京百度网讯科技有限公司、上海数字世纪网络有限公司案”中，被告数字世纪公司未经许可将其已获合法授权发行的 CD 上传至网络中供用户试听。在被诉侵权后，被告认为自己“获得了 CD 出版商（该出版商已获得作者对发行权的许可且可转授权——引者注）的授权，

① 北京市海淀区人民法院（1999）海知初字第 57 号民事判决书。
② 北京市第一中级人民法院（1999）一中知终字第 185 号民事判决书。
③ 北京市朝阳区人民法院（2004）朝民初字第 1151 号民事判决书。

故其行为并非侵权行为”。法院运用上述原理澄清了“发行权”的界限：

依据我国《著作权法》第十条第一款的规定，发行权是指以出售或者赠与方式向公众提供作品的原件或者复制件的权利；而信息网络传播权是指以有线或者无线方式向公众提供作品，使公众可以在其个人选定的时间和地点获得作品的权利。从法律规范的逻辑关系而言，法律既然以列举的方式规定著作权人的各项权利，即意味着这些权利相互具有独立性，其间不应存在重合或者交叉地带，而且从法律规范的文义而言，发行权显然是指权利人转移作品载体所有权或占有的权利，而信息网络传播权则强调了权利人允许公众通过交互的方式获得作品的权利，对于权利人而言，两者保护的侧重和范围并不相同。因此，信息网络传播权应该是著作权人或者邻接权人所享有的独立于发行权的权利。①

由此可见，无论在2001年修改《著作权法》之前还是修改之后，法院在审理涉及网络的侵犯著作权纠纷时，都能正确区分发行权和信息网络传播权。这一做法是值得赞同的。

在我国学界中存在一种观点，即通过网络传播作品可以构成“发行”。为了区分发行权和信息网络传播权，该观点将“行为人的意思表示”作为区分两种权利的关键：

为此，行为人的意思表示起决定性作用。如果行为人意图转让复制件，让用户永久享有复制件，则构成发行；如果行为人（的）主观意图是传播作品，不希望用户永久享有复制件，即便用户自行采用技术手段固定复制作品内容，行为人的传播行为也不应因此而转变为发行行为。

……倘若侵权嫌疑人将作品置于网络之上，供他人欣赏或下载，其意思表示如何确定呢？……置于网络上的作品，如果网络用户可以自由欣赏但不可下载，则只能构成网络传播。假设网络用户可以欣赏并无条件免费下载，由于行为人（的）意思表示中没有特定转让复制件的对象，这仍然属于网络传播，下载行为是网络用户的自主行为，不应认为是行为人的行为。相反，如果网络用户需要支付费用才可以下载，依照其有权使用复制件的时间长短，可以认定为“出租”（如果时间期限短），或者“销售”（如果可以永久使用）。如果有条件地允许无偿下载，则应认定为“赠与”复制件。无论是“出租”、“销售”还是“赠与”，网络用

① 上海市第一中级人民法院（2009）沪一中民五（知）初字第23号民事判决书。

户都依据行为人针对性的意思表示而取得复制件的控制权，皆属于广义“发行行为”的范畴……①

根据这一观点，判断一种通过网络传播作品的行为是构成《著作权法》中的“发行”还是其他行为，取决于权利人是否以收费形式提供该作品的下载。如果不允许下载，只允许浏览，不构成“发行”，属于“网络传播”；如果允许下载，但不收费，也不构成“发行”，仍属于“网络传播”；如果允许下载且收费，但通过技术措施限定作品在下载者计算机中保存的时间，仍然不构成“发行”，属于“出租”；如果允许下载且收费，且不限定下载者保存作品的时间，构成“发行”。

该观点对通过网络传播作品的行为进行的上述切割，实无法律依据，也无比较法上的参考，也与我国和除美国之外世界上绝大多数国家（地区）的司法实践相背离。通过网络传播不可能“转让”作品的复制件，只可能“制作”新的复制件。关于此点前文已作详细分析，此处不赘述。在同时规定了发行权和向公众传播权（包括其子权利“向公众提供权”）的立法中，以收费的方式提供作品下载的行为不属于“向公众传播”的见解和案例闻所未闻。事实上，以收费方式未经许可传播作品的行为属于对信息网络传播权最为严重的侵害。即使是笔者所不赞同的最高人民法院和最高人民检察院《关于办理侵犯知识产权刑事案件具体应用法律若干问题的解释》，也只是将“通过信息网络向公众传播他人作品”的行为“视为”《刑法》第217条规定的“复制发行”（对此后文会有详细分析），而不是如上述观点的提出者所言，认为构成“复制发行”。

第四节 《刑法》中构成侵犯著作权罪的“复制发行”与网络传播之间的关系

早在我国《著作权法》诞生之前，汉语中已有“发行”一词，无论是出版界还是普通公众都熟悉。而我国《著作权法》对包括发行权在内的各项专有权利的规定，主要借鉴自国际公约及国外立法，导致著作权意义上的“发行”在含义上与绝大多数国家著作权法中的“发行”相同，却与出版界与普通公众所熟悉的“发行”存在不小的区别。最高人民法院和最高人民检察院于2004年11月颁布的《关于办理侵犯知识产权刑事案件具体

① 何怀文．网络环境下的发行权．浙江大学学报（人文社会科学版），2013（5）：155-156.

应用法律若干问题的解释》，对《刑法》第 217 条中的“复制发行”及其与网络传播之间的关系所作出的解释，就是建立在错误理解著作权意义上的“发行”含义的基础之上的，由此给法律适用造成了极大的混乱，也严重割裂了原本应当和谐统一的著作权保护民事规则与刑事规则。为此笔者也曾呼吁废除相关司法解释或修改《刑法》。①

与此同时，在刑事司法实践中，不少法院还在上述司法解释的基础上，对“发行”作出了进一步超出其在《著作权法》中的法定含义的解释，导致将提供“依附型外挂”和提供软件序列号、破解程序的行为均认定为《刑法》第 217 条中的“复制发行”，进一步加剧了著作权保护民事规则与刑事规则的脱节。在媒体融合的背景下，这一做法实属不当。

2020 年 12 月 26 日，第十三届全国人民代表大会常务委员会第二十四次会议通过了《刑法修正案（十一）》，对《刑法》第 217 条进行了修改，将“通过信息网络传播”单独入罪，终于澄清了“复制发行”与网络传播之间的关系。但我国为此付出的自《关于办理侵犯知识产权刑事案件具体应用法律若干问题的解释》颁布至今十几年的错误代价未免过于高昂。与此同时，修改后的《刑法》第 217 条还将“未经著作权人或者与著作权有关的权利人许可，故意避开或者破坏权利人为其作品、录音录像制品等采取的保护著作权或者与著作权有关的权利的技术措施的”行为单独入罪，解决了提供“依附型外挂”和提供软件序列号、破解程序行为的定性问题，因为它们都属于规避技术措施中的提供规避手段。

然而，在为《刑法修正案（十一）》体现的立法进步欢欣鼓舞的同时，如果不建立起“刑民衔接”的理念，遵循正确的法律解释方法，《刑法修正案（十一）》中的新规定还可能被曲解，新的“刑民脱节”还将产生。因此，回顾在司法解释和司法实践中误解发行行为含义的原因，说明法律解释方法的正确应用，在媒体融合时代，对于保护著作权和促进作品传播仍然具有重要的意义。

一、著作权保护“刑民衔接”的理念

之所以在司法解释和刑事司法实践中出现严重的“刑民脱节”，根源在于在著作权保护方面，强调刑法独立于前置法（著作权法），不承认“刑民衔接”的正当性，因而未能建立起“刑民衔接”的理念。由此导致的问题是：认定《刑法》规定的涉及侵犯著作权的犯罪，要不要以认定

① 王迁．论著作权意义上的“发行”——兼评两高对刑法“复制发行”的两次司法解释．知识产权，2008（1）．

《著作权法》中与之相应的侵犯著作权行为为前提？在认定涉及侵犯著作权的犯罪时，对其中的关键术语如“复制发行”的解释，以及对相关行为的构成，是否需要与《著作权法》的规定保持一致？之所以在司法解释和司法实践中出现上述严重的“刑民脱节”，就是因为对上述核心问题作出了否定的回答。在2017年由上海高级人民法院举办的知识产权刑法保护研讨会上，一种极具代表性的观点是：

> 在知识产权犯罪领域，刑法既有依附性，也有独立性。刑法在保持合理性的同时也可以作出独立判断。也就是说，在一些特定的情形下，即使不构成知识产权民事侵权或行政违法，也可以根据刑事法律直接作出构成犯罪的认定。[①]

可以说，这一观点是导致在著作权保护中出现严重的“刑民脱节”的思想根源，是断然否认“刑民衔接”具有正当性的体现。笔者认为，无论该观点在涉及其他领域的民事侵权与刑事犯罪的关系问题时能否成立，在著作权领域必然是错误的。

刑法学界对于民事侵权责任与刑事制裁的关系早已作过研究，如提出“刑法与侵权责任法、行政处罚法共同构筑防范犯罪的法律堤坝。在这一堤坝中，刑法是最后一道防线……这就是其补充性……刑法是抵制犯罪的最后手段”[②]。已有刑法学学者提出保护著作权的体系应当是“民事、行政和刑事救济措施层层递进的法律保护体系”，“著作权刑法的手段决定了其在制裁体系中处于‘补充法’的地位”[③]。这实际上是从刑法是著作权保护的最后一道防线、是“补充法”的角度说明“刑民衔接”的正当性。笔者对此非常赞同。下文则从著作权中的财产权是百分之百的法定权利、《著作权法》与其他民事法律相比具有突出的“赋权”功能的视角，论证“刑民衔接”的正当性。

与所有权一样，著作权为绝对权，除权利人之外的所有人都是义务主体。[④]《民法典》第123条第2款规定：“知识产权是权利人依法就下列客体享有的专有的权利：……”“专有的权利”源于英语“exclusive right”，是指排斥他人为某种行为的权利。他人不得“越界”，闯入由绝对权划定的权利人专属的领地，以免构成对绝对权的侵害。这就意味着绝对权的设定有

---

① 知识产权刑法保护研讨会．[2017-10-14]. http://baijiahao.baidu.com/s?id=1581119790321689162&wfr=spider&for=pc.

② 陈兴良．刑法的价值构造．3版．北京：中国人民大学出版社，2017：314.

③ 贺志军．我国著作权刑法保护问题研究．北京：中国人民公安大学出版社，2011：80-81.

④ 朱庆育．民法总论．北京：北京大学出版社，2014：498.

限制公众行为自由的作用。因此其范围必须清晰，通过法律设定边界明确的专有权利，以便公众知晓自己行为的界限，否则就会使公众动辄得咎。因此“绝对权法定”是民事立法的基本原则。

与同样作为绝对权的所有权相比，著作权，特别是其中的著作财产权，还有自己极为重要的特点（本节在提及“著作权”时除特别说明外，专指著作财产权）。虽然所有权也是由法律所规定和保护的，但在长期的经济与社会生活中，即使在法律没有规定所有权及其保护的时代，人们也会逐渐形成对所有权的观念，将那些侵占、抢夺他人有形财产的行为视作不道德和不公正的。换言之，此时即使没有形式意义上的法定权利，与之相关的利益也已在现实中存在，多种情况下人们公认其值得保护。这就是为什么有形财产权会在西方国家被认为是由自然法创设的“自然权利”[①]。但是，著作权是国家（地区）为了鼓励作品的创作和保护与之相关的利益，根据本国（地区）的情况通过立法创设的产物，是纯粹的法律虚构。没有著作权法规定复制权、发行权和信息网络传播权等一系列专有权利，就不存在这些权利和与之相关的、应受保护的利益。因此，对著作权而言，“绝对权法定”就是指著作权必须由《著作权法》进行明确规定。

试举一例：作家甲创作了小说。乙购入出版的小说书，未经甲许可就出租牟利。试问：乙的行为是否应当经过甲的许可，向甲付费？在尚无著作权法规定作品的作者享有的权利之时，对这样的问题相关利益主体无法达成共识，当然也谈不上对所谓权利的保护。而《著作权法》在各类作品中，仅为视听作品和计算机软件的著作权人规定了出租权。[②] 这就意味着文字作品的著作权人并不享有出租权，不能阻止他人未经许可出租文字作品的原件或复制件。因此乙的行为无须经过甲许可，乙也无须向甲支付报酬。

既然著作权作为绝对权必须由《著作权法》明确规定（也就是由《著作权法》向相关民事主体进行“赋权”，无“赋权”即无权利），那么对权利的保护当然也必须以《著作权法》规定的权利为前提。在《著作权法》没有为相关的民事主体规定相关权利的情况下，无所谓对不存在的“权利”的保护。仍然以上述出租小说书为例：既然《著作权法》没有为文字作品的著作权人规定出租权，当然谈不上对文字作品著作权之“出租权”的保护。由此可见，《著作权法》并不是单纯的权利保护之法，即不单纯

① “Right”, in Bryan A. Garner (ed.), *Black's Law Dictionary*, 11th ed., 2019.

② 《著作权法》第10条第1款第7项。

是著作权领域的侵权责任法，而首先是“赋权”之法。

特别需要指出的是，与对物的所有权的规定在世界各国（地区）趋同的情况相反，对著作权专有权利的规定与各国（地区）经济社会发展状况密切相关，除了国际版权条约要求缔约方规定的权利之外，各国（地区）是否规定某一权利，以及其范围如何，完全由各国（地区）自行决定。这就导致各国（地区）著作权法对权利的规定处于不断变化之中，且相互之间呈现极大差异。仍然以上述出租小说书为例，有些国家（地区）的著作权法规定的出租权并不限于视听作品和计算机软件。著作权的法定性，从中可以得到明显的体现。

既然著作权来源于《著作权法》的明文规定，没有《著作权法》的“赋权”就没有著作权，那么对著作权的保护当然也必须以《著作权法》规定了相应权利为绝对前提。这与保护某些其他权利或社会秩序的情况存在差异。如人的生命、健康和名誉即使在民事法律没有规定相应权利的情况下，也依然受到法律保护。这是因为以生命权、健康权为内容的人格权和以所有权为核心的对有形物品的财产权，在观念上是随着社会的进步自发形成的，不像著作权那样，必须由法律进行“赋权”才能产生。再如，即使在所有有关民事财产权利的立法都荡然无存的时代，入户抢劫他人财物也会被认定为违法甚至犯罪行为。换言之，即使不承认和保护个人财产权，也要保护与之有关的社会秩序。

所谓保护著作权，就是要让著作权发挥其自身功能，主要体现在确保专有权利能够实现对相应行为的规制，如复制权规制复制行为，发行权规制发行行为。而专有权利的存在能够使他人为以特定方式利用作品，而向权利人寻求许可并支付报酬。如果他人在缺乏法定理由（如合理使用等）的情况下未经权利人许可而以受专有权利规制的方式利用作品，则构成对著作权的侵犯。此时法律必须对权利人提供救济，也就是实现对权利的保护。也正是因为著作权是由《著作权法》“赋权”产生的，对该权利的保护首先必须保障民事主体的利益，对与之相联系的公共秩序的维护当然也非常重要，但应当以对民事主体利益的保护为基础，也就是以相关行为构成民事侵权为前提。这是保护通过民事法律“赋权”产生的绝对权，与保护不通过民事法律“赋权”方式产生的权利、利益（如人的生命）或社会秩序。在理念和方式上存在的重大区别。

《刑法》对于著作权而言，是单纯的保护之法，而不是“赋权”之法。正因为如此，《刑法》规定的“侵犯著作权罪”必须以该行为依《著作权法》构成民事侵权为前提。《刑法》第 217 条（侵犯著作权罪）规定“以营利为目的，有下列侵犯著作权（或者与著作权有关的权利的）情形之一：……”[括号中的内容为《刑法修正案（十一）》所增加——引者注]。“侵犯著作权”本身就特指民事侵权，只有其达到了一定严重程度，才可能依据《刑法》的规定构成犯罪。而是否构成民事侵权当然必须依据《著作权法》的规定进行判断。《刑法》第 217 条的上述表述已清楚地说明了这一点。当一种行为不构成《著作权法》规定的民事侵权行为时，不可能依《刑法》构成“侵犯著作权罪”。在 2020 年修改之前的和之后的《著作权法》对侵犯著作权法律责任的规定，都明白无误地遵循了“民事—行政—刑事”的顺序和等级。在 2020 年修改后的《著作权法》第 53 条规定：

> 有下列侵权行为的，应当根据情况，承担……民事责任；侵权行为同时损害公共利益的，由主管著作权的部门……（此处省略的部分为行政处罚的内容——引者注）；构成犯罪的，依法追究刑事责任：……

显然，该条中的“构成犯罪的”是承接该条开始处的“有下列侵权行为的”用语，当然是指由《著作权法》规定的侵权行为，依《刑法》构成犯罪。这个意思也能从“侵权行为同时损害公共利益的，由主管著作权的部门”进行行政处罚的规定中清楚地反映出来，也就是说能够被著作权行政管理部门进行行政处罚的侵权行为，必须是《著作权法》所规定的民事侵权行为，只是该民事侵权行为“同时”损害了公共利益。如果一种损害公共利益的行为并不属于《著作权法》规定的侵权行为，则它不符合“侵权行为同时损害公共利益”的要求，不可对行为人进行行政处罚。刑事责任也是如此：如果一种行为依《著作权法》连“侵犯著作权”的行为都不构成，却被认定构成了“侵犯著作权罪”，无疑直接违反了《著作权法》的规定。因此，在“侵犯著作权罪”的认定方面，《著作权法》当然是《刑法》的前置法，《刑法》当然是“纯粹的最后保障”。认为对于“侵犯著作权罪”，刑法“也可以作出独立判断”，即使不构成著作权民事侵权，“也可以根据刑事法律直接作出构成犯罪的认定”的观点和做法，不仅有违法理，而且与《著作权法》和《刑法》的规定不符。

有一种观点认为：只有当《刑法》采取了“空白罪状”的立法模式，即以“违反……法（规）”作为犯罪构成要件时，如《刑法》第 133 条“交通肇事罪”中的“违反交通运输管理法规”、第 228 条“非法转让、倒卖土地使用权罪”中的“违反土地管理法规”等，一种行为是否构成犯罪才取决于该行为是否违反其他法（规）。但《刑法》第 217 条在规定“侵犯著作权罪”时并没有采用空白罪状的表达方式，也就是没有将“违反著作权法规定”作为构成要件要素。因此“侵犯著作权罪”的构成并不以违反《著作权法》为前提条件，将“违反著作权法规定”作为“侵犯著作权罪”的构成要件，不符合罪刑法定原则的要求。[①]

笔者认为，上述观点的产生原因在于误解了“违反著作权法”与“侵犯著作权”的关系。如前文所述，著作权法的首要作用在于“赋权”，将未经权利人许可实施的受专有权利规制的行为界定为侵权（合理使用等有正当理由的除外）并规定法律责任。因此，在著作权法的语境中，“侵犯著作权”与“违反著作权法”具有同质性，在绝大多数情况下是一个硬币的两面而已。凡是侵犯著作权的行为必定违反著作权法，也就是违反了著作权法有关原则上他人应先获得权利人许可，再以受专有权利规制的方式利用作品的规定。违反著作权法的行为，除个别例外[②]，也是侵犯著作权的行为。“侵犯著作权”在英语中的一种表述为“violate copyright”，与“copyright infringement”同义[③]，其中“violate”本身就同时具有“违反”和“侵害”的意思。正是因为“侵犯著作权”一定“违反”了著作权法保护权利的规定。《刑法》第 217 条“侵犯著作权罪”中规定的“……有下列侵犯著作权（或者与著作权有关的权利的）情形之一……”[括号中的内容为《刑法修正案（十一）》所增加——引者注]，与“违反著作权法，有下列侵权行为之一……”，没有实质区别。因此，上述观点如果能正确认识“侵犯著作权”与“违反著作权法”的关系，反而能够得出认定“侵犯著作权罪”必须以依《著作权法》构成“侵犯著作权”为前提的结论。

既然著作权是百分之百的法定权利，《著作权法》是赋权之法，那么著作权保护方面的“刑民衔接”具有正当性，对与著作权有关的刑事犯罪的认定应遵从《著作权法》对相关术语的界定，只有《著作权法》规定可构成刑事犯罪的行为，才可能根据《刑法》规定的罪状入罪，侵犯著作权刑事犯罪的诸行为的构成应具备《著作权法》为侵犯著作权的行为规定的构成要件。这些理念与原则应当被用于解释《刑法》第 217 条规定的“复制发行”。

---

① 贾学胜．著作权刑法保护视阈下“复制发行”的法教义学解读．知识产权，2019（6）：26.

② 如规避技术措施的行为在绝大多数国家并不属于针对专有权利的“侵权行为”，而是由著作权法特别规定的“违法行为”，但我国《著作权法》没有作这样的区分，将规避技术措施同样规定为“侵权行为”。《著作权法》第 53 条第 6 项。

③ 《布莱克法律词典》对“版权侵权”（copyright infringement）的解释是“The act of violating any of a copyright owner's exclusive rights granted by the federal Copyright Act”（侵犯由联邦《版权法》赋予版权人的任何一项专有权利的行为）。Bryan A. Garner（ed.），*Black's Law Dictionary*，11th ed.，2019.

二、"通过网络传播"与"发行"在《刑法》第 217 条中的关系

《刑法》第 217 条（侵犯著作权罪）是以 1990 年颁布的《著作权法》为基础制定的。1990 年当然还没有互联网，当时最为常见的严重损害著作权人利益的侵犯著作权的行为就是"盗版"（动词）。也就是未经许可复制和发行作品的行为。这是 1997 年修改《刑法》、增加第 217 条"侵犯著作权罪"时，仅规定"未经著作权人许可，复制发行"可入罪的历史背景。在 21 世纪初，在互联网在我国出现和迅速普及之后，通过网络实施的侵权行为成为对著作权人合法利益的最大威胁。2001 年修改的《著作权法》为作者、表演者和录音录像制作者规定了"信息网络传播权"①，以便在网络环境中保护他们的正当利益。

然而，《刑法》并没有"与时俱进"，与《著作权法》进行同步修改。在 2020 年 12 月《刑法修正案（十一）》通过之前，《刑法》中并没有将"以营利为目的，未经许可通过网络传播作品"界定为犯罪的规定。也许正是基于网络侵权行为日益严重的现实，最高人民法院和最高人民检察院于 2004 年 11 月颁布的《关于办理侵犯知识产权刑事案件具体应用法律若干问题的解释》规定：通过信息网络向公众传播他人作品，应当视为《刑法》第 217 条规定的"复制发行"②。该条的主要目的，显然在于打击未经许可通过网络以交互式手段传播作品的行为。但"复制"作品仅可能带来作品复制件的增加，本身并不能导致他人获得作品或作品的复制件。如果单纯地复制作品，而不通过网络向公众提供作品，在效果上不可能等同于"通过信息网络向公众传播他人作品"。因此将"通过信息网络传播"视为"复制发行"，实际上是视为"发行"而非"复制"。只是因为《刑法》第 217 条在使用"复制发行"这一术语时，在"复制"与"发行"之间没有使用连接词或标点符号，所以司法解释也只能将"复制发行"作整体使用。

最高人民法院、最高人民检察院和公安部于 2011 年发布的《关于办理侵犯知识产权刑事案件适用法律若干问题的意见》也规定，"……刑法第二百一十七条规定的'发行'……包括……通过信息网络传播……等活动"③。这一貌似"填补法律漏洞"的解释是缺乏法律依据的。前文已经

① 《著作权法》（2001 年修订）第 10 条第 1 款第 12 项、第 37 条第 1 款第 6 项、第 41 条。

② 最高人民法院、最高人民检察院《关于办理侵犯知识产权刑事案件具体应用法律若干问题的解释》第 11 条第 3 款。

③ 最高人民法院、最高人民检察院和公安部《关于办理侵犯知识产权刑事案件适用法律若干问题的意见》第 12 条。

指出："通过网络传播作品"与"发行"在著作权法意义上是根本不同的两种行为。同时，司法解释的用语是：应当将通过信息网络向公众传播作品的行为"视为"《刑法》第217条中的"复制发行"。既然是"视为"，说明司法解释的制定者也并不认为网络传播行为本身就是"复制发行"。按照罪刑法定原则，只有在法律有明文规定时才能认定一种行为构成犯罪。因此，当时仅仅适用于"复制发行"的《刑法》第217条根本就不可能被"具体应用"于"通过网络传播作品"的行为。而是否应当修改《刑法》，将严重侵犯"信息网络传播权"的行为也定为刑事犯罪，则应当由全国人民代表大会或其常委会在广泛征求意见的基础上作出决定。在《刑法》已经废除了"类推"制度的情况下，该司法解释有越权之嫌。更为严重的是，该司法解释的规定使《刑法》与《著作权法》在关键术语的使用上形成了完全的割裂，导致了严重的"刑民割裂"。

有一种观点认为，《刑法》中对涉及著作权犯罪的规定，可以脱离《著作权法》对相关概念的规定：

> 对刑法的概念没有必要完全按照其他法律的规定作出解释。刑法具有独立性，有其特定的目的与特定的规制对象，对刑法概念的解释应当在刑法用语可能具有的含义内，选择符合刑法目的的解释。从刑法设置侵犯著作权罪的目的来看，"发行"的本质应当是通过复制他人作品，并将这些作品传播给不特定的公众，从而侵犯了著作权人的著作权，至于其形式是传统有形制品传播还是网络上的无形传播，都不影响犯罪的成立。因此2011年两高出台的《关于办理知识产权刑事案件适用法律若干问题的意见》继续坚持了《解释》的立场，将"通过信息网络传播"囊括在刑法的"发行"中，这是符合刑法的目的和解释原理的。[①]

（注：着重号为引者所加）

该观点认为《刑法》所规定的"侵犯著作权罪"中的"发行"与《著作权法》界定的"发行"在含义上完全不同。《刑法》中的"侵犯著作权罪"完全可以脱离《著作权法》对著作权侵权的规定。赞同该观点的学者还认为，"（刑事）司法上如果一味地按图索骥、对号入座则会难以跟上打击著作权犯罪的现实需要。所以，对于'发行'的认定应该注重向他人提供作品这一实质标准"[②]。

---

① 李小文，杨永勤．网络环境下复制发行的刑法新解读．中国检察官，2013（3）：21.

② 李兰英，高扬捷，等．知识产权刑法保护的理论与实践．北京：法律出版社，2018：328.

上述观点的关键，就是对《刑法》所规定的“侵犯著作权罪”的解释可以无视《著作权法》对“发行”的界定，而是可以自行定一个“实质标准”。该观点明显违背了法律解释和“刑民衔接”的基本原则。《刑法》第217条规定的是“侵犯著作权罪”，既然著作权是由《著作权法》“赋权”产生的，没有《著作权法》就不存在复制权、发行权和信息网络传播权等权利，何谈对它们的保护？法律体系中用语的一致性是法治的基本要求，要在著作权保护方面实现“刑民衔接”，必须在解释涉及侵犯著作权的《刑法》条文中的关键术语（如“复制”、“发行”和“通过信息网络传播”）时，与《著作权法》对相同术语的定义保持一致，以免造成《刑法》对相关专有权利的保护范围超过《著作权法》“赋权”范围的不合理结果。脱离《著作权法》对“发行”的明文规定，自行对“发行”的“本质”作出缺乏法律依据的理解，将“发行”（必须借助物质载体所有权的转移，对此前文已详述）与“传播”混为一谈，实不可取。试问：“……‘发行’的本质是通过复制他人的作品，将这些作品传播给不特定的公众，从而侵犯了著作权人的著作权”侵犯的是哪一项著作权专有权利？如果不承认法律依据是《著作权法》，又是哪一部法律？如果“发行”的本质是“通过复制”，“发行权”岂不包含了“复制权”？

脱离《著作权法》对特定术语的界定去解释《刑法》中涉及著作权犯罪的条款，在理论上无法成立，在实务中只可能造成民事责任与刑事责任的巨大鸿沟，特别是导致那些参与“三审合一”（有关侵犯知识产权的民事案件、行政案件和刑事案件统一审理）的法官“精神分裂”——在民事案件中，如果权利人指称被告未经许可通过网络传播作品的行为构成“发行”，法官会毫不犹豫地予以驳回，甚至还会要求权利人的律师好好学习《著作权法》。[①] 而在刑事案件中，当检察机关指称被告的同一行为构成“发行”时，同一法官又会毫不犹豫地予以支持。带来法律体系如此分裂的司法解释，实不足取。因此，在认定“复制”“发行”和“通过网络传播”时，必须根据《著作权法》的定义“按图索骥、对号入座”。

需要指出的是，我国《著作权法》和《刑法》的规定不同于一些发达国家的规定，后者将其著作权法规定的所有民事侵权行为在达到一定严重程度的情况下均认定为犯罪。如瑞典《著作权法》第53条规定：任何基于故意或重大过失实施侵犯文学艺术作品著作权行为的人，都应被处以罚金和两年以下监禁。[②] 与之相比，在2020年修改之前的和之后的我国

---

① 这是知识产权庭的法官向笔者陈述的真实事件。

② 当然，其他条文还规定了对该条适用范围的限制。Act on Copyright in Literary and Artistic Works (Sweden), chapter 7 (Penal and Civil Liability).

《著作权法》都严格区分了可以构成刑事犯罪的侵权行为和不能构成刑事犯罪的侵权行为。《著作权法》第 53 条规定："有下列侵权行为的，应当根据情况，承担本法第五十二条规定的民事责任；侵权行为同时损害公共利益的，由主管著作权的部门责令停止侵权行为……构成犯罪的，依法追究刑事责任：……"该条列举的侵权行为中并不包括侵犯"出租权"、"展览权"、"摄制权"、"改编权"和"翻译权"这几项著作财产权的侵权行为，也不包括侵犯"发表权"、"修改权"和"保护作品完整权"这几项著作人身权的侵权行为。[①] 上述侵权行为，属于《著作权法》第 52 条规定的侵权行为——"有下列侵权行为的，应当根据情况，承担停止侵害、消除影响、赔礼道歉、赔偿损失等民事责任：……"

与此同时，《著作权法》第 53 条列举的"构成犯罪的，依法追究刑事责任"的侵权行为，也只是表明此类侵权行为的后果相对于《著作权法》第 52 条列举的只可能导致民事责任的侵权行为更为严重，为《刑法》将其认定为犯罪行为提供依据。但是否将其认定为犯罪行为，仍然取决于《刑法》的规定。换言之，《刑法》认定为犯罪的行为，必须是《著作权法》第 53 条列举的侵权行为，但并非第 53 条列举的所有侵权行为都必须被《刑法》认定为犯罪。毕竟追究刑事责任是极为严重的法律后果，立法者需要综合考虑各种因素，谨慎决定。因此《刑法》选择了将《著作权法》第 53 条列举的侵权行为中有限的几种社会危害性最大、最值得动用刑事打击手段的行为认定为犯罪行为，并没有实现对这些侵权行为的全覆盖。例如，以营利为目的，在出售门票的演唱会上未经许可演唱歌曲（表演音乐作品），侵犯"表演权"，属于《著作权法》第 53 条列举的侵权行为，但《刑法》第 217 条并没有将"未经音乐著作权人许可，表演其音乐作品"列为"侵犯著作权罪"的罪状，因此该行为并不可能构成"侵犯著作权罪"。

由此可见，只有一种行为构成民事侵权，才可能在"同时损害公共利益"的情况下招致行政处罚，也可能在触犯《刑法》的情况下"构成犯罪"。在侵犯著作权问题上，民事侵权与刑事犯罪之间当然存在递进关系，毫无疑问《著作权法》是《刑法》规定著作权犯罪的前置法。要实现著作权保护的"刑民衔接"，在对《刑法》进行解释时，必须使其规定的犯罪行为与《著作权法》第 53 条规定的侵权行为严格对应。无论是将《著作

① 对于该条所规定的"制作、出售假冒他人署名的作品"是侵犯了作者的"署名权"还是"姓名权"，学界存在争议。如果采"侵犯姓名权说"，则该条规定的侵权行为中也不包括侵犯"署名权"的行为，也就是不包括任何单纯侵犯人身权的行为。王迁．"署名"三辩．法学家，2012 (1).

权法》第 52 条规定的仅追究民事责任的行为解释为可入罪的行为，还是超出《刑法》在列举罪状时使用的术语在《著作权法》中的含义，扩大其范围，都违反了这一原则。

有一种观点提出：

> 刑法以“复制发行”作为构成要件的核心要素，围绕其设置侵犯著作权罪时，实质是要保护著作权的所有权能……如果将“复制发行”解释为著作权法中“复制权”和“发行权”控制下的“复制”和“发行”，那意味着刑法中的侵犯著作权罪仅保护著作权中的“复制权”和“发行权”……著作权法中规定了著作权人的 17 项权能，刑法却只保护复制权和发行权，这是不可思议的。①

该观点具有代表性，其核心在于认为《著作权法》规定的侵犯著作权的所有行为在具有社会危害性的情况下都应当构成《刑法》第 217 条规定的“侵犯著作权罪”（注：着重号为笔者所加）。该观点违反了上述实现“刑民衔接”的基本原则，也与罪刑法定原则不符。《刑法》第 217 条的用语并不是“以营利为目的，侵犯著作权的”，构成犯罪，而是“以营利为目的，有下列侵犯著作权情形之一”（注：着重号为笔者所加），构成犯罪。“有下列情形”的限定，且其后对四种侵犯著作权行为的罪状列举，都明白无误地说明，只有《著作权法》规定的部分侵犯著作权的行为可以构成“侵犯著作权罪”（注：着重号为笔者所加）。同时这四种行为，仅涉及《著作权法》第 53 条列举的部分侵权行为所涉及的专有权利。刑法学界也早已认识到“我国《著作权法》规定的侵犯著作权的行为表现更为多样，而《刑法》只规定了四种行为形式”②。上述观点所反对的“著作权法中规定了著作权人的 17 项权能，刑法却只保护复制权和发行权”，却正

---

① 贾学胜．著作权刑法保护视阈下“复制发行”的法教义学解读．知识产权，2019（6）：28－29．

② 高铭暄，马克昌主编．刑法学．北京：北京大学出版社，高等教育出版社，2019：439．在《刑法修正案（十一）》实施之前，《刑法》第 217 条（侵犯著作权罪）只将四种行为列为可构成侵犯著作权罪的行为，即“（一）未经著作权人许可，复制发行其文字作品、音乐、电影、电视、录像作品、计算机软件及其他作品的；（二）出版他人享有专有出版权的图书的；（三）未经录音录像制作者许可，复制发行其制作的录音录像的；（四）制作、出售假冒他人署名的美术作品的”。《刑法修正案（十一）》增加了两种行为，分别为“（四）未经表演者许可，复制发行录有其表演的录音录像制品，或者通过信息网络向公众传播其表演的”和“（六）未经著作权人或者与著作权有关的权利人许可，故意避开或者破坏权利人为其作品、录音录像制品等采取的保护著作权或者与著作权有关的权利的技术措施的”。同时在原有条款的“复制发行”之后，增加了“通过信息网络向公众传播”。

是《著作权法》和当时《刑法》的明文规定。如果认为“这是不可思议的”，那也是立法者有意为之的选择，只能通过同时修改《著作权法》和《刑法》来解决。

所幸的是，在2020年12月通过的《刑法修正案（十一）》将《刑法》第217条修改为：“以营利为目的，有下列侵犯著作权或者与著作权有关的权利的情形之一……（一）未经著作权人许可，复制发行、通过信息网络向公众传播其文字作品、音乐、美术、视听作品、计算机软件及法律、行政法规规定的其他作品的……”（注：着重号为引者所加）

修改后的《刑法》第217条第1款规定的可构成犯罪的侵犯著作权的行为中，同时包含了“复制发行”和“通过信息网络向公众传播”两类行为，就说明两者之间并不存在包容关系。其中的“复制发行”自然不可能包括“通过信息网络向公众传播”。如果还依《关于办理侵犯知识产权刑事案件具体应用法律若干问题的解释》，将“通过信息网络传播”视为“复制发行”，或者依《关于办理侵犯知识产权刑事案件适用法律若干问题的意见》，认为“刑法第二百一十七条规定的‘发行’……包括……通过信息网络传播”，则《刑法修正案（十一）》在“复制发行”之外新增加的“通过信息网络传播”将成为具文，完全丧失其存在的价值，也会直接违反《刑法修正案（十一）》修改第217条第1项的目的。因此，在《刑法修正案（十一）》实施后，可构成刑事犯罪的“复制发行”和“通过信息网络向公众传播”成为两项相互独立的行为，与《著作权法》中的复制权与发行权和信息网络传播权相互独立，形成了协调一致的关系，终于在此方面实现了“刑民衔接”。

这项修改也意味着已实施17年多的《关于办理侵犯知识产权刑事案件具体应用法律若干问题的解释》中将“通过信息网络向公众传播”视为“复制发行”的规定，于修改后的《刑法》实施之日自然失效。实行“三审合一”的知识产权庭中法官因“刑民脱节”而产生的“精神分裂”状况终于可以画上句号了。

这一修改也有力地反驳了前文引述的观点——《刑法》中的“复制发行”是包打天下的万金油，可以涵盖《著作权法》中所有专有权利所规制的行为。既然“通过信息网络传播”和“复制发行”被分别规定，说明《刑法修正案（十一）》的制定者不但认为“复制发行”不包括“通过信息网络传播”，还认为“复制发行”不包括与“通过信息网络传播”同属于不以转移原件或复制件（有体物）所有权或占有为构成要件的其他传播行为，包括表演、放映和广播，否则没有理由仅将传播行为中的“通过信息网络传播”单独挑出来与“复制发行”并列，而将其他传播行为纳入“复制发行”。

三、提供序列号、破解程序与“复制发行”

与提供“外挂”的情况相似，针对计算机程序提供序列号和破解程序的定性问题，也基本上发生在刑事诉讼之中。“序列号”（有时也称“密钥”，即英文“product key”的翻译，或“OCA”，即“正版证明”的英文“Certificate of Authenticity”的缩写，以下统称“序列号”）及与之相对应的验证机制是计算机程序权利人在计算机程序中采用的技术措施，其目的是确保只有获得许可者才能运行计算机程序。计算机程序使用者如果未能输入正确的序列号，或者该套计算机程序已被他人用相同的序列号激活并已与特定计算机绑定或已达到一定的激活次数，该计算机程序将无法运行或者会对功能、运行期限加以限定，即用户只能使用计算机程序的基本功能而无法调用高级功能，或超过一定期限计算机程序就不能继续运行。可以想象，如果不在计算机程序中加入序列号，权利人售出一套计算机程序后，就可能有许多人未经许可复制，并在未经许可、未向权利人支付报酬的情况下运行复制的计算机程序，从而给权利人造成损失。因此，序列号及相应的验证机制起到了保障计算机程序权利人合法权益的作用——欲正常运行计算机程序的用户应当向权利人付费，以获得有效的序列号。

（一）提供序列号和破解程序不涉及“代码化指令序列”

如果有人未经计算机程序权利人许可，破解了序列号及相应的验证机制，将计算机程序中的验证机制移除，并将该“破解版”计算机程序刻成光盘进行销售，则该行为不仅涉及规避技术措施，而且属于对计算机程序的复制和发行。如果此人将该“破解版”计算机程序置于网络中供公众下载，则属于侵犯计算机程序权利人信息网络传播权的行为。

然而，在采用序列号和相应的验证机制的情况下，计算机程序权利人向公众提供计算机程序的方式已经逐渐从销售实物光盘转向提供计算机程序的免费下载并销售序列号。用户如果仅从官网下载了计算机程序，但并未购买相应的序列号，往往只能在一段时间内“试用”。在试用期届满后，如仍未输入正确的序列号，用户将无法运行该计算机程序，或者只能调用有限的功能。这种商业模式意味着，对序列号的销售替代了对实物光盘的销售。与该商业模式相适应，网络环境中针对计算机程序的侵权行为也从销售“破解版”软件光盘或提供“破解版”的下载，转向单独销售针对计算机程序的破解程序或经破解产生的序列号。

（二）将提供序列号和解密程序认定为“复制发行”的三种理由之辩

正是在这样的背景下，在对著作权进行刑事保护的司法实务中，出现了将单独销售序列号或破解程序的行为认定为“复制发行”或“发行”，从而以“侵犯著作权罪”或“销售侵权复制品罪”追究被告刑事责任的案例。例如，在“王某销售序列号刑事案”［该案适用《刑法修正案（十一)》实施前的《刑法》］中，被告未经微软公司许可实施了两项行为：一是“从微软公司的官网上下载 Windows 系列软件，在家用刻录机刻录成光盘，或者从网上向他人购买刻录有上述软件的光盘后，配上从网上向他人购买的软件序列号或者自己冒充学生身份从微软公司的官网上免费获取的软件序列号对外销售”，二是“将以上述方式获取的软件序列号在该网店进行单独销售”①。法院并未区分两种行为并进行定性，而是一概认定被告“为牟取非法利益，未经微软公司许可，复制发行该公司享有著作权的计算机软件，情节严重，其行为已构成侵犯著作权罪”②。

在“陈某出售软件破解程序刑事案”［该案适用《刑法修正案（十一)》实施前的《刑法》］中，被告从他人处购入专门用于破解正版软件加密措施的破解程序后出售，购买者运行后就无须购买正版计算机程序的序列号或计算机程序权利人提供的其他合法解密手段了。法院认为被告“以营利为目的，未经著作权人许可，复制发行计算机软件，情节特别严重，其行为已构成侵犯著作权罪”③。

笔者认为，法院的上述认定是缺乏法律依据的。《刑法修正案（十一)》实施前的《刑法》第 217 条规定：“以营利为目的……未经著作权人许可，复制发行其文字作品……其他作品”，违法所得数额较大或者有其他严重情节的，构成侵犯著作权罪。可见，因未经许可“复制发行”而构成侵犯著作权罪的，必须“复制发行”的对象是“作品”而非其他。如本书第二章第六节在讨论提供“外挂”的性质时所述，著作权法意义上的“计算机程序”只能指“代码化指令序列”（包括可被转换成“代码化指令序列”的符号化指令序列或者符号化语句序列）。序列号只是一串数字和字母的组合，本身并不是“代码化指令序列”，而是被计算机程序中的验证机制所调用的数据，也就是被代码化指令序列所调用的数据。针对计算机程序所设计的破解程序本身当然是“代码化指令序列”，但它是破解者为了欺骗、避开或绕开验证机制而编写的一款独立的计算机程序。针对特

①② 上海市浦东新区人民法院（2012）浦刑（知）初字第 27 号刑事判决书。

③ 上海市杨浦区人民法院（2013）杨刑（知）初字第 122 号刑事判决书。

定计算机程序而制作的破解程序，并不需要复制该特定计算机程序中的代码化指令序列。在目前出现的将单独出售序列号或破解程序的行为认定为侵犯著作权罪或销售侵权复制品罪的司法判决中，笔者没有看到一个判决引用了有关认定序列号或破解程序复制了目标程序中的代码化指令序列的鉴定结论。因此，序列号或破解程序并不是目标程序的复制件，复制或制作序列号或破解程序当然不属于对目标程序的复制行为，对它们的销售也不属于销售目标程序的“侵权复制品”，在《刑法修正案（十一）》实施之前，不能根据《关于办理侵犯知识产权刑事案件具体应用法律若干问题的解释》，将该行为认定为“通过网络传播计算机软件”，并将其视为“复制发行”；在《刑法修正案（十一）》实施之后，也不能根据修改后的《刑法》第 217 条，认为该行为属于“通过网络传播计算机软件”，并构成侵犯著作权罪。

在著作权保护的刑事司法实践中，部分法院也认识到了序列号或破解程序并不包含他人计算机程序的实质性内容，即行为人并没有从他人的计算机程序中复制大量代码化指令序列。但是，这些法院仍然以各种理由认定单独销售序列号或破解程序的行为构成侵犯著作权罪或销售侵权复制品罪。

第一种理由可被称为“后果说”，核心在于认为单独出售序列号或破解程序与出售盗版计算机程序在后果上没有本质区别——都导致用户可以未经计算机程序权利人许可运行计算机程序，从而损害计算机程序权利人的利益。有检察官认为：

> 在网络时代，具有合法的安装序列号已成为有权复制发行的标志，而软件的复制件即安装介质本身的提供与否，则不再具有太多的意义……行为人并未获得微软公司的许可，而向他人提供软件序列号，其行为从本质上讲，是一种向公众提供计算机软件的行为，应当认定为其实施了发行行为。这种不依赖有形载体转移的发行使著作权意义上的“发行”从有载体发行发展到了无载体发行的时代。[①]（注：着重号为引者所加）

再如，在笔者参与的某法院组织的一场有关单独销售计算机程序序列号的行为能否被认定为“侵犯著作权罪”的研讨会中，有法官提出：单独销售序列号，相当于先将盗版书放在上锁的保险箱中，再将保险箱的钥匙卖给购买者，因此本质上仍然属于对盗版计算机程序的销售。

---

① 李小文，杨永勤．网络环境下复制发行的刑法新解读．中国检察官，2013（3）：22.

还有观点认为，“刑法立场上的‘发行’行为，就是使公众具有获得或者接触作品（既包括作品本身，也包括作品的原件和复制件）可能性的行为。销售序列号使公众具有了接触或者获得作品的可能性，因此就是刑法上的‘发行’行为。”①

这些观点是不能成立的。对一种行为能否认定为侵犯著作权，并进而认定为构成侵犯著作权罪，必须首先考虑侵权行为的构成要件。如果某行为并不符合侵权行为的构成要件，特别是该行为根本不在某项专有权利的控制范围之内，则该行为就不属于针对该特定专有权利的侵权行为，当然也不可能构成犯罪。两项具体行为之间的后果是否接近甚至相同，是判断这两项行为是否为同一行为的因素，但绝非唯一的因素，起决定性作用的仍然是行为的构成要件。例如，通过网络销售载有电子书的移动硬盘，用户付款后用快递将该移动硬盘送至用户手中，与通过网络以相同的价格提供电子书的有偿下载，并免费赠送一个相同品牌、型号和容量的移动硬盘，在《著作权法》中并不会因为具有相同的后果——用户获得了电子书和移动硬盘，就被认为是相同的行为。可以想见，在不少人眼中，两者并无实质性区别，后者与前者的唯一不同，只是用户需要自己将下载的电子书拷入移动硬盘之中。然而，两者在《著作权法》中是完全不同的行为：前者构成发行行为，即以销售的方式向公众提供作品（电子书）的复制件（载有电子书的移动硬盘），如未经许可实施该行为，属于对发行权的侵犯。后者则必须被分成两项行为：一是受信息网络传播权规制的交互式传播行为，也就是向公众提供作品（电子书），使公众在其选定的时间和地点获得作品。如未经许可实施该行为，属于对信息网络传播权的侵犯（关于发行权与信息网络传播权的区分，本章前三节已详述，此处不赘述）。二是销售移动硬盘，此项行为与侵犯著作权毫无关系。同样道理，单独出售序列号或破解程序与出售盗版计算机程序相比，缺乏构成侵犯著作权的核心要件——对代码化指令序列的复制、发行或交互式传播，因此不可能构成对复制权、发行权或信息网络传播权的侵犯，更不可能因未经许可“复制发行”或“通过信息网络传播”而构成侵犯著作权罪。至于以“行为实质”为理由，认为存在“不依赖有形载体转移的发行使著作权意义上的‘发行’从有载体发行发展到了无载体发行的时代”更是缺乏法律依据。对此，本章前三节已有详细说明，此处不赘述。

与此同时，单独销售计算机程序的序列号，与销售存放了盗版书的保

① 贾学胜．著作权刑法保护视阈下“复制发行”的法教义学解读．知识产权，2019（6）：30.

险箱的钥匙也存在本质区别。前文指出，发行行为必须导致作品载体，也就是作品原件或复制件所有权的转移。销售存放了盗版书的保险箱的钥匙，本质上还是转移作品侵权复制件（盗版书）的所有权，使原本无法获得作品复制件的人获得了作品复制件。同时，《关于办理侵犯知识产权刑事案件具体应用法律若干问题的解释》将“通过网络传播作品”视为“复制发行”。虽然笔者并不赞同该解释，但“通过网络传播作品”至少也能使公众获得作品。用户下载作品后，会在用户的计算机中形成作品的复制件。但是，单纯销售软件序列号，既不会转移计算机程序的载体（计算机程序复制件）的所有权，也不会使公众在其选定的时间和地点下载计算机程序。购买了序列号的用户也需要另行下载计算机程序，再输入序列号后运行。如在前述“王某销售序列号刑事案”中，用户必须先从微软的官网下载 Windows 程序，再使用从被告处购买的序列号激活。被告销售序列号与用户获得 Windows 程序之间毫无关系。因此，单独销售计算机程序的序列号与销售存放了盗版书的保险箱的钥匙，并不属于同一性质的行为。

至于“刑法立场上的‘发行’行为，就是使公众具有获得或者接触作品（既包括作品本身，也包括作品的原件和复制件）可能性的行为。销售序列号使公众具有了接触或者获得作品的可能性，因此就是刑法上的‘发行’行为”的观点，实际上是在“侵犯著作权的犯罪认定无须以《著作权法》规定的侵犯著作权为基础”的理念指导下，认为《刑法》中此犯罪的构成与《著作权法》中侵犯著作权行为的构成无关。前文已经指出，《著作权法》中的“发行”有其特定含义，仅“使公众具有获得或者接触作品本身的可能性”根本就不是《著作权法》明文规定的“发行”。关于这一点在保护著作权的国际条约中也没有任何争议。后文还将论述，出售计算机程序序列号和破解程序是典型的对技术措施提供规避手段的行为，如果它们也属于“发行”，构成对发行权的侵犯，那么为什么《世界知识产权组织版权条约》在第 6 条已经对“发行”和发行权作出规定的情况下，还要在第 11 条规定对技术措施的保护①，而且条约的主要起草者还认为各缔约方履行保护技术措施义务的方式包括将提供规避手段的行为认定为刑

① 《世界知识产权组织版权条约》第 11 条（关于技术措施的义务）规定：“缔约各方应规定适当的法律保护和有效的法律补救办法，制止规避由作者为行使本条约或《伯尔尼公约》所规定的权利而使用的、对就其作品进行未经该有关作者许可或未由法律准许的行为加以约束的有效技术措施。”

事犯罪?① 为什么许多发达国家在已经将特定的未经许可的复制和发行行为认定为刑事犯罪的情况下，还要另行将提供规避手段的行为认定为刑事犯罪?② 这岂不是多此一举?

显然，在适用《刑法》中有关侵犯著作权犯罪的规定时，必须首先审视相关罪状中所列行为是否符合《著作权法》对相关侵权行为规定的构成要件。只有得出肯定的回答，才能继续审视其是否符合《刑法》规定的其他构成要件。换言之，侵犯著作权犯罪的构成要件必须多于，即必须全部涵盖《著作权法》中相应侵权行为的所有构成要件，以此保证“刑民衔接”。《著作权法》第 53 条规定：

> 有下列侵权行为的……构成犯罪的，依法追究刑事责任：(一) 未经著作权人许可，复制、发行……其作品的，本法另有规定的除外……（六）未经著作权人或者与著作权有关的权利人许可，故意避开或者破坏技术措施的，故意制造、进口或者向他人提供主要用于避开、破坏技术措施的装置或者部件的，或者故意为他人避开或者破坏技术措施提供技术服务的，法律、行政法规另有规定的除外……

显然，《著作权法》是将复制、发行作品和规避技术措施（含向公众提供规避手段，下文会有说明）分为两类不同的侵权（违法）行为。这本身就说明规避技术措施本身并不是对作品的复制或发行行为，否则《著作权法》第 53 条第 6 项就是具文，没有存在的必要，应当删除。仅因提供计算机程序序列号的后果与发行行为的后果类似，就认定该行为属于《刑法》第 217 条中的“复制发行”，违反了“刑民衔接”的基本原则。

第二种将单独销售序列号或破解程序的行为认定为侵犯著作权罪或销售侵权复制品罪的理由，可被称为“目的说”。其核心在于认为实施该行为与出售盗版计算机程序的目的是相同的，都是希望购买者未经计算机程

---

① 世界知识产权组织编写的《世界知识产权组织管理的版权与相关权条约指南》对此指出：“如何确保对针对规避行为和预备行为（‘预备行为’就是‘提供规避手段’——引者注），(向权利人）提供‘有效的法律救济’取决于各缔约方法律制度中的特定传统和原则。显然，一般而言民事救济是必不可少的。此外，刑事责任也是需要的，因为制造、进口和散发非法规避设备是一种盗版式的行为。”[*Guide to the Copyright and Related Rights Treaties Administered by WIPO : and Glossary of Copyright and Related Rights and Terms*, World Intellectual Property Organization, WIPO Publication No. 891 (E), 2003, p. 218.] 该部分由两条约的主要起草者、世界知识产权组织前助理总干事米哈依·菲彻尔博士撰写。

② 《美国版权法》第 1204 条 a 项，《德国著作权法》第 108b 条，《丹麦著作权法》第 76 条，《英国版权法》第 296ZB 条第 1 款，《澳大利亚版权法》第 132APD 条和第 132APE 条，《新加坡版权法》第 261C 条第 5 款。

序权利人许可运行计算机程序。在涉及被告提供“凯立德”导航程序注册号（序列号）的刑事案件[①]中，法院的讨论意见为：

提供导航软件注册号的行为虽然并非提供权利人的程序软件，但是其目的在于使他人可以利用该软件注册号使用权利人的程序软件。虽然凯立德正版软件可以在官网上免费下载，但是其正常使用必须依赖注册号的提供，故被告人提供注册号的行为可以达到使用正版软件的目的，该行为以侵犯著作权罪定罪为宜。[②]

显然，法院已经清楚地认识到“提供导航软件注册号的行为并非提供权利人的程序”，也就是该行为并不涉及对计算机程序的提供，但法院强调被告的“目的在于使他人可以利用该软件注册号使用权利人的程序”，因此将其行为认定为侵犯著作权罪。这一观点实际上是以被告的行为目的代替侵权行为乃至犯罪行为的构成要件，同样不能成立。如前文所述，侵犯著作权行为的认定以相关行为受到专有权利控制，符合受控行为的特征为前提。刑事犯罪行为的认定同样强调主观方面与客观方面的统一，仅有主观目的而其行为不符合侵权构成，当然不可能被认定为侵犯著作权罪。试举一例：出租盗版图书和出借盗版图书的目的，都是“使他人可以利用该盗版阅读权利人的小说”，但对于“出租”，《关于办理侵犯知识产权刑事案件适用法律若干问题的意见》第12条将“出租”列为《刑法》第217条中的“发行”（笔者不赞同该解释，因为“出租”和“发行”在《著作权法》中是相互独立的两种行为），所以可能认定为侵犯著作权罪；对于“出借”，因为其不但不属于任何一种《著作权法》所规定的专有权利控制的行为（《著作权法》没有规定“出借权”），刑事司法解释也没有将其归入“发行”，因此其不属于“复制发行”，不能被认定构成“侵犯著作权罪”。

同样道理，虽然行为人单独出售计算机程序的序列号或破解程序与出售盗版计算机程序的目的确实相同，都是使购买者能够不经计算机程序权利人许可运行软件，但两者涉及的行为特征完全不同，后者属于发行行为（销售软件光盘）或交互式传播行为（提供软件下载），如果行为人在销售之前还进行了复制，则又构成复制行为；但前者并不涉及对代码化指令序列的利用，不可能构成对计算机程序的复制、发行或交互式网络传播。将两者等同

① 参见“韩兴峰刑事案”［上海市杨浦区人民法院（2013）杨刑（知）初字第119号刑事判决书］。该判决书并未明确说明被告实施的行为是“提供导航软件注册号”，但法院在讨论此案时提及“客户下载好后，如需要激活码，（被告）会利用其自行下载的算号器为客户计算激活码。其供述，在其销售的侵权凯立德软件中，有1/4需要算号”。

② 上海市杨浦区人民法院《关于侵害凯立德软件著作权犯罪四案的案情及意见》。

视之缺乏法律依据，违反了“罪刑法定”原则的基本要求。

第三种将单独销售计算机程序的序列号或破解程序的行为认定为侵害著作权罪或销售侵权复制品罪的理由，可被称为“为用户负责说”。其含义为，被告的行为导致了用户下载计算机程序，并利用其购买的序列号或破解程序运行计算机程序，因此被告应为用户的行为负责。在“叶某出售软件破解程序刑事案”中，法院认为：

> 叶某……销售《古剑奇谭》游戏破解程序文件……（被告的行为属于）以营利为目的，向公众提供破坏权利人所采取的技术措施的行为……叶某向公众提供破解文件时，明示破解文件的使用方法为：先从烛龙公司官网下载游戏客户端（复制他人作品），再按要求安装其所售的破解文件，才能实现运行游戏的目的。被告人叶某亦应当对下载游戏客户端的行为（复制作品）负责，即叶某应对复制作品并通过破解文件使用作品的行为负责。[①]

该观点实难以成立。在民法中，确实存在“替代责任”理论，即一个人在特定情况下应为他人的侵权行为承担责任。《民法典》第1191条第1款第一句规定：“用人单位的工作人员因执行工作任务造成他人损害的，由用人单位承担侵权责任。”该条规定的“雇主责任”即为典型的“替代责任”。美国版权判例还确立了版权侵权领域内的“替代责任”：如果对他人的直接侵权行为具有监督的权利和能力，同时又从侵权行为中获得了直接经济利益，即使其不知道他人的侵权行为，也应当为他人的直接侵权行为承担责任。[②] 在我国，《信息网络传播权保护条例》第22条为“信息存储空间”服务提供者规定的“免责条件”（避风港）之一就是“未从服务对象提供作品、表演、录音录像制品中直接获得经济利益”。这也属于对“替代责任”的反面表述。然而，“替代责任”是指对他人的“侵权行为”承担责任。如果他人的行为并非侵权行为，本就无须承担法律责任，又何来“替代责任”？即使在日常口语中，“为某人的行为承担责任”也是指为他人的非法行为承担责任，何来为他人的合法行为“承担责任”之理？

在“叶某出售软件破解程序刑事案”中，法院认为：被告在销售《古

① 北京市石景山区人民法院（2012）石刑初字第330号刑事判决书。

② Buck v. Jewell-LaSalle Realty Co., 283 U.S. 191, 198 - 199 (1931). Dreamland Ball Room, Inc. v. Shapiro, Bernstein & Co., 36 F. 2d 354 (7th Cir., 1929). Shapiro Bernstein and Co. v. H. L. Green Co., 316 F. 2d 304 (2d Cir., 1963). Fonovisa, Inc. v. Cherry Auction, Inc., 76 F. 3d 259, 264 (9th Cir., 1996).

剑奇谭》游戏的破解程序时，说明其使用方法为先从烛龙公司官网下载游戏客户端程序（复制他人作品），因此“叶某亦应当对下载游戏客户端的行为（复制作品）负责”。用户从游戏经营者官网下载游戏客户端软件当然是合法行为，而且也是安装、运行游戏的必经步骤。即使被告没有销售游戏破解程序，也没有告诉用户应当先从官网下载游戏客户端程序，希望安装、运行游戏的用户仍然会去官网下载。既然官网的客户端程序本身就是游戏经营者提供给用户下载的，其网址是公开的，用户从官网上下载客户端程序是合法行为，那么“叶某亦应当对下载游戏客户端的行为（复制作品）负责”，甚至被定罪的结论，就令人费解了。

与此同时，用户利用其购买的序列号或破解程序运行计算机程序，自然无须再向计算机程序权利人付费并获得许可，故该行为确实损害了计算机程序权利人的利益。然而，只有在将用户运行计算机程序，从而导致计算机程序在内存中形成“临时复制”的行为定为复制行为，用户的行为才可能侵害复制权。如本书第二章第三、四节所述，目前欧美发达国家认为在计算机内存中形成的“临时复制”也属于复制行为，用户未经许可运行计算机程序（运行盗版）的行为也可构成对复制权的侵权（参见本书第二章第三节介绍的“索尼诉史蒂文斯案”）。在这种情况下，向用户提供计算机程序的序列号或破解程序等同于故意帮助用户实施侵权行为，从民事角度看构成间接侵权，从刑事角度看可能构成共同犯罪。此时追究序列号或破解程序销售者的刑事责任是有法律依据的。然而，如本书第二章第四节所述，我国并不承认在内存中形成“临时复制”构成复制行为。在1996年世界知识产权组织日内瓦外交会议上，中国代表团对《世界知识产权组织版权条约》和《世界知识产权组织表演和录音制品条约》有此含义的“议定声明”投了反对票。同时，2002年最高人民法院《关于审理著作权民事纠纷案件适用法律若干问题的解释》第21条规定：“计算机软件用户未经许可或者超过许可范围商业使用计算机软件的，依据著作权法第四十八条第（一）项、《计算机软件保护条例》第二十四条第（一）项的规定承担民事责任”。2020年修改前的《著作权法》第48条第1项和《计算机软件保护条例》第24条第1项可适用于“商业使用计算机软件”行为的，只可能是侵害复制权的民事责任。根据该条司法解释，用户非商业性使用盗版软件，并不构成民事侵权；帮助此类用户使用盗版软件，并不可能构成间接侵权。即使用户是进行商业性使用，由于该司法解释将“使用”限于复制行为，同时由于“临时复制”在我国并不构成复制行为，所以此类用户的“使用”也仅限于对计算机程序的下载、安装等行为。如前文所述，涉案计算机程序本身就可以从官网下载并安装，故下载并安装并不构成侵权，自然也不存在间接侵权的问题。在用户的行为并不构成侵权的情况下，“为用户负责说”无法成立。

（三）对出售序列号或破解程序行为的合理定性

既然出售计算机程序的序列号或破解程序并未直接利用计算机程序的代码化指令序列，不属于对计算机程序的复制、发行或交互式传播，对该行为应当如何进行合理定性呢？对此，可以从两个角度进行分析。

首先需要指出的是，出售计算机程序的序列号和破解程序在表面上存在较大区别，但实质上具有同一性。序列号和背后的验证机制属于受著作权法保护的技术措施，且属于“接触控制措施”，即权利人阻止他人未经许可接触作品的技术措施。“接触”（access）是指获取或在功能上利用作品的内容，其具体表现随作品类型的变化有所不同。对于文学艺术作品而言，“接触”意味着“欣赏”，“接触控制措施”的作用就在于阻止他人未经许可以阅读、收听、收看等方式欣赏作品内容。如视频网站对于收费影视剧要求用户付费并以绑定的用户名和密码登录，那些未付费的用户将无法在线欣赏这些收费的影视剧，即无法“接触”作品。对于计算机程序而言，“接触”则是指运行程序，也就是使计算机执行“代码化指令序列”，完成某种信息处理工作。

《著作权法》第 49 条第 3 款将受保护的“技术措施”界定为“用于防止、限制未经权利人许可浏览、欣赏作品、表演、录音录像制品或者通过信息网络向公众提供作品、表演、录音录像制品的有效技术、装置或者部件”。其中“用于防止、限制未经权利人许可……通过信息网络向公众提供作品、表演、录音录像制品”的“技术措施”即为“版权保护措施”；“用于防止、限制未经权利人许可浏览、欣赏作品、表演、录音录像制品”即为“防止未经许可接触作品的技术措施”。需要指出的是，该定义中在“浏览、欣赏”之后也明显遗漏了“运行”两字，也就是针对计算机程序的“接触控制措施”，如前文所述的序列号及与之相应的验证机制。这是立法中明显的缺陷，是 2020 年修改《著作权法》时将《信息网络传播权保护条例》对“技术措施”的定义照搬到《著作权法》中导致的。计算机程序显然不是用于被“浏览、欣赏”的，而是用于“运行”的。如果仅按照该规定的字面意思，防止计算机被未经许可运行或超范围运行的技术措施无法受到《著作权法》的保护。这显然是不合理的，更为严重的是，它将导致我国违反《世界知识产权组织版权条约》第 11 条（关于技术措施的义务）的规定，因为该条约所保护的技术措施当然包括限制未经许可运行计算机程序的技术措施。解释法律的基本要求之一，是不能使解释的结果违反条约义务。① 因此，必须对《著作权法》所定义的“技术措施”进行扩大解释，使之包含阻止未经许可运行计算机程序的技术措施。

《著作权法》对技术措施提供了较高水平的保护。《著作权法》第 49 条第 2 款规定：“未经权利人许可，任何组织或者个人不得故意避开或者破坏技术措施，不得以避开或者破坏技术措施为目的制造、进口或者向公众提供有关装置或者部件，不得故意为他人避开或者破坏技术措施提供技术服务。但是，法律、行政法规规定可以避开的情形除外。”该条既禁止为自己使用作品的需要而避开、破坏技术措施（不得故意避开或者破坏技术措施），即实施“直接规避行为”，又禁止为他人规避技术措施而提供规避手段（以避开或者破坏技术措施为目的制造、进口或者向公众提供有关装置或者部件，不得故意为他人避开或者破坏技术措施提供技术服务）。

无论是针对计算机程序的破解程序，还是使用“算号器”等规避工具计算出的序列号，都属于“以避开或者破坏技术措施为目的……（的）有关装置或者部件”，都可以避开或破坏权利人在计算机程序中设置的验证机制（接触控制措施），导致使用者在不经权利人许可的情况下，运行（接触）计算机程序。因此，利用“算号器”等规避工具获取计算机程序的序列号，以及制作破解程序的过程，必然是在“避开、破坏技术措施”；向公众出售软件序列号或破解程序则属于“向公众提供有关装置或者部件”，均受到《著作权法》的禁止，属于违法行为。权利人如若追究此类序列号或破解程序销售者的民事责任，自然应当得到法院的支持。

在美国发生的“微软诉微银星案”中，对于被告销售针对 Windows XP 专业版和 Windows Server 2003 而破解得来的序列号（判决书中称为 product key）的行为，法院认为该序列号属于技术措施，对其进行销售导致购买者可以不经微软公司许可运行上述两种计算机程序，因此该行为违反了《千禧年数字版权法》（DMCA）中禁止提供规避手段的规定。② 该

① 例如，欧盟《出租权、公开出借权和知识产权领域与版权相关的特定权利指令》在其序言部分第 7 条指出：“成员国的立法应当以不与各成员国遵守的国际条约相冲突的方式进行协调。”[Directive 2006/115/EC of The European Parliament and of the Council of 12 December 2006 on Rental Right and Lending Right and on Certain Rights Related to Copyright in the Field of Intellectual Property (codified version), Recitals 7.] 英国法院指出：对欧盟法的解释应当使其符合欧盟对条约的义务，因此（欧盟）指令和英国的实施条例都必须以符合《与贸易有关的知识产权协定》的方式被解释，这并不是说《与贸易有关的知识产权协定》本身在欧盟成员国创造了权利，它并没有创造权利。Experience Hendrix LLC v. Purple Haze Records Ltd.，[2007] F. S. R. 31，780.

② Microsoft Corporation v. Silver Star Micro，2008 WL 115006 (N. D. Ga.)，at 6.

案的判决说明了应当适用有关禁止向公众提供规避手段的规定，规制单独向公众出售软件序列号或破解程序的行为。

2020年年底通过的《刑法修正案（十一）》在《刑法》第217条中增加了一项可构成侵犯著作权罪的行为——“未经著作权人或者与著作权有关的权利人许可，故意避开或者破坏权利人为其作品、录音录像制品等采取的保护著作权或者与著作权有关的权利的技术措施……”。该行为与第217条规定的第一项可构成侵犯著作权罪的行为“未经著作权人许可，复制发行、通过信息网络向公众传播其文字作品、音乐、美术、视听作品、计算机软件及法律、行政法规规定的其他作品……”，是并列关系。

既然将规避技术措施的行为单独列为侵犯著作权罪的行为，区别于“复制发行”和“通过信息网络传播”，就说明单纯规避技术措施的行为并不属于“复制发行”或“通过信息网络传播”。出售计算机程序的序列号和破解程序的行为是最典型的提供规避手段的行为（如前文所述，属于规避技术措施的行为），在该行为已被《刑法修正案（十一）》单独列为犯罪行为的情况下，更不可能再将其归入《刑法》所规定的“复制发行”或“通过信息网络传播”。

为出售计算机程序的序列号或破解程序进行定性的第二个角度，是正确认识计算机程序的序列号在民法中的属性。计算机程序权利人和经其许可使用计算机程序的用户之间存在服务合同关系：用户按照约定支付计算机程序权利人一定的费用，便取得了运行计算机程序的许可，也就获得了要求计算机程序权利人提供服务的债权，即计算机程序权利人允许用户正常运行计算机程序，实现计算机程序的功能。用户支付价款获得序列号之后，便取得了对计算机程序权利人的请求权，可以要求计算机程序权利人提供服务，也就是使计算机程序正常运行。此时计算机程序权利人有提供该服务的义务，与用户之间形成以提供该服务为客体的债权债务关系。

计算机程序的序列号正是一种用户要求计算机程序权利人提供上述服务之特定给付的债权凭证。用户在计算机程序中输入序列号，实际上就是作为债权人向作为债务人的计算机程序权利人出具了债权凭证，从而要求计算机程序权利人进行给付，也就是使该用户正常运行计算机程序。之所以将计算机程序的序列号称为“凭证”，是因为计算机程序权利人向用户进行给付时，不可能像履行其他债务那样，在当面验明债权人的身份后进行，只能以计算机程序序列号识别已支付了相应价款的用户。

在理论上说，某一计算机程序的特定序列号只可能对应某一位用户购买的运行一套计算机程序或特定套数计算机程序的许可。如微软曾经推出三用户的 Office2010 学生和家庭版，用一个序列号可以同时在三台计算机上运行 Office2010 学生和家庭版。如果超过了数量限制，就无法再运行该套计算机程序了。但在现实中，不大可能实现对使用一个序列号的计算机程序的计算机数量的严格限制。而对于那些无须连接到计算机程序权利人设置的“验证服务器”进行用户身份识别的计算机程序而言，由于无法收集同时运行的使用一个序列号的计算机程序的计算机信息，计算机程序权利人难以发现有许多用户使用同一个序列号在不同的计算机上运行该计算机程序。在这种情况下，输入同一序列号的不同用户都会被识别为已从计算机程序权利人处获得合法许可的人。这些用户将被默认为债权人而获得相应的给付——正常运行计算机程序。对于需要连接到计算机程序权利人的“验证服务器”进行用户身份识别的计算机程序而言，有时由于计算机程序用户的数量十分庞大，如果对每一次激活和使用都需要查找、验证用户数量，会给“验证服务器”造成过于沉重的负担，因此“验证服务器”也只是进行随机的选择性验证，这就导致许多超越数量限制、重复激活计算机程序的用户也被误认为是已获得合法许可者，从而可以正常运行计算机程序。同时，计算机程序权利人面对人数众多的公司、学校和科研机构发放的许可往往允许在数量较多的计算机上运行计算机程序。但由于用户可能多次重装、激活计算机程序，计算机程序权利人不太可能对每一次使用该序列号激活和运行计算机程序的情况进行身份验证。此外，由于很少会发生人数众多的此类用户同时运行计算机程序，从而超过使用数量的现象，所以在许可范围之外的其他人使用该序列号激活和使用计算机程序，也往往难以被计算机程序权利人发现。在这种情况下，那些从计算机程序权利人处合法获得序列号的人就有可能将该序列号提供给他人。他人虽然并未经过计算机程序权利人许可，但由于其输入的是正确的序列号，就可能被计算机程序权利人识别为经许可的用户，从而被视为债权人而获得给付——正常运行计算机程序。

因此，出售序列号，就是直接出售要求计算机程序权利人提供服务的债权凭证。破解程序的作用则是避开、破坏验证机制，使用户在未经计算机程序权利人许可的情况下获得序列号，或者在未输入序列号的情况下，使计算机程序权利人误认为用户已经输入了正确的序列号。其本质与出售序列号相同，都是出售债权凭证。如前文所述，如果出售的是用“算号器”等破解程序非法获得的序列号，则出售该序列号同时构成向公众提供规避技术措施的手段。如果出售者只是将自己合法获得的序列号转售给他人，且在转售之后，删除了原先安装的计算机程序，即不再作为债权人请求计算机程序权利人进行给付，则该转售的性质属于债权转让，其合法性取决于《民法典》第545条至第550条的规定。但是，通过“算号器”等规避工具算出序列号后予以出售，或者从他人处购入此类序列号予以出售，或者在自己已输入序列号且继续运行计算机程序的情况下予以出售，则并非“转让”债权凭证，而是出售伪造的债权凭证，也就是欺骗计算机程序权利人，使其误认为购买者作为计算机程序被许可使用人对其享有合法的债权，因此向其进行给付。

对于此种行为，除可根据《民法典》侵权责任编中的一般性条款追究行为人之民事责任之外，也应将其解释为《计算机软件保护条例》第24条规定的侵权行为——“……未经软件著作权人许可……许可他人行使著作权人的软件著作权……”①。需要指出的是，如果仅从字面意思理解，该条无法涵盖出售序列号，使他人可以不经计算机程序权利人许可运行计算机程序的行为。如前文所述，“运行”计算机程序只涉及在计算机内存中的“临时复制”，尚未被定性为复制行为和侵犯复制权，严格地说不属于“行使著作权人的软件著作权（复制权）”。但这应当是《计算机软件保护条例》制定者选择用语的瑕疵，而不是其有意将擅自许可他人运行计算机程序排除在外。因为在计算机程序的许可实践中，所谓“许可”，在多数情况下都是指许可用户运行计算机程序，否则计算机程序权利人发放的多数“最终用户许可协议”也不属于计算机程序权利人“行使软件著作权”了。这一点，在计算机程序权利人普遍将其计算机程序置于官网中供用户免费下载和试用，同时以出售序列号的方式发放许可的商业模式下，尤为重要。

在将“未经软件著作权人许可，许可他人行使著作权人的软件著作权”解释为包含“未经软件著作权人许可，许可他人运行软件”的情况下，出售序列号或破解程序就属于《计算机软件保护条例》第24条所规定的侵权行为，计算机程序权利人可直接依据该条追究行为人的民事责任。当然，此处的“侵权行为”严格地说是法律拟制，也就是“视为”侵权行为。这是因为许可他人运行计算机程序，毕竟不是直接以复制、发行或交互式网络传播等受复制权、发行权和信息网络传播权等专有权利控制的方式利用计算机程序，并不属于严格意义上的侵害计算机程序著作权的行为，只是立法为了加强对计算机程序的保护，将其定性为侵权行为而已。

---

① 《计算机软件保护条例》第24条第1款第5项。

第五节　网络环境与“发行权用尽”

“发行权用尽”，又称“权利穷竭”（欧洲国家的用语）或“首次销售原则”（the first sale doctrine，美国的用语），是著作权法中一条限制发行权适用范围的重要规则。它的含义是：虽然权利人享有将作品原件或复制件投放市场的发行权，但作品的原件或者复制件经权利人许可或依法律规定首次向公众销售或以其他方式转移所有权后，权利人就无权控制该特定原件或复制件的再次流转了。合法获得该作品原件或者复制件所有权的人有权不经权利人同意将其转售、出租或以其他方式进行处分。[①] 换言之，权利人控制作品特定原件或复制件流转的专有权利在该特定原件或复制件首次被合法销售后即“穷竭”或“用尽”了。一些国家在版权法中对这一原则作了明确规定。美国《版权法》第 109 条第 a 款规定：“根据本法合法制作的特定复制件或录音制品的复制件（美国《版权法》对普通复制件和录音制品的复制件进行了区分，前者的用语是 copy，后者的用语是 phonorecord——引者注）的所有人，或任何经该所有人授权的人都有权不经版权人许可而销售或以其他方式处分对复制件或录音制品复制件的占有。”该条被认为确立了“首次销售原则”[②]。美国法院对此指出：“虽然版权人享有保护其作品专有发行权的广泛特权，但首次销售原则提供了对该权利的一项重要例外。根据该原则，一旦作品的复制件被合法地销售，从而进行了所有权转让，新的所有者就有权不经版权人的许可而‘销售或以其他方式处分’该复制件”[③]。德国《著作权法》第 17 条第 2 款第 2 项规定：“如作品的原件或复制件经发行权人同意已经通过销售在欧盟境内投放市场，许可其继续流转。”日本《著作权法》第 26 条第 b 款第 2 项规定：如作品原件或复制件的所有权经发行权人或其授权的人许可转让，则发行权不再适用于该原件或复制件。欧盟《版权指令》第 4 条第 2 款也从

---

① Melvile B. Nimmer & David Nimmer，Nimmer on Copyright，Matthew Bender & Company，2003，§8.11［A］.

② 美国“首次销售原则”的适用有两点限制：第一，它只适用于经合法制作和出售的特定作品原件或复制件；第二，有权再次处分作品原件或复制件的人必须是该作品原件或复制件的合法所有权人。单纯的占有人，无论是否通过合法渠道占有，均无权处分该作品原件或复制件。Melvile B. Nimmer & David Nimmer，*Nimmer on Copyright*，§8.12［B］，Matthew Bender & Company，2003.

③ Adobe Systems Inc. v. Christenson，809 F. 3d 1071（9th Cir.，2015）.

反面规定："对作品原件或复制件的发行权在共同体内不应用尽，除非在共同体内对该物体（that object）的首次销售或其他所有权转移是由版权人进行的或已经其同意。"①

正是基于"发行权用尽"，图书馆可以合法地向公众出借馆藏书籍，个人也可将其用过的书籍和唱片在二手市场出售。虽然自20世纪80年代开始，由于复制音乐唱片、电影和计算机程序的行为严重影响了权利人的利益，许多国家在著作权立法中赋予权利人出租权（他人如欲以营利为目的出租其合法购得的作品复制件，仍然应当获得权利人的许可），从而在那些将出租行为也纳入广义发行行为的国家"发行权用尽"的适用范围缩小了，但由于出租权一般只适用于唱片、电影和计算机程序等特定类型作品的原件或复制件，故"发行权用尽"的地位并未受到根本影响。

网络的出现，使公众除了可以从书店和音像店等有形市场购买书籍、唱片等作品复制件之外，还可以通过网络下载的方式获得（制作）作品复制件。那么，对于合法下载而获得的作品复制件，下载者是否仍然可以不经权利人许可而以网络传输的方式将作品提供给他人呢？例如，经权利人授权后，经营者将小说、音乐等作品置于网络服务器中，付费用户可以直接将作品文件下载至自己的计算机中。此时，用户是否可以再将自己计算机中存储的作品文件通过"淘宝"等网站"售出"呢？

在媒体融合时代，逐步摆脱作品在提供时对物质载体的依赖是大势所趋，因此对上述问题的回答具有重要意义：不仅可以从理论上澄清"发行权用尽"是否适用于网络环境的需要，更重要的是可以判断权利人限制用户转让作品文件的做法是否合法。根据"发行权用尽"规则，权利人通过合同限制他人处分其合法获得的作品复制件，并不产生使随后发生的以销售等方式转让作品复制件的行为侵犯发行权的后果。例如，在美国发生的"Burke & Van Heusen 诉 Arrow Drug 案"中，原告是音乐作品的版权人，授权第三方销售音乐唱片，但在协议中规定唱片必须与一种洗发水一起销售。第三方将唱片与洗发水一起卖给了被告，而被告又将唱片单独转卖。美国法院判决：即使被告知道版权人与第三方关于唱片必须与洗发水一起销售的限制，被告基于"首次销售原则"单独转售唱片的行为也不构

① Directive 2001/29/EC of the European Parliament and of the Council of 22 May 2001 on the Harmonization of Certain Aspects of Copyright and Related Rights in the Information Society, Article 4 (2).

成侵权。[①] 目前，权利人在通过网络提供作品时，往往通过一系列技术措施限制用户转售作品文件的能力。例如，一些数字图书馆将客户端阅读程序与用户的特定计算机"捆绑"在一起，用户在阅读完数字化书籍后就无法将其转让给他人阅读，即使用户愿意在转让后立即删除自己计算机中的数字化文件。如果"发行权用尽"确实适用于通过网络下载获得的作品复制件，则权利人的这种限制的正当性就值得质疑，反之则具有正当性。

一、"发行权用尽"规则是否可适用于网络环境的不同观点与司法实践

顾名思义，"发行权用尽"当然只针对发行权。欧洲国家虽然在习惯上将其称为"权利穷竭"，但其中的"权利"也特指发行权。美国使用的术语是"首次销售原则"，但其内容就是"发行权用尽"，只是"首次销售原则"的用语强调了引起发行权用尽的是对作品原件或复制件的"首次销售"。

如前文所述，发行权是指权利人以销售或其他转让所有权的方式向公众提供作品原件或复制件的专有权利（广义的发行权还包括以转让占有，但不转让所有权的方式向公众提供作品原件或复制件的专有权利）。由于在网络出现之前，提供作品原件或复制件的唯一方式是转移作品物质载体的所有权，至少是对物质载体的占有，即销售、赠与或出租，因此发行权只适用于物质载体在市场中流转的行为。本章第一节至第三节的分析已经指出：通过网络提供作品，虽然最终结果是用户可以通过下载而在其网络终端设备中形成作品的复制件，但网络传播本身并不涉及作品物质载体的转移。因此，讨论"发行权用尽"在网络环境中适用的前提，是发行权在网络环境中的适用性。如果发行权根本不能调整通过网络提供作品的行为，那么用于限制发行权的"发行权用尽"也无法直接适用于网络环境。

本章第二节提及，目前在国际社会中唯有美国法院将发行权的适用范围一般性地扩大至网络传播行为。自美国白皮书建议承认通过网络传播作品可以构成"发行"以来，美国版权局和大部分美国法院均认为通过网络提供作品构成美国《版权法》意义上的"发行"行为，受发行权的控制。

正因为如此，在美国也产生了美国《版权法》规定的"首次销售原则"是否能够适用于网络环境的问题。1995 年美国白皮书认为：即使网络传输的发起者后来从计算机中删除了被传输的作品复制件，导致在传输

---

① Burke & Van Heusen，Inc. v. Arrow Drug，Inc.，233 F. Supp. 881（E. D. Pa.，1964）. 美国第五巡回法院对此有明确的结论："对于首次销售原则的法律是清楚的……即使版权人对于首次销售中的购买者施加了限制，购买者无视这一限制并不使购买者或二手市场中购买者构成版权侵权"［American Int'l Pictures，Inc. v. Foreman，576 F. 2d 661，663 - 664（5th Cir.，1978）］。

者和接受者之间只存在一份作品复制件，传输者也不能援引“首次销售原则”要求免责，原因是将作品通过网络传输给他人不仅构成“发行”行为，还构成复制行为，而“首次销售原则”只能用于限制发行权而不能用于限制复制权。因此，未经许可通过网络向他人传输作品虽然根据“首次销售原则”不侵犯发行权，却构成了对复制权的侵犯。① 但是，美国白皮书也主张：如果通过网络将作品文件下载到磁盘中，下载者没有通过网络传输向他人提供作品文件，而是将那张磁盘转售他人，则“首次销售原则”就可以适用。② 2001 年，美国版权局在《就美国〈千禧年数字版权法〉第 104 条的报告》中重申了美国白皮书的观点。③

对此，美国的图书馆集团持反对意见。它们认为不应对“首次销售原则”采取严格的形式主义的解释；主张只要在将作品通过网络传输提供给他人后删除了原件，“首次销售原则”就可以适用；并强调“消费者处分作品的传统权利不能被剥夺”④。美国部分学者也认为：只要能够确保传输者将作品文件通过网络传输给他人后不保留原件，“首次销售原则”就可以适用。⑤

这种意见也得到了一些美国国会议员的支持。从第 105 届美国国会开始，不断有议员提出议案，要求在美国《版权法》中规定“数字首次销售原则”（digital first sale doctrine）。1997 年提出的《数字时代版权加强法案》建议：通过网络向单个接受者传输了合法作品复制件的人只要基本上在同时删除了原有的作品复制件，就可以根据“首次销售原则”免责。⑥ 2001 年和 2003 年分别提出的《数字选择和自由法案》和《利益平衡法律》建议：数字化作品的所有人可以向单个接受者通过网络传输而出售作

① “Information Infrastructure Task Force，Intellectual Property and the National Information Infrastructure”（the report of the Working Group on Intellectual Property Rights），Washington，D. C，1995，pp. 92 - 93.，213 - 217.

② Ibid.，p. 93.

③ U. S. Copyright Office，“DMCA Section 104 Report-A Report of the Register of Copyrights Pursuant to 104 of the Digital Millennium Copyright Act”，August 2001，pp. 78 - 80.

④ “Reply Comments of the Library Associations before the Library of Congress”，the United States Copyright Office and the Department of Commerce，National Telecommunications and Information Administration，Washington，D. C.，at http：//www. mlanet. org/government/dmca/dmca _ reply02. html (Sept. 5，2000).

⑤ R. Anthony Reese，“The First Sale Doctrine in the Era of Digital Networks”，*Boston College Law Review*，Vol. 44，2003，p. 577.

⑥ Digital Era Copyright Enhancement Act，105th Congress，1st Session，H. R. 3048，Section 4 (November 13，1997).

品复制件，只要此人在售出后并未保留原有作品复制件。[①] 但这些法案至今均未被通过而成为生效法律。

在司法实践中，美国法院虽然一直认为部分通过网络传播的行为构成美国《版权法》中的“发行”，但始终拒绝对其适用“首次销售原则”。在美国发生的“Capitol 唱片公司诉 Redigi 公司案”中，ReDigi 公司声称自己是“世界上第一个也是唯一一个二手数字音乐的在线市场”，它的网站可以使用户“销售合法获取的数字音乐文件，且从其他用户手中购买二手数字音乐，其价格较正在 iTurns 上销售的数字音乐要便宜得多”。用户要在 ReDigi 公司的网站上进行“二手数字音乐”的转让，就必须先下载并安装一个应用程序，该程序会分析用户计算机中的文件并自动建立一个有权转让的音乐文件列表。所谓“有权转让”仅指从 iTurns 或 ReDigi 公司的其他用户处购买的该音乐文件。那些从 CD 中拷入的或从文件分享系统（P2P 系统）中下载的音乐文件则被排除在外。在用户将有权转让的音乐文件售出或上传至系统待售后，该软件会提示用户将计算机中的相同音乐文件删除，但不会自动删除或强制删除。同时，该软件也无法检测用户是否在该台计算机之外保留了音乐文件的复制件。如果用户拒不删除复制件，则 ReDigi 公司会终止该用户的账户。在用户将数字音乐文件上传至 ReDigi 公司的网盘（云存储服务器）之后，系统会对该音乐的销售情况进行分析。如果其他用户并没有在销售相同的音乐，则该文件会被存储在网盘中，上传该文件的用户自己也可以在线播放。如果该用户售出了该音乐文件，该文件在成交时就会被转移至买家的账户，出售者无法再播放或下载该文件，买家则可以在线播放、下载或选择转售。[②]

Capitol 唱片公司起诉 Redigi 公司侵害其专有权利，其中包括发行权，Redigi 公司则以“首次销售原则”进行抗辩。法院根据之前的普遍做法，认定在线传输音乐数字文件构成美国《版权法》意义上的“发行”[③]，但认为“首次销售原则”的抗辩无法成立。其理由有两点：一是在本案中，用户将数字音乐文件上传至 Redigi 公司的网盘，以及买家从 Redigi 公司的网盘将数字音乐文件下载至自己的计算机中时，都发生了《版权法》意

① Digital Choice and Freedom Act of 2002，107th Congress，2d Session，H. R. 5522，Section 4 (October 2，2002). Benefit Authors without Limiting Advancement or Net Consumer Expectations (BALANCE) Act of 2003，108th Congress，1st Session，HR 1066 (March 4，2003).

② Capitol Records，LLC v. ReDigi Inc.，934 F. Supp. 2d 640，645 - 646 (SDNY，2013).

③ Ibid.，651.

义上的复制，也就是在新的物质载体上固定作品，形成了复制件。① “首次销售原则”仅能适用于发行权，因此对于本案中未经许可复制作品的行为，“首次销售原则”不能适用。② 二是“首次销售原则”只针对“根据《版权法》合法制作的特定复制件或录音制品的复制件（美国《版权法》对普通复制件和录音制品的复制件进行了区分，前者的用语是 copy，后者的用语是 phonorecord——引者注）”。在本案中，一方面用户未经许可将数字音乐文件上传至 Redigi 公司网盘的行为侵害了复制权，形成的并不是“合法制作的复制件”；另一方面，卖家销售的并不是其从 iTurns 下载至其计算机硬盘上的那一份“特定的复制件”，而是其上传至 Redigi 公司服务器上的、新制作的复制件。③ 法院对此指出：

> 换言之，首次销售原则（的适用对象）限于诸如唱片之类由版权人投入商业流通的实物（material items），Redigi 公司并没有发行此类实物，相反，它发行的是固定在新物质载体之中、受版权保护的作品的复制件，新的物质载体就是 Redigi 公司位于亚利桑那州的服务器及其用户的硬盘。首次销售原则的抗辩只适用于销售过时的聚乙烯唱片与盒式录音带，不适用于上述（Redigi 公司的）行为。④

如前文所述，欧盟等其他国家和地区并不认为发行权可以适用于网络传输行为（欧盟法院仅在特定条件下将通过网络传输计算机程序的行为认定为“发行”，本章第二节已作详细阐述），因此在这些国家和地区，仅仅限制发行权的“发行权用尽”当然就无法适用于网络环境了。欧盟《版权指令》序言第 29 段针对“发行权用尽”的范围指出：

> （发行权）用尽的问题对于服务，特别是在线服务并不存在。此点也适用于由该服务的用户经权利人同意而对作品或其他客体制作的有形复制件……不像只读光盘（CD-ROM）或交互式光盘（CD-I）那种知识产权被承载于物质介质（material medium），也就是实物的情况，每一次在线服务事实上都是一种需要经过对版权或邻接权进行许可的行为。

由此可见，对任何在线服务，也就是通过网络传播作品的行为，都不可能适用“发行权用尽”。“由该服务的用户经权利人同意而对作品或其他客体制作的有形复制件”，是指因用户合法下载作品而在其计算机中形成

① Capitol Records，LLC v. ReDigi Inc.，934 F. Supp. 2d 640，648 - 650 (SDNY，2013).
②③④ Ibid.，655.

的复制件。但以用户计算机为载体的复制件，与以网络端服务器为载体的复制件，并不是同一复制件，因此对用户下载而形成的复制件，不存在“发行权用尽”的问题。

国际版权条约在这方面的立场也非常清楚。关于《世界知识产权组织版权条约》的“基础提案”对此明确指出：

> 应当指出的是：没有权利会随着向公众传播而用尽。如果作品在接收端形成了复制件，该作品不能在未获得授权的情况下继续向公众传播或者向公众发行。权利用尽只与对有形复制件（tangible copies）的发行有关。①

关于《世界知识产权组织视听表演保护条约》的“基础提案”对此也有类似表述：

> 对于向公众提供的行为（making available to the public），不存在权利用尽。该表演不能被接受者在未获授权的情况下再向公众提供（making available）或发行。权利用尽只与权利人或经其同意将有形复制件（tangible copies）投放市场的发行有关。②

这就明白无误地将向公众传播作品，包括通过网络实施的交互式传播，排除出了“发行权用尽”的适用范围。

在我国《著作权法》规定了与发行权并列的信息网络传播权，用于调整通过网络向公众提供作品的行为（交互式网络传播行为）。这意味着“发行权用尽”在我国也不适用于网络传播行为。

然而，这并不意味着美国之外的其他国家和地区就完全无须考虑在网络环境中能否适用“发行权用尽”规则。著作权法的精神在于利益平衡，“发行权用尽”对发行权的限制是著作权法实现利益平衡的途径。对于信息网络传播权也需要进行适当限制，以使著作权法在网络环境中达到利益平衡。这样，对于美国之外的其他国家和地区而言，虽然无须讨论专门针对发行权的“发行权用尽”规则是否可直接适用于网络环境，却需要研究是否应当扩大传统“发行权用尽”规则的适用范围，使之不但能够限制传统发行权，也能够限制信息网络传播权。

① WIPO Doc. CRNR/DC/4，Basic Proposal for the Substantive Provisions of the Treaty on Certain Questions concerning the Protection of Literary and Artistic Works to be Considered by the Diplomatic Conference (1996)，notes on Article 10，para. 10. 20.

② WIPO Doc. IAVP/DC/3，Basic Proposal for the Substantive Provisions of an Instrument on the Protection of Audiovisual Performances to be Considered by the Diplomatic Conference (1996)，notes on Article 10，para. 10. 05.

二、“发行权用尽”规则源于发行权与所有权的表面冲突

如果严格将“发行权用尽”规则的适用范围限定于发行行为——通过作品的物质载体所有权的转移提供作品，必然会得出“发行权用尽”规则并不适用于网络环境的结论。这是因为通过网络传播提供作品不但不涉及物质载体所有权的转移，而且在绝大多数情况下还构成对作品的复制——将作品上传至网络服务器。这与传统发行行为明显不同。但是，这种对著作权法的文本解释必将面临以下质疑：著作权法一直在随着技术变革而不断发生变化，许多规则的适用范围也较原先大为扩张，例如，表演权最早只适用于人用身体进行的表演（演唱、跳舞等），后来却扩大到能够控制“机械表演”（歌舞厅播放唱片等），这是因为“机械表演”也能导致公众对作品的欣赏。既然通过网络传播提供作品的最终结果与传统的发行行为一样，都是使公众获得了作品的复制件，而且在网络传播者删除了自己的复制件的情况下，也并未导致作品复制件数量的增加，那么为什么“发行权用尽”的适用范围就不能扩大到通过网络传播作品呢？

一条法律规则的形成，除立法者的主观意愿之外，更重要的是基于现实对特定法律规则的需求。因此，探讨“发行权用尽”规则是否能在网络环境中适用或扩张，必须首先研究这一规则确立的深层原因。如果该原因在网络环境中仍然存在，就有可能通过调整表述“发行权用尽”的立法语言使之得到适用。表演权的调整范围之所以能够扩大到包括“机械表演”，也是出于以表演权控制“现场表演”的原因——防止未经许可使公众欣赏作品而损害权利人的利益，对于“机械表演”同样存在，而使观众得以欣赏作品的表演手段却是无关紧要的。

那么，“发行权用尽”规则得以确立的原因究竟是什么？美国图书馆利益集团认为：制定这一原则是为了保障“有用的知识在社会中的持续流动”①。“发行权用尽”规则确实允许人们出售自己合法拥有的书籍，那些无力支付新书价款的人通过购买价格较为低廉的二手书而获得了“有用的知识”。但是，制定一项法律规则的原因与该规则实际达到的效果并不是一回事。

在网络出现之前，一部作品要获得广泛传播，最基本的方式就是由出版商将作品大量复制于纸张、光盘等“物质载体”之上，形成书籍、唱片等“作品复制件”，并通过转移作品复制件所有权的方式（销售、赠与）向公众

① Digital Era Copyright Enhancement Act，105th Congress，1st Session，H. R. 3048，Section 4 (November 13，1997).

提供作品。对于作为作品“复制件”的书籍或唱片而言，它们具有双重属性。首先，它们有长、宽、高，占据一定物理空间，能够为人力所控制和支配，毫无疑问它们是一种法律意义上的“物”，是受物权调整的客体，购得书籍或唱片者对其享有所有权。其次，它们承载着作为智力创造成果的作品，而使用作品的特定行为又受到著作权的控制。这样，对书籍或唱片的使用，就会同时涉及所有权与著作权。在许多情况下，这两项权利并不会发生冲突。例如，阅读书籍或在自家播放唱片，既属于对“物”的使用，又没有侵犯著作权人对其作品的任何一项专有权利，因为著作权法中并没有所谓“阅读权”，同时表演权也不能规制非公开表演（在家中实施的“机械表演”）。然而，当书籍或唱片的所有权人意欲在市场上出售该书籍或唱片时，表面上就会出现有学者所说的情况：书籍或唱片的所有权人行使“处分权”这一属于所有权权能的权利，与著作权人控制以出售等所有权转让方式向公众提供作品复制件的专有权利——发行权，产生了冲突。①

那么，追求法律体系和谐协调的立法者为什么会容忍所有权与发行权在这种情况下发生冲突呢？应当说，著作权法的调整对象并非有形财产，而是作为智力创造成果的作品，因此在绝大多数情况下著作权法并不干涉有形财产的转让。综观前网络时代著作权法赋予著作权人的一系列专有财产性权利，可以发现，除发行权之外，其他权利均以控制对作品内容某种形式的“再现”为目标：复制权规制制作作品有形复制件的行为；展览权、表演权、放映权和广播权规制用身体、机械装置等各种传播手段再现作品内容的行为，只是有些“再现”发生在传播发生地，而另一些“再现”并不发生在传播发生地（关于对现场传播和远程传播的区分，参见本书第四章第一节）；演绎权控制以改编、翻译、汇编等方式再现作品内容的行为。为什么著作权法要控制对作品内容的“再现”？这是因为只有“再现”作品内容才能使公众阅读、欣赏作品，利用作品的内在价值。著作权法正是通过一系列用于控制“再现”作品内容的专有权利来保障作者从创作中获得经济回报的。由于“再现”作品内容并不需要借助物质载体的流通，因此这些专有权利均不限制有形财产——作品的物质载体（作品的原件或复制件）依照物权法规则的转让。

因此，从性质上说，发行权与其他专有财产性权利是截然不同的。它的目的并不在于规制对作品内容的“再现”，而是对作品有形载体，即原件或

① 王春燕．贸易中知识产权冲突之解决原则——权利穷竭的含义、理论基础及竞争力范围．中国人民大学学报，2003（1）．

复制件的转让加以限制。为什么著作权法要创设这样一种与所有权中的“处分权”相冲突，又与“再现”行为无关的权利呢？既然向公众提供作品复制件的前提是对作品进行复制，而复制行为又受复制权控制，那么著作权人不就足以通过许可他人复制作品而获得足够的经济回报了吗？根据已故美国著名版权法专家麦尔威尔·尼默提出的被广为接受的观点，这是为了避免出现一种奇怪的后果：如果他人未经版权人许可将其作品印刷成100本书，由于这100本书是侵权物品，版权人有权阻止此人向公众出售；如果版权人许可他人制作了一批作品复制件，但无意向公众提供，小偷从他人手中偷走了这批合法的作品复制件，则版权人无权阻止小偷向公众出售。的确，只有复制件的所有权人能够要求小偷返还作品复制件，阻止小偷向他人出售。而版权人在缺乏发行权的情况下，没有任何法定理由阻止小偷的出售行为。如果经过许可制作的作品复制件在版权人没有获得经济报偿的情况下流入市场，不但剥夺了版权人本应取得的经济利益，还会因为有相当数量的公众有机会对作品进行阅读或欣赏，影响版权人日后的发行。因此，赋予版权人发行权是为了对复制权加以补充，以对版权人提供充分的保护。①

可见，不以有形财产为调整对象的著作权法之所以通过创设发行权涉足有形财产的转让，最初只是为了应对一种特殊的情况——阻止他人出售以偷窃或以其他不当方式获得的合法制作的作品复制件，并不是为了限制他人对经权利人许可投放市场的作品复制件的所有权。而且在这种特殊情况下，发行权并没有与所有权发生冲突：对于小偷而言，偷窃行为当然不能使他成为作品复制件的所有权人，其出售行为属于物权法上的无权处分，著作权人根据发行权阻止小偷的出售行为谈不上与所有权中的“转让权”发生冲突。对于作品复制件的所有权人而言，著作权人享有发行权并没有影响其运用物权法上的物上请求权，要求小偷返还作品复制件。物上请求权与发行权可以同时存在，同时行使。在现实生活中，发行权实际上主要用于阻止他人出售未经许可而印刷或制作书籍、唱片等。在这种情况下，非法印刷或制作的作品复制件本身是侵权物品，属于有关出版发行的法律所规定的“禁止流通物”，侵权物品的制造者和随后的受让人都不能获得所有权，都不能合法地对其加以转让，因此同样不存在发行权与所有权中的“转让权”的冲突。当然，这两种权利在个别情况下的冲突确实存在，例如，作家将手稿（作品原件）借与朋友阅读，而该朋友擅自将手稿卖与他人，买受人如为善意，则可根据善

---

① Melvile B. Nimmer & David Nimmer, *Nimmer on Copyright*, §8.12 [A], Matthew Bender & Company, Inc., 2003.

意取得制度取得手稿的所有权。此时只能借助发行权来阻止善意买受人通过拍卖等方式向公众提供该手稿，从而构成了对所有权中的转让权的限制。但这种冲突毕竟是十分罕见的。[①]

显然，著作权法创设发行权所要应对的问题——他人未经许可将作品复制件投放市场，损害著作权人的经济利益，在经权利人授权将作品复制件投放市场的情况下并不存在。如果此时允许权利人限制买受人转售其购得的复制件，就不再是为了实现补充复制权，保证权利人从对其作品的出版发行中获得应有经济利益的目的，而演变为授权权利人对他人的所有权和有形财产的合法流通加以大规模的干涉。这不仅与交易习惯和所有权的基本观念相冲突，损害了允许合法商品自由流转这一市场经济赖以存在的基本规则，更重要的是违背了著作权法创设发行权的根本目的，导致了权利人的发行权与所有权中的转让权能的经常性冲突。

从以上分析中还可以得出一个结论："发行权用尽"并非立法者针对发行权创造出的新规则，而是对发行权进行合理解释的必然结果。换言之，它是发行权的应有之义。例如，美国《版权法》中有关"首次销售原则"的规定被公认为源自 1908 年美国联邦最高法院的判例"Bobbs-Merrill 诉 Straus 案"，而该判例也被认为仅仅确认了早期普通法禁止对有形财产转移施加限制的规则。[②] 可以断言，著作权法即使不规定"发行权用尽"规则，交易习惯和社会观念也会自然而然地认定：被合法投放市场的作品复制件的买受人有权对其进行转让。

《伯尔尼公约》虽然在第 14 条规定了针对电影作品的发行权——"文学艺术作品的作者享有下列专有权利：(1) 授权将这类作品改编和复制成电影以及发行经过如此改编或复制的作品……"，但并没有规定"发行权用尽"规则。在我国《著作权法》及相关行政法规与司法解释中，也没有对"发行权用尽"规则的明文规定，但无论是学者还是法院均不会承认权利人有控制他人出售其合法所有的作品复制件的权利。相反，《著作权法》专门规定出租权，对将载有视听作品和计算机软件的物质载体（如录像

---

① 同时，考虑到英美法直至 20 世纪中期以后才承认"善意取得制度"，很难说立法者当初设计"发行权"的目的之一在于限制所有权人的"转让权"。Barlow Burke, *Personal Property*, second edition, West Publishing Co., 1993, p.251. 王利明．物权法论．北京：中国政法大学出版社，1998：289.

② Senate Report No. 162, 98th Congress., 1st Session 4 (1983). 在该案中，原告是一本书的版权人，在这本书的版权标记下，印有"此书的销售价不应低于一美元，以及以低于一美元价格出售的行为构成版权侵权"的说明。被告在转售时价格低于每本一美元。美国联邦最高法院判定被告没有义务履行版权人对售价的要求。Bobbs-Merrill Co. v. Straus, 210 U.S. 339 (1908).

带、光盘）临时转移给他人这一行使所有权的行为加以限制。[①] 这说明立法者认为：作品的合法复制件在被权利人投放市场后，其流通应像普通之物那样受物权法规则的支配，不应再受发行权的干涉。而且这一点是不言自明的，无须在著作权法中作出专门说明。只有在个别情况下需要对此施加特殊限制时，才在著作权法中对此例外情形加以规定。

可见，在正确理解和适用发行权的情况下，并不会产生权利人的发行权与所有权人的转让权能的经常性冲突，也就没有必要在著作权法中规定“发行权用尽”规则。但是，“法律权利总是倾向于用绝对化的语言来表达自己”[②]，著作权法对发行权的文字表述可能使部分权利人误认为自己享有控制复制件流转的绝对权利。虽然权利人出于交易习惯，一般不会限制普通消费者转让作品复制件的行为[③]，但有可能基于对发行权的错误理解而在许可发行合同中对下手商家之间转售作品复制件的行为加以限制。迄今为止国外发生的较为著名的有关“发行权用尽”的案例，大多涉及这种贸易中的限制性条款。为了确认发行权的立法目的，澄清发行权的适用范围，立法者需要在创设发行权之后，规定“发行权用尽”规则。

法国《知识产权法典》本来没有关于“发行权用尽”规则的规定，但该法典在将计算机软件纳入著作权保护范围后，在没有对其他类型的作品规定“发行权用尽”规则的情况下，于第 L122－6 条第 3 款针对计算机软件规定：“在欧盟成员国国内首次销售软件复制件的行为，除了许可出租的权利之外，应使将软件复制件投放成员国市场的权利用尽。”显然，不能认为法国《知识产权法典》规定的“发行权用尽”规则只适用于计算机软件的复制件而不适用于其他类型作品的复制件。这条特殊规定只能说明法国立法者认为根本不需要对一般类型作品的发行规定“发行权用尽”规则。但由于计算机软件经销商经常在合同中加入限制转让软件复制件的条款，所以有必要在法律中规定“发行权用尽”规则，以防止软件经销商不正当地限制消费者对软件复制件的所有权。因此，规定“发行权用尽”规

① 参见《著作权法》第 10 条第 1 款第 7 项。

② 引言为美国联邦最高法院在著名的 Sony Corp. of America v. Universal City Studios，Inc. 案中的陈述。464 U. S. 417，432（1984）.

③ 权利人控制普通消费者处分作品复制件的行为直至计算机程序问世后才出现。一些计算机程序厂商试图通过许可合同将向消费者销售计算机程序的行为定义为“许可”，而非“销售”，以规避“发行权用尽”对计算机程序的适用。关于这种行为的合法性尚存争议。Lothar Determann，Aaron Xavier Fellmeth，“Don't Judge a Sale by Its License：Software Transfers under the First Sale Doctrine in the United States and the European Community”，*University of San Francisco Law Review*，Vol. 36，2001，p. 1.

则并不是为了“解决”著作权与所有权之间的冲突，而恰恰是为了确认两者各自的界限。有一种观点认为：既然某些国家的立法没有规定“发行权用尽”规则，这些国家的发行权就不会用尽。这显然是不能成立的。①

可见，尽管“发行权用尽”规则的存在客观上有助于保障“有用知识的持续流动”，但这并非立法者所刻意追求的目的，更不是在著作权法中规定这一原则的根本原因。

三、网络环境中“发行权用尽”规则缺乏适用的基础

确立“发行权用尽”规则的理由在网络环境中是否存在呢？答案是否定的。如前文所述，确立“发行权用尽”是为了使发行权按照立法者的本意得到正确适用，即发行权主要用于阻止他人未经许可将作品复制件投放市场，以此作为复制权的补充，保证权利人能从对其作品的发行中获得相应的经济回报，而非用于在作品复制件经权利人许可投放市场后，干涉复制件的合法获得者依据所有权对其进行处分。在网络环境中，尽管作品在被传输之前和被传输之后都依附于特定的物质载体——硬盘、光盘等存储设备，但作品在网络中被传输时，已脱离了原先的物质载体。网络传输只是一个数字信息的流动过程，并不涉及有形物的转移，与所有权中的处分权能毫无关系。退一步讲，即使将发行权的适用范围扩大到网络环境，将通过网络传播向公众提供作品的行为视为“发行”，但由于这种所谓“发行”并不涉及有形财产在有形市场中的流转，发行权与所有权处分权能之间即使在表面上的冲突也无从谈起，用于澄清发行权与所有权中处分权能之关系的“发行权用尽”规则当然也就失去了存在的基础。

但是，正如前文所指出的，即使承认“发行权用尽”规则无法直接适用于网络环境，立法者仍然需要回答另一个问题：既然权利人可以通过信息网络传播权控制以交互式手段向公众提供作品的行为（交互式传播行为），那么著作权法是否应当对这一专有权利施加类似于“发行权用尽”规则的限制，以达到权利人与公众的利益平衡呢？例如，著作权法是否可以规定：只要事后删除了计算机中存储的数字化作品文件，合法下载了作品文件的用户有权通过网络传输向他人转让作品文件（此即美国一些国会

---

① 如有学者认为在比利时和法国等国，“发行权永远不会用尽”［肖永平，岳为群．论著作权中的发行权用尽规则．湘潭工学院学报（社会科学版），2000（2）］。这种说法并不准确。关于法国的情况已在正文中说明。虽然比利时《著作权法》中没有规定“发行权”和相应的“首次销售原则”，但比利时学者和法院均认为《著作权法》中的广义“复制权”可以包含“发行权”，而且比利时也应遵循欧盟有关“发行权用尽”的判例。See Alain Strowel，Jan Corbet，*BEL International Copyright Law and Practice*，*chapter* 8（b）（i），Matthew Bender & Company，2003.

议员建议的“数字首次销售原则”）呢？

对此首先需要指出的是：即使著作权法确实作出了这样的规定，它也不应当被视为“发行权用尽”规则在网络环境中的适用或扩大，而是针对信息网络传播权专门制定的权利限制机制。因为尽管两者的内容在字面上相似，但立法原因完全不同：前者只是确认经权利人许可投放市场的作品复制件在流转方面受物权法规则支配，而后者则是为了达到利益平衡而人为地限制权利人的专有权利，与物权法无涉。

其次，经权利人许可后，消费者将数字化作品文件从网上下载至硬盘等物质载体后，在没有对数字化作品文件进行再复制的情况下（如将硬盘中存储的作品文件刻录至光盘中），转让该承载作品文件的物质载体是在行使对物质载体的处分权。即使发行权被扩大适用于网络环境，根据创设发行权的立法原因，作品经权利人许可被下载至物质载体后，由于权利人通过许可作品下载已经获得了经济回报，立法上没有理由限制该物质载体的所有权人在有形市场上出售该物质载体。因此，美国白皮书和《就〈千禧年数字版权法〉第 104 条的报告》认定用户在合法地将作品下载至磁盘后有权转让该磁盘的观点是正确的。

最后，即使未来发展出的技术确实能够确保网络一旦用户向他人传输作品文件，其计算机中存储的原有作品文件就会被删除，用户的传输行为依然构成受复制权控制的复制行为，因为传输的结果是使接受方获得一份新的作品复制件。是否应当在立法上允许用户将其合法下载的作品文件进行在线转让（也即规定“数字首次销售原则”），应当取决于这种行为对权利人之经济利益造成的影响。

立法者在著作权法中规定各种专有经济权利的原因，在于对作品使用者的行为加以一定程度的限制，以保证权利人能够获得充分的经济回报。例如，在 20 世纪 80 年代之前，各国著作权法均未规定出租权，并不限制对音乐磁带、电影录像带的出租。但是，在双卡录音机、录像机普及后，消费者往往以低廉的价格租借音乐磁带、电影录像带并对其进行复制，从而严重影响了相关权利人的经济收入。为此，各国才开始通过规定出租权对出租行为加以限制。发行权和“发行权用尽”规则之所以尊重消费者对其合法购得的作品复制件的所有权，不限制其进行转售，从经济原因上看，是二手书和唱片市场的存在并没有严重影响权利人的经济利益：物质载体会随着时间的流逝不断磨损，影响他人对作品的欣赏，并会最终损坏、灭失；要销售二手书和唱片需要寻找有形市场和买家，需要付出交通费等一系列交易成本；要在市场上寻找所需的二手货也需要付出成本，导致许多人不愿意费力去出售和购买二手货。因此，大多数人在需要欣赏作品时，第一选择并不是去二手市场，而是直接在书店或音像店购买新书和唱片。但是，数字化作品无论在网络中被传输多少次，其质量都不会有一丝一毫的降低。随着电子商务的发展，特别是电子支付系统的完善，在诸如“淘宝网”的网上市场中寻找和交易数字化作品都相当容易，足不出户就可以利用数字支付而立即通过网络获得数字化作品文件。这很有可能导致消费者将从网上下载相对廉价的“二手”数字化作品作为第一选择，从而影响权利人的经济利益。

即使在前网络时代，一些国家已经鉴于公共图书馆对作品销量的影响而在著作权法中创设“公共借阅权”，以补偿权利人遭受的损失。① 而在网络环境中，数字化作品的反复交易和传播对作品销量的影响将比公共图书馆的影响要大得多，如对其加以放任，可能会严重损害权利人的经济利益。因此，很难想象允许消费者通过网络将合法下载的作品文件传输给他人会达到真正的利益的平衡。当然，这种“数字首次销售原则”是否能够确立，最终仍然需要观察和评价网上数字化作品的“二手”市场对权利人之经济利益的影响。从这个意义上说，它的设立与否不仅和对现有著作权法条文的解释毫无关系，也不涉及和物权法之间的协调，而将完全取决于一种利益平衡的考量。

四、网络环境中“发行权用尽”与计算机程序的“转售”

上文的结论，当然也适用于“发行权用尽”规则与通过网络提供计算机程序之间的关系。换言之，通过网络提供计算机程序下载，并不构成发行行为，也不应导致“发行权用尽”。但是，此处需要特别讨论欧盟法院判决的“UsedSoft 诉 Oracle 案”。前文已指出，将此案作为依据，认为欧盟一般性地承认通过网络传输作品构成发行行为的观点是不成立的。理由是此案解释的仅仅是《计算机程序法律保护指令》，而不是《版权指令》，后者明确规定发行行为只涉及有形物，且“发行权用尽”规则不适用于在线服务。因此，此案以及欧盟法院在后续案例中的判决，仅承认对计算机程序的发行行为无须针对有形物，且对于通过网络下载的计算机程序，也可适用“发行权用尽”规则。但即便如此，也需要分析这一认定的合理性。

---

① 例如，英国于 1979 年确立了“公众借阅权”，据此，每一本从公共图书馆借阅的书籍都必须登记。由政府根据出借的次数决定向作者分配的金额，每年不低于 5 英镑、不超过 6 000 英镑。Lionel Bentlyn，William R. Cornishn，*UK International Copyright Law and Practice Scope*，chapter 11 (1) (A) (iii) (c)，Matthew Bender & Company，2003.

在该案中，争议焦点是用户在合法购买了使用计算机程序的许可并从官方网络服务器下载了正版计算机程序后，能否在销毁计算机程序复制件的情况下，将使用计算机程序的许可转售给他人，使他人可以使用其自行从软件公司的网络服务器下载的计算机程序。欧盟法院在该案中认为，软件公司将计算机程序置于网络服务器中供用户下载，并通过许可协议给予用户永久使用的权利，属于对计算机程序的“销售”，因此可以适用“发行权用尽”规则。①

对于此案的判决结果，需要特别注意其特殊的前提——对相关计算机程序的使用以购买许可为条件。此案涉及 Oracle 公司的商业程序，要安装和运行此类计算机程序，必须由系统验证许可，即输入正确的序列号。该序列号在民法上的意义就是用户获得的债权凭证，与美容店售出的服务卡无异。用户输入该序列号，即出示债权凭证后，有权获得软件公司的给付——允许用户安装和运行相关计算机程序。这也与顾客向美容店出示服务卡后，美容店应当履行自己的债务，向顾客提供美容服务无异。该债权凭证（序列号）具有独特性，即不同用户获得的序列号是不同的，且许可协议限定了给付的范围，即能够在几台计算机上安装和运行相关计算机程序。即使用户没有转让该债权凭证（序列号），也不能超出许可协议的限定去安装和运行相关计算机程序。例如，微软 Office 程序的普通许可协议只允许用户在一台计算机中安装和运行。如果同一用户在第二台计算机中安装和运行，也就是使用相同的序列号第二次激活 Office，Office 的激活服务器就会认为安装次数已超过许可协议的约定，而不予激活。如果用户因系统崩溃而需要重装，而激活服务器误认为用户超数量安装，则用户还需要联系微软客服说明情况，在经过系统验证后取得一次性序列号以完成安装。②

安装和运行计算机程序所需的债权凭证（序列号）及许可协议的相应限制，加上激活服务器的验证机制，基本上确保了用户进行所谓“二手程序销售”时，必须卸载原先安装的计算机程序，即销毁自己持有的复制件，否则“购买者”无法正常安装和运行计算机程序。换言之，对于此类计算机程序而言，仅仅复制计算机程序、增加复制件的数量，而不购买相应数量的许可，是没有意义的。反之，单纯转让安装和运行计算机程序所需的债权凭证（序列号），而不提供相应的计算机程序复制件（如交付载

---

① UsedSoft GmbH v. Oracle International Corp.，C-128/11（2012），paras. 46，88.

② 笔者自己就有这样的经历。

有软件的光盘)，也不直接提供计算机程序（如将计算机程序上传至百度网盘供“购买者”下载)，在多数情况下是可行的，因为包括 Oracle 和微软在内的各大软件公司都在官网上提供计算机程序的下载和试用。所谓“试用”，无非是无须输入序列号就可在一定期限内使用，但超过该期限后如不输入序列号就无法使用或者只能调用有限的功能。已下载的“试用版”，在输入了有效的序列号后，也就成为“正式版”。

因此，所谓计算机程序的“转售”，也就是销售“二手程序”，实际上转让的是债权凭证（序列号)，也就是安装和运行软件的许可。用户在向软件公司支付了许可使用费之后，取得了安装和运行软件的许可，取得了要求软件公司向其给付的债权，该债权的凭证就是序列号。用户卸载原先安装的计算机程序并将序列号转让给他人，实际上是将请求软件公司给付的债权转让给了他人，其合法性应根据《民法典》对债权转让的规定而定。

根据《民法典》第 545 条的规定，除根据债权性质、当事人约定和法律规定不得转让的之外，债权人可以将债权的全部或者部分转让给第三人。《民法典》第 546 条第 1 款规定，“债权人转让债权，未通知债务人的，该转让对债务人不发生效力”。第 547 条第 1 款规定：“债权人转让债权的，受让人取得与债权有关的从权利，但是该从权利专属于债权人自身的除外。”根据这些规定，只要许可协议没有约定债权不得转让，已经支付费用、取得许可的用户可以将其对计算机程序的债权转让给他人。由于序列号属于债权凭证，转让序列号就是转让用户对软件公司的债权。由于受让人安装和运行计算机程序时，需要输入序列号完成验证，故相关信息发送至软件公司激活服务器时，就相当于要求软件公司进行给付，应当被视为对债务人（软件公司）的通知。当然，软件公司可能在许可合同中加入禁止用户（被许可人）转让债权的条款。但是，软件公司的给付不仅不具有任何人身性质，而且对于普通用户而言并无许可条件和费用上的差异，故没有理由允许对普通用户转让其债权的行为进行限制。因此，完全可以根据《民法典》第 497 条有关“提供格式条款一方不合理地……限制对方主要权利”或“提供格式条款一方排除对方主要权利”的，该条款无效的规定，认定普通用户许可协议中禁止转让的条款无效，从而实现允许用户转让债权的效果。

与根据债权转让的原理允许用户进行软件“转售”相比，欧盟法院将“发行权用尽”规则适用于通过网络下载的软件的做法可谓事倍功半。如前文所述，虽然欧盟法院利用了《计算机程序法律保护指令》未同时规定发行权和向公众提供权，以及并未明确将发行行为限定为转让有形物的特殊情况，实现了对发行行为和“发行权用尽”规则的扩张解释，但它导致了欧盟版权法的分裂，导致《版权指令》和《计算机程序法律保护指令》中“发行”和“发行权用尽”的含义截然不同。这实不足为我国所借鉴。

第六节 “出版”与网络环境

在我国《著作权法》第63条规定，“本法第二条所称的出版，指作品的复制、发行”。可见“发行”是“出版”的构成要件，不存在没有“发行”的“出版”。前文已经论证了通过网络传播作品不可能构成《著作权法》中的发行行为，通过网络传播作品自然也不可能属于《著作权法》意义上的“出版”。

然而，“出版”在《著作权法》和《伯尔尼公约》中具有特别的意义，它与作品能否在我国和《伯尔尼公约》其他成员国受到保护具有直接关系。《著作权法》第2条第3、4款规定：

> 外国人、无国籍人的作品首先在中国境内出版的，依照本法享有著作权。
>
> 未与中国签订协议或者共同参加国际条约的国家的作者以及无国籍人的作品首次在中国参加的国际条约的成员国出版的，或者在成员国和非成员国同时出版的，受本法保护。（注：着重号为引者所加）

这里的“国际条约”当然主要指《伯尔尼公约》。据此，外国人、无国籍人（以下统称“外国人”）的作品（以下统称“外国作品”）在我国或《伯尔尼公约》其他成员国首先或同时“出版”，就可受《著作权法》保护。同时，根据《伯尔尼公约》的规定，如果作者既非《伯尔尼公约》成员国的国民，在成员国也没有惯常居所，则其作品在包括我国在内的成员国受保护的条件，就是在成员国首先出版，或在成员国与非成员国同时出版。①

由此可见，研究“出版”与“发行”的概念具有不同的法律意义。后者主要用于认定哪些行为受到发行权控制，从而可能构成对发行权的侵犯，而前者则用于认定外国作品受我国《著作权法》保护的资格。虽然前文已经论证了通过网络传播作品不可能属于《著作权法》意义上的“发

① 参见《伯尔尼公约》第3条第1款第2项。

行”，进而不可能构成“出版”，但这也是以相关行为是否可能侵犯发行权为出发点的。鉴于“出版”在《著作权法》中的特殊意义，以及《伯尔尼公约》的专门规定，下文将从解释国际条约的角度对通过网络传播作品能否构成“出版”进行研究。

通过网络传播作品，是否属于《著作权法》第2条和《伯尔尼公约》意义上的“出版”，从而成为外国作品在我国受到保护的依据？有学者认为，《著作权法》对“出版”的定义是“作品的复制、发行”，没有提到“原件或复制件”，因此“发行”并不只是针对作品的物质载体，网络环境中也有发行。[①] 这势必意味着通过网络传播作品也能构成“出版”。上述观点是否成立，与外国作品能否在我国受到保护密切相关。例如，属于“一带一路”沿线国家的伊朗、伊拉克均未加入《伯尔尼公约》。[②] 设想一位伊朗或伊拉克的作者在《伯尔尼公约》成员国并无惯常居所，但将其小说首先上传至本国网站供用户阅读。由于网络传播并无国界之分，其他国家的网络用户也可同时登录该网站阅读作品。那么，这位伊朗或伊拉克的作者是否通过网络“首先出版”了其作品呢？如果回答是肯定的，是否又是在非成员国（伊朗或伊拉克）和所有提供互联网服务的成员国“同时出版”呢？如果回答又是肯定的，则该作品，应当根据《著作权法》第2条有关“未与中国签订协议或者共同参加国际条约的国家的作者……首次……在成员国和非成员国同时出版的，受本法保护”的规定，在我国受到著作权保护。目前，媒体融合不仅在我国如火如荼，在其他国家也出现了积极发展的趋势。今后越来越多的作品可能不再借助有形物质载体实现“出版”，而是在网络中首发。随着我国对外经贸关系的进一步发展，以及“一带一路”倡议得到越来越多的沿线国家的响应，哪些外国作品在中国能受到保护，日益成为重要问题。

一、通过网络传播不符合《伯尔尼公约》对“出版”的要求

《著作权法》第2条对“出版”与作品保护之间的关系的规定，是实施《伯尔尼公约》的结果[③]，它直接来源于《伯尔尼公约》第3条。该条第1款第2项规定，“作者为非本同盟任何成员国的国民者，其作品首次在本同盟一个成员国出版，或在一个非本同盟成员国和一个同盟成员国同时出版

---

① 何怀文．网络环境下的发行权．浙江大学学报（人文社会科学版），2013（5）：154.

② 在67个“一带一路”沿线国家中，尚有缅甸、柬埔寨、伊朗、伊拉克、巴勒斯坦、马尔代夫和东帝汶未加入《伯尔尼公约》。关于《伯尔尼公约》成员国名单请参见 http://www.wipo.int/export/sites/www/treaties/en/documents/pdf/berne.pdf.，访问日期：2021-08-20。

③ 胡康生．中华人民共和国著作权法释义．北京：法律出版社，2002：8-12.

的都受到保护”。该条第4款规定，“一个作品在首次出版后三十天内在两个或两个以上国家内出版，则该作品应视为同时在几个国家内出版”。

由此可见，对《著作权法》第2条中的“出版”的解释，不可以偏离《伯尔尼公约》的相关规定。《伯尔尼公约》最后一次实质性修改后的版本是1971年巴黎文本，我国加入的也是1971年巴黎文本。在1971年，互联网还未诞生，《伯尔尼公约》的制定者在起草与“出版”有关的规定时当然不可能考虑互联网，但这并不意味着不能从公约的现有规定中获得合理解释。《伯尔尼公约》虽然并没有直接对“出版”进行定义，但其第3条第3款界定了“已出版作品”：

> “已出版作品”一词指得到作者同意后出版的作品，而不论其复制件的制作方式如何，只要从这部作品的性质来看，该复制件的可获得性能满足公众的合理需要。①

由此可见，《伯尔尼公约》要求“已出版作品”达到三项条件，即已获得作者同意、向公众提供作品的复制件，以及复制件的数量满足公众的合理需要。在国际上，也有一种观点认为：通过互联网传播作品，只要可使公众获得作品的复制件，就属于“出版”。研究《伯尔尼公约》的权威学术著作《国际版权和邻接权：〈伯尔尼公约〉及对其的超越》对此指出：

> ……数字传输仍然在一些情况下符合“出版”的构成条件。由于并不存在将数字传输排除出“出版”的有说服力的正当政策理由，对（《伯尔尼公约》）第3条第3款作出与时俱进的解释更为可取。②

笔者认为，即使不考虑这种观点所造成的不利后果（后文将详述），从《伯尔尼公约》对“已出版作品”的规定本身来看，该观点也无法成立。这是因为虽然《伯尔尼公约》不可能提及互联网，但其中的用语提供了解决通过网络传播是否构成“出版”问题的线索。

（一）《伯尔尼公约》已将传播行为排除出“出版”的范围

《伯尔尼公约》一方面对“已出版作品”进行了定义，另一方面还明确指明某些行为并不构成“出版”：

---

① 此处“该复制件的可获得性能满足公众的合理需要”对应的原文是“provided that the availability of such copies has been such as to satisfy the reasonable requirements of the public”。官方译文为“复制件的发行方式能满足公众的合理需要”，但“availability”是指“可获得性”，并不强调提供的手段是“发行”。

② Sam Ricketson，Jane C. Ginsburg，*International Copyright and Neighbouring Rights*：*The Berne Convention and Beyond*，2nd edition，Oxford University Press，2006，p. 277，para. 6. 52.

> 戏剧、音乐戏剧、电影作品的表演或音乐作品或放映，文学作品的公开朗诵，文学或艺术作品的有线传播或广播，美术作品的展出和建筑作品的建造不构成出版。①

在上述不构成“出版”的行为中，“建筑作品的建造”之所以不属于“出版”，明显是因为建筑作品通常只会有一幢建筑物作为载体。即使经作者同意，根据建筑作品的设计图建造了几幢建筑物，也就是形成了几个复制件，复制件的数量也不可能“满足公众的合理需要”。余下的其他行为，即表演、放映②、朗诵、有线传播和（无线）广播③，都不属于制作和提供作品复制件的行为，与《伯尔尼公约》中的复制权及《世界知识产权组织版权条约》规定的发行权无关。④ 相反，它们与《伯尔尼公约》规定的两类权利有关：第一类是面向现场受众进行表演或放映的表演权、朗诵权、放映权。第二类是将作品或对作品的现场表演向不在现场的受众传送的“向公众传播权”（也即本书第四章将进行说明的远程传播权）。需要说明的是，在汉语中，面向现场的不特定多数人对音乐作品的表演、对文字作品的朗诵和对电影的放映，都可以被称为“向公众传播”。但在《伯尔尼公约》和《世界知识产权组织版权条约》中，“向公众传播”（communication to the public）仅指面向不在现场的受众进行的传送，不包括仅面向现场受众进行的表演、朗诵或放映（本书第四章第一节还将对此进行详细分析）。⑤ 在这种情况下，《伯尔尼公约》从“出版”的范围中明文排除

---

① 《伯尔尼公约》第 3 条第 3 款后半句。

② 在《伯尔尼公约》英文文本中，与中文文本中“表演、放映”对应的只有一个单词——“perform”（名词为 performance）。只是对戏剧和音乐的 perform 在中文中被译为“表演”，对电影的 perform 在中文中被译为“放映”。

③ 在《伯尔尼公约》英文文本中，与中文文本中的“广播”对应的是“broadcast”，“broadcast”仅指以无线方式传送作品。对此参见世界知识产权组织编．保护文学和艺术作品伯尔尼公约（1971 年巴黎文本）指南：附英文文本．北京：中国人民大学出版社，2002：273：第 11bis. 8 段．世界知识产权组织编．著作权与邻接权法律术语汇编：中英法对照．刘波林，译．北京：北京大学出版社，2007：26.

④ 《世界知识产权组织版权条约》第 6 条第 1 款规定：文学和艺术作品的作者应享有授权通过销售或其他所有权转让形式向公众提供其作品原件或复制品的专有权。

⑤ 虽然《伯尔尼公约》本身没有对“传播”进行定义，但关于《世界知识产权组织版权条约》的“基础提案”对此清楚地指出：“‘传播’意味着向不在传播发生地的公众进行传送”（WIPO Doc. CRNR/DC/4，Basic Proposal for the Substantive Provisions of the Treaty on Certain Questions concerning the Protection of Literary and Artistic Works to be Considered by the Diplomatic Conference，prepared by the Chairman of the Committees of Experts on a Possible Protocol to the Berne Convention and on a Possible Instrument for the Protection of the Rights of Performers and Producers of Phonograms，Notes on Article 10，para 10. 14）。由于《世界知识产权组织版权条约》是《伯尔尼公约》第 20 条之下的专门协定，其对“向公众传播权”的解释必然与《伯尔尼公约》一致。

的表演、放映、朗诵对应的是《伯尔尼公约》中的表演权、放映权、朗诵权，而有线传播和（无线）广播行为则对应《伯尔尼公约》中的各项“向公众传播权”。

通过互联网传播作品，当然是将作品传送至不在现场的受众，因此属于“向公众传播”。虽然《伯尔尼公约》规定的各项“向公众传播权”均不专门针对互联网传播，但其第 11 条第 1 款第 2 项、第 11 条之三第 1 款第 2 项中的“以任何手段向公众传播”和第 14 条第 1 款第 2 项中的“向公众以有线方式传播”的用语，为纳入通过互联网传播作品的行为留下了解释空间。“以任何手段向公众传播”具有技术中立性质，自不待言，而“有线”也被认为不局限于有形线路，而是指任何对信号的定向传导。换言之，“有线”传播是相对于（无线）广播而言的，后者的技术特征是在空中非定向地散发信号，而前者是定向传送信号，至于定向传送的技术手段则在所不问。世界知识产权组织在其 1984 年主持制定的《在有线传送节目中保护作者、表演者和录音制作者的原则》中对此明确指出：

> “有线”（cable）一词应当被广义地解释，以涵盖任何对电子信号的定向传输……并不需要借助过去的有形物质作为导体。例如，电子信号可以通过激光传输。虽然目前激光只能专门用于点对点的电子传输，而激光网络被认为尚未开发出来。[①]

虽然上一段中的术语“有线”使用的是“cable”，而不是《伯尔尼公约》中的“wire”，但仅仅是因为前者已被更多地使用而已[②]，并不是因为两者在技术上存在区别。虽然在 1984 年尚未出现互联网，但互联网对数据的传输在技术上仍然属于“定向传输”。即使是非交互式传播，也就是受众只能被动地接收传播者预定传送的内容，而不能对内容和时间进行主动选择的传播，如“网络电台、网络电视台”按预定节目时间表进行的定时传播，也只有当用户向服务器发出请求，也就是点击相关作品时，传输过程才会开始，与作品相对应的数据才会从服务器端传送至客户端，而且也只能“定向”传送至发出请求的客户端。因此通过互联网的传播也属于上述原则中的“有线传输”。

国外学者对此也有相同观点，如德国学者莱文斯基教授指出：

> ……任何新发展出的技术，只要涉及通过任何物质导体，诸

① Annotated Principles of Protection of Authors，Performers，Producers of Phonograms and Broadcasting Organizations in Connection with Distribution of Programs by Cable，Copyright，April，1984，p. 141，para. 32.

② Ibid.，p. 140，para. 24.

如通过网播（webcasting）或光纤电缆对广播的再传输，都属于该权利（《伯尔尼公约》第11条之二中的“授权由原广播组织之外的其他组织以任何有线传播……的方式向公众传播广播的作品”——引者注）的规制范围。①

即使是认为通过互联网传播作品构成“出版”的《国际版权和邻接权：〈伯尔尼公约〉及对其的超越》一书也认为：

对“通过有线”（by wire）一词的广义理解使第11第之二中的向公众传播权也延及有线的数字再传输（wired digital retransmission）。这同样适用于第14第1款第2项、第14条第之二第1款中的首次“向公众以有线方式传播”，以及第11条第1款第2项、第11条之三第1款第2项中的“以任何手段（首次）向公众传播”②。

既然《伯尔尼公约》中的“有线传播”涵盖了通过互联网的传播，同时“有线传播”又被明确排除出了“出版”的范围，那么通过互联网的传播并不能构成“出版”。

（二）通过互联网传播不能使“该复制件”转移

通过互联网实施的交互式传播往往能够使公众下载作品，从而在各自的信息处理设备上获得作品的复制件。因此，有观点认为此类行为符合《伯尔尼公约》为“出版”规定的“该复制件的可获得性能满足公众的合理需要”的条件，从而可构成“出版”。《国际版权和邻接权：〈伯尔尼公约〉及对其的超越》一书对此就认为：

“出版”并不取决于谁制作了复制件，而是是否（经过许可）制作出了足够的复制件去满足公众的需求。如果作者向公众提供作品以制作复制件，比如使其可以从向公众开放的网站下载，该作品就应被视网为“出版”③。（注：括号为原文所有——引者注）

在美国发生的“Kernal唱片公司诉Mosley案”中，争议的焦点在于将涉案乐谱上传至互联网网页中是否构成“出版”。法院作出了肯定的回答，其认为：

---

① Silke von Lewinski，*International Copyright Law and Policy*，Oxford University Press，2008，p. 150，para. 5. 144.

② Sam Ricketson，Jane C. Ginsburg，*International Copyright and Neighbouring Rights：The Berne Convention and Beyond*，2nd edition，Oxford University Press，2006，p. 737，para. 12. 40.

③ Sam Ricketson，Jane C. Ginsburg，*International Copyright and Neighbouring Rights：The Berne Convention and Beyond*，2nd edition，Oxford University Press，2006，p. 278，para. 6. 52.

> 互联网用户仅通过访问网页就获得了制作网页复制件的能力，该复制件实际上在任何方面都与原网页都是相同的……在这方面，网页与上传到网络中的照片、音乐文件和软件是相同的，都可以被自由复制。因此，当网页处于可访问状态时，它就被发行和“出版”了。①

上述观点均认为，一旦将作品上传至网站，公众就可以通过下载获得复制件，由下载而形成的复制件在数量上可满足公众需要，因此上传作品构成“出版”。然而，这种观点忽略了《伯尔尼公约》对“已出版作品”定义中的关键用语——“该复制件（such copies）的可获得性”。“该复制件”显然是指该定义中前半句“不论其复制件的制作方式如何”中的特定复制件，也就是在向公众提供之前就已经存在的复制件，而不是只提供一份复制件，供公众自己去制作新的复制件，否则“该复制件”（such copies）中的“该”（such）就毫无意义，失去了限定作用。这实际是要求“出版”只能是对有形物的“换手”，也就是向需要获得作品复制件的不特定人（公众中的成员）交付有形物，因为只有如此才能提供之前就已经存在的“该复制件”。将作品上传至网络中供用户下载的行为无法构成“出版”，因为用户通过下载获得的并不是“先前就已存在的”复制件，而是由下载产生的全新复制件。换言之，用户下载作品并不涉及有形物——作品复制件的交付。用户获得的复制件（以其计算机等信息处理设备的存储器为物质载体），与权利人将作品上传至网络中而形成的复制件（以网络服务器的存储器为载体）并不是同一复制件，也就是说，用户获得的并不是在网络服务器中存储的“该复制件”。

“该复制件”对“出版”方式的限定，在前网络时代也存在。假设某人写完小说后，并没有将其送交出版社印刷成册并销售小说书，而是仅将其复印一份送至公共图书馆保存，但读者可以利用图书馆的复印机进行全文复印并带走复制件。试问：仅将一份复制件保存至公共图书馆的行为是否构成“出版”？回答显然是否定的，作品并非只要处于为公众所获得的状态，就已经被“出版”了。虽然公众中的成员可以自行复制该份作品复印件，从而获得作品新的复制件，但此份“新”复制件并非作者置于公共图书馆中的“该复制件”，因此，该行为并不符合《伯尔尼公约》对“已出版作品”规定的构成要件——“该复制件的可获得性能满足公众的合

① Kernal Records Oy v. Mosley, 794 F. Supp. 2d 1355, 1364. (S. D. Fla., 2011).

理需要”。

如果按照《国际版权和邻接权：〈伯尔尼公约〉及对其的超越》一书的观点，“‘出版’并不取决于谁制作了复制件，而取决于是否（经过许可）制作出了足够的复制件去满足公众的需求”，即忽略《伯尔尼公约》对“已出版作品”的定义中“该复制件”的要求，则还会导致一个令人难以接受的后果：在对作品进行有线传播和（无线）广播之前，往往都需要复制作品，即由电台、电视台将作品录制在有形介质上，形成作品的复制件。在作品被播出时，公众可以使用录制设备，如录音机、录像机等，录制接收到的节目（含作品），从而形成新的作品复制件。① 公众通过录制广播节目获得复制件，与公众通过下载获得复制件，在性质并不存在本质区别，因为两者都不涉及“该复制件”的转手，而是由公众自行制作新的复制件。按照上述观点，只要作者并不反对公众的录制，公众就能自行通过录制获得足以满足其需求的复制件，因此进行有线传播和（无线）广播也构成“出版”。这会与《伯尔尼公约》将这两种行为排除出“出版”的明文规定及立法意图产生严重冲突。

国际文学与艺术协会为解决在互联网上首次公开提供作品的行为是否构成“出版”的问题，专门成立了研究小组。其研究报告指出：

> ……《伯尔尼公约》第 3 条第 3 款中的复制件指有形复制件（physical copies），不是电子复制件（digital copies）。“制作复制件”（manufacture of the copies）或在权威的法文版本中的“fabrication d'exemplaires”的用语，以及“该复制件（such copies）的提供”的用语看来应指向经作者或其许可的中间发行者提供的有形复制件（material copies）……仅在互联网中提供作品，即使全世界都能获得，根据第 3 条第 3 款也不是“出版”，因为为满足公众的需求而发行业已存在的有形复制件（physical copies）的要求未得到满足。② ……对第 3 条第 3 款的解释是：要求有形

① 在著名的“索尼案”中，公众正是利用了日本索尼公司生产的录像机，在收看电视台播出的电影时，或设定时间，由录像机自动在电视台播出电影时，将电影录制在录像带上，从而获得电影作品的复制件。Sony Corporation of America, et al. v. Universal City Studios, Inc., et al., 464 U.S. 417 (1984).

② “Determination of Country of Origin When a Work Is First Publicly Disclosed over the Internet”, report by the Country of Origin Study Group of the International Literary and Artistic Association (ALAI), pp. 2 - 3, at http://www.alai.org/assets/files/resolutions/country-of-origin.pdf，访问日期：2016-07-10。

复制件（material copies）在最终用户获取它们之前就已经存在，这意味着提供作品，供用户将其转换为物理复制件（hard copies）（如按需打印）的行为，并不构成“出版”①。（注：着重号为原文所有）

由此可见，《伯尔尼公约》一方面要求“出版”必须提供作品的复制件，并将表演、放映、朗诵、有线传播或（无线）广播这些不涉及提供作品复制件的行为都排除在外；另一方面还要求提供“该复制件”，这就暗示了“出版”只能是对有形物的“换手”，也就是交付有形物。因为只有在交付有形物的情况下，相同的复制件，即“该复制件”；才能提供给公众。这就说明《伯尔尼公约》中的“出版”只可能是转移作品物质载体所有权的行为。

通过网络首次传播作品并不构成《伯尔尼公约》中“出版”的结论，还可以从《世界知识产权组织版权条约》的缔结过程得到印证。在关于《世界知识产权组织版权条约》的“基础提案”中，第3条规定了“出版的概念和出版地”（notion and place of publication）。该条第1款的内容是：

> 当文学艺术作品以有线或无线方式向公众提供，使公众中的成员在其个人选定的地点和时间可获得这些作品，导致这些作品的复制件能够被获得时，缔约方应当根据《伯尔尼公约》第3条第3款（对“已出版作品”的定义——引者注）规定的条件，将这些作品视为已出版的作品。②

《基础提案》对此解释道：

> 《伯尔尼公约》第3条第3款（对“已出版作品”的定义——引者注）可以令人满意地被适用于新型电子出版，因为第3条第3款的关键是要求提供足以满足公众合理需求的复制件。电子出版能轻易满足这一要求。在公开的网络环境中，公众中的任何成员

---

① “Determination of Country of Origin When a Work Is First Publicly Disclosed over the Internet”, report by the Country of Origin Study Group of the International Literary and Artistic Association (ALAI), p. 4, at http: //www. alai. org/assets/files/resolutions/country-of-origin. pdf, 访问日期：2016-07-10。

② 基于同样的思路，在此次外交会议上同时提交讨论的《世界知识产权组织表演与录音制品条约（草案）》在第2条也对‘出版’进行了如下定义：“对已录制的表演或录音制品的‘出版’系指经权利人同意并在以合理的数量向公众提供复制品的条件下，(1) 向公众提供已录制的表演或录音制品的复制件；或 (2) 公众通过有线或无线方式提供已录制的表演或录音制品，使公众中的成员能够在其个人选定的地点和时间获得。”

都可以获得下载至其计算机存储器中的复制件。①

基于同样的思路，关于《世界知识产权组织表演和录音制品条约》的“基础提案”在第2条也对“出版”进行了如下定义：

对已录制的表演或录音制品的“出版”系指经权利人同意并在以合理的数量向公众提供复制品的条件下，(1) 向公众提供已录制的表演或录音制品的复制件；或 (2) 公众通过有线或无线方式提供已录制的表演或录音制品，使公众中的成员能够在其个人选定的地点和时间获得。

显然，这两条约的“基础提案”定义“出版”的主要目的是承认通过网络首次以交互式手段提供作品、已录制表演和录音制品下载的行为构成《伯尔尼公约》意义上的“出版”。关于《世界知识产权组织版权条约》的“基础提案”对此解释道：“新的电子出版方式已经替代了一些传播作品的传统方式。就公众而言，这些新的出版方式在功能上与传统的出版方式无异：导致了作品可被获得”②。

然而，关于《世界知识产权组织版权条约》的“基础提案”对《伯尔尼公约》第3条第3款的解释，忽略了该条款中“该复制件”的用语（前文已作分析）。同时，《伯尔尼公约》第3条第3款明确将“文学或艺术作品的有线传播或广播”排除出“出版”的范畴。虽然交互式网络传播能够实现公众对作品的下载，从而获得作品的复制件，但交互式网络传播毕竟也是传播，而且关于《世界知识产权组织版权条约》的“基础提案”第10条（在最终通过的《世界知识产权组织版权条约》中为第8条）在规定“向公众传播权”时，使用了“以有线或无线方式向公众传播，包括将其作品向公众提供……”来界定交互式网络传播，其中“以有线或无线方式向公众传播”属于技术中立的规定，当然包含了《伯尔尼公约》第3条第3款中的“（对）文学或艺术作品的有线传播或广播”。因此，“基础提案”的解释导致关于《世界知识产权组织版权条约》的“基础提案”第3条对“出版”的规定与《伯尔尼公约》第3条第3款对“已出版作品”的定义相矛盾，实际上是作出了超越文本的扩大解释。

也正因为如此，关于《世界知识产权组织版权条约》的“基础提案”第3条对“出版的概念和出版地”的规定和关于《世界知识产权组织表演

① WIPO Doc. CRNR/DC/4, Basic Proposal for the Substantive Provisions of the Treaty on Certain Questions concerning the Protection of Literary and Artistic Works to be Considered by the Diplomatic Conference, 1996, notes on Article 3, para. 3. 05.

② Ibid., para. 3. 03.

和录音制品条约》的"基础提案"第 2 条对"出版"的定义，在 1996 年世界知识产权组织日内瓦外交会议上并没有得到各国代表团的广泛支持。许多代表团明确反对该条的规定或要求修改。此次外交会议对此进行了如下记录：

> 如爱尔兰代表指出欧共体及其成员国对在第一号条约草案（关于《世界知识产权组织版权条约》的"基础提案"——引者注，下同）规定第 3 条及第二号条约草案（关于《世界知识产权组织表演和录音制品条约》的"基础提案"——引者注，下同）对（出版）定义的必要性并不感到信服，并倾向于不要耗费宝贵的时间对这些问题进行讨论。①
>
> …… ……
>
> 墨西哥代表团对第一号条约草案第 3 条和第 10 条（第 10 条规定了"向公众传播权"）没有在出版和传播行为之间进行区分表示关切。同意第 10 条的措辞，但条件是有关出版的第 3 条……中的"获得"被替换为"获得有形复制件（tangible copies）"，以避免与传播概念的混淆。②
>
> …… ……
>
> 匈牙利代表认为主要的问题在于第一号条约草案第 3 条有关出版概念的用语，与第 10 条规定的以无形方式传播（immaterial dissemination，指无须转移作品的有形复制件——引者注）的用语是相同的。他说，提出以非有形形式（non-tangible form）出版会导致矛盾，也就是与《伯尔尼公约》第 3 条第 3 款的第二部分（对"已出版作品"的定义，其中排除了对"文学或艺术作品的有线传播或广播"——引者注）相矛盾……③

由于在此次外交会议的讨论中，各方未能对此形成一致，会议主席宣布"对供（代表团）考虑的该条存在意见分歧，没有必要进行进一步的讨论了"④。关于《世界知识产权组织版权条约》的"基础提案"的第 3 条从最终文本中被删除。关于《世界知识产权组织表演和录音制品条约》的"基础提案"第 2 条对"出版"的定义也删除了有关交互式网络传播属于"出版"的内容。由于《世界知识产权组织版权条约》本身就是《伯尔尼

① WIPO Doc. CRNR/DC/102，Summary Minutes，Main Committee I，para. 327.

② Ibid.，para. 329.

③ Ibid.，para. 332.

④ Ibid.，para. 335.

公约》第20条意义下的专门协定①,《世界知识产权组织版权条约》未纳入将交互式网络传播界定为“出版”的规定，等于澄清了该行为并非《伯尔尼公约》中的“出版”。

还需要指出的是，通过互联网传播作品的技术手段可分为两类：一类是非交互式的网络传播，如“网络电台”按照预定的节目时间表定时传播音乐，公众只能根据节目时间表登录网站欣赏网站指定的音乐，不能自行选择音乐及欣赏的时间，即不能“点播”。另一类是交互式的网络传播，如“网易云音乐”的服务提供者将大量音乐置于服务器中供用户点播，公众可以自行选择音乐及欣赏的时间。非交互式的网络传播在效果上类似于（无线）广播或有线传播，并不提供作品的下载，公众如欲获得复制件，必须像使用录音机、录像机录制广播节目一样，使用录音、录像软件或设备对通过网络实时传送的作品进行录制。可能正是基于此类网络传播与（无线）广播或有线传播在效果上的高度相似，《国际版权和邻接权：〈伯尔尼公约〉及对其的超越》与美国“Kernal 唱片公司诉 Mosley 案”也未曾将其归入“出版”，有关《世界知识产权组织版权条约》的“基础提案”第3条也仅将交互式网络传播纳入“出版”。这就意味着，所谓通过网络传播作品构成“出版”，实际上仅是指通过网络进行交互式传播构成“出版”。这样一来，同是通过网络传播作品的行为，有的构成“出版”，有的则不构成“出版”，区别仅在于传播的手段是否为交互式。这是有违技术中立的立法原则的。

二、将通过互联网传播作品定性为“出版”将造成不利后果

将通过互联网传播作品的行为定性为“出版”，不仅不符合《伯尔尼公约》的规定，也会导致一系列不利后果，从而有悖于《伯尔尼公约》的立法目的。

（一）削弱加入《伯尔尼公约》的动力

“出版”在《伯尔尼公约》中是极为关键的法律概念。对于《伯尔尼公约》成员国的国民，以及在成员国有惯常居所的非成员国国民而言，其作品无论是否出版，都可以受到《伯尔尼公约》的保护。② 但对于在《伯尔尼公约》成员国并无惯常居所的非成员国国民而言，其作品受《伯尔尼

① 参见《世界知识产权组织版权条约》第1条“与《伯尔尼公约》之间的关系”。《伯尔尼公约》第20条规定，“本同盟各成员国政府保留在它们之间签订给予作者比本公约所规定的更多的权利，或者包括不违反本公约的其他条款的特别协议的权利。凡符合上述条件的现有协议的条款仍然适用”。

② 参见《伯尔尼公约》第3条第1款第1项和第2款。

公约》保护的前提，就是在《伯尔尼公约》成员国首先出版该作品，或者自在非成员国首先出版之后 30 日内，又在成员国出版，也就是在非成员国与成员国同时出版。①

根据上述规定，如果认为通过互联网传播作品构成“出版”，则首次将作品通过互联网提供应构成首次“出版”。由于作品被置于网络服务器供用户下载后，人们在全世界任何一处能接入互联网的角落都可以下载，由此获得作品的复制件，因此可认为在全世界同时“出版”。前文提及的“Kernal 唱片公司诉 Mosley 案”就作出了如此判决：

> 原告将《酸爵士之夜》（涉案的音乐作品——引者注）上传至互联网上的行为构成了（美国《版权法》）第 101 条中的“出版”，而且该出版构成在美国和全世界其他有互联网服务的国家的同时出版。因此，我们可以得出结论，在澳大利亚网站上首先出版的《酸爵士之夜》，同时构成在美国和其他有网络服务的非成员国的出版，这使《酸爵士之夜》成为第 101 条之中的“美国作品”②。

需要指出的是，美国《版权法》对“美国作品”的定义，也是实施《伯尔尼公约》相关规定的结果。“美国作品”，是指在美国首次出版，或者在美国和对作品的保护期等于或长于美国的公约其他成员国同时出版，或者在美国或非成员国同时出版的作品。③ 因此美国法院对此案中的“同时出版”的观点，实际上也是该法院对《伯尔尼公约》中的“同时出版”的解释。

这一观点将大大削弱那些尚未加入《伯尔尼公约》的国家在网络时代加入该公约的动力。对于某一尚未加入《伯尔尼公约》的国家而言，该国国民如果在《伯尔尼公约》成员国并无惯常居所，则其作品受《伯尔尼公约》保护的唯一途径，是在一个加入了《伯尔尼公约》的外国首先出版作品，或者在本国或其他非成员国首先出版后，在 30 天内又在成员国出版。如果认为将其作品首次通过网络提供（发表）就可构成“首先出版”，而且是在所有国家“同时出版”，也就是在《伯尔尼公约》的成员国和非成员国“同时出版”，则该国国民的作品就可以在所有《伯尔尼公约》成员国获得保护。而找一台联网的计算机或在一个网吧将作品上传至任何一个互联网网站，比在外国进行经常性居住或找一家国外出版社在国外出版作

---

① 参见《伯尔尼公约》第 3 条第 1 款第 2 项和第 4 款。

② Kernal Records Oy v. Mosley，794 F. Supp. 2d 1355，1368（S. D. Fla.，2011).

③ See 17 U. S. C. 101，“United States work”.

品要容易得多，任何非《伯尔尼公约》成员国的国民只要会上网，其作品都可以轻易在《伯尔尼公约》成员国获得保护。与此同时，该国由于并未加入《伯尔尼公约》，所以没有义务向《伯尔尼公约》成员国的国民，或在成员国有惯常居所的非成员国国民，或在成员国首先或同时出版作品的其他非成员国国民提供保护。既然该国国民可以通过再简单不过的上传行为获得《伯尔尼公约》成员国的保护，而该国却无须承担向外国国民提供保护的义务，试问：该国为什么还要加入《伯尔尼公约》呢?

由此可见，有关在网络中传播作品构成“出版”的观点，将大大降低非成员国加入《伯尔尼公约》的动力，从而与《伯尔尼公约》制定者力求促使更多国家加入公约的目的相背。德国的莱文斯基教授也认为，“根据《伯尔尼公约》的目的作出的更好的解释，是不将互联网‘出版’认为是《伯尔尼公约》中的出版”①。

（二）降低对《伯尔尼公约》成员国国民作品的保护水平

“出版”在《伯尔尼公约》中的重要性，不仅体现在它与非成员国国民的作品能否受《伯尔尼公约》的保护有关，还体现在它决定了哪个国家是作品的“起源国”，从而影响着成员国国民作品的受保护水平。《伯尔尼公约》规定，“……作品在首次出版后三十天内在两个或两个以上国家内出版，则该作品应视为同时在几个国家内出版”②。对于首次在某一成员国出版的作品，以该国家为起源国；对于在分别给予不同保护期的几个成员国同时出版的作品，以立法给予最短保护期的国家为起源国；对于同时在非成员国和成员国出版的作品，以成员国为起源国。③

“起源国”之所以与作品的保护水平密切相关，是因为作品在起源国所受的保护完全由该国法律规定，与《伯尔尼公约》要求的保护水平无关。只有在起源国之外的成员国内作品的保护才必须以《伯尔尼公约》为依据。《伯尔尼公约》第5条第3款第一句规定，“（作品在）起源国的保护由该国法律规定”。据此，《伯尔尼公约》成员国如何保护以该国为“起源国”的作品，完全由该国自行决定，与《伯尔尼公约》要求成员国提供的保护，以及允许作出的权利限制无关。这意味着一个成员国对以该国为“起源国”的作品提供低于《伯尔尼公约》要求的保护水平，并不会导致对《伯尔尼公约》的违反。只有在对以其他成员国为“起源国”的作品进

---

① Silke von Lewinski, *International Copyright Law and Policy*, Oxford University Press, 2008, p. 240, para. 7. 33.

② 《伯尔尼公约》第3条第4款。

③ 参见《伯尔尼公约》第5条第4款第1、2项。

行保护时，其保护水平才不能低于《伯尔尼公约》的要求。

认为通过互联网传播作品构成“出版”的《国际版权和邻接权：〈伯尔尼公约〉及对其的超越》一书对此同样认可：

……在（作品）起源国，该作品无权享受《伯尔尼公约》规定的最低保护水平……只要成员国对于以其他成员国为起源国的作品给予了《伯尔尼公约》要求的最低保护水平，该成员国可以向以本国为起源国的作品提供低于《伯尔尼公约》要求的保护水平。[①]（注：着重号为原文所有）

认为通过互联网传播作品构成在全世界的“出版”，将不可避免地降低作品的保护水平。以保护期为例：假设一部作品在所有国家同时出版，也就是在某一国家首先出版后，在 30 天内又在其他所有国家分别出版，则根据《伯尔尼公约》对“起源国”的规定，该作品以立法给予最短保护期的《伯尔尼公约》成员国（一国或多国）为起源国。目前，多数发达国家对自然人的作品规定的保护期是作者有生之年加其死后 70 年[②]，而我国等一些国家规定的保护期为作者有生之年加其死后 50 年[③]，也就是《伯尔尼公约》要求的最低保护期。[④] 上述规定意味着对于一部在所有国家同时出版的作品而言，该作品的“起源国”是所有规定了最低保护期的《伯尔尼公约》成员国。这将导致两个后果：第一个后果是该作者在这些保护期较短的成员国无法享受作者有生之后加其死后 70 年的保护期。同时，即使作者是某发达国家的国民，且该发达国家规定了作者有生之年加其死后 70 年的保护期，只要该作者是首先在保护期较短的其他成员国首先出版其作品，该作者的作品也可能在其国籍国无法享受该较长的保护期。这是因为在《伯尔尼公约》中，对作品的保护期并不适用“国民待遇”。《伯尔尼公约》明确规定，“……除该国家的法律另有规定者外，保护期不得超过作品起源国规定的期限”[⑤]。这就意味着除非该发达国家的法律“另有规定”，如对本国国民的作品，无论其“起源国”给予的保护期是多长，均给予作者有生之年加其死后 70 年的保护，否则当该作品的“起源国”为保护期为作者有生之年加其死后 50 年的成员国时，作为该发

① Sam Ricketson，Jane C. Ginsburg，*International Copyright and Neighbouring Rights：The Berne Convention and Beyond*，2nd edition，Oxford University Press，2006，paras. 6.53，278.

② 如美国《版权法》就作了这样的规定。17 U.S.C. 302（a）.

③ 参见我国《著作权法》的规定见第 21 条。

④ 参见《伯尔尼公约》第 7 条第 1 款。

⑤ 《伯尔尼公约》第 7 条第 8 款。

达国家国民的作者在本国享受的保护期只有作者有生之年加其死后 50 年。例如，当某发达国家国民的作品在我国首先出版时，我国就是该作品的“起源国”，则该作品的著作财产权在我国的保护期为该发达国家国民有生之年加其死后 50 年。即使该发达国家国内法规定的保护期为作者有生之年加其死后 70 年，只要其没有明文规定其国民的作品的保护期都是作者有生之年加其死后 70 年，而不再考虑作品的起源国，则由于该部作品以我国为“起源国”，该部作品在该发达国家的保护期也只有该发达国家国民有生之年加其死后 50 年。

第二个后果是，在这些保护期最短的国家，也就是该作品的“起源国”，该作品不受《伯尔尼公约》的保护。即使这些国家的立法所提供的保护水平低于《伯尔尼公约》的要求，作者也无可奈何，不能认为这些国家违反了《伯尔尼公约》，因为“（作品）在起源国的保护，由该国法律规定”。由于规定保护期较短的国家多是发展中国家，其立法提供的保护水平也较低，在“一部作品在所有国家同时出版”的假想例中，作者的利益显然受到了不利影响。因此，在以传统方法进行出版的情况下，至少发达国家的作者很少愿意在发展中国家首先出版其作品，或者在发达国家和发展中国家同时出版其作品。当然，上述假想例也不大可能存在，因为受限于物质技术条件，作品很难在 30 天内在所有国家以传统方式出版。

然而，一旦将通过网络首次传播作品定性为“出版”，且该“出版”发生在世界上所有国家，作者将不得不接受上述对其不利的局面。这是因为一旦将作品首次上传至网络供公众下载，人们可以在任何国家，在任意一台联网的信息处理设备上下载作品，并获得作品的复制件。如果认为此时在所有国家发生了首次“出版”，就会出现以上假想例中的情形——该作品将只能以提供最短保护期的《伯尔尼公约》成员国为“起源国”，且无法在这些国家享受《伯尔尼公约》提供的保护。

前文提及的“Kernal 唱片公司诉 Mosley 案”为此提供了最好的注脚。该案的背景是：在美国加入《伯尔尼公约》之前，美国《版权法》规定：作品只有先在美国版权局登记，版权人才能提起版权侵权诉讼。[①] 由于《伯尔尼公约》采用自动保护原则，美国在加入《伯尔尼公约》之后，修改了《版权法》，将上述规定的适用范围缩小至“美国作品”[②]。所谓“美国作品”，对于已出版作品而言包含以下四种情形：一是作品首先在美国

① 美国 1976 年《版权法》第 411 条。

② 17 U. S. C. 411（a）.

出版；二是在美国和《伯尔尼公约》其他成员国同时出版，而其他成员国提供的保护期等于或长于美国提供的保护期；三是在美国和非《伯尔尼公约》成员国同时出版；四是作品在非《伯尔尼公约》成员国首先出版，但其所有的作者都是美国国民或在美国有惯常居所，或者对于视听作品而言，其法人的总部在美国。[①] 换言之，“美国作品”就是《伯尔尼公约》意义上以美国为“起源国”的作品。根据《伯尔尼公约》有关作品的著作权应自动受保护的规定[②]，如果美国将上述登记的要求适用于以《伯尔尼公约》其他成员国为“起源国”的作品，明显违反《伯尔尼公约》。但由于《伯尔尼公约》将作品在其“起源国”所受的保护交由该国法律自行规定，所以美国对以美国为“起源国”的作品（美国作品）不实行自动保护机制，而是要求其作者履行法定手续，即以进行作品登记作为保护条件，并不违反《伯尔尼公约》。

在本案中，原告的涉案作品《酸爵士之夜》仅在澳大利亚的网络杂志上发表。如果认为该情形构成“首次出版”且在包括美国在内的所有国家“同时出版”，则该作品属于“美国作品”，在就该作品进行登记之前原告不得提起侵权诉讼。由于涉案作品此前未在美国版权局进行过登记，同时法院又认为该作品在澳大利亚网络的发表构成在全世界同时“出版”，也就是在美国、《伯尔尼公约》其他成员国和非成员国同时“出版”，该作品被认定为“美国作品”，作者无权提起侵权诉讼。法院因此判决原告败诉。

由此可见，有关在网络中传播作品构成“出版”的观点，将削弱非成员国加入《伯尔尼公约》的动力，并降低成员国国民的作品受保护的水平，从而与《伯尔尼公约》的精神相背。

三、将网络服务器所在地认定为“出版地”不具有合理性

既然将通过网络首次传播作品定性为“出版”造成上述负面影响的原因之一，是认为作品通过网络传播在所有国家（只要能接入互联网）“同时出版”，而这又是因为所有能下载作品，从而使公众获得作品复制件的国家都成了出版地，那么能否对“出版地”作其他解释，将服务器所在地或者相关网络公司总部所在地视为“出版地”，以避免出现使所有国家成为出版地的局面呢？

前文提及的关于《世界知识产权组织版权条约》的“基础提案”第3条就曾将服务器所在地作为“出版地”。该草案第3条的标题为“出版的

① 17 U.S.C. 101，“United States work”.

② 参见《伯尔尼公约》第5条第2款。

概念和出版地”（notion and place of publication），其中第 1 款将交互式网络传播行为定为“出版”，第 2 款则规定：

> 在适用《伯尔尼公约》第 5 条第 4 款（有关首次出版与作品起源国的规定——引者注）时，缔约方应将本条第 1 款提及的作品（通过交互式网络传播提供的作品——引者注）视为在已为提供这些作品做好必要安排的缔约方出版的作品。

“基础提案”对此的解释是：

> 出版地是原始数据文件被建立以及提供作品，使作品可被获得的地方。“必要的安排”是指作为提供作品绝对前提条件的步骤。仅仅提供链接或路由服务是不够的。①

显然，该款的主要目的是将作品的上传地，也就是“已为提供这些作品做好必要安排”的地方视为“出版地”。这实际上是以服务器（上传作品后形成复制件的计算机）所在地作为“出版地”。但这一观点难以令人信服。以传统方式出版作品时，制作有形复制件和转移载体所有权的物理场所就是“出版地”，作者很容易决定在何处出版，从而作出对自己有利的选择。但如果将网络传播定性为“出版”，且认为服务器所在地就是“出版地”，则会使出版地丧失确定性。例如，在我国发生的“谷歌图书馆案”中，涉案的中文图书能够在谷歌中国的网站上检索到，但相关的数字扫描件都存储在美国谷歌的服务器上。② 同样道理，相关网络公司的总部所在地对作者而言也并不清楚、明确。当作者向一个网站上传自己的作品时，又哪里知道网站的服务器或网络公司的总部设在何处呢？在媒体融合时代，这一点更为明显。由作者无法预料、无法控制的服务器或公司总部所在地来决定其作品的受保护水平，显然并非良策。

参加世界知识产权组织 1996 年外交会议的欧共体代表团团长莱因伯特（Reinbothe）博士和欧盟代表团成员莱文斯基（Lewinski）博士对此指出：

> 服务器的位置具有偶然性……也无法被权利人所轻易确定。判断在线环境中出版地的其他可能的方案看来是一种臆造，而不是对现有规定的解释。特别是运营（网络）服务的公司的总部并

---

① WIPO Doc. CRNR/DC/4，Basic Proposal for the Substantive Provisions of the Treaty on Certain Questions concerning the Protection of Literary and Artistic Works to be Considered by the Diplomatic Conference，1996，notes on Article 3，para. 3. 12.

② 北京市第一中级人民法院（2011）一中民初字第 1321 号民事判决书，北京市高级人民法院（2013）高民终字第 1221 号民事判决书。

> 不是一个有效的标准。正如在“传统”世界中，出版商的总部也并不一定是出版发生地。①

据此，他们认为，将“出版”解释为包括通过网络提供作品，会导致荒谬的后果，而有关“出版”并不包括通过网络提供作品的观点，则能产生清晰的和广为接受的结果。② 这也是关于《世界知识产权组织版权条约》的“基础提案”第3条“出版的概念和出版地”没有被纳入最终通过的文本的原因之一。

综上所述，虽然国内外都有学者认为通过网络传播作品可构成“出版”，但该结论是难以成立的。既然《伯尔尼公约》中的“出版”必须以作品物质载体的“换手”，即转移载体所有权为构成要件，我国为实施《伯尔尼公约》而在《著作权法》第2条中使用的“出版”，当然不可能包括通过互联网传播作品的行为。因此，如果一名在《伯尔尼公约》成员国没有惯常居所的非成员国国民，仅通过互联网公开传播其作品，则即使该网站的服务器位于中国，该作品也不能受到《著作权法》的保护。

从前文的分析还可以得出一个结论，即《著作权法》中的“出版”与《网络出版服务管理规定》中的“出版”并不是一回事。《著作权法》中“出版”等于“复制+发行”，而“发行”仅指通过转移作品物质载体所有权的方式向公众提供作品原件或复制件的行为。与之相反，新闻出版广电总局和工业和信息化部颁布的《网络出版服务管理规定》将“网络出版服务”界定为“通过信息网络向公众提供网络出版物”③，并将其中的“网络出版物”界定为“通过信息网络向公众提供的，具有编辑、制作、加工等出版特征的数字化作品”④。这里的“网络出版”是指通过网络对作品的传播，并不是《著作权法》意义上的“出版”。当然，“网络出版”作为一个部门规章的名称出现，在一定程度上反映了我国各规范性文件之间在法律概念上的协调性存在严重不足，急需改善。

---

①② Jörg Reinbothe，Silke von Lewinski，*The WIPO Treaties* 1996：*The WIPO Copyright Treaty and the WIPO Performances and Phonograms Treaty*：*Commentary and Legal Analysis*，Butterworths，2002，p. 59.

③ 《网络出版服务管理规定》第2条第2款。

④ 《网络出版服务管理规定》第2条第3款。

第四章　传播权的体系与公开传播行为的构成

在接下来的三章中，本书将分别讨论表演权、放映权、广播权和信息网络传播权在网络环境中的适用问题。在媒体融合时代，原本泾渭分明的表演、放映和广播看似都可以通过网络融为一体，难分彼此。这就给专有权利的适用和许可带来了挑战。而要解决这些问题，首先需要澄清的就是传播权的概念及传播行为的构成。传播权控制以不转移作品物质载体所有权或占有的方式使公众获得作品的行为。发行权和出租权虽然也使公众"获得"了作品，却是以转移作品物质载体所有权或占有方式进行的，因此，发行权和出租权并不属于传播权的范畴。当然，传播权是一类权利的总称，涵盖面很广，可以再细分为数项子权利。在我国《著作权法》并没有直接规定一项名为"传播权"的专有权利，但表演权、放映权、广播权和信息网络传播权都属于传播权的子权利。

第一节　传播权的体系

由于传播权针对的传播行为种类众多，表现形式各异，很少有国家在著作权法中用一项名为"传播权"的专有权利将纷繁复杂的各种传播行为统统纳入其规制范围，因为这将为权利的许可带来极大不便。包括我国在内的大多数国家都是将传播权细分为多项专有权利，只是各国采用的分类标准并不相同，导致各国著作权法中能够被归入"传播权"这一大类权利的专有权利数量不一，即使其中某项专有权利的名称相同，其涵盖的行为范围也有很大差别。例如，德国《著作权法》中属于传播权的专有权利包括展览权、表演权、朗诵权、放映权、广播权、网络传播权、有线转播权、播放（作品的）录音录像制品权和对广播与网络传播的再现权①，共计九项专有权利。我国《著作权法》中属于传播权的专有权利则有展览权、表演权、放映权、广播权和信息网络传播权等五项专有权利。② 与之相比，美国《版权法》中属于传播权的专有权利只有表演权和展示权。③

由于《伯尔尼公约》和《世界知识产权组织版权条约》的缔约方都必须遵循两条约有关保护传播权的要求，各国著作权法对传播权的不同分类标准和结果并不意味着对传播权的保护水平有所差异。例如，美国《版权法》只规定了表演权和展示权这两项属于传播权的专有权利，这并不意味着其对传播权的保护范围就大大小于德国《著作权法》和我国《著作权法》对传播权的保护范围。这只表明美国《版权法》中的表演权规制的行为范围远远超过德国《著作权法》和我国《著作权法》中的表演权规制的行为范围。

然而，由于各国著作权法在拆分传播权、规定各项专有权利时采用了不同的标准，属于传播权的各项专有权利在各国间不仅适用范围不同，而且在学理上缺乏体系。《伯尔尼公约》等国际版权条约和各国著作权法虽然规定了诸多属于传播权的专有权利，但都没有对传播权的各项有权专利进行明确的分类，学术上的讨论也并不多见。可能有观点会认为，目前学界和实务界普遍认同传播权应分为交互式传播权和非交互式传播权，这难道不是传播权的体系吗？对此后文将详细说明交互式传播权和非交互式传播权的划分只针对部分传播权专有权利，不足以涵盖传播权中的各项专有权利。在我国等将传播权拆分得较为细致的国家，没有将各项属于传播权的专有权利在理论上进行“合并同类项”，将具有类似特征的专有权利划入同一类传播权，并指明各类传播权之间的区别，因此，随着传播技术的进步和媒体融合的发展，众多属于传播权的专有权利之间的界限变得越来越模糊，给法院在涉及侵犯传播权的案件中正确适用专有权利带来了极大的困难。

例如，近年来出现了提供互联网视听作品点播终端服务的新业态，也被称为“点播影院”“小影吧”“视听馆”“私人影院”等。④ 有些服务提供者并未自建局域网并在服务器中存储电影，而是在购买了爱奇艺、优酷

---

① 德国《著作权法》第 18 条至第 22 条。

② 《著作权法》第 10 条第 1 款第 8～12 项。

③ 17 U. S. C. 106 (4), (5), (6).

④ 2018 年新闻出版广电总局颁布的《点播影院、点播院线管理规定》第 2 条第 2 款将“点播影院”定义为“在电影院和流动放映活动场所之外，为观众观看自选影片提供放映服务经营活动的文化娱乐场所”。

等视频网站的点播服务后，通过机顶盒使电视机连接互联网，或者直接通过内置机顶盒和应用软件的“互联网电视”，供付费观众在客房或包间内点播源自网络端的影视剧。[①] 此类服务的提供者未经视听作品著作权人许可实施该行为，究竟侵犯了著作权人的传播权中的哪一项专有权利？对此，在司法实践中出现了截然不同的判决。有法院认为，被告在“包厢内播放影片所使用的设备及设备内所带有的点播系统或软件系被告提供，使消费者可在该点播系统中自行选择影片，符合通过信息网络提供作品的特征……即使点播系统中的影片来自互联网……被告的行为（也）构成侵害信息网络传播权的行为”[②]；“被告未经许可通过在其运营的‘有戏私人影院’内的投影仪及机顶盒设备中在线搜索七部涉案作品并播放七部涉案作品的方式，提供涉案作品的在线观看服务，使用户可以在其个人选定的时间和地点观看该影片，侵犯了原告对涉案作品依法享有的信息网络传播权”[③]。而针对完全相同的被诉侵权行为，另有法院认为“其行为侵害了原告对涉案影片享有的放映权”[④]。

在表面上看，此类现象的产生源于《著作权法》对传播权中各项专有权利的规定不够清晰，但实际上《著作权法》对这些专有权利的定义基本上都是移植国际版权条约或借鉴各国著作权法相关规定的产物，除了后文将指出的翻译问题，其内容在国际上具有可比性。问题的实质在于著作权法理论对传播权中各项专有权利没有进行体系化，也就是没有按照各项专有权利之间的共性与区别对其进行归类，因此缺乏宏观上对传播权的整体观察与体系构建。需要指出的是，传播权的体系化不足现象并非仅存在于我国，其他国家的著作权理论也有类似问题。除了可能因为后文将会专门阐述的国际版权条约中特定用语，还可能因为在过去相当长的时间内，在当时的技术条件下，传播权中各项专有权利规制的行为非常清晰，相互之间的差异一目了然，因此在理论上零散化的、未作体系化梳理的传播权各项专有权利在适用时并未遇到多少问题，对理论研究自然也没有提出相应的需求。

随着高速宽带互联网在我国的普及、5G 技术在我国的迅速商用以及媒体融合的加速发展，我国出现了一系列其他国家很少经历的传播业态和商业

---

① 中国电影著作权协会．“点播影院”使用电影作品的情况介绍．［2015－04－05］．http://www.gapp.gov.cn/chinacopyright/contents/518/248478.html.

② 浙江省宁波市鄞州区人民法院（2019）浙 0212 民初 8809 号民事判决书。

③ 北京互联网法院（2019）京 0491 民初 28628 号民事裁定书。

④ 上海市浦东新区人民法院（2018）沪 0115 民初 23717 号民事判决书。本案二审维持一审判决，但上诉理由中未涉及对专有权利的适用。上海知识产权法院（2019）沪 73 民终 11 号民事判决书。

模式，从而提出了更为复杂的法律适用问题。因此，对传播权的体系化，不仅具有科学认识传播权中各项专有权利的理论价值，更有正本清源，明晰传播权中各项专有权利，在媒体融合时代便于专有权利适用和许可的现实意义。特别是《著作权法》第三次修改已在2020年完成，修改后的《著作权法》对作为传播权中重要专有权利的广播权进行了重大调整，但正是对传播权体系化的研究不足，导致其在解决了部分问题的同时，仍然留下了较为严重的问题，实有以传播权体系化的视角重视审视并修改的必要。

一、远程传播权（“向公众传播权”）针对向不在传播发生地的公众进行的传播

对传播权缺乏体系化构建，除了因为以往传播技术与传播权中各项专有权利基本对应，因此没有提出理论上进行体系化的需求之外，还可能与相关国际版权条约使用的特定术语“向公众传播权”（right of communication to the public）有关。这一术语特别容易引起误解，使人以为它涵盖了传播权中的所有专有权利，以至于不再需要对传播权中的专有权利进行分类。如果提问“某歌星在大型体育馆举办没有现场直播的演唱会，其对歌曲的演唱（对音乐作品的表演）是否属于受制于‘向公众传播权’的‘向公众传播’”？估计没有对国际版权条约进行过专门研究的读者都会给出肯定的回答，但实际情况并非如此。梳理和总结国际版权条约中的“向公众传播权”和其他归属于传播权的各项专有权利，应当可以得出的结论是：“向公众传播权”只针对向不在传播发生地的公众进行的传播，其实质是“远程传播权”。在“向公众传播权”之外，传播权中其他各项专有权利虽然名称各异，但其共性都在于针对向位于传播发生地的公众进行的传播，其实质是“现场传播权”。

《伯尔尼公约》在规定专有权利时，多处使用了“向公众传播”（communication to the public）的用语，与之对应的专有权利都可以被称为“向公众传播权”。这些权利包括第11条第1款第2项规定的“向公众传播（对作品的）表演”的权利，第11条之二第1款第1、2项规定的无线传播权、以无线或有线方式进行转播的权利①，第11条之三第1款第2项

① 需要指出的是，在《伯尔尼公约》中文文本（正式翻译）中，第11条之二第1款第2项被表述为“授权由原广播机构以外的另一机构通过有线传播或转播的方式向公众传播广播的作品”，这容易使人误认为其含义为“以有线方式”进行的“传播或转播”，即“有线”成了“传播或转播”的定语。但《伯尔尼公约》与之对应的英文文本是“any communication to the public by wire or by rebroadcasting of the broadcast of the work，when this communication is made by an organization other than the original one”，其中的“rebroadcasting”指的是无线转播，因此该项的含义是以有线或无线方式进行的转播。Guide to the Berne Convention for the Protection of Literary and Artistic Works（Paris Act，1971），WIPO Publication No. 615（E），1978，p. 68，para. 11，bis. 9.

规定的“向公众传播（对作品的）朗诵”的权利，第 14 条第 1 款第 2 项后半句为作为电影作品基础的在先作品的作者规定的“以有线方式向公众传播电影作品”的权利，以及第 14 条之二第 1 款为电影作品的权利人规定的相同权利（见表 4 - 1①）。

表 4 - 1 《伯尔尼公约》中的“向公众传播权”

条文	内容
第 11 条第 1 款第 2 项	戏剧作品、音乐戏剧作品和音乐作品的作者享有下列专有权利：……（2）授权用各种手段向公众传播其作品的表演
第 11 条之二第 1 款第 1、2 项	文学艺术作品的作者享有下列专有权利：（1）授权广播其作品或以任何其他无线传送符号、声音或图像的方法向公众传播其作品；（2）授权由原广播机构以外的另一机构通过有线传播或（无线）转播的方式向公众传播广播的作品……②
第 11 条之三第 1 款第 2 项	文学作品的作者享有下列专有权利：……（2）授权用各种手段向公众传播其作品的朗诵
第 14 条第 1 款第 2 项后半句	文学艺术作品的作者享有下列专有权利：……（2）授权……以有线方式向公众传播经过如此改编或复制的作品（拍摄完成的电影作品——引者注）
第 14 条之二第 1 款	……电影作品应作为原作受到保护。电影作品版权所有者享有与原作作者同等的权利，包括前一条提到的权利（也就是包括第 14 条第 1 款第 2 项后半句规定的权利——授权以有线方式向公众传播电影作品——引者注）

从字面上看，“向公众传播权”是指向公众进行传播的权利，也就是进行公开传播的权利。与之相适应，面向现场公众传播作品的行为，如在体育馆举办现场演唱会、朗诵会或在电影院放映电影，似乎都属于“向公众传播权”的规制范围。但《伯尔尼公约》中的“向公众传播权”其实际含义要比其字面含义窄得多。“向公众传播权”规制的行为仅限于向不在传播发生地的公众传送作品。使位于传播发生地的公众欣赏作品的行为，尽管在日常交流中通常也被称为“向公众传播”，但并不是“向公众传播权”所规制的行为。从《伯尔尼公约》使用“向公众传播”这一术语时所针对的行为就可以发现这一点。例如，在现场演唱会、朗诵会上演唱歌曲或朗诵诗歌，或者在电影院中放映电影，并不属于《伯尔尼公约》意义上的“向公众传播”音乐作品、文学作品和电影作品。上述行为涉及的专有

① 表 4 - 1 中对《伯尔尼公约》相关条款的部分翻译与世界知识产权组织官方网站提供的《伯尔尼公约》中文文本（正式翻译）有所差异，后文对此将会详述。

② 《伯尔尼公约》第 11 条之二第 1 款第 3 项规定的权利（授权通过扩音器或其他任何传送符号、声音或图像的类似工具向公众传播广播的作品）涉及的传播只面向传播发生地的公众，并不属于“向公众传播权”。

权利分别为公约第 11 条第 1 款第 1 项规定的“公开表演（作品）权”[而不是该款第 2 项规定的“向公众传播（对作品的）表演”的权利]、第 11 条之三第 1 款第 1 项规定的“公开朗诵（作品）”[而不是该款第 2 项规定的“向公众传播（对作品的）朗诵”的权利]、第 14 条第 1 款第 2 项前半句规定的“公开放映（电影作品）权”（而不是该项后半句规定的“以有线方式向公众传播电影作品”的权利）。由此可见，《伯尔尼公约》中的“向公众传播权”规制的行为并不包括公开表演、公开朗诵和公开放映等面向现场的公众进行的传播，而仅是面向不在传播发生地的公众传送作品，其实质是“远程传播权”①。

这一结论可以从《世界知识产权组织版权条约》第 8 条对“向公众传播权”的规定中得到印证。虽然《伯尔尼公约》规定了如上文所述的数项“向公众传播权”，但它们是不完整的。《伯尔尼公约》第 11 条第 1 款第 2 项规定的“授权用各种手段向公众传播其作品的表演”[“向公众传播（对作品的）表演”的权利] 仅针对“戏剧作品、音乐戏剧作品和音乐作品”，第 11 条之三第 1 款第 2 项规定的“授权用各种手段向公众传播其作品的朗诵”[“向公众传播（对作品的）朗诵”的权利] 仅针对“文学作品”。这两条并没有将“舞蹈作品”包含在内。同时，第 11 条之二第 1 款第 1 项规定的“授权广播其作品，或以任何其他传送符号、声音或图像的无线传送手段传播其作品”（无线传播权），只适用于初始无线传播②，不适用于初始有线传播。这就意味着：对于有线电视台通过电缆向公众传播舞蹈演员对舞蹈作品的表演，《伯尔尼公约》中没有一项权利能够予以规制。对摄影作品的保护也有类似问题：《伯尔尼公约》中没有专有权利能够控制有线电视台通过电缆向公众展示摄影作品的行为。此外，《伯尔尼公约》第 11 条之三第 1 款第 2 项针对“文学作品”规定的“向公众传播（对作品的）朗诵”的权利只针对向公众传播对文学作品的朗诵，也就是对文学作品以朗诵方式进行的表演，并不包含直接传播未经表演的文学作品本

---

① 时任世界知识产权组织助理总干事、《世界知识产权组织版权条约》的主要起草者、著名版权法专家 Mihály J. Ficsor 博士在其著作中对此指出：“需要注意的是，对于公开表演权和公开朗诵权所规制的行为，《伯尔尼公约》并没有使用‘向公众传播’的术语……看来《伯尔尼公约》相关条款的起草者意图对向在现场的公众表演作品和向不在传播发生地的公众传播作品（或对作品的表演或朗诵）的行为进行区分。这就意味着《伯尔尼公约》使用了狭义的传播概念（也就是从传播发生地向其他地方进行传播）。”Mihály J. Ficsor，*The Copyright Law of Copyright and the Internet*，Oxford University Press，2002，p. 156，paras. 4. 18.

② Guide to the Berne Convention for the Protection of Literary and Artistic Works (Paris Act，1971)，WIPO Publication No. 615 (E)，1978，p. 67，para. 11，bis. 8.

身，比如有线电视台直接在屏幕上显示诗歌，或者网站直接显示小说。

为了解决《伯尔尼公约》中各项“向公众传播权”零散且不完整的问题，于1996年缔结的《世界知识产权组织版权条约》第8条以技术中立方式规定了包含所有类型作品的、涵盖面极广的“向公众传播权”，将各种向公众传播的技术手段均纳入其中——“文学和艺术作品的作者应享有专有权，以授权将其作品以有线或无线方式向公众传播，包括将其作品向公众提供，使公众中的成员在其个人选定的地点和时间可获得这些作品”。这样一来，无论是有线电视台通过电缆直接向公众传播舞蹈演员对舞蹈作品的表演或者展示摄影作品，还是有线电视台直接在屏幕上显示诗歌，或者网站直接显示小说，都可以被纳入该项权利的控制范围。

对于该条中“向公众传播”的含义，关于《世界知识产权组织版权条约》的“基础提案”清楚地指出，条约中的传播“意味着向不在传播发生地的公众进行传输”①。由于《世界知识产权组织版权条约》属于《伯尔尼公约》第20条规定的该公约的专门协定②，是《伯尔尼公约》在网络环境中的发展，所以《世界知识产权组织版权条约》中的某一术语必然与《伯尔尼公约》中相同术语保持一致含义。这就印证了《伯尔尼公约》和《世界知识产权组织版权条约》中的“向公众传播”具有相同含义，都是指向不在传播发生地的公众进行传输。对《伯尔尼公约》的权威学术著作对此也作出了相同的解释。③

世界知识产权组织编写的《世界知识产权组织管理的版权和相关权条约指南》也持相同观点，该指南对“向公众传播”和“向公众传播权”解释如下：

> 在狭义上，也就是《伯尔尼公约》中使用的方式，是指通过有线或无线方式，对作品或相关权客体中的图像或声音，或图像及声音进行传输，使其能够被通常的家庭圈子之外或该家庭有亲近社会关系之外的人们所感知，而接收地与传送起始地存在距

① WIPO, Doc. CRNR/DC/4, Basic Proposal for the Substantive Provisions of the Treaty on certain Questions concerning the Protection of Literary and Artistic Works to be Considered by the Diplomatic Conference, 1996, Notes on Article 10, para. 10.14.

② 《世界知识产权组织版权条约》第1条（与《伯尔尼公约》的关系）第1项规定：“对于属《保护文学和艺术作品伯尔尼公约》所建联盟之成员国的缔约方而言，本条约系该公约第20条意义下的专门协定”。

③ “可以合理地推断，‘向公众传播’暗示了公众不在传播发生地。” Sam Ricketson, Jane C. Ginsburg, *International Copyright and Neighbouring Rights: The Berne Convention and Beyond*, 2nd edition, Oxford University Press, 2006, p. 706, para. 12.06.

离，如果没有该传输，则该图像或声音，或图像及声音将无法被感知……① （注：着重号为引者所加）

特别需要指出的是，《世界知识产权组织版权条约》第 8 条起始处有一段重要的规定——在不损害《伯尔尼公约》第 11 条第 1 款第（ii）目、第 11 条之二第 1 款第（i）和（ii）目、第 11 条之三第 1 款第（ii）目、第 14 条第 1 款第（ii）目和第 14 条之二第 1 款的规定的情况下……。这段文字强调了《世界知识产权组织版权条约》作为《伯尔尼公约》第 20 条意义上的专门协定，是《伯尔尼公约》的延续，因此该条并没有废除《伯尔尼公约》中属于"向公众传播权"的各项权利，而是对其进行补充。换言之，《世界知识产权组织版权条约》的缔约方并不需要专门规定一项在文字表述上与《世界知识产权组织版权条约》第 8 条相同的"向公众传播权"，而是可以维持之前根据《伯尔尼公约》中的各项"向公众传播权"而设置的专有权利，只是需要进行修改或补充，以使整体保护水平达到《世界知识产权组织版权条约》第 8 条的要求。由于该条规定的是"向公众传播权"，其中列举的"不损害"的对象必然也是《伯尔尼公约》中的"向公众传播权"，而不可能包括不属于"向公众传播权"的其他权利。换言之，虽然《世界知识产权组织版权条约》第 8 条集中规定的"向公众传播权"比《伯尔尼公约》中分散规定的各项"向公众传播权"的总和在涵盖范围上还要广，但两条约中的"向公众传播权"具有同质性，都是仅针对向不在传播发生地的公众进行的传播。如果用列表的方式，这一点就可以得到清楚的展示。

二、现场传播权针对向在传播发生地的公众进行的传播

在国际版权条约中，之所以"向公众传播"仅被用于指向不在传播发生地的公众传送作品，有可能源于不少人将"传播"（communication）作为了"远程传播"的同义语，也就是认为面向现场的公众演唱、朗诵和放映电影等行为不属于"传播"。有些国家的国内法对此也作出了明文规定。美国《版权法》将对表演或展示的"传输"（tansmit）定义为"以任何设备或方式进行传播，使图像或声音能够在其被传送地之外的地方被接收"②。该定义实际上是将对作品表演或展示的"传输"作为"传播"的同义语，仅针对将作品以技术手段传送至不在现场的公众的行为。前文提及的关于《世界知识产权组织版权条约》的"基础提案"的用语是："'传

① WIPO Guide to Copyright and Related Rights Treaties Administered by WIPO and Glossary of Copyright and Related Rights Terms，WIPO publication No. 891（E），2003，pp. 275 - 276.

② 17 U. S. C. 101.

播’意味着向不在传播发生地的公众进行传输”[①]，而不是“‘向公众传播’意味着向不在传播发生地的公众进行传输”。这可能反映了“基础提案”的起草者对“传播”的这一看法。当然，由于《世界知识产权组织版权条约》涉及传播权的只有第8条规定的“向公众传播权”（向不在传播发生地的公众进行传播的权利，即远程传播权），其并没有像《伯尔尼公约》那样还规定了表演权、朗诵权和放映权（向现场公众进行传播的权利，即现场传播权），故其“基础提案”不区分“向公众传播”（远程传播）和“传播”（包括现场传播和远程传播）也无可厚非。同时，无论这种将“传播”的含义限于“远程传播”的狭义用法是否为部分西方语言中的习惯，它至少与后文所述的《伯尔尼公约》第11条之二第2款第3项所规定的特定传播行为含义不同，也与中文中的“传播”含义不同。

表4－2　《世界知识产权组织版权条约》和《伯尔尼公约》中的“向公众传播权”

<table>
<tr><th>《世界知识产权组织版权条约》第8条（“向公众传播权”）</th><th>《伯尔尼公约》中的“向公众传播权”/《世界知识产权组织版权条约》第8条“不损害”的对象</th></tr>
<tr><td rowspan="5">在不损害《伯尔尼公约》第11条第（1）款第（ⅱ）目、第11条之二第（1）款第（ⅰ）和（ⅱ）目、第11条之三第（1）款第（ⅱ）目、第14条第（1）款第（ⅱ）目和第14条之二第（1）款的规定的情况下，文学和艺术作品的作者应享有专有权，以授权将其作品以有线或无线方式向公众传播，包括将其作品向公众提供，使公众中的成员在其个人选定的地点和时间可获得这些作品
［应特别注意上述“不损害”的对象就《伯尔尼公约》第11条之二第1款而言，只包括第1、2项，并不包括第3项——“文学艺术作品的作者享有下列专有权利：……（3）授权通过扩音器或其他任何传送符号、声音或图像的类似工具公开播放广播的作品。”］</td><td>第11条第1款第2项　戏剧作品、音乐戏剧作品和音乐作品的作者享有下列专有权利：……（2）授权用各种手段向公众传播其作品的表演</td></tr>
<tr><td>第11条之二第1款第1、2项　文学艺术作品的作者享有下列专有权利：（1）授权广播其作品或以任何其他无线传送符号、声音或图像的方法向公众传播其作品；（2）授权由原广播机构以外的另一机构通过有线传播或（无线）转播的方式向公众传播广播的作品……</td></tr>
<tr><td>第11条之三第1款第2项　文学作品的作者享有下列专有权利：……（2）授权用各种手段向公众传播其作品的朗诵</td></tr>
<tr><td>第14条第1款第2项后半句　文学艺术作品的作者享有下列专有权利：（2）授权……以有线方式向公众传播经过如此改编或复制的作品（拍摄完成的电影作品——引者注）</td></tr>
<tr><td>第14条之二第1款　……电影作品应作为原作受到保护。电影作品版权所有者享有与原作作者同等的权利，包括前一条提到的权利（也就是包括第14条第1款第2项后半句规定的权利——授权以有线方式向公众传播电影作品——引者注）</td></tr>
</table>

① WIPO Doc. CRNR/DC/4，Basic Proposal for the Substantive Provisions of the Treaty on Certain Questions concerning the Protection of Literary and Artistic Works to be Considered by the Diplomatic Conference，1996，Notes on Article 10，para. 10.14.

（一）“传播”可以指向现场公众呈现作品

在中文习惯中，“传播”并不意味着只能向不在现场的公众进行传播，向在现场的公众进行表演和放映都可被称为“传播”，我国的相关论著也将表演权和放映权划入“传播权”之中。① 这里的“传播权”针对的就是广义的传播行为，不仅包括向不在传播发生地的公众进行传播（如广播和通过信息网络传播），也包括向现场的公众进行传播（如表演和放映）。有些国家的著作权法中也有广义传播权的概念，如德国《著作权法》就将朗诵权（在我国属于表演权）、表演权、放映权归入“公开再现权”②，实际上就是广义传播权。③ 西班牙《著作权法》第20条将包括演员的现场表演、机械表演、放映、展览、无线广播（包括卫星广播）、有线广播和交互式传播等均列入“传播”的范围，显然也是采用了广义的传播概念。④ 同样，法国《知识产权法典》第122－1条将作者的经济权利概括为“复制权和表演权”，而第122－2条规定，“表演权”就是“以任何方式对公众进行作品传播”的权利，其中既包括公开朗诵、音乐演奏、戏剧表演和放映，也包括以各种电信传送的方式传播作品（含卫星传播）。⑤ 显然，该“表演权”就是广义的传播权。⑥ 因此，在不加限定的情况下，“传播”

---

① 郑成思．版权法．2版．北京：中国人民大学出版社，1997：151，194－197．李明德，许超．著作权法．2版．北京：法律出版社，2009，80－85．

② 关于“公开再现权”的译法参见《十二国著作权法》翻译组．十二国著作权法．北京：清华大学出版社，2011：149。

③ 德国学者用英语撰写的对德国《著作权法》的介绍也将该权利描述为“广义的公开传播权”（right of public communication in broad terms）。Adolf Dietzn，“Germany，§8（1）（b）（ii）”，in Paul Edward Geller（ed.），*International Copyright Law and Practice*，Matthew Bender & Company，2018.

④ 西班牙学者用英语撰写的对西班牙《著作权法》的介绍也指出：该条界定了广义的“公开传播”的概念（broad concept of “public communication”）。Alberto Bercovitz，Germán Bercovitz，Milagros del Corral，“Spain，§8（1）（b）（iv）”，in Paul Edward Geller（ed.），*International Copyright Law and Practice*，Matthew Bender & Company，2018.

⑤ 法国学者用英语撰写的对法国《知识产权法典》著作权部分的介绍也指出：该条中的“表演权”不是一般意义上的“表演权”，而是包含了放映权、展示权、卫星传播权、有线传播权和网络传播权在内的对公众进行传播的权利。Andre Lucas，Pascal Kaminan，Robert Plaisantn，“France，§8（1）（b）（ii）”，in Paul Edward Geller（ed.），*International Copyright Law and Practice*，Matthew Bender & Company，2018.

⑥ 欧洲有学者认为，德国和法国的传统是区分以有形方式利用作品的权利（复制权、发行权）和广义的公开传播权（broad right of public communication）．这不同于欧盟《版权指令》和《伯尔尼公约》中的“向公众传播权”概念。Ansgar Ohly，“Economic Rights”，in Estelle Derclaye（ed.），*Research Handbook on the Future of EU Copyright*，Edward Elgar Publishing，Cheltenham，2009，pp. 224－225.

一词可以同时涵盖向在传播发生地的和不在传播发生地的公众进行的传播，与之相对应的“传播权”也可以涵盖这两类传播行为。

因此，本书所使用的“传播”一词同时涵盖面向在现场的和不在现场的公众进行的传播，并相应地采用广义传播权的概念。

（二）《伯尔尼公约》中的现场传播权

如前文所述，在现场演唱歌曲、朗诵诗歌和放映电影等使处于现场的公众感知作品的内容的行为在日常交流中通常也被称为“向公众传播”，但并不受国际版权条约中的“向公众传播权”所控制，而是受到其他专有权利的控制。在《伯尔尼公约》中，控制这类行为的权利包括第11条第1款第1项规定的“公开表演（作品）权”［不包括该款第2项规定的“向公众传播（对作品的）表演”的权利］，第11条之二第1款第3项规定的“播放接收到的广播的权利”（不包括该款第1、2项规定的无线传播权，及以无线或有线方式进行转播的权利），第11条之三第1款第1项规定的“公开朗诵（作品）权”［不包括该款第2项规定的“向公众传播（对作品的）朗诵”的权利］，第14条第1款第2项前半句为作为电影作品基础的在先作品的作者规定的对电影作品的“放映权”（不包括该项后半句规定的“以有线方式向公众传播电影作品”的权利），以及第14条之二第1款规定的电影作品著作权人对电影作品的“放映权”。具体条款中见表4-3。①

表4-3　《伯尔尼公约》中不属于“向公众传播权”的其他传播权

条文	内容
第11条第1款第1项	戏剧作品、音乐戏剧作品和音乐作品的作者享有下列专有权利：（1）授权公开表演其作品，包括用各种手段和方式公开表演……
第11条之二第1款第3项	文学艺术作品的作者享有下列专有权利：……（3）授权通过扩音器或其他任何传送符号、声音或图像的类似工具公开传播广播的作品
第11条之三第1款第1项	文学作品的作者享有下列专有权利：……（1）授权公开朗诵其作品，包括用各种手段或方式公开朗诵
第14条第1款第2项前半句	文学艺术作品的作者享有下列专有权利：……（2）授权公开放映……经过如此改编或复制的作品（拍摄完成的电影作品——引者注）
第14条之二第1款	……电影作品应作为原作受到保护。电影作品版权所有者享有与原作作者同等的权利，包括前一条提到的权利（也就是包括第14条第1款第2项前半句规定的权利——授权公开放映电影作品——引者注）

在上述专有权利中，世界知识产权组织编写的《世界知识产权组织管

① 表4-3中对《伯尔尼公约》相关条款的部分翻译与世界知识产权组织官方网站提供的《伯尔尼公约》中文文本（正式翻译）有所差异，后文对此将会详述。

理的版权和相关权条约指南》将《伯尔尼公约》第 11 条之二第 1 款第 3 项规定的“播放接收到的广播的权利”（授权通过扩音器或其他任何传送符号、声音或图像的类似工具公开传播广播的作品），称为不同于“向公众传播权”的“公开传播权”（right of public communication），并进行了如下解释：

> 1.《伯尔尼公约》第 11 条之二第 1 款第 3 项使用了“公开传播”（public communication）这一术语，该条款规定版权人享有授权“通过扩音器或其他任何传送符号、声音或图像的类似工具公开传播广播的作品”的专有权利。使用这一术语，而不是使用“向公众传播”（communication to the public）的术语，是适当的，因为该行为并不涉及将作品传输至另一地点：它是在公众在场或可能在场的地点实施的行为。在这个意义上，它类似于“公开表演”和“公开朗诵”。它意味着接收广播的方式是使在场的、符合“公众”概念的人们能够听到或看到广播。
>
> 2. 该术语与“向公众传播”（communication to the public）的表述不同，因为对于后者而言，向其传输作品或相关权客体，供其接收的、符合“公众”概念的人们处于不同的地点。①

显然，根据该指南，《伯尔尼公约》中的“向公众传播”（communication to the public）和“公开传播”（public communication）并不指向同一行为：“向公众传播”仅指向不在传播发生地的公众传送作品；“公开传播”则特指第 11 条之二第 1 款第 3 项所提及的行为——在餐厅、酒吧、咖啡厅和宾馆等公开场所打开收音机、电视机，通过其扬声器、屏幕，使进入其场所的公众观看或收听电台、电视台正在播放的节目中的作品。此时对于在餐厅等场所的公众而言，直接的“传播源”是现场放置的收音机、电视机等广播的接收和播放装置，他们可以在现场直接感知从“传播源”传出的作品，因此对于餐厅等场所的经营者而言，它们利用收音机、电视机实施的传播行为并不是“向公众传播”（communication to the public），而是“公开传播”（public communication）。

这一区分在《世界知识产权组织版权条约》第 8 条“向公众传播权”列举的“不损害”对象中是非常清楚的。如前文所述，《世界知识产权组织版权条约》第 8 条“向公众传播权”是对《伯尔尼公约》中已有的各项

---

① WIPO Guide to Copyright and Related Rights Treaties Administered by WIPO and Glossary of Copyright and Related Rights Terms，WIPO publication No. 891 (E)，2003，p. 305.

“向公众传播权”的补充，该条列出了《伯尔尼公约》中同属于“向公众传播权”的各项专有权利，表明该条规定的“向公众传播权”并不影响，也就是“不损害”各缔约方继续实施《伯尔尼公约》中的各项“向公众传播权”。在“不损害”的对象中，并不包括表 4－3 列出的《伯尔尼公约》规定的各项专有权利（其他传播权）。这正是因为表 4－3 中专有权利规制的传播行为的共有特征是向现场公众传播作品，也就是使公众在传播发生地感知作品，而不是向不在传播现场的公众传送作品，因此其在性质上并不属于“向公众传播权”（远程传播权）。

就《伯尔尼公约》第 11 条之二第 1 款而言，“不损害”的对象只包括该款第 1、2 项——“（1）授权广播其作品或以任何其他无线传送符号、声音或图像的方法向公众传播其作品；（2）授权由原广播机构以外的另一机构通过有线传播或（无线）转播的方式向公众传播广播的作品”，也就是电台、电视台通过无线方式主动播放含有作品的广播节目，以及其他电台、电视台以无线或有线方式转播其接收到的初始无线节目的行为。“不损害”的对象并不包括该款第 3 项——“授权通过扩音器或其他任何传送符号、声音或图像的类似工具公开传播广播的作品”。《世界知识产权组织版权条约》第 8 条之所以要对《伯尔尼公约》第 11 条之二第 1 款规定的三项行为进行拆分，只将“不损害”的对象限定为该款第 1、2 项，而不包括第 3 项，正是因为第 3 项规定的并不是“向公众传播权”（远程传播权）并不规制将作品向不在传播发生地的公众进行传播的行为。

虽然《伯尔尼公约》在规定各项专有权利时，使用“公开传播”（public communication）之处只有第 11 条之二第 1 款第 3 项规定的“播放接收到的广播的权利”，但《伯尔尼公约》第 11 条第 1 款第 1 项规定的“公开表演（作品）权”、第 11 条之三第 1 款第 1 项规定的“公开朗诵（作品）权”、第 14 条第 1 款第 2 项前半句规定的“放映权”以及第 14 条之二第 1 款规定的“放映权”与之是同质的，其规制的行为均是向现场公众表演、朗诵和放映作品。前文引述的世界知识产权组织编写的《世界知识产权组织管理的版权和相关权条约指南》也指出：使用了“公开传播”（public communication）用语的第 11 条之二第 1 款第 3 项规定的“播放接收到的广播的权利”类似于“公开表演”和“公开朗诵”[①]。

基于此，笔者认为：从便于理解的角度，不妨将此类权利称为“现场

① WIPO Guide to Copyright and Related Rights Treaties Administered by WIPO and Glossary of Copyright and Related Rights Terms，WIPO publication No. 891（E），2003，p. 305.

传播权”，将“向公众传播权”称为“远程传播权”，而将“传播权”作为现场传播权和远程传播权的统称。这样一来，《伯尔尼公约》中所有涉及以不转移作品或复制件的方式使公众感知作品内容的行为，都可以被归入远程传播权（“向公众传播权”）或现场传播权的控制范围。当公众位于传播发生地时，落入了后者的范围；当公众并不位于传播发生地时，则落入了前者的范围。从用语的角度看，《伯尔尼公约》中凡提及远程传播以及在规定各类远程传播权时，使用的术语均为“向公众传播”①。只有在提及现场传播并规定各类现场传播权时，才使用“公开”的术语，如“公开表演”、“公开朗诵”、“公开传播”和“公开放映”。按照这种分类方法，传播权在《伯尔尼公约》中的分布见表4-4。

表4-4 《伯尔尼公约》中的传播权（两类传播权的用语差异以着重号标出）

远程传播权（“向公众传播权”）	现场传播权
（第11条第1款第2项）戏剧作品、音乐戏剧作品和音乐作品的作者享有下列专有权利：……（2）授权用各种手段向公众传播其作品的表演	（第11条第1款第1项）戏剧作品、音乐戏剧作品和音乐作品的作者享有下列专有权利：（1）授权公开表演其作品，包括用各种手段和方式公开表演……
（第11条之二第1款第1、2项）文学艺术作品的作者享有下列专有权利：（1）授权广播其作品或以任何其他无线传送符号、声音或图像的方法向公众传播其作品；（2）授权由原广播机构以外的另一机构通过有线传播或（无线）转播的方式向公众传播广播的作品……	（第11条之二第1款第3项）文学艺术作品的作者享有下列专有权利：……（3）授权通过扩音器或其他任何传送符号、声音或图像的类似工具公开传播广播的作品
（第11条之三第1款第2项）文学作品的作者享有下列专有权利：……（2）授权用任何手段向公众传播对其作品的朗诵	（第11条之三第1款第1项）文学作品的作者享有下列专有权利：……（1）授权公开朗诵其作品，包括用各种手段或方式公开朗诵
（第14条第1款第2项后半句）文学艺术作品的作者享有下列专有权利：（2）授权……以有线方式向公众传播经过如此改编或复制的作品（拍摄完成的电影作品——引者注）	（第14条第1款第2项前半句）文学艺术作品的作者享有下列专有权利：（2）授权公开放映……经过如此改编或复制的作品（拍摄完成的电影作品——引者注）
（第14条之二第1款）……电影作品应作为原作受到保护。电影作品版权所有者享有与原作作者同等的权利，包括前一条提到的权利（也就是包括第14条第1款第2项前半句规定的权利——授权以有线方式向公众传播电影作品——引者注）	（第14条之二第1款）……电影作品应作为原作受到保护。电影作品版权所有者享有与原作作者同等的权利，包括前一条提到的权利（也就是包括第14条第1款第2项后半句规定的权利——授权公开放映电影作品——引者注）

① 但遗憾的是，在《伯尔尼公约》的中文文本中，有几处“向公众传播”被误译为“公开传播”。下文将对此进行说明。

从前文的分析，特别是从《世界知识产权组织版权条约》第8条“向公众传播权”的用语及与《伯尔尼公约》的关系中还可以得出一个结论，交互式传播和非交互式传播的划分仅仅针对远程传播权（“向公众传播权”）。国际版权条约中对交互式传播的首次明确规定，就是《世界知识产权组织版权条约》第8条“向公众传播权”，该条规定的“向公众传播权”的子权利——“授权……将其作品向公众提供，使公众中的成员在其个人选定的地点和时间可获得这些作品”（国际上称之为“向公众提供权”，即我国《著作权法》中的“信息网络传播权”）为交互式传播权。这样，以不在传播发生地的公众是否可以对作品进行按需（on demand）获取（包括无须下载的在线点播和下载）为标准，远程传播权（“向公众传播权”）就被划分为交互式传播权和非交互式传播权。据此，《伯尔尼公约》第11条之二第1款第1、2项规定的无线传播权，及以无线或有线方式进行转播的权利为非交互式传播权。公约第11条第1款第2项规定的“向公众传播（对作品的）表演”的权利、第11条之三第1款第2项规定的“向公众传播（对作品的）朗诵”的权利、第14条第1款第2项后半句规定的“以有线方式向公众传播”电影作品的权利，以及第14条之二第1款规定的相同权利，则因其为技术中立的用语，同时包含了交互式传播权和非交互式传播权。

交互式传播权与非交互式传播权的划分对于现场传播权而言是没有意义的，因为对于机械表演和放映等向现场公众进行的传播而言，无论公众是否可以按需获取，相关的行为仍然受到与之相对应的那一项专有权利的规制，而不是分别受到两项专有权利中的某一项专有权利规制。例如，许多西方国家的歌舞厅中设有“自动点唱机”，每台点唱机中都存储了大量曲目，使用者投币后就可“点播”其中的歌曲。歌舞厅以这种形式在现场提供音乐作品的播放，与歌舞厅自行决定曲目并组织乐队演奏该曲目，或播放该曲目的CD（均不属于“点播”），在性质上并无不同，都属于受现场传播权中的表演权［《伯尔尼公约》中与之对应的是第11条第1款第(1)项规定的“公开表演（作品）权”］规制的行为。世界知识产权组织编写的《伯尔尼公约指南》对此指出：“舞厅里的乐队演奏最新曲目，与隔壁迪斯科舞厅中顾客投币自行选择曲目，对于公开表演而言并没有区别。”① 因此，交互式传播权与非交互式传播权的划分，并没有实现对传

① Guide to the Berne Convention for the Protection of Literary and Artistic Works (Paris Act, 1971), WIPO Publication No. 615 (E), 1978, p. 64, para. 11.4.

播权中所有专有权利的体系化。

三、远程传播权（“向公众传播权”）与现场传播权的区分标准

远程传播权（“向公众传播权”）与现场传播权在《伯尔尼公约》和《世界知识产权组织版权条约》中的区分本身是清楚的。然而，这样的区分高度抽象，与人们在日常生活中的用语习惯存在差距。相信即使对于以英语为母语的人而言，除非对《伯尔尼公约》和《世界知识产权组织版权公约》进行过专门研究，他们也很难理解“communication to the public”与“public communication”有何不同。在缔约方根据这两条约在国内著作权法中规定传播权时，也往往无法或没有区分这两类权利。其中最为复杂的问题有两个：一是在一个具有多个节点的传播链中，以哪个节点作为评判特定的传播是否属于向传播发生地的公众进行的传播。换言之，其中的“传播发生地”是指传播链中的哪一个节点？二是在局域网等特定技术条件下，如何判断特定的传播是否属于向传播发生地的公众进行的传播。

（一）在传播链上区分远程传播权与现场传播权的节点

第一个问题的复杂性，在欧盟法院在其司法实践中对“向公众传播”的认定及理由中得到了充分体现。欧盟本身就是《世界知识产权组织版权条约》的缔约方①，欧盟于 2001 年通过的《版权指令》序言的第 23 段指出：

> 本指令应进一步协调作者的向公众传播权（right of communication to the public）。对该权利应作广义理解，适用于所有向**不在传播发生地现场的公众进行的传播**。该权利应当适用于包括广播在内的任何通过有线或无线方式向公众进行的此类对作品的传输或再传输。该权利不应适用于任何其他行为。（注：着重号为引者所加）

由于《版权指令》中的“向公众传播权”控制的行为是“向不在传播发生地现场的公众进行的传播”，故其含义与《伯尔尼公约》《世界知识产权组织版权条约》使用的“向公众传播权”并无不同。特别是《版权指令》第 15 条清楚地指出：该指令的意图就是去实施欧盟根据《世界知识产权组织版权条约》和《世界知识产权组织表演和录音制品条约》所承担的新的义务。欧盟法院也在相关案例中强调，对《版权指令》中的概念必

① 欧盟（当时的欧共体）是根据《世界知识产权组织版权条约》第 17 条（成为本条约缔约方的资格）第 3 款的规定“欧洲共同体在通过本条约的外交会议上作出上款提及的声明后，可成为本条约的缔约方”，成为该条约的缔约方的。

须尽可能地根据上述两条约的规定进行解释。[①] 因此，《版权指令》中出现的概念，如“向公众传播”，必须根据这些条约中的相同概念进行解释，其解释方式是使这些概念与这些条约相协调。[②]

然而，在欧盟法院的司法实践中，许多仅能使公众在传输发生地现场感知作品内容的行为却被认定为受《版权指令》中“向公众传播权”控制的行为。例如，在“Reha Training 诉 GEMA 案”中，被告是一家向事故受害者提供疗养康复的机构，其在一间候诊室和两间训练室安装电视机，从而使进入该康复机构的人能够看到电视机中播放接收到的电视节目。德国音乐著作权集体管理组织 GEMA 要求其支付使用作品的报酬。[③] 德国科隆初审法院判决 GEMA 胜诉，此案上诉至科隆地区法院后，科隆地区法院决定中止审理，请求欧盟法院对涉案行为是否属于《版权指令》中的“向公众传播”行为等问题进行解释。[④]

欧盟法院对此认为：

> 本院已经认定，咖啡馆、宾馆或 SPA 场所的经营者，如果其通过安装在其场所内的电视机或收音机有意地传送信号，从而有意地向其客户广播受保护的作品，则其作为（作品的）使用者，就实施了向公众传播的行为。[⑤]

据此，欧盟法院认定作为被告的康复机构实施了向公众传播行为。[⑥] 在此之前，欧盟法院已经认定酒吧通过电视机向在场的顾客播放接收到的节目，咖啡厅通过收音机及与之相连的外置扬声器向在场的顾客播放接收到的节目，以及宾馆在房间中安装电视机供入住的客人收看节目，均构成《版权指令》中的“向公众传播”[⑦]。

如上文所述，上述案例中康复机构、酒吧、咖啡厅和宾馆的行为——安装电视机、收音机等接收装置供进入其场所的公众观看或收听接收到的节目，是《伯尔尼公约》第 11 条之二第 1 款第 3 项所控制的典型行

---

① Società Consortile Fonografici (SCF) v. Marco Del Corso, Case C-135/10 (2012), para. 52.

② Ibid., para. 55.

③ Reha Training v. GEMA, Case C-117/15 (2016), CJEU, paras. 11 - 13.

④ Ibid., para. 19.

⑤ Ibid., para. 47.

⑥ Ibid., para. 62.

⑦ Sociedade Portuguesa de Autores CRL v. Ministério Público, Case C-151/15 (2015), para. 28. Football Association Premier League Ltd. v. QC Leisure, C-403/08 and C-429/08 (2011), para. 207. Sociedad General de Autores y Editores de Espana (SGAE) v. Rafael Hoteles, Case C-306/05 (2006), paras. 47, 54.

为——通过扩音器或其他任何传送符号、声音或图像的类似工具公开传播广播的作品。涉及相应的权利应当是“现场传播权”（也就是前文引述的世界知识产权组织编写的《世界知识产权组织管理的版权和相关权条约指南》所称的有别于“向公众传播权”的“公开传播权”）而不是“向公众传播权”。那么，为什么在《版权指令》的序言明确将“向公众传播权”的适用范围界定为“向不在传播发生地现场的公众进行的传播”，以及欧盟法院清楚地说明《版权指令》中“向公众传播”的概念应与《世界知识产权组织版权条约》中的相同概念保持一致的情况下，欧盟法院仍然将此类行为界定为“向公众传播”呢？欧盟法院对此阐述的理由是：

> 《版权指令》序言第23段将“向公众传播”（的概念）解释为覆盖所有向不在传播发生地现场的公众进行的传播……对于在诸如公共场所通过电视屏幕和扬声器向在该场所的公众传输接收到的被广播的作品时，（位于该场所的）公众并不位于《版权指令》序言第23段意义上的传播发生地——（对作品的）表现或表演的广播地。①

显然，欧盟法院之所以认为在酒吧等公共场所使用电视机、收音机等接收装置供在场公众观看或收听接收到的广播节目属于“向公众传播”，也就是“向不在传播发生地现场的公众进行的传播”，是因为在酒吧等公共场所的公众并不位于初始传播（广播）的场所，也就是电台、电视台发射载有作品的节目信号的所在地。

笔者认为，这一观点混淆了初始传播（广播）与在酒吧等公共场所内通过接收装置播放广播这两种不同的传播行为，当然是不能成立的。在前述欧盟法院审理的案件中，争议的焦点并不是初始传播（广播）是否构成“向公众传播”（远程传播），因为那是不言而喻、没有任何争议的——酒吧等公共场所的公众确实并不在该传播的发生地，因此初始传播（广播）行为当然构成“向公众传播”（远程传播）。但是，这与这些案例中的争议问题毫无关系。争议的问题是，酒吧等公共场所使用电视机、收音机等接收装置供场所内的公众观看或收听接收到的广播节目是否属于“向公众传播”。既然欧盟法院认定这属于“传播”，就说明它是独立于初始传播（广播）的另一个传播。换言之，从电台、电视台传播载有作品的节目，到酒吧等公共场所使用电视机、收音机等接收装置播放接收到的广播节目这一

① Football Association Premier League Ltd. v. QC L. eisure, C-403/08 and C-429/08 (2011), paras. 202 - 203. Sociedade Portuguesa de Autores CRL v. Ministério Público, Case C-151/15 (2015), para. 24.

传播链中，发生了两次“传播”。也正因为如此，虽然电台、电视台在传播载有作品的节目时已经获得了权利人的许可，但酒吧等公共场所使用电视机、收音机等接收装置供进入其场所的公众观看或收听接收到的广播节目还需要获得许可。如果酒吧等公共场所的“传播”就是电台、电视台的“传播”，也就是否认存在两个传播行为，则要求酒吧等公共场所单独获得许可的法律基础就完全消失了。既然酒吧等公共场所对电视机、收音机等接收装置的使用，是一个不同于电台、电视台传播的新传播，在评价其是否属于面向“传播发生地现场的公众”进行的传播时，当然应当以酒吧等公共场所实施该传播的发生地与该传播的受众间的关系为准，而不能以电台、电视台传播的发生地与受众之间的关系为依据。对于酒吧等公共场所发生的“传播”而言，该场所中的公众，也就是该传播的受众，当然位于“传播发生地现场”。

欧盟法院上述观点的来源，应当是《版权指令》制定过程中曾经使用的术语。在《版权指令（建议稿）》的序言中，并没有出现“‘向公众传播权’适用于所有向不在传播发生地现场的公众进行的传播”的用语，而是以排除性的方式指出该权利不适用于“私人传播”。后来欧洲议会建议将其改为“该权利并不涵盖（对作品的）直接表现或表演（direct representation or performance）”[①]。但欧盟理事会（当时的欧共体理事会）在有关指令制定的“共同立场”中，认为对这一术语缺乏统一定义，可能导致法律上的不确定性，因此建议删除该用语。[②] 最后通过的欧盟《版权指令》在序言第 23 段采用了《世界知识产权组织版权条约》的“基础提案”中的表述，即向公众传播权适用于“向不在传播发生地现场的公众进行的传播”。

对此，欧盟法院自己承认：

> 在这方面（在酒吧等公共场所使用电视机、收音机等接收装置供在场公众观看或收听接收到的广播节目是否属于面向传播现场的公众传播——引者注），“共同立场”第 No. 48/2000 号明确

① Amended proposal for a European Parliament and Council Directive on the harmonisation of certain aspects of copyright and related rights in the information society (1999/C180/04), COM (1999) 250 final— 97/0359 (COD).

② Common Position (EC) No. 48/2000 of 28 September 2000 adopted by the Council, acting in accordance with the procedure referred to in Article 251 of the Treaty establishing the European Community, with a view to adopting a Directive of the European Parliament and of the Council on the Harmonisation of Certain Aspects of Copyright and Related Rights in the Information Societ, para. 12.

指出该序言（《版权指令》的序言第23段，其指出“向公众传播”覆盖所有向不在传播发生地现场的公众进行的传播——引者注）来源于欧洲议会的建议，其希望在该序言说明指令中的“向公众传播”不包括“直接表现或表演”，这个概念是指《伯尔尼公约》第11条第1款中的“公开表演”，且包含了在与演员或作品表演者有直接物理接触的公众面前对作品的表演。①

显然，欧盟法院是将“面向在传播发生地现场的公众进行的传播”理解为仅限于演员（表演者）面向现场观众进行的表演，而不包括酒吧等公共场所使用电视机、收音机等接收装置供场所内的公众观看或收听接收到的广播节目的行为。笔者难以认同这一理解，理由在于以下几点。

首先，“不涵盖（对作品的）直接表现或表演”的用语只出现在作为草案的《版权指令》的序言中，在《版权指令》通过时已被删除，换成了“（向公众传播权）适用于所有向不在传播发生地现场的公众进行的传播”，之前的用语已无任何参考价值。

其次，从逻辑上说，即使退一步讲，《版权指令》的序言保留了原有用语，即“不涵盖（对作品的）直接表现或表演”，也并不意味着除《伯尔尼公约》第11条第1款第1项涉及的表演者面向现场观众进行表演的传播形式之外，任何其他传播都成了“向不在传播发生地现场的公众进行的传播”。例如，电影院播放电影并不属于《伯尔尼公约》第11条第1款规定的行为，而是属于其第14条第1款第2项前半句规定的行为即文学艺术作品的作者享有授权公开放映电影作品，以及第14条之二第1款规定的行为［电影作品应作为原作受到保护。电影作品版权所有者享有与原作作者同等的权利，包括前一条提到的权利（也就是包括第14条第1款第2项前半句规定的权利——授权公开放映电影作品）］。电影院播放电影难道就因为不属于“直接表现或表演”，就成了“向不在传播发生地现场的公众进行的传播”吗？

最后，欧盟法院的解释，明显与对《伯尔尼公约》的权威解释及《世界知识产权组织版权条约》第8条的规定不符。上述欧盟法院审理的诉讼中涉及的行为，是在酒吧等公共场所使用电视机、收音机等接收装置供在场公众观看或收听接收到的广播节目。这一行为在《伯尔尼公约》中对应的是第11条之二第1款第3项的规定［“文学艺术作品的作者享有下列专

① Football Association Premier League Ltd. v. QC Leisure，C-403/08 and C-429/08 (2011)，paras. 202-203. Sociedade Portuguesa de Autores CRL v. Ministério Público，Case C-151/15 (2015)，para. 201.

有权利：……（3）授权通过扩音器或其他任何传送符号、声音或图像的类似工具公开传播广播的作品”］。世界知识产权组织编写的《世界知识产权组织管理的版权和相关权条约指南》明确指出，该条使用了“公开传播”（public communication）的术语，而没有使用“向公众传播”（communication to the public）的术语，该行为正是因为是在公众在场或可能在场的地点实施的行为，所以并不涉及将作品传输至另一地点。① 同时，如前文所述，《世界知识产权组织版权条约》第 8 条“向公众传播权”列举“不损害”《伯尔尼公约》规定的各项“向公众传播权”时，并没有将第 11 条之二第 1 款第 3 项纳入其中，其原因正是该条款规定的并不是“向公众传播权”。

当然，《伯尔尼公约》作为国际版权条约，并不要求缔约方的立法也对“向公众传播权”与“公开传播权”进行上述区分。只要缔约方的立法达到了《伯尔尼公约》要求的保护水平，具体的方法与手段并不重要。但由于《伯尔尼公约》与《世界知识产权组织版权条约》对两者有清楚的划分，如果缔约方的立法使用了“向公众传播权”这一术语，特别是立法还强调对“向公众传播权”的规定是为了实施《伯尔尼公约》与《世界知识产权组织版权条约》，则其含义还是应当尽量与这两条约保持一致，以免导致误解和在国际交流时的困难。在这方面，上述欧盟法院的司法实践建立在对“向不在传播发生地现场的公众进行的传播”的错误理解上，并不足为我国所效仿。

（二）受众是否位于传播发生现场的判断

远程传播权（“向公众传播权”）区别于现场传播权之处，在于其针对的传播行为必须面向传播发生地的公众。那么，如何判断特定的传播行为是否面向传播发生地的公众？

在表面看来，这是一个仅凭常识和肉眼观察就可解决的简单问题，比如现场演唱会中歌手对歌曲的演唱是面向现场公众表演作品，属于表演权（现场传播权）规制的行为；而电视台通过无线电波传播电影，使全国各地的观众都能收看，属于广播权第一项子权利（远程传播权或“向公众传播权”）规制的行为。然而，事实并非如此简单。假设某网吧自建了一个局域网，其中设置了连接 50 台计算机终端的网络服务器，并将大量影视剧存入该服务器中，供进入网吧的用户在 50 台计算机终端中的任何一台

---

① WIPO Guide to Copyright and Related Rights Treaties Administered by WIPO-Glossary of Copyright and Related Rights Terms，WIPO publication No. 891（E），2003，p. 305.

上点播。试问：对该行为应如何定性，其涉及的是远程传播权（“向公众传播权”）还是现场传播权？

关于对网吧的该行为应适用何种专有权利的问题，目前在理论界和司法实践中已有较为统一的观点，即该行为属于受《著作权法》中信息网络传播权（《世界知识产权组织版权条约》第8条“向公众传播权”后半句规定的“向公众提供权”）规制的行为。

参加1996年世界知识产权组织为缔结《世界知识产权组织版权条约》和《世界知识产权组织表演和录音制品条约》而召开的外交会议的欧盟代表团团长Reinbothe博士和欧盟代表团成员莱文斯基博士对此指出：

> 当可以从一台以上的计算机终端获得作品时，（构成《世界知识产权组织版权条约》第8条后半句要求的）“选定地点”的要件就得到了满足，如存储在CD-ROM上的作品在大学、研究所、律师事务所、公司或图书馆的局域网中提供，使那些被授权使用局域网的人可以从与本地网相连的计算机终端获得CD-ROM上的作品。①

这意味着在局域网中向公众提供作品仍然涉及《世界知识产权组织版权条约》第8条“向公众传播权”后半句规定的“向公众提供权”（在我国，系《著作权法》中的信息网络传播权）。这一理解也体现在了我国的立法中。《信息网络传播权保护条例》第7条规定，“图书馆、档案馆、纪念馆、博物馆、美术馆等可以不经著作权人许可，通过信息网络向本馆馆舍内服务对象提供本馆收藏的合法出版的数字作品和依法为陈列或者保存版本的需要以数字化形式复制的作品，不向其支付报酬”。这一条针对的是图书馆等通过局域网向进入馆舍的公众提供作品的行为，是对信息网络传播权的限制和例外。而《信息网络传播权保护条例》所设“限制和例外”的对象，必然是信息网络传播权。如果一种行为根本就不受信息网络传播权的规制，《信息网络传播权保护条例》也没有必要在“限制和例外”条款中规定可以不经权利人许可实施该行为。例如，《著作权法》不可能规定“在家中可以不经著作权人许可播放音乐作品”，因为这种行为根本就不是“公开表演”，不受“表演权”的控制，当然不会构成侵权。因此，《信息网络传播权保护条例》的此项规定，本身就意味着图书馆等通过局域网向本馆馆舍内的公众提供作品，涉及的是信息网络传播权，而信息网

---

① Jörg Reinbothe, Silke von Lewinski, *The WIPO Treaties 1996: The WIPO Copyright Treaty and the WIPO Performances and Phonograms Treaty: Commentary and Legal Analysis*, Butterworths, 2002, p. 111.

络传播权就是《世界知识产权组织版权条约》第8条“向公众传播权”的子权利“向公众提供权”。

最高人民法院发布的《关于做好涉及网吧著作权纠纷案件审判工作的通知》第3条明确规定，“网吧经营者未经许可，通过网吧自行提供他人享有著作权的影视作品，侵犯他人信息网络传播权等权利的，应当根据原告的诉讼请求判决其停止侵权和赔偿损失……”。这等同于认可在网吧等向公众提供作品的点播属于受信息网络传播权规制的行为。北京市高级人民法院《关于网络著作权纠纷案件若干问题的指导意见》第9条也规定：“将作品、表演、录音录像制品上传至或以其他方式置于向公众开放的局域网中，使公众可以在其个人选定的时间和地点获得的，属于信息网络传播行为。”

既然在向公众开放的局域网中提供作品属于受信息网络传播权规制的信息网络传播行为，而信息网络传播权又属于“向公众传播权”（远程传播权），那么该行为当然应当面向不在传播发生地的公众。然而，局域网所在的物理空间可大可小。如前文所述的网吧可以将其局域网的服务器与50台计算机终端设在一个大房间内，这就意味着进入网吧的用户（公众）与传播发生地（服务器）处于同一个物理场所，那么此时通过该局域网进行的传播还能说是“面向不在传播发生地的公众”吗？这与前文讨论的酒吧等公共场所使用电视机、收音机等接收装置供在场公众观看或收听广播节目又有何区别呢？

解决该问题的关键在于认定“面向传播发生地的公众”的标准。笔者认为，“传播发生地”（或称“传播发生现场”）并不纯粹是一个物理概念，现场传播与远程传播的区别也不仅仅在于距离的绝对远近。对于传播是否“面向传播发生地的公众”，需要判断的是感知作品内容的受众与传出作品的“传播源”之间的关系。如果接收传播的受众可以凭借感官直接感知被传播的作品内容，无论是否需要借助机器设备提高感知的效果，该传播就是“面向传播发生地的公众”。换言之，此时依靠传出作品的人或机器，也就是传播的源头——“传播源”自身的作用，就可使公众感知作品内容，反之，如果要让接收传播的目标受众感知作品内容，必须利用一种技术性的传送手段，将作品从一处“传输”（transmit）至另一处，则该传播就是“面向不在传播发生地的公众”。

试举一例：意大利已故著名男高音歌唱家帕瓦罗蒂生前在表演时其声音的穿透力巨大无比。假设他在古罗马竞技场开了一场演唱会，其美妙的歌声能使在竞技场外几百米的人们也听得到。试问：帕瓦罗蒂的演唱涉及的是表演权（现场传播权）还是“向公众传播权”（远程传播权）？

对此的回答应当是清楚的：该行为涉及的是表演权（现场传播权），不是“向公众传播权”（远程传播权）。这是因为后者控制的行为无法仅依靠“传播源”自身的作用使公众获得作品内容，而必须通过某种技术性的传送手段进行“传输”，使原本无法凭借感官直接感知作品内容的公众能够获得作品内容。身处竞技场之外的人们能够听到帕瓦罗蒂的歌声，是因为帕瓦罗蒂中气十足、声音洪亮，而不是依赖某种传输技术的介入。同样道理，酒吧等公共场所安装电视机供就餐的客人欣赏正在播出的电视节目时，公众（进进出出的客人）仅凭借餐厅创造的“传播源”——电视机或其外接扬声器自身的作用，就能欣赏作品，无须借助额外的传输技术。因此《伯尔尼公约》第 11 条之二第 1 款第 3 项“播放接收到的广播的权利”——“授权通过扩音器或其他任何传送符号、声音或图像的类似工具公开传播广播的作品”不属于“向公众传播权”，而属于现场传播权。

《世界知识产权组织版权条约》第 8 条对“向公众传播的权利”作出的定义是：“……文学和艺术作品的作者应享有专有权，以授权将其作品以有线或无线方式向公众传播，包括将其作品向公众提供，使公众中的成员在其个人选定的地点和时间可获得这些作品”（注：着重号为引者所加）。其中“以有线或无线方式”暗示了“向公众传播”，也就是向不在传播发生地公众实施的传播，必须使用某种技术进行传送。诸如帕瓦罗蒂用洪亮的声音使公众欣赏被演唱作品的行为，并不是“以有线或无线方式”对作品进行的传送。同样，对于酒吧等公共场所使用电视机供客人欣赏正在播出的电视节目的行为，只能说电视台发射信号使电视机能够接收节目的行为是“以有线或无线方式”实施的，也就是电视台的初始传播行为利用了技术传送手段，而通过电视机播放接收到的节目，就不是“以有线或无线方式”的传播了。

对于《世界知识产权组织版权条约》第 8 条“向公众传播权”中的“向公众传播”的含义，世界知识产权组织在该条约“基础提案”中清楚地指出：

> “传播”一词意味着向不在传播发生地的公众进行传输。由于传播总是涉及传输，“传输”本可被选为描述相关行为的关键术语。但是，“传播”一词仍然被继续使用，因为它是《伯尔尼公约》英文文本中所有相关条款的用语。值得说明的是，在《伯尔尼公约》的法文文本中，第 11 条和第 11 条之三使用的表述都是“la transmission publique”即“向公众传输”，第 14 条使用

的表述是“la transmission par fil au public”即“以有线方式向公众传输”，而与之相对应的英文表述是“communication to the public”和“communication to the public by wire”。“传输”是指技术上的传送过程，“传播”则意味着，除技术传送过程之外，某种东西被传播了。对于被提议通过的《世界知识产权组织版权条约》而言，这种细微的差异是无关紧要的，因为被传送或传播的就是作品。①

由此可见，世界知识产权组织认为“向公众传播权”中的“向公众传播”必须是“传输”，即注重技术上的传送过程。在《世界知识产权组织版权条约》中，“向公众传播权”原本应被表述为“向公众传输权”，只是为了与《伯尔尼公约》的英文文本保持一致，才使用了“向公众传播权”的表述。而且“向公众传播”等同于“向公众传输”，加上作品被传输的结果，说明“传输”是“向公众传播”的核心要件。

世界知识产权组织编写的《世界知识产权组织管理的版权和相关权条约指南》也对“向公众传播”作出了相同的解释：

……是指通过有线或无线方式，对作品或相关权客体中的图像或声音，或图像及声音进行传输（transmission），使其能够被通常的家庭圈子之外或该家庭有亲近社会关系之外的人们所感知，而接收地与传输起始地存在距离，如果没有该传输，则该图像或声音，或图像及声音将无法被该地被感知……②（注：着重号为引者所加）

欧盟《版权指令》对于“向公众传播”也有相似的要求。该指令的序言第23段指出：

对该权利（“向公众传播权”——引者注）应作广义理解，适用于所有向不在传播发生地的公众进行的传播。该权利应当适用于包括广播在内的任何通过有线或无线方式向公众进行的此类对作品的传输或再传输。（注：着重号为引者所加）

当然，令人遗憾的是，欧盟法院在前文引述的一系列案件中，并没有遵循《版权指令》之序言的说明，而是将完全不涉及“以有线或无线方

① WIPO Doc. CRNR/DC/5，Basic Proposal for the Substantive Provisions of the Treaty on Certain Questions concerning the Protection of Literary and Artistic Works to be considered by the Diplomatic Conference，1996，paras. 10.14 - 10.16.

② WIPO Guide to Copyright and Related Rights Treaties Administered by WIPO and Glossary of Copyright and Related Rights Terms，WIPO Publication No. 891（E），2003，pp. 275 - 276.

式”进行技术性传输的行为，即酒吧等公共场所使用电视机、收音机等接收装置供在场公众观看或收听广播节目的行为，界定为“向公众传播”。但《版权指令》序言有关“向公众传播”必须属于“通过有线或无线方式”对作品进行的“传输或再传输”的解释是正确的。

由知名学者组成的“欧洲版权协会”同样认为：

> “传播”的发生并不取决于传播的方式是有线还是无线，但在所有情形中传播的前提都是“传输”行为，也就是进行传送的技术性行为（使“公众”有可能接收作品）……对作品的“传输”是构成向公众“传播”作品的前提条件……①

由此可见，“向公众传播”实际上就是“向公众传输”的同义语。显然，如果没有采用技术手段进行“传输”，仅依靠“传播源”自身的作用，将无法使那些远离“传播源”的公众获得作品。帕瓦罗蒂的声音穿透力再大，酒吧等公共场所安装的电视机即使使用了最大功率的扩音器，也不可能将其歌声传送至数公里之外的地方。因此，“传输”的要求就是对使用技术手段将作品从一处传送至另一处的要求，也就是“面向不在传播现场的公众”的另一种表述。

需要指出的是，这里所说的“技术手段”必须是将作品从一处传送至另一处的技术手段，而不仅仅是对现场受众播放作品的技术手段，或者是帮助现场受众加强感知效果的技术手段。帕瓦罗蒂在演唱时可能使用了麦克风和扬声器，它们都可以被称为“技术手段”，但这种技术手段的作用不是将作品以有线或无线方式从一处传送至另一处，而是使本来就能听到歌声（虽然在较大的场地内效果不好）的现场公众更好地欣赏作品。酒吧使用电视机虽然也是技术手段，但电视机及其中的扬声器的作用在于形成“传播源”，使现场公众能够欣赏节目中的作品，并没有以有线或无线方式将作品传输至远离餐厅的公众。

根据上述分析，前文提出的在局域网中提供作品是否属于“面向传播发生地的公众”进行传播的问题使迎刃而解了：即使网吧局域网中的服务器与 50 台计算机终端处于同一物理场所，但服务器中以数字格式存储的作品不可能被各台计算机终端前的用户凭借感官直接感知，它们必须通过技术手段，也就是以有线方式，被“传输”至各台计算机终端。换言之，由于服务器（传播源）与点播作品的计算机终端（接收传播点）必须依靠

① European Copyright Society, “Opinion on the Reference to the CJEU in Case C-466/12 Svensson”, p. 3, paras. 10, 11, at http: //papers. ssrn. com/sol3/papers. cfm? abstract _ id = 2220326. 该份意见由 19 名欧洲知名著作权法专家署名。

有线或无线方式（有线或无线网络）以技术传送手段（局域网通信技术）传输作品，各计算机终端前的用户相对于服务器而言仍然属于“远端”。只有当网吧使服务器仅发挥一台普通计算机的作用，即调用视频软件播放其中存储的电影，并通过服务器的显示器和扬声器让进入网吧的用户欣赏时，该行为才与酒吧等公共场所使用电视机播放接收到的电视节目无异，其行为涉及放映权（现场传播权）而不是信息网络传播权，因为该行为并没有利用将作品从一处传送至另一处的技术手段，即没有对作品进行“传输”。

四、国际邻接权条约中传播权分类的特殊性

在《伯尔尼公约》和作为《伯尔尼公约》第 20 条下专门协定的《世界知识产权组织版权条约》中远程传播权（“向公众传播权”）和现场传播权的区别是清楚的。然而，在国际邻接权条约（包括国际知识产权条约中保护邻接权的部分，下同）中这一分类并不存在，甚至连“向公众传播”的含义都发生了变化。

《世界知识产权组织表演和录音制品条约》第 2 条 g 款对“向公众传播”的定义内容如下：

> “向公众传播”表演或录音制品系指通过除广播以外的任何媒体向公众传输（transmission to the public）表演的声音或以录音制品录制的声音或声音表现物。在第 15 条中，“向公众传播”包括使公众能听到以录音制品录制的声音或声音表现物。

该款提及的第 15 条（因广播和向公众传播获得报酬的权利）的内容为：

> (1) 对于将为商业目的发行的录音制品直接或间接地用于广播或用于任何向公众的传播，表演者和录音制品制作者应享有获得一次性合理报酬的权利。

《视听表演北京条约》第 2 条 d 款对“向公众传播”的定义内容如下：

> “向公众传播”表演系指通过除广播以外的任何媒体向公众传送十未录制的表演或以视听录制品录制的表演。在第 11 条中，“向公众传播”包括使公众能听到或看到，或能听到并看到以视听录制品形式录制的表演。

该款提及的第 11 条（广播和向公众传播的权利）第 1 款的内容为：

> 表演者应享有授权广播和向公众传播其以视听录制品录制的表演的专有权。

在上述两条约对“向公众传播”的定义中，前半句与后半句的“向公众传播”（communication to the public）的含义并不相同。前半句中的

“向公众传播”是指以“广播”之外的任何非交互的方式或手段向不在现场的公众传送表演。“广播”当然是“向公众传播”的一种，前文提及的《世界知识产权组织版权条约》(与《世界知识产权组织表演和录音制品条约》同时缔结）第8条，将任何“以有线或者无线方式”的远程传播都纳入“向公众传播”的范围，其中当然包括“广播”。只是《世界知识产权组织表演和录音制品条约》和《视听表演北京条约》已经单独对“广播”作出了定义①，因此在定义“向公众传播”时必须将“广播”排除在外，否则会出现对“向公众传播”的定义完全包含对“广播”的定义，从而使对“广播”的定义失去意义。之所以排除“交互式手段”，是因为这两条约用“提供已录制表演的权利”（我国《著作权法》中的“信息网络传播权”）单独规定了对已录制表演的交互式传播。②

该定义的前半句使用的“向公众传输”（transmission to the public）一词非常重要，因为它说明了前半句中的“向公众传播”与《伯尔尼公约》及《世界知识产权组织版权条约》中相同用语含义完全一致，都是仅指远程传播，即向不在现场的公众进行的传播。换言之，《世界知识产权组织表演和录音制品条约》和《视听表演北京条约》第2条有关“向公众传播”的定义的前半句中的“向公众传播”，仅指向不在现场的公众进行的传播，即远程传播。这两条约第6条（表演者对其尚未录制的表演的经济权利）规定的表演者享有的“广播和向公众传播其尚未录制的表演”的专有权利，也就是我国《著作权法》为表演者规定的“现场直播权”。该条中的“广播和向公众传播”显然都是远程传播。

然而，《世界知识产权组织表演和录音制品条约》第2条对“向公众传播”的定义在后半句特别针对该条约第15条作出了一个例外规定——“在第15条中，‘向公众传播’包括使公众能听到以录音制品录制的声音或声音表现物。”《视听表演北京条约》第2条对“向公众传播”的定义在后半句也特别针对该条约第11条作出了类似的特别规定。

之所以称其为“例外规定”，是因为这两条约中该定义的后半句中的“向公众传播”在含义上不仅不同于《伯尔尼公约》和《世界知识产权组

① 《世界知识产权组织表演和录音制品条约》第2条f款、g款，《视听表演北京条约》第2条c款。

② 《世界知识产权组织表演和录音制品条约》第10条、第14条，《视听表演北京条约》第10条款。WIPO Doc. IAVP/DC/3，Basic Proposal for the Substantive Provisions of an Instrument on the Protection of Audiovisual Performances to be Considered by the Diplomatic Conference，1996，para. 2. 10.

织版权条约》中的“向公众传播”（远程传播），也不同于这两条约中该定义的前半句以及该两条约第6条中使用的“向公众传播”。

关于《世界知识产权组织表演和录音制品条约》的“基础提案”对第2条定义的“向公众传播”的后半句解释如下：

> （后半句所述的）此种类型的传播包括在迪斯科厅通过自动点唱机向公众直接播放录音制品。该部分的定义也意味着包括以一种间接的方式，比如通过设置在咖啡厅、餐厅、酒店大堂或其他向公众开放的场所中的收音机、电视机，使公众能够听到固定在录音制品中的声音。①

该“基础提案”在解释《世界知识产权组织表演和录音制品条约》第15条（在“基础提案”中为第12条）时也重申了前述对“向公众传播”范围的特别规定：

> 对传播的定义也包括了直接向在同一场所的公众直接播放的情形。对录音制品的间接传播包括的情形是：使用收音机、电视机或其他设备，使含有录音制品的广播或有线传播节目被位于咖啡厅、餐厅、宾馆大堂或其他向公众开放的场所的公众听到。②

国际上关于《世界知识产权组织表演和录音制品条约》的较为权威的学术著作对此也作出了相同的解释：

> 该术语（向公众传播）也涵盖了不涉及任何向远程（remote place）进行的传输，也就是使公众能够听到录音制品的行为，诸如在酒吧播放录音制品……直接使用录音制品向公众的传播是指在诸如迪斯科厅、餐厅、地铁站、超市和任何其他向公众开放的场所向公众播放商业制作的录音制品，对录音制品的这种播放可直接使公众听到声音，而无须为使公众听到而将声音向另一地方进行传输……间接使用录音制品向公众的任何传播是指向公众播放利用录音制品制作的无线广播或电视节目，或有线节目（例如，在酒吧、宾馆大堂、火车站或任何其他公共场所播放该广播电视，就是一种间接使用录音制品向公众的传播）。③

---

① WIPO, Doc. CRNR/DC/5, Basic Proposal for the Substantive Provisions of the Treaty for the Protection of the Rights of Performers and Producers of Phonograms to be Considered by the Diplomatic Conference, 1996, para. 2. 27.

② Ibid., para. 12. 05.

③ Jorg Reinbothe, Silke Von Lewinski, *The WIPO Copyright Treaty and the WIPO Treaties 1996: The WIPO Copyright Treaty and the WIPO Performances and Phonograms Treaty: Commentary and Legal Analysis*, Butterworths, 2002, pp. 384-385.

由此可见，《世界知识产权组织表演和录音制品条约》和以该条为模板缔结的《视听表演北京条约》第2条对“向公众传播”的定义之后半句中的“向公众传播”，与前半句中的“向公众传播”含义完全不同，不是指远程传播，而是指现场传播；既包括在迪斯科厅通过自动点唱机等设备直接向现场公众播放录音制品，也包括在咖啡厅、餐厅、宾馆大堂或其他向公众开放的场所打开收音机、电视机，使现场公众听到电台、电视台正在播放的录音制品。如果将这两种情形中的录音制品换成音乐作品，则上述两种情况在《伯尔尼公约》中对应的专有权利分别是第11条第1款第1项规定的“公开表演权”——“授权公开表演其作品，包括用各种手段和方式公开表演”，和第11条之二第1款第3项规定的“公开播放接收到的广播的权利”——“授权通过扩音器或其他任何传送符号、声音或图像的类似工具公开传播广播的作品”①。如前文所述，这两项权利在《伯尔尼公约》中均为公认的现场传播权，而非远程传播权（“向公众传播权”）。

那么，《世界知识产权组织表演和录音制品条约》和《视听表演北京条约》第2条有对“向公众传播”的定义的后半句为什么要对“向公众传播”作出一个偏离其公认含义的定义呢？笔者认为，与国际版权条约中存在“向公众传播”这一术语概括了向不在现场的公众进行传播（远程传播）的情况不同，国际邻接权条约中不存在一个描述仅向现场公众进行传播的统一术语。“现场传播”是笔者进行的概括，并不是国际条约中的用语。在《伯尔尼公约》中，在迪斯科厅等通过自动点唱机等设备直接向现场公众播放作品的行为被称为“表演”，在咖啡厅、餐厅、宾馆大堂或其他向公众开放的场所打开收音机、电视机，使现场公众听到电台、电视台正在播放的作品，则被称为“公开传播”。但《世界知识产权组织表演和录音制品条约》第15条和《视听表演北京条约》第11条的目标，是使表演者和录音制作者就现场传播和远程传播（向公众传播）的行为都获得报酬。如果采用像《伯尔尼公约》那样的用语，则《世界知识产权组织表演和录音制品条约》第15条和《视听表演北京条约》第11条将变得极为冗长，《世界知识产权组织表演和录音制品条约》第15条大致会变成这样的表述——“对于将为商业目的发行的录音制品用于广播和向公众传播，用各种手段和方式公开表演，以及通过扩音器或其他任何传送符号、声音或图像的类似工具公开传播广播的录音制品，表演者和录音制品制作者应享

① 《世界知识产权组织管理的版权和相关权条约指南》对此作出了相同的解释。WIPO Guide to Copyright and Related Rights Treaties Administered by WIPO and Glossary of Copyright and Related Rights Terms，WIPO Publication No. 891（E），2003，p. 237.

有获得一次性合理报酬的权利。”《视听表演北京条约》第 11 条大致会变成这样的表述——“（1）表演者应享有授权广播、向公众传播，用各种手段和方式公开表演，以及通过扩音器或其他任何传送符号、声音或图像的类似工具公开传播广播的其以视听录制品录制的表演的专有权；（2）缔约各方可以在向世界知识产权组织总干事交存的通知书中声明，它们将规定一项对于以视听录制品录制的表演直接或间接地用于广播或向公众传播，用各种手段和方式公开表演，以及通过扩音器或其他任何传送符号、声音或图像的类似工具公开传播广播获得合理报酬的权利，以代替本条第（1）款中规定的授权的权利。缔约各方还可以声明，它们将在立法中对行使该项获得合理报酬的权利规定条件。”显然，这样的表述不容易让人接受。

正所谓“逻辑无例外，法律有但书”①，为了语言的简洁，《世界知识产权组织表演和录音制品条约》第 15 条和《视听表演北京条约》第 11 条在使用“向公众传播”这一术语时，牺牲了该术语在国际条约中含义的统一性，而将其含义扩张到现场传播，属于“但书”。

由于本书接下来几章讨论的都是作者权中的“向公众传播权”，而且我国在批准《世界知识产权组织表演和录音制品条约》时对第 15 条规定的“因广播和向公众传播获得报酬的权利”声明保留，在批准《视听表演北京条约》时对第 11 条规定的“广播和向公众传播的权利”（专有权利和获得报酬的权利）声明保留，《著作权法》也没有为录音制品制作者和表演者规定这两条约意义上的、作为专有权利的“向公众传播权”（仅为录音制作者规定了传播获酬权），因此下文在讨论“向公众传播权”时，仍然以《伯尔尼公约》和《世界知识产权组织版权条约》意义上的“向公众传播权”为准。

五、传播权体系与我国《著作权法》

从前文对《伯尔尼公约》和《世界知识产权组织版权条约》中的传播权的分析中可以看出，传播权在体系上可以分为远程传播权（“向公众传播权”）和现场传播权。但也如前文所述，这样的区分高度抽象，与人们在日常生活中的用语习惯有相当差距。我国在 20 世纪 90 年代初翻译《伯尔尼公约》时也没有注意其中用语之间的差别，没有区分这两类传播权。这不仅导致《伯尔尼公约》的中文文本中出现了误译，也影响了《著作权法》对用语的选择，以及法院对传播权中的专有权利的认识和适用。

---

① 李锡鹤．草色遥看近却无——法理也能挑战吗？//李锡鹤．物权论稿．北京：中国政法大学出版社，2016：872. 原文为“法律可有但书，但形式逻辑没有例外”。

（一）传播权体系对《著作权法》中传播权专有权利定义的影响

《伯尔尼公约》中文文本在涉及传播权的专有权利时，并没有分清英文文本中的“communication to the public”（“向公众传播”，即向不在传播现场的公众传播）和“public communication”（“公开传播”，即向在传播现场的公众传播）的不同含义①，因此有时会将前者误译为“公开播送”，将后者误译为“向公众传播”。具体如表 4－5 所示。

表 4－5　《伯尔尼公约》中文文本中的误译与更正

《伯尔尼公约》英文文本（斜体为引者所加）	《伯尔尼公约》中文文本（不当之处以着重号表示）	《伯尔尼公约》中文文本（修改之处以着重号表示）
[Article 11 (1)] Authors of literary works shall enjoy the exclusive right of authorizing: …… (ii) any *communication to the public* of the recitation of their works	（第 11 条第 1 款）戏剧作品、音乐戏剧作品和音乐作品的作者享有下列专有权利：……（2）授权用各种手段公开播送其作品的表演和演奏	（第 11 条第 1 款）戏剧作品、音乐戏剧作品和音乐作品的作者享有下列专有权利：……（2）授权用任何手段向公众传播对其作品的表演②
[Article 11bis] (1) Authors of literary and artistic works shall enjoy the exclusive right of authorizing:… (iii) the *public communication* by loudspeaker or any other analogous instrument transmitting, by signs, sounds or images, the broadcast of the work	（第 11 条之二第 1 款）文学艺术作品的作者享有下列专有权利：……（3）授权通过扩音器或其他任何传送符号、声音或图像的类似工具向公众传播广播的作品	（第 11 条之二第 1 款）文学艺术作品的作者享有下列专有权利：……（3）授权通过扩音器或其他任何传送符号、声音或图像的类似工具公开传播广播的作品
[Article 11ter] (1) Authors of literary works shall enjoy the exclusive right of authorizing: …… (ii) any *communication to the public* of the recitation of their works	（第 11 条之三第 1 款）文学作品的作者享有下列专有权利：……（2）授权用各种手段公开播送其作品的朗诵	（第 11 条之三第 1 款）文学作品的作者享有下列专有权利：……（2）授权用各种手段向公众传播对其作品的朗诵

因未区分现场传播权和远程传播权（“向公众传播权”）而对《伯尔尼公约》的误译也影响了我国《著作权法》在定义相关传播权时的用语。

① 《伯尔尼公约》的中文文本（正式翻译）由世界知识产权组织官方网站提供。https：//wipolex. wipo. int/zh/text/283696。

② 《伯尔尼公约》中文文本将原文中的“performance”一个词拆分为“表演和演奏”两个词，笔者直接将其译为“表演”，但这只是翻译风格差异，并不能说中文文本存在翻译错误，下同。

如表 4－5 所述，《伯尔尼公约》第 11 条之二第 1 款第 3 项中的“授权通过扩音器或其他任何传送符号、声音或图像的类似工具公开传播广播的作品”被误译为“授权通过扩音器或其他任何传送符号、声音或图像的类似工具向公众传播广播的作品”。这直接导致我国 2001 年《著作权法》第 10 条第 1 款第 11 项对广播权第二项子权利的定义使用了以下用语：“……通过扩音器或者其他传送符号、声音、图像的类似工具向公众传播广播的作品的权利”（注：着重号为引者所加）。此处使用的“向公众传播”的用语并不准确，因为该行为是指餐厅等场所通过收音机、电视机接收并播放广播节目，使处于现场的公众欣赏电台、电视台播出的作品，而不是通过某种技术手段将作品向不在现场的公众传播。因此该传播行为涉及的是现场传播权，而不是远程传播权（“向公众传播权”）。2020 年修改后的《著作权法》将广播权的第一项子权利修改为“以有线或者无线方式公开传播或者转播作品……的权利”。该定义将属于远程传播权（“向公众传播权”）的以有线或无线方式向公众传播作品的权利，定义为“以有线或者无线方式公开播放……的权利”（注：着重号为引者所加），正好将原本分属于现场传播权和远程传播权的用语颠倒了过来，如果按字面含义分别译为“communication to the public”和“public communication”，在国际交流时可能会引起误解。

如果说由于《著作权法》中的广播权源自《伯尔尼公约》第 11 条之二第 1 款的规定，只要对照《伯尔尼公约》就可以确定广播权规制的行为范围，此处误译尚未对广播权的适用造成负面影响，那么《伯尔尼公约》中文文本对第 11 条第 1 款第 2 项中的“向公众传播（对作品的）表演”和第 11 条之三第 1 款第 2 项中的“向公众传播（对作品的）朗诵”的误译，则对《著作权法》规定的表演权的定义和适用造成了较为重大的负面影响。本书第六章“网络环境中表演权与放映权的适用”将会对此进行详细分析。

（二）传播权体系对《著作权法》中的传播权专有权利的适用的影响

未对传播权进行体系化并区分现场传播权和远程传播权（“向公众传播权”），对《著作权法》中的传播权专有权利的适用也产生了重大影响。本节引言部分提及，对于提供互联网视听作品点播终端服务，不同的法院分别作出了侵犯放映权和侵犯信息网络传播权的认定。同时，相互矛盾的判决也出现在涉及在经营场所中通过局域网提供作品点播的案件中。在涉及网吧、酒店等通过自建的局域网提供影视剧点播的诉讼中，法院通常都认为被告将涉案作品存储在服务器中并通过局域网向公众提供点播，属于侵害信息网络传播权的行为。[①] 但在涉及卡拉OK厅通过点歌系统提供构成视听作品的音乐电视（MV）点唱服务的诉讼中，绝大多数法院均认为卡拉OK厅的行为侵犯的是放映权[②]，还有个别法院认定侵犯了“兜底权利”[③]。笔者没有检索到认定侵犯信息网络传播权的判决。然而，现在卡拉OK厅使用的技术设备已与先前的有很大区别。早期每一个卡拉OK厅包间中都设置了独立存储曲目的点唱机，但现在多数卡拉OK厅都是通过类似于局域网的点唱系统（VOD系统，即Video on Demand，“视频点播系统”）[④]，根据顾客的选择将集中存储中的相应曲目向各包间联网的终端点唱机传送。[⑤] 虽然与网吧通过局域网提供影视剧点播相比，终端设备有所不同，一为卡拉OK点唱机，一为计算机，但这与传播行为的认定并无关系。法院对网吧和卡拉OK厅通过内部网络提供作品点播的行为适用不同的传播权专有权利，主要原因在于传播权体系化不足，导致放映权与信息网络传播权的界限无法被清楚地划定。

根据前文论述的对传播权所进行的现场传播权和远程传播权（“向公众传播权”）的区分，并运用正确的区分标准，上述有关传播权专有权利的法律适用问题便可以迎刃而解。在我国《著作权法》中，信息网络传播权（以有线或者无线方式向公众提供，使公众可以在其选定的时间和地点获得作品的权利）就是《世界知识产权组织版权条约》第8条“向公众传

---

① 涉及网吧的此类案件参见广东省肇庆市中级人民法院（2013）肇中法民一初字第66号民事判决书，广东省高级人民法院（2014）粤高法民三终字第1165号民事判决书。涉及“点播影院”的此类案件参见四川省成都高新技术产业开发区人民法院（2017）川0191民初6108号民事判决书、四川省成都市中级人民法院（2017）川01民终16929号民事判决书；北京市海淀区人民法院（2018）京0108民初47799号民事判决书。涉及酒店的此类案件参见北京互联网法院（2019）京0491民初6559号民事判决书。

② 湖北省武汉市中级人民法院（2016）鄂01民初1560号民事判决书，贵州省遵义市中级人民法院（2019）黔03民初751号民事判决书，海南省第一中级人民法院（2018）琼96民初134号民事判决书，广东省佛山市禅城区人民法院（2017）粤0604民初420号民事判决书，广东省江门市新会区人民法院（2017）粤0705民初839号民事判决书。

③ 北京市石景山区人民法院（2014）石民初字第4860号民事判决书。

④ 张国梅．基于流媒体的视频点播（VOD）技术研究与应用．电脑知识与技术，2009（5）：3238－3239. 在一起涉及卡拉OK厅的诉讼中，判决书记载“双方确认：歌曲点播的流程为先将歌曲存放在电脑系统的服务器中，由用户通过VOD点播系统的点播画面进行选取，再通过电脑系统的局域网络将待播放歌曲存储数据分成数个部分，逐步调取至包厢内的显示器进行播放”[湖北省武汉市中级人民法院（2009）武知初字第38号民事判决书]。

⑤ 据报道，在卡拉OK经营行业中，80%以上的KTV经营者使用VOD系统为消费者提供歌曲伴唱服务。VOD系统中的“歌曲库”先是将音乐作品转换成适合卡拉OK演唱的形式，然后复制存储于VOD系统服务器硬盘中。席锋宇．卡拉OK盗版歌曲库每年导致音乐权利人损失超20亿．法制日报，2008－06－30（8）.

播权”定义的后半句所述的“向公众提供权”，属于远程传播权。但放映权（通过放映机、幻灯机等技术设备公开再现美术、摄影、视听作品等的权利）并非借鉴自《伯尔尼公约》第14条第1款第2项及第14条之二第1款与电影作品有关的权利规定，其中既没有使用“向公众传播”，也没有使用“公开播送”的用语，与远程传播权（“向公众传播权”）没有关系，只可能属于现场传播权。同时，如前文所述，交互式传播和非交互式传播的区分只对远程传播权（“向公众传播权”）有意义，对现场传播权是没有意义的。因此，信息网络传播权与放映权的区别，就是远程传播权（“向公众传播权”）与现场传播权的区别。

对于通过联网电视机（而非自建的局域网）供观众点播源自网络的影视剧的行为，即提供互联网视听作品点播终端服务而言，需要首先明确它是在一个传播链条中的哪一个节点发生的。显然，这个传播链的起点是如爱奇艺、优酷等视频网站中用于存储电视剧的服务器，该网络服务器是该传播链条中的第一个“传播源”。如果相关诉讼是针对视频网站的经营者，涉及的传播权自然属于远程传播权（“向公众传播权”），因为视频网站必须利用技术传送手段将作品从该“传播源”传输至不在传播现场的公众。加之其交互式的传播性质，对该行为应当适用远程传播权（“向公众传播权”）中的信息网络传播权。但是，提供互联网电视等互联网视听作品点播终端，供观众点播网络影视剧的行为发生在上述传播链的另一端，联网电视机是该传播链条中的第二个“传播源”，产生的是有别于初始传播的另一个传播行为。其情况非常类似于前文多次提及的酒吧等公共场所使用电视机、收音机等接收装置供在场公众收听或收看广播节目。要使互联网视听作品点播终端的用户欣赏来自联网电视机这个新的“传播源”的作品，只需借助该“传播源”自身的作用（电视机屏幕、内置扬声器）或用于提高欣赏质量的设备（外置扬声器、投影屏幕）即可，无须利用将作品从一地传输至另一地的传送技术。因此，提供互联网视听作品点播终端服务，供用户点播源于互联网的影视剧所涉及的传播行为面向的是位于该传播发生地（互联网电视机这个“传播源”所在地）的公众，涉及的并不是远程传播权（“向公众传播权”），而是现场传播权。在我国只能对该行为适用放映权，而不是信息网络传播权。① 对此本书第六章第二节还将进一

① 北京市高级人民法院《侵害著作权案件审理指南》第5.9条（放映权控制的行为）规定：“被告未经许可将来源于信息网络的电影等作品，通过放映机等设备向现场观众进行公开再现的，构成侵害放映权的行为……”该观点是正确的。

步进行论述。

对于卡拉 OK 厅通过类似于局域网的点唱系统向顾客提供音乐电视点唱服务的行为而言，同样需要判断此种传播涉及的是远程传播权（“向公众传播权”）还是现场传播权。如前文所述，此种传播与网吧通过局域网提供作品点播具有高度可比性，但法院对其普遍适用放映权而非信息网络传播权，主要原因在于没有从远程传播权（“向公众传播权”）和现场传播权的体系角度来认识并适用信息网络传播权和放映权。与网吧使用的内部网络普遍被称为“局域网”，集中存储作品的设备被称为“服务器”不同，卡拉 OK 厅采用的点唱系统通常并不被称为“局域网”，集中存储作品（MV，即音乐电视，多数为视听作品）的设备也不常被称为“服务器”。这可能导致法院认为该点唱系统与信息网络传播权无关，只能适用放映权。但这种认识是不正确的。远程传播权（“向公众传播权”）与现场传播权的区分标准在于是否面向传播发生地的公众进行传播。如果利用传输技术向不在传播发生地的公众传送作品，就落入了远程传播权（“向公众传播权”）的范畴，与采用何种传送技术并无关系。

《世界知识产权组织版权条约》第 8 条“向公众传播权”规制的是以发行复制件之外的任何方式或过程向不在传播发生地的公众提供作品。① 该条使用的“以有线或无线方式”涵盖了现有的和未来可能出现的一切传输技术，是否属于国际互联网或局域网无关紧要。最高人民法院《关于审理侵害信息网络传播权民事纠纷案件适用法律若干问题的规定》（2020 年修正）第 2 条规定：“本规定所称信息网络，包括以计算机、电视机、固定电话机、移动电话机等电子设备为终端的计算机互联网、广播电视网、固定通信网、移动通信网等信息网络，以及向公众开放的局域网络。”该条也采用了技术中立的立法方式，虽然没有明确提及以卡拉 OK 点唱机为终端的卡拉 OK 点唱系统，但“……等电子设备为终端的……等信息网络”为网络的多样性和技术的发展留下了充分的空间。因此，只要卡拉 OK 点唱系统的作用是像人们通常所称呼的“局域网”一样，通过技术性传送手段将作品从集中存储设备（无论该设备是否被称为“服务器”）传输至联网的终端设备以供用户感知，相关的传播就属于远程传播（“向公众传播”），加之其交互式传播的性质，对其仍然应当适用信息网络传播权，而非放映权。

---

① WIPO Doc. CRNR/DC/5, Basic Proposal for the Substantive Provisions of the Treaty on Certain Questions concerning the Protection of Literary and Artistic Works to be Considered by the Diplomatic Conference, 1996, para. 10. 14.

（三）传播权体系对《著作权法》中的传播权专有权利的重构

前文论述的传播权体系有助于区分我国《著作权法》中的各项传播权专有权利之间的界限和正确的法律适用，但是，由于缺乏对传播权的体系化考虑，包括因未认识现场传播权和远程传播权（“向公众传播权”）的区分，再加之对《伯尔尼公约》的误译，2020 年修改之前的《著作权法》在界定传播权的各项专有权利时，出现了相当程度的混乱和空缺。因此，即使按照前文所述的传播权体系对修改前的《著作权法》中的各项传播权专有权利进行归类，当时的传播权专有权利仍然无法全面覆盖各类传播行为。其中最为严重的问题在于，属于远程传播权（“向公众传播权”）的广播权和信息网络传播权均无法规制部分非交互式网络传播，包括有线电视台通过有线电缆进行的初始传播，以及通过网络按照传播者自行决定的时间进行的网络传播（如“网络电视台”按照预定的节目时间表传播电影或网络主播在网络直播时演唱歌曲），即“网播”。原因是修改之前的广播权的第一项子权利只能规制“以无线方式公开广播或者传播作品”和“以有线传播或者转播的方式向公众传播广播的作品”，即只能规制无线广播和对初始无线广播的转播，无法规制初始有线传播和“网播”（对此本书第五章有详细分析）；同时信息网络传播权只能规制交互式传播，不能规制非交互式传播。法院在不得已的情况下，对于初始有线传播和“网播”只能适用“兜底权利”①。

2020 年修改后的《著作权法》在保留修改前的《著作权法》中的表演权、放映权、展览权和“兜底权利”的情况下，将第 10 条第 1 款第 11 项对广播权第一项子权利的定义，从“以无线方式公开广播或者传播作品，以有线传播或者转播的方式向公众传播广播作品”改为“以有线或者无线方式公开传播或者转播作品”。该项修改的原因应当是，立法者意识到了传播权中远程传播权（“向公众传播权”）的不足，因此希望通过修改广播权来规制用各种手段向不在传播发生的公众进行的非交互式传播，而不再区分初始的非交互式传播是否以无线方式进行。该项修改的方向当

① 在针对这些行为发生的诉讼中，2020 年修改之前的《著作权法》明文规定的专有权利，如信息网络传播权、放映权和表演权，无法适用。当权利人为中国公民、法人和其他组织时，法院以此为由驳回诉讼请求，而当权利人为《世界知识产权组织版权条约》缔约方国民时，为了履行条约义务，根据当时仍然有效的《民法通则》第 142 条第 1、2 款的规定——“涉外民事关系的法律适用，依照本章的规定确定。”“中华人民共和国缔结或者参加的国际条约同中华人民共和国的民事法律有不同规定的，适用国际条约的规定，但中华人民共和国声明保留的条款除外”，适用《世界知识产权组织版权条约》第 8 条“向公众传播权”认定被告侵权，则会产生“超国民待遇”，显然是不合理的。此时适用“兜底权利”就成为法院的必然选择。

然是正确的，也确实将广播权的第一项子权利改造成了规制所有非交互式远程传播（以非交互式手段实施的“向公众传播”）的权利（详见本书第五章），值得赞许。

然而，2020年修改后的《著作权法》在修改广播权的第一项子权利的定义后，仍然还有以下三个问题，且均与对传播权的体系构建有关。

第一，修改广播权时选择的术语可能导致现场传播权和远程传播权（“向公众传播权”）的混淆。作为对“以无线方式公开广播或者传播作品，以有线传播或者转播的方式向公众传播广播作品”的替代，“以有线或者无线方式公开传播”应当是指用各种手段向不在传播发生地的公众进行的传播。“以有线或者无线方式”的用语也说明了这一点。然而，如前文所述，“公开传播”一词在《伯尔尼公约》中并没有向不在传播发生地的公众进行传播的含义。

第二，修改后的广播权是远程传播权（“向公众传播权”）和现场传播权的混合体，即前半句规定的权利（广播权的第一项子权利）“以有线或者无线方式公开传播或者转播作品（的权利）”是远程传播权（“向公众传播权”），后半句规定的权利（广播权的第二项子权利）“通过扩音器或者其他传送符号、声音、图像的类似工具向公众传播广播的作品的权利”是现场传播权。如此“混搭”的权利，使本来就比较复杂的传播权体系变得更加混乱和令人难以理解。虽然该问题来源于对《伯尔尼公约》第11条之二“广播与相关权”条文的移植，但一方面，《伯尔尼公约》中“广播与相关权”的名称已经清楚地说明，接收广播作品后予以公开播放的行为并不属于“广播权”规制的范畴，而属于“（与广播）相关权”规制的范畴；另一方面，《伯尔尼公约》作为国际条约，并不要求成员国照搬其条文，而只要求成员国通过国内立法达到其规定的保护水平，至于具体的权利设置则在所不问。世界上也很少有国家直接照搬《伯尔尼公约》第11条之二，在一项专有权利中“混搭”规定远程传播权（“向公众传播权”）和现场传播权。

第三，在对广播权进行修改后，保留“兜底权利”实属无益。著作权为绝对权，将除权利人之外的所有人都设定为义务人①，因此应当遵循绝对权法定原则，通过法律设定边界明确的专有权利，以便公众知晓自己行为的界限，避免动辄得咎。“兜底权利”的内容和范围都具有高度不确定性，无法为社会公众所知，只能由法院根据个案的情况自行决定，故其存

① 朱庆育．民法总论．北京：北京大学出版社，2014：498.

在违背了绝对权必须法定的基本原理，其他国家的著作权立法中也罕有规定“兜底权利”的先例，对“兜底权利”的适用实为不得已而为之。① 值得注意的是，自《著作权法》于 2001 年修改至 2020 年近 20 年的时间内，法院适用“兜底权利”绝大多数都是针对无法被归入《著作权法》中的各项传播权专有权利规制范围的非交互式网络传播。② 这说明“兜底权利”几乎就是为填补当时传播权的缺失而存在的。2020 年修改后的《著作权法》既然调整了广播权的第一项子权利的定义，使之可以规制以任何非交互式手段向不在现场的公众进行传播的行为［该项权利将与信息网络传播权共同构成完整的远程传播权（“向公众传播权”）体系］，那么前文所述的“网络电视台”按照预定的节目时间表传播电影或网络主播在网络直播时演唱歌曲等非交互式网络传播行为，都可以被归入修改后的广播权，由此实现了对向不在现场的公众进行传播的全面覆盖，达到了《世界知识产权组织版权条约》第 8 条“向公众传播权”要求的保护水平。与我国加入的国际版权条约对专有权利的要求相比，我国《著作权法》在规定专有权利方面的最后一个漏洞也被补上。在这种情况下，《著作权法》为什么还要保留之前为填补当时传播权的缺失而存在的“兜底权利”呢?

根据前文所述的传播权体系，笔者建议下一次修改《著作权法》时进行如下修改。

首先，将第 10 条第 1 款第 11 项（广播权的定义）前半句的用语改为“以有线或者无线方式向公众传播作品或者向公众转播该传播”。“以有线或者无线方式向公众传播作品或者向公众转播该传播”的用语，使该项权

① 但是，北京市高级人民法院《侵害著作权案件审理指南》第 5.18 条（“兜底”条款的适用）规定：“适用著作权法第十条第一款第十七项规定的‘由著作权人享有的其他权利’时，一般考虑如下因素：（1）是否可以将被诉侵权行为纳入著作权法第十条第一款第一项至第十六项的保护范围；（2）对被诉侵权行为若不予制止，是否会影响著作权法已有权利的正常行使；（3）对被诉侵权行为若予以制止，是否会导致创作者、传播者和社会公众之间的重大利益失衡。”赋予法院如此大尺度的自由裁量权使“兜底权利”的内容和边界对于社会公众而言完全无法预测，恐怕是对绝对权法定原则的严重违背。

② 在其他情况下法院适用“兜底权利”的判决，只有寥寥数例，且均明显属于不当适用“兜底权利”的情况。如前文提及的对卡拉 OK 厅通过点唱系统提供曲目点播的行为适用“兜底权利”［北京市石景山区人民法院（2014）石民初字第 4860 号民事判决书］。如前文所述，对该行为应当适用信息网络传播权，而非“兜底权利”。再如，对制作、销售他人署名的美术作品的行为，同时适用“兜底权利”和 2020 年修改前的《著作权法》第 48 条（2020 年修改后的《著作权法》第 53 条）第 8 项“制作、出售假冒他人署名的作品”［广东省广州市中级人民法院（2005）穗中法民三知初字第 241 号民事判决书］。笔者臆测，审理此案的法院认为“制作、出售假冒他人署名的作品”并不属于侵犯作者署名权的行为，故适用“兜底权利”。实际上，法院如果认为该行为不侵害署名权，应当适用当时《民法通则》规定的姓名权，适用“兜底权利”实无必要。

利确定无疑地属于远程传播权（“向公众传播权”），而不属于现场传播权，从而避免产生对该权利与表演权和放映权之关系的任何误解。

其次，增加一项新的现场传播权——“对（广播和信息网络传播的）作品的再次公开传播权”，内容为：“通过扩音器或者其他播放符号、声音、图像的类似工具公开传播通过广播和信息网络传播的作品”。增加这项专有权利的目的是，统一规制餐厅、酒吧、咖啡厅、宾馆和网吧等公开场所通过收音机、电视机和计算机接收到以任何技术手段（交互式的或非交互式的）向公众传播的作品之后，向现场公众播放的行为。无论是餐厅打开收音机、电视机播放电台、电视台播出的音乐节目，还是酒吧通过连接计算机的投影仪，播放“网络电视台”正在现场直播的诗歌朗诵比赛，抑或“点播影院”通过互联网电视机，让付费用户点播爱奇艺、优酷等视频网站中的影视剧，都将被纳入此项专有权利的规制范围。由于其规制的行为非常清楚——接收到通过广播权规制的非交互式传播或信息网络传播权规制的交互式传播获得的作品后，再将其通过收音机、电视机和计算机或与之相连的扩音器、大屏幕等向现场公众播放，所以该项专有权利不会与表演权、放映权这两项“现场传播权”，以及与广播权、信息网络传播权这两项“远程传播权”（“向公众传播权”）产生混淆。[①] 在此基础上，删除《著作权法》中的广播权定义中的后半句“……或者其他传送符号、声音、图像的类似工具向公众传播广播的作品的权利”，也就是将广播权的定义修改为“广播权，即以有线或者无线方式向公众传播作品或者向公众转播该传播的权利，但不包括本款第十二项规定的权利”。这样一来，广播权将成为纯粹的远程传播权（“向公众传播权”），仅规制以各种非交互式手段向不在现场的公众进行传播的行为，以终结广播权混搭现场传播权和远程传播权（“向公众传播权”）的局面。

最后，既然修改后的广播权已经可以规制用各种手段向不在传播发生地的公众进行非交互式传播，目前仅用于补充远程传播权（“向公众传播权”）的“兜底权利”的历史使命已经完结，应当从《著作权法》中将其删除。

第二节 公开传播行为的构成

在区分了公开传播权中的远程传播权（“向公众传播权”）和现场传

① 比较法上可参考德国《著作权法》第22条。

播权之后，要正确地认定受公开传播权控制的公开传播行为，包括远程传播行为和现场传播行为，还需要对其构成要件进行进一步研究。虽然远程传播权（“向公众传播权”）和现场传播权有所区别，但与之相对应的远程传播行为和现场传播行为除了有是否面向现场公众，以及与此相关的是否利用技术手段进行远程传输这两点不同之外，在其他方面并无差异。

一、应存在传播行为

任何专有权利的作用都在于规制相应的行为。如果一种行为都不能被称为传播行为，当然与公开传播权无关。各国虽然都规定了各类公开传播权，但是对其构成要件语焉不详，多数讨论也是以何为“公众”为重心的。对于何种行为属于传播行为，研究得相对较少。在新的传播技术，特别是互联网技术发展起来之后，对此出现了严重的意见分歧，其中最为突出的问题，就是对已在网络中传播的作品设置“深层链接”是否构成传播行为。要解决这一问题，需要澄清传播行为的构成要件。

（一）应形成“传播源”

仔细观察和比较国际版权条约及各国著作权法对表演权、放映权和广播权等传统传播权的规定可以发现，它们所规制的传播行为具备一个共性，即客观上形成了一个“传播源”，使作品以该“传播源”为起点向公众传送。如果把向公众传播作品的技术过程比成一条直线，直线的起始位置就是“传播源”，直线的终点就是“接收端”。构成传播行为的要件就是创造“传播源”，使直线获得伸展的起点。仅对“接收端”施加影响的行为并不是传播行为。

对于演员演唱歌曲，餐厅播放唱片，影院放映电影以及电台、电视台播放预先录制的节目等初始传播而言，“传播源”的形成是显而易见的：以声音或形象展现作品内涵的表演者，带有扬声器或屏幕的播放设备以及发射塔等信号传输装置都是“传播源”。呈现作品内容的声音、图像或载有该声音、图像的信号从表演者或上述设备或装置中传出，供公众直接欣赏或借助相关设备欣赏。对于上述初始传播当然可以再次利用，但这种利用必须形成另一个“传播源”才可能构成新的传播行为。例如，电台、电视台对演员的现场表演进行直播，会形成有别于初始“传播源”（表演者）的另一个“传播源”即信号传输装置，“现场直播”由此成为区别于演员现场表演的一个独立的传播行为。再如，对其他电台、电视台的广播信号以无线或有线方式转播，会导致载有作品的信号从转播者控制的无线信号发射装置或有线基站中传出，从而形成新的“传播源”。同样，只要餐厅等经营场所打开收音机、电视机，播放电台、电视台正在播出的广播或电视节目，进入该场所的公众就可以欣赏其中的作品，此时场所经营者控制的收音机、电视机就是有别于电台、电视台的“传播源”。这就是为什么无论是《伯尔尼公约》第11条之二第1款第3项规定的权利，还是我国《著作权法》借鉴该条而规定的广播权的第二项子权利，在将其作为一种传播行为纳入传播权的规制范围时，用语都是“通过扩音器或者其他传送符号、声音、图像的类似工具公开传播广播的作品”。该表述正是为了强调，要构成这种传播行为，必须形成一个新的“传播源”，即收音机、电视机等“传送符号、声音、图像的工具”，它们在接收到载有作品的信号后，会将作品播放给公众欣赏。

需要强调的是，要求传播行为形成“传播源”，对于利用初始传播的行为而言，就是要求形成独立于初始“传播源”的新“传播源”，但并不意味着新的“传播源”在发挥功能时，必须完全独立于初始“传播源”。前文提及的对演员现场表演的直播，对广播电视信号的转播，以及用收音机、电视机等设备播放接收到的广播节目，都是对初始传播的再利用，其能否起到让公众欣赏作品的作用，取决于初始传播是否持续存在。如果初始“传播源”消失了，则上述再利用行为形成的新“传播源”也会自然消失。但这并不影响上述再利用行为构成传播行为，因为这些行为在客观上都能形成有别于初始“传播源”的新“传播源”。换言之，一种行为客观上形成了新的“传播源”，与该“传播源”发挥作用必须依赖初始“传播源”的持续存在，并不是一回事。前者才是传播行为的构成要件，而后者不是。

与之形成鲜明对比的是，如果一种行为没有形成“传播源”，则无论该行为的实施手段和效果如何，该行为都只可能对传播的“接收端”产生影响，因而不能构成著作权法意义上的传播行为。例如，在有围墙的露天球场内放映电影，且需购票入场时，周围楼房中住宅窗户面向球场的业主允许他人进入，并出租望远镜以使其免费观赏电影，规避了围墙和检票口这类物理性限制手段。① 该行为虽然损害了球场经营者和著作权人的利益，但并不侵害著作权法中的放映权或其他传播权，因为它并没有形成有别于球场中放映设备的新“传播源”，因为望远镜不是“传播源”，电影也

① 该假想例是时任北京知识产权法院副院长陈锦川法官在2016年7月15日北京市高级人民法院举办的“‘深度链接’法律问题研讨会”上提出的，可谓切中要害。

并不源于望远镜。[1] 该行为改变的是公众欣赏作品的途径，而非作品传播本身。

再如，有人破解了卫星信号中的加密措施，制作并提供专门用于解密的“智能卡”，使购买者无须付费就能欣赏收费卫星节目。其是否实施了“广播”或其他传播行为？答案显然是否定的。因为对于使用该“智能卡”的人而言，载有作品的卫星信号仍然来源于卫星，不是来源于“智能卡”，“智能卡”并没有创造出一个有别于卫星的“传播源”，它影响的只是传播的“接收端”。过去它在许多国家受到电信管理法的规制，甚至可以构成刑事犯罪，现已普遍被认为属于著作权法所禁止的规避技术措施的行为[2]，但未被认定为“传播行为”。欧盟在司法实践中认为，只在于确保在信号覆盖范围内接收原始传输或提高其质量而提供技术手段的行为，并不构成欧盟《版权指令》意义上的向公众传播行为。[3] 这正是因为该行为不可能创造新的“传播源”。

在各种纷繁复杂的行为中，特别是在对初始传播进行再利用的行为之中，对“传播源”的要求清晰地区分了传播行为和非传播行为。没有形成“传播源”的行为虽然也可能对初始传播进行了某种程度的利用并使行为人从中受益，甚至还可能构成违法或其他侵权行为，但它只能使公众接收初始传播。换言之，使行为人从中受益的，只是该行为对传播“接收端”的影响，而不是对传播的发起。与之相反，形成“传播源”的行为尽管有时离不开初始传播的持续存在，但它使公众接收内容的并不是初始传播，而是以新的“传播源”为起点的另一传播行为。出售破解加密卫星信号的“智能卡”并不是传播行为，但安装了“智能卡”的餐厅等经营场所使用电视机播放卫星电视节目则构成传播行为[4]，因为其“通过扩音器或者其

---

① 薛虹教授曾针对类似现象指出：“被告的行为如同有人打开自家房间的窗户，让来访者看到对面人家的风景，不论外面的景致看得多么真切，毕竟不是这房间的真实组成部分。”（薛虹．因特网上的版权及有关权保护//郑成思主编．知识产权文丛：第1卷．北京：中国政法大学出版社，1999：171.）

② Peter Schonning，etc.，“National Reporter for Danmark”，submitted to ALAI 2001 Congress：Adjuncts and Alternatives to Copyright，at http：//www.alai-usa.org/2001_conference/Reports/Denmark_ic_en.doc，pp. 2－3. Séverine Dusollier，“Situating Legal Protections for Copyright-related Technological Measures in the Broader Legal Landscape：Anti Circumvention Protection outside Copyright”，in International Literary and Artistic Association（ALAI）Congress：Adjuncts and Alternatives to Copyright，Columbia University Press，2001，p. 128.

③ Football Association Premier League Ltd. v. QC Leisure，C-403/08 and C-429/08（2011），paras. 74，79.

④ Ibid.，para. 207.

他传送符号、声音、图像的类似工具公开传播广播的作品”，形成了有别于卫星的新“传播源”。

应用上述“传播源”理论，可以对一些新类型行为作出合理的认定和解释。例如，美国的“Aereo 案”和欧盟的“ITV 案”都涉及网络经营者将接收到的电视节目信号转换成数据流，供网络用户在计算机或移动设备上收看。美国联邦最高法院和欧盟法院都认定相关行为构成“向公众传播”①，这引起了很大争议，作为网络经营者的两案被告都抗辩称他们只是提供了用于接收电视节目的技术手段。② 但是，两被告的行为与仅提供天线，甚至是用于破解加密卫星信号的“智能卡”，都不具有可比性，他们的网络服务器形成了一个有别于电视节目原有“传播源”的新“传播源”。电视节目信号被转换为数据流后，是从新的“传播源”中传送出去的。因此，该行为尽管与通过无线电波或有线电缆实施的转播行为在技术手段上有所差异，但仍然属于“向公众传播”③。

（二）向公众传播（远程传播）需要借助技术手段进行“传输”

现场传播权（表演权、放映权等）与远程传播权（向公众传播权，包括广播权、信息网络传播权）之间的区别，如前所述，在于其控制的传播行为是向现场的公众还是向不在现场的公众传播。但是，“现场”并不纯粹是一个物理概念，现场传播与远程传播的分界点也不仅仅在于距离远近。要构成远程传播，还需要借助技术手段进行“传输”，将作品从一处传送至另一处。

例如，意大利著名男高音歌唱家帕瓦罗蒂在世时，其声音的穿透力巨大无比。假设他在古罗马竞技场开了一场演唱会，其美妙的歌声能使远在竞技场外几百米的人们也能听到。试问：帕瓦罗蒂的演唱涉及的是表演权

① 美国《版权法》没有规定“向公众传播权”，但其“表演权”规制的范围较大，涵盖了相当一部分“向公众传播行为”。17 U. S. C. 101，“perform”. Melvile B. Nimmer & David Nimmer，*Nimmer on Copyright*，§§8. 14 - 8. 18，Matthew Bender & Company，2003.

② 在“Aereo 案”中，网络服务商 Aereo 公司抗辩称其并没有实施传播行为，而仅提供了硬件设备，就像安装家庭天线或数字录像机一样。美国联邦最高法院有三名大法官支持 Aereo 公司的意见［American Broadcasting Companies，Inc. v. Aereo，Inc. ,134 S. Ct. 2498（2014），2504，2514 - 2515］；在“ITV 案”中，网络服务商 TVCatchup 公司也抗辩称其只是为用户正常接收无线电视节目提供了技术手段（ITV Broadcasting Ltd. v. TVCatchup Ltd.，Case-C-607/11（2013），para. 27）。

③ 需要指出的是，有观点认为“加框链接实际上就是利用自己的网页或客户端程序变相地截取信号，只是名义上依旧号称是‘链接’”（崔国斌：《得形忘意的服务器标准》，《知识产权》2016 年第 8 期）。该观点将设置链接与网络转播等同视之，故难以成立。因为链接不可能使作品在链接所在的网络服务器中传出，与“Aereo 案”与“ITV 案”中被告将电视信号转换成数据流后从自己的服务器中传出具有本质的区别。

(现场传播权）还是向公众传播权（远程传播权)?

对此的回答应当是清楚的，该行为涉及的是表演权（现场传播权）不是向公众传播权（远程传播权)。这是因为后者控制的向不在现场的公众传播作品的行为，必须通过某种技术手段进行“传输”（transmission)，也就是经由某种技术手段，将作品从一处传送至另一处，使原本无法获得作品的公众能够获得作品，而不是仅通过“传输源”自身的作用能使公众获得作品。身处竞技场之外的人们能够听到帕瓦罗蒂的歌声，是因为帕瓦罗蒂中气十足、声音洪亮，而不是必须依赖某种技术手段的介入。同样道理，餐厅安装电视机供就餐的客人欣赏正在播出的电视节目时，公众（进进出出就餐的客人）仅凭借餐厅创造的“传播源”——电视机或其外接扬声器自身的作用，就能欣赏作品，无须借助额外的技术手段。因此《伯尔尼公约》将该行为归入第 11 条之二第 1 款第 3 项规定的“公开传播权”(也就是笔者所称的“现场传播权”）——“文学艺术作品的作者享有下列专有权利：……（3）授权通过扩音器或其他任何传送符号、声音或图像的类似工具公开传播广播的作品”，而不是归入“向公众传播权”。

《世界知识产权组织版权条约》第 8 条对“向公众传播的权利”作出的定义是：“……文学和艺术作品的作者应享有专有权，以授权将其作品以有线或无线方式向公众传播，包括将其作品向公众提供，使公众中的成员在其个人选定的地点和时间可获得这些作品。”（注：着重号为引者所加）其中“以有线或无线方式”暗示了“向公众传播”必须是某种技术传送过程。诸如帕瓦罗蒂用洪亮的嗓门使公众欣赏被演唱作品的行为，并不是“以有线或无线方式”对作品进行的传送。同样，对于餐厅安装电视机供就餐的客人欣赏正在播出的电视节目的行为，只能说电视台发射信号使电视机能够接收节目的行为是“以有线或无线方式”实施的，而电视机收到信号之后播放，就不是“以有线或无线方式”的传播了。

对于《世界知识产权组织版权条约》第 8 条“向公众传播权”中“向公众传播”的含义，世界知识产权组织在“基础提案”中清楚地指出：

> “传播”一词意味着向不在传播发生地的公众进行传输。由于传播总是涉及传输，“传输”本可被选为描述相关行为的关键术语。但是，“传播”一词仍然被继续使用，因为它是《伯尔尼公约》英文文本中所有相关条款的用语。值得说明的是，在《伯尔尼公约》的法文文本中，第 11 条和第 13 条之三使用的表述都是“la transmission publique”即“向公众传输”，第 14 条使用的表述是“la transmission par fil au public”即“通过有线方式

向公众传输"，而与之相对应的英文表述是"communication to the public"和"communication to the public by wire"。"传输"是指技术上的传送过程，"传播"则意味着，除技术传送过程之外，某种东西被传播了。对于被提议通过的《世界知识产权组织版权条约》而言，这种细微的差异是无关紧要的，因为被传送或传播的就是作品。①

由此可见，世界知识产权组织认为"向公众传播权"中的"向公众传播"必须是"传输"，即注重技术上的传送过程。"向公众传播权"原本应被表述为"向公众传输权"，只是为了与《伯尔尼公约》的英文文本保持一致，才使用了"向公众传播权"的表述。而且"向公众传播"等同于"向公众传输"，加上作品被传输的结果，说明"传输"是"向公众传播"的核心要件。

世界知识产权组织编写的《世界知识产权组织管理的版权和相关权条约指南》也对"向公众传播"作出了相同的解释：

在狭义上，也就是《伯尔尼公约》中使用的方式，是指通过有线或无线方式，对作品或邻接权客体中的图像或声音，或图像及声音进行传输（transmission），使其能够被通常的家庭圈子之外或该家庭有亲近社会关系之外的人们所感知，而接收地与传输起始地存在距离，如果没有该传输，则该图像或声音，或图像及声音将无法在该地被感知，无论上述人们是在同一地点和在同一时间，还是在不同地点和不同时间感知该图像或声音，或图像及声音。②（注：着重号为引者所加）

欧盟《版权指令》对于"向公众传播"也有相似的要求。该指令的序言第23段指出：

对该权利（"向公众传播权"）应作广义理解，其适用于所有向不在传播起始处的公众进行的传播。该权利应当适用于任何对作品以有线或无线方式（包括广播）对公众进行的此种传输或再传输（transmission or retransmission）。

由此可见，"向公众传播"实际上就是"向公众传输"的同义语。由知名学者组成的"欧洲版权协会"同样认为：

---

① WIPO, Doc. CRNR/DC/5, Basic Proposal for the Substantive Provisions of the Treaty on Certain Questions concerning the Protection of Literary and Artistic Works to be Considered by the Diplomatic Conference, 1996, paras. 10.14 - 10.16.

② WIPO Guide to Copyright and Related Rights Treaties Administered by WIPO-Glossary of Copyright and Related Rights Terms, WIPO Publication No. 891 (E), 2003, pp. 275 - 76.

> “传播”的发生并不取决于传播的方式是有线还是无线，但在所有情形中传播的前提都是“传输”行为，也就是进行传送的技术性行为（使“公众”有可能接收作品）……对作品的“传输”是构成向公众“传播”作品的前提条件……

显然，如果没有采用技术手段进行“传输”，仅依靠“传播源”自身的作用，将无法使那些远离“传播源”的公众获得作品。帕瓦罗蒂的嗓门再大，餐厅安装的电视机即使其使用了最大功率的扩音器，也不可能将其歌声传送至数公里之外的地方。因此，“传输”的要求就是对使用技术手段将作品从一处传送至另一处的要求。

需要指出的是，这里所说的“技术手段”必须是将作品从一处传送至另一处的技术手段，而不仅仅是将作品对现场受众进行播放的技术手段。帕瓦罗蒂演唱时可能使用麦克风和扬声器，它们都可以被称为“技术手段”，但这种技术手段的作用不是将作品以有线或无线方式从一处传送至另一处，而是使现场公众能够更好地欣赏作品。特别是对于扬声器而言，由于演唱的声音出自其中，形成的是“传播源”，而不是对作品的传送。餐厅使用电视机虽然也是技术手段，但电视机及其中的扬声器的作用在于接收电视节目并形成“传播源”，使现场公众能够欣赏节目中的作品，并没有以有线或无线方式将作品传送至远离餐厅的公众。

利用技术手段进行“传输”是构成“向公众传播”（远程传播）的要件，而前文提及的创造“传播源”则是所有传播行为的构成要件，它自然也是“向公众传播”（远程传播）的构成要件。这两个要件是相互配合的。既然向公众传播必须是向公众进行的传输，那么“传输”的起点在哪里呢？当然是“传播源”。世界知识产权组织指出“传播总是涉及传输”，实际上就是要求传播行为必须在客观上形成“传播源”，并以之为起点传送作品。没有“传播源”，自然也不可能产生以“传播源”为起点的“传输”。

“向公众传播”对“传播源”和“传输”的要求，对于认定设置“深层链接”的性质有重要意义。后文在讨论设置“深层链接”的定性时还会深入分析。

（三）提供设施、服务与实施传播行为的区分

公开传播权控制的是传播行为，而不是仅为传播行为的实施提供软、硬件设备或服务的行为。《世界知识产权组织版权条约》关于第 8 条的议定声明指出：“不言而喻，仅仅为促成或进行传播提供实物设施[①]不致构

---

① 该用语是《世界知识产权组织版权条约》官方译本使用的。笔者认为将其翻译为“实质便利”更为合适。后文对此还会进行阐释。

成本条约或《伯尔尼公约》意义下的传播。”欧盟《版权指令》的序言第27段也以相同的用语强调：“仅仅为促成或进行传播提供实物设施不致构成本指令意义下的传播。”为他人的传播提供软、硬件设备或服务当然有可能在特定情况下构成间接侵权，但不可能构成直接侵权。然而，两者之间的界限有时并不那么明晰。在2019年欧盟新《版权指令》实施后，这一界限变得混乱不堪。

试举一例：《伯尔尼公约》第11条之二第1款第3项规定，“文学艺术作品的作者享有下列专有权利：……（3）授权通过扩音器或其他任何传送符号、声音或图像的类似工具公开传播广播的作品”。在我国，《著作权法》第10条第1款第11项对“广播权”有类似规定：“广播权，即……以及通过扩音器或者其他传送符号、声音、图像的类似工具向公众传播广播的作品的权利”（如前文所述，这里的“向公众传播”用语不当，源于《伯尔尼公约》官方文本的误译，应改为“公开传播”）。这就意味着在餐厅等场所打开收音机、电视机，接收电台、电视台正在播放的广播电视节目，通过其扬声器、屏幕使现场的公众能够感知节目中的作品内容，是公开传播行为。

然而，根据前述《世界知识产权组织版权条约》关于第8条的议定声明，“仅仅为促成或进行传播提供实物设施”并不构成传播，那么为什么不能把餐厅等场所安装收音机、电视机的行为认定为仅仅为电台、电视机进行传播提供实物设施呢？

在“西班牙作家和出版商协会诉拉斐尔宾馆案”中，被告拉斐尔宾馆在每个房间中安装了可供客人使用欣赏节目的电视机，西班牙的著作权集体管理组织“西班牙作家和出版商协会”（简称SGAE）要求其就公开播放音乐作品的行为支付报酬。显然，客房中的电视机是入住宾馆的客人自己打开的，而不是宾馆经营者远程开启的。但欧盟法院仍然认为宾馆的行为构成了对被广播作品的“向公众传播”（如前文所述，尽管欧盟《版权指令》将“向公众传播”界定为向不在现场的公众的传播，但欧盟法院没有区分向现场公众的传播与向不在现场的公众传播，因此认定宾馆的行为属于“向公众传播”，实际上该行为只能被认定为《伯尔尼公约》第11条之二第1款第3项规定的“公开传播”，即受笔者所称的“现场传播权”的控制）。[①] 由此可见，“为促成或进行传播提供实物设施”和实施传播行

① Sociedad General de Autores y Editores de Espana（SGAE）v. Rafael Hoteles，Case C-306/05（2006），para. 47.

为的区别并不在于是否动手打开了相关设备。那么，两者的区分究竟在哪里呢？

应用“传播源”理论，上述问题便可迎刃而解。“传播行为”的构成，以形成“传播源”为要件。对于初始传播的后续利用而言，只有形成有别于初始“传播源”的另一个“传播源”，后续利用行为才构成有别于初始传播行为的新的传播行为。如果在没有形成另一个“传播源”的情况下利用了初始“传播源”，则无论利用的方式与技术手段如何，都不可能属于新的传播行为。因此，只要创设了作品的“传播源”，使作品处于能够从其控制之下的“传播源”中为公众获取的状态，就实施了传播行为，与是否直接“动手操作”相关设备，从而启动实际传送作品的过程并无关系。与此同时，凡是创设“传播源”的行为，都不可能属于“仅仅为促成或进行传播提供实物设施”，即使该行为确实涉及提供“实物设施”。只有那些没有创设“传播源”，但又提供了“实物设施”的行为，才可能属于“仅仅为促成或进行传播提供实物设施”，从而不构成传播行为。

前文曾经提及，破解卫星电视信号中的加密措施，并且出售供未付费用户欣赏卫星电视的智能卡，当然是规避技术措施，以及向公众提供规避手段的违法行为。但是这一行为本身并没有创设不同于初始“传播源”（卫星）的另一“传播源”，不能被认定为传播行为，只能被归类为“仅仅为促成或进行传播提供实物设施”。

同样道理，接入服务提供者为网站提供宽带接入服务，并不会被认定为实施了传播行为。这是因为对于交互式传播而言，初始“传播源”是提供作品在线浏览、点播和下载的服务器，其创设者是网站的经营者，而接入服务本身并没有创设不同于初始“传播源”（服务器）的另一“传播源”。与此类似的是，餐厅、酒吧、咖啡厅和宾馆等公开场所提供无线路由器供公众接入互联网并欣赏网络中的作品，并没有创设不同于初始“传播源”（服务器）的另一“传播源”。对于在这些场所的公众而言，其用于无线上网和欣赏作品的移动设备，如笔记本电脑、平板电脑和手机，才是新的“传播源”。如顾客用手机在咖啡厅进入视频网站看电影时，电影的初始“传播源”是视频服务器，但顾客直接感知的连续画面和声音是从手机这一新的“传播源”中传出的。只是从该“传播源”传出的作品仅面向特定的使用者，而不是面向“公众”。因此，在这些场所设置的无线路由器仅是为作品的传播和公众从初始“传播源”获取作品提供了便利，因此不能认定场所经营者实施了传播行为。

与此形成鲜明对比的是两类传播行为。第一类是受信息网络传播权规制的交互式传播行为，实施该行为的典型方式就是将作品上传至向公众开放的网络服务器中，供公众自行点击欣赏或下载。显然，只要创设“传播源”，使作品通过该“传播源”处于为公众“按需获取”的状态即可构成交互式传播行为，传播者并不需要做进一步的“动手操作”。假设在某一时刻并没有用户进入爱奇艺的网站点播视频，该服务的经营者也并不会主动将服务器中存储的视频传送至任何用户。但无人会否认，只要爱奇艺网站的经营者将影视剧置于向公众开放的服务器中供公众点播或下载，就已经实施了交互式传播行为。而传送过程由用户操作——点击相关影视剧启动的事实，并不会影响上述结论的成立。

第二类是餐厅、酒吧、咖啡厅和宾馆等公开场所设置收音机、电视机，使进入其场所的公众观看或收听电台、电视台正在播放的作品。前文反复提及，此类行为形成了有别于电台和电视台这一初始“传播源”的另一“传播源”。进入餐厅等场所的公众是从收音机、电视机这一新的“传播源”中直接获取作品的。因此，餐厅等此类场所实施了传播行为，而不是仅仅“为促成或进行传播提供实物设施”。这也是为什么对此类行为存在相对应的专有权利，即《伯尔尼公约》第 11 条之二第 1 款第 3 项规定的权利——“文学艺术作品的作者享有下列专有权利：……（3）授权通过扩音器或其他任何传送符号、声音或图像的类似工具公开传播广播的作品”，以及《著作权法》第 10 条第 1 款第 11 项规定的广播权的第二项子权利——“通过扩音器或者其他传送符号、声音、图像的类似工具向公众传播广播的作品的权利”。在著名的“欧共体诉美国案”中，世界贸易组织专家组认定：在餐厅中提供收音机和电视机，供就餐客人欣赏含有音乐的广播电视节目的行为，属于《伯尔尼公约》第 11 条之二第 1 款第 3 项规定的传播行为。[①] 显然，只要这些场所的经营者设置了接收装置，由此形成了能使公众从中获取作品的新的“传播源”，作品的初始来源为经营场所之外的电台、电视台的事实，并不会对经营者实施了传播行为这一认定产生影响。

由此可见，“动手操作”一定不是认定此类传播行为所必须具备的条件。如果将“动手操作”作为其构成要件，也就是餐厅等场所的经营者不仅要设置收音机、电视机，还必须动手打开收音机、电视机并调到播放相关作品的频率或频道，否则其行为就不受《伯尔尼公约》和《著作权法》

① WTO 专家组的报告，The Report of the Panel on United States-Section 110（5）of the US Copyright Act，WT/DS160/R。

中传播权的规制，那么场所经营者规避责任就易如反掌——只要在收音机、电视机下贴一个纸条“请您自己开启收音机、电视机”，避免由自己直接为客人操作就可以了。这将导致《伯尔尼公约》和《著作权法》的规定形同虚设。

因此，传播行为的认定并不以“传播源”的创设者动手进行操作为前提条件。只要使作品通过“传播源”处于可被公众获取的状态，使公众有从“传播源”中获取作品的可能性就足够了。例如，餐厅等场所安装用于接收和播放广播电视节目的收音机、电视机并设置完成（如将电视机与接入有线电视系统的机顶盒相连）后，该收音机、电视机就立刻可被用于接收并播放电台、电视台正在传播的广播电视节目。此时只要打开收音机、电视机，就能使作品从这一新的“传播源”中传播。即使是由进入餐厅等场所的消费者打开收音机、电视机并调至某一频率或频道，使之播放接收到的节目，经营者仍然会被认定为实施了传播行为。换言之，对于形成了该新“传播源”的行为，当然应该由餐厅等场所的经营者负责，因为是餐厅等场所经营者安装和设置收音机、电视机的行为，而不是进入该场所并动手打开收音机、电视机的消费者创设了“传播源”。在前文所述的“西班牙作家和出版商协会诉拉斐尔宾馆案”中，宾馆的行为限于提供能够接收音乐节目的电视机，是入住宾馆的消费者而非宾馆经营者动手打开电视机并调到音乐频道，但欧盟法院仍然认为是宾馆经营者实施了向公众传播音乐作品的行为。因此，“直接按下播放按钮”或“动手操作”并非认定经营者实施了传播行为的必要条件。

类似的分析也可以适用于机械表演。在一些西方国家，舞厅等娱乐场所常设置有“自动点唱机”，其中存储了大量音乐作品，顾客只要向点唱机中投币，就可以选择音乐进行播放。那么娱乐场所的经营者为此应当获得何种专有权利的许可呢？对此回答是非常清楚的，那就是获得表演权的许可。《伯尔尼公约指南》对此指出：“舞厅里的管弦乐队演奏乐曲，同隔壁迪斯科舞厅中顾客投币选曲并没有区别，都发生了公开表演。”① 显然，“顾客投币选曲”是通过“自动点唱机”进行的，涉及的“公开表演”是面向公众的机械表演，受表演权控制。同样，根据美国《版权法》的规定，“自动点唱机”的经营者被认为实施了机械表演行为，对其适用法定许可，经营者应向音乐权利人支付法定许可使用费。② 虽然向“自动点唱

① 世界知识产权组织编．保护文学和艺术作品伯尔尼公约（1971 年巴黎文本）指南(附英文文本)．刘波林，译．北京：中国人民大学出版社，2002：53.

② See 17 U. S. C. 116.

机”中投币，从而启动机器，引发机器播放音乐的是顾客，但实施机械表演行为的并不是顾客，而是设置“自动点唱机”的娱乐场所的经营者。同样道理：卡拉 OK 厅的经营者很少直接为消费者选择曲目并操作机器设备，但我国法院在以往的案例中，都认定经营者实施了放映音乐电视（视听作品）的行为。①

由此可见，传播作品的行为在范围上是极其广泛的，对于通过机械装置传播作品而言，并不限于直接操作机械装置，使之传出声音或图像，也不限于将作品存储于经营场所并以该场所为原始传播点，而是包括提供机械装置，供公众自己动手操作，以获取存储在远端或从远端传出的作品，从而使公众欣赏作品的行为，也就是创造“传播源”的行为。那些在提供设备和服务时并不创造“传播源”，而仅仅是为传播提供了便利的行为，才属于“为促成或进行传播提供实物设施”。

二、应面向公众进行传播

公开传播权（含“现场传播权”和“远程传播权”）当然只能控制公开进行的传播，也就是面向公众进行的传播。那么，何为“公众”呢？

《著作权法》并未对此进行定义。参考对国际版权条约的解释、其他国家和地区的立法与司法实践，可以认为，只要传播的对象是家庭成员和经常交往的朋友圈子之外的不特定多数人，就构成了面向“公众”传播。

（一）排除了家庭成员和正常社交圈子的不特定多数人

“公众”显然不同于“私人”。著作权法为了鼓励作品的创作，使作者从他人对作品的利用中获得报酬，必须限制他人未经许可对作品的传播，但又要遵循比例原则，将这种对个人行为的干涉控制在一定限度之内。因此，著作权法并不干涉仅具有私密性质的活动。而在家庭和正常社交范围内对作品的传播，就属于著作权法中的私密活动或准私密活动。世界知识产权组织编写的《著作权与邻接权法律术语汇编》将“向公众传播”定义为：

> 使作品、表演、录音制品或广播以任何适合的方式使一般人，也就是不限于属于一个私人群体的特定人能够感知。②

这里的“属于一个私人群体的特定人”通常被理解为家庭成员和相互

① 典型案例包括：北京市第二中级人民法院（2003）二中民初字第 08846 号民事判决书，北京市高级人民法院（2004）高民终字第 156 号民事判决书，上海市第一中级人民法院（2004）沪一中民五（知）初字第 115 号民事判决书。

② 世界知识产权组织编．著作权与邻接权法律术语汇编：中英法对照．刘波林，译．北京：北京大学出版社，2007：42.

之间有密切交往的正常社交群体。世界知识产权组织编写的《世界知识产权组织管理的版权和相关权条约指南》对“向公众传播”和“向公众传播权”的解释是：

> 指通过有线或无线方式，对作品或邻接权客体中的图像或声音，或图像及声音进行传输，使其能够被通常的家庭圈子之外或该家庭有亲近社会关系之外的人们所感知……①

德国《著作权法》第15条第3款也规定：“任何与利用作品者或与感知作品的其他人不因个人关系而存在联系的人，都应被视为属于公众中的成员。”美国《版权法》虽然并没定义“公众”，但将“‘公开’表演或展示作品”界定为“在一个向公众开放的场所，或者有家庭或通常社交关系圈之外的大量人群聚集之地进行表演或展示”②。因此，四代同堂的大家庭内的几十名近亲属并不能构成“公众”，一个大学班级的全体同学也不是“公众”。因此，如果一名家庭成员或一名同学仅面向在场的家庭成员或同班同学表演舞蹈，或仅向他们在线直播其对歌曲的演唱，就不属于面向公众进行传播。某媒体曾报道过一个感人的故事：著名音乐人罗大佑在开演唱会时，一名中年男子想起自己年轻时和女友一起听罗大佑歌曲时的情形，不禁热泪盈眶，于是他拿出手机，在演唱会现打通前女友的手机，利用手机的通话功能进行“现场直播”。该行为也构成“传播”行为，但由于能够通过手机通话听到现场演唱的人只有其前女友，因此该行为不属于面向“公众”的传播。

在排除了家庭成员和相互之间有密切联系的正常社交成员之后，不特定多数人的具体数量是多少呢？对此法律当然不可能作出具体人数的规定，但能够获得作品的受众人数不能少到几乎难以对权利人的利益产生影响的程度，同时也应当考虑积累效应下的人数。换言之，即使在同一时刻能够感知作品内容的人数很少，但如果传播场所向一般公众开放，导致不同人可在不同时刻感知相同作品内容，经过一段时间的积累，能感知该作品内容的人数量就会相当之大，因此这类传播行为仍然属于面向公众的传播。此外，这里所说的“人数”并不是实际感知作品内容的人数，而是指因传播行为而具有感知作品内容现实可能性的人数。例如，在有时被称为“半公开”的场所，如大中院校和大型工厂之中，受众之间的联系并不紧密，不在“正常社交”的范围。可以想见，在拥有上万名学生的大学校园

---

① WIPO Guide to Copyright and Related Rights Treaties Administered by WIPO-Glossary of Copyright and Related Rights Terms，WIPO Publication No. 891（E），2003，pp. 275－76.

② 17 U.S.C. 101，“to perform or display a work publicly”.

中，不同院系的学生并不熟识，因此在大学校园中的传播也是面向“公众”的传播。当然，如果传播只针对特定的小圈子，如在班级聚会上或在工厂某部门的联欢会上播放电影，由于受众之间相互熟识，则不属于面向“公众”的传播。

欧盟法院在相关案例中指出：“公众”一词是指不特定数量的潜在接收者，同时暗示了人数应达到相当数量（a fairly large number of persons）①，也就是应有“特定的最少人数的门槛”（certain de minimus threshold），这就排除了由过少的人数组成的群体。同时应当考虑传播形成的积累效应。② 换言之，不仅需要考虑有多少人同时获得相同作品，还要考虑有多少人能够依次获得作品③，也就是不在同的时间获得相同作品。

在前文提及的“西班牙作家和出版商协会诉拉斐尔宾馆案”中，被告拉斐尔宾馆在每个房间中安装了电视机，入住宾馆的客人可以打开电视机欣赏音乐节目。西班牙著作权集体管理组织“西班牙作家和出版商协会”（SGAE）要求其就公开播放音乐作品的行为支付报酬。巴塞罗那地区法院认为：在宾馆房间中使用电视机传播作品的行为并不面向公众，不涉及公开传播作品。此案被上诉到巴塞罗那上诉法院之后，巴塞罗那上诉法院请求欧盟法院对相关法律问题进行解释。欧盟法院指出：本案中，“公众”是指经电视传播的作品的不特定潜在受众，不仅包括当时在宾馆房间中的客人，也需要考虑在宾馆其他区域并能使用安装在该区域的电视机的客人，同时还要考虑其他可能入住并在房间中收看电视节目的人。特别是宾馆的退房和入住非常频繁，会有相对大量的人群能够进入宾馆房间。总体而言，这些人的数量是相当大的，因此构成了“公众”④。

在美国发生的“哥伦比亚电影公司诉 Reed Horne 案”中，被告经营一家电影录像带出租店，店中设有“放映区”，内有一些小房间，大部分房间只能容纳 2 人，少部分房间可容纳 4 人。这些房间装有电影录像带放

---

① Sociedad General de Autores y Editores de Espana（SGAE）v. Rafael Hoteles，Case C-306/05（2006），paras. 37 - 38，Reha Training v. GEMA，Case C-117/15（2016），para. 41，Phonographic Performance（Ireland）Limited v. Ireland，Case C-162/10（2012），para. 33.

② Società Consortile Fonografici（SCF）v. Marco Del Corso，Case C-135/10（2012），para. 86；Reha Training v. GEMA，Case C-117/15（2016），para. 43；Phonographic Performance（Ireland）Limited v. Ireland，Case C-162/10（2012），para. 35.

③ Stichting Brein v. Ziggo BV，Case C-610/15（2017），para. 41.

④ Sociedad General de Autores y Editores de Espana（SGAE）v. Rafael Hoteles，Case C-306/05（2006），paras. 37 - 44.

映装置，顾客付费后可选择电影进行欣赏。原告是部分电影的制片人，起诉被告未经许可公开放映其享有版权的电影。本案争议的焦点之一是，被告在只能容纳 2～4 人的小房间内播放电影的行为是否构成“公开”放映，也就是面向“公众”的放映。法院认为：被告并没有将使用小房间的观众限于其亲属或与有其密切关系的社交圈。由于每一个小房间都是对公众开放的，虽然在一个房间内同时观赏电影的观众人数有限，但潜在的可能性是：经过一段时间之后会有许多观众观赏电影。因此，被告的行为构成对电影的公开放映。①

对于多少人才能构成“公众”的问题，较有争议的是欧盟法院于 2012 年判决的“唱片业协会（SCF）诉 Marco Del”案。在该案中，原告是意大利录音制品著作权的集体管理组织，其要求意大利牙医协会根据意大利《著作权法》有关向公众传播录音制品应支付报酬的规定向其付费，在谈判未果后起诉一家私人牙医诊所。该诊所安装了收音机并在营业时间播放其接收到的音乐广播。原告要求法院认定该行为构成向公众传播，应当支付合理报酬。② 虽然本案的诉因不是对音乐作品的“向公众传播”而是对录音制品的“向公众传播”，而且如前文所述，《世界知识产权组织版权条约》与《世界知识产权组织表演和录音制品公约》规定的针对作品与针对表演和录音制品的“向公众传播权”的范围有所区别，但其中“公众”的概念是相同的。

在审理本案的过程中，意大利都灵上诉法院请求欧盟法院对涉案行为是否构成“向公众传播”作出解答。欧盟法院认为：前去私人牙医诊所就诊的患者通常是一个稳定的群体，构成了一个特定的受众圈子，而其他人则没有接受牙医的治疗。因此这些患者并不是“一般公众”。同时，同时能进入诊所的患者通常是非常有限的，能够在牙科诊所收听到相同广播节目的患者并不多。虽然患者能相继进入诊所，但由于他们要依次候诊，他们通常不能同时听到相同内容的广播节目。③ 再加上认为牙科诊所中播放广播并没有增加对患者的吸引力（关于此点下文还会讨论），欧盟法院认为本案中牙科诊所的患者并不构成“公众”，被告无须因为打开收音机播

---

① Columbia Pictures Industries, Inc. v. Reed Horne Inc., 568 F. Supp. 494, 500 (W. D. Pa., 1983).

② Società Consortile Fonografici (SCF) v. Marco Del Corso, Case C-135/10 (2012), paras. 28 - 30.

③ Società Consortile Fonografici (SCF) v. Marco Del Corso, Case C-135/10 (2012), paras. 95, 96.

放接收到的广播节目而向被播放的录音制品的权利人支付报酬。[①]

由于欧盟法院只回答法律问题，其判决书中并没有陈述案件的事实细节，如涉案私人牙科诊所的规模、开放时间、每天就诊的平均人数等，因此，本案的结论依据其特定事实也许是成立的。假设本案中的私人牙科诊所并不面向普通患者，而是仅向人数极为有限的亲朋好友提供服务，则患者群体就属于相互之间有密切联系的正常社交圈子，当然不属于“公众”。再如，假设该私人牙科诊所的收费高昂，导致就诊者寥寥，一年到头也不过百位，则即使考虑积累效应，其受众总人数也实在太少，法院认定其不构成公众也是可以理解的。

但是，如果本案的事实并非如此，则笔者难以认同本案中的法律分析。只有前去就诊的患者才能感知收音机中播放广播节目的事实，并不能将这些患者排除出“一般公众”的范围。就这正如只有看电影的人才会进电影院，只有办了健身卡的人才会去健身房，只有喜好美食的人才会去高档餐厅，但不能因此就说这些人不是“一般公众”，从而认定电影院播放电影、健身房和高档餐厅播放音乐不是面对“公众”进行传播。即使电影院、健身房和高档餐厅的规模不算大，只要积累效应导致有相当数量的人进入，受众群体仍然构成了“公众”。

与该案相比，我国法院在“郑成思诉北京书生数字技术公司”案中作出的认定更为合理。在此案中，被告作为在线阅读服务提供者，未经许可将郑成思教授的作品置于其网站平台中传播，但采取了技术手段将同时在线浏览同一部作品的人数限制为三人。法院对此认为，“书生公司意图举证证明其对作品的使用范围、方式进行了必要的限制，如提出同时只能有三人阅览……但从查明的事实看，这些限制并未从实质上降低作品被任意使用的风险，亦未改变其未经著作权人许可而使用他人作品的行为性质”[②]，并认定被告侵犯了郑成思教授的信息网络传播权。[③] 这实际上是认为被告的行为构成面向公众传播，其原因在于网络传播的积累效应。也就是说，虽然同时只能有三人浏览同一作品，但一个人浏览完毕后，会有另一个人接着浏览，每隔一段时间，同时浏览的三个人就会发生变化，随着时间的推移，就会有为数不少的人能够浏览同一作品，且这些人相互之间

---

① *Società* Consortile Fonografici（SCF）v. Marco Del Corso，Case C-135/10（2012），para. 102.

② 北京市第一中级人民法院（2005）一中民终字第3463号民事判决书。

③ 北京市海淀区人民法院（2004）海民初字第12509号民事判决书，北京市第一中级人民法院（2005）一中民终字第3463号民事判决书。

并不相识，不存在正常社交关系。

在我国的司法实践中，也曾在涉及 IPTV 的案件中出现过不当理解“公众”的情形。IPTV 是一种通过电视机的机顶盒，利用互联网实现电视节目的直播与点播的新型服务①，它是“三网融合”的典型产物。所谓“三网融合”，是指电信网络、计算机网络和有线电视网络这三种原本相互独立的网络被整合成兼具三者功能的统一网络。在原先的技术条件下，用户只能通过有线电视网络，根据电视台预先公布的节目时间表欣赏预定播出的有线电视节目，而不能自行选择欣赏特定节目的时间，即不能实现对节目的“点播”（“交互式传播”）。而基于三网融合的 IPTV 系统不仅可以通过电信的宽带互联网实现对有线电视节目的实时传输，还能使观众利用电视机对已播出的节目在一段时间（目前多为 72 小时）内进行“回看”，即“回过头看已被播过的节目”，从而融合了有线电视的“直播”与互联网“点播”的技术特征，为人们带来了便捷、多样的观赏体验。对于 IPTV“回看”服务是否构成信息网络传播行为，有法院作出了否定的回答，其理由之一是：

> IPTV 用户是利用特定终端并拥有专网访问权限和节目访问权限的特定用户，被告提供作品的对象并非所有的社会公众，仅限于已经相对特定的专网内的用户，其他公众不可能在不安装 IPTV 专网及终端的任何其选定的地点获得，故“IPTV 回看”行为的受众与信息网络传播权中的“公众”范围有所区别。②

笔者难以理解这样的“公众”观念从何而来、法律依据为何。众所周知，我国《著作权法》中的信息网络传播权的定义来源于《世界知识产权组织版权条约》第 8 条“向公众传播权”的子权利“向公众提供权”。该条规定：“文学和艺术作品的作者应享有专有权，以授权将其作品以有线或无线方式向公众传播，包括将其作品向公众提供，使公众中的成员在其个人选定的地点和时间可获得这些作品。”（注：着重号为引者所加）前半句中的“向公众传播”同时包括“广播”和交互式传播（“信息网络传播”），后半句不过是强调“向公众传播”也包括交互式传播（“信息网络

① 上海电信对 IPTV 的介绍为：“IPTV 即交互式网络电视，是以电信宽带网络为传输通道、以电视机为终端，集互联网、多媒体、通讯等多种技术于一体，向家庭用户提供包括电视内容在内的多种交互式服务的崭新技术。您在家中可通过‘网络机顶盒＋普通电视机’享受个性化、交互化、可定制的 TV 视听服务和增值信息、应用服务。”（http：//sh.189.cn/business/internet/IPTV/ywjs/。）

② 杭州互联网法院（2018）浙 0192 民初 4603 号民事判决书。

传播”）而已。该条约何曾区分过“广播”和交互式传播（“信息网络传播”）面向的“公众”范围？

同时，如前文所述，著作权法中的“公众”并不是“所有的社会公众”，而是指排除了家庭成员和经常交往的朋友圈子后的不特定多数人。IPTV服务当然是向“公众”开放的，在该服务覆盖范围内，任何家庭都可以经申请安装IPTV专网及终端并使用IPTV服务。这与在有线电视服务覆盖范围内，任何家庭都可以经申请安装有线电视专网及终端，并使用有线电视服务有何不同？如果说只要有家庭没有开通IPTV服务，没有安装IPTV专网及终端，IPTV服务就不属于向“公众”传播，那么是否只要有家庭没有开通有线电视服务，就导致有线电视也不属于向“公众”传播？试想：一个省市内能同时使用IPTV服务的用户以数百万、千万计，这些用户难道还不构成“公众”吗？

（二）受众应是传播者有意面向的群体

“公众”应当是传播者有意面向的受众群体。如果有人获得作品的结果，仅是偶发和意外现象，则这些人并不属于“公众”的范畴。对此，欧盟法院在相关案例中指出：

> 作为传播对象的公众是（传播者）预设的接收者且能够以某种方式接收传播，而不是仅仅由于碰巧接收了传播。①

例如，在家中播放音乐时音量过大，导致过路人也能听到。虽然过路人是不特定多数人，但该播放行为并不构成面向“公众”的传播。同样道理：使受众获得作品的行为，应当是在行为人的意志控制下实施的，而不是违背行为人意志或是行为人的预料不到的。假设一位拥有甜美歌喉的人独自在家唱小曲，因歌声美妙动人不少过路人驻足聆听，而此人并不知情。即使聚集的人数达到了足以构成“公众”的门槛，但因使公众欣赏其演唱的作品并非此人的意图，故此时就不能说此人实施了公开传播行为。

对此，欧盟法院也在前述“西班牙作家和出版商协会诉拉斐尔宾馆案”中指出，行为人（在客户安装电视机的宾馆）充分意识到了其行为的后果，而使其客人感知被广播的作品。没有其行为，客人即使位于广播信号的覆盖范围，也无法欣赏被广播的作品。② 这实际上也是强调行为人的主观心理状态是使公众获得被传播的作品。

---

① Società Consortile Fonografici（SCF）v. Marco Del Corso，Case C-135/10（2012），para. 91. Reha Training v. GEMA，Case C-117/15（2016），para. 48.

② Sociedad General de Autores y Editores de Espana（SGAE）v. Rafael Hoteles，Case C-306/05（2006），para. 42.

（三）受众是否在相同时间和地点获得作品无关紧要

只要传播的对象是家庭成员和经常交往的朋友圈子之外的不特定多数人，就构成了面向“公众”的传播。至于受众是否在同一时间或同一地点接收到被传播的内容，则在所不问。世界知识产权组织编写的《世界知识产权组织管理的版权和相关权条约指南》对“向公众传播”和“向公众传播权”的解释强调：

> ……通过有线或无线方式，对作品或邻接权客体中的图像或声音，或图像及声音进行传输，使其能够被通常的家庭圈子之外或该家庭有亲近社会关系之外的人们所感知……无论上述人们是在同一地点和在同一时间，还是在不同地点和不同时间感知该图像或声音，或图像及声音。①（注：着重号为引者所加）

美国《版权法》定义的“公开表演”（范围上大致相当于《伯尔尼公约》和《世界知识产权组织版权条约》中的公开表演、放映、广播、不含提供下载的交互式网络传播及非交互式网络传播），就包括“通过任何设备或手段向公众进行的传播，无论公众中的成员是在同一地点，还是在分散的地点，也无论是在同一时间，还是在不同的时间接收该传播……”②。由此可见，在以下情况下对作品传播也是公开传播：(1) 受众在地理上是分散的，但在同一时刻不特定的多数人能够欣赏作品。例如，某旅馆通过内部的闭路电视系统向各房间播送节目，虽然旅馆中的客人并未集中在一起观赏，但能够在各自的房间内观赏，则该旅馆的行为构成向公众传播。在前文提及的“西班牙作家和出版商协会诉拉斐尔宾馆案”中，欧盟法院认定宾馆设置电视机供客人接收节目、欣赏作品的行为构成向公众传播，原因即是在于客人可以在宾馆不同的房间和场所感知作品，且频繁的入住和退房导致大量客人能够进入宾馆。(2) 受众在获得作品的时间上是分散的，但日积月累的效果是使不特定多数人能够欣赏作品。例如，对于餐厅播放音乐 CD 而言，可能在第一天播放时，在场进餐的客人可能并不多，但只要音乐 CD 持续播放下去，随着时间的推荐，众多客人就能欣赏音乐，故餐厅播放音乐 CD 的行为同样构成面向公众的传播。

“受众在获得作品的时间上是分散的”的典型情形就是交互式网络传播，也就是后文将详述的信息网络传播权所针对的传播行为。所谓交互式网络传播，就是使公众能够在其选定的时间和地点获得作品的传播。在公

① WIPO Guide to Copyright and Related Rights Treaties Administered by WIPO-Glossary of Copyright and Related Rights Terms，WIPO Publication No. 891（E），2003，pp. 275－276.

② 17 U. S. C. 101，“to perform or display a work”.

众可以自己选择时间获得作品，也就是可以进行“点播”的情况下，对于被提供进行交互式传播的作品，公众当然可能在不同的时间选择获得。这并不影响相关的提供行为构成面向“公众”的传播。欧盟法院在涉及通过文件分享系统传播作品的案件中指出，“涉案的传播行为是面向所有平台用户的，这些用户可以在任何时间或者相同的时间，获得受保护的作品。因此相关的传播行为是针对不特定潜在接收者的，涉及大量的人员”①，从而构成面向“公众”的传播。

在美国发生的“Wnet 诉 Aereo 案”中，被告为每一位用户安装一个小天线以接收电视节目并进行存储，供用户点播。当被起诉侵权时，被告抗辩称：其传输在技术上属于“点对点”，因为每一名用户能够点播的，只是经由其单独的天线接收并存储的节目，因此其行为不属于向“公众”的传输。美国联邦最高法院对此指出：

> Aereo 传输电视节目的对象构成“公众”。Aereo 将可几乎同时感知的相同图像和声音向大量相互之间没有关联，也互不相识的用户传播……我们注意到 Aereo 的用户可以在不同时间和地点接收相同节目。这一点并不有助于 Aereo……“公众”并不需要聚集在一起，无论是在空间上的聚集还是在时间上的聚集。②

本案中被告的行为有些类似于餐厅在每个包房设置了拥有独立天线的电视机。虽然每个包间内的客人都可以单独接收电视节目，但餐厅的行为使不特定多数人有机会通过电视机欣赏电视台播放的相同作品。这与不设包间的大餐厅在大堂中的不同地点设置 10 台拥有独立天线的电视机并无实质区别。至于客人们是在大堂中还是在包间中观看节目，无关紧要。

（四）受众位于公开场所还是私密场所无关紧要

面向“公众”传播当然也是“公开”传播。有些传播行为发生在公共场所或者向公众开放的场所。如受表演权控制的演员的现场表演大多发生在公开场合，如歌厅、舞厅和举办演唱会的体育馆等。受放映权控制的放映行为也大多发生在电影院或演播厅。但这并不意味着所有传播都必须面向位于公开场所的受众。换言之，受众处于公共场所或者向公众开放的场所并不是“公众”的构成要件。

只要在时间上和地点上分散的受众能够获得作品，且受众构成了不特定多数人，属于一般公众，则分散的受众在获得作品时是否处于公开场所

① Stichting Brein v. Ziggo BV，Case C-610/15 (2017)，para. 42.

② Wnet v. Aereo，134 S. Ct. 2498，2509-2510 (2014).

并不重要。例如，电台、电视机播放节目时，绝大多数受众是在家中欣赏的。特别是在夜半时分，餐厅、酒吧等公开场所大多已关闭，收听和观看广播电视节目的受众基本上都在家中。但电台、电视台以广播的方式传播作品当然属于面向公众的传播。同样道理：视频网站提供影视剧的在线点播时，受众基本上都是在家中通过电脑或移动设备观看影视剧的，也就是处于私密场所。但这并不影响将视频网站提供点播的行为认定为向公众传播作品的行为。

在欧盟法院审理前文提及的“西班牙作家和出版商协会诉拉斐尔宾馆案”时，爱尔兰政府提交了意见，认为面向宾馆房间中的私密传播（在宾馆房间中安装电视机，供客人接收节目），与面向宾馆公共区域的传播（在宾馆公共区域安装电视机，供客人接收节目）是不同的。欧盟法院认为，该观点是不能被接受的。欧盟法院指出：

> 2001/29号指令（《版权指令》——引者注）第3条第1款及《世界知识产权组织版权条约》第8条要求获得作者授权的，并不仅仅是在公开场所或向公众开放的场所进行的再次传输，而是可以使公众获得（作品）的传播。很明显，该条款的文字和精神都说明传输发生地是私密性的还是公开性的是无关紧要的。①

爱尔兰政府之所以持上述意见，是因为爱尔兰《版权法》就有类似规定。根据2000年修订的爱尔兰《版权法》，虽然录音制品制作者享有向公众传播录音制品的获酬权，但导致录音制品、广播和有线节目在向居民提供住宿的场所被听到或看到并不构成对录音制品、广播或有线节目的侵权，只要没有为此单独收费。②这就意味着在宾馆房间安装收音机、电视机，供入住客人接收并欣赏电台、电视台播放的录音制品，无须向录音制品制作者播放报酬。爱尔兰对录音制作者和表演者的权利进行集体管理的组织对此提起确权之诉，要求认定《版权法》的此项规定违反欧盟法。③爱尔兰高等法院决定中止审理，请求欧盟法院就在宾馆房间中设置收音机或电视机，以使入住该房间的客人单独接收广播电视节目的行为是否构成对（被播放的）录音制品的“向公众传播”等问题发表意见。④

欧盟法院认为：本案中宾馆的客人构成了不特定数量的潜在收听者。

---

① Sociedad General de Autores y Editores de Espana (SGAE) v. Rafael Hoteles, Case C-306/05 (2006), para. 50.

② (Ireland) Copyright and Related Rights Act, 2000, Sec. 97.

③ Phonographic Performance (Ireland) Limited v. Ireland, Case C-162/10 (2012), para. 15.

④ Ibid., para. 24.

这些客人对设施内服务的获取取决于自己的选择（在宾馆房间中打开收音机或电视机收听或收看含有录音制品的广播电台节目），而且仅仅受到设施容量的限制。在这种情况下，他们构成的“一般公众”①。因此，爱尔兰《版权法》的上述规定被认定违反了欧盟《版权指令》。

对于欧盟的上述案例，笔者认为：宾馆并不属于严格意义上的“私密场所”，而是向公众开放的场所，只是在客人入住宾馆房间后，该房间在该客人入住期间属于客人的私密空间。这种高度临时性的“私密”不能改变宾馆是向公众开放的场所的基本性质，以及在宾馆中发生的传播是面向“公众”的传播。例如，卡拉 OK 厅中的包间在客人唱歌期间，属于这几位客人的“私密”空间，但没有人会否认经营性质的卡拉 OK 厅是向公众开放的场所，卡拉 OK 厅传播音乐电视是面向“公众”的传播。同样道理：不能因为某一个餐厅设置了装有电视机的包间，就说餐厅在这些包间中安装电视，供就餐客人欣赏电视节目的行为是向私人传播，而不再是面向“公众”的传播。

进一步讲，即使是在严格意义上的私密场所的传播，只要积累效应能够使在时间上和地点上分散的不特定多数人获得作品，该传播仍然是面向公众的传播。假如有一名歌手专门向家庭提供演唱服务，每一个家庭都可以预约时间请歌手上门，在家庭成员的生日晚会上演唱。虽然家庭是纯粹的私密场所，但歌手以此为业，积累效应就会使不特定多数人能够欣赏这名歌手演唱的作品。因此，这名歌手的行为仍然属于面向“公众”进行表演。

三、面向“公众”与面向“新公众”

传播权规制的行为应当是面向“公众”进行传播。这一点在各国都是相同的。然而，和其他国家或地区的立法与司法实践不同，欧盟法院提出，要构成“向公众传播”，除了该行为必须面向“公众”，还必须面向“新公众”。这就是“新公众”标准。由于初始传播总会面向“新公众”，因此“新公众”标准实际上是用于判断对初始传播的后续利用是否构成“向公众传播”的标准。其未在其他国家或地区的立法和司法实践中出现过，属于高度创新。笔者认为，欧盟法院提出的“新公众”标准从根本上与国际版权条约的规定相悖，而且会造成法律逻辑的混乱。如果我国法院参考欧盟法院的“新公众”标准来认定“向公众传播”（远程传播），将导

---

① Phonographic Performance （Ireland） Limited v. Ireland，Case C-162/10 （2012），para. 41.

致我国违反国际版权条约的严重后果。

（一）“新公众”标准的缘起与问题

“新公众”标准最早由欧盟法院在“西班牙作家和出版商协会诉拉斐尔宾馆案”的判决中提出。欧盟法院认为，“向公众传播行为”是向有别于初始传播受众的另一公众群体进行的传播，也就是“面向新公众”。而入住宾馆的房客就是有别于在家中欣赏电视节目的“新公众”，因为没有宾馆提供的电视机，房客就无法在宾馆欣赏被广播的作品。① 因此拉斐尔宾馆实施了“向公众传播”作品的行为。欧盟法院在此案中所说的“新公众”，是指权利人在授权对其作品进行初始传播时未考虑在内的受众群体。据此，如果对初始传播进行的后续利用行为面向“新公众”，也就是扩大了受众范围，则该行为就属于“向公众传播”。欧盟法院在此后判决的“比利时作家、作曲家、出版商协会诉阿尔费雷德公司案”中，认定集成多家广播组织的节目并通过卫星进行传输的行为构成“向公众传播”的理由，正是“卫星集合提供商扩大了电视节目的受众范围，使新的公众获得了作品或其他受保护的客体”②。

在“西班牙作家和出版商协会诉拉斐尔宾馆案”中，欧盟法院还只是将该涉案传播行为面向“新公众”作为认定其构成“向公众传播”的理由。但在后来判决的“英国超级联赛联盟案”中，欧盟法院将面向“新公众”上升为构成“向公众传播”的必要条件：

> 要构成《版权指令》第3条第1款所指的“向公众传播”，还需要将被广播的作品传输给新的公众，也就是那些当作者授权向最初的公众传播作品时，未被作者考虑在内的公众。③

由此，“新公众”标准在欧盟法院通过判例而确立，成为欧盟有关“向公众传播权”的理论与实践中特立独行的内容。根据这一标准，对初始传播的后续利用只有在面向“新公众”，即权利人在授权初始传播时未考虑在内的受众时，该后续利用行为才构成“向公众传播”。如果对初始行为的后续利用并不面向“新公众”，则该后续行为并不构成“向公众传播”，也不可能在未经许可实施的情况下侵害“向公众传播权”。

在后续涉及“向公众传播权”的案件中，由于“新公众”标准引发的

---

① Sociedad General de Autores y Editores de España (SGAE) v. Ra-fael Hoteles SA, Case C-306/05 (2006), paras. 40, 42.

② Airfield Canal Digitaal v. Sabam, Joined Cases C-431/09 and C-432/09 (2011), para. 82.

③ Football Association Premier League v. QC Leisure, Joined Cases C-403/08 and C-429/08 (2011), para. 197.

混乱，欧盟法院不得不对该标准的应用范围进行了限缩（后文将进行阐述），但“新公众”标准至今仍然是欧盟法院认定“向公众传播”，特别是为设置“深层链接”行为定性的重要依据。

（二）“新公众”标准是误读《伯尔尼公约》和《伯尔尼公约指南》的结果

在首次提出“新公众”标准的“西班牙作家和出版商协会诉拉斐尔宾馆案”中，欧盟法院认为《伯尔尼公约》本身就是以传播必须面向“新公众”作为认定“向公众传播”的标准的，其依据之一是用于解释《伯尔尼公约》的《伯尔尼公约指南》专门提及了“新公众”。

在“西班牙作家和出版商协会诉拉斐尔宾馆案”中，具有争议的行为是宾馆在客房中安装与有线电视系统相连的电视机，供入住的房客欣赏电视台传送的作品。欧盟法院认为宾馆的行为构成《伯尔尼公约》第 11 条之二第 1 款第 2 项规定的“向公众传播”，并认为该项“向公众传播行为”是向有别于初始传播对象的另一公众群体进行的传播，也就是“面向新公众”。这是对《伯尔尼公约》第 11 条之二第 1 款最为典型的错误理解。

首先，“新公众”标准没有正确地区分现场传播与“向公众传播”（远程传播）。《伯尔尼公约》第 11 条之二第 1 款规定，文学艺术作品的作者享有下列专有权利：(1) 授权广播其作品或以任何其他无线传送符号、声音或图像的方法向公众传播（communication to the public）其作品；(2) 授权由原广播机构以外的另一机构通过有线传播或（无线）转播的方式向公众传播（communication to the public）广播的作品；(3) 授权通过扩音器或其他任何传送符号、声音或图像的类似工具公开传播（public communication）广播的作品。

如本章第一节所述，《伯尔尼公约》第 11 条之二第 1 款第 1、2 项使用的是“向公众传播”（communication to the public）的术语，而该款第 3 项使用的是“公开传播”（public communication）的术语，两者规制的传播行为具有不同的性质。前两项传播行为是由广播组织（电台、电视台）采用某种技术手段（无线电初始传播，以及通过无线电或有线电缆转播无线电初始传播）将作品传送至不在传播发生地现场的公众，因此其属于远程传播（向公众传播），而第三项传播行为，是指餐厅、酒吧、咖啡厅和宾馆等通过收音机、电视机的扬声器和屏幕，使进入其场所的公众收听或观看被广播的作品，是面对现场的公众进行的传播，属于现场传播，而不是远程传播（“向公众传播”）。

在“西班牙作家和出版商协会诉拉斐尔宾馆案”中，宾馆在客房中安装与有线电视系统相连的电视机，供入住的房客欣赏电视节目的行为，显然是《伯尔尼公约》第11条之二第1款第3项所规制的行为——“通过扩音器或其他任何传送符号、声音或图像的类似工具公开传播广播的作品”，绝非《伯尔尼公约》第11条之二第1款第2项所规制的行为——“由原广播机构以外的另一机构通过有线传播或（无线）转播的方式向公众传播广播的作品”。欧盟法院在该案中认为宾馆的行为构成《伯尔尼公约》第11条之二第1款第2项规定的“向公众传播”，是因为其没有对远程传播（“向公众传播”）和现场传播进行正确区分。这是“新公众”标准在理论上引发一系列谬误的起点。

其次，国际版权条约在规定“向公众传播”时，根本没有包含“新公众”标准。世界知识产权组织前助理总干事，《世界知识产权组织版权条约》的主要起草者米哈依·菲彻尔博士根据修订《伯尔尼公约》的1996年外交会议的记录指出：在修订《伯尔尼公约》的过程中曾出现过在规定“向公众传播权”时，“向公众传播”须面向“新公众”的提案，其内容是“文学艺术作品的作者享有下列专有权利：对广播的作品授权通过以有线或无线方式向公众进行的新传播”。该提案在注释中将“新传播”界定为“面向新的受众圈子”的传播。但该提议经讨论后被拒绝。① 《伯尔尼公约》此后的所有文本以及《世界知识产权组织版权条约》都没有使用“新传播”或面向“新公众”的用语。

最后，《伯尔尼公约指南》也并没有包含“新公众”标准。在“西班牙作家和出版商协会诉拉斐尔宾馆案”中，欧盟法院为了证明《伯尔尼公约》本身就包含了“新公众”标准，引用了《伯尔尼公约指南》中的一段内容。《伯尔尼公约指南》该部分的原文如下：

> 如果使听众（或观众）感知作品的方式不同于作者授权传播时预期的传播方式，就会产生额外的受众。尽管根据（对“广播”的）定义，接收广播的人数无法被确定，作者也会认为就广播其作品而给予的许可，仅针对在其家庭中直接接收广播信号的受众。当接收广播信号是为了在更大的范围内招待客人（常以营利为目的）时，额外的公众群体就能欣赏作品，这就不再是无线广播要实现的目的了。对于这种新的公开播放作品的行为，作者

① Mihály J. Ficsor, “Svensson: Honest Attempt at Establishing Due Balance Concerning the Use of Hyperlinks-Spoiled by the Erroneous ‘New Public’ Theery”, p. 11, para. 1. 2. 6., at http: //www. copyrightseesaw. net/archive/? sw _ 10 _ item=63.

就被赋予了控制权。①

《伯尔尼公约指南》的这段内容，解释的是《伯尔尼公约》第 11 条之二第 1 款第 3 项，也就是仅针对现场传播权。它根本就不适用于《伯尔尼公约》第 11 条之二第 1 款第 1 项和 2 项，也就是涉及“向公众传播权”的条款，当然也就不能用于解释“向公众传播”（远程传播）。

更为重要的是，《伯尔尼公约指南》的这段内容并没有将面向“新公众”作为将某个行为纳入《伯尔尼公约》第 11 条之二第 1 款第 3 项规制范围的前提，而是在说明为什么《伯尔尼公约》的该项规定要规制此类行为。换言之，只要是“通过扩音器或其他任何传送符号、声音或图像的类似工具公开传播广播的作品”（典型实例为餐厅、酒吧、咖啡厅和宾馆设置收音机、电视机，使现场公众欣赏电台、电视台正在播出的作品），该行为当然受到《伯尔尼公约》第 11 条之二第 1 款第 3 项的规制，无须考虑此项传播是否面向“新公众”。《伯尔尼公约指南》的上述内容并没有为此附加任何其他条件，而只是对《伯尔尼公约》作此规定的理由进行解释。所谓面向“新公众”传播，并不是《伯尔尼公约指南》为认定现场传播行为而设定的“构成要件”。欧盟法院从中解释出“新公众”标准，并将面向“新公众”作为认定相关行为构成“向公众传播”（远程传播）的前提，属于对《伯尔尼公约指南》的严重误读。

与此同时，认为宾馆通过设置电视机实施的现场传播（欧盟法院误判为“向公众传播”）面向“新公众”也极为牵强。多数入住宾馆的房客都能在自己家中通过有线系统收看相同的节目（在西班牙这样的发达国家尤其如此），因此在多数情况下宾馆的此项传播与初始传播面向的受众群体并无不同，只是这些在范围上相同的受众收看节目的场所发生了变化。认为相同的受众一旦入住宾馆收看相同的节目，就成了“新公众”，实在有悖常理。

（三）应用“新公众”标准导致违反国际版权条约

根据国际版权条约的要求，只要以某种技术手段将作品传送至不在现场的公众，当然就构成“向公众传播”。未经许可实施该行为，除非属于限制或例外情形，当然构成对“向公众传播权”的侵犯。任何企图再对“公众”进行区分，从而将一部分“向公众传播”（向与初始传播面向的受众相同的受众进行的传播）排除出“向公众传播权”规制范围的做法，都

① *Guide to the Berne Convention for the Protection of Literary and Artistic Works* (*Paris Act*, 1971), WIPO Publication No. 615 (E), 2003, pp. 68 - 69, para. 11, bis. 12.

会导致欧盟违反其国际版权条约义务。同样对欧盟法院的“新公众”标准持反对态度的国际文学与艺术协会甚至认为，欧盟会因为违反《伯尔尼公约》而引发争端。①

以《伯尔尼公约》第 11 条之二第 1 款第 2 项［“授权由原广播机构以外的另一机构通过有线传播或（无线）转播的方式向公众传播广播的作品”］的适用为例，可清楚地看出“新公众”标准违反国际版权条约的问题所在。假设在《伯尔尼公约》成员国卢森堡（欧盟法院所在地），对于一家电视台通过无线电波传送的电视节目，某有线电视台未经许可通过有线电缆予以同步播放。由于卢森堡国土面积很小，人口也很少，又可假设卢森堡的全体居民家庭都能收到前一电视台以无线电波传送的节目，而且又都是后一电视台有线电视服务的订户。这样一来，后一电视台对前一电视台播放的节目进行转播时，其受众群体与作品权利人授权前一电视台通过无线电波传送作品时预期的受众群体完全相同，并没有扩大初始传播的受众范围，不属于面向“新公众”进行传播。如果依“新公众”标准，则后一电视台未经许可“通过有线传播的方式向公众传播广播的作品”将不属于“向公众传播”，因此并不构成对作品权利人“向公众传播权”的侵犯。该结果明显与《伯尔尼公约》第 11 条之二第 1 款第 2 项的规定不符，将导致欧盟违反其应承担的国际版权条约义务。

（四）“新公众”标准的限缩性应用与新问题

正是由于“新公众”标准明显违反国际版权条约，欧盟法院不得不对“新公众”标准的应用范围进行限缩，但仍然未能解决其根本缺陷，并产生了新的问题。

在 2013 年欧盟法院判决的“ITV 广播公司诉 TVCatchup 公司案”中，英国 ITV 广播公司等主张，TVCatchup 公司通过互联网实时转播了自己享有版权的电视节目，侵犯了广播版权。② 在本案中，ITV 广播公司播出的电视节目覆盖英国全境，TVCatchup 公司强调，只有在英国拥有收看电视许可、原本就有权观看电视节目的用户才能通过互联网收看其转播的电

① ALAI，“Opinion on the Criterion ‘New Public’ Developed by the Court of Justice of the European Union（CJEU）”，p. 2，at http：//www. alai. org/en/assets/files/resolutions/2014-opinion-new-public. pdf.

② 英国《版权、外观设计与专利法》第 1 条第 1 款将受该法保护的作品分为三类：（1）独创性的文字、戏剧、音乐或艺术作品；（2）录音、影片和广播；（3）出版物的版式设计。在第二类作品中，“广播”（broadcast）与“录音”（sound recording）、“影片”（film）不同，不以固定为受保护条件，因此广播组织对于他人未经许可对其直播节目进行转播的行为，都会以侵害其广播版权为由，而不是以侵害录音版权或影片版权为由提起诉讼。

视节目。TVCatchup 公司还采用了技术手段验证用户的位置，对于不符合收看条件的用户将拒绝提供服务。①

显然，本案被告通过互联网转播原告电视节目的行为，并没有扩大初始传播的受众范围，通过计算机或移动设备观看互联网转播的用户群体，与通过电视机观看电视节目的用户群体完全一致，而且均是在私人家庭中观看。根据"新公众"标准，被告通过互联网转播电视节目的行为将不构成"向公众传播"，因此并未侵犯相关作品的"向公众传播权"。这一结论当然是荒谬的，其违反国际版权条约的明显程度甚至都无须论证。

然而，"新公众"标准给审理此案的英国高等法院出了难题。英国高等法院不得不中止诉讼，请求欧盟法院澄清涉案行为是否属于"向公众传播"。英国高等法院特别指出，由于被告通过互联网进行的转播面向的是本来就有权在家中通过电视机观看电视节目的同一受众群体，因此难以判断本案中被告的行为是否构成《版权指令》第 3 条第 1 款规定的"向公众传播"②。

欧盟法院当然也清楚，在此案中，如果不对"新公众"标准的应用范围进行限制，将不可能避免地得出被告通过互联网转播电视节目的行为并未面向"新公众"，因此其行为并不构成"向公众传播"的结论，这将明显违反欧盟承担的国际版权条约义务。为此，欧盟法院为"新公众"标准的应用添加了之前并不存在的前提条件。欧盟法院针对被告的行为提出：

> 鉴于以网络转播电视广播的方式提供作品，采用的是不同于初始传播的特定技术手段，故该转播行为必须被认定为 2001/29 号指令（《版权指令》——引者注）第 3 条第 1 款所指的"传播"……由于（本案中）对版权作品的传输是在特定的技术条件下，利用不同（于初始传播）的方式，且面向公众进行的，故这些传播必须单独获得相关作者的授权。在这些情况下，就无须再符合必须有新公众这一要求……③（注：着重号为引者所加）

欧盟法院由此得出了被告通过互联网转播电视广播的行为属于"向公众传播"、应当获得许可的结论。显然，在此案中欧盟法院将"采用不同于初始传播的技术手段"对作品进行后续利用的行为排除出了"新公众"标准的应用范围。换言之，应用"新公众"标准的前提，必须是对作品的

① ITV v. TV Catchup，Case C-607/11（2013），para. 10.

② Ibid.，para. 17.

③ Ibid.，paras. 27，39.

后续利用采用了与初始传播相同的技术手段。在此后欧盟法院的涉及“向公众传播”的一系列案件中，欧盟法院均认为：

> 要被认定为“向公众传播”，对受保护的作品必须使用不同于之前的传播所使用的特定技术手段进行传播，或者，如果没有采用不同的技术手段，则必须面向“新公众”，也就是当版权人授权将其作品向公众进行初始传播时，并未考虑在内的公众。[①]
>
> (注：着重号为引者所加)

应用范围限缩后的“新公众”标准似乎解决了先前提出的问题。因为“ITV 广播公司诉 TVCatchup 公司案”中的初始传播使用的是卫星传播技术，而后续传播使用的是互联网转播技术，两者并不属于同一传播技术。同样，对于前文所提及的用有线电缆转播无线节目的假想例，也可以说初始传播（无线电传播）与后续传播（有线转播）采用的是不同的传播技术。因此，在这些情形下，虽然后续传播与初始传播面向的是相同的公众，但由于采用了不同的传播技术，就不能应用“新公众”标准，所以后续传播仍然属于“向公众传播”。

然而，这一限缩性解释对于具有本质缺陷的“新公众”标准而言，可谓“按下葫芦浮起瓢”，新的问题接踵而至。限缩了应用范围的“新公众”标准仍然无法解决的问题就是，国际版权条约要求规制的“向公众传播”并不区分受众是否为有别于初始传播受众的“新公众”，而“新公众”标准违背了这一要求。后续传播即使采用与初始传播相同的技术手段向不在现场的公众进行传播，且面向与初始传播受众相同的公众，也理应被认定为“向公众传播”。但根据应用范围限缩后的“新公众”标准，仍然会得出极为不合理的结论。

试将前文提及的在卢森堡用有线电缆转播无线节目的假想例作如下修改：对于一家电视台通过无线电波传送的电视节目，另一电视台未经许可通过无线电波予以转播。卢森堡的全体居民家庭都能收到两家电视台以无线电波传送的节目。由于后一电视台传送节目的技术手段与前一电视台采用的技术手段完全相同，对后一电视台的行为性质，根据欧盟法院的前述判决，应当根据“新公众”标准进行评价。后一电视台对前一电视台播放的节目进行转播时，其受众群体与作品权利人授权前一电视台通过无线电

① Land Nordrhein-Westfalen v. Renckhoff, Case C-161/17 (2018), para. 24. GS Media BV v. Sanoma Media Netherlands, Case C-160/15 (2016), para. 37. BestWater International GmbH v. Michael Mebes and Stefan Potsch, Case C-348/13 (2014), para. 14.

波传送作品时预期的受众群体完全相同，并没有扩大初始传播受众的范围，不属于面向“新公众”进行传播，因此应当认定后一电视台未经许可“通过（无线）转播的方式向公众传播广播的作品”将不属于“向公众传播”，并不构成对作品权利人的“向公众传播权”的侵害。相信任何对著作权法的基本常识有所了解的人，都会认为该结论是荒谬的。

由此可见，虽然欧盟法院从“ITV 广播公司诉 TVCatchup 公司案”开始，对“新公众”标准的应用范围进行了限缩，但仅是用另一个错误去纠正原先的错误，并没有，也不可能从根本上克服“新公众”标准的本质缺陷。

如前文所述，“新公众”标准缘起于欧盟法院对“西班牙作家和出版商协会诉拉斐尔宾馆案”的判决。此类案件涉及的主要问题，是宾馆等经营场所提供收音机、电视机等接收装置，供进入该场所的不特定多数人欣赏电台、电视台播放的作品，是否构成传播行为。依前文所述的“传播源”理论可以对该行为的性质作出合理的解释：要使房客欣赏电台、电视台正在播放的作品，必须经过两个传播源。第一个“传播源”（初始“传播源”）是播放作品的电台、电视台。通过该“传播源”进行的传播，显然是利用技术手段（无线电或有线电缆等）将作品传送至不在现场的公众，因此该传播属于“向公众传播”（远程传播）。第二个“传播源”则是宾馆所安装设置的收音机、电视机。房客直接感知的是从第二个“传播源”（收音机、电视机）传出的作品。宾馆安装设置收音机、电视机的行为形成了第二个“传播源”，且该“传播源”面向的是不特定多数人，即“公众”。因此宾馆的行为构成传播行为。只是第二个“传播源”面向的是与该“传播源”同处于一地的公众，对于第二个“传播源”而言，并没有发生利用技术手段将作品传送至不在现场的公众的情况，因此通过第二个“传播源”进行的传播是现场传播，而不是“向公众传播”（远程传播）。

由此可见，《伯尔尼公约》第 11 条之二第 1 款第 3 项——“授权通过扩音器或其他任何传送符号、声音或图像的类似工具公开传播（public communication）广播的作品”之所以属于受规制的传播行为，根本原因是在公开场所使用“扩音器或其他任何传送符号、声音或图像的类似工具”让公众欣赏电台、电视台播放的作品，形成了有别于电台、电视台的另一个“传播源”。至于该“传播源”所面向的“公众”在范围上是否有别于初始“传播源”所面向的“公众”，并不是需要考虑的问题。只要相关受众构成了“公众”，就产生了受传播权规制的行为。在家中安装收音机、电视机，使家庭成员或者有密切关系的朋友能够欣赏电台、电视台正在播出的作品，虽然也形成了新的“传播源”，但是该“传播源”面对的是不构成“公众”的家庭成员或者正常的社交圈子，也就是并不面对“公众”进行传播，因此该行为不属于受传播权规制的传播行为。

对于应用“新公众”标准会得出荒谬的结论，或者需要大费周折进行限缩，乃至于需要通过其他方式对该标准进行解释后才能应用的情形，适用“传播源”理论都可以获得合理的结论。

前文提及的“ITV 广播公司诉 TVCatchup 公司案”涉及互联网转播卫星电视节目的行为。应用“传播源”理论，该行为的定性一清二楚。互联网转播卫星电视节目，明显形成了有别于初始“传播源”（卫星）的另一“传播源”（网络服务器），而且是利用技术手段将作品传输至不在现场的公众。公众通过计算机或移动设备观看经互联网转播的卫星电视节目，直接利用的是有别于初始“传播源”（卫星）的另一传播源（网络服务器）。通过互联网转播卫星电视节目的行为，当然属于“向公众传播”（远程传播）。这与两个“传播源”面向的受众群体是否有所变化，以及互联网转播与初始传播所采用的技术手段是否发生了变化，均没有任何关系。

前文在反驳“新公众”标准时，曾提出过在卢森堡一家电视台通过无线电波转播另一家电视台无线节目的假想例。在该例中，进行初始传播的电视台和进行转播的电视台均采用同一技术手段（无线电），且面对的受众群体完全相同，也就是卢森堡的全体居民家庭。如果应用“新公众”标准，由于转播未面向“新公众”且采用同一技术手段，将得出转播行为不属于“向公众传播”的荒谬结论。应用“传播源”理论，上述问题便迎刃而解：第二家电视台对电视节目进行的转播行为形成了有别于初始“传播源”（第一家电视台的无线电传送装置）的另一“传播源”（第二家电视台的无线电传送装置）。卢森堡境内的居民打开电视机后，可以选择两个“传播源”中的任意一个欣赏相同的被广播的作品。毫无疑问，第二家电视台通过创设新的“传播源”，将第一家电视台的节目通过技术手段传送至不在传播发生地的公众，属于“向公众传播”（远程传播）。至于第二家电视台转播节目时所面向的受众与第一家电视台初始传播的受众是否重合，则在所不问。

“新公众”标准在被欧盟法院用于为设置“深层链接”行为定性时，还进一步引发了逻辑混乱的问题，实不足取。本书第七章第三节对于此点还将予以详细阐明。

四、传播的营利性质与公开传播行为的认定

是否只有具有营利性质的行为，才可能构成受传播权控制的传播行为？对此问题的回答是否定的，而且应当是显而易见的。原因在于传播是否具有营利性质，与该行为是否构成现场传播或“向公众传播”（远程传播），并没有直接的联系。从逻辑上说，传播行为可以被区分为以营利为目的的传播行为和不以营利为目的的传播行为，但不能以行为是否出于营利目的来判断其是否构成传播行为，换言之，营利与否和传播行为的构成并没有关系。《伯尔尼公约》和《世界知识产权组织版权条约》也没有将“以营利为目的”规定为传播行为的构成要件。欧盟法院在除后文提及的判决之外，也认为对受保护作品进行传播是否具有营利性质，与认定是否构成传播行为无关。①

然而，在前文提及的“唱片业公司协会（SCF）诉Marco Del案”中，欧盟法院认为非营利的传播行为并不属于向公众传播行为。在该案中，私人牙医诊所安装了收音机并在营业时间播放其接收到的音乐广播，意大利录音制作者权集体管理组织认为该行为属于对录音制品的公开传播，并要求该诊所付费。如前文所述，《世界知识产权组织表演和录音制品条约》对“向公众传播”作出了不同于《世界知识产权组织版权条约》的广义规定，使之包括现场传播，即面向现场公众播放录音制品的行为。因此，意大利都灵上诉法院请求欧盟法院就诊所的涉案行为是否构成“向公众传播”发表意见。欧盟法院在判决中，就营利目的是否影响“向公众传播”的认定作出了自相矛盾的判决。一方面，欧盟法院承认此前的判决曾表示“传播是否具有营利性质是无关紧要的”②，但另一方面，欧盟法院又提出，之前判决中的传播行为实际上都是能够给传播者带来经济利益的行为：

> 本院曾经认定：宾馆经营者使其客人能够欣赏广播作品的行为，应当被看作是一种额外的服务，目的在于获得某些利益，因为该服务的提供对于宾馆的盈利能力和房间的价格是有影响的，同样，本院也曾认定，公共场所的经营者播放作品具有的意图是：该行为应该或极有可能影响进入该场所的人数，并最终影响

---

① Football Association Premier League and Others，Case C-403/08 and C-429/08（2011），para. 204，Reha Training v. GEMA，Case C-117/15（2016），para. 49.

② Società Consortile Fonografici（SCF）v. Marco Del Corso Case C-135/10（2012），para. 88.

经济收入。①

针对本案的案情，欧盟法院认为诊所安装收音机供就诊患者收听广播的行为并不具有营利性，没有给诊所带来经济利益，因此并不属于向公众传播行为。欧盟法院提出：

> 无可争辩的事实是，在诸如本案的情况中，牙医向患者播放广播节目，作为背景音乐使用时，并不能合理地期待仅因此而增加就诊的人数或提高治疗的价格。因此该播放行为本身对牙医的收入并没有什么影响。②
>
> 患者就诊的唯一目的是接受治疗，对唱片广播的播放并不构成治疗过程的组成部分。根据患者抵达诊所的时间、等候的时间以及治疗的性质，他们是出于偶然而欣赏到了唱片的播放，他们本身并没有（对播放的内容）作出任何积极的选择。因此不能推断牙医通常的客户是希望获得涉案广播节目的人。③
>
> 因此，该播放行为不具有营利性质，并不满足本判决第 90 段的要求（第 90 段即前文引述的宾馆在房间设置电视机具有营利性质的那一段——引者注）。④

笔者不能赞同欧盟法院的上述观点。如前文所述。传播是否具有营利性质与相关的行为是否构成传播行为本身没有关系。可以设想，即使一家由国家设立的公共广播电台在完全不向听众收费，除接受政府每年固定数额的财政拨款之外，不接收任何人赞助或捐款，也完全没有广告（没有任何直接或者间接营利性质）的情况下播放音乐，同样属于对音乐的“向公众传播”。因此欧盟法院上述观点的首要问题就在于误将“以营利为目的”作为传播行为的构成要件。实际上，在欧盟法院之后的判决中，也没有将“以营利为目的”视作传播行为的构成要件。在 2018 年判决的“Land Nordrhein-Westfalen 诉 Renckhoff 案”中，德国某学校的网站上刊登了该校学生的获奖作文，并附有学生为了与文中的内容相配合而从网上下载的照片，图片权利人起诉学校侵权。欧盟法院认为：即使是从原告已许可传播且没有设置技术保护措施的网站下载照片并上传，也构成向公众传播作

---

① Società Consortile Fonografici (SCF) v. Marco Del Corso, Case C-135/10 (2012), para. 90.

② Ibid., para. 97.

③ Ibid., para. 98.

④ Ibid., para. 99.

品的行为。欧盟法院指出：

> （《版权指令》）第3条第1款规定的“向公众传播”，必须被解释为意味着涵盖以下行为：对于之前已经版权人同意并已上传至没有限制下载的网站的照片，（下载后）再将其上传至一个网站。①

欧盟法院在判决此案时，大概忘记了涉案照片是在德国一所学校的网站中被存储和传播的，该学校不具有任何营利性质，其网站同样不具有任何营利性质。如果按照欧盟法院在“唱片业公司协会（SCF）诉 Marco Del 案”中的观点和文字表述，完全可以作出以下判决：

> 无可争辩的事实是，在诸如本案的情况中，该学校向公众传播照片，并不能合理地期待仅因此而增加就学的人数或提高学费。因此该传播行为本身对学校的收入并没有什么影响。学生就读的唯一目的是接受教育。对照片的网络传播并不构成教学活动的组成部分……因此不能推断学校通常的客户（就读学生、潜在的学生和其他关注学校的人）是希望获得涉案照片的人。因此，该网络传播行为不具有营利性质，并不满足本判决第90段（第90段即前文引述的宾馆在房间设置电视机具有营利性质的那一段——引者注）的要求。

该结论显然是荒谬的，恐怕已经到了不值一驳的程度。当然，此处需要讨论的另一个问题是：虽然“以营利为目的”并不是传播行为的构成要件，但它是否为侵犯传播权的必要条件呢？如果将欧盟法院的上述观点改为“假如相关的传播行为不具有营利性质，则其不可能侵犯公开传播权”，该观点是否正确？

该观点仍然不能成立。确实，许多侵犯公开传播权的行为都具有营利性质。传播者在损害权利人的利益的同时，自己也获取了直接或间接的经济利益。例如，组织歌手在出售门票的演唱会上演唱尚在保护期内的歌曲具有明显的营利性质，当然侵犯表演权。再如，宾馆和餐厅播放背景音乐是为了向客人提供更好的住宿或就餐环境，以招揽生意，故也具有营利性质。但是，并不能由此就认为只有具有营利性质的传播行为才可能构成对传播权的侵犯。例如，某人未经许可将他人的长篇小说分章节上传至自己的博客上，供他人阅读，既没有向他人收费，也没有在博客中放置广告或推销商品，毫无营利性质可言。试问：此人的行为是否侵犯了信息网络传

---

① Land Nordrhein-Westfalen v. Renckhoff，Case C-161/17（2018），para. 48.

播权？同样，一些利用 P2P 软件分享音乐和电影的个人并没有通过 P2P 软件的分享行为获得经济利益，难道该行为就不会侵犯音乐作品和电影作品的信息网络传播权吗？

《伯尔尼公约》等国际版权条约也没有将以“以营利为目的”作为侵犯各项传播权的条件，至多是允许缔约方在遵守“三步检验标准”的前提下规定传播权的限制和例外。我国的修法过程也能印证这一点。1990 年《著作权法》第 43 条规定，“广播电台、电视台非营业性播放已经出版的录音制品，可以不经著作权人、表演者、录音制作者许可，不向其支付报酬”（其中“表演者、录音制作者”为多余的文字，因为两者本来就没有广播权）。由于当时我国尚未加入《伯尔尼公约》，不负有保护其他国家国民作品的国际条约义务，这样的规定并无问题。但我国于 1992 年加入《伯尔尼公约》后，必须根据《伯尔尼公约》的要求对以其他成员国为起源国的作品提供保护。此时再根据 1990 年《著作权法》第 43 条的规定，在不经相关作品权利人许可的情况下由电台、电视台播放其作品，将导致我国违反《伯尔尼公约》。为了解决此类问题，1992 年国务院颁布了《实施国际著作权条约的规定》，其中第 16 条规定：“表演、录音或者广播外国作品，适用伯尔尼公约的规定；有集体管理组织的，应当事先取得该组织的授权。”这就意味着电台、电视台非营业性播放已经出版的载有外国作品（以《伯尔尼公约》其他成员国为起源国的作品）的录音制品，不适用当时的《著作权法》第 16 条，而应适用《伯尔尼公约》的规定，即必须取得权利人或代表权利人的集体管理组织的授权。显然，我国立法者并不认为《伯尔尼公约》将“以营利为目的”规定为侵犯广播权的条件。

世界知识产权组织前助理总干事、《世界知识产权组织版权条约》和《世界知识产权组织表演和录音制品条约》的主要起草者 Mihály J. Ficsor 博士也认为欧盟法院对“唱片业公司协会（SCF）诉 Marco Del 案”中对“以营利为目的”和向公众传播行为之间的关系的认定是“极端错误的”（extremely erroneous），并对此提出了严厉的批评：

> 这是一个如此明显的错误，以至于对那些稍懂版权的人而言几乎无须阐述理由……（也许可以进行一次有趣的调查，看看有多少大学教师会如此宽松，以至于当学生敢于在知识产权考试中如此作答时，还会让学生及格）①

① Mihály J. Ficsor，“Svensson：Honest Attempt at Establishing Due Balance Concerning the Use of Hyperlinks-Spoiled by the Erroneous ‘New Public’ Theory”，p. 22，at http：//www. copyrightseesaw. net/archive/? sw _ 10 _ item=63.

由此可见，“以营利为目的”既不是传播行为的构成要件，也不是侵犯传播权的必要条件，但在规定针对特定传播权的限制和例外时，可以将非营利目的设为条件。例如，《著作权法》第 24 条第 1 款第 9 项规定：“免费表演已经发表的作品，该表演未向公众收取费用，也未向表演者支付报酬，且不以营利为目的”，可以不经著作权人许可，不向其支付报酬。这就意味着既未向公众收取费用，也未向表演者支付报酬的公开表演，也只有在没有任何间接营利目的情况下，才无须获得被表演的作品的权利人许可并向其支付报酬。例如，在一家餐馆中，经营者在音乐学院就读的女儿每周末都会前来演奏钢琴曲，经营者并未向她支付报酬，也没有向前来就餐的客人直接收取餐费之外的额外费用，但该表演并不属于上述“免费表演”，原因是在此类营利性场所进行的表演是一种招揽顾客的手段，能带来额外的营业收入。假设有两家菜品质量和环境等其他条件都几乎相当的餐厅，一家餐厅中有音乐演奏，另一家没有，估计多数顾客会倾向于去有音乐演奏的那家餐厅就餐。允许其免费利用作品增加营业收入对著作权人而言是不公平的，因此不应认定该表演行为属于“免费表演”。由此可见，经营场所的此类表演本质上都以营利为目的，都需要经过著作权人的许可。当然，上述《著作权法》第 24 条第 9 项的规定也可印证，这种非营利性公开表演也属于受表演权控制的公开表演行为。如果此类表演根本就不受表演权控制，原本就不可能构成对表演权的侵犯，《著作权法》将其设定为对表演权的限制就多此一举了。

第五章　网络环境中广播权的适用

如果仅对“广播”的含义作字面理解，广播权似乎不可能被适用于网络环境，因为无论对于何种通过网络传播作品的行为，业界都极少用“广播”加以描述。然而，法律的规定有时源于对各种复杂因素的综合考量，其使用的术语并非永远与人们在日常生活，甚至行业中的用语的含义保持一致。对于《伯尔尼公约》和修改之前与修改之后的我国《著作权法》中规定的广播权，能存在着其能否适用于，以及如何适用于通过网络传播作品的行为的疑问。在媒体融合的背景下，其中至少包括两个问题。

一是对非交互式传播的定性。非交互式传播是指在远程传播权（“向公众传播权”）规制的传播行为中，无法使公众在其选定的时间和地点获得作品（无法实现“按需获取”），只能使公众根据传播者单方决定的时间获得作品的传播方式。如“网络电台”“网络电视台”按照预先公布的节目时间表传播作品，人们只能按此节目时间表通过计算机或移动设备收听或收看相应的节目；再如网络主播对演唱或舞蹈进行网络直播，用户也只能根据网络主播自定的时间通过网络欣赏。这种传播又被称为“网播”（有时也被称为“网络定时传播”）。在网络环境中，最为重要的专有权利当然是信息网络传播权，但该权利只能控制交互式的网络传播，不能控制非交互式传播（对此本书第七章有详细分析）。那么，对于“网播”，能否将其定性为一种“广播”行为，对其适用广播权？

二是对于通过网络对包含作品的广播电视进行实时转播，应如何定性。例如，在奥运会和足球世界杯等重大赛事举办期间，总会有某些网络传播者实时将中央电视台的现场直播信号转换为网络数据流，通过网络同步播出，供用户通过计算机和移动设备收看。该行为非常类似于实体电台、电视台对其他电台、电视台的广播信号的截取和同步传播，也就是通常所说的“转播”。对于这种“网络转播”，能否将其定性为一种“广播”行为，对其适用广播权？

第一节 广播权与“网播”

在媒体融合时代，“网播”成为一个学术界和实务界经常使用的术语，本书也将反复使用。但与“（无线）广播”（broadcasting）和“有线广播”（cablecasting）的含义已经约定俗成、具有高度确定性的情况不同，目前对“网播”一词的使用较为混乱。有时它是指“网络电台”、“网络电视台”或其他传播者按照预定的时间表传播作品①，包括网络主播在通过网络进行的直播中唱歌、跳舞以及直播游戏对战；有时它作为“网络传播”的缩略语，包含通过网络提供作品，使用户可以在线浏览、点播或下载的行为。② 为了讨论的便利，下文将先对“网播”进行定义，再分析它与广播权的关系。

一、对“网播”的界定

之所以会出现对“网播”用法不一的情况，是因为有许多人将“网播”当成了“网络传播”的缩略语。而“网络传播”既可能是交互式传播，如爱奇艺等视频网站提供的影视剧点播，也可能是非交互式传播，如“网络电视台”按节目时间表传播影视剧。这自然会导致“网播”时而指交互式传播，时而指非交互式传播。与此同时，有时人们还会用“网播”去描述两种不同的行为：一是直接通过网络进行非交互式的初始传播，而不是对接收到的广播、电视信号进行网络转播；二是对接收到的广播、电视信号等实时获取的传播内容进行同步网络转播，而不是直接通过网络进行初始传播。前者的典型实例是“网络电台”或“网络电视台”按照预定的时间表通过网络传播含有作品的内容；后者的典型实例是在奥运会和足球世界杯等赛事举办期间，一些网站接收中央电视台的现场直播信号后，通过网络同步播出。这些在不同语境下使用的“网播”自然就会有不同的

---

① 例如，下列几篇文章中使用的“网播”都是特指传播者按其预定的时间进行传播：戴哲，张芸芝．网播组织的著作权法保护问题研究．编辑之友，2017（8）：82. 杨茜，田舍郎．市中级人民法院刑事案件庭审首次“网播”．嘉兴日报，2010－01－29（4）. 致远．网播执法，监督与被监督同在阳光下．广西日报，2021－08－06（6）.

② 例如，下列几篇文章中使用的“网播”都是特指通过网络实施的交互式传播：孔彬．开启“网播”模式．中国数字电视．2013（9）：59. 陈颖颖．获得网播权“在线听书”为何仍惹官司 录音录像制品的传播需另行获得著作权人许可．人民法院报，2016－07－12（3）. 许春明．网播“刷量”产业链的透析及对策．上海法治报，2018－09－12（B06）. 惠正一．热播节目免费上线——迪斯尼推出免费网播．第一财经日报，2006－04－12（C03）。

含义。

（一）区分“网播”与“网络传播”

在国际上，“网播”并不是“网络传播”（network transmission 或 communication through network）的简称，其对应的英语是“webcasting”，特指通过网络进行的初始非交互式传播。形象地说，“网播”就是将人们熟知的以无线方式向公众传播——“广播”和以有线电缆方式向公众传播——“有线广播”改为通过网络加以实现。对于“网播”，世界知识产权组织在讨论《世界知识产权组织保护广播组织条约》的过程中，曾经对其进行过定义：

> “网播”系指以有线或无线的方式，通过计算机网络，利用能为公众中的成员基本同时获取的载有节目的信号，播送声音，或图像，或图像和声音，或图像和声音表现物，供公众接收的行为。①

从上述定义可以发现，“网播”除通过网络实施这一技术特征之外，与“广播”具有高度的可比性。与“广播”类似，“网播”的信号只能为“公众中的成员基本同时获取”，而不是“使公众中的成员在其个人选定的时间和地点获得”②，因此“网播”属于典型的非交互式传播。世界知识产权组织对此有非常清楚的解释：

> （“网播”定义中）“公众中的成员”和“基本同时”的要素，是用来将（对“网播”的）定义限定在可同时由多名接收者接收实时的网络流媒体传送（real-time streaming）的情况。接收者可以在某一具体时间登录，以获得对节目的流媒体传送，并接收传来的任何内容，但不能以其他方式影响该节目的流媒体传送。③

“实时的网络流媒体传送”（real-time streaming）与电台、电视台通过无线电波实时传送信号（广播）在技术效果上是相同的。对于“广播”而言，在信号覆盖的范围内，不同的人在不同地点打开接收装置并调至同

---

① WIPO Doc. SCCR/14/2，Non-Mandatory Appendix on the Protection in Relation to Webcasting to the WIPO Treaty on the Protection of Broadcasting Organizations，Article 2（a）.

② 《世界知识产权组织版权条约》第 8 条对“向公众传播权”的规定的后半句是“包括将其作品向公众提供，使公众中的成员在其个人选定的地点和时间可获得这些作品”。它描述的是交互式网络传播，也就是我国《著作权法》中信息网络传播权定义的来源。

③ WIPO Doc. SCCR/14/2，Non-Mandatory Appendix on the Protection in Relation to Webcasting to the WIPO Treaty on the Protection of Broadcasting Organizations，Explanatory Comments on Article 2，para. 2.01.

一频率或频道，在同一时间收听或收看到的内容是相同的。这就是“公众中的成员基本同时获取”。同样道理，对于“网播”而言，不同的人在不同的地点登录同一“网播”服务器，在同一时间收听或收看到的内容也是相同的，最多会因为技术上的原因（如“网播服务器”向不同地点的传输过程中的带宽不同）存在短暂的迟延。正因为如此，世界知识产权组织在解释有关对“网播”进行非强制性保护的文件时专门指出：

> 并不是通过计算机网络对内容的任何传送都受保护。只有网播，其从各个方面都与传统广播可比，才属于受保护的范围。为此目的，特对受保护范围内的播送行为作了严格的定义。①

与之形成鲜明对比的是，交互式传播使公众在服务器开放的时间和地域范围内能实现“按需获取”：自行决定何时获取哪一部作品。在同一时间不同的人在不同地点通过计算机或移动设备在同一网络服务器获得的内容通常是不同的。当然，不能排除两人在同一时间登录同一网络服务器点击同一作品，导致他们在同一时间获得相同的内容，但这属于例外情况且非常罕见。

由此可见，“网播”并不是“网络传播”的缩略语，并不能将两者画等号。“网络传播”是一个上位概念，涵盖了通过网络进行的交互式传播——使公众在其选定的时间和地点获得内容的传播，和通过网络进行的非交互式传播——“网播”，即只能使公众基本同时获得内容的传播。

（二）区分“网播”与“网络转播”

对于“网播”是指通过网络实施的非交互式传播这一含义，在国际上已有共识，并无歧义。然而如上文所述，即使是在这一意义上使用“网播”，也会有不同用法：有时用于描述直接通过网络进行非交互式的初始传播，不包括对接收到的广播信号进行网络转播；有时则还用于描述对接收到的广播信号进行网络转播。

从单纯的技术角度看，上述两种行为都可被归于“网播”，因为它们都属于通过网络进行的非交互式传播。但是，将“网播”限于描述第一种行为是更好的选择。本书所使用的“网播”，也仅指第一种行为，并不包括第二种行为。理由有如下几点：

首先是为了与人们使用“广播”的习惯保持一致。在“网播”出现前，人们用“广播”描述电台、电视台通过无线电波直接进行初始传播的

---

① WIPO Doc. SCCR/14/2, Non-Mandatory Appendix on the Protection in Relation to Webcasting to the WIPO Treaty on the Protection of Broadcasting Organizations, Explanatory Comments on Article 2, para. 2.03.

行为，而用“转播”描述另一电台、电视台接收到原始广播信号后进行的同步传播。

其次，《伯尔尼公约》第11条之二第1款中的“广播与相关权利”对上述两种行为也是分别予以规定的：前者是该款中第1项，即“授权广播其作品或以任何其他无线传送符号、声音或图像的方法向公众传播其作品”；后者是该款中第2项，即“授权由原广播机构以外的另一机构通过有线传播或（无线）转播的方式向公众传播广播的作品”。

最后，世界知识产权组织有关《世界知识产权组织保护广播组织条约》的各种文件在涉及“网播组织”地位的讨论时明确，凡提及保护“网播”，该“网播”都指是上述第一种行为。为此，世界知识产权组织不仅定义了“网播”，也定义了“网播”的实施者——“网播组织”，其定义内容为：

> “网播组织”系指提出动议并负有责任向公众播送声音，或图像，或图像和声音，或图像和声音表现物，以及对播送内容进行组合及安排时间的法人。①

显然，只有“对播送内容进行组合及安排时间”的机构才是“网播组织”，也就是自制节目并通过网络传播的“网络电台”和“网络电视台”，在我国较为典型的是“乐视台”：购买了“乐视”互联网电视机的用户就可以通过网络在该电视机上收看“乐视台”自行采编并传送的节目。仅仅通过网络同步传播（网络转播）他人广播信号的机构并不是“网播组织”，因为在“网络转播”的情况下，内容的组合和时间的安排完全由被转播信号的初始传送者决定，转播者只能消极、被动地接收并同步传播，对“内容的组织和时间的安排”并无决定权。由于“网播”与“网播组织”相对应，所以对于先接收以有线或无线方式传出的信号，再通过网络加以转播的行为，不使用“网播”，而是使用“网络转播”进行描述，是更加科学与合理的方法。本书讨论的“网播”也与“网播组织”相对应。对于先接收到以有线或无线方式传出的信号，再通过网络加以转播的行为，本书并不称为“网播”，而是称为“网络转播”。

那么，对“网播”能否适用广播权？例如，有人未经许可，在其经营的“网络电台”或“网络电视台”中，根据预先公布的节目时间表传送音乐、电影等作品，其行为是否侵害了广播权？在媒体融合的环境下，此类

① WIPO Doc. SCCR/14/2, Non-Mandatory Appendix on the Protection in Relation to Webcasting to the WIPO Treaty on the Protection of Broadcasting Organizations, Article 2 (b).

行为越来越常见。对此问题的回答，取决于对我国《著作权法》中的广播权的解读。笔者认为，在修改之前和修改之后的《著作权法》中该回答有所不同。

二、《伯尔尼公约》及2020年修改之前的《著作权法》中的广播权与“网播”

首先可以肯定的是，“网播”虽然是通过网络进行的传播，但与“信息网络传播权”无关。这是因为“信息网络传播权”的实际含义窄于其字面意义，并不是泛指“通过信息网络传播的权利”，而是特指“通过信息网络进行交互式传播的权利”。尽管早期有法院对“网播”适用信息网络传播权①，且引发了一定的学术争议②，但经过多年的探索与实践，学术界和实务界早已达成共识，即信息网络传播权只能规制交互式传播，不能规制包括“网播”在内的非交互式传播。③ 本书第七章第一节和第二节对此有较为全面和深入的论述，此处不赘述。

从行为效果上看，“网播”，也就是“网络电台”或“网络电视台”等通过网络按照预定的节目时间表传播含有作品的内容，与实体电台或电视台通过无线电波播送作品的效果类似，只在技术手段上有所区别。按照“技术中立”的立法原则，它们在法律上的定性本应是相同的。但是，对法律的适用不能脱离法律的规定，对法律条文的解释也不能完全改变法律条文的含义。在2020年修改之前的《著作权法》定义的广播权能否在不违背立法原意和法律条文含义的情况下适用于“网播”，成为回答上述问题的关键。

2020年修改之前的《著作权法》对“广播权”的定义是“以无线方

---

① 例如，在“宁波成功多媒体通信有限公司诉北京时越网络技术有限公司信息网络传播权纠纷案”中，被告在其网站上对一部电视连续剧按照预先设定的时间表逐集播出。该行为属于典型的“网播”，但一审法院认定被告侵害了作品权利人的信息网络传播权［北京市海淀区人民法院（2008）海民初字第4015号民事判决书］，二审法院予以维持，并强调即使被告网站的播放方式系定时定集播放，其行为亦侵犯了原告享有的信息网络传播权［北京市第一中级人民法院（2008）一中民终字第5314号民事判决书］。

② 关于认为对“网播”不能适用信息网络传播权的观点，参见王迁．论对信息网络传播权的正确适用——兼评“成功多媒体诉时越公司案”．法律适用，2008（12）。关于认为对“网播”应当适用信息网络传播权的观点，参见靳学军，石必胜．信息网络传播权的适用．法学研究，2009（6）。

③ 北京市高级人民法院2010年颁布的《关于审理涉及网络环境下著作权纠纷案件若干问题的指导意见（一）（试行）》第10条规定：“网络服务提供者通过信息网络按照事先安排的时间表向公众提供作品的在线播放的，不构成信息网络传播行为……”北京市高级人民法院2018年颁布的《侵害著作权案件审理指南》第9.24条也规定：“网络服务提供者未经许可通过信息网络按照事先安排的时间表向公众提供作品在线播放的，不构成侵害信息网络传播权……”

式公开广播或者传播作品，以有线传播或者转播的方式向公众传播广播的作品，以及通过扩音器或者其他传送符号、声音、图像的类似工具向公众传播广播的作品的权利”。该条文字直接来源于《伯尔尼公约》第 11 条之二第 1 款“广播与相关权利”。该款规定，文学和艺术作品的作者应享有下列专有权利：(1)“授权广播其作品或以任何其他无线传送符号、声音或图像的方法向公众传播其作品”；(2)“授权由原广播机构以外的另一机构通过有线传播或（无线）转播的方式向公众传播广播的作品”。(3)“授权通过扩音器或其他任何传送符号、声音或图像的类似工具公开传播（如本书第四章第一节所述，官方译本误译为‘向公众传播’——引者注）广播的作品”。

可以看出，无论是《伯尔尼公约》还是 2020 年修改之前的《著作权法》规定的广播权，均只控制三种行为。第一种行为可被总结为“以无线方式传播作品”。第二、三种行为均是建立在第一种行为基础之上的：第二种行为是对接收到的初始无线广播进行同步的无线或有线转播，也属于远程传播（“向公众传播”）；第三种行为则是在公众场所设置收音机、电视机等设备，供现场公众欣赏电台、电视台播出的广播、电视节目，属于现场传播。

因此，要判断“网播”是否属于“以无线方式传播作品”，必须先澄清“无线”的含义，以及与“无线”相对应的“有线”的含义。

（一）非定向传输、定向传输与“网播”

虽然《伯尔尼公约》并未对“授权广播其作品”中的“广播”（动词 broadcast）作出定义，但与《伯尔尼公约》的管理者——世界知识产权组织同为联合国专门机构的国际电信联盟在其《无线电规则（条款）》中，早已对“广播”进行了定义。《无线电规则》将“广播业务”界定为“供一般公众直接接收而发送的无线电通信业务”①。从中明显可以看出：“广播”仅指以无线方式实现对信号的传送。

《伯尔尼公约》第 11 条之二第 1 款的逻辑结构也印证了这一点。根据该条的规定，作者的“广播与相关权利”控制的第一种行为，是“广播（broadcasting）其作品或以任何其他无线传送符号、声音或图像的方法向公众传播其作品”。从“其他任何……无线传送……的方法”（any other means of wireless diffusion）的用语可以看出，该句中“或”之前的与之

① 国际电信联盟《无线电规则（条款）》(2020 年版)，10 页，RR1-4，第 1.38 段。虽然本书引用的是 2020 年版的《无线电规则（条款）》，但其对“广播业务”的定义与先前版本是相同的。余同。

后的行为具有同质性，也即“广播”是“无线传送手段”的一种，只是“或”之前的行为——“广播”是在《伯尔尼公约》制定时已为人们所熟知的行为，“或”之后的行为——“以任何其他无线传送符号、声音或图像的方法向公众传播其作品”是未来可能出现的同类行为。

也只有这样，才能解释“其他任何”对“无线传送手段”的修饰关系。如果“或”之前的与之后的行为不具有同质性，则“其他任何……无线传送手段”的用语在逻辑上不能成立。例如，我们可以说“猫或其他任何动物”，却不能说“猫或其他任何人”。而“或”之前的和之后的行为的共同特征就是“以无线传送手段传播”。世界知识产权组织的专家组会议对此指出：“广播是以无线传送手段传播作品行为中的一种（是最典型的一种）”①。世界知识产权组织编写的《伯尔尼公约指南》和《著作权与邻接权法律术语汇编》也均指出了该条中“广播”的这一特征。前者强调“广播涉及通过赫兹波发送信号”②，后者将“广播”解释为“通常被理解为通过无线电波对声音和/或图像进行的电信传播，以供公众接收”③。

那么，为什么《伯尔尼公约》在规定“广播与相关权利”控制的第一种行为时，不仅使用“广播其作品”，还要使用“或以其他任何传送符号、声音或图像的无线传送手段传播其作品”的用语呢？这应当是考虑到了未来无线传播技术的发展，因为国际电信联盟对作为专业术语的“广播”是有界定的，其对赫兹频率范围也有限定。如前所述，国际电信联盟在《无线电规则》中将“广播业务”定义为“为供一般公众直接接收而发送的无线电通信业务”④，将其中的“无线电”定义为“对无线电波的使用的通称”⑤，又将“无线电波或赫兹波”定义为“不用人工波导（artificial guide）而在空间传播的，频率规定在 3 000GHz 以下的电磁波”⑥。这样一来，如果今后出现了一种通过频率在 3 000GHz 以上的电磁波进行通信的技术手段，它就不能被称为“广播”了。因此需要用“或以其他任何传

① WIPO，Doc. CE/MPC/Ⅲ/2，Draft Model Law on Copyright，Memorandum prepared by the International Bureau of WIPO，Committee of Experts on Model Provisions for Legislation in the Field of Copyright，Third Session，1990，p. 23，para. 94.

② 世界知识产权组织编．保护文学和艺术作品伯尔尼公约（1971 年巴黎文本）指南（附英文文本）．刘波林，译：北京：中国人民大学出版社，2002：273：11bis. 8 段（英文文本）。笔者的翻译与该书的略有不同。

③ 世界知识产权组织编．著作权与邻接权法律术语汇编(中英法对照)．刘波林，译．北京：北京大学出版社，2007. 26. 笔者的翻译与该书的略有不同。

④ 国际电信联盟《无线电规则条款》(2012 年版)，10 页，RR1－4，1. 38 段。

⑤ 同④1. 4 段。

⑥ 同④1. 5 段。

送符号、声音或图像的无线传送手段传播其作品”的用语作为无线传播手段的“兜底”。

可见，“不用人工波导而在空间传播”也就是非定向的传播，是无线传播的本质特征。它是指无论受众有没有打开接收装置，载有作品的信号都在空中流动，并不专门流向某一特定接收装置。在信号覆盖的范围内，任何人打开接收装置能够接收到相同的内容，并不是因为该信号专门从发射装置定向地传送到了该特定的接收装置，而是因为信号本身就在空中等待人们接收。即使在某一特定时刻，在电台传送的信号覆盖范围内没有任何人打开接收装置，信号仍然在不停地传送。这就是非定向传输的特征。

与“无线”相对应的“有线”最早当然是指有形线路。但如本书第三章第六节所述，随着传播技术的发展，“有线”早已不再限于此，而是指任何对信号的定向传导。换言之，“有线”传播是相对于无线广播而言的，后者的技术特征是在空中非定向地散发信号，而前者的技术特征是定向传送信号，至于定向传送的技术手段则在所不问。世界知识产权组织在其1984年主持制订的《在有线传送节目中保护作者、表演者和录音制作者的原则》中对此明确指出：

> “有线”（cable）一词应当被广义地解释，以涵盖任何对电子信号的定向传输……并不需要借助过去的有形物质作为导体。例如，电子信号可以通过激光传输，虽然目前激光只能专门用于点对点的电子传输，而激光网络被认为尚未开发出来。[①]

该段使用的术语是“cable”，而不是《伯尔尼公约》中的“wire”，这仅仅是因为前者已被更多地使用而已[②]，并不是因为两者在技术上存在区别。有线电视是典型的定向传输，它与无线广播的本质区别，并不是信号是在空中还是在电缆中传送，而是只向特定的接收端（有线电视机）进行传输。

虽然在1984年尚未出现互联网，但互联网对数据的传输在技术上仍然属于“定向传输”，也就是点对点的传输。通过互联网无论是进行交互式传播（如提供作品下载）还是非交互式传播（如“网络电台、网络电视台”按预定节目时间表进行的定时传播），只有当用户发出请求，也就是

---

① Annotated Principles of Protection of Authors, Performers, Producers of Phonograms and Broadcasting Organizations in Connection with Distribution of Programs by Cable, Copyright, April, 1984, p. 141, para. 32.

② Ibid., p. 140, para. 24.

点击相关作品时，传输过程才会开始，与作品相对应的数据才会从服务器端传送至客户端，而且只能“定向”传送至发出请求的客户端。换言之，在用户点击相关作品之前，没有数据会从服务器端传送出来。如果没有一个用户点击服务器中的任何作品，则该服务器不会主动传输任何与作品相对应的数据。这就是“定向传播”的特征，它与上文所述无线广播的“非定向传播”的特征形成了鲜明对比。由此可见，通过互联网进行的传输属于上述原则中的“有线传输”。

目前国际上有关《伯尔尼公约》和《世界知识产权组织版权条约》的权威著作都认为“有线传播”实际上就是定向传输。《国际版权和邻接权：〈伯尔尼公约〉及对其的超越》对此指出：

> “通过有线”这一术语经常被赋予范围广泛的含义，被用于笼统地描述一种人造设施，信号可以通过该设施从一个点传导到另一个点。在这方面，该术语与“广播”（表达的含义）是相反的，因为“广播”意味着信号通过赫兹波在空间传递，无须任何人为的传导或导体。①

（二）“网播”不受2020年修改之前的《著作权法》中广播权的规制

从上文的分析可以得出一个结论，对于将作品以无线方式（非定向传输）向公众传播（远程传播），无论是初始的无线传播（或称直接的无线传播），还是对该初始无线传播的无线转播，都受到《伯尔尼公约》中“广播与相关权利”的控制，其中，初始的无线传播是第一种受控制的行为，对初始无线传播的无线转播属于第二种受控制的行为。举例而言，某电视台通过无线电波播放电影，以及另一电视台在收到该载有电影的无线电波后，再用无线电波进行转播，都受到《伯尔尼公约》中“广播与相关权利”的规制。

与之形成鲜明对比的是，对于将作品直接以有线方式（定向传输）进行初始传播（而不是转播接收到的无线信号），《伯尔尼公约》中“广播与相关权利”并不予以规制。这是因为初始的有线传播显然不属于《伯尔尼公约》中“广播其作品或以任何其他无线传送符号、声音或图像的方法向公众传播其作品”。对无线传播的有线转播，则属于“以有线传播……的方式向公众传播广播的作品”。由此可见，《伯尔尼公约》中“广播与相关权利”所规制的“有线传播”仅仅是指以有线方式转播无线广播的行为，

---

① Sam Ricketson，Jane C. Ginsburg，*International Copyright and Neighbouring Rights：The Berne Convention and Beyond*，2nd edition，Oxford University Press，2006，p. 734，para. 12. 37.

并不包括直接以有线方式传播作品的行为。研究《伯尔尼公约》的权威著作也对此指出：《伯尔尼公约》第 11 条之二第 1 款第 2 项（授权由原广播组织之外的其他组织以任何有线传播或无线转播的方式向公众传播广播的作品）只适用于通过有线方式对含有受保护作品的广播节目的再传播。如果一个组织直接通过有线方式向公众传播节目，而不是传播他人的广播，或者对他人的广播并不是进行同步传播，都不在第 11 条之二第 1 款第 2 项的控制范围之内。[①]

那么，为什么《伯尔尼公约》中“广播与相关权利”控制的“有线传播”仅仅是指以有线方式转播无线广播的行为，并不包括直接以有线方式传播作品的行为呢？这与《伯尔尼公约》制定时的技术背景有关。《伯尔尼公约》的最后一次实质性修改是在 20 世纪 70 年代，在那时不但互联网没有出现，而且有线电视系统的作用和今天的也完全不同。当时的电视节目主要依靠无线电波传送，但在山区或建筑物密集的区域，无线信号的接收质量不高。有线电视系统在当时的主要功能就在于：将接收到的无线信号通过电缆传送给这些区域中的用户，使他们能够接收到高质量的无线节目。换言之，有线电视系统在当时主要用于“转播”无线节目，而不在于直接播放节目。[②] 美国最高法院在 1994 年的“Turner 广播公司诉美国联邦通信委员会案”中也指出：早期有线电视系统的作用在于将清晰的无线电视信号传送到偏远地区或山区。其服务的目的不在于代替无线电视而在于增强其信号。[③]

2020 年修改之前的《著作权法》在界定广播权时完全移植了《伯尔尼公约》对“广播与相关权利”的规定。《著作权法》的立法者指出，“（2020 年修改之前《著作权法》中）‘广播权’的定义严格遵守了伯尔尼公约的第十条之二第 1 款的规定，直接广播作品只有无线的方式”[④]。因此，2020 年修改之前的《著作权法》中广播权控制的第一种行为——“以无线方式公开广播或者传播作品”与《伯尔尼公约》中“广播与相关权利”控制的第一种行为——“广播其作品或以任何其他无线传送符号、声音或图像的方法向公众传播其作品”含义相同。“以无线方式公开广播

① Sam Ricketson，Jane C. Ginsburg，*International Copyright and Neighbouring Rights：The Berne Convention and Beyond*，2nd edition，Oxford University Press，2006，p. 736，para. 12. 38.

② Melvile B. Nimmer & David Nimmer，*Nimmer on Copyright*，§8. 18 [A]，Matthew Bender & Company，2003.

③ Turner Broadcasting Systems，Inc. v. F. C. C.，512 U. S. 622，at 627 (1994).

④ 胡康生．中华人民共和国著作权法释义．北京：法律出版社，2002：63. 姚红．中华人民共和国著作权法释解．北京：群众出版社，2001：106.

或者传播作品”应当被解释为“以无线方式公开广播或者以无线方式传播作品”，换言之，该句中前面的“无线方式”是后面的“公开广播或者传播作品”的共同限定词。这就意味着当时的广播权控制的有线传播只限于以有线方式转播无线广播的行为，并不包括直接以有线方式传播作品的行为。《著作权法》的立法者也明确承认：（2020年修改之前的）《著作权法》对广播权的定义没有包括直接以有线方式传播作品。① 参与立法者编写的《中华人民共和国著作权法释解》对此指出：

> 作者广播权……第二层意思是通过“有线方式”，如通过有线广播或者有线电视传播或者转播无线电台、电视台“广播的作品”，而不是直接以有线的方式传播作品……作者直接以有线的方式传播作品，并不包括在作者的广播权之中。②

法院在司法实践中也对此作出了正确的解释。在“上海升登永文化传播有限公司诉上海东方电视购物有限公司等著作权侵权案”中，涉案视频（以类似摄制电影的方法创作的作品）的权利人根据2020年修改前的《著作权法》，起诉上海东方电视购物有限公司通过有线电缆在其经管的“东方购物”频道播放该视频侵害了广播权。法院指出：

> 广播权是指以无线方式公开广播或者传播作品，以有线传播或者转播的方式向公众传播广播的作品，以及通过扩音器或者其他传送符号、声音、图像的类似工具向公众传播广播的作品的权利。我国《著作权法》定义的广播权的传播方式为无线广播或以无线或有线方式转播，而本案中，被告东方购物公司录制涉案侵权视频后均通过有线光缆方式在“东方购物”频道进行播放，故原告主张的两被告的截取其35秒作品在“东方购物”频道播出的行为并不符合我国《著作权法》中关于广播权的相关规定，故原告主张三被告的行为侵害了原告对涉案作品享有的广播权，本院不予支持。③

因此，即使将“有线”扩大解释为包括计算机网络所使用的网线，也无法将广播权适用于“网播”，因为“网播”并非指先接收到以无线方式传出的作品，再通过网络加以转播，而是指直接通过网络进行的传播。换言之，“网播”由于不是借助无线电波或其他无线方式实现的非定向传输，

① 胡康生．中华人民共和国著作权法释义．北京：法律出版社，2002：64．姚红．中华人民共和国著作权法释解．北京：群众出版社，2001：97.

② 姚红．中华人民共和国著作权法释解．北京：群众出版社，2011：283.

③ 上海市杨浦区人民法院（2018）沪0110民初16067号民事判决书。

所以不可能被归入“以无线方式广播或者传播作品”。

可能有观点认为，目前无线互联网已经普及，随处都可以实现无线上网，通过无线网络实现的“网播”完全可以被认为是“以无线方式传播作品”。在媒体融合发展的环境下，不需要再将通过无线互联网的传播排除出“以无线方式传播”的范围。而且前述世界知识产权组织对“网播”的定义——“以有线或无线的方式，通过计算机网络……播送……的行为”① 似乎也支持这一观点。然而，从技术上看，无线上网更多地是指用户接入互联网的方式。而传播者仍然需要通过电缆进行互联网传输，因此“无线互联网”并不是真正的无线传播。世界知识产权组织对“网播”的定义虽然提到了“以有线或无线的方式”，但重点是在“通过计算机网络”。“计算机网络”当然是由有线和无线网络组成的，但在通过无线方式接入网络之后，传输的过程仍然离不开有线网络。这与“广播”从传送信号至接收信号全程都以无线方式进行存在显著的差异。中英文中“广播”（broadcasting）与“网播”（webcasting）的写法截然不同，也从侧面印证了这一点。

更为重要的是，如上文所述，“网播”是定向传输，与以非定向传输为特征的“广播”存在本质区别。即使无线互联网最终发展到全过程都不借助任何实体网线，但其定向传输的性质并不会发生改变，仍然属于世界知识产权组织《在有线传送节目中保护作者、表演者和录音制作者的原则》中所述的“不需要借助过去的有形物质作为导体”“涵盖任何对电子信号的定向传输”的“有线传输”。最高人民法院也曾针对在电视台网站“直播”栏目中播放作品的行为指出：

> 该播放行为是通过计算机互联网而非是以著作权法第十条第一款第十一项（2020 年修改前的《著作权法》对广播权的定义——引者注）规定的方式实现的，因此，该互联网直播行为本身并未侵害音著协依据相关法律法规所管理的涉案作品词曲作者所享有的广播权。②

可见，“网播”并不属于“以无线方式传播”，因此不属于 2020 年修改之前的《著作权法》定义的广播权中的“以无线方式公开广播或者传播作品”。由于该定义中的“以有线传播或者转播的方式向公众传播广播的

---

① WIPO Doc. SCCR/14/2，Non-Mandatory Appendix on the Protection in Relation to Webcasting to the WIPO Treaty on the Protection of Broadcasting Organizations，Article 2（a）（b）.

② “湖南广播电视台广播传媒中心与中国音乐著作权协会侵害作品广播权纠纷案”［最高人民法院（2019）最高法民申 6175 号民事裁定书］。

作品”是指接收到“以无线方式公开广播或者传播”的作品后，再以有线或无线方式进行转播，因此作为初始传播的“网播”也不属于“以有线传播或者转播的方式向公众传播广播的作品”。换言之，“网播”与2020年修改前的《著作权法》规定的广播权并无关系。

（三）2020年修改之前的《著作权法》规制“网播”的方法

既然2020年修改之前的《著作权法》中的广播权并不能用于规制“网播”，同时，信息网络传播权只能规制交互式传播行为（详见本书第七章），也不能用于规制“网播”，那么未经许可对作品实施的“网播”，根据2020年修改之前的《著作权法》的规定，是否就不侵犯著作权人的权利呢？回答是否定的。前文提及，《世界知识产权组织版权条约》第8条规定的是一项广义的“向公众传播权”，它强调“……文学和艺术作品的作者应享有专有权，以授权将其作品以有线或无线方式向公众传播”。这意味着无论采用何种技术向公众传播作品，均应获得作者的许可，否则就构成侵权。而“将其作品向公众提供，使公众中的成员在其个人选定的地点和时间可获得这些作品”的交互式传播，只不过是受规制的传播行为之一而已。我国作为《世界知识产权组织版权条约》的缔约方，当然应当履行国际条约规定的义务，达到《世界知识产权组织版权条约》第8条要求的保护水平。即使2020年修改之前的《著作权法》中的信息网络传播权和广播权都无法实现《世界知识产权组织版权条约》第8条的保护效果，也应当通过其他途径满足《世界知识产权组织版权条约》第8条的要求。

在当时，理论上存在一种解决该问题的途径：在未经许可对作品进行“网播”而引发的侵权纠纷中，如果要求获得保护的权利人来自《世界知识产权组织版权条约》的其他缔约方，可以按照当时《民法通则》第142条的规定①，直接适用《世界知识产权组织版权条约》第8条。《民法通则》第142条第1款规定：“涉外民事关系的法律适用，依照本章的规定确定。”第2款规定：“中华人民共和国缔结或者参加的国际条约同中华人民共和国的民事法律有不同规定的，适用国际条约的规定，但中华人民共和国声明保留的条款除外。”据此，至少在理论上可以直接根据《世界知识产权组织版权条约》第8条的规定，认定未经许可对作品实施的“网播”侵犯了以《世界知识产权组织版权条约》其他缔约方为起源国的权利人享有的“向公众传播权”。

但是，这一解决方案存在很大缺陷。首先，根据《民法通则》第142

① 《民法通则》已因2021年1月1日《民法典》的实施而失效。

条直接适用《世界知识产权组织版权条约》第8条的前提，是"中华人民共和国缔结或者参加的国际条约同中华人民共和国的民事法律有不同规定"。法院在涉外著作权纠纷案件中直接适用国际版权条约，相当于宣告我国《著作权法》的规定与国际版权条约的不同，也就是《著作权法》提供的保护未达到国际版权条约的要求，也就意味着承认我国《著作权法》没有达到《世界知识产权组织版权条约》要求的最低保护水平。法院当然可以对《著作权法》与国际版权条约之间的差距作出自己的判断，但由于这种判断将产生广泛的影响，法院并不会倾向于在个案判决中作出这样的宣示。

其次，这种观点将导致对《世界知识产权组织版权条约》其他缔约方国民的"超国民待遇"保护。众所周知，包括著作权在内的知识产权具有地域性，而地域性意味着一个国家为源自本国的作品规定的著作权，在他国并不能得到当然的承认和保护，除非两国的双边协定或共同参加的国际版权条约要求对方承担这样的义务。国际版权条约的作用，就是解决因"地域性"而产生的作品难以受到跨国保护的问题，因此其只对作品的跨国保护规定最低标准，与缔约方如何保护本国作品并无关系。对源自本国的作品，该国规定何种具体的权利，对该权利施加何种限制，以及通过何种法律程序加以保护，属于一国内部事务，完全由该国自行决定。国际版权条约认同缔约方对源自本国的作品提供的著作权保护水准属于该国内部事务，因此其并不会直接规定缔约方应如何保护源自本国的作品以及如何限制该作品的著作权。① 国际版权条约只能针对著作权保护的地域性造成的作品无法享受跨国保护的问题，要求缔约方对源自其他缔约方的作品提供最低标准的保护。换言之，国际版权条约要解决的问题，从来都不是缔约方应如何保护源自本国的作品，而是缔约方应如何保护源自其他缔约方的作品。②

具体到最为重要的国际版权条约《伯尔尼公约》，其第5条第3款规定，"（作品在其）起源国的保护由该国法律规定"。这就意味着作品在其

---

① 在此方面唯一的例外，是2013年缔结的《马拉喀什条约》。该条约与其他国际版权条约不同，其目的不是为了对版权提供保护，而是对版权进行适当限制，以确保能够制作无障碍格式版作品，向阅读障碍者提供。因此该条约要求缔约方必须在国内法中规定对复制权、发行权和信息网络传播权的例外，无论这些作品是以本国为起源国还是以其他缔约方为起源国。参见《马拉喀什条约》第4条第1款。

② 欧洲著名版权法学者、德国马普知识产权研究所的莱温斯基博士对此指出：双边条约和《伯尔尼公约》的基本目标都是对源于成员国的外国作品提供保护。Silke von Lewinski，*International Copyright Law and Policy*，Oxford University Press，2008，p. 99，paras. 5.01 .

起源国受到的保护，完全由该国决定，《伯尔尼公约》并不对该作品提供保护。世界知识产权组织编写的《伯尔尼公约指南》对此也指出：“作品在起源国受到的保护，在作者是该国国民的情况下，完全由该国法律确定；公约不提供任何保护。”① 所谓作品的“起源国”，对于首次在《伯尔尼公约》成员国出版，或者同时在成员国和非成员国出版的作品而言，是指该成员国；对于未出版的作品或首次在非成员国出版而未同时在成员国出版的作品，则是指以作者为其国民的成员国。② 例如，中国公民、法人和非法人组织（以下统称“中国国民”）如果在英国首先出版其作品，则该作品的起源国为英国；如果在我国首先出版其作品，则该作品的起源国为中国；如果该作品并未出版，则该作品的起源国仍然为中国。由于多数中国国民会选择在中国首先出版其作品，因此多数情况下中国国民作品的起源国为中国。对于以中国为起源国的作品，也就是大多数中国国民的作品，《伯尔尼公约》并不提供保护，其权利人只能依据中国《著作权法》获得保护。由于《世界知识产权组织版权条约》是《伯尔尼公约》第20条规定的专门协定③，所以《伯尔尼公约》的此项规定完全适用于《世界知识产权组织版权条约》。

对于以《伯尔尼公约》其他成员国为起源国的作品（以下简称“源于其他成员国的作品”），各成员国必须按照《伯尔尼公约》的要求提供保护。《伯尔尼公约》第5条第1款规定：“就享有本公约保护的作品而论，作者在作品起源国以外的本同盟成员国中享有各该国法律现在给予和今后可能给予其国民的权利，以及本公约特别授予的权利。”（该规定同样适用于《世界知识产权组织版权条约》——引者注）这就意味着《伯尔尼公约》成员国对源于其他成员国的作品，应当提供的保护水平为《伯尔尼公约》规定的权利再加上其本国立法额外规定的权利。假如某一成员国的著作权法提供的保护没有达到《伯尔尼公约》要求的最低水平，该成员国也依然有义务按照《伯尔尼公约》的规定，对源于其他成员国的作品（多数为外国国民的作品）提供公约要求的最低保护水平，也就是超越了本国著作权法规定的保护水平。与此同时，该成员国对源于本国的作品（多数为

① 世界知识产权组织．保护文学和艺术作品伯尔尼公约（1971年巴黎文本）指南（附英文文本）．刘波林，译．北京：中国人民大学出版社，2002：29.5.9（英文文本）．

② 《伯尔尼公约》第5条第3款。

③ 《世界知识产权组织版权条约》第1条（与《伯尔尼公约》的关系）第1款规定：“对于属《保护文学和艺术作品伯尔尼公约》所建联盟之成员国的缔约方而言，本条约系该公约第二十条意义下的专门协定……”

本国国民的作品）所提供的保护与《伯尔尼公约》无关，仍然以本国著作权法的规定为依据，其保护水平将低于《伯尔尼公约》要求的最低保护水平。两相对比，在该国将出现“超国民待遇”，也就是给予外国国民的待遇高于给予本国国民的待遇。

研究《伯尔尼公约》的公认权威著作《国际版权和邻接权：〈伯尔尼公约〉及对其的超越》对此进行了清楚的说明：

> ……在（作品）起源国，该作品无权享受《伯尔尼公约》规定的最低保护水平……只要成员国对于以其他成员国为起源国的作品给予了《伯尔尼公约》要求的最低保护水平，该成员国可以向以本国为起源国的作品提供低于《伯尔尼公约》要求的保护水平。[①]（注：着重号为原文所有）

在我国，在建立和完善著作权制度的过程中，曾出现过“超国民待遇”。1990 年《著作权法》颁布时，我国尚未加入《伯尔尼公约》，该部《著作权法》提供的保护并未达到《伯尔尼公约》的要求。但我国于 1992 年加入《伯尔尼公约》之后，如果将《著作权法》适用于源于其他成员国的作品，就会导致对《伯尔尼公约》的违反。为了解决这一问题，国务院颁布了《实施国际著作权条约的规定》，对外国作品提供了符合《伯尔尼公约》要求的保护，但对我国国民的作品，仍然按照 1990 年《著作权法》的规定提供较低水平的保护，从而出现了“超国民待遇”。

例如，1990 年《著作权法》第 35 条第 2 款规定，“表演者使用他人已发表的作品进行营业性演出，可以不经著作权人许可，但应当按照规定支付报酬；著作权人声明不许使用的不得使用”。这意味着对已发表作品进行非营利性表演既无须经过许可，也无须支付报酬；对进行营利性表演则实行“法定许可”。但《伯尔尼公约》在保护作品的表演权时，并不区分“营利性表演”和“非营利性表演”，同时也不允许对源于其他成员国的作品在保护表演权时实行法定许可。[②] 对此，《实施国际著作权条约的规定》第 16 条规定，“表演……外国作品，适用伯尔尼公约的规定；有集体管理组织的，应当事先取得该组织的授权”。这就意味着如果某部音乐作品首先在中国出版（多数情况下是中国国民的作品），由于其起源国为中国，对该部音乐作品的保护与《伯尔尼公约》无关，完全由中国《著作权法》

---

① Sam Ricketson，Jane C. Ginsburg，*International Copyright and Neighbouring Rights：The Berne Convention and Beyond*，2nd edition，Oxford University Press，2006，p. 278，para. 6. 53.

② 参见《伯尔尼公约》第 11 条。

决定。此时他人在中国非营利性表演该部音乐作品，无须经过其权利人许可或向其支付报酬；如果他人进行营利性表演，则只需要支付法定许可使用费，无须经过权利人许可。但如果该部音乐作品首先在《伯尔尼公约》成员国英国出版，则由于“起源国”是英国，根据《实施国际著作权条约的规定》第16条的规定，无论是营利性表演还是非营利性表演，都应事先取得该部音乐作品权利人（多数情况下是英国国民或集体管理组织）的许可。这当然会形成“超国民待遇”。直至2001年，《著作权法》经修改后达到了《伯尔尼公约》要求的保护水平，“超国民待遇”才基本上消除。“超国民待遇”现象持续了9年之久，是我国为建立与国际接轨的著作权保护制度所付出的代价。

我国现行著作权制度中还保留了个别“超国民待遇”。《著作权法》第24条第1款第11项规定，“将中国公民、法人或者非法人组织已经发表的以国家通用语言文字创作的作品翻译成少数民族语言文字作品在国内出版发行”，可以不经过著作权人许可，不向其支付报酬。《信息网络传播权保护条例》第9条规定：“为扶助贫困，通过信息网络向农村地区的公众免费提供中国公民、法人或者其他组织已经发表的种植养殖、防病治病、防灾减灾等与扶助贫困有关的作品和适应基本文化需求的作品”，适用准法定许可。[①] 这两项权利限制的适用范围显然是本国国民的作品，对外国国民的作品并不适用，从而使外国国民在这方面获得的待遇（权利未受限制）超过了本国国民的待遇（权利受到限制）。但这是立法者有意为之的选择，即：一方面，要保障国内少数民族接受教育和享受文化产品的权利并推动农村地区的发展；另一方面，将此种权利限制适用于源于其他成员国的作品，可能造成对国际版权条约的违反。这与在1992年至2001年之间，因《著作权法》未提供《伯尔尼公约》要求的保护水平，同时又必须按照《伯尔尼公约》保护以其他成员国为起源国的作品所形成的“超国民待遇”存在本质区别。

如果法院在涉外著作权纠纷案件中直接适用国际版权条约保护外方当事人，除等同于宣告我国《著作权法》未达到国际版权条约要求的保护水

① 严格地说，该条规定的权利限制并非“法定许可”。李明德，许超．著作权法．2版．北京：法律出版社，2009：108．“法定许可”允许著作权人事先作出不得使用的保留声明，但在著作权人没有作出保留声明的情况下，符合条件的使用者即可径行以法定方式使用作品，此时著作权人不能再提出异议，阻止他人根据“法定许可”而进行使用。但依该条规定，著作权人不但可以在公告之日起30日内提出异议，从而阻止提供其作品，而且可以在公告届满、网络服务提供者开始提供作品之后提出异议。而著作权人不同意提供的，网络服务提供者不但应当立即删除作品，而且要支付使用期间的报酬。因此，本书将本条权利限制称为“准法定许可”。

平之外，还势必造成新的“超国民待遇”。就“网播”而言，假如以《世界知识产权组织版权条约》其他缔约方为起源国的电影作品的权利人（多数为外国国民）在我国法院对擅自将其电影通过网络进行“网播”的网站提起侵权诉讼，则我国法院不应以被告的行为并不侵犯我国《著作权法》中的广播权和信息网络传播权为由驳回其起诉，而是应当根据《民法通则》第 142 条，直接适用《世界知识产权组织版权条约》第 8 条认定被告的行为侵权。但假如是以我国为起源国的电影作品的权利人（多数为我国国民）对同一网站就相同的“网播”行为提起诉讼，则该权利人就无法胜诉。显然，外国国民在我国将享受比我国国民更多的保护，从而形成“超国民待遇”。

在 2020 年修改的《著作权法》实施之前，解决这一问题的途径应当是适用当时《著作权法》第 10 条第 1 款第 17 项规定的“兜底权利”——“应当由著作权人享有的其他权利”。我国《著作权法》理应达到《世界知识产权组织版权条约》第 8 条所要求的保护水平，而在《著作权法》尚未修改，广播权和信息网络传播权等《著作权法》明文规定的专有权利无法提供这种保护的情况下，适用“兜底权利”不但可以使《著作权法》满足《世界知识产权组织版权条约》第 8 条的要求，而且可以避免产生“超国民待遇”的问题。

在“安乐影片公司诉时越网络公司案”中，被告未经许可对电影《霍元甲》进行了“网播”，即用户只有按照被告预先公布的节目时间表登录网站，才能在线欣赏《霍元甲》。法院经审理后指出：被告在网站上向公众提供涉及影片《霍元甲》的定时在线播放服务，使网络用户可以在该网站确定的时间和用户选定的计算机终端上观看和下载涉案影片《霍元甲》，该行为侵犯了原告安乐影片公司对该影片享有的著作权中的通过有线和无线方式按照事先安排之时间表向公众传播、提供作品的定时在线播放、下载、传播的权利。因此法院依据 2020 年修改前的《著作权法》第 10 条第 1 款第 17 项认定被告侵权。[①]

显然，法院认为，“著作权中通过有线和无线方式按照事先安排之时间表向公众传播、提供作品的定时在线播放、下载、传播的权利”只能包含在 2020 年修改前的《著作权法》第 10 条第 1 款第 17 项规定的“兜底权利”之中。这是我国法院在继“王蒙等六作家诉世纪互联通讯技术有限公司案”后，第二次适用“兜底权利”；也是自《著作权法》在 2001 年修

① 北京市第二中级人民法院（2008）二中民初字第 10396 号民事判决书。

改之后，第一次适用“兜底权利”。这体现了法院的理论勇气。

在二审中，法院更加清楚地阐述了应对“定时播放”适用“兜底权利”的理由：

> 我国著作权法规定的“信息网络传播权”针对的是“交互式”的网络传播行为，即网络用户对何时、何地获得特定作品可以主动选择，而非只能被动地接受传播者的安排。本案中，“悠视网”提供的是对涉案电影作品定时在线播放服务和定时录制服务，网络用户只有在该网站安排的特定时间才能获得特定的内容，而不能在个人选定的时间得到相应的服务，因此，该种网络传播行为不属于信息网络传播权所限定的信息网络传播行为。同时，因该种行为亦不能由著作权法第十条第一款所明确列举的其他财产权所调整，故一审法院认定其属于著作权法第十条第一款第（十七）项“应当由著作权人享有的其他权利”调整的范围是正确的。①

北京市高级人民法院 2010 年 5 月颁布的《关于审理涉及网络环境下著作权纠纷案件若干问题的指导意见（一）（试行）》总结了上述审判经验，在第 10 条明确规定，“网络服务提供者通过信息网络按照事先安排的时间表向公众提供作品的在线播放的……应适用著作权法第十条第一款第（十七）项进行调整”。北京市高级人民法院 2018 年颁布的《侵害著作权案件审理指南》第 9.24 条（定时播放）重申了上述做法——“网络服务提供者未经许可通过信息网络按照事先安排的时间表向公众提供作品在线播放的……著作权人依据著作权法第十条第一款第十七项主张权利的，应予支持。”笔者对此完全赞同。

当然，基于著作权的法定性，适用“兜底权利”只是一种权宜之计，只是为了解决当时《著作权法》与国际版权条约之间在保护水平上存在差异的问题，并避免“超国民待遇”。解决问题的根本方法，还是在“向公众传播权”（远程传播权）的体系内，设置能够涵盖所有非交互传播的专有权利。

如本书第四章第一节所述，无论是广播权还是信息网络传播权都属于“向公众传播权”（远程传播权）。根据“技术中立”的立法原则，一种行为的法律定性不应当取决于其借以实施的技术手段，而是应当取决于行为自身的特征和后果。正如对于复制权控制的复制行为而言，只要行为人实

① 北京市高级人民法院（2009）高民终字第 3034 号民事判决书。

施了制作作品复制件的行为，无论其使用的是传统的复印、打印、胶印或翻拍、翻录技术，还是新型技术，如将作品固化于数码芯片上①，将作品上传至网站等②，都构成著作权法意义上的复制行为。同样道理，无论是通过无线电波、有线系统，还是通过交互式或非交互式手段传播作品，客观后果都是使不在传播发生地的公众能够感知作品内容，都应当受到“向公众传播权”（远程传播权）的控制。这也是《世界知识产权组织版权条约》第 8 条“向公众传播权”的应有之义。因此没有理由在立法上将通过有线系统直接传播作品，以及通过网络以非交互式手段直播作品的行为排除出《著作权法》中的“向公众传播权”（远程传播权）的控制范围。

综观各国著作权立法，虽然规定“向公众传播权”（远程传播权）的方法各异，如有的明确规定了广播权等“向公众传播权”（远程传播权）的各项子权利，有的则只是非穷尽地列出了各种传播手段或不限定具体传播手段，但均可将非交互式的直接有线广播和“网播”纳入控制范围。如德国等国家明确规定了广播权：德国《著作权法》第 20 条规定，“广播”是指通过电台、电视台播放，卫星广播、有线广播，以及其他类似技术方式，使公众可以接触作品的行为。韩国《著作权法》第 2 条第 8 款将“广播”定义为：使一般公众同步接收，而通过有线或无线通信方式发送声音或图像的行为。匈牙利《著作权法》第 26 条第 7 款则规定：通过电缆或其他类似设施或类似方式向公众传播节目适用（无线）广播的规定。这就使有线传播也能像无线广播一样受到“广播权”的控制。

澳大利亚等国家在定义“向公众传播权”时非穷尽地列出了各种传播手段或不限定具体传播手段。澳大利亚《版权法》第 31 条为版权人规定了“向公众传播权”；第 10 条将“传播”定义为在网络中在线提供或以电子方式传播作品。这里的“在线提供”（make available online）就是指交互式网络传播行为，而“以电子方式传播”（electronically transmit）则是指包括“广播”在内的其他非交互式传播。澳大利亚《版权法》第 10 条将“广播”定义为根据《1992 年广播服务法》中规定的广播服务来向公众传播作品，而《1992 年广播服务法》第 6 条规定：“广播服务”指向持

---

① 例如，在“中国音乐著作权协会诉深圳康佳通信科技有限公司等侵犯著作权纠纷案”中，法院认定“康佳公司通过固化在 IC 卡上的形式将《渴望》曲内置为康佳 7688 型移动电话机的来电提示的铃音……是对《渴望》曲作品的片段的录制行为”，侵犯了原告对音乐作品享有的复制权。北京市第二中级人民法院（2004）二中民初字第 11835 号民事判决书。

② 例如，在“《大学生》杂志社与北京京讯公众技术信息有限公司、李翔侵犯著作权纠纷案”中，法院认定“将他人作品上载的行为亦属于对他人作品的复制”。北京市第二中级人民法院（2000）二中知初字第 18 号民事判决书。

有适合接受广播服务的设备的人传送电影节目或广播节目，而无论这种传送使用的是无线频率、电缆、光缆、卫星还是任何其他手段或上述手段的结合，但不包括点对点的“按需式”（也即交互式）传送。这样，澳大利亚《版权法》中的“向公众传播权”实际上就包括了两项子权利：一是“在线提供权”，等同于我国《著作权法》中的“信息网络传播权”，用于控制“交互式”传播；二是“电子传播权”，其中包括“广播权”，用于控制非“交互式”传播。无论以何种技术手段传播作品，都可以受到“向公众传播权”的控制。意大利《著作权法》第 16 条第 1 款在规定“向公众传播权”时使用了以“任何远程手段进行的传播”的术语，同时以非穷尽的方式列举了各种传播行为，其中既包括通过电报、电话、电台、电视台以及类似媒体进行的传播，也包括使公众在其个人选择的时间和地点获得作品的交互式传播。日本《著作权法》第 23 条第 1 款规定：作者享有向公众传播其作品的专有权利（包括在交互式传播的情形下，使其作品可以被传播）。比利时《著作权法》第 1 条第 1 款第 4 项规定作者享有以任何方式向公众传播作品的专有权利，并在 2005 年修订时特别规定该权利可以控制交互式传播行为。

这些立法值得我国借鉴。2020 年《著作权法》修改时终于吸取了国际先进经验，对广播权进行了重新定义，终结了广播权无法规制“网播”的历史。下文将对此进行分析。

三、2020 年修改之后《著作权法》中的广播权与“网播”

2020 年修改的《著作权法》将“广播权”的定义修改为“以有线或者无线方式公开传播或者转播作品，以及通过扩音器或者其他传送符号、声音、图像的类似工具向公众传播广播的作品的权利，但不包括本款第十二项规定的权利”。如本书第四章第一节中“传播权体系与我国《著作权法》”所述，修改后的广播权的定义中保留了用语不够准确的“……通过扩音器或者其他传送符号、声音、图像的类似工具向公众传播广播的作品的权利”（注：着重号为引者所加），而且将属于远程传播权（向公众传播权）的以有线或无线方式向公众传播作品的权利，定义为“以有线或者无线方式公开传播”（注：着重号为引者所加），正好将原本分属于现场传播权和远程传播权的用语颠倒了过来，如果按字面含义分别译为“communication to the public”和“public communication”，在国际交流时可能会引起误解。

抛开用语的瑕疵，“以有线或者无线方式公开传播或者转播作品”的表述同样概括、抽象，是否适用于“网播”以及适用于何种类型的“网播”仍然需要澄清。笔者认为，对于2020年《著作权法》修改后广播权的定义中“以有线或者无线方式公开传播或者转播作品”的含义，可以从以下角度进行解释。

（一）规制“网播”是修改广播权的定义的目的之一

首先需要考虑的是对广播权的原有定义进行修改的背景和目的。如上文所述，2020年修改前的《著作权法》对广播权的定义直接来源于我国加入的《伯尔尼公约》1971年巴黎文本第11条之二（广播与相关权利）第1款。20世纪70年代的传播技术与当今的当然不可同日而语。如前文所述，当时不但没有互联网，而且对作品的远程传播以无线电为主要手段，有线电视的主要作用也在于转播无线节目，而不在于自行采编并播出节目。这就是为什么《伯尔尼公约》中广播权规制的首要行为是无线传播（广播其作品或以任何其他无线传送符号、声音或图像的方法向公众传播其作品），而有线传播只有在接收无线传播后进行转播（由原广播机构以外的另一机构通过有线传播……的方式向公众传播广播的作品）时，才落入了广播权的规制范围。这意味着《伯尔尼公约》中的广播权不仅不能规制直接通过互联网进行的“网播”，甚至不能规制有线电视台直接通过有线电缆进行的传播。① 2020年修改前的《著作权法》对广播权的定义直接借鉴自《伯尔尼公约》，当然也就无法规制这两种传播行为。

虽然《伯尔尼公约》本身没有再修订，但为了适应数字技术的发展，以《伯尔尼公约》为基础，世界知识产权组织主持缔结了《世界知识产权组织版权条约》。该条约为《伯尔尼公约》第20条下的专门协定，其第8条规定了涵盖面极广的“向公众传播权”，要求缔约方对于任何“以有线或无线方式向公众传播”作品的行为（其中当然包括“网播”）都必须通过专有权利进行规制。如上文所述，在《著作权法》修改之前，法院为了不至于使我国违反条约义务，并且避免出现“超国民待遇”，不得已对“网播”适用了“兜底权利”。2020年修改《著作权法》时对广播权定义的大幅调整，显然就是为了解决原先广播权定义过时所导致的问题，从而避免继续适用“兜底权利”。对此，2020年《著作权法》修改的参与者清楚地指出：

> 2001年著作权法“广播权”的定义严格遵循了《伯尔尼公约》第十一条之二第1款的规定，规定广播作品只有无线的方式，

---

① 当然，对于“网播”和有线电视台直接通过有线电缆传播作品的行为，《伯尔尼公约》规定的其他权利可以在一定程度上进行规制。下文在论及对“网播”能否适用表演权时会进行说明。

有线的方式传播作品虽然公约该款也有规定，但限于转播“广播的作品”，直接以有限的方式传播作品该款规定并不包括……出现这种情况更是与《伯尔尼公约》缔结的时间有关，在当时的技术条件下，还未出现有线广播这种信息传播形式。但是，随着信息传播技术的不断发展，有线传送已经发生了很大的变化，有线电视系统的主要作用早已不限于传播无线广播的节目，还可直接以“有线”的方式直接向公众传播节目。现在的有线传送不再仅仅是为传送广播而设置，也不再仅仅传送无线电台、电视台的广播，而且有线传送逐渐演变成电视台自己安排或者制作广播节目，有的有线台很少或者甚至根本不传送无线电台、电视台的广播。有线电视台直接广播作品（而非传送广播的作品）就与作者的著作权密切相关。同时，利用互联网从事网络直播、网络同步传播等非交互式传播的行为目前也极为广泛，著作权制度有必要适应信息传播技术的发展，调整有关规定……对此，《世界知识产权组织版权条约》通过设立“向公众传播权”的概念，对有线传播及互联网环境下的权利进行了拓展，我国已加入并批准该条约，但有关制度尚未完全衔接。为了解决这一问题，本次修法对广播权的概念进行了修改，使广播这一行为不再局限于无线传播方式，同时包括直接传播作品的有线传播方式。①

可以说，如果2020年修改后的《著作权法》中的广播权不能规制包括“网播”和直接有线传播在内的除“以无线方式传播”之外的非交互式传播，对广播权的修改就是没有意义的。

（二）广播权与信息网络传播权的关系说明“网播”应受广播权规制

对于上述结论，修改后的广播权与信息网络传播权的关系可以提供有力的印证。2020年修改后的《著作权法》将广播权的定义修改为“以有线或者无线方式公开传播或者转播作品……的权利，但不包括本款第十二项规定的权利”。其中“本款第十二项规定的权利”是指《著作权法》第10条第1款第12项规定的信息网络传播权。为什么要在广播权的定义中明文排除信息网络传播权呢？从逻辑上看，显然是因为如果不进行明确排除，就会导致广播权的范围涵盖信息网络传播权的范围，从而使《著作权法》对信息网络传播权的规定丧失意义的后果。换言之，广播权定义中的“以有线或者无线方式公开传播或者转播作品”的范围必定大于信息网络

① 黄薇，王雷鸣．中华人民共和国著作权法导读与释义．北京：法律出版社，2021：91－93.

传播权定义中的“以有线或者无线方式向公众提供，使公众可以在其选定的时间和地点获得作品”。

信息网络传播权对应的是交互式远程传播，即以交互式手段将作品传送至不在现场的公众。信息网络传播权定义中的“以有线或者无线方式”是一个技术中立的用语，它直接来源于《世界知识产权组织版权条约》第8条对“向公众传播权”的规定，该条的内容是：

> 在不损害《伯尔尼公约》第11条第1款第2项、第11条之二第1款第1和2项、第11条之三第1款第2项、第14条第1款第2项和第14条之二第1款的规定的情况下，文学和艺术作品的作者应享有专有权，以授权将其作品以有线或无线方式向公众传播，包括将其作品向公众提供，使公众中的成员在其个人选定的地点和时间可获得这些作品。(注：着重号为引者所加)

如本书第四章第一节所述，《世界知识产权组织版权条约》第8条规定的“向公众传播权”涵盖了以任何技术手段将作品传输至不在现场的公众的行为，其中包括交互式传播（将其作品向公众提供，使公众中的成员在其个人选定的地点和时间可获得这些作品)。要实现对向公众传播（远程传播）行为的全覆盖，就必须使用技术中立的用语，而“以有线或者无线方式”正是这样的术语，它实际上与“任何远程传输技术”同义。

显然，信息网络传播权定义中的“以有线或者无线方式”与“使公众可以在其选定的时间和地点获得作品”结合在一起，是要涵盖以任何非交互式传输技术实现的远程传输。相同的术语在一部法律中应当具有相同的含义。2020年修改后的《著作权法》中的“广播权”定义内的“以有线或者无线方式”当然也涵盖了任何向不在现场的公众进行传输的技术手段。因此广播权对应的行为也一定是远程传播，而不是现场传播。这样一来，能完全涵盖交互式远程传播的，当然就是作为其上位概念的“远程传播”，也就是“交互式远程传播＋非交互式远程传播”。这一关系，在前文引述的《世界知识产权组织版权条约》第8条中是非常清楚的。该条中的“包括”之后的行为（将其作品向公众提供，使公众中的成员在其个人选定的地点和时间可获得这些作品）当然就是交互式远程传播行为，而“包括”之前的行为（将其作品以有线或无线方式向公众传播）当然就是完全涵盖了交互式远程传播的以任何技术手段实施的远程传播行为，即“交互式远程传播＋非交互式远程传播”。

由此可见，2020年修改后的《著作权法》中的广播权定义中的“以有线或者无线方式公开传播或者转播作品”对应的就是《世界知识产权组织织版权条约》第8条中的“将其作品以有线或无线方式向公众传播”，其范围等同于所有远程传播。如果对广播权的范围不加限制，就会导致广播权完全包含信息网络传播权。这就是在广播权定义中必须增加“但不包括本款第十二项规定的权利”的理由。只有作出这样的限定，才能使广播权和信息网络传播权这两项专有权利各自具有相互独立的范围。

在排除了交互式远程传播后，广播权定义中的“以有线或者无线方式公开传播或者转播作品”未再排除任何其他传播行为。这就意味着修改后的广播权定义克服了修改前的广播权只能规制以无线方式进行非交互式传播的缺陷，涵盖了以任何技术手段对作品进行非交互式远程传播的行为。包括无线电传输、电缆传输和互联网传输在内的所有定向传输和非定向传输，只要属于非交互式传输手段，均被纳入其中。这样一来，2020年修改后的《著作权法》中的广播权就与信息网络传播权（交互式传播权）一起，共同构建了向公众传播权的完整体系。“网播”作为一种典型的非交互式传播行为，也应当受广播权的规制。

第二节　广播权与“网络转播”

“网络转播”与“网播”在表面上很相似，但“网播”绝非“网络转播”的缩写，两者实际上相去甚远。如前文所述，“网播”并非指先接收到以无线等方式传出的作品，再通过网络进行转播，而是传播者自行确定传播内容，并根据其确定的节目时间表进行的传播，如“网络电台”“网络电视台”通过网络对节目内容进行的传播，以及网络主播对其表演活动（如唱歌跳舞）通过网络进行直播。“网络转播”则是指接收到无线、有线信号或网络数据流之后，进行同步传播。

在2020年《著作权法》修改之前和修改之后，在解释其中的“广播权”的定义时，都存在一个问题：广播权能否控制通过互联网对载有作品的无线、有线信号或网络数据流进行转播的行为？笔者认为，在修改之前的和修改之后的《著作权法》中该回答仍然有所不同。

一、《伯尔尼公约》及2020年修改之前的《著作权法》中的广播权与“网络转播”

“网播转播”在技术上可以针对通过无线电、有线电缆传送的信号，或者“网播”形成的数据流［也就是世界知识产权组织在讨论“网播”的定义时所说的“实时网络流媒体”（real-time streaming)①]，也就是说，在接收到通过无线电、有线电缆传送的信号，或通过网络传送的数据流后，再通过网络进行实时传播。在媒体融合的环境下这是一种常见现象。

与《伯尔尼公约》和2020年修改之前的《著作权法》中的“广播权”能否适用于“网播”的讨论类似，从行为效果上看，“网络转播”的对象无论是通过无线电、有线电缆传送的信号还是通过“网播”形成的数据流，实现的效果都是相同的，那就是转播的内容与被转播的初始传播的内容将同步（或基本上同步）被受众所获得，只在技术手段上有所区别。按照“技术中立”的立法原则，它们在法律上的定性本应是相同的，但是，在《伯尔尼公约》和2020年修改之前的《著作权法》中，“广播权”对通过无线电、有线电缆传送的信号和通过“网播”形成的数据流进行“网络转播”的行为并未同等对待。

（一）对无线广播的“网络转播”

通过网络完全可以实现对无线广播（载有作品的无线电信号）的实时传播。在欧盟法院审理的“ITV广播公司诉TVCatchup公司案”中，欧盟法院对TVCatchup公司（以下简称“TVC”）通过网络转播无线电信号的技术过程进行了详细的描述：

> TVC对于其网络的活动（网络转播）采用了四组服务器，即（1）获取服务器，（2）编码服务器，（3）信号源服务器，（4）数据收集服务器。TVC使用的输入信号是本案中原告传送的普通地面广播信号及卫星广播信号。天线信号被天线获取后，会被传递给“获取服务器”，“获取服务器”从接收到的信号中提取视频流而不作任何改动。随后“编码服务器”将收到的视频流转换为不同的压缩标准。接着，“信号源服务器”制作（出）各种格式的视频流，以便通过互联网传送。此后，只有当至少一名TVC的用户发出观看TVC某频道节目的请求时，由TVC提供的该频道节目才会被发送。如果没有用户发出观看某一频道的请求，则该信号将被放弃。“数据收集服务器”利用互联网连接用户的计算机或移动电话。当“数据收集服务器”收到一名用户观看某一频道节目的请求时，除非它正在将该频道节目传送给其他用户，“数据收集服务器”将连接到传送该频道信号的“信号源

① WIPO Doc. SCCR/14/2, Non-Mandatory Appendix on the Protection in Relation to Webcasting to the WIPO Treaty on the Protection of Broadcasting Organizations, Explanatory Comments on Article 2, para. 2.01.

服务器”。“数据收集服务器”上的软件能为通过它请求观看同一频道节目的每一名用户创设数据流，因此，“数据收集服务器”传送的每一组独立的数据包都是传向单个用户的，而不是传向一组用户。“数据收集服务器”可以提供多种格式的数据流，所使用的格式有 Adobe Flash 数据流（用于计算机）、HTTP 数据流（用于苹果移动设备）、RTSP 数据流（用于安卓和黑莓移动手机）。①

对通过无线方式传送的、载有作品的信号进行“网络转播”，虽然在技术上比通过无线方式或有线电缆转播要复杂，但从 2020 年修改之前的《著作权法》中的广播权的定义来看，至少存在受广播权规制的可能性。如果将“以有线传播或者（无线）转播的方式向公众传播广播的作品”中的“有线传播”解释为包括通过网络的传播，那么对承载作品的无线信号进行“网络转播”就属于广播权的控制范围。因此，问题的关键在于 2020 年修改之前的《著作权法》中的广播权定义中的“有线”是否包括互联网呢。在实务中，出现了对此问题的否定回答。

在“央视国际诉百度案”中，央视国际网络有限公司（以下简称“央视国际”）是中央电视台各种与网络有关的权利的专有被许可人，指称百度公司未经许可，对其以无线电信号传送的春节联欢晚会通过互联网进行了转播。② 但央视国际并不认为百度未经许可的转播行为侵犯其广播权，因此只起诉百度侵犯《著作权法》第 10 条第 1 款第 17 项规定的“兜底权利”——“应当由著作权人享有的其他权利”③。北京市高级人民法院于 2018 年颁布的《侵害著作权案件审理指南》第 9.25 条（同步转播）规定：“网络服务提供者未经许可通过网络同步转播作品，著作权人依据著作权法第十条第一款第十七项主张权利的，应予支持。”

这实际上是认为 2020 年修改之前的《著作权法》中的广播权定义中的“有线传播”并不包括通过互联网对无线广播进行的转播。之所以会产生这种观点，可能是因为考虑到对《伯尔尼公约》的最后一次实质性修改是在 1971 年完成的（此即我国加入的 1971 年巴黎文本），当时还没有互

---

① ITV Broadcasting Ltd. v. TVCatchup Ltd.，Case C-607/11（2013），paras. 12－15.

② 央视国际起诉称百度未经许可实施了“网络在线直播”，但法院正确地指出，“其所指控的行为实质上是被上诉人百度公司对中央电视台传播的《春晚》进行的‘网络实时转播行为’”。北京市第一中级人民法院（2013）一中民终字第 3142 号民事判决书。

③ 北京市海淀区人民法院（2012）海民初字第 20573 号民事判决书。

联网，因此其中的“有线”不可能指互联网。而2020年修改之前的《著作权法》对广播权的规定直接来源于《伯尔尼公约》，因此“有线”也不可能指互联网。

笔者认为：这一观点值得商榷。从《伯尔尼公约》之后缔结的国际版权条约的规定和2020年修改之前的《著作权法》的逻辑结构都可以推出：2020年修改之前的《著作权法》有关广播权的规定中的“有线”应被理解为包括互联网在内的任何线路。

随着传播技术的发展，《伯尔尼公约》对“广播与相关权利”的规定已不能适应保护著作权人的需要了。《伯尔尼公约》第11条之二“广播与相关权利”只赋予了著作权人控制以无线方式传播作品，以及对载有该作品的信号以无线和有线方式进行转播与后续利用的权利。这就意味着，他人直接通过有线方式传播作品的行为并不在《伯尔尼公约》第11条之二第1款的控制范围之内。除此之外，《伯尔尼公约》只为戏剧作品、音乐作品等部分类型作品的著作权人规定了广义的传播权。①

针对《伯尔尼公约》的上述缺陷，为使《伯尔尼公约》适应新技术，特别是网络技术的发展，《世界知识产权组织版权条约》赋予了所有类型作品的著作权人一项广义的“向公众传播权”。《世界知识产权组织版权条约》第8条规定：“……文学和艺术作品的作者应享有专有权，以授权将其作品以有线或无线方式（by wire or wireless means）向公众传播，包括将其作品向公众提供，使公众中的成员在其个人选定的地点和时间可获得这些作品。”

由于《世界知识产权组织版权条约》第8条的主要立法目的就是要求缔约方通过专有权利实现对各种远程传播（“向公众传播”）的全覆盖，其中包括通过互联网实现的交互式传播②，所以该条中的“有线或无线方式”实际上是“任何远程传播方式”的同义语，无疑也包括互联网在内。《世界知识产权组织版权条约》的“基础提案”强调：

> “向公众传播”作品的表述，意指以发行复制件之外的任何方式或手段向公众提供作品的行为。这就包括以有线或无线方式进行的传播。其使用的技术可能是模拟技术，也可能是数字技

① 《伯尔尼公约》第11条第1款、第11条之二、第11条之三第1款和第14条。

② WIPO Doc. CRNR/DC/4, Basic Proposal for the Substantive Provisions of the Treaty on Certain Questions concerning the Protection of Literary and Artistic Works to be Considered by the Diplomatic Conference, 1996, para. 10.11.

术；其可以基于电磁波，也可以基于制导光束。①

既然“有线或无线方式”涵盖了对作品进行远程传播（“向公众传播”）的任何手段，通过互联网转播载有作品的广播信号，当然属于该第8条控制的传播行为。

值得注意的是：与《世界知识产权组织版权条约》的“基础提案”相比，《世界知识产权组织版权条约》第8条中“以有线或无线方式”的位置发生了变化。“基础提案”的规定是，“……文学和艺术作品的作者应享有专有权，以授权将其作品向公众传播，包括将其作品以有线或无线方式向公众提供，使公众中的成员在其个人选定的地点和时间可获得这些作品”②（注：着重号由笔者所加）。显然，最终通过的《世界知识产权组织版权条约》第8条改变“以有线或无线方式”的位置，将其插入“以授权将其作品”和“向公众传播”之间，正是为了强调，“以有线或无线方式”的修辞语适用于任何远程传播（“向公众传播”），而不是仅限于交互式传播。③

特别需要指出的是：《伯尔尼公约》第20条允许缔约方相互之间缔结专门协定，以赋予作者比《伯尔尼公约》规定的权利更多的权利。《世界知识产权组织版权条约》第1条（与《伯尔尼公约》的关系）就明确说明，《世界知识产权组织版权条约》正属于《伯尔尼公约》第20条所规定的专门协定。这就意味着《世界知识产权组织版权条约》是《伯尔尼公约》在新技术条件下的延伸，《世界知识产权组织版权条约》第8条“向公众传播权”与《伯尔尼公约》中散见于各条的“向公众传播权”（远程传播权）之间也存在这种紧密联系。《世界知识产权组织版权条约》第8条一开始就列出了《伯尔尼公约》中所有与“向公众传播权”（远程传播权）有关的条款，并申明本条规定的“向公众传播权”（远程传播权）“不损害”（without prejudice）《伯尔尼公约》中的这些规定。④ 换言之，如

---

① WIPO Doc. CRNR/DC/4，Basic Proposal for the Substantive Provisions of the Treaty on Certain Questions concerning the Protection of Literary and Artistic Works to be Considered by the Diplomatic Conference，1996，para. 10. 14.

② Ibid.，Article 10.

③ Sam Ricketson，Jane C. Ginsburg，*International Copyright and Neighbouring Rights：The Berne Convention and Beyond*，2nd edition，Oxford University Press，2006，pp. 744－745，para. 12. 54.

④ 《世界知识产权组织版权条约》第8条全文为：在不损害《伯尔尼公约》第11条第1款第ⅱ目、第11条之二第1款第（ⅰ）和（ⅱ）目、第11条之三第1款第ⅱ目、第14条第1款第ⅱ目和第14条之二第1款的规定的情况下，文学和艺术作品的作者应享有专有权，以授权将其作品以有线或无线方式向公众传播，包括将其作品向公众提供，使公众中的成员在其个人选定的地点和时间可获得这些作品。

果一个缔约方既加入了《伯尔尼公约》也加入了《世界知识产权组织版权条约》，对于《伯尔尼公约》已经规定的各项“向公众传播权”（远程传播权），该缔约方仍然必须提供保护。对于《伯尔尼公约》没有规定的“向公众传播权”（远程传播权），如控制直接通过有线方式传播舞蹈作品的权利等，缔约方应当根据《世界知识产权组织版权条约》第 8 条的规定提供保护。研究《伯尔尼公约》的公认权威著作《国际版权和邻接权：〈伯尔尼公约〉及对其的超越》据此将《世界知识产权组织版权条约》第 8 条称为《伯尔尼公约》中“向公众传播权”（远程传播权）的“兜底”[①]。

在此方面，欧盟法院审理的“ITV 广播公司诉 TVCatchup 公司案”可资参考。在该案中，英国 TVC 通过互联网对其接收到的 ITV 电视台的无线电视信号进行实时传播，即“网络转播”。ITV 电视台认为该行为侵害了英国《版权法》规定的“向公众传播权”。英国《版权法》对“向公众传播”的定义是“通过电子传输的方式向公众传播，包括对作品实施以下行为：对作品的广播，以及通过电子传输使公众能够在其个人选定时间地点获得作品”[②]。审理此案的英国法院请求欧盟法院根据欧盟《版权指令》，对 TVC 通过互联网转播 ITV 电视台无线广播节目的行为是否构成“向公众传播”等问题作出解释。由于欧盟《版权指令》和《世界知识产权组织版权条约》对“向公众传播权”的规定几乎完全相同[③]，因此欧盟法院对上述问题的回答，对于解释《世界知识产权组织版权条约》中的“向公众传播权”也有参考价值。

欧盟法院指出，根据《版权指令》的规定及立法目的，每一次使用特定的技术手段对作品的传输或再传输，都需要经过作品作者的分别许可。[④] 对于上述案件的情况，欧盟法院认为：

> 对于通过互联网转播无线电视广播而言，由于以该方式提供作品使用了与初始传播不同的特定技术手段，该转播必须被认定为《版权指令》第 3 条第 1 款（该款规定了“向公众传播权”——引者注）意义上的“传播”。因此，转播不能免于获得

① Sam Ricketson，Jane C. Ginsburg，*International Copyright and Neighbouring Rights：The Berne Convention and Beyond*，2nd edition，Oxford University Press，2006，p. 746，para. 12. 56.

② UK Copyright Act，Sec. 20.

③ Directive 2001/29/EC of the European Parliament and of the Council of 22 May 2001 on the Harmonisation of Certain Aspects of Copyright and Related Rights in the Information Society，Article 3. 1.

④ ITV Broadcasting Ltd. v. TVCatchup Ltd.，Case C-607/11（2013），para. 24.

被转播作品作者的授权……①

如本书第四章第二节所述，欧盟法院也是从此案开始对“新公众”标准进行限缩性解释，将使用不同技术手段向公众传播的行为排除出了“新公众”标准的应用范围外。虽然笔者认为“新公众”标准是错误的，但欧盟法院宁可限缩其独创的“新公众”标准的应用范围，也要认定通过网络转播卫星电视节目的行为属于“向公众传播”。由此可见，对承载作品的无线信号进行“网络转播”确实落入了《世界知识产权组织版权条约》第8条规定的“向公众传播权”的范围。我国已是《世界知识产权组织版权条约》的缔约方，有义务对“向公众传播权”（远程传播权）提供《世界知识产权组织版权条约》第8条要求的保护水平。这就意味着通过互联网转播载有作品的无线信号，应当受到我国《著作权法》的规制。而在2020年修改之前的《著作权法》第10条明文列举的各项专有权利之中，只有广播权中的“以有线传播……的方式向公众传播广播的作品”有可能适用于这一行为。虽然该表述直接来源于《伯尔尼公约》，但由于《世界知识产权组织版权条约》第8条拓展了《伯尔尼公约》中的传播权的范围，我国作为《世界知识产权组织版权条约》的缔约方，完全可以根据《世界知识产权组织版权条约》对广播权的定义进行合理解释，以履行全面保护传播权的国际义务。

上述结论，还可以从2020年修改之前《著作权法》的逻辑结构中得到印证。其第10条第1款第12项规定“信息网络传播权，即以有线或者无线方式向公众提供作品，使公众可以在其个人选定的时间和地点获得作品的权利”。该条用语显然直接来源于《世界知识产权组织版权条约》第8条的后半句。② 因此该条中的“有线或者无线”与《世界知识产权组织版权条约》第8条的相同用语一样，都具有技术中立的特征，能够包容任何向公众进行交互式传播的技术手段。同时，规定信息网络传播权的目的就是控制通过网络进行的交互式传播，如果该条中的“有线或者无线”不包括互联网，则该条就失去了意义。

广播权和信息网络传播权都是著作权人享有的专有权利，而且对两者

---

① ITV Broadcasting Ltd. v. TVCatchup Ltd.，Case C-607/11（2013），para. 26.

② 参与立法者也明确地指出，“信息网络传播权的定义，直接来自世界知识产权组织版权条约第8条的表述”（胡康生主编．中华人民共和国著作权法释义．北京：法律出版社，2002）。负责《信息网络传播权保护条例》制定的国务院法制办公室负责人也指出：《信息网络传播权保护条例》第26条中“信息网络传播权”这一术语源自1996年12月20日缔结的《版权条约》。张建华．信息网络传播权保护条例释义．北京：中国法制出版社，2006：92.

的规定都出现在2020年修改之前的《著作权法》第10条，因此这两条规定中的“有线”应当具有相同的含义，这是保持《著作权法》逻辑统一的基本要求。既然后者的“有线”包括互联网，前者的“有线”就不可能不包括互联网。

在前述“央视国际诉百度案”中，法院也对“广播权”中的“有线”进行了广义解释，即认为通过互联网进行的转播也属于“有线”转播。一审法院指出：

> ……（中央电视台给央视国际的）“授权书”中关于授权央视国际通过信息网络向公众广播《春晚》的权利，系广播权中以有线传播或者转播的方式向公众传播广播的作品的权利。①

二审法院同样认为：

> ……鉴于对初始传播为“无线广播”的转播行为属于广播权的调整范围，故在被上诉人百度公司无证据证明其已获得著作权人许可的情况下，其实施的上述网络实时转播行为构成对上诉人央视国际广播权的侵犯。②

在案情类似的“央视国际诉迈视网案”中，对于被告未经许可通过互联网转播《春晚》的行为，法院指出：

> 被告未经许可……以有线转播的方式向公众传播了中央电视台广播的汇编作品——《2012春节联欢晚会》，侵犯了原告依法享有的广播权，应当承担相应的侵权责任。③

法院的观点与前文对广播权定义中的“有线”的解读是一致的。除此之外，目前国际上解释《伯尔尼公约》的权威著作都认为其第11条之二规定的“广播与相关权利”可以规制对无线广播的“网络转播”。《国际版权和邻接权：〈伯尔尼公约〉及对其的超越》对此指出：

> 《伯尔尼公约》并没有对该术语［指“通过有线”（by wire）——引者注］作出任何界定，但在今天，该术语包含通过有线电缆的传输和数字传输……④第三方通过网络对广播进行再传输，应当落入《伯尔尼公约》第11条之二第1款第2项规定

① 北京市海淀区人民法院（2012）海民初字第20573号民事判决书。

② 北京市第一中级人民法院（2013）一中民终字第3142号民事判决书。

③ 北京市西城区人民法院（2012）西民初字第16143号民事判决书。

④ Sam Ricketson，Jane C. Ginsburg，*International Copyright and Neighbouring Rights：The Berne Convention and Beyond*，2nd edition，Oxford University Press，2006，p. 734，para. 12. 37.

的权利（授权由原广播组织之外的其他组织以任何有线传播或无线转播的方式向公众传播广播的作品）的控制范围。[①]

《国际版权和邻接权：〈伯尔尼公约〉及对其的超越》一书也认为：

对“通过有线”（by wire）一词的广义理解使第11第之二中的向公众传播权也延及有线的数字再传输（wired digital retransmission）。这同样适用于第14第1款第2项、14条第之二第1款中的首次“向公众以有线方式传播”，以及11条第1款第2项、第11条之三第1款第2项中“以任何手段（首次）向公众传播”[②]。

《国际版权法律与政策》也持相同的观点：

“以有线……的方式向公众传播”广播是通过任何能够传导广播信号的物理设施进行的再传播……考虑到其用语的广泛（任何以有线……），任何通过物理导体传输信号的新技术，例如通过网络或光纤对广播的传输，都属于该权利（《伯尔尼公约》第11条之二中的“授权由原广播机构以外的另一机构通过有线传播……的方式向公众传播广播的作品”——引者注）的规制范围。[③]

当然，上述解释的基础是《伯尔尼公约》第11条之二第1款第2项的用语——“授权由原广播机构以外的另一机构通过任何有线传播或无线转播的方式向公众传播广播的作品”（注：着重号为引者所加）。“任何”两字强调了技术上的中立性，而2020年修改之前的《著作权法》对广播权的定义虽然直接来源于《伯尔尼公约》，但并没有“任何”两字。但这样的差异并不足以导致不同的解释，理由在于：

一方面，参与立法者无意对《伯尔尼公约》的规定进行改动，相反，强调“‘广播权’的定义严格遵守了伯尔尼公约的第十条之二第1款的规定”[④]。之所以没有加入“任何”两字，很可能是因为立法者认为“任何有线传播”与“有线传播”并无实质区别。在参与立法者已清楚表明了

① Sam Ricketson, Jane C. Ginsburg, *International Copyright and Neighbouring Rights: The Berne Convention and Beyond*, 2nd edition, Oxford University Press, 2006, p. 737, para. 12. 40.

② Ibid., p. 737, para. 12. 40.

③ Silke von Lewinski, *International Copyright Law and Policy*, Oxford University Press, 2008, p. 150, para. 5. 144.

④ 胡康生．中华人民共和国著作权法释义．北京：法律出版社，2002：63. 姚红．中华人民共和国著作权法释解．北京：群众出版社，2001：106.

“严格遵守”《伯尔尼公约》的情况下，对广播权定义中的“有线”作出与《伯尔尼公约》一致的解释更为适合。

另一方面，如果否认“广播权”定义中的“有线传播”包含“网络转播”，遇到诸如“央视国际诉百度案”之类的纠纷时，法院就只能选择适用“兜底权利”——“应当由著作权人享有的其他权利”。这是因为《世界知识产权组织版权条约》第 8 条规定的“向公众传播权”无疑涵盖了对承载作品的无线信号的“网络转播”。即使否认《伯尔尼公约》对“广播与相关权利”及 2020 年修改之前的《著作权法》对广播权的规定中的“有线”包含互联网，为了使我国对著作权的保护与《世界知识产权组织版权条约》的要求保持一致，我国也必须规制对承载作品的无线信号的“网络转播”，在无法适用广播权及 2020 年修改之前的《著作权法》明确规定的其他各项财产权的情况下，“兜底权利”就是唯一的选择。《北京市高级人民法院关于涉及网络知识产权案件的审理指南》就采用了这一观点，该指南第 15 条规定：

> 被告未经许可实施网络实时转播行为，原告依据著作权法第 10 条第 1 款第（十七）项主张追究被告侵权责任的，应予支持。

需要指出的是，该规定并没有区别“网络实时转播”的对象是通过无线方式初始传送的载有作品的信号，还是通过有线电缆或网络初始传送的信号或网络数据流。如果是后者，则该规定与笔者得出的结论相同（后文将对此进行说明），但如果是前者，则说明该指南的制定者并不认为广播权定义中的“有线”可以包括互联网。

在涉及“网络转播”的“北京新浪互联信息服务有限公司诉北京天盈九州网络技术有限公司案”中，一审法院一方面将初始无线传播涉及的体育赛事画面认定为作品①，另一方面又认为通过网络实施的转播行为“属于‘应当由著作权人享有的其他权利’”控制的范围②，也体现了上述观点。

这样的法律适用方法对于保护著作权人而言，在效果上与适用广播权是相同的。然而，著作权具有绝对权、对世权的性质，为了使公众了解权利的边界，避免自己的行为侵害他人的权利，绝对权应当“公示”，也就是由法律明确规定。“兜底权利”不可能“公示”权利的边界，是“绝对权法定”的例外。因此，当对某一法律条款存在两种解释，一是适用法律

① 笔者并不赞同对该案涉及的体育赛事现场直播画面构成作品的观点，请参见王迁．论体育赛事现场直播画面的著作权保护——兼评“凤凰网赛事转播案”．法律科学，2017（1）。

② 北京市朝阳区人民法院（2014）朝民（知）初字第 40334 号民事判决书。

明确规定的绝对权，二是适用“兜底权利”时，只要第一种解释存在合理性，应当尽量采用第一种解释。对“兜底权利”的适用，实为不得已而为之，只有在用尽了所有法律解释方法之后，仍然无法找到可适用的法定权利或适用某项法定权利会引起权利体系的混乱时，才可考虑。在广播权定义中的“有线”可以被合理地解释为包含互联网时，似不应舍近求远，放弃“广播权”而适用“兜底权利”。

有一种观点认为，对“网络转播”不能适用“广播权”的原因，是世界知识产权组织在讨论《世界知识产权组织保护广播组织条约》时，明确将“网播”排除在“广播”和“有线广播”之外。然而，这一观点混淆了上文已作区分的两个概念——“网播”和“网络转播”。《世界知识产权组织保护广播组织条约（草案）》将“网播”排除在“广播”和“有线广播”之外，是指将“网播”排除在“广播组织权”的保护客体之外，同时也将“网播组织”排除在“广播组织”的权利主体范围之外。换言之，一家自制节目并通过网络进行初始传播的“网络电台”和“网络电视台”（如前文提及的“乐视台”）并不属于《世界知识产权组织保护广播组织条约（草案）》中定义的“广播组织”和“有线广播组织”，该“网络电台”和“网络电视台”通过网络进行的初始传播，也不属于该条约（草案）保护的“广播”和“有线广播”。但是，这并不意味着通过网络转播接收到的无线信号不属于广播权中“有线转播权”的控制范围。换言之，“乐视台”通过网络对其自制的节目进行初始传播时，并不能作为广播组织受到保护，其他网站未经许可转播“乐视台”对作品的“网播”，并不侵害“乐视台”的广播组织权。但是，假设“乐视台”未经许可通过网络转播中央电视台通过无线电波传送的新年音乐晚会，所涉及的专有权利仍然是其中音乐作品权利人的广播权，上述两点并无矛盾可言。

当然，对“广播权”中关键术语的解释如此大费周折，与 2020 年修改之前的《著作权法》直接照搬《伯尔尼公约》、翻译文本未能准确反映《伯尔尼公约》的原意，以及长时间未能及时根据《世界知识产权组织版权条约》更新广播权的规定有关。2020 年《著作权法》修改时对广播权定义的更新终于从根本上解决了上述问题。

（二）对有线传播和“网播”的“网络转播”

《伯尔尼公约》和 2020 年修改之前的《著作权法》中的广播权都提及了“转播”，那么该“转播”是否包括对通过有线电缆传送的信号或者“网播”形成的数据流进行“网络转播”呢？要回答这一问题，必须对《伯尔尼公约》和 2020 年修改之前的《著作权法》规定的广播权进行分析。

《伯尔尼公约》和2020年修改之前的《著作权法》中的广播权控制的第二种行为是"对广播作品的转播"。《著作权法》对广播权的定义中的"以有线传播或者转播的方式向公众传播广播的作品"，与《伯尔尼公约》"广播与相关权利"中的"由原广播机构以外的另一机构通过有线传播或（无线）转播的方式向公众传播广播的作品"相对应。

需要指出的是，《著作权法》的用语——"以有线传播或者转播的方式向公众传播广播的作品"很容易被理解为"以有线方式"进行的"传播或转播"，即广播权只控制以有线方式进行的转播，而不控制以无线方式进行的转播。但这一解读是不能成立的。《伯尔尼公约》与之对应的原文是"any communication to the public by wire or by rebroadcasting of the broadcast of the work..."，《著作权法》中的"转播"一词显然译自"rebroadcasting"。前文曾经指出，《伯尔尼公约》中的"broadcasting"（广播）仅指无线传播。基于英文构词法，具有相同词根的"转播"（rebroadcasting）当然也只可能是无线转播。对此，世界知识产权组织编写的《世界知识产权组织管理的版权和相关权条约指南》明确指出："对于转播（rebroadcasting），其唯一特征就是它的从属性质，其基础明显是与之具有概念同质性的广播（broadcasting）。"① 这里的"概念同质性"显然是指"广播"与"转播"都是以无线方式进行的。由此可见，《伯尔尼公约》中的"广播与相关权利"控制的第二种行为，是接收到载有作品的无线信号之后，以无线或有线方式加以转播。世界知识产权组织编写的《伯尔尼公约指南》对此也明确指出，《伯尔尼公约》"要求作者应享有专有权利，以授权……在其作品被广播之后再向公众传播，无论这种传播是否通过有线方式进行"②。既然2020年修改之前的《著作权法》"对广播权的定义严格遵守了伯尔尼公约"③，"转播"一词又译自"rebroadcasting"，那么该"转播"的含义当然为"以无线方式进行的转播"。

根据《伯尔尼公约》的原文，2020年修改之前的《著作权法》中

---

① World Intellectual Property Organization, *Guide to the Copyright and Related Rights Treaties Administered by WIPO: and Glossary of Copyright and Related Rights and Terms*, WIPO Publication No. 891 (E), 2003, p. 77, para. BC-11, bis. 12.

② 世界知识产权组织．保护文学和艺术作品伯尔尼公约（1971年巴黎文本）指南（附英文文本）．刘波林，译．北京：中国人民大学出版社，2002：274；11bis. 9段（英文文本）。笔者的翻译与该书的略有不同。

③ 胡康生．中华人民共和国著作权法释义．北京：法律出版社，2002. 63. 姚红．中华人民共和国著作权法释解．北京：群众出版社，2001：106.

“以有线传播或者（无线）转播的方式向公众传播广播的作品”，是指对他人的广播（载有作品的无线信号），以有线或无线方式进行转播。既然“广播”（英文中的动名词 broadcasting 或名词 broadcast）只能是无线传播，该句中“广播的作品”（《伯尔尼公约》中的“the broadcast of the work”）是指以无线方式对作品的传播。

既然 2020 年修改之前的《著作权法》对“广播权”的定义中的“以有线传播或者（无线）转播的方式向公众传播”的对象，必须是“广播的作品”，同时如前文所述，所谓“广播的作品”必须是以无线方式传送的作品，且“网播”不属于以无线方式传送作品，那么对通过有线电缆传送的信号或者通过“网播”形成的数据流进行“网络转播”，当然不属于 2020 年修改之前的《著作权法》规定的广播权定义中所述的“转播”。研究《伯尔尼公约》的权威著作也指出，《伯尔尼公约》第 11 条之二第 1 款第 2 项［“授权由原广播机构以外的另一机构通过有线传播或（无线）转播的方式向公众传播广播的作品”］只涉及对（无线）广播节目［“广播节目”（broadcast program）只指以无线方式传送的节目］的再传播。①

由此可见，在 2020 年修改之前的《著作权法》对“广播权”的定义中，无论对“以有线传播或者（无线）转播的方式向公众传播”中的“有线”作出何种解释，对有线信号和网络数据流的“网络转播”都不可能落入广播权的控制范围。由于《著作权法》第 10 条第 1 款第 1 项至第 16 项所明文规定的其他权利也不可能控制该非互式传播行为，对该行为只能用 2020 年修改之前的《著作权法》第 10 条第 1 款第 17 项规定的“兜底权利”进行规制。

不同意见认为，上述观点意味着未经许可通过网络转播无线广播与有线节目将导致不同的法律后果，对前者适用广播权，对后者适用“兜底权利”，令人难以接受。对此需要指出的是，引起这种奇怪后果的并不是上述法律解释，而是 2020 年修改之前的《著作权法》对广播权的定义本身。如上文所述，2020 年修改之前的《著作权法》对广播权的定义基本上沿袭了《伯尔尼公约》对“广播与相关权利”的规定，确实已经过时。它只能规制三种行为，即对作品进行无线广播（以无线方式公开广播或者传播作品）、对接收到的无线广播进行有线或无线转播（以有线传播或者转播的方式向公众传播广播的作品）和公开播放以前两种方式传送的作品（以

---

① Sam Ricketson, Jane C. Ginsburg, *International Copyright and Neighbouring Rights: The Berne Convention and Beyond*, 2nd edition, Oxford University Press, 2006, p. 734, para. 12. 38.

扩音器或其他传送符号、声音或图像的类似工具向公众传播广播的作品)。这其中并不包括直接通过有线电缆对作品的传播。在《著作权法》对广播权的定义中，唯一涉及“有线传播”的是“以有线传播……的方式向公众传播广播的作品”，而不是“以有线传播……的方式向公众传播作品”。这就意味着广播权只能控制以有线方式对以无线方式传送的作品的再传播(有线转播)，而不能控制直接以有线方式对作品的传送。例如，某有线电视台未经许可通过电缆直接传播电影，使公众得以通过有线电视系统收看，其行为并不构成对广播权的侵权。对此本章第一节已作过详述，此处不赘述。

那么，对于有线电视台未经许可通过电缆直接传播电影的行为，又该如何规制呢？立法者提出的解决方案正是适用“兜底权利”：

> (各国) 尽管规定广播权的方式不同，但一般都承认作者直接以有线方式传播作品的权利。所以，有线传播作品的权利是普遍得到承认的。我们依照伯尔尼公约规定的广播权的定义虽然没有包括直接以有线方式传播作品，但在本款(《著作权法》第10条第1款——引者注)第(十七)项是可以包括的……不能理解为，由于广播权中没有规定以有线方式直接传播作品，有线电台、电视台就可以不经许可任意播放作品。①

由此可见，根据2020年修改之前的《著作权法》的规定，电视台通过无线方式广播，适用广播权；电视台通过有线电缆传播同一部作品，就得适用“兜底权利”。电视台用有线电缆转播无线节目，适用广播权；电视台用有线电缆转播有线节目，又要适用“兜底权利”。这也是很奇怪的。但这种奇怪的结果是立法本身的问题，只能通过立法的修改来消除，不是通过法律解释能够解决的。后文将说明，2020年修改之后的《著作权法》从立法上彻底解决了这一问题，消除了上述奇怪的现象。

二、2020年修改之后的《著作权法》中的广播权与“网络转播”

2020年修改之后的《著作权法》将广播权的定义修改为“以有线或者无线方式公开传播或者转播作品……的权利”。其中“转播”的对象不再如2020年修改之前的《著作权法》那样，被限定于无线电广播。这就意味着被转播的对象既可以是无线电、有线电缆传送的信号，也可以是“网播”形成的数据流。广播权中“转播”的范围，不仅仅是广播电台、卫星电视台的无线广播，还包括有线电视台的有线传播以及“网络电台”

① 胡康生．中华人民共和国著作权法释义．北京：法律出版社，2002：64.

“网络电视台”的“网播”。与此同时，“转播”的技术手段也被明确为“以有线或者无线方式”。如本章上节所述，“以有线或者无线方式”直接来源于《世界知识产权组织版权条约》第 8 条，是典型的技术中立的用语，能够涵盖任何远程传播手段，其中当然包括互联网。这样一来，通过互联网对载有作品的无线广播、有线传播或“网播”的同步播放，如在奥运会期间，某网站接收中央电视台直播的赛事信号后的转播，当然受到广播权的规制。关于 2020 年修改之前的《著作权法》中的广播权究竟能否规制互联网转播的问题，不复存在。2020 年修改之后的《著作权法》对广播权的重新定义，实现了对非交互式传播的全覆盖，只要属于非交互式的向公众传播（远程传播），无论以何种方式进行传播或转播，都被纳入了修改后的广播权的规制范围。这样的修改是值得称道的。

当然，2020 年修改之后的《著作权法》中的广播权定义中的用语并不十分准确。本章前一节已指出，该定义中的“公开传播”应改为“向公众传播”。与此同时，“转播作品”的表述并不恰当。作品是不可能直接被“转播”的，所谓“转播作品”只能是口语上不准确的说法。只有载有作品的信号或数据流才可能被“转播”。这一问题可能来源于《伯尔尼公约》官方中文本对英文文本的翻译。《伯尔尼公约》的英文原文是“any communication to the public by wire or by rebroadcasting of the broadcast of the work”，强调的是对“作品的广播”（the broadcast of the work）的再传播（有线转播或无线转播），但中文文本译为“通过有线传播或转播的方式向公众传播广播的作品”，变成了传播“广播的作品”（the work broadcasted），并不准确。因此，将“转播作品”改为“转播对作品的传播”更为合适。

第六章　网络环境中表演权与放映权的适用

从表面上看，我国《著作权法》规定的表演权和放映权与网络环境并无关系。人们对“表演”和“放映”的印象无非是演员的现场表演、机械表演和影院等场所对电影的播放。然而，《著作权法》对表演权的定义尽管与《伯尔尼公约》的规定在表述上高度接近，但《伯尔尼公约》中的表演权控制的范围非常广泛，部分网络传播也被纳入其中。许多国家在根据《世界知识产权组织版权条约》修改其立法之前，在实务中也认为部分网络传播属于对作品的“表演”。时至今日，没有规定信息网络传播权的美国仍然在用表演权控制部分网络传播行为。与此同时，许多国家并没有规定放映权，而是将放映电影作品的行为纳入表演权的控制范围。因此，在认为表演权可适用于部分网络传播的国家，隐含在表演权中的“放映权”自然也可在网络环境中适用。近年来，随着技术的发展和媒体融合的推进，在实务中也出现了许多利用网络以非交互式手段传播作品的行为，如网络主播在直播中演唱歌曲，使观看直播的用户能够实时欣赏；再如，在“点播影院”中让付费观众自行利用“互联网电视”（内置机顶盒和应用程序，能够连接网络的电视机）点播源于网络的影视剧。关于对此类行为应如何定性出现了争议。那么，对这类行为能否适用表演权或放映权？这就需要对《著作权法》规定的这两项权利进行精准分析和合理解释。

第一节　网络环境与表演权

网络环境中控制作品传播的主要权利是信息网络传播权，对这一点并不存在争议。但是，正如本书第七章第一、二节所述，对信息网络传播权不能作顾名思义的理解，它与“通过信息网络传播的权利”并不能画等号，因为它只能控制交互式的网络传播行为，对于非交互式的网络传播行为，如对于“网络电台”和“网络电视台”通过网络按照预定的节目时间表传播作品的行为，信息网络传播权无法适用。在2020年修改《著作权法》之前，由于此类非交互传播不属于以无线方式进行的初始传播（参见本书第五章第一节），广播权对其也无法适用。在2020年修改的《著作权法》实施后，作为非交互式传播权的广播权则能够规制此类非交互式传播行为。

这样一来，在2020年修改《著作权法》前后，都出现了是否能在网络环境中适用表演权，特别是如何处理表演权与其他专有权利之间的关系等复杂问题。我国是否可根据《伯尔尼公约》对表演权的规定，并借鉴一些国家的司法实践，将通过网络传播对作品的表演的行为，纳入（或部分纳入）《著作权法》中表演权的规制范围呢？这一问题已经在实务中出现。随着媒体融合，网络直播平台得到了迅速发展，一些网络主播在直播中演唱歌曲、表演舞蹈或对其他作品进行表演，吸引了大量网络用户，但往往并未获取相关音乐作品著作权人的许可，已经引发了纠纷。[①] 那么，这种行为侵犯了《著作权法》规定的表演权吗？

在学术研究中，出现了对此问题的肯定性回答，如：有观点认为“通过网络非互动地对外公开播放‘作品的表演’，很可能也落入了……（表演权定义中）利用某种手段公开播放”[②]。还有观点认为，我国《著作权法》对“表演权”的定义中的“用各种手段公开播送作品的表演”可与信息网络传播权规制范围重叠。[③] 这里所述的“重叠”部分，当然是指交互式网络传播。那么对于非交互式的网络传播，据此观点当然就可以归入表演权的规制范围了。在笔者参与的多次疑难案例研讨中，一些法官也提出了适用表演权，以解决非交互式网络传播的设想。那么，上述观点是否成立？《著作权法》虽然已在2020年被修改，但其对表演权的定义并未发生变化。这就意味着修改后的《著作权法》中的表演权能否适用于部分网络传播行为的问题仍然需要得到澄清。对此问题的回答，不仅决定了法院在遇到相关纠纷时对专有权利的适用，也将影响著作权人在许可他人通过网络以非交互式手段传播作品时对专有权利的选择。

一、《伯尔尼公约》中的表演权与网络环境

要判断《著作权法》中的表演权能否控制非交互式网络传播，需要首先厘清《伯尔尼公约》和部分国家立法中的表演权为什么可以适用于网络

① 刘嘉．音乐版权红线在先，主播怎能“想唱就唱”．［2018－08－01］．http://www.legalweekly.cn/article_show.jsp?f_article_id=16676.

② 崔国斌．著作权法：原理与案例．北京：北京大学出版社，2014：428.

③ 何怀文．中国著作权法：判例综述与规范解释．北京：北京大学出版社，2016：379.

传播，以及我国《著作权法》中的表演权与之存在的异同。

《伯尔尼公约》第11条规定了表演权，其第1款的内容是：

> 戏剧作品、音乐戏剧作品和音乐作品的作者享有下列专有权利：(1) 授权公开表演其作品，包括用各种手段和方式公开表演；(2) 授权用各种手段向公众传播其作品的表演。①

显然，《伯尔尼公约》中的表演权可进一步拆分为两项子权利，分别是该条标题中所称的"公开表演权"（right of public performance）和"向公众传播（作品的）表演的权利"（right of communication to the public of a performance）。与之相对应，表演权控制两种行为：第一种是公开进行的演员现场表演和通过录音机等设备进行的机械表演，面对的是在表演发生地的受众，并不包括将对作品的表演传送至表演发生之地外的行为。② 世界知识产权组织编写的《伯尔尼公约指南》对此指出：

> "包括用任何手段和方式公开表演"涵盖了通过录制品进行的播放。就此目的而言，舞厅中乐队演奏最新曲目，与隔壁的迪斯科舞厅中顾客（通过）投币机选择音乐（进行播放）没有区别。在这两种情况下，都发生了公开表演。该概括性规定具有普适性，涵盖了所有录制品（唱片、盒式磁带、录音磁带和录像带等）……③

换言之，所谓"机械表演"属于《伯尔尼公约》中表演权的第一项子权利（公开表演权），而不属于第二项子权利［向公众传播（对作品的）表演的权利］的适用范围。

第二种行为——"用各种手段向公众传播其作品的表演"则与网络传播有关。如本书第四章第一节所述，"向公众传播"（communication to the public）是指向不在传播发生地的受众传送作品，即远程传播。对于"向公众传播"在国际版权条约中的特殊含义，本书第四章第一节已进行了详细阐述，此处不赘述。总之，《伯尔尼公约》第11条第1款规定的第

---

① 这是笔者的翻译，与《伯尔尼公约》的官方译文略有差异。官方译文为："戏剧作品、音乐戏剧作品和音乐作品的作者享有下列专有权利：(1) 授权公开表演和演奏其作品，包括用各种手段和方式公开表演和演奏；(2) 授权用各种手段公开播送其作品的表演和演奏。"

② 如果是将演员的现场表演或机械表演传送至不在表演发生地的公众，则属于"以任何手段向公众传播对其作品的表演"。Sam Ricketson，Jane C. Ginsburg，*International Copyright and Neighbouring Rights*：*The Berne Convention and Beyond*，2nd edition，Oxford University Press，2006，p. 715，para. 12. 13.

③ Guide to the Berne Convention for the Protection of Literary and Artistic Works（Paris Act，1971），WIPO Publication No. 615（E），1978，p. 64，para. 11. 4.

一项子权利“公开表演权”（right of public performance）属于现场传播权，第二项子权利“向公众传播（对作品的）表演的权利”（right of communication to the public of a performance）则属于远程传播权（“向公众传播权”）。

显然，《伯尔尼公约》有关表演权第二项子权利的用语——“用各种手段向公众传播”（any communication to the public）是一种具有技术中立性质的表述，可以涵盖当时及今后发展起来的任何传播技术，只要其面向的是不在表演发生地的受众。这就意味着以任何技术手段将对作品的表演传送至表演发生地之外的公众，在表面上都属于表演权的控制范围。

然而，正如在一个法律体系之中，“特别法优于一般法”是基本原则[①]，在同一部法律之中，特别规定也应优于一般规定。特别法或者特别规定是在遵循一般法或一般规定的前提下，针对需要特别处理的情况制定的，是对一般法、一般规定的细化或含有例外规则。在有特别法或特别规定的情况下，适用一般法或一般规定，就会使特别法或特别规定失去意义，导致其立法目的落空。这一基本原则在《伯尔尼公约》中同样适用，且极为重要。《伯尔尼公约》并不是一次成形的，而是在 80 余年的时间内，随着技术进步和社会发展逐步修订、完善，最终演化为 1971 年巴黎文本。在此过程中，不断有新的作品类型和权利被加入，早期文本规定的一些权利也得到了更新，由此导致了《伯尔尼公约》中权利结构较为复杂，有些权利在表面上可以覆盖另一些权利。如果不优先适用特别规定，以协调各权利之间的关系，就会导致各国立法者无所适从，不知如何在国内法中通过对权利的设置来履行公约义务。对《伯尔尼公约》中的表演权和“广播与相关权利”之关系的解释，就是典型例证。

《伯尔尼公约》第 11 条之二第 1 款“广播与相关权利”为文学和艺术作品的作者规定了三项子权利：（1）授权广播其作品或以任何其他无线传送符号、声音或图像的方法向公众传播其作品；（2）授权由原广播机构以外的另一机构通过有线传播或（无线）转播的方式向公众传播广播的作品；（3）授权通过扩音器或其他任何传送符号、声音或图像的类似工具公开传播广播的作品。其中前两项子权利控制的行为也涉及“向公众传播作品的表演”。例如，电视台通过无线电波传送歌手演唱歌曲的录音，就属于对音乐作品的广播。再如，有线电视台通过有线电缆转播其接收到的上

① 张文显．法理学．北京：法律出版社，1997：91．全国人大常委会法制工作委员会国家法室．中华人民共和国立法法释义．北京：法律出版社，2015：291．

述无线广播节目，则属于“由原广播机构以外的另一机构通过有线传播……的方式向公众传播广播的作品”。

上述子权利针对的是以特定方式对作品（包括对作品的表演）的传播，与表演权针对的“向公众传播其作品的表演”相比，显然更为具体，属于特殊规定。在这种情况下，为了避免权利的重叠适用，应当根据“特别规定优于一般规定”的原则，优先适用“广播与相关权利”。因此，对于电视台通过无线电波传送歌手演唱歌曲的录音，以及有线电视台通过有线电缆转播其接收到的上述无线广播节目，应适用《伯尔尼公约》中的“广播与相关权利”而非表演权。只有当“向公众传播其作品的表演”不属于“广播与相关权利”的控制范围时，才应适用《伯尔尼公约》中的表演权。例如，有线电视台直接通过有线电缆传播对作品的表演，既不属于以无线方式传送作品，也不属于以有线或无线方式转播接收到的初始无线信号，对其不能适用《伯尔尼公约》中的“广播与相关权利”（参见第五章第一节），此时《伯尔尼公约》中的表演权就可以适用。《伯尔尼公约指南》对此指出：

> （表演权）的第二部分是向公众传播对作品的表演……但第11条之二涉及的广播被排除在外。例如，对于某一广播组织对室内音乐会进行（无线）广播的行为，适用第11条之二的规定。但如果该广播组织或其他人通过电缆向用户传送音乐，则属于第11条适用的范围。①

可见，《伯尔尼公约指南》也对两类向公众传播的行为进行了区分：对于对室内音乐会进行无线广播的行为，适用《伯尔尼公约》第11条之二规定的“广播与相关权利”；对于通过电缆传播该音乐会的行为，则由第11条规定的表演权调整。

研究《伯尔尼公约》的权威学术著作也对此指出：

> （用各种手段向公众传播其作品的表演）的用语似乎针对所有形式的传输，但为了避免与第11条之二第1款的重叠，该条款实际上被解释为只涵盖第11条之二第1款未控制的传输形式……②

---

① Guide to the Berne Convention for the Protection of Literary and Artistic Works (Paris Act, 1971), WIPO Publication No. 615 (E), 1978, p. 65, para. 11. 5.

② Sam Ricketson, Jane C. Ginsburg, *International Copyright and Neighbouring Rights: The Berne Convention and Beyond*, 2nd edition, Oxford University Press, 2006, p. 718, para. 12. 17.

将作品直接以有线方式进行初始传播（而不是转播接收到的无线信号）的行为，如有线电视台直接通过有线电缆传播音乐会实况，就不属于《伯尔尼公约》第11条之二第1款“广播与相关权利”的控制范围。这是因为初始的有线传播既不属于“广播其作品或以任何其他无线传送符号、声音或图像的方法向公众传播其作品”，也不属于“由原广播机构以外的另一机构通过有线传播或（无线）转播的方式向公众传播广播的作品”。我国《著作权法》的立法者也明确承认：《著作权法》对广播权的定义中没有包括直接以有线方式传播作品。①

此类对作品表演的传播，由于“广播与相关权利”对其无法适用，就可以被归入《伯尔尼公约》中的表演权的控制范围。研究《伯尔尼公约》的权威学术著作也对此指出：

> （对于有线转播而言）《伯尔尼公约》第11条之二第1款第2项（授权由原广播机构之外的另一广播机构通过有线传播或无线转播的方式向公众传播广播的作品——引者注）只适用于通过有线方式对含有受保护作品的（无线）广播节目的再传播。如果一个（广播）组织直接通过有线方式向公众传播节目，而不是传播他人的广播，或者对他人的广播并不是进行同步传播，则落入表演权的范围，需要根据第11条第1款第2项（“授权用各种手段公开传播其作品的表演”——引者注）获得授权。②

在《伯尔尼公约》中，还有一项专有权利实际上也可被归入表演权，只是公约将其命名为“朗诵权”并进行了单独规定，这就是公约的第11条之三，其第1款的内容为：

> 文学作品的作者享有下列专有权利：（1）授权公开朗诵其作品，包括用各种手段和方式公开朗诵；（2）授权用各种手段向公众传播其作品的朗诵。③

由于对朗诵权的该条规定在结构和用语上与公约的第11条对表演权的规定完全相同，差别仅在于前者针对文学作品，后者针对戏剧作品、音

---

① 胡康生．中华人民共和国著作权法释义．北京：法律出版社，2002：64. 姚红．中华人民共和国著作权法释解．北京：群众出版社，2001：97.

② Sam Ricketson，Jane C. Ginsburg，*International Copyright and Neighbouring Rights：The Berne Convention and Beyond*，2nd edition，Oxford University Press，2006，p.736，para. 12.38.

③ 这是笔者的翻译，与《伯尔尼公约》官方译文略有差异。官方译文为：“文学作品的作者享有下列专有权利：（1）授权公开朗诵其作品，包括用各种手段或方式公开朗诵；（2）授权用各种手段公开播送其作品的朗诵。”

乐戏剧作品和音乐作品，因此上文对第 11 条规定的表演权的各种分析，包括有关“向公众传播”的含义的分析，对第 11 条之三规定的朗诵权也完全适用。

虽然对《伯尔尼公约》实体条款最后一次修订是在 1971 年，当时还没有出现互联网，但“向公众传播（对作品的）表演的权利”的定义中“用各种手段向公众传播其作品的表演”采用了技术中立的立法方式，可以规制以“各种手段”（已受公约中其他权利，如“广播与相关权利”规制的传播手段除外）向不在传播发生地的公众传送对作品的表演，包括交互式传播和非交互式传播。对于“网络电台”和“网络电视台”按照预定的节目时间表通过网络进行的非交互式传播而言，虽然其无法被归入《伯尔尼公约》中的“广播与相关权利”所控制的三种行为中的任何一种，但只要被传播的内容是对作品的表演，而且是对“戏剧作品、音乐戏剧作品和音乐作品”这三类作品的表演，应当属于《伯尔尼公约》中的表演权所控制的“向公众传播其作品的表演”。研究《伯尔尼公约》的权威学术著作也认为通过“网播”向公众传播录制了音乐表演的录音制品，属于《伯尔尼公约》中的作者表演权的控制范围。[①] 网络主播在直播中演唱歌曲的行为也属于《伯尔尼公约》中“用各种手段向公众传播其作品的表演”。

需要指出的是，《伯尔尼公约》并非不能用于规制交互式传播，其第 11 条第 1 款规定的“向公众传播（对作品的）表演的权利”基于其技术中立的用语，当然可以规制以交互式手段提供作品表演录制品的远程传播，如将演唱会的实况录音后上传至网络服务器供用户在线点播或下载。只是《伯尔尼公约》并没有专门规定适用于所有类型作品的交互式传播权。在 1996 年缔结的《世界知识产权组织版权条约》则在第 8 条规定了“向公众提供权”（属于该条中的“向公众传播权”的子权利，即我国《著作权法》中的信息网络传播权），对“将其作品向公众提供，使公众中的成员在其个人选定的地点和时间可获得这些作品”的行为（交互式传播）进行调整。由于该权利专门针对交互式传播，故相较于其他各项向公众传播权，其属于“特别规定”。根据特别规定优于一般规定的原则，当一国的著作权法根据《世界知识产权组织版权条约》单独规定了“向公众提供权”（我国《著作权法》中的信息网络传播权）之后，即使其对表演权和广播权的规定与《伯尔尼公约》完全一致，以交互式手段通过网络向公众

---

① Sam Ricketson，Jane C. Ginsburg，*International Copyright and Neighbouring Rights：The Berne Convention and Beyond*，2nd edition，Oxford University Press，2006，p. 731，para. 12. 31.

传播作品的表演，如提供音乐会的录音供公众下载，也不应再被纳入表演权的调整范围，而是应优先适用“向公众提供权”。

当然，国际版权条约并不强求各缔约方采用相同的手段达到其所要求的保护水平。在某一国家成为《世界知识产权组织版权条约》的缔约方后，在立法中增加“向公众提供权”并不是其履行《世界知识产权组织版权条约》所规定义务的唯一方法。例如，美国虽然是《世界知识产权组织版权条约》的缔约方，但其版权法并未因此而改变其专有权利的设置并增加“向公众提供权”。对于通过网络传播作品的行为，在美国的司法实践中，是由发行权、展示权和表演权共同规制的。[①] 其中，“公开表演作品”的定义包含“传输或以其他方式将对作品的表演……进行传播……无论受众是在同一地点或在分散的地点接收，也无论是否在不同的时间接收”[②]。美国法院据此将以数据流的形式对音乐作品的网络传播界定为“表演”：

> （网络）数据流是一种电子传输，它可以使音乐作品在客户端的计算机内存中被接收时播放出来。这种传输，是与电视或电台广播类似的表演，因为这是对歌曲的播放，它能被受众同时收到。[③]

美国法院对“表演”的认定和由此对表演权的适用，与对《伯尔尼公约》中的表演权的第二项子权利的理解是相同的。美国学术界对此持同样看法[④]，美国三大音乐集体管理组织 ASCAP、BMI 和 SESAC 也对网络音乐实时传送的行为展开表演权的集体管理。这也印证了《伯尔尼公约》中的表演权是可以规制部分网络传播行为的。

二、《著作权法》与《伯尔尼公约》中的表演权在解释上的差异

既然《伯尔尼公约》和部分国家立法中的表演权可以适用于诸如“网络电台”对作品的表演进行的“网播”和交互式网络传播，那么 2020 年修改之前的和之后的《著作权法》规定的表演权是否具有同样的适用范围？网络主播在直播中演唱歌曲的行为也属于《著作权法》中的表演权的

---

① 美国法院认为，通过网络传播作品，只要导致作品的数字文件“转移”，也就是被用户下载，即构成“发行”。这一认定与我国《著作权法》的规定有显著的区别。A&M Records, Inc. v. Napster，239 F. 3d 1004，1014（9th Cir.，2001）；London-Sire Records，Inc. v. John Doe 1，542 F. Supp. 2d 153，173－174（D. Mass.，2008）. 美国法院也认为，在网络中展示图片的行为构成受“展示权”控制的行为。Perfect 10 v. Google，416 F. Supp. 2d 828，844（2006）.

② 17 U. S. C 101，“to perform or display a work ‘publicly’ ”.

③ United States v. Am. Soc. of Composers，Authors & Publishers，627 F. 3d 64，74（2d Cir.，2010）.

④ R. Anthony Reese，“Copyright and Internet Music Transmissions：Existing Law，Major Controversies，Possible Solutions”，55 *U. Miami L. Rev.* 237，245.

控制范围？要正确地回答这一问题，不但需要分析《著作权法》对表演权的定义，更应注意我国《著作权法》规定表演权的立法原意及表演权与其他专有权利之间的关系。

我国《著作权法》对表演权的定义是“表演权，即公开表演作品，以及用各种手段公开播送作品的表演的权利”（2020年修改前后的《著作权法》均采用该定义，下同）①，而《伯尔尼公约》第11条第1款第2项的官方译文是“授权用各种手段公开播送其作品的表演和演奏”②。显然，《著作权法》对表演权的定义中的“用各种手段公开播送作品的表演”直接来源于《伯尔尼公约》，区别仅在于省略了“演奏”，但这仅仅是因为官方译文考虑到中文的用语习惯，将《伯尔尼公约》原文中的一个词“performance”译成了两个中文词汇“表演和演奏”③。如前文所述，《伯尔尼公约》第11条第1款第2项可以控制通过网络进行的非交互式传播，那么采用了同样用语的我国《著作权法》中的表演权似乎也可以控制这一行为。

然而，《伯尔尼公约》与我国《著作权法》对表演权的规定存在一个关键区别。《伯尔尼公约》上述条款中的用语是“向公众传播”（communication to the public of the performance of their works），《著作权法》相应的用语是“公开播送”。如本书第四章第一节所述，《伯尔尼公约》及其后的《世界知识产权组织版权条约》中的“向公众传播”（communication to the public）都是指将作品（包括对作品的表演）传送至不在传播发生现场的公众。《世界知识产权组织版权条约》的“基础提案”对此明确指出：“‘传播’意味着向不在传播发生地的公众进行传送”④。但《伯尔尼公约》中凡是在传播行为之前用“公开”进行界定的，都是指现场传播，并不指远程传播（“向公众传播”）。《伯尔尼公约》中的这些条款包括第11条第1款第1项（授权公开表演其作品，包括用各种手段和方式公开表演）、第11条之二第1款第3项（授权通过扩音器或其他任何传送符号、

① 《著作权法》第10条第1款第9项。

② 笔者对该条款的译文是“授权以任何手段向公众传播对其作品的表演”。笔者的译文之所以有别于官方译文，是因为《伯尔尼公约》原文中的“communication to the public”应被译为“向公众传播”，而不是“公开传播”。对于《世界知识产权组织版权条约》第8条中的“communication to the public”，官方译文也是“向公众传播”。

③ 《伯尔尼公约》第11条第1款第2项的英文原文是“any communication to the public of the performance of their works”。

④ 《世界知识产权组织版权条约》“基础提案”对第10条的注释（《世界知识产权组织版权条约》第8条在条约草案中为第10条）第10.14段。

声音或图像的类似工具公开传播广播的作品）、第 11 条之三第 1 款第 1 项（授权公开朗诵其作品，包括用各种手段或方式公开朗诵）、第 14 条第 1 款第 2 项前半句（授权公开放映……经过如此改编或复制的作品）。相关的权利均为公认的现场传播权。对此本书第四章第一节已作详细阐述，此处不赘述。

也如本书第四章第一节所述，这样的区分当然高度抽象、晦涩，并不符合人们在日常生活中的用语习惯，特别是不符合中文用语的习惯。因此，在《伯尔尼公约》的官方译文中，《伯尔尼公约》第 11 条第 1 款第 2 项和第 11 条之三第 1 款第 2 项中的“any communication to the public of the performance/recitation of their works”被误译为了“用各种手段公开播送其作品的表演/朗诵”，而正确的翻译该当是“以任何手段向公众传播对其作品的表演/朗诵”。该误译导致我国《著作权法》立法者产生了一种错觉，以为误译后的第 11 条第 1 款第 2 项和第 11 条之三第 1 款第 2 项中的“用各种手段公开播送其作品的表演/朗诵”与这两款第 1 项中被误译后“用各种手段和方式公开表演/朗诵”是一回事，都是指“机械表演”；没有意识到《伯尔尼公约》第 11 条第 1 款第 2 项和第 11 条之三第 1 款第 2 项中的行为，根本不是面向现场公众的“机械表演”，而是将对作品的表演以技术手段传送至不在现场的公众，即远程传播。因此，《著作权法》在根据《伯尔尼公约》第 11 条第 1 款和第 11 条之三第 1 款定义表演权时（《著作权法》不再区别对戏剧作品、音乐戏剧作品和音乐作品的表演和对文学作品的朗诵，而是都将其归于对作品的表演），将这两款的第 1 项和第 2 项的内容糅合到了一起。《伯尔尼公约》中文文本的此处误译对《著作权法》的影响，通过下表可以清楚地看出来。

参与立法者将表演权的定义解释如下：

> （对表演权的）定义……说明了著作权法中的表演权包括的两个重要方面：“现场表演”和“机械表演”……“用各种手段公开播送作品的表演”指的是“机械表演”，机械表演指借助录音机、录像机等技术设备将前述表演公开传播，即以机械的方式传播作品的表演。机械表演包括的范围比较广，使用录放设备公开播送录有表演的唱片、录音带、录像带等就属于机械表演，如宾馆、饭店、商店、歌舞厅为顾客播放音乐、歌舞表演等。①

① 胡康生．中华人民共和国著作权法释义．北京：法律出版社，2002：49－50．

表 6-1　《伯尔尼公约》中文文本对《著作权法》表演权定义的影响

条文	《伯尔尼公约》中文文本（不当之处以着重号表示）	《伯尔尼公约》笔者译本（修改之处以着重号表示）
《伯尔尼公约》第 11 条第 1 款	戏剧作品、音乐戏剧作品和音乐作品的作者享有下列专有权利：(1) 授权公开表演和演奏其作品，包括用各种手段和方式公开表演和演奏；(2) 授权用各种手段公开播送其作品的表演和演奏	戏剧作品、音乐戏剧作品和音乐作品的作者享有下列专有权利：(1) 授权公开表演其作品，包括用各种手段和方式公开表演；(2) 授权用各种手段向公众传播对其作品的表演
《伯尔尼公约》第 11 条之三第 1 款	文学作品的作者享有下列专有权利：(1) 授权公开朗诵其作品，包括用各种手段或方式公开朗诵；(2) 授权用各种手段公开播送其作品的朗诵	文学作品的作者享有下列专有权利：(1) 授权公开朗诵其作品，包括用各种手段或方式公开朗诵；(2) 授权用各种手段向公众传播对其作品的朗诵
我国《著作权法》第 10 条第 1 款第 9 项	表演权，即公开表演作品，以及用各种手段公开播送作品的表演的权利	

这段解释反映了立法者对“用各种手段公开播送作品的表演”在认识上的偏差。如前文所述，《伯尔尼公约》第 11 条规定的表演权中，第 1 款第 1 项中的行为——“公开表演作品，包括用各种手段和方式公开表演”指的是演员现场表演和“机械表演”，是向表演发生地的公众进行的传播，属于现场传播权规制的行为。而第 1 款第 2 项中的行为——“用各种手段向公众传播其作品的表演”则是指将对作品的表演传送至不在表演发生地的受众，与“机械表演”并无关系，属于远程传播权（“向公众传播权”）规制的行为。上述解释将“用各种手段公开播送作品的表演”解释为“机械表演”，且完全没有提及向不在表演发生地的受众传送对作品的表演①，说明立法者并没有意图将那些向不在表演发生地的受众传播作品的表演的行为纳入《著作权法》中的表演权控制之下。

由此可见，虽然《著作权法》对表演权的定义在字面上与《伯尔尼公约》相近，但其含义存在实质性差异。我国《著作权法》中的表演权在规制范围上小于《伯尔尼公约》规定的表演权，只相当于其中的第一项子权利“公开表演权”（授权公开表演作品，包括用各种手段和方式公开表演），只能规制面向现场受众进行的演员的表演和“机械表演”，并未包含第二项子权利“向公众传播（对作品的）表演的权利”（授权用各种手段

① 相关释义在后文都是在介绍外国法和国际条约时，才提及通过有线方式向公众传播对作品的表演的行为。

向公众传播对其作品的表演）。上述解释中所举出的“机械表演”的实例，也均为向表演发生地的公众进行的播放。我国学者通常也将表演权的规制范围解释为演员的表演和“机械表演”[①]，有时还将《伯尔尼公约》中“用各种手段向公众传播对其作品的表演”解释为“机械表演”[②]。这也从一个侧面印证了《著作权法》中的表演权并不涉及《伯尔尼公约》意义上的“向公众传播”。

笔者臆测，我国立法者在起草我国《著作权法》中表演权的定义时，并非有意使之不同于《伯尔尼公约》中的表演权，而是由于公约的复杂性和当时对公约的研究刚刚起步，立法者误认为公约中的“用各种手段向公众传播对其作品的表演”仅指对现场公众进行的“机械表演”。虽然这可能出于历史的误会，但毕竟反映了当时的立法意图。

当然，即使立法者最初对《伯尔尼公约》中的表演权存在认识误区，由于《著作权法》对表演权的定义与公约相近，通过对该定义作出适当解释，完全可以纠正偏差，使《著作权法》中表演权的规制范围与《伯尔尼公约》的规定相一致，能够规制通过无线方式传播之外的其他任何各种技术手段“传播对作品的表演”。然而，这种直接套用《伯尔尼公约》中表演权含义的解释方法可能难以适用。这不仅因为它明显违反立法原意（虽然该立法意图可能建立在误读《伯尔尼公约》中的表演权的基础之上），而且因为它会导致法律适用的混乱。《伯尔尼公约》中包括第 11 条第 1 款第 2 项在内的“向公众传播权”的体系与我国《著作权法》的相关规定并不一致，如果按照《伯尔尼公约》第 11 条第 1 款第 2 项的含义去解释我国《著作权法》中的表演权，就会产生问题。下文将分别针对 2020 年修改之前的和修改之后的《著作权法》对此进行阐述。

三、2020 年修改之前的《著作权法》中的表演权与网络环境

如前文所述，我国《著作权法》规定的各项权利中，对表演权的规定在表面上与《伯尔尼公约》对表演权和朗诵权的规定对应。同时，我国《著作权法》的立法意图是使表演权只包括《伯尔尼公约》中的“公开表演权”和“公开朗诵权”，不包括“向公众传播（对作品的）表演/朗诵”的权利。此外，如本书第五章第一节所述，2020 年修改前的《著作权法》

---

① 刘春田．知识产权法．5 版．北京：中国人民大学出版社，2014：80. 吴汉东．知识产权法学．6 版．北京：北京大学出版社，2014：61. 张玉敏，张今，张平．知识产权法．北京：中国人民大学出版社，2009：123.

② 李明德，许超．著作权法．2 版．北京：法律出版社，2009：82. 来小鹏．知识产权法学．北京：中国政法大学出版社，2011：114.

对广播权的定义与《伯尔尼公约》对“广播与相关权利”的规定对应。然而，与之形成鲜明对比的是，2020年修改前的《著作权法》对放映权的规定——“放映权，即通过放映机、幻灯机等技术设备公开再现美术、摄影、电影和以类似摄制电影的方法创作的作品（2020年修改后的《著作权法》此处的用语是‘视听作品’——引者注）等的权利”，完全没有包含《伯尔尼公约》规定的“向公众以有线方式传播电影作品的权利”。

（一）将表演权适用于非交互式网络传播将导致权利适用的混乱

在判断能否将《著作权法》中的表演权适用于网络环境时，必须考虑《著作权法》和《伯尔尼公约》在“向公众传播权”规定方面的差异。《著作权法》分别规定了表演权和放映权，两者是相互独立的专有权利：前者适用于文字作品、音乐作品和戏剧作品等，后者则适用于美术作品、摄影作品和以类似摄制电影的方法创作的作品（2020年《著作权法》中的视听作品）等。[①] 这就意味着在我国，对作品的“表演”并不涵盖对作品的“放映”。因此，对于文字作品、音乐作品和戏剧作品可以进行“表演”，也可以向公众传播“对作品的表演”。但是，对于视听作品而言，不存在“表演”，只可能进行“放映”。如果将对视听作品的放映称为“表演”，并对其适用表演权，就会架空放映权，使放映权丧失其存在的价值。这显然违背了法律解释的基本原则——要使法律中的用语有意义。[②] 与此同时，《著作权法》中表演权定义的后半句是“……用各种手段公开播送作品的表演的权利”。即使将“放映”归入“表演”（当然，这种解释是错误的），但由于视听作品本身就是制作而成的、有伴音或无伴音的连续画面，而不是作为视听作品基础的剧本[③]，因此只可能“公开播送（向公众传播）视听作品”，也就是使公众感知带伴音或不带伴音的连续画面，而不存在“公开播送对视听作品的表演（放映）”。

《伯尔尼公约》第11条第1款第2项（表演权中的“向公众传播权”）和第11条之三第1款第2项（朗诵权中的“向公众传播权”），在用语上与第14条第1款第2项后半句（针对根据文学艺术作品拍摄的电影作品的“向公众传播权”）的差异，也充分说明了这一点。前者的用语

① 参见《著作权法》第10条第1款第10项。

② 美国联邦最高法院也曾指出，“根据既定的原则，法院应当尽可能地使一部立法中的每一条款和术语有意义”。Moskal v. United States，498 U. S. 103，109 - 110（1990）.

③ 2013年修订的《著作权法实施条例》第4条第11项规定：“电影作品和以类似摄制电影的方法创作的作品，是指摄制在一定介质上，由一系列有伴音或者无伴音的画面组成，并且借助适当装置放映或者以其他方式传播的作品”。

是“授权以任何手段向公众传播对其作品的表演/朗诵”，后者的用语是“授权……以有线方式向公众传播……作品”。由此可见，即使按照《伯尔尼公约》的规定对《著作权法》对表演权的规定进行解释，使其能够适用于非交互式网络传播行为，其适用范围也仅限于文字作品、音乐作品和戏剧作品等可以被“表演”且可以向公众传播“对作品的表演”的作品，而不可能适用于视听作品。

正是由于《著作权法》对放映权的定义在结构上与表演权不同，并不包含《伯尔尼公约》中“以有线方式向公众传播电影作品”的权利，故其只可能规制向在现场的公众放映作品的行为。在2020年修改的《著作权法》实施之前，对于将电影通过网络进行非交互式传播的行为，如“网络电视台”的定时传播（“网播”），法院并未适用放映权，而是适用《著作权法》第10条第1款第17项规定的“兜底权利”——“应当由著作权人享有的其他权利”。在本书第五章第一节所述的“安乐影片公司诉时越公司案”中，一、二审法院针对将电影进行非交互式网络传播的行为，均适用了“兜底权利”——“应当由著作权人享有的其他权利”①。

显然，在2020年修改的《著作权法》实施之前，如果将《著作权法》中的表演权适用于非交互式网络传播行为，会导致对传播不同作品的行为在法律适用上的割裂——对于通过网络以非交互式手段传播对文字作品、音乐作品和戏剧作品的表演或该表演的录音录像（如“网络电台”和“网络电视台”按照预定的时间表传播现场诗歌朗诵、歌曲演唱或戏剧表演或其录音）适用表演权，但对于同样通过网络以非交互式手段传播视听作品的行为，如“网络电视台”按照预定的时间表传播影视剧，则不能适用放映权，只能适用“兜底权利”。“网络电视台”按照预定的节目时间表传播对文字作品、音乐作品和戏剧作品的现场表演或表演的录音，与其传播视听作品当然具有相同的行为特征，对这两种行为仅因涉及的作品类型不同而适用不同的权利，不仅令人难以理解，还带来了许可方面的困难——不同类型作品的权利人及被许可人不得不区分作品类型分别就表演权和“兜底权利”讨论许可事宜。这使专有权利的适用趋于混乱。

（二）将表演权适用于交互式网络传播将导致权利适用的混乱

虽然目前有关《著作权法》中的表演权能否适用于网络环境的讨论主要针对的问题是表演权能否适用于非交互式网络传播，但实际上一旦得出

① 北京市第二中级人民法院（2008）二中民初字第10396号民事判决书，北京市高级人民法院（2009）高民终字第3034号民事判决书。

表演权能适用于部分非交互式网络传播（对作品表演的“网播”）的结论，也必然得出表演权能适用于部分交互式网络传播（对表演录制品的交互式传播）的结论。如前文所述，《伯尔尼公约》第11条第1款第2项规定的“向公众传播（对作品的）表演”的权利针对“用各种手段向公众传播对其作品的表演”，其技术中立的用语“各种手段”当然包括交互式传播。试问：对于将作品表演的录制品（如演唱会的录音）上传至网络服务器中供用户点播或下载的行为，是适用表演权还是信息网络传播权呢？如果认为适用表演权，则将在很大程度上架空信息网络传播权，因为在网络中对作品的交互式传播，有相当一部分是提供作品表演的录制品的在线点播或下载（本节第四部分“2020年修改之后的《著作权法》中的表演权与网络环境”对此还有深入论证）。因此对该问题的回答当然是适用信息网络传播权而非表演权。

如果认为表演权定义中的“……用各种手段公开播送作品的表演……”包含了对作品表演的远程传播（“向公众传播”），则必然同时包含交互式传播和非交互式传播，不可能只包含交互式传播而不包含同为远程传播的非交互式传播，也不可能只包含非交互式传播而不包含同为远程传播的交互式传播。既然对作品表演的交互式传播并不包含在内，要将该用语解释为包括同为远程传播的非交互式传播，显然依据不足。

考虑到需要对表演权和放映权的关系，以及表演权和信息网络传播权的关系进行协调，在2020年修改的《著作权法》实施之前，为了保证法律适用的统一，对《著作权法》中的表演权的解释应采取立法原意，即其只控制面对现场受众的演员表演和“机械表演”。对于通过网络以非交互式手段传播作品表演的行为，则只能适用“兜底权利”。

当然，著作权属于绝对权，具有法定性，不能由法官或当事人自行创设，因此笔者并不赞同随意适用“兜底权利”，而是主张尽可能适用《著作权法》明确规定的专有权利。适用“兜底权利”的前提应当是，《著作权法》中各项明确规定的专有权利尚未达到我国加入的国际版权条约要求的保护水平。此时为了弥补《著作权法》与国际版权条约之间的差距，同时为了避免“超国民待遇”（对外国国民给予国际版权条约要求的高水平保护，而对本国国民只给予本国法给予的较低水平保护），可以适用“兜底权利”。在前文所述的“安乐影片公司诉时越公司案”中，法院适用“兜底权利”规制对电影的非交互式网络传播，完全符合这一前提（参见本书第五章第一节）。一方面，《世界知识产权组织版权条约》第8条的前半句要求各缔约方在国内法中为作者规定“授权将其作品以有线或无线方式向公众传播”的专有权利，其中当然应当包括以任何手段进行非交互式传播的权利；另一方面，2020 年修改之前的《著作权法》规定的信息网络传播权、广播权和放映权又无法规制对电影作品的非交互式网络传播。因此法院只能适用“兜底权利”。这一思路同样适用于对音乐等作品的非交互式网络传播。

如前文所述，《著作权法》的立法者很可能一开始就未正确认识《伯尔尼公约》中“用各种手段向公众传播对其作品的表演”的含义，误将其理解为“机械表演”，导致《著作权法》中的表演权在规制范围上小于《伯尔尼公约》中的表演权。然而，《伯尔尼公约》作为国际条约，仅要求成员国达到其规定的保护水平，并不要求成员国使用相同名称或内容的权利控制同一行为。只要成员国的立法达到了《伯尔尼公约》要求的保护水平，比如对公约要求控制的行为设置了某项专有权利加以控制，即使该成员国对于在立法中使用的与公约相同的术语作出了不同的解释，而且设置的专有权利在名称上也有别于公约中的专有权利，该成员国的立法也并不违反公约。

只要用“兜底权利”去控制对文字作品、音乐作品和戏剧作品的表演的交互式网络传播，2020 年修改前的《著作权法》就达到了《伯尔尼公约》要求的保护水平。这种“将错就错”的法律解释方法，在 2020 年修改的《著作权法》实施之前，是更为合适的做法。

还需要指出的是，鉴于《著作权法》中各项专有权利之间关系的复杂性，在 2020 年修改《著作权法》之前，音乐作品权利人在将其“小权利”交由集体管理组织管理时，可能并未想到自己还享有可以规制非交互网络传播的“兜底权利”，或者误认为表演权、广播权或信息网络传播权可以规制这种行为，因此并未约定由集体管理组织管理“兜底权利”。此时应当对音乐作品权利人与集体管理组织签订的授权管理合同进行合理解释，如在音乐作品权利人已经将对其经济利益影响更大的信息网络传播权（交互式传播权）交由集体管理组织管理的情况下，认为集体管理组织不能管理其非交互式传播权是不合情理的。此时，可以认为双方合同中的“信息网络传播权”并不限于《著作权法》意义上的交互式传播权，而是涵盖了通过信息网络以任何手段进行传播的权利，包括对音乐作品的表演进行“网播”的权利。这一解释，不仅符合缔约双方的真实意图，也为音乐集体管理组织针对网络主播在直播中演唱歌曲的行为进行授权和维权，以及海外集体管理组织根据相互代表协议在海外收取并向我国集体管理组织转交相关许可使用费提供了依据。

四、2020 年修改之后的《著作权法》中的表演权与网络环境

2020 年修改之后的《著作权法》并没有调整表演权的定义，同时对放映权的定义也仅进行了技术性调整，也就是将“电影和以类似摄制电影的方法创作的作品”改为“视听作品”，并没有改变其实质内容。因此，前文有关考虑表演权与放映权的关系，不应对非交互式网络传播适用表演权的结论，在 2020 年修改之后的《著作权法》中仍然成立。与此同时，由于 2020 年修改之后的《著作权法》对广播权进行了重新定义，表演权与网络环境的关系彻底澄清。

如本书第五章第一节所述，在 2020 年修改之后的《著作权法》中，广播权以技术中立的方式被改造成了非交互式传播权，与信息网络传播权一起构成了远程传播权（“向公众传播权”）的完整体系，改变了在 2020 年修改之前的《著作权法》中，只能用“兜底权利”而非广播权规制“网播”（非交互式网络传播）的局面。

由于 2020 年修改后的《著作权法》规定的广播权可以调整非交互式网络传播行为，所以如果认为表演权适用于对作品表演实施的非交互式网络传播行为，将导致两项权利之间的冲突。对此，应当参考《伯尔尼公约》中“广播与相关权利”和表演权之间的关系，并适用“特别规定优于一般规定”的原则，将所有非交互式网络传播行为都纳入作为特别规定、专门规制非交互式传播的广播权予以调整。这样一来，表演权仍然只能规制面向现场受众的演员表演和“机械表演”，而不能适用于通过网络传播对作品的表演。

对于上文得出的应适用广播权规制“网播”的结论，可能存在一种质疑，即认为应当区分“网播”的不同情况决定适用何种专有权利。这是因为“网播”既可以直接传播作品，比如前文提及的“网络电视台”按照预定的节目时间表传播电影，以及在玩网络游戏时直播对战实况（对构成视听作品的网络游戏连续画面和伴音的“网播”），也可以传播对作品的表演或者对作品的表演的录制品，例如：网络主播在网络直播中演唱歌曲，就属于对音乐作品的表演进行实时“网播”；将现场音乐会的实况录制为视频后，按预定的节目时间表传播，就属于对音乐作品表演的录制品进行“网播”。2020 年修改后的《著作权法》中广播权的定义是“以有线或者无线方式公开传播或者转播作品……的权利”，其中并没有提及“传播作品的表演”。与之相比，表演权的定义包括“用各种手段公开播送作品的表演的权利”。那么，为什么不能区分“网播”的情况，对于直接对作品本身进行的“网播”适用广播权，对于针对作品的表演（含作品表演的录

制品）进行的“网播”适用表演权呢？[1] 如果回答是肯定的，则对非交互式网络传播就不存在统一的法律适用，而是应视具体行为适用不同的专有权利，例如，对于网络主播在直播中演唱歌曲等通过网络直播作品的表演的行为，就应当适用表演权，而不是广播权。

这种观点是不成立的，其根本问题在于不适当地缩小了“传播作品”这一用语的范围，将其等同于“传播作品在创作完成时的原始形态”；其忽略了法律解释方法，与司法实践脱节，也与国际版权条约中相应权利的含义不符，还将导致传播权体系的混乱。

2020 年修改之前的《著作权法》对广播权的定义是“以无线方式公开广播或者传播作品……的权利”（注：着重号为引者所加），用语也是“传播作品”而不是“传播作品的表演”。同时该法还规定了一条法定许可——“广播电台、电视台播放已经出版的录音制品，可以不经著作权人许可，但应当支付报酬。当事人另有约定的除外。具体办法由国务院规定。”[2] 该条针对的是作品被制作为录音制品出版后，电台、电视台播放录音制品的情形，涉及的专有权利当然是广播权而非表演权。2009 年国务院依据该条的授权制定的《广播电台电视台播放录音制品支付报酬暂行办法》（2013 年修订）第 1 条就清楚地规定：“为了保障著作权人依法行使广播权……制定本办法。”（注：着重号为引者所加）

众所周知，电台、电视台播放的录音制品主要是音乐作品的录音制品。上述暂行办法第 2 条“广播电台、电视台可以就播放已经发表的音乐作品向著作权人支付报酬的方式、数额等有关事项与管理相关权利的著作权集体管理组织进行约定”（注：着重号为引者所加）也反映了这一事实。试问：电台、电视台“播放已经发表的音乐作品”是指播放音乐作品创作完成时的原始形态——乐谱吗？回答显然是否定的。只能进行声音广播的电台自然无法直接“播放”乐谱，电视台在屏幕上展示乐谱内容的行为虽然可被称为直接“播放”乐谱，但这当然不可能是电视台播放音乐作品的主要途径。对于绝大多数人而言，音乐作品只有经过表演（演唱或演奏）才能被欣赏。除了专业人士，人们不会通过阅读带词或不带词的曲谱欣赏

---

[1] 在 2021 年 12 月 19 日暨南大学知识产权研究院举办的“短视频产业发展与法律热点问题”研讨会上，有参会者旗帜鲜明地表达了类似观点。

[2] 该条在 2001 年修订的《著作权法》中为第 43 条，在 2010 年修订的《著作权法》中为第 44 条。由于作品在经许可被制作为录音制品且该录音制品已出版的情况下，该作品必然也被“发表”，因此 2020 年修改《著作权法》时，删除了该条，统一适用第 46 条第 2 款的规定——“广播电台、电视台播放他人已发表的作品，可以不经著作权人许可，但应当按照规定支付报酬。”

音乐，更不会有兴趣看电视台“播放”的曲谱。可见，对音乐作品而言，《著作权法》中的“播放已经出版的录音制品”和上述暂行办法中的“播放音乐”，当然是指播放音乐表演的录音制品。如果认为“传播作品”仅限于传播作品的原始形态（对音乐作品而言就是乐谱），那么《著作权法》针对电台、电视台播放作品录音制品规定的法定许可，以及上述暂行办法都将失去意义，也无法解释诸多认定电台、电视台播放音乐表演的录音制品应向音乐作品著作权人支付报酬的判决①，因此显然是不能成立的。

通过分析同为远程传播权（“向公众传播权”）的信息网络传播权中具体术语的含义，可以对《著作权法》中“传播作品”的含义产生更加清楚的认识。试举一例说明：某歌手演唱了尚在保护期内的歌曲，由唱片公司制成音乐专辑（录音制品），某音乐网站未经许可将该专辑上传至其网站中供用户在线点播或下载。现歌曲的著作权人起诉该音乐网站侵犯著作权。试问：侵害的是何种专有权利？相信审理此类案件的法官会觉得这是极为简单的问题——当然侵害信息网络传播权。估计法官甚至都不会想到该问题与表演权有何关系。但是，《著作权法》对信息网络传播权的定义是“以有线或者无线方式向公众提供，使公众可以在其选定的时间和地点获得作品的权利”（注：着重号为引者所加），其中并没有提及“使公众……获得作品的表演（的录制品）”②。而按照对“传播作品”的限缩性解释，该被诉侵权的音乐网站上传的并不是音乐作品的原始形态（曲谱），而是音乐表演的录制品。换言之，据此观点，该音乐网站并没有直接对音乐作品进行交互式传播，而是对音乐表演的录制品实施了交互式传播。那么能否将音乐网站的行为归入“用各种手段公开播送对作品的表演”，从而对其适用表演权，而非信息网络传播权？

如果对此问题给出肯定的回答，也就是认为对信息网络传播权的侵犯，限于以交互式手段提供作品的原始形态，并不包括提供作品的表演以及该表演的录音制品，则信息网络传播权的作用将大为式微。仍然以音乐作品为例，这将导致只有一种行为才会侵犯音乐作品权利人的信息网络传

① 例如，在“中国音乐著作权协会诉绍兴市新闻传媒中心著作权权属、侵权纠纷案”中，被告在其经营的广播电台中播放了涉案歌曲（音乐表演的录音制品），法院认为被告“在其广播节目中使用涉案音乐作品，虽符合法定许可使用，但因未按规定支付作品使用费……应当承担赔偿责任”［浙江省绍兴市中级人民法院（2019）浙06民初582号民事判决书］。

② 作品的表演如果未经录制，是不可能对其进行交互式传播的。因为未经录制的表演一定是演员的现场表演，对演员现场表演的实时远程传播只可能是非交互式传播，即电台、电视台的直播，或“网播”。只有将表演录制后形成录制品，才可能将以上传等方式将其置于服务器中进行交互式传播，即供用户在线点播或下载。

播权，那就是上传带词或不带词的曲谱，因为只有上传曲谱，才是传播音乐作品创作完成时的原始形态①，才不会涉及对音乐作品的表演及表演的录制品。显然，除了专业人士，很少有人会有兴趣从网络中下载曲谱。如果认为只有上传曲谱才会侵害音乐作品权利人的信息网络传播权，那么信息网络传播权对于音乐作品的权利人而言几乎丧失了意义。舞蹈作品也是如此：舞蹈作品的原始形态大概就是在纸上所画出的各种表明肢体动作的图式和符号。如果认为信息网络传播权定义中的“使公众……获得作品”不包括使公众获得舞蹈表演的录像制品，那么信息网络传播权对于舞蹈作品的权利人还有什么用呢？而对于口述作品，信息网络传播权则完全丧失了价值，因为口述作品本身就是即兴创作的，事先并不存在文稿。对口述作品进行交互式传播的唯一途径就是将现场的口述录制下来，以上传等方式将录制品置于服务器中传播，即供公众在线点播或下载。

对“传播作品”进行的上述限缩性解释也与司法实践和许可实践严重不符。对于未经许可将音乐表演的录制品上传至服务器供用户在线欣赏或下载的行为，我国法院均认定侵害了音乐作品权利人的信息网络传播权，并未适用过表演权。例如，在“北京晨钟科技有限公司诉成都蓝海之星科技有限公司侵害作品信息网络传播权纠纷案”中，被告将音乐表演的录制品上传至网络，法院认为被告“向其用户提供涉案歌曲的在线试听、播放服务，使公众可以在个人选定的时间和地点获得涉案录音制品，该行为侵犯了晨钟公司对涉案作品享有的信息网络传播权”②。再如，在“中国音乐著作权协会诉中国移动通信集团浙江有限公司等侵害作品信息网络传播权纠纷案”中，被告未经许可将音乐作品制成彩铃（音乐电子演奏的录音制品）提供下载，法院认为被告“未经音著协许可，擅自在其运营的官方彩铃网站提供涉案歌曲的试听、下载、定制等服务，使相关公众可以在其个人选定的时间和地点获得涉案歌曲，侵害了涉案歌曲著作权人就涉案作品享有的信息网络传播权”③。

对舞蹈作品和口述作品录制品的交互式网络传播也是如此，法院认定未经许可上传舞蹈表演录像的行为侵害了舞蹈作品权利人的信息网络传播

---

① 《著作权法实施条例》第 4 条第 3 项规定，“音乐作品，是指歌曲、交响乐等能够演唱或者演奏的带词或者不带词的作品”。这排除了边创作并演奏或演唱的特殊情况，音乐作品创作完成时的原始形态即为带词或不带词的曲谱。

② 北京互联网法院（2021）京 0491 民初 18012 号民事判决书，北京知识产权法院（2021）京 73 民终 4127 号民事判决书。

③ 北京互联网法院（2019）京 0491 民初 21677 号民事判决书，北京知识产权法院（2021）京 73 民终 3442 号民事判决书。

权，而不是表演权。例如，在“东莞市环宇激光工程有限公司诉王某侵犯著作权纠纷案”中，被告未经许可将舞蹈表演的录像上传至视频网站，法院认定被告的行为侵害了原告对舞蹈作品的信息网络传播权。① 再如，在“四川幼体联教育科技有限公司诉新乡市万家教育科学服务有限公司侵犯著作权纠纷案”中，被告表演原告设计的舞蹈动作后在网络中传播表演视频，法院认定其侵害了原告对舞蹈作品的信息网络传播权。② 同样，法院对未经许可上传口述作品录音的行为认定侵害了口述作品权利人的信息传播权，也不是表演权。例如，在“罗永浩诉北京硅谷动力电子商务有限公司侵犯著作权纠纷案”中，原告为北京新东方的英语教师，其讲课时生动活泼的“段子”被学生“自己录下来”，后在被告网站上传播，法院查明有“50 段录音文件”。法院认定被告“将罗永浩享有著作权的口述作品上载到其网站供用户浏览或者下载，侵犯了罗永浩对其口述作品享有的信息网络传播权”③。希望获得授权的潜在利用者也均会就此类行为寻求获得信息网络传播权而非表演权的许可。对此只可能存在一种解释，那就是“传播作品”并不限于传播作品的原始形态，而是包括传播作品的表演和作品表演的录制品。

《伯尔尼公约》中表演权与“广播与相关权利”之间的关系对此作了最好的注解。如前文所述，我国《著作权法》对表演权的定义来源于《伯尔尼公约》第 11 条对“公开表演和向公众传播表演的权利”（以下简称“表演权”）的规定④，对广播权的定义则来源于《伯尔尼公约》第 11 条之二对“广播与相关权利”的规定。《伯尔尼公约》第 11 条第 1 款的内容是“戏剧作品、音乐戏剧作品和音乐作品的作者享有下列专有权利：……（2）授权用各种手段向公众传播对其作品的表演”（注：着重号为引者所加），明确将规制的行为限定为“传播对其作品的表演”而不是“传播其作品”。《伯尔尼公约》第 11 条之二第 1 款第 1 项规定：“文学艺术作品的作者享有下列专有权利：（1）授权广播其作品或以任何其他无线传送符

---

① 广东省广州市天河区人民法院（2010）天法知民初字第 94 号民事判决书，广东省广州市中级人民法院（2011）穗中法民三终字第 269 号民事判决书。

② 河南省新乡市中级人民法院（2018）豫 07 民初 39 号民事判决书，河南省高级人民法院（2018）豫民终 1168 号民事判决书。

③ 北京市海淀区人民法院（2006）海民初字第 9749 号民事判决书。二审法院予以维持。北京市第一中级人民法院（2006）一中民终字第 13333 号民事判决书。

④ 《著作权法》中的表演权定义是 2001 年修改《著作权法》时增加的。时任国家版权局局长石宗源在向全国人民代表大会常务委员会作关于《中华人民共和国著作权法修正案（草案）》的说明时就明确指出，有关表演权的规定“参照伯尔尼公约关于著作权人的公开表演权……”。http：//www.npc.gov.cn/wxzl/gongbao/2001-12/04/content_5280683.htm.

号、声音或图像的方法向公众传播其作品……”（注：着重号为引者所加）其仅规定“传播其作品”，并没有规定“传播其作品的表演”。

如果依照对“传播作品”的限缩性解释，对于作品表演的无线电传播，如电台对音乐会的现场直播，也不可能被纳入《伯尔尼公约》中“广播与相关权利”的规制范围。然而，国际上有关《伯尔尼公约》的解释和论著均将通过无线方式以非交互式手段传播作品表演（如电台对音乐会的现场直播）的行为纳入“广播与相关权利”而非表演权的规制范围。只有“广播与相关权利”不能涵盖的初始有线传播[①]，才被纳入表演权的规制范围。前文对此已作过详细阐释，此处不赘述。

由此可见，在传播权的体系中，当某项传播权中的专有权利被定义为以某种方式传播“作品”时，除非有特别限定，否则该项专有权利涵盖的行为，当然不限于传播作品创作完成时的原始形态，还包括传播作品的表演和该表演的录制品。只是在传播作品的表演和该表演的录制品的情况下，还可能同时涉及表演者权和录制者权中的专有权利。前文提及的音乐网站未经许可上传音乐专辑（音乐表演的录音制品）的行为，同时侵害了音乐作品（被演唱的歌曲）著作权人、表演者和录音制作者的信息网络传播权。同样道理，2020 年修改后的《著作权法》中的广播权定义中的“以有线或者无线方式公开传播或者转播作品”当然包括传播作品的表演和该表演的录制品。因此，通过无线电波、有线电缆和网络对音乐会（音乐表演）进行现场直播和定时播放该录音会的实况录像（音乐表演的录像制品），均属于广播权所规制的行为。

需要指出的是，在《伯尔尼公约》中，之所以对作品表演及其录制品的传播根据所使用的传输技术区分适用第 11 条规定的表演权和第 11 条之二规定的“广播与相关权利”，是因为《伯尔尼公约》第 11 条之二在规定“广播与相关权利”时，受当时技术条件所限，仅针对初始无线传播以及对该初始无线传播的转播，没有实现对非交互式远程传播的全覆盖。对此本书第五章第二节已作详细阐述，此处不赘述。在这种情况下，《伯尔尼公约》规定的“广播与相关权利”只能规制以无线方式传播作品的表演及作品表演的录制品；至于直接通过有线电缆传播作品的表演及作品表演的录制品的行为，则由表演权规制。而在我国《著作权法》于 2020 年修改之后，广播权的第一项子权利已被改造为适用范围极广的非交互式远程传

---

① 对于为什么《伯尔尼公约》中的“广播与相关权利”不能涵盖初始的有线传播，本书第五章第二节已进行了阐释。

播权，可以涵盖以任何非交互式的传输手段向不在现场的公众传播作品的行为，其中当然包括对作品的表演以及作品表演的录制品的非交互式网络传播（“网播”）。这样一来，我国《著作权法》中的广播权与表演权的关系和《伯尔尼公约》中的“广播与相关权”与表演权的关系并不相同。与此相适应，为了避免表演权与广播权在规制范围上的重叠，表演权必须被解释为单纯的现场传播权，只能规制面向现场公众的演员表演和机械表演，而不能规制任何向不在现场的公众传播作品表演及作品表演的录制品的行为。因此，对于前文提及的各种“网播”，如“网络电台”“网络电视台”按照预定节目时间表传播作品（含作品的表演及作品表演的录制品），以及网络主播在直播中表演作品的行为等，在2020年修改后的《著作权法》中，均属于广播权定义中的“以有线或者无线方式公开传播……作品”，应当适用广播权而非表演权。

考虑到2020年修改后的《著作权法》对广播权的修改，为明确起见，建议在下次修改《著作权法》时，对表演权的定义也进行修改。实际上，2000年的《著作权法修改草案》对“公开表演权”的定义是基本上可取的。该草案将“公开表演权”定义为“通过演员的声音、表情、动作在现场直接公开再现作品，以及通过放映机、录音机、录像机等技术设备间接公开再现作品或者作品的表演的权利”。“在现场”的用语明确了表演权是现场传播权，且后半句没有使用“向公众传播”的用语，不会被误认为是向公众传播权（远程传播权）。时任国家版权局局长石宗源在向全国人民代表大会常务委员会作关于《中华人民共和国著作权法修正案（草案）》的说明时就明确指出，“参照伯尔尼公约关于著作权人的公开表演权，既包括通过演员的现场表演，也包括通过技术设备公开再现作品或者作品的表演（机械表演）的规定”①。显然，该定义仅将演员的现场表演和“机械表演”纳入其中，而且“通过放映机、录音机、录像机等技术设备间接公开再现作品或者作品的表演”的表述更接近《伯尔尼公约》中的表演权定义中对机械表演的界定——“用各种手段和方式公开表演”。

第二节　网络环境与放映权

我国《著作权法》将放映权定义为“通过放映机、幻灯机等技术设备

① http：//www.npc.gov.cn/wxzl/gongbao/2001-12/04/content_5280683.htm.

公开再现美术、摄影、视听作品等的权利"①。如前文所述，该定义并非直接借鉴自《伯尔尼公约》第14条第1款第2项及第14条之二第1款与电影作品有关的权利规定。其中没有出现标志着远程传播的"以有线或者无线方式"（广播权和信息网络传播权定义中的用语）或者有可能使人联想到远程传播的"用各种手段公开播送"（表演权定义中的用语）。"公开再现"则明显是指现场放映，也就是仅指面向现场观众的传播，完全不涉及通过技术手段向不在现场的观众传播作品的行为。

在2020年《著作权法》修改之前，除有线电视台通过有线电缆实施的初始远程传播和网站实施的非交互式的网络传播之外，对视听作品的各种远程传播早就被公认为归入其他专有权利的规制范围。如对于电视台通过无线电波播放影视剧，法院均适用广播权，从未适用过放映权；对于提供影视剧的在线点播或下载，法院也均适用信息网络传播权，也从未适用过放映权。对于网站按预定的时间表传播电影作品（"网播"），在2020年《著作权法》修改之前的广播权无法规制（因为不是初始无线传播或对初始无线传播的转播）的情况下，法院适用的也是"兜底权利"，而不是放映权。法院宁愿选择在范围上具有高度不确定性的"兜底权利"也不用放映权，反映了放映权只能是现场传播权的共识。在2020年《著作权法》修改之后，广播权的第一项子权利已被改造为涵盖面极广的非交互式远程传播权，可以规制以任何技术手段对作品进行的非交互式远程传播。此前只能适用"兜底权利"的有线电视台通过有线电缆实施的初始远程传播和网站实施的非交互式网络传播，都可被归入广播权的第一项子权利的规制范围。这样一来，广播权的第一项子权利和信息网络传播权就构成了我国《著作权法》中远程传播权（"向公众传播权"）的完整体系，分别规制远程传播中的非交互式传播和交互式传播，放映权更是绝无适用于远程传播的可能。

上述分析似乎否定了在网络环境中适用放映权的可能性。然而，网络环境的范围非常宽泛，不仅在传输端存在，在接收端也存在。媒体融合发展更是促进了新商业模式在接收端的涌现。近年来出现的以"点播影院"为代表的提供互联网点播终端服务就引发了可能涉及放映权的法律适用问题。

一、提供互联网点播终端服务引发的权利适用问题

近年来，市场上出现了一种视听作品传播的新型模式，被称为"点播

① 《著作权法》第10条第1款第10项。

影院”、“小影吧”、“视听馆”和“私人影院”等。2018 年新闻出版广电总局颁布的《点播影院、点播院线管理规定》第 2 条，将“点播影院”定义为“在电影院和流动放映活动场所之外，为观众观看自选影片提供放映服务经营活动的文化娱乐场所”。

这种服务模式的特征是在经营场所提供互联网视听作品点播终端，如通过机顶盒使电视机连接互联网，或者直接通过内置机顶盒和应用软件的“互联网电视”或移动设备（以下统称“互联网点播终端”），供付费观众在包房内点播网络端的视听作品。有的还将点播终端连接投影仪后播放，以使观众获得良好的观影体验。① 在多数情况下，该经营场所的经营者已经向互联网视听作品服务提供者购买了会员服务（如爱奇艺的会员服务），以便公众可以在互联网点播终端随意选择欣赏该互联网视听作品服务提供者置于网络端的成千上万部影视剧。该服务模式也逐渐被其他一些经营者所采用，如不少宾馆在客房中设置互联网点播终端，供入住客人点播影视剧。

这种服务模式与之前广泛存在的业态是不同的。之前有的小放映厅让观众自选电影碟片或录像带，再由经营者放映。其行为无疑构成对电影作品的放映。如果“自选影片”是指经营者搭建了一个局域网或内网，并在服务器中存储电影作品供观众点播，则该行为的性质与本书第七章第二节将要讨论的网吧经营者在局域网或内网中提供电影点播无异，对相关问题将在该节中讨论。此处需要讨论的问题是：当互联网点播终端服务的经营者没有将视听作品存储在本地服务器中，或者自行上传至网络服务器中，而是向公众提供互联网点播终端设备（如互联网电视）、相关的配套设施（如投影仪）以及场所（包括“点播影院”、宾馆等），并收取服务费，供公众自行操作，点播由互联网视听服务提供者存储于网络服务器中的视听作品，那么该项服务涉及视听作品著作权人的何种专有权利？换言之，如果因未经许可提供此项服务而导致侵权，侵害了何项专有权利？

根据本书第四章第二节对公开传播行为的构成要件的讨论，对于“点播影院”的行为，有以下三点是可以确定的：

第一，虽然“点播影院”通常包间数量不多，而且每个包间的面积也很小，但它是一个对公众开放的经营场所，任何人都可以进入。对于“点播影院”提供观赏的某一部电影而言，虽然在某一特定时刻，因受到空间

① 中国电影著作权协会．“点播影院”使用电影作品的情况介绍．http：//www.gapp.gov.cn/chinacopyright/contents/518/248478.html.

的限制，能够同时观赏的人数很有限，但日积月累的效果，将是使超出某一家庭成员和其正常社交圈的不特定多数人能够观赏。这就是一种典型的使公众中的成员在不同时间欣赏同一作品的传播模式，属于面向“公众”的传播，或称“公开”传播。

第二，由本书第四章第二节对餐厅等经营场所安置收音机、电视机以及舞厅放置“自动点唱机”的讨论可知，传播作品的行为在范围上是极其广泛的，对于通过机械装置传播作品而言，并不限于直接操作机械装置使之传出声音或图像，也不限于将作品存储于经营场所并以该场所为原始传播点，而是包括提供机械装置，供公众自己动手操作，获取存储在远端或从远端传出的作品，从而使公众欣赏作品的行为。“点播影院”提供由电视机和机顶盒组成的机械装置，供顾客自行操作，获取他人通过互联网提供的电影并进行观赏，也属于公开传播作品的行为。

第三，同样根据本书第四章第二节对餐厅等经营场所安置收音机、电视机，接收并播放广播电视节目之性质的讨论，即使“点播影院”的顾客（不特定公众）通过“点播影院”设置的联网电视机观看的影视剧在网络端的传播是经过合法授权的，即权利人已经许可机顶盒或“互联网电视”的制造商或与之合作的播控平台提供影视剧的点播服务，也不意味着“点播影院”无须授权就可以设置联网电视机供公众欣赏源于网络端的影视剧。葡萄牙最高法院于 2013 年判决的“酒吧播放广播案”及欧盟法院的判决已经充分说明，在权利人已许可电台、电视机播放作品的情况下，接收端公开播放所接收到的作品仍然是一个新的公开传播行为，并不在原始许可的范围之内，仍然需要获得权利人的许可。同样道理，“点播影院”的行为构成一个新的公开传播行为，其仍然需要获得影视剧权利人的授权。

但是，对于利用电视机机顶盒或者“互联网电视”供用户点播网络端影视剧的“点播影院”而言，仍然有一个重要问题需要特别讨论，那就是对此行为应当适用何种专有权利。我国《著作权法》中并不存在一项广义的传播权，而是分别规定了表演权、广播权、放映权和信息网络传播权等针对具体传播行为的专有权利。那么，“点播影院”设置联网电视机使公众可以欣赏互联网中影视剧的行为，对应的是《著作权法》中规定的哪一项专有权利呢？对该问题的回答，对于在媒体融合环境下法院正确地适用专有权利和使用者获取正确的权利许可都具有重要意义。

二、对提供互联网点播终端服务无法适用信息网络传播权

提供互联网点播终端服务，可以使公众点播源于网络的影视剧，在最终效果上和观感上与以“点播”为特征的信息网络传播行为（交互式传播行为）比较相似。那么对提供该服务涉及的行为是否应适用信息网络传播权呢？在目前的司法实务中，出现了对此作出肯定回答的案例。在“北京爱奇艺科技有限公司诉广州市有戏餐饮有限公司案”中，法院认定：

> 被告未经许可通过在其运营的“有戏私人影院”内的投影仪及机顶盒设备中在线搜索七部涉案作品并播放七部涉案作品的方式，提供涉案作品的在线观看服务，使用户可以在其个人选定的时间和地点观看该影片，侵犯了原告对涉案作品依法享有的信息网络传播权，应当承担停止侵权、赔偿损失的法律责任。[①]

同样，在“北京华视聚合文化传媒有限公司诉南青酒店经营管理（上海）有限公司侵害作品信息网络传播权纠纷案”中，法院认为：

> 被告在其经营的酒店客房内提供电视机，向不特定的住店客人提供影片的付费点播服务，使客人可在其个人选定的时间观看该影片，该种传播方式属于通过有线或者无线的方式向公众提供作品，使公众可以在其个人选定的时间和地点获得作品，受作品的信息网络传播权控制，故被告该行为侵害了原告对涉案作品享有的信息网络传播权。[②]

笔者对此持否定观点。持该观点的判决混淆了远程传播权（“向公众传播权”）和现场传播权。

（一）提供互联网点播终端服务是现场传播

如本书第四章第一节所述，信息网络传播权是远程传播权（“向公众传播权”），针对的是以交互式手段将作品传送至不在传播发生地的公众的行为。根据《著作权法》对信息网络传播权的规定，信息网络传播权针对的信息网络传播行为，必须是通过网络“向公众提供，使公众可以在其选定的时间和地点获得作品”[③]。对于其中的“提供”，《最高人民法院关于审理侵害信息网络传播权民事纠纷案件适用法律若干问题的规定》（2020 年修正）第 3 条第 2 款作出了如下解释：

> ……通过上传到网络服务器、设置共享文件或者利用文件分享软件等方式，将作品、表演、录音录像制品置于信息网络中，使公众能够在个人选定的时间和地点以下载、浏览或者其他方式获得的，人民法院应当认定其实施了前款规定的提供行为。

① 北京互联网法院（2019）京 0491 民初 28628 号民事裁定书。
② 上海市浦东新区人民法院（2020）沪 0115 民初 40330 号民事判决书。
③ 《著作权法》第 10 条第 1 款第 12 项。

由此可见，“提供”应当是指将作品置于网络中传播的行为，也就是将作品“上网”的行为。这一方面是信息网络传播权定义的应有之义，另一方面也是由信息网络传播权作为远程传播权（“向公众传播权”）的地位决定的，因为只有将作品“上网”，才可能面向不在传播发生地的公众进行传送。仅仅在特定场所内利用终端设备接收并向在场公众播放已经在网络中传播的作品，当然是现场传播而非远程传播（“向公众传播”），也不可能属于信息网络传播权定义中的“提供”。换言之，信息网络传播权针对的是在“提供端”发生的远程传播行为（“向公众传播”行为），而不是在“接收端”发生的现场传播行为。

对于互联网点播终端服务提供者的行为，需要首先明确它是在一个完整的传播链条中的哪一个节点发生的。显然，这个传播链条的起点是如爱奇艺、优酷等视频网站中用于存储影视剧的服务器，该网络服务器是该传播链条中的第一个“传播源”。如果相关诉讼是针对视频网站的经营者，涉及的传播权自然属于远程传播权（“向公众传播权”），因为视频网站必须利用技术传送手段将作品从该“传播源”传输至不在传播现场的公众；加之其交互式的传播性质，对该行为应当适用远程传播权（“向公众传播权”）中的信息网络传播权。但是，互联网点播终端服务涉及的传播行为发生在上述传播链条的另一端。互联网点播终端是该传播链条中的第二个“传播源”，产生的是有别于初始传播的另一个传播行为。换言之，互联网点播终端服务提供者所实施的公开传播行为，是提供终端设备及相关服务，使进入该特定场所的公众可以通过互联网点播终端点播源于互联网的视听作品。但互联网点播终端服务提供者并没有将被观众点播的视听作品“置于信息网络中”（前述司法解释对“提供”的要求），也没有以任何其他技术手段将作品传送至不在该特定场所的公众。该传播行为是在“接收端”发生的现场传播，而不是在“提供端”发生的远程传播（“向公众传播”），与“提供”行为及信息网络传播权无关。

（二）作为远程传播权的信息网络传播权不能规制现场传播

与提供互联网点播终端服务可以进行类比的，是《伯尔尼公约》第11条之二第1款第1、2项规定的行为与第3项规定的行为之间的区别。《伯尔尼公约》第11条之二第1款规定：“文学艺术作品的作者享有下列专有权利：(1) 授权广播其作品或以任何其他无线传送符号、声音或图像的方法向公众传播其作品；(2) 授权由原广播机构以外的另一机构通过有线传播或（无线）转播的方式向公众传播广播的作品。(3) 授权通过扩音器或其他任何传送符号、声音或图像的类似工具公开播放广播的作品。”

如本书第四章第一节所述，世界知识产权组织编写的《世界知识产权组织管理的版权和相关权条约指南》明确指出：该款第 3 项规定的行为在性质上属于“公开传播”（本书所称的现场传播），不同于该款第 1、2 项规定的“向公众传播”（远程传播）。《世界知识产权组织版权条约》第 8 条（“向公众传播权”）在规定“不损害”《伯尔尼公约》中已有的“向公众传播权”时，也只列举了第 11 条之二第 1 款第 1、2 项，而没有列举第 3 项。其原因也正在于前者属于“向公众传播权”（远程传播权）而后者属于现场传播权。

显然，《伯尔尼公约》第 11 条之二第 1 款第 1、2 项针对的初始无线传播行为和对初始无线传播的转播，都属于在“提供端”实施的传播行为，作品从其创造出的“传播源”（发射塔、卫星等信息发射装置）中传送至不在传播现场的公众，因此其在性质上可归入“向公众传播权”（远程传播权）的规制范围。相反，该 1 款第 3 项针对的行为是通过公共场所的收音机、电视机等接收装置，接收并播放含有作品的广播、电视，属于在“接收端”实施的传播行为。从该行为创造的“传播源”（收音机、电视机等接收装置）传播的作品，只能使身处传播现场的公众欣赏，因此其在性质上可归入现场传播权的规制范围。

与此相适应，2020 年修改后的《著作权法》重新定义后的广播权的第一项子权利和第二项子权利，分别规制“以有线或者无线方式公开传播或者转播作品”和“通过扩音器或者其他传送符号、声音、图像的类似工具向公众传播广播的作品”。前者属于“提供端”的行为，其创造了“传播源”，以非交互式手段向不在现场的公众传输作品；后者属于“接收端”的行为，通过收音机、电视机、互联网电视和计算机等设备接向现场公众播放其接收的作品。对于餐厅、酒吧和咖啡厅等经营场所打开收音机、电视机等设备，让现场公众欣赏节目的行为，不会有人认为属于“以有线或者无线方式公开传播或者转播作品”，而都会认为其属于“通过扩音器或者其他传送符号、声音、图像的类似工具向公众传播广播的作品”。

同样道理，爱奇艺、优酷等视频网站将视听作品置于网络服务器中，供用户在计算机、移动设备或互联网电视等联网设备中点播的行为，属于在“提供端”实施的传播行为，作品从其创造出的“传播源”（网络服务器）中传送至不在传播现场的公众，因此其在性质上可归入“向公众传播权”（远程传播权）的规制范围。但提供互联网点播终端服务，属于在“接收端”实施的传播行为。要使“点播影院”的观众欣赏来自联网电视机这个新的“传播源”的作品，只需借助该“传播源”自身的作用（电视机屏幕、内置扬声器）或用于提高欣赏质量的设备（外置扬声器、投影屏幕）即可，无须利用将作品从一地传输至另一地的传送技术。因此，提供互联网点播终端服务涉及的传播行为面向位于该传播发生地的公众，涉及的并不是远程传播权（“向公众传播权”），而是现场传播权。

（三）对现场传播无须区分交互式传播与非交互式传播

对于信息网络传播权就不能适用于提供互联网点播终端服务的结论，可能存在一种质疑，即认为信息网络传播权是规制交互式传播的，而“点播影院”和宾馆等场所提供的互联网点播终端服务恰恰涉及交互式传播，因为是进入该场所的公众选择了其希望观赏的影视剧，且在其使用遥控器等设备选定相关影视剧之前，并不会发生对影视剧的播放。在表面上看，这是非常典型的交互式传播，为什么不能由信息网络传播权进行规制呢？

这一质疑的根源在于误认为“交互式传播＋非交互式传播＝所有传播行为”，也就是认为任何传播行为都只能属于交互式传播或非交互式传播，对于交互式传播应适用信息网络传播权，而对于非交互式传播则应适用其他传播权。但这一认识是不正确的，交互式传播和非交互式传播的分类只针对远程传播（“向公众传播”），将远程传播（“向公众传播”）区分为交互式传播和非交互式传播是有意义的，因为这将决定对特定的远程传播（“向公众传播”）适用远程传播权（“向公众传播权”）中的哪一项专有权利。对于现场传播而言，区分交互式传播和非交互式传播是没有意义的，因为这与专有权利的适用毫无关系。

《伯尔尼公约》和《世界知识产权组织版权条约》对传播权的设置为此提供了依据。如前文所述，《世界知识产权组织版权条约》是在第8条中规定交互式传播的。该条的名称即为“向公众传播权”（远程传播权），其内容为：

> 在不损害《伯尔尼公约》第11条第1款第2项、第11条之二第1款第1和2项、第11条之三第1款第2项、第14条第1款第2项和第14条之二第1款的规定的情况下，文学和艺术作品的作者应享有专有权，以授权将其作品以有线或无线方式向公众传播，包括将其作品向公众提供，使公众中的成员在其个人选定的地点和时间可获得这些作品。

如本书第四章第一节所述，该条开篇“不损害”的对象，均是《伯尔尼公约》中的各项远程传播权（“向公众传播权”），印证了该条规定的传播权仅为远程传播权（“向公众传播权”）而非现场传播权。其中的交互式传播权——“向公众提供权”（授权……将其作品向公众提供，使公众中的成员在其个人选定的地点和时间可获得这些作品）只是远程传播权（“向公众传播权”）的子权利，它当然只针对远程传播（“向公众传播”），而与现场传播无关。

与之形成对比的是，在《伯尔尼公约》中，现场传播和专有权利的对应关系与能否实现对于受众而言的“点播”（按需传播）并无关系。本书第四章第二节曾提及一些西方国家的歌舞厅等娱乐场所设置有“自动点唱机”，其中存储了大量曲目，使用者投币后就可自行选曲播放。试问：对歌舞厅的行为应适用《伯尔尼公约》中的远程传播权（“向公众传播权”），还是现场传播权？

《伯尔尼公约》第 11 条第 1 款第 2 项规定了“向公众传播（对作品的）表演的权利”——“戏剧作品、音乐戏剧作品和音乐作品的作者享有下列专有权利：……（2）授权用各种手段向公众传播对其作品的表演”（注：着重号为引者所加）。该项权利为公认的远程传播权（“向公众传播权”），其中“用各种手段向公众传播”（any communication to the public）的用语具有技术中立性，可以涵盖除无线电传播和对初始无线传播的转播之外，当时及今后发展起来的任何远程传播技术，其中当然包括以交互式手段提供作品表演的录制品的远程传播，如将演唱会的实况录音后上传至网络服务器供用户在线点播或下载。那么，对于歌舞厅通过“自动点唱机”传播音乐作品表演的录制品的行为，是否应当适用《伯尔尼公约》第 11 条第 1 款第 2 项规定的“向公众传播（对作品的）表演的权利”？

回答是否定的。世界知识产权组织编写的《伯尔尼公约指南》对此指出：“舞厅里的乐队演奏最新曲目，与隔壁迪斯科舞厅中顾客投币自行选择曲目，对于公开表演而言并没有区别。”① 换言之，歌舞厅以这种形式在现场提供音乐作品的播放，与歌舞厅自行决定曲目并组织乐队演奏该曲目，或播放该曲目的 CD（均不属于“点播”“按需获取”），在性质上并无不同，与之对应的专有权利都是《伯尔尼公约》第 11 条第 1 款第 1 项规定的“公开表演（作品）权”——“戏剧作品、音乐戏剧作品和音乐作品的作者享有下列专有权利：（1）授权公开表演其作品，包括用各种手段和方式公开表演……”（注：着重号为引者所加）。该权利为典型的现场传

① 之所以要排除对作品表演的无线电传播和对初始无线传播的转播，是因为《伯尔尼公约》第 11 条之二（广播与相关权利）第 1 款第 1 项和第 2 项分别规定了以无线方式传播作品和对初始无线传播进行转播的权利，应优先适用。对此本章第一节已作了详述，此处不赘述。

播权，而非远程传播权（“向公众传播权”）。①

由此可见，交互式传播权与非交互式传播权的划分对于现场传播而言是没有意义的，因为对于机械表演和放映等仅面向现场公众进行的传播而言，无论公众是否可以“点播”“按需获取”，都不会与对应哪一项现场传播权有任何关系。相反，著作权法是依被传播的作品类型或传播方式分别规定相应的现场传播权。如在我国《著作权法》中，歌舞厅通过“自动点唱机”传播作品的行为应被定性为“机械表演”，对其适用表演权；对放映厅提供投影设备和电影光盘由公众自选电影、自行播放的行为，应适用放映权。同样道理，既然“点播影院”和宾馆等场所提供的互联网点播终端服务属于现场传播而非远程传播（“向公众传播”），其可供用户“点播”“按需获取”的特性，也并不会导致信息网络传播权的适用。

德国《著作权法》的规定可以提供参考。该法第22条规定了“对广播和（交互式网络）传播的再次公开传播权”，内容是“通过屏幕、扩音器和类似技术设备，使公众能够感知被广播和通过（交互式网络）传播的作品的权利”。所谓“通过屏幕、扩音器和类似技术设备，使公众能够感知被广播的作品”，就是指《伯尔尼公约》中的“广播与相关权利”以及我国《著作权法》中的广播权第二项子权利所规制的行为——通过扩音器或者其他传送符号、声音、图像的类似工具公开播放广播的作品，如餐厅设置收音机、电视机，供就餐的客人收听、收看电台、电视台广播的作品。而“通过屏幕、扩音器和类似技术设备，使公众能够感知通过（交互式网络）传播的作品”，则是指提供计算机、互联网电视机等连接互联网的播放设备，供用户点播他人在互联网中提供的作品。此处讨论的互联网点播终端服务，能够使观众点播源自网络（而非特定场所经营者自建的局域网）中的视听作品，就是此类行为的典型。德国《著作权法》第22条并没有将其与交互式传播行为放在一起，使其受到“向公众提供权”（我国《著作权法》中的信息网络传播权）规制，而是将该行为与“通过屏幕、扩音器和类似技术设备，使公众能够感知被广播的作品”放在一起，使其受到“对广播和（交互式网络）传播的再次公开传播权”规制。这说明两者具有内在的一致性，即它们都是发生在“接受端”的传播行为，即受现场传播权规制的行为，而不是发生在“提供端”的传播行为，即受远程传播权（“向公众传播权”）规制的行为。

① Sam Ricketson, Jane C. Ginsburg, *International Copyright and Neighbouring Rights: The Berne Convention and Beyond*, 2nd edition, Oxford University Press, 2006, p. 715, para. 12. 13.

德国《著作权法》第 22 条最后还特别规定，对这两项行为“准用第 19 条第 3 款规定的权利（机械表演权）”。这就意味着，这两项行为与“机械表演”也具有内在的一致性，即向传播现场的受众公开传播接收到的作品，至于该作品来源于电台、电视台的广播，还是来源于现场受众对在互联网中传播的作品的点播，则在所不问。

由于此见，提供互联网点播终端服务涉及的公开传播行为发生在“接收端”而非“提供端”，是现场传播而非远程传播（“向公众传播”），与信息网络传播权无关。不少判决认定“点播影院”和宾馆等场所的经营者未经视听作品权利人许可提供互联网点播终端服务侵害了信息网络传播权，并不正确。这是法院未能正确区分远程传播权、现场传播权所致。

三、对提供互联网点播终端服务无法适用广播权第二项子权利

提供互联网点播终端服务，在表现形式上非常类似于广播权第二项子权利控制的行为——“通过扩音器或者其他传送符号、声音、图像的类似工具向公众传播广播的作品”，即餐厅、酒吧和咖啡厅等场所设置收音机、电视机，供进入该场所的公众欣赏电台、电视台正在播放的作品。广播权的第二项子权利直接来源于《伯尔尼公约》第 11 条之二第 1 款第 3 项，是典型的现场传播权。既然“点播影院”和宾馆等场所提供的互联网点播终端服务也是现场传播，能否对此种传播行为适用广播权的第二项子权利呢？

回答是否定的。这是因为广播权第二项子权利规制的现场传播行为，与广播权第一项子权利规制的远程传播具有特定联系。2020 年《著作权法》修改后，广播权的定义是“以有线或者无线方式公开传播或者转播作品，以及通过扩音器或者其他传送符号、声音、图像的类似工具向公众传播广播的作品的权利，但不包括本款第十二项规定的权利”。如本书第五章第一节所述，其中第一项子权利“以有线或者无线方式公开传播或者转播作品……的权利，但不包括本款第十二项规定的权利”，就是远程传播权中的非交互式传播权，规制的对象是以任何非交互式技术手段实施的远程传播。广播权的第二项子权利“通过扩音器或者其他传送符号、声音、图像的类似工具向公众传播广播的作品的权利”，直接源于《伯尔尼公约》第 11 条之二第 1 款第 3 项规定的“播放接收到的广播的权利”，也就是向现场公众传播接收到的广播的权利。这里的“广播”只可能是指广播权的第一项子权利规制的非交互式传播，也就是用各种手段向公众进行的初始非交互式传播和对该非交互式传播的转播。换言之，要将相关行为纳入广播权的第二项子权利的规制范围，应当满足一个前提条件，那就是作品必须首先由电台、电视台或网站以非交互式手段向公众广播（以有线或者无线方式公开传播或者转播作品），餐厅等经营场所利用收音机、电视机、互联网电视或计算机等接收设备直接接收到了传送作品的信号或数据流，或者接收到了转播的信号或数据流之后，再通过收音机、电视机、互联网电视或计算机等接收设备播放。

与之形成对比的是，提供互联网点播终端服务虽然也能使观众欣赏源于网络的视听作品，但相关视听作品并不是首先由电台、电视台或网站以非交互式手段传送的。互联网点播终端服务的吸引力就在于顾客可以通过操作互联网点播终端设备自行选择网络端的影视剧，也就是实现“点播”，而不像看电视那样被动地根据电视台或网播组织事先安排的节目时间表收看电视节目。因此，提供互联网点播终端服务，只能使公众欣赏以交互式手段传播的视听作品，而不是以非交互式手段传播的视听作品。换言之，提供互联网点播终端服务，并非通过扩音器或者其他传送符号、声音、图像的类似工具传播“广播的作品”，广播权的第二项子权利对其无法适用。

四、对提供互联网点播终端服务无法适用表演权

提供互联网点播终端服务，与“机械表演”也存在相似性，也就是以机械手段向现场公众传播作品。那么对该行为能否适用表演权呢？回答仍然是否定的。

《著作权法》将“表演权”定义为“公开表演作品，以及用各种手段公开播送作品的表演的权利”①。如本章第一节所述，面向现场公众、由演员进行现场表演及“机械表演”都属于受表演权控制的行为。从表面上看，提供互联网点播终端服务，使公众欣赏视听作品的行为，与餐厅等使用CD机播放背景音乐等典型的“机械表演”非常相似，同时《著作权法》在规定表演权时，也并未明确将视听作品排除在适用范围之外，但是，基于我国《著作权法》对不同专门权利的规定，两者的法律定性截然不同。

在英文中，动词“performe”和名词“performance”是多义词，既可以指对音乐的播放，也可以指对电影的放映。《伯尔尼公约》的英文版在第11条规定戏剧作品、戏剧音乐作品和音乐作品的表演权和在第14条第1款规定电影作品的放映权时，使用的术语也均为performance，直译为“表演”。将《伯尔尼公约》第14条中对电影作品的performance译为

---

① 《著作权法》第10条第1款第9项。

“放映”属于意译。与此相对应，在一些国家的立法中，“表演”和“表演权”也是广义概念，既针对文学作品、音乐作品和戏剧作品，也针对视听作品。美国《版权法》第106条只规定了复制权、发行权、表演权、改编权和展示权这五项财产性专有权利[①]，没有像我国《著作权法》一样规定广播权和放映权，该条中的“表演权”属于广义表演权，包括了我国《著作权法》意义上的表演权、广播权和放映权。但中文中的“表演”与“放映”相去甚远，人们不会说“表演电影”，只会说“放映电影”。与此相对应，我国《著作权法》同时规定了表演权和放映权，这就意味着在我国《著作权法》中，表演权和放映权针对的行为并不相同，相互之间存在着不可逾越的界限，否则将导致法律对一项专有权利的设置丧失其意义。

据此，放映权只能针对“美术、摄影和视听作品等”[②]，而不能针对音乐作品等其他作品类型，因此播放音乐并不能构成“放映”。反之，表演权也不可能适用于视听作品，对视听作品的播放不能构成我国《著作权法》中的“表演”，否则将架空《著作权法》对“放映权”的规定。如果认为提供互联网点播终端服务，使公众欣赏网络影视剧的行为属于“公开播送作品的表演”，就意味着相关行为构成“公开播送对视听作品的表演”（注：着重号为引者所加），这显然是不能成立的。视听作品本身就是拍摄或以其他方式制作而成的带伴音或不带伴音的连续画面，而不是作为视听作品基础的剧本，无论是现场播放，还是以有线或无线方式进行远程传送，对象都是视听作品本身，而不是“对视听作品的放映/表演”。因此，“表演权”对提供互联网点播终端服务并无适用的可能。

五、对提供互联网点播终端服务应适用放映权

既然对提供互联网点播终端服务不能适用广播权、表演权和信息网络传播权，那么应当适用何种专有权利呢？笔者认为，适用放映权较为合适。提供互联网点播终端服务的本质，是使从网络中获取的视听作品通过互联网电视机等点播终端设备向现场观众公开播放。上文提及的德国《著作权法》第22条规定对该行为准用机械表演权，说明认定该行为性质的关键在于以某种技术手段和设备向现场受众播放作品，涉及现场传播权而非远程传播权（向公众传播权）。

如前所述，在英文中“表演”与“放映”是同一个词“perform”，许多国家的表演权包括放映权。我国《著作权法》虽然将放映权从表演权中

① 17 U.S.C. 106.

② 《著作权法》第10条第1款第10项。

分离出来单独规定，但对放映权的定义具有包容性——“通过放映机、幻灯机等技术设备公开再现美术、摄影和视听作品等的权利”。尽管《著作权法》对放映权的定义没有提及互联网电视等互联网点播终端，但其完全可以被定义中的“放映机、幻灯机”之后的“等技术设备”的用语所涵盖。至于被播放的视听作品是由场所经营者直接提供（如电影院提供电影拷贝、放映厅提供电影光盘等），还是来源于互联网，都与该放映行为的构成要件无关，并不影响对放映行为的认定。

北京市高级人民法院于2018年颁布的《侵害著作权案件审理指南》第5.9条（放映权控制的行为）规定：“被告未经许可将来源于信息网络的电影等作品，通过放映机等设备向现场观众进行公开再现的，构成侵害放映权的行为……”该观点是正确的。在“寰亚电影发行（北京）有限公司诉桐庐县城南街道光影茶室案”中，被诉侵权的“光影私人影院（桐庐店）”使用与机顶盒连接的电视机播放了涉案影片。法院指出：

> 寰亚公司经授权独家享有涉案影片的放映权等权利。其提供的证据证明光影茶室未经许可擅自在其影吧向公众提供了涉案影片。其行为侵害了寰亚公司对涉案影片享有的放映权。[①]

这一认定是正确的。当然，这与人们对“放映”的日常认知有相当差距。人们所熟知的“放映”，都是由经营者在场所内提供片源，如电影录像带和光盘等，而且基本上是由经营者操作播放和投影设备。而“点播影院”和宾馆等场所提供互联网点播终端服务时，在绝大多数情况下都是由顾客自己操作互联网电视等终端设备，在爱奇艺、优酷等视频网站的影片库中自主选择影视剧点播欣赏，而互联网点播终端服务提供者（场所的经营者）并没有“动手操作”。同时，信息网络传播权规制的是交互式传播，而交互式传播的特征就是“按需获取”，必须等待用户点击作品名称时才会实际启动网络传输。这在观感上比通常意义上的“放映”更接近提供互联网点播终端服务。目前司法实践中许多法院之所以没有对提供互联网点播终端服务适用放映权，而是适用信息网络传播权，除了与上文所述的未能正确认识和区分远程传播权与现场传播权有关外，也可能与对“放映”的惯常看法有关。

然而，法律适用应当遵循法律逻辑而非直觉。前文已经说明，“动手操作”并不是传播行为的构成要件。这一结论对于传播行为中的“放映”

---

① 上海市浦东新区人民法院（2018）沪0115民初23717号民事判决书，上海知识产权法院（2019）沪73民终11号民事判决书。

行为同样成立。上文曾举例说明，“自动点唱机”也是由顾客自主动手操作，经营者并不介入，但这并不妨碍认定提供“自动点唱机”的行为构成机械表演。可以想象，在互联网出现之前，如果小放映厅设置几个包间，每个包间中都放置了成百张的电影光盘和能够播放电影光盘的电视机，顾客进入包间后，可自行选择喜爱的电影予以播放，无须放映厅经营者“动手操作”，则经营者的行为仍然应当被认定为“放映”，应获得放映权人的许可。估计没有法院会因为该项服务在表面上的交互式性质而认定应适用信息网络传播权。在确定了“点播影院”和宾馆等场所提供互联网点播终端服务属于现场传播而非远程传播后，在被传播的内容为视听作品的情况下，认定此类传播为放映行为，适用放映权，在现行《著作权法》规定的传播权体系中，是符合法律规定和法律逻辑的。

第七章　信息网络传播权及其适用

我国《著作权法》于2001年修订时，为了加强在网络环境中对著作权的保护，新增了信息网络传播权。2020年修改《著作权法》时，又对信息网络传播权的定义进行了微调。2020年修改后的《著作权法》对信息网络传播权的定义是“以有线或者无线方式向公众提供，使公众可以在其选定的时间和地点获得作品的权利”。毫无疑问的是，信息网络传播权是权利人在媒体融合时代最为重要的专有权利：没有信息网络传播权规制的交互式传播行为，就不可能有以“按需获取”为核心的媒体融合。但时至今日，有关这项专有权利的含义和适用范围的争议在我国始终没有停止过，法院在适用这项专有权利时，有时也会遇到很大的困惑。我国《著作权法》规定的信息网络传播权来源于《世界知识产权组织版权条约》第8条规定的“向公众传播权”的子权利“向公众提供权”，其文字表述也非常接近“向公众提供权”的中文翻译。为此，有必要在研究国际版权条约和比较各国立法的基础上讨论信息网络传播权的适用。

第一节　国际版权条约对“向公众传播权”的规定

对法律条文的解释，应当充分考虑其立法背景和立法目的，特别要考察新立法旨在解决何种原有法律无法解决的问题。① 我国《著作权法》第10条第1款第12项对信息网络传播权的定义明显来源于《世界知识产权组织版权条约》第8条后半句，因此，要正确理解和适用信息网络传播权，就应当对《世界知识产权组织版权条约》第8条进行考察。

一、《伯尔尼公约》中“向公众传播权”的缺陷

《世界知识产权组织版权条约》第8条（向公众传播的权利）规定：

---

① Michael Freeman (ed.), *Legislation and the Courts*, Dartmouth Publishing, 1997, p. 14.

在不损害《伯尔尼公约》第11条第1款第2项、第11条之二第1款第1和2项、第11条之三第1款第2项、第14条第1款第2项和第14条之二第2项规定的情况下，文学和艺术作品的作者应享有专有权，以授权将其作品以有线或无线方式向公众传播，包括将其作品向公众提供，使公众中的成员在其个人选定的地点和时间可获得这些作品。

对比我国《著作权法》第10条第1款第12项对信息网络传播权的定义（信息网络传播权，即以有线或者无线方式向公众提供，使公众可以在其选定的时间和地点获得作品的权利），就可以看出，该定义与《世界知识产权组织版权条约》第8条“包括”之后的用语非常接近。参与立法者也明确地指出：“信息网络传播权的定义，直接来自世界知识产权组织版权条约第8条的表述”①。因此，对信息网络传播权的理解，不能脱离《世界知识产权组织版权条约》第8条。

如本书第四章第一节所述，传播权可分为现场传播权和远程传播权（“向公众传播权”），前者规制向在传播现场的公众进行的传播，后者规制向不在传播现场的公众进行的传播。《世界知识产权组织版权条约》第8条规定的“向公众传播权”当然属于后者。在《世界知识产权组织版权条约》缔结之前，《伯尔尼公约》中已经规定了一系列远程传播权（“向公众传播权”），包括第11条第1款第2项规定的“向公众传播（对作品的）表演”的权利，第11条之二第1款第1、2项规定的无线传播权、以无线或有线方式进行转播的权利②，第11条之三第1款第2项规定的“向公众传播（对作品的）朗诵”的权利，第14条第1款第2项后半句为作为电影作品基础的在先作品的作者规定的“以有线方式向公众传播电影作

① 胡康生．中华人民共和国著作权法释义．北京：法律出版社，2002：56. 组织《信息网络传播权保护条例》制定的国务院法制办公室负责人也指出：《信息网络传播权保护条例》第26条中“信息网络传播权”这一术语源自1996年12月20日缔结的《世界知识产权组织版权条约》。张建华．信息网络传播权保护条例释义．北京：中国法制出版社，2006：92.

② 需要指出的是，在《伯尔尼公约》中文文本（官方翻译）中，第11条之二第1款第2项被表述为“授权由原广播机构以外的另一机构通过有线传播或转播的方式向公众传播广播的作品”。这容易使人误认为其含义为“以有线方式”进行的“传播或转播”，即“有线”成了“传播或转播”的定语。但《伯尔尼公约》与之对应的英文文本是“any communication to the public by wire or by rebroadcasting of the broadcast of the work，when this communication is made by an organization other than the original one”，其中的“rebroadcasting”指的是无线转播。因此该项的含义是以有线或无线方式进行的转播。Guide to the Berne Convention for the Protection of Literary and Artistic Works (Paris Act，1971)，WIPO Publication No. 615 (E)，1978，p. 68，para. 11，bis. 9 (1978).

品”的权利，以及第 14 条之二第 1 款为电影作品的权利人规定的相同权利（见表 7 - 1①）。

表 7 - 1　《伯尔尼公约》中的远程传播权（“向公众传播权”）

条文数	条文内容
第 11 条第 1 款第 2 项	戏剧作品、音乐戏剧作品和音乐作品的作者享有下列专有权利：……（2）授权用各种手段向公众传播其作品的表演
第 11 条之二第 1 款款第 1、2 项	文学艺术作品的作者享有下列专有权利：（1）授权广播其作品或以任何其他无线传送符号、声音或图像的方法向公众传播其作品；（2）授权由原广播机构以外的另一机构通过有线传播或（无线）转播的方式向公众传播广播的作品……②
第 11 条之三第 1 款第 2 项	文学作品的作者享有下列专有权利：……（2）授权用各种手段向公众传播其作品的朗诵
第 14 条第 1 款第 2 项后半句	文学艺术作品的作者享有下列专有权利：（2）授权……以有线方式向公众传播经过如此改编或复制的作品（拍摄完成的电影作品——引者注）
第 14 条之二第 1 款	……电影作品应作为原作受到保护。电影作品版权所有者享有与原作作者同等的权利，包括前一条提到的权利（也就是包括第 14 条第 1 款第 2 项后半句规定的权利——授权以有线方式向公众传播电影作品——引者注）

《世界知识产权组织版权条约》作为《伯尔尼公约》第 20 条所规定的专门协定，是《伯尔尼公约》在网络时代的延伸，是为了对《伯尔尼公约》进行补充和发展，而不是为了替代《伯尔尼公约》。因此《世界知识产权组织版权条约》第 8 条在“不损害”，也就是不影响《伯尔尼公约》中已有的各项远程传播权（“向公众传播权”）的情况下规定一项涵盖面极广且不区分作品类型的“向公众传播权”（远程传播权），必定是为了解决《伯尔尼公约》中已有的各项远程传播权（“向公众传播权”）的缺陷。了解该缺陷是什么，对于理解《世界知识产权组织版权条约》第 8 条规定“向公众传播权”的理由和作用，进而解释我国《著作权法》中的信息网络传播权具有重要作用。

表 7 - 1 中所列举的《伯尔尼公约》规定的各项远程传播权（“向公众传播权”），正是《世界知识产权组织版权条约》第 8 条“向公众传播权”所“不损害”的对象——《伯尔尼公约》第 11 条第 1 款第 2 项、第 11 条之二第 1 款第 1 和 2 项、第 11 条之三第 1 款第 2 项、第 14 条第 1 款第 2

---

① 表 7 - 1 中对《伯尔尼公约》相关条款的部分翻译与世界知识产权组织官方网站提供的《伯尔尼公约》中文文本（官方翻译）有所差异，后文对此将会详述。

② 《伯尔尼公约》第 11 条之二第 1 款第 3 项规定的权利（授权通过扩音器或其他任何传送符号、声音或图像的类似工具向公众传播广播的作品）涉及的传播只面向传播发生地的公众，故并不属于“向公众传播权”。

项和第14条之二第1款。所谓"不损害"就是不影响各国保留根据这些权利在国内法中规定的各项远程传播权（"向公众传播权"），但之所以要在"不损害"的基础上再规定"向公众传播权"（远程传播权）并要求各缔约方实施，正是因为《伯尔尼公约》规定的这些远程传播权（"向公众传播权"）无论对于作品而言还是对于远程传播行为（"向公众传播"行为）而言都是不完整的，且解释和适用过于复杂。

（一）覆盖的作品类型不完整

《伯尔尼公约》规定的这些远程传播权（"向公众传播权"）存在的第一个缺陷，是其覆盖的作品类型并不完整。《伯尔尼公约》规定的远程传播权（"向公众传播权"）并非对所有类型的作品都适用。《伯尔尼公约》第11条第1款第2项规定的"授权用各种手段向公众传播其作品的表演"["向公众传播（对作品的）表演"]，仅针对"戏剧作品、音乐戏剧作品和音乐作品"；第11条之三第1款第2项规定的"授权用各种手段向公众传播其作品的朗诵"["向公众传播（对作品的）朗诵"]仅针对"文学作品"。

上述两条并没有将舞蹈作品包含在内。同时，《伯尔尼公约》第11条之二第1款第1项规定的"授权广播其作品或以任何其他无线传送符号、声音或图像的方法向公众传播其作品"（无线传播权）只适用于初始无线传播[①]，不适用于初始有线传播和"网播"，也不适用于通过网络实现的交互式传播。这就意味着将对舞蹈作品的表演用各种手段向不在现场的公众传播，如有线电视台通过有线电缆以及网站通过互联网对舞蹈表演进行直播，以及视频网站提供舞蹈表演录像的在线点播或下载，并不在《伯尔尼公约》中的任何一项专有权利的规制范围之内。

美术作品和摄影作品也面临着类似的问题。美术作品和摄影作品无法被"表演"或"朗诵"，因此对美术作品和摄影作品的远程传播（"向公众传播"），并不属于《伯尔尼公约》第11条第1款第2项规定的"授权用各种手段向公众传播其作品的表演"["向公众传播（对作品的）表演"]和第11条之三第1款第2项规定的"授权用各种手段向公众传播其作品的朗诵"["向公众传播（对作品的）朗诵"]。除电视台通过无线电对美术作品和摄影作品进行初始传播的行为可由第11条之二第1款第1项规定的无线广播权规制之外，其他对美术作品和摄影作品进行远程传播

① Guide to the Berne Convention for the Protection of Literary and Artistic Works (Paris Act, 1971), WIPO Publication No. 615 (E), 1978, p. 67, para. 11, bis. 8.

（“向公众传播”），如网站提供美术作品和摄影作品的在线欣赏或下载，均无法受到《伯尔尼公约》中的传播权的规制。当然，上述行为涉及对作品的复制。但本章第四节将详细阐述，适用复制权和传播权的后果存在很大差异，如果对作品的传播只适用复制权而不适用传播权，对权利人的保护极为不利。对于《伯尔尼公约》没有规定的计算机程序和汇集作品之外的其他信息形成的汇编作品①，更是无法适用《伯尔尼公约》规定的各项远程传播权（“向公众传播权”）。

（二）对非交互式传播的规制不周全

《伯尔尼公约》规定的远程传播权（“向公众传播权”）并没有将所有向不在传播发生地的公众进行的传播（“向公众传播”）都纳入其中，即使对非交互式传播行为，也没有实现全覆盖。

如本书第四章第一节所述，向不在传播发生地的公众进行的传播（远程传播或“向公众传播”）可被区分为非交互式传播和交互式传播。其中非交互式传播早已有之，它是指由传播者单方决定作为传播接受者的公众何时可感知被传播的作品，受众对被传播的内容和接收传播的时间没有选择权。最为典型的实例是电台、电视台按照预定的时间表播放节目，观众只能根据该时间表收听或收看电台、电视台正在播放的节目，而不能自行选择（“点播”）特定节目。这就是为什么当电台、电视台通过无线电波或有线电缆传播节目时，在同一电台、电视台信号覆盖的范围之内以及在有线用户中，在同一时刻，任何人打开收音机或电视机，调到同一频率或频道，听到或看到的节目都是相同的。有的电台有“听众点歌”栏目，对于那一名打进电话点到歌曲的幸运听众而言，似乎是他选择了电台播放的内容，但对于除他之外的不特定受众（公众）而言，仍然只能被动地收听这首被点播的歌曲。② 因此“听众点歌”栏目对作品的传播仍然是非交互式传播。

即使是在网络技术发展起来之前，《伯尔尼公约》中的远程传播权（“向公众传播权”）对非交互式传播的规制也并不充分。《伯尔尼公约》规定了“广播与相关权利”。其第 11 条之二第 1 款款第 1、2 项规定：“文

① 《伯尔尼公约》第 2 条并没有将计算机程序作为一类作品进行规定。第 2 条第 5 款也仅将“文学或艺术作品的汇编”作为汇编作品提供保护。这就意味着对不构成作品的信息进行的独创性选择或编排的结果不能作为汇编作品受到《伯尔尼公约》的保护。

② 美国 1995 年通过的《对录音制品数字表演权法》（Digtial Performance Right in Sound Recordings Act）对此明确规定：个人要求向一般公众播放特定录音制品的能力，并不能使这项（播放）服务成为交互式的。17 U. S. C. 114（j）（7）.

学艺术作品的作者享有下列专有权利：(1) 授权广播其作品或以任何其他无线传送符号、声音或图像的方法向公众传播其作品；(2) 授权由原广播机构以外的另一机构通过有线传播或（无线）转播的方式向公众传播广播的作品”。如本书第五章第一节所述，国际电信联盟在《无线电规则条款》中将“广播业务”定义为“供一般公众直接接收而发送的无线电通信业务”①，将其中的“无线电”定义为“对无线电波的使用的通称”②，又将“无线电波或赫兹波”定义为“不用人工波导而在空间传播的，频率规定在 3 000GHz 以下的电磁波”③。这就意味着《伯尔尼公约》第 11 条之二第 1 款第 1 项仅能规制以无线方式进行的非定向（非人工波导）传播，也就是以此种特定方式进行的非交互式传播。以任何其他方式进行的非交互式传播都不受该项权利的规制。

以传播文字作品为例：有线电视台通过有线电缆直接在屏幕上显示小说、诗歌等文字作品，由于不属于初始无线传播，与“广播与相关权利”无关。与此同时，《伯尔尼公约》第 11 条之三第 1 款第 2 项针对“文学作品”规定的“向公众传播（对作品的）朗诵”的权利只针对向公众传播对文学作品的朗诵，也就是对文学作品以朗诵方式进行的表演，并不包含直接传播未经表演的文学作品。因此，有线电视台通过有线电缆直接在屏幕上显示小说或诗歌等文字作品，由于不属于传播对文学作品的朗诵（注：着重号为引者所加），也不受此项权利的规制。

在互联网出现之后，出现了新型的非交互式传播行为，即“网播”——由网络经营者自行决定传播的时间，也就是决定了受众感知被传播的作品的时间。上述缺陷仍旧在网络时代继续存在。例如，互联网网站在直播中显示小说或诗歌等文字作品，由于不属于传播对文学作品的朗诵，并不受《伯尔尼公约》第 11 条之三第 1 款第 2 项规制。

（三）只能通过解释规制部分交互式传播

交互式传播是互联网带来的传播模式。它的产生是传播技术革命的产物，而且它对权利人的利益造成了比以往传统的非交互式传播的影响更大的影响。对此，权利人理应能够通过专有权利进行控制。然而，《伯尔尼公约》的实质规定在 20 世纪 70 年经历最后一次修改（形成了 1971 年巴黎文本）之后，即使对其进行解释，也无法涵盖所有交互式传播行为。

---

① 国际电信联盟《无线电规则条款》(2012 年版)，10 页，RR1－4，1.38 段。

② 同①，7 页，1.4 段。

③ 同①，7 页，1.5 段。

1. 交互式传播的特征

与无线电广播为代表的非交互式传播模式相比，交互式传播的特征在于受众可以对获得作品的时间和地点同时进行选择，这就决定了对信息内容的传输是由受众而非传播者的行为直接触发的。正因为如此，交互式传播也被称为“按需传播”（communication on demand）。例如，将作品上传至向公众开放的网络服务器之后，只要传播者没有对服务器开放的地域和时间范围进行限制，用户即可在世界上任何一台联网的计算机上（个人选定的地点），在任何一个时间点（个人选定的时间），点击该作品进行在线欣赏或下载。虽然上传作品者才是传播者，但只有等到用户点击该作品时，从服务器向用户计算机的传输过程才会开始，是用户的点击行为触发了对作品的实际传输。

正因为交互式传播具有“按需获取”的特征，在提供交互式传播的服务器开放的地域和时间范围内，在同一时刻，不同的人在同一服务器上获取的内容通常是不同的。假设某一服务器上存储了100部电影，可允许众多用户同时登录，并对电影进行在线点播，则每一名用户都可以在各自选定的时间和地点登录服务器，并自行选择一部电影进行在线欣赏。用户登录服务器的时间不同，选择的电影不同，在同一时刻欣赏到的内容当然也不会相同。只有当出现罕见的巧合，即两人正好同时在该服务器上点击了同一部电影时，他们才会在同一时刻欣赏到相同的内容。这与人们在电台或电视台的无线电信号覆盖范围内打开收音机或电视机并调到同一频率或频道，听到或看到的节目都是相同的情形，形成了鲜明的对比。

2. 交互式传播对权利人的影响

从权利人利益的角度来看，交互式传播的影响要远大于非交互式传播的影响。两者最大的区别在于：交互式传播能够在相当程度上代替对作品有形载体的购买，而非交互式传播难以达到这一效果。以音乐为例：许多电台的“音乐欣赏”栏目每天会定时播放歌曲，用户只能根据电台事先公布的节目时间表打开收音机，并调至特定频率加以收听。用户无论对于收听的时间还是对于歌曲，都没有任何选择的权利。当用户听到一首自己喜欢的歌曲时，由于无法预见这首歌下次会在何时被播出，用户如果希望反复欣赏，往往会去购买唱片。可以想象，如果通过互联网只能实现“网播”（非交互式传播），而不是实现“点播”（交互式传播），唱片业不可能像今天这样衰落，因为人们为了满足在自己方便的时间欣赏音乐的需求，还是会大量购买唱片。相反，当音乐网站收录大量歌曲供用户自行点播或下载时，用户就可以自行选择时间登录该网站，并选择自己喜欢的歌曲在线欣赏或下载后随时欣赏。由此实现的效果与用户购买一张唱片后自己选择时间播放已经差别不大。因此交互式传播对权利人的利益会产生极大影响。

美国于1995年通过的《录音制品数字表演法》对“交互式”与“非交互”数字传播所给予的不同待遇就清楚地反映出了二者对权利人的影响是不同的。该法规定：录音制品制作者享有一项有限的表演权，适用于通过数字传输对录音制品进行“交互式服务”（interactive services）或付费欣赏服务。[①] 对于“非交互式”的付费欣赏服务，适用法定许可。而对于“交互式服务”，服务提供者必须就每首录音制品从制作者处获得单独授权。

根据美国《版权法》的规定，法定许可属于对权利的限制，使用者无须寻求权利人的许可，只需要支付由版税委员会确定的法定许可使用费，而该费用一般会远低于在寻求版权人许可的情况下通过谈判确定的许可使用费。为什么《录音制品数字表演法》要区分“交互式”服务和“非交互式”服务呢？美国国会众议院在对该法的报告中指出，“交互式服务极有可能对传统唱片的销售产生重大影响，由此对那些靠传统唱片销售的收益为生的产业将产生巨大威胁”[②]。正是由于交互式传播对权利人利益的巨大影响，必须将其纳入专有权利的控制范围。

3.《伯尔尼公约》无法涵盖所有交互式传播

对《伯尔尼公约》的最后一次实质文本的修改是1971年，其当然不可能直接对交互式传播（且交互式传播是通过互联网实施的）作出规定。但是，对于交互式传播，《伯尔尼公约》对部分远程传播权（“向公众传播权”）的规定由于采用了“技术中立”的用语，经过解释后可以适用，但解释和适用都过于复杂。这是《伯尔尼公约》中的部分“向公众传播权”（远程传播权）的第三个缺陷。

《伯尔尼公约》第11条第1款规定，“戏剧作品、音乐戏剧作品和音乐作品的作者享有下列专有权利：……（2）授权用各种手段向公众传播其作品的表演”。第11条之三第1款第2项规定：“文学作品的作者享有下列专有权利：……（2）授权用各种手段向公众传播其作品的朗诵。”这两处规定都采用了具有技术中立性质的用语“用各种手段向公众传播”

① 17 U.S.C. 114（d）. 需要注意的是：该案仅针对录音制品制作者，而不针对音乐作品版权人。这是因为音乐作品版权人一直享有“表演权”，而直至该法通过，美国《版权法》与我国《著作权法》一样，没有赋予录音制品制作者一项“表演权”。

② H. R. Rep.，No. 104－274，at 14.

(any communication to the public)，可以涵盖以任何技术手段向不在传播发生地的公众进行的传播，包括各类非交互式传播和交互式传播。[①] 正因为如此，在明确规定了交互式传播权（“向公众提供权”）的《世界知识产权组织版权条约》通过之前，许多国家是借助根据《伯尔尼公约》在国内法中规定的表演权来规制通过网络提供音乐作品表演录音的在线点播和下载的。如美国《版权法》至今没有规定专门针对交互式传播行为的“向公众提供权”，但如本书第六章第一节所述，在美国的司法实践中，提供音乐作品表演录音在线点播被认定为表演权规制的行为。[②] 因此，不能认为《伯尔尼公约》中的远程传播权（“向公众传播权”）不能规制任何交互式传播行为。

然而，《伯尔尼公约》第 11 条第 1 款第 2 项和第 11 条之三第 1 款第 2 项规制的行为都是“用各种手段向公众传播其作品的表演/朗诵”，而不是“用各种手段向公众传播其作品”（注：着重号为引者所加）。这就意味着如果对未经表演的作品进行交互式网络传播，如音乐网站提供乐谱的在线浏览或下载，文学网站提供小说的在线浏览或下载，这两项规定是不能适用的。同时，如本书第五章第一节所述，音乐网站和文学网站的上述行为，也不属于《伯尔尼公约》第 11 条之二第 1 款第 1 项规制的非定向（非人工波导）无线传播。《伯尔尼公约》规定的其他几项“向公众传播权”（远程传播权）也没有适用的余地。当然，由于将作品上传至服务器的行为属于复制，音乐网站和文学网站的上述行为可受到《伯尔尼公约》第 9 条第 1 款规定的复制权的规制，但正如本章第四节所述，用复制权规制交互式网络传播行为对权利人的保护是明显不充分的。对于没有被纳入《伯尔尼公约》的几项“向公众传播权”（远程传播权）的适用范围的摄影作品和计算机程序等，上述问题当然也存在，例如，对于网络经营者提供摄影作品和计算机程序下载的行为，除复制权外，《伯尔尼公约》规定的其他专有权利都无法适用。

对于电影作品，如果是由电视台通过无线电波进行的传播，以及由其他电视台对接收到的该无线传输进行无线或有线转播，当然分别属于《伯尔尼公约》第 11 条之二第 1 款第 1 项和第 2 项规制的行为。对于以其他技术手段进行的向不在传播现场的公众进行的传播，《伯尔尼公约》有特

---

① 考虑到与《伯尔尼公约》第 11 条之二的关系，对于以无线方式进行的初始传播和对该初始传播的转播，不再适用上述两条。对此本书第六章第一节已作了详细分析，此处不赘述。

② United States v. Am. Soc. of Composers, Authors & Publishers, 627 F.3d 64, 74 (2d Cir., 2010).

别规定。《伯尔尼公约》第14条第1款第2项规定："文学艺术作品的作者享有下列专有权利：……（2）授权……以有线方式向公众传播经过如此改编或复制的作品（拍摄完成的电影作品——引者注）。"第14条之二第1款规定，"……电影作品应作为原作受到保护。电影作品版权所有者享有与原作作者同等的权利，包括前一条提到的权利（也就是包括第14条第1款第2项后半句规定的权利——授权以有线方式向公众传播电影作品——引者注）"。在《伯尔尼公约》最后一次修改的20世纪70年代，"有线方式"当然是特指有线电缆。但如本书第五章第一节所述，世界知识产权组织在其于1984年主持制定的《在有线传送节目中保护作者、表演者和录音制作者的原则》中将"有线"解释为"任何对电子信号的定向传输"①。通过互联网进行的传输是典型的定向传输，也就是"点对点"的传输，无论是交互式网络传输还是非交互式网络传输，都是如此。根据这一解释，对于电影作品，无论是有线电视台根据预定的节目时间表通过有线电缆进行的传播（非交互式传播），还是网络电视台根据预定的节目时间表通过互联网进行的"网播"（非交互式传播），抑或视频网站提供电影作品的在线点播或下载（交互式传播），都属于《伯尔尼公约》第14条第1款和第14条之二第1款所规制的"以有线方式向公众传播"。因此，对于向不在传播发生地的公众传播电影作品的行为，《伯尔尼公约》规定的各项远程传播权（"向公众传播权"）实现了全覆盖，但必须依靠对"有线"作出解释，以及视情况对几项专有权利分别适用。其过程十分复杂，也为各国的实施带来了困难。

二、"伞形解决方案"与《世界知识产权组织版权条约》第8条对"向公众传播权"的规定

上述《伯尔尼公约》规定的各项远程传播权（"向公众传播权"）的缺陷，可以通过表7-2清楚地反映出来。其中标明"无"的，即指这些专有权利在适用方面存在空白。

由于《伯尔尼公约》各项"向公众传播权"（远程传播权）存在上述缺陷，特别是随着互联网的普及，通过网络进行的交互式传播日益成为对作品的主要利用方式，未经许可的交互式传播对权利人的利益造成的伤害也最大，而《伯尔尼公约》不但在规制交互式传播方面存在大片空白（参见表7-2），而且即使现有的部分"向公众传播权"（远程传播权）经过解

① Annotated Principles of Protection of Authors, Performers, Producers of Phonograms and Broadcasting Organizations in Connection with Distribution of Programs by Cable, Copyright, April, 1984, p. 141, para. 32.

释后能规制部分交互式传播，解释过程也非常复杂，容易引发争议因此作为《伯尔尼公约》第 20 条规定的专门协定，《世界知识产权组织版权条约》第 8 条以技术中立的语言规定了一项可涵盖所有类型作品和所有远程传播行为（“向公众传播”行为）的“向公众传播权”，其内容为：

> 在不损害《伯尔尼公约》第 11 条第 1 款第 2 项、第 11 条之二第 1 款第 1 和 2 项、第 11 条之三第 1 款第 2 项、第 14 条第 1 款第 2 项和第 14 条之二第 2 项规定的情况下，文学和艺术作品的作者应享有专有权，以授权将其作品以有线或无线方式向公众传播，包括将其作品向公众提供，使公众中的成员在其个人选定的地点和时间可获得这些作品。

表 7-2　《伯尔尼公约》中的远程传播权（“向公众传播权”）的适用

传播行为			
项目	非交互式传播		交互式传播
传播对象	（无线）广播和对初始（无线）广播的转播	有线电缆传播、网播	提供网络点播、下载
戏剧作品、戏剧音乐作品、音乐作品的表演	（第 11 条之二第 1 款第 1、2 项）文学艺术作品的作者享有下列专有权利：（1）授权广播其作品或以任何其他无线传送符号、声音或图像的方法向公众传播其作品；（2）授权由原广播机构以外的另一机构通过有线传播或转播的方式向公众传播广播的作品……	（第 11 条第 1 款第 2 项）戏剧作品、音乐戏剧作品和音乐作品的作者享有下列专有权利：……（2）授权用各种手段向公众传播其作品的表演	（第 11 条第 1 款第 2 项）戏剧作品、音乐戏剧作品和音乐作品的作者享有下列专有权利：……（2）授权用各种手段向公众传播其作品的表演
文学作品的朗诵	（第 11 条之二第 1 款第 1、2 项）文学艺术作品的作者享有下列专有权利：（1）授权广播其作品或以任何其他无线传送符号、声音或图像的方法向公众传播其作品；（2）授权由原广播机构以外的另一机构通过有线传播或转播的方式向公众传播广播的作品……	（第 11 条之三第 1 款第 2 项）文学作品的作者享有下列专有权利：……（2）授权用各种手段向公众传播其作品的朗诵	（第 11 条之三第 1 款第 2 项）文学作品的作者享有下列专有权利：……（2）授权用各种手段向公众传播其作品的朗诵
舞蹈作品的表演	（第 11 条之二第 1 款第 1、2 项）文学艺术作品的作者享有下列专有权利：（1）授权广播其作品或以任何其他无线传送符号、声音或图像的方法向公众传播其作品；（2）授权由原广播机构以外的另一机构通过有线传播或转播的方式向公众传播广播的作品……	无	无

续表

传播行为			
项目	非交互式传播		交互式传播
电影作品	（第11条之二第1款第1、2项）文学艺术作品的作者享有下列专有权利：(1）授权广播其作品或以任何其他无线传送符号、声音或图像的方法向公众传播其作品；(2）授权由原广播机构以外的另一机构通过有线传播或转播的方式向公众传播广播的作品……	（第14条第1款第2项后半句）文学艺术作品的作者享有下列专有权利：……(2）授权……以有线方式向公众传播经过如此改编或复制的作品（拍摄完成的电影作品——引者注） （第14条之二第1款）……电影作品应作为原作受到保护。电影作品版权所有者享有与原作作者同等的权利，包括前一条提到的权利（也就是包括第14条第1款第2项后半句规定的权利——授权以有线方式向公众传播电影作品——引者注）	（第14条第1款第2项后半句）文学艺术作品的作者享有下列专有权利：……(2）授权……以有线方式向公众传播经过如此改编或复制的作品（拍摄完成的电影作品——引者注） （第14条之二第1款）……电影作品应作为原作受到保护。电影作品版权所有者享有与原作作者同等的权利，包括前一条提到的权利（也就是包括第14条第1款第2项后半句规定的权利——授权以有线方式向公众传播电影作品——引者注）
电影作品之外的其他作品（不含对作品的表演或朗诵）	（第11条之二第1款第1、2项）文学艺术作品的作者享有下列专有权利：(1）授权广播其作品或以任何其他无线传送符号、声音或图像的方法向公众传播其作品；(2）授权由原广播机构以外的另一机构通过有线传播或转播的方式向公众传播广播的作品……	无	无

该条为缔约方设定的义务，是为所有作品规定以各种技术手段向不在传播发生地的公众进行传播的专有权利。该条不再像《伯尔尼公约》那样在规定各项“向公众传播权”（远程传播权）时，区分作品类型或传播时作品的状态（有无被表演或朗诵）。无论作品是音乐作品、文字作品还是舞蹈作品、美术作品、摄影作品或计算机程序，也无论传播的是对作品的表演或朗诵，还是未经表演或朗诵的作品本身，凡是向不在传播现场的公

众进行的传播（远程传播），都应当受到规制。此举解决了《伯尔尼公约》中的“向公众传播权”（远程传播权）未能覆盖所有类型作品的问题。

同时，该条采用了技术中立的语言——“以有线或无线方式向公众传播”，将现在已经产生的和未来可能出现的一切向不在传播现场的公众进行传播的技术手段均纳入其中，无论其属于定向传输还是非定向传输、交互式传播还是非交互式传播。其中“将其作品向公众提供，使公众中的成员在其个人选定的地点和时间可获得这些作品”正是对交互式传播特征的描述［对此本章第二节在“（该权利）只规制交互式传播”部分还将有深入讨论］。这就清楚无误地说明，交互式传播是远程传播（“向公众传播”）的一种类型，交互式传播权（“向公众提供权”）是远程传播权（“向公众传播权”）的子权利，各缔约方应当提供保护。此举解决了《伯尔尼公约》中的各项“向公众传播权”（远程传播权）未能将所有远程传播覆盖的缺陷，也实现了《世界知识产权组织版权条约》第 8 条所要达到的主要目的之一——使各国著作权立法将交互式传播纳入著作权人专有权利的控制范围。[①] 这样一来，无论是有线电视台通过电缆向公众传播舞蹈演员对舞蹈作品的表演，还是网站提供诗歌、小说、油画或摄影作品的在线浏览或下载，都被纳入了该项权利的规制范围。

需要指出的是，国际版权条约中规定的专有权利是需要通过各缔约方的国内法去实施的，并不要求缔约方原封不动地照搬其名称和文字表述。《世界知识产权组织版权条约》第 8 条规定的“向公众传播权”也是如此。该条约只要求缔约方达到该条所要求的保护水平，至于缔约方实施的方法如何，比如是将远程传播权（“向公众传播权”）规定为单独一项专有权利，还是拆分成几项权利，则在所不问。第 8 条中的“不损害”规定更是清楚地说明，那些已经根据《伯尔尼公约》中的各项“向公众传播权”（远程传播权）规定了相应专有权利的缔约方，无须将原有的专有权利全部废除，并规定一项名称为“向公众传播权”的专有权利作为替代，也不需要在保留原有专有权利的基础上，新增加一项名称为“向公众传播权”的专有权利。第 8 条只是要求各缔约方对原先属于远程传播权（“向公众传播权”）的各项专有权利进行修改和补充，使之覆盖所有类型作品和所有向不在传播发生地的公众进行的传播。

正因为如此，《世界知识产权组织版权条约》被称为“伞形解决方案”（Umbrella's Solution）。所谓“伞形”就是指它具有广泛包容性，可以调

---

① Andrew Christie, “The New Right of Communication in Australia”, *The Sydney Law Review*, Vol. 27, 2005, pp. 237, 241.

和各缔约方国内立法之间在专有权利种类和内容上的差异。[①] 在讨论缔结《世界知识产权组织版权条约》的过程中，各方虽然都同意《世界知识产权组织版权条约》应当为权利人规定控制各类远程传播（"向公众传播"），特别是交互式传播的专有权利，但在应当采用何种专有权利的问题上产生了分歧。与会代表都争取以自己本国立法中已有的专有权利作为条约中此项新权利的基础，以避免对本国立法作出过于剧烈的调整。本书第三章第二节提及，美国代表团建议采用发行权。这一方面是因为美国《版权法》中并无"传播权"的规定，另一方面是因为美国 1995 年的白皮书中建议扩大现有发行权的控制范围，将通过网络向公众传播作品的行为定性为"发行"。而欧共体代表团则因欧共体多数成员国立法中已经规定了广播权等各项远程传播权（"向公众传播权"），而建议用扩大后的"向公众传播权"实现对各类远程传播的控制。[②]

为了调和各国立法之间的差异，《世界知识产权组织版权条约》第 8 条虽然名称是"向公众传播权"，但允许各缔约方自行决定以各种专有权利来控制各类远程传播（"向公众传播"），只要最终的效果是将所有种类的远程传播（"向公众传播"）纳入规制范围即可。换言之，只要达到了使权利人控制所有种类的远程传播（"向公众传播"）的目的，缔约方无论是扩大现行专有权利的范围还是新增一项或数项专有权利，都是可以的。[③] 这样，《世界知识产权组织版权条约》第 8 条就像一把大伞一样，将各种能够控制所有种类的远程传播（"向公众传播"）的专有权利都罩在其中。而各国实施《世界知识产权组织版权条约》第 8 条的方式也确实五花八门。例如，美国在批准《世界知识产权组织版权条约》之后，并未修改其《版权法》，而是在司法实践中由法院适用《版权法》中现有的复制权、发行权、表演权和展示权，以共同控制各类网络传播行为。欧盟成

---

① 2003 年 11 月，世界知识产权组织与国家版权局在上海举行了一场关于《世界知识产权组织版权条约》和《世界知识产权组织表演与录音制品条约》中向公众传播权的论坛。在论坛中，当两条约的主要起草者、时任世界知识产权组织助理总干事的米合依·莫彻尔，博士在讲台上介绍"伞形解决方案"时，在座的瑞典前司法顾问（曾在 1996 年世界知识产权组织日内瓦外交会议时任瑞典代表团团长）的亨利·奥尔森（Henry Olsson）当场撑开手中的雨伞，令人印象深刻。

② WIPO Doc. CRNR/DC/4，Basic Proposal for the Substantive Provisions of the Treaty on Certain Questions concerning the Protection of Literary and Artistic Works to be Considered by the Diplomatic Conference (1996)，prepared by the Chairman of the Committees of Experts on a Possible Protocol to the Berne Convention and on a Possible Instrument for the Protection of the Rights of Performers and Producers of Phonograms.

③ Mihály Ficsor，*The Law of Copyright and the Internet*：*The* 1996 *WIPO Treaties*，*Their Interpretation and Implementation*，Oxford University Press，2002，pp. 501，246 - 247.

员国则大多增加了“向公众提供权”，作为原有“向公众传播权”的一项子权利，以专门规制交互式网络传播行为。澳大利亚则将“向公众在线提供作品”（make a work available online）作为“向公众传播权”所控制的行为。但无论采用哪一种方式，都达到了将各类远程传播（“向公众传播”），特别是交互式传播，纳入权利人专有权利控制范围的目的。

第二节　对信息网络传播权的解释

我国《著作权法》规定的信息网络传播权直接源于《世界知识产权组织版权条约》第8条的后半句规定的“向公众提供权”。作为直接翻译的结果，界定该权利的文字较为晦涩难懂。同时，从权利的名称上看，“信息网络传播权”（《世界知识产权组织版权条约》第8条后半句规定的“向公众提供权”）是指“通过信息网络传播的权利”，似乎可以涵盖一切通过信息网络向公众传播作品的行为，但由于其并未包含《世界知识产权组织版权条约》第8条前半句的内容，其实际涵盖的范围小于其字面含义，也导致了在理解和适用上的困难。2020年《著作权法》修改时，对信息网络传播权定义进行了小幅调整，虽然节省了几个字，却导致该定义与《世界知识产权组织版权条约》第8条后半句在文字上出现了一点差异，从而又引起了对修改意图的猜测和对调整后定义的不同解释。为此，必须结合立法原意和法律逻辑对其进行正确的理解和适用。

一、只规制交互式传播

我国《著作权法》是在2001年修改时，为著作权人规定信息网络传播权的。参与立法者指出：“修改后的著作权法规定的信息网络传播权的定义，直接来自前述世界知识产权组织版权公约（《世界知识产权组织版权条约》——引者注）第八条的表述。”① 《世界知识产权组织版权条约》第8条（向公众传播的权利）规定：

> ……文学和艺术作品的作者应享有专有权，以授权将其作品以有线或无线方式向公众传播，包括将其作品向公众提供，使公众中的成员在其个人选定的地点和时间可获得这些作品。

显然，我国《著作权法》对信息网络传播权的定义来源于该条的后半句（包括将其作品向公众提供，使公众中的成员在其个人选定的地点和时

① 胡康生．中华人民共和国著作权法释义．北京：法律出版社，2001：56.

间可获得这些作品)。《世界知识产权组织版权条约》第 8 条的前半句"……文学和艺术作品的作者应享有专有权,以授权将其作品以有线或无线方式向公众传播"并没有被纳入信息网络传播权的定义。对信息网络传播权的解释,不能脱离《世界知识产权组织版权条约》第 8 条后半句的立法目的和国际公认的权威解释,其他国家和地区在实施第 8 条后半句时对其立法所作的解释及司法实践,也可以作为解决信息网络传播权的参考。

(一)"使公众在其选定的时间和地点获得作品"的传播特指交互式传播

在网络环境中,对作品进行远程传播("向公众传播")的方式有交互式和非交互式之分。交互式传播就是使用户可以根据自己的意愿获取作品,以进行在线欣赏或下载,也就是使公众可以同时选择获取作品的时间和地点的传播模式。例如,爱奇艺和优酷等视频网站均提供海量影视剧供用户点播,用户可以自行选择时间和地点登录网站并点播喜爱的电视剧。非交互式传播则无法使用户根据自己的意愿获取作品,只能像根据电台、电视台预先公布的节目时间表接收并欣赏节目那样,被动地欣赏作品。例如,中央电视台主办的"中国网络电视台"中的"正在直播"栏目进行的就是非交互式传播("网播")。用户在特定的时间登录系统之后,不能选择希望欣赏的节目,只能即时欣赏"中国网络电视台"按照既定的节目时间表正在播放的节目。其效果相当于打开电视机,在某一频道中收看电视台正在播放的电视节目。

那么,信息网络传播权能否按照其字面意思规制任何"通过信息网络进行的传播"?换言之,该项专有权利规制的行为范围,是限于通过网络实施的交互式传播,还是也及于通过网络实施的非交互式传播("网播")?正确的回答应当是前者。

《世界知识产权组织版权条约》的"基础提案"在对第 8 条(草案中的第 10 条)后半句所作的说明中指出:

> 该条后半句的主要目标是澄清:交互式的按需传播行为是该条规制的范围。实现这一目标的方法是确认相关的传播行为包括公众中的成员能够从不同的地点和在不同的时间获得作品。个性化选择的要件暗示了获得作品行为的交互式性质。①

① Basic Proposal for the Substantive Provisions of the Treaty on Certain Questions concerning the Protection of Literary and Artistic Works to be Considered by the Diplomatic Conference (1996), prepared by the Chairman of the Committees of Experts on a Possible Protocol to the Berne Convention and on a Possible Instrument for the Protection of the Rights of Performers and Producers of Phonograms, Notes on Article 10, para. 10.11.

由此可见，《世界知识产权组织版权条约》第8条后半句“将其作品向公众提供，使公众中的成员在其个人选定的地点和时间可获得这些作品”描述的就是交互式传播的特征，换言之，只有交互式传播才可能符合“将其作品向公众提供，使公众中的成员在其个人选定的地点和时间可获得这些作品”的要求。要落入第8条后半句规制的范围，相关行为必须使公众能够作出个性化的选择，也就是自行决定获得作品的时间和地点，而不是只能被动地通过技术设备接受传播者在预定时间所进行的传播，因为那样将剥夺个性化选择的任何机会。

可能有人会有一个疑问：既然如此，为什么《世界知识产权组织版权条约》第8条的后半句不直接采用“交互式传播”的用语，而要使用“将其作品向公众提供，使公众中的成员在其个人选定的地点和时间可获得这些作品”的表述呢？这似乎是在文字上兜了一个大圈子，人们只能从中领悟其只针对交互式传播行为。

对此，世界知识产权组织编写的《世界知识产权组织管理的版权和相关权条约指南》指出，在缔结条约的过程中，各方达成的共识是：

> 应当以一种中立的方式描述交互式传输行为，避免进行特定化的法律定性；这种描述不应采用特定的技术（术语），同时应当表明数字传输的交互式性质……①（注：着重号为引者所加）

可以清楚地看出，《世界知识产权组织版权条约》第8条的后半句所针对的当然仅为交互式传播，只是为了避免使用“交互式传播”这样高度技术化的用语，才使用“将其作品向公众提供，使公众中的成员在其个人选定的地点和时间可获得这些作品”的表述，揭示交互式传播的本质特征。

《世界知识产权组织版权条约》的“基础提案”还指出：

> 提议缔结条约的目的之一是对有关新技术影响作者权利的特定问题提供解决方案……例如，对作品向公众进行的交互式的按需传播，使公众直接在其家中或办公室中获得。②

在缔结《世界知识产权组织版权条约》的世界知识产权组织1996年外交会议上，会议主席对《世界知识产权组织版权条约》第8条作出了如

---

① WIPO Guide to Copyright and Related Rights Treaties Administered by WIPO and Glossary of Copyright and Related Rights Terms, WIPO Publication No. 891 (E), 2003, p. 210.

② WIPO Doc. CRNR/DC/4, Basic Proposal for the Substantive Provisions of the Treaty on Certain Questions concerning the Protection of Literary and Artistic Works to be Considered by the Diplomatic Conference (1996), prepared by the Chairman of the Committees of Experts on a Possible Protocol to the Berne Convention and on a Possible Instrument for the Protection of the Rights of Performers and Producers of Phonograms, Notes on Article 3, para. 3. 03.

下说明：

> 该条的后半部分针对通过在交互式系统中（in interactive systems）提供作品而使作品可被获得的行为。[①]

与《世界知识产权组织版权条约》同时缔结的《世界知识产权表演和录音制品条约》的"基础提案"对录音制作者的"提供权"（right of making available of phonograms）也作了如下说明：

> 提供权限于公众中的成员可以在其个人选定的地点和时间获得录音的情形。因此，可获得性（availability）是基于交互式和按需获取模式的（interactivity and on-demand access）。[②]

《世界知识产权表演和录音制品条约》的"基础提案"在解释表演者的"提供权"（right of making available of fixed performances）时也使用了相同的用语。[③] 由于《世界知识产权表演和录音制品条约》赋予录音制作者和表演者的"提供权"与《世界知识产权组织版权条约》第 8 条后半句赋予作者的"向公众提供权"在范围上完全相同，故上述解释也可以印证："使公众在其个人选定的时间和地点获取作品"就是对交互式传播的描述。

在 2000 年举行的世界知识产权组织日内瓦外交会议上，虽然由于美国和欧共体的意见分歧，未能按计划通过《视听表演保护条约》(该条约于 2012 年的北京外交会议上通过，名称为《视听表演北京条约》)，但其"基础提案"在解释视听表演者的"提供权"（right of making available of fixed performances）时，在《世界知识产权表演和录音制品条约》的"基础提案"的基础上，对于"提供权"（right of making available）也作出了清楚的说明：

> 提供权限于公众中的成员可以在其个人选定的地点和时间获得已以视听录制品形式加以固定的表演的情形。因此，可获得性（availability）是基于交互式和按需获取模式的（interactivity and on-demand access）。正是通过这种方式，将提供权（right of making available）与（其他）向公众传播权（right of communi-

---

① WIPO Doc. CRNR/DC/102，Summary Minutes，Main Committee I，para. 299.

② WIPO Doc. CRNR/DC/5，Basic Proposal for the Substantive Provisions of the Treaty for the Protection of the Rights of Performers and Producers of Phonograms to be Considered by the Diplomatic Conference (1996)，prepared by the Chairman of the Committees of Experts on a Possible Protocol to the Berne Convention and on a Possible Instrument for the Protection of the Rights of Performers and Producers of Phonograms，Notes on Article 18，para. 18. 03.

③ Ibid.，Notes on Article 11，para. 11. 03.

cation）区别开了。①

该段最后一句清楚无误地说明："提供权"（我国《著作权法》中的信息网络传播权）只是"向公众传播权"（远程传播权）的一部分而已。"向公众传播权"（远程传播权）可以控制以任何技术手段向公众传播的行为，包括交互式传播与非交互式传播。而"提供权"仅能控制交互式传播。

全程参加外交会议的欧共体代表团团长莱因伯特博士和欧盟代表团成员莱温斯基博士也就此指出：

> 作品必须以一种能够使公众中的成员得以在其"个人选定的时间和地点"获得的方式传播。这种个人选择的要件是指按需传播的情况。这就排除了在指定时间，按照预先定好的节目时间表向一般公众提供作品的情况，如以传统方式对节目进行的电台或电视台广播和通过数字网络传播，其中包括："网播"（webcasting，指通过互联网进行的首次有线传播）、"同步传播"（simulcasting，通过数字网络对以传播方式广播的节目进行同步和不加修改的转播）、"即时广播"（real audio）、"互联网电台"（internet radio）等。这类情况还包括付费电视或付费广播、按观赏次数收费的传播、多频道传播和类按需（near-on-demand）传播，其用于重复播放特定作品，例如，将音乐排行榜中的歌曲每隔 20 分钟就播放一遍。在所有这些情形中，使用（的欣赏）都依赖对节目的播放，而不能单独地选择其希望获取作品的时间。而按需传播的实例则是网站在其服务开放的期间内，在任意时刻提供音乐作品、电影作品、学术论文或其他作品供公众中的成员单独进行欣赏或下载的选择。②

由此可见，无论是《世界知识产权组织版权条约》缔结过程中的文件还是对该条约的权威解释，都强调第 8 条后半句中的"将其作品向公众提供，使公众中的成员在其个人选定的地点和时间可获得这些作品"针对的是交互式传播，并不包括非交互式传播。

《世界知识产权组织版权条约》的缔约方在实施该条约第 8 条后半句

---

① WIPO Doc. IAVP/DC/3, Basic Proposal for the Substantive Provisions of an Instrument on the Protection of Audiovisual Performances to be Considered by the Diplomatic Conference (1996), prepared by the Chairman of the Committees of the Standing Committee on Copyright and Related Rights, Notes on Article 10, para. 10. 03.

② Jörg Reinbothe, Silke von Lewinski, *The WIPO Treaties* 1996: *The WIPO Copyright Treaty and the WIPO Performances and Phonograms Treaty*: *Commentary and Legal Analysis*, Butterworths, 2002, p. 109.

的要求时，大多也直接采用了“将其作品向公众提供，使公众中的成员在其个人选定的地点和时间可获得这些作品”的用语，它们也将该用语解释为仅针对交互式传播。

如前文所述，美国《版权法》中并没有类似我国信息网络传播权的交互式传播权，但美国于1995年通过的《录音制品数字表演法》规定：录音制品制作者享有一项有限的表演权，适用于通过数字传输对录音制品进行“交互式服务”（interactive services）或付费欣赏服务。① 其中，“交互式服务”被定义为“使公众中的成员能够根据其需求，接受对特定录音制品的传送”②。这一定义同样强调网络用户对所获取内容的个性化选择是“交互式服务”的构成要件。美国著名版权法学者金斯伯格（Ginsburg）教授对此指出：该法没有涉及“网播”，即用户称为“互联网广播”的服务，其类似于传统的广播电台，具有非交互性质，因为听众无法选择内容。③

欧盟《版权指令》第3条对“向公众提供权”的定义采用了与《世界知识产权组织版权条约》第8条后半句完全一致的表述（将其作品向公众提供，使公众中的成员在其个人选定的地点和时间可获得这些作品）。而在《版权指令建议备忘录》中，欧洲议会对此明确指出：

> 应当赋予《指令》所承认的所有权利人以通过交互式按需传播手段向公众提供作品或其他客体的专有权利。这种交互式按需传播的特点由以下事实构成：公众中的成员可以在其个人选定的时间和地点获得作品或其他客体。该权利并不规范直接呈现行为或表演行为。④

在更早的《续绿皮书》中，也有相同的解释：

> “按需传播”的特征由以下事实构成：将以数字格式存储的作品或其他客体向公众提供，使公众可以在个人选定的个人计算机或其他数字设备上、在个人选定的时间和地点，要求按需进行传输。这种情形并不被包括在广播（由事先确定的节目时间表构

---

① 17 U.S.C. 114 (d).

② 17 U.S.C. 114 (j) (4).

③ Jane C. Ginsburg, "Copyright Legislation for the 'Digital Millennium'", *Columbia-VLA Journal of Law and the Arts*, Vol. 23, 1999, p. 137, at 167.

④ Commission of the European Communities, Amended Proposal for a European Parliament and Council Directive, On the Harmonisation of Certain Aspects of Copyright and Related Rights in the Information Society, Brussels (1999), Opinion of the European Parliament of 10. 2. 1999, para. 16.

成）的范围之中。[①]

欧盟法院在2012年判决的“SCF诉Marco Del Corso案”中清楚地指出：《版权指令》规定的“right of making available”（其措辞与《世界知识产权组织版权条约》和《世界知识产权组织表演和录音制品条约》相同）只能针对“交互式按需传输”（interactive on-demand transmissions），而该案涉及的是在牙医诊所中打开收音机让用户听到音乐广播，并不是“交互式按需传输”，因此不涉及“right of making available”[②]。

由此可见，“向公众提供权”（我国《著作权法》中的信息网络传播权）针对的只是交互式传播，任何非交互式传播并非该项权利的规制范围。

（二）交互式传播的认定

信息网络传播权（国际版权条约中的“向公众提供权”）只规制交互式传播，但交互式传播的实现方式是多种多样的。在互联网发展的早期，网络传播以“服务器—客户端”架构为基础，要通过互联网使公众在个人选定的时间和地点获得作品，需要将作品上传或以其他方式置于向公众开放的网络服务器之中，供其他用户在自行选定的时间和地点浏览或下载。此种传播当然符合交互式传播的技术特征。随着互联网技术的发展，随后出现的P2P（英文Peer to Peer，即“点对点”的简称）技术却使信息传播摆脱了对专业服务器的依赖。基于P2P技术开发的软件可以使用户直接搜索并下载其他在线用户存储在“共享目录”中的文件。[③] 一名用户如果愿意与他人分享电影、音乐或软件等文件，就可以将这些文件拷贝至P2P软件在硬盘上划定的“共享目录”中。只要这名用户打开计算机，保持联网状态并运行该P2P软件，其他任何使用相同P2P软件的用户就可以通过输入关键词搜索到这名用户的硬盘“共享目录”之中的文件，并可以将其下载到自己的计算机中。

那么，将作品置于P2P软件划定的“共享目录”之中，使其他网络用

① Commission of the European Communities, Communication from the Commission, Follow-up to the Green Paper on Copyright and Related Rights in the Information Society, Brussels, 1996, p. 12.

② Società Consortile Fonografici (SCF) v. Marco Del Corso, Case C-135/10 (2012), paras. 59－60.

③ 正是由于P2P技术改变了传统的“服务器-客户端”信息传播架构，它被称为“自电子邮件和万维网产生以来互联网上发生的最大革命”。参见美国“互联网网络服务提供者协会”向审理Verizon案的美国哥伦比亚地区法院提出的专家意见。Amicus Curiae, U. S Internet Service Provider Association, p. 6. 转引自RIAA v. Verizon Internet Service, 240. F. Supp. 2d 24, at 31 (D. C. Cir., 2003)。

户能够搜索到被“共享”的文件并进行下载的行为是否构成受信息网络传播权规制的交互式网络传播行为呢？对此的回答是肯定的。一旦将作品拷贝至“共享目录”之中，在计算机开机、联网并且运行了相关 P2P 软件的情况下，公众中的成员（P2P 软件的其他用户）就可以在其个人选定的地点（在任意一台联网的计算机上）和选定的时间通过 P2P 软件下载（获得）这些作品的复制件。这完全符合交互式传播的特征。在这种情况下，共享者实际上是通过 P2P 软件将自己的计算机变成了一台对其他用户而言的服务器。

上述结论也得到了其他国家法院的确认。如澳大利亚为实施《世界知识产权组织版权条约》第 8 条，以新增的“向公众传播权”控制“在线提供行为”（make available online）。澳大利亚联邦法院在 2005 年 10 月判决的“环球唱片公司诉 Sharman 公司案”中，认定 P2P 软件的使用者提供作品供他人“分享”的行为属于此种“在线提供行为”，构成了对“向公众提供权”（我国《著作权法》中的信息网络传播权）的侵犯。① 再如，英国《版权法》第 20 条规定，“向公众传播权”可以控制“向公众提供作品”（making available to the public of the work，即交互式传播）的行为。英国高等法院在“Polydor 诉 Brown 案”中也指出：当 P2P 软件划定的共享目录中含有作品，将运行 P2P 软件的计算机连接到互联网的行为，即构成对向公众传播权的直接侵犯。②

同时，随着网络传播技术日新月异，新的商业模式也层出不穷，其中用户对传播时间和内容的选择程度可高可低，而不是像从前那样处于“有”和“无”的两端。这就给判断一种特定的传播行为究竟属于交互式传播还是非交互式传播带来了一定困难。美国的司法实践证明了这一点。上文曾提及，美国 1995 年《录音制品数字表演法》将“交互式服务”定义为“使公众中的成员能够根据其需求，接受对特定录音制品的传送”③。在 1998 年的《千禧年数字版权法》（简称 DMCA）中，“交互式服务”的定义被拓展为“使公众中的成员能够接受特别为接受者定制节目的传送，或者（使公众中的成员能够）根据其需求，接受对特定录音制品的传送”④。

---

① Universal Music Australia Pty Ltd. v. Sharman License Holdings，Ltd.，[2005] FCA 1242.

② Polydor Limited and Others v. Brown and Others [2005] EWHC 3191（Ch），para. 7.

③ 17 U. S. C. 114（j）（4）.

④ 17 U. S. C. 114（j）（7）.

由于网络服务提供者只需就交互式数字传播服务的行为，从录音制品制作者处获得许可，因此一种数字传播服务是否为“交互式”的就极为重要。而“使公众中的成员能够接受特别为接收者定制节目的传送”这一较为模糊的用语引起了实务界的困惑。美国国会众议院在 DMCA 的报告中称，“如果一种服务使得一小部分人能够要求获得（‘点播’——引者注）专门为其群体定制节目中的录音制品，而在该群体之外的人却无法获得，该服务仍然是交互式的。相反，如果一项服务是将由一小部分收听者要求（点播——引者注）的、包含录音制品的节目向大量服务接受者传送，则该服务不是交互式的”①。但这一解释仍然只强调了用户（包括小规模群体用户）个性化选择的要素，未能说明“特别定制节目”的含义。

2000 年 11 月 21 日，美国版权局发表了一份声明，指出，“由于在当今数字市场出现的飞速变化的商业模式，没有规则能够精确地区分交互式服务与非交互式服务之间的界限。没有人能够轻易地厘清提供传输服务的企业提供的服务是交互式的还是非交互式的”；并指出，“在充分的证据记录发展之后应当根据个案”认定交互式行为。②

在“Arista Records 诉 Launch Media 案”中，Launch Media 公司提供的音乐网播服务“LAUNCHcast”介于传统的广播与纯粹点播之间。其可以根据单个用户评价过的歌曲风格生成专门针对该名用户的播放列表，但该播放列表与用户偏好之间的关系并不大，其中绝大部分歌曲都是随机选择的，与用户的偏好无关。Arista Records 公司认为，“LAUNCHcast”符合“使公众中的成员能够接收特别为接收者定制节目的传送”的特征，因此属于“交互式服务”。法院在对“LAUNCHcast”中播放列表的生成过程进行了极为细致和冗长的分析后，认为播放列表中的大多数歌曲都是由系统随机挑选的，用户难以决定列表中的内容，因此这种服务不会产生与唱片销售的竞争效应，根据立法目的，不属于“交互式服务”③。

笔者认为，区分交互式传播与非交互式传播的关键在于受众能否“按需获取”，即对作品的获取可进行个性化选择（选定作品及接收传输的时间），而不是只能由传播者单方决定。在上述“Arista Records 诉 Launch Media 案”中，如果被告在用户登录被告的网站或打开应用程序时，就根

---

① H. R. Rep., No. 105-796, at 87-88.

② IT Law WIKI, “Interactive Service”, at http://itlaw.wikia.com/wiki/Interactive_service.

③ Ipsu Arista Records v. Launch Media, Inc., Defendant, 578 F.3d 148 (2nd Cir., 2009).

据由算法决定的播放列表直接播放音乐，当然属于纯粹的“网播”，也就是非交互式传播，因为在这种情况下用户对于欣赏什么音乐并无选择权，并不符合用户自行选择作品并选择获得时间的要求。其结果相当于打开收音机，调至音乐频道后就能收听到音乐。但在该案中，被告的行为并非直接播放音乐，而是向用户推送播放列表，用户可以从列表中选择特定音乐进行在线欣赏（点播），也就是可以在个人选定的时间和地点进行欣赏。这种情况类似于音乐网站列出可供用户点播的音乐目录并在用户点击特定音乐后开始传输过程，故被告实施的仍然是交互式传播。

有人可能会认为，无论被告根据由算法决定的播放列表直接向用户提供播放音乐，还是仅向用户推送播放列表，由用户自行选择音乐，都只是面向特定用户，因为算法会为每名用户量身定做专门的播放列表，这与电台、电视台的节目单（播放列表）适用于所有接收者的情况并不相同，因此不属于向“公众”的传播。这一观点是不能成立的。如本书第四章第二节所述，在认定传输是否面向“公众”时，受众是否在相同时间和地点获得作品是无关紧要的。虽然被告向每位用户推送的播放列表并不相同，也就是供用户从播放列表中选择的音乐并不相同，但对于同一首音乐而言，当然有机会被纳入列表，推送给不同的用户（虽然不是全体用户）。换言之，任何特定音乐都有机会被不特定的用户通过点击列表中的链接而被点播。被告此种商业模式下的传播行为当然面向“公众”。该行为类似于本书第四章第二节提及的“Wnet 诉 Aereo 案”中被告 Aereo 公司实施的行为，即为每一位用户安装一个小天线以接收电视节目并进行存储，供用户点播。美国联邦最高法院认为 Aereo 公司的行为构成向“公众”传播作品，虽然“Aereo 的用户可以在不同时间和地点接收相同节目”，但“‘公众’并不需要聚集在一起，无论是在空间上的聚集还是在时间上的聚集”，而“Aereo 公司将可几乎同时感知的相同图像和声音向大量相互之间没有关联，也互不相识的用户传播”①。

假如一家卡拉 OK 厅开发了一种点歌系统，它能自动记录以往客人所点播的歌曲，在这名客人再次光顾时，就利用算法分析出这名客人喜欢的歌曲，并且形成推荐列表，客人也倾向于优先从该列表中点播歌曲。虽然每名客人获得的推荐列表并不相同，但不会有人质疑卡拉 OK 厅以这种个性化的方式提供服务的行为构成面向“公众”的传播。

英国的《版权法》从另一个角度区分了交互式传播和非交互式传播。

① Wnet v. Aereo，134 S. Ct. 2498，2509 - 2510 (2014).

英国《版权法》中规定的“广播”是典型的非交互式传播，而且是所有非交互式传播的统称。“广播”之外的向公众传播行为自然就是交互式传播。根据该法对“广播”的定义，要构成“广播”，必须满足两个条件：一是“传输的目的是让公众的成员实时接收”①。对此，有关英国《版权法》的权威著作《现代版权与外观设计法》指出：

> 它的实际效果就是排除那些可由公众中的成员进行个性化选择的向公众的传输，如在线的数据库服务。事实上，该要件的影响就是将多数网络传输完全排除在外，因为它们能够都是发生在一台计算机到另一台计算机之间……只有向众多用户进行的实时传输（streaming transmission），即当特定内容向同时登录特定网页或网址的任何人进行的传输，才可能未被该要件排除。②

另一个是“传输的时间完全由实施传输者决定”③。《现代版权与外观设计法》同样认为，该条件“清楚地排除了应接收者的请求而进行的传输”④。

特别值得注意的是，英国《版权法》定义的“广播”包括“网播”，即非交互式的网络传播。该法第6（1A）条规定，

> 任何“互联网传输”（internet transmission）都被排除在“广播”的定义范围之外，除非它属于：(1) 在互联网上与其他任何方式（的传输）同步进行的传输；(2) 对现场事件的同步传输；(3) 由为传输负责的人根据由其制定的节目时间表，将事先录制的、作为播出节目一部分的连续影像或声音进行传输。

上述三种互联网传输仍然属于英国《版权法》中的“广播”。第一种行为通常被称为“网络同步传播”，它是指电台、电视台在通过无线电波和有线电缆传播节目的同时，通过互联网进行同步传播。例如，在我国中央电视台在通过卫星信号传播各频道节目的同时，还通过其开设的“中国网络电视台”，在互联网上同步传播相应频道的节目。用户通过互联网和通过卫星电视系统所接收到的中央电视台各频道的节目基本上是同步的，只存在着技术原因导致的为时很短的延迟。通过“中国网络电视台”收看

---

① (UK) Copyright Act, Section 6(1).

② Hugh Laddie, Peter Prescott, Mary Vitoria, *The Modern Law of Copyright and Designs*, 4th edition, LexisNexis, London, 2011, pp. 456, 462.

③ (UK) Copyright Act, Section 6(1).

④ Hugh Laddie, Peter Prescott, Mary Vitoria, *The Modern Law of Copyright and Designs*, 4th edition, LexisNexis, London, 2011, p. 459.

中央电视台节目的用户无法选择自己希望欣赏的节目，也无法自行决定看到特定节目的时间。在何时播出哪一节目完全由中央电视台决定。因此“网络同步传播”属于非交互式传播，被纳入英国《版权法》中“广播”的范畴。

第二种行为是通过网络进行现场直播，比如对音乐会所作的网络直播。在这种情况下，通过网络欣赏音乐会的受众仍然只能在传播者单方决定的时间内欣赏被传播的现场音乐表演，无法对其中的音乐表演进行点播，因此这也属于非交互式传播，属于英国《版权法》所规定的“广播”。

第三种行为则是传播者将已经录制好的节目在其确定的时间向公众进行的“网播”。比较典型的是某些网络电视台根据预定的节目时间表传播相应的节目。对此，《现代版权与外观设计法》明确指出：

> 该规定同样排除了“按需”传播服务，如根据接收者可参与确定的时间进行的传输。①

显然，如果根据英国《版权法》的规定，“Arista Records 诉 Launch Media 案”中被告向用户推送个性化的播放列表，再根据用户对播放列表中音乐的选择提供音乐在线欣赏的行为，由于不属于上述三种网络传输行为中的任何一种，无法被归入“广播”，只能属于向公众传播权（远程传播权）规制的交互式传播。

由此可见，虽然网播传播技术和商业模式的发展会给交互式传播和非交互式传播的区分在表面上带来一定困难，但只要把握住交互式传播所具有的特征（体现个性化选择的“点播”），仍然可以区分交互式传播和非交互式传播。美国《版权法》的特殊之处在于其并没有规定“向公众提供权”这一交互式传播权，仅是为了在传播录音制品时区分法定许可与自愿许可而界定了“交互式服务”，其中“使公众中的成员能够接收特别为接收者定制节目的传送”的用语又模糊不清，这才导致了司法实践中的困惑。因此，与其像美国《版权法》那样给“交互式服务”下一个“吃力不讨好”的定义，不如像英国《版权法》那样，只列举非交互式传播，剩下的向公众传播行为自然可以归入交互式传播。

（三）“网播”与信息网络传播权

既然信息网络传播权定义中的“以有线或者无线方式向公众提供，使公众可以在其选定的时间和地点获得作品”仅指交互式传播，任何非交互

① Hugh Laddie，Peter Prescott，Mary Vitoria，*The Modern Law of Copyright and Designs*，4th edition，LexisNexis，London，2011，p. 464.

式传播，包括通过网络实施的由传播者单方决定传播时间的“网播”，都不可能受信息网络传播权的规制。

在我国的司法实践中，对该问题曾经存在模糊的认识。在“宁波成功多媒体通信有限公司诉北京时越网络技术有限公司”信息网络传播权纠纷案中，原告是32集电视连续剧《奋斗》的信息网络传播权的专有被许可人，被告则在其经营的“悠视网”上对《奋斗》按照预先设定的节目时间表逐集播出（典型的“网播”）。在某一个时间点，网络用户登录后只能看到被告网站正在播放的那一集，而不能自由选择点播任意一集加以欣赏。原告起诉被告侵犯其信息网络传播权。一审法院认为：

> 只要网络用户通过信息网络在其选定的时间可以获得作品的部分内容，作品传播者就构成了《著作权法》第十条第一款第（十二）项所规定的“使公众可以在其个人选定的时间和地点获得作品”。法律并未规定要使公众在其选定的时间获得作品的全部或任意一部分内容，通过信息网络传播作品者才构成对作品信息网络传播权的行使。本案的公证书表明，虽然网络用户在其选定的时间不能够获得《奋斗》的全部或任意一集的内容，但却能够获得网站正在播放的那一集的内容。因此，时越公司的行为构成对《奋斗》的信息网络传播权的行使。①

二审法院对一审判决持赞同态度。二审判决指出：

> 互联网用户通过悠视网能够观看该电视剧的内容，即使悠视网的播放方式系定时定集播放，悠视网未经许可的在线播放行为亦侵犯了宁波成功公司享有的信息网络传播权。②

法院的这一结论是建立在误解信息网络传播权之基础上的。如前所述，信息网络传播权只能针对交互式传播行为，而交互式传播必须使受众能够“按需获取”，对视听作品而言就是能够实现用户的点播或下载。而法院误认为该专有权利可以规制通过网络实施的任何传播行为，而没有意识到“使公众在其个人选定的时间和地点获取作品”（这是2020年修改前的《著作权法》对信息网络传播权的定义，2020年修改后《著作权法》删除了“个人”两字，下同）的用语是对交互式传播的描述。

在该案中，作为被告的网站是按照预定的节目时间表传播作品的，也就是“网播”，在何时传输32集电视剧中的哪一集完全由该网站决定。由

---

① 北京市海淀区人民法院（2008）海民初字第4015号民事判决书。

② 北京市第一中级人民法院（2008）一中民终字第5314号民事判决书。

于受众无法自行选择其中特定一集，而只能观赏正在由网站传播的那一集，所以在任何一个特定时刻，任何一名用户登录到被告网站，欣赏到的内容都是完全相同的。由于受众不能选择自己喜爱的那一集进行观赏，所以该“网播”与电视台将电视连续剧按照预定的节目时间表顺序播放没有实质性的区别。试想：如果一家电视台未经许可在假日通过无线电波将32集电视连续剧按照预定的节目时间表顺序播放，电视观众可以在当日任意时间观看正在播放的那一集，该电视台侵犯的是信息网络传播权吗？回答显然是否定的。在以往发生的所有涉及电视台未经许可播放影视作品的案例中，法院只会判决被告侵犯了广播权。这是因为电视台的“定时播放”不可能“使公众在其选定的时间和地点获得作品”。而该案中被告通过互联网实施的定时传播行为（“网播”）与电视台的定时播放行为在性质与后果上相同，不可能“使公众在其选定的时间和地点获得作品”。

对于一部长达32集的电视连续剧而言，尽管其作为一个整体可以被视为一部作品，但其中的每一集都是相对独立的作品。如果受众无法在个人选定的时间选择其中一集加以欣赏，“交互性”就无从谈起。该案的一审判决认为：当用户自己选定时间和地点登录被告网站时，只要能看到正在播出的那一集，就算是在其个人选定的时间和地点获得了作品。这种观点抹杀了电视连续剧作为作品集合的自然属性，会导致十分不合理的结果。假设有一部历史纪录片恰好长达24小时，一家电视台从零点开始播放，任何人在当天的任何一个时刻打开电视机调至这一频道，都能看到正在播放的内容，那么按照该判决的逻辑，就可以得出如下结论：“虽然用户在其选定的时间不能够获得该部纪录片的全部或任意一部分的内容，但却能够获得电视台正在播放的那一部分的内容，因此电视台的行为构成对纪录片的信息网络传播权的行使。”该结论将导致广播权和信息网络传播权的应有界限荡然无存，不符合设立信息网络传播权的立法原意。

假如该案中被告网站按照节目时间表播放的不是一部长达32集的电视连续剧（从而总播放长度可以超过24小时），而是一部长度为1小时的电影，法院还会认定被告侵犯信息网络传播权吗？回答显然是否定的，因为用户只能在被告网站所指定的那一小时内，而不是在其个人选定的任一时间观赏这部电影。问题在于：同样是网站按照节目时间表传播影视作品，怎么能够仅仅因为作品长度的差异就对其行为性质作出不同的认定呢？这说明该案判决对信息网络传播权的解释在逻辑上是无法成立的。

所幸的是，随着对信息网络传播权研究的深入，信息网络传播权只能规制交互式传播，而不能规制非交互式传播的观点逐渐得到了公认，在司法实践中再未出现类似上述"《奋斗》案"的不当判决。

二、只涉及使公众获得作品的可能性

根据《著作权法》对信息网络传播权的定义，该权利控制的是以交互式手段"向公众提供，使公众……获得作品"的行为。那么，如果相关行为仅仅使公众有获得作品的可能性，而未实际发生传输作品的过程和公众实际获得作品的结果，它是否属于此类行为？

需要指出的是："提供"一词译自《世界知识产权组织版权条约》第8条中的"making available"，其含义是"使……可获得"，即是一种使他人获得作品的"可能性"，而非他人已经获得作品的状态。① 因此，只要将作品上传或以其他方式置于网络服务器中供网络用户下载或浏览，就构成对作品的"提供"，而无论是否有人实际进行过下载或浏览。

有人可能会提出质疑：作品从服务器端向用户所在的客户端的传输，是用户点击相关作品之后才开始的。这与电台、电视台主动发射无线信号或者通过电缆传输内容的情况是不同的。对于交互式提供而言，如果没有用户的操作，传输过程就不可能启动。此时还能称其为"传播"吗？

对此，本书第四章第二节已经指出，传播行为并不以传播者自己动手操作，实际启动相关的技术程序为要件。第四章第二节曾举西方国家歌舞厅中"自动点唱机"的实例：只有在使用者投币并选择其中的曲目之后，点唱机才会播放音乐。这一过程无须经营者的主动操作。但世界知识产权组织编写的《伯尔尼公约指南》指出："舞厅里的管弦乐队演奏乐曲，同隔壁迪斯科舞厅中顾客投币选曲并没有区别，都发生了公开表演。"② 美国《版权法》也将经营者通过"自动点唱机"向顾客提供点播的行为认定为机械表演，规定经营者应向音乐权利人支付许可使用费。③ 虽然向"自动点唱机"中投币，从而启动机器、引发机器播放音乐的是顾客，但实施机械表演行为的并不是顾客，而是设置"自动点唱机"的娱乐场所的经营者。换言之，是设置"自动点唱机"的经营者向顾客（公众）提供了获得音乐作品（点播曲目）的可能性，因此其行为构成传播（机械表演）。同样道理，卡拉OK厅的经营者很少直接为消费者选择曲目并操作机器设备，但我国法院在以往的案例中，都认定经营者实施了放映存储于包间中

---

① 在《伯尔尼公约》中，"be made available"也反复地出现，均是指公众可以获得作品的可能性。Berne Convention，Article 7（2），（3），10（1），（2），11ter，Article Ⅳ（5）.

② Guide to the Berne Convention for the Protection of Literary and Artistic Works（Paris Act，1971），WIPO Publication No. 615（E），1978，p. 64，para. 11. 4.

③ See 17 U. S. C. 116.

每台设备中的音乐电视（视听作品）的行为。[①] 类似的情况还有餐厅等经营场所安置收音机、电视机，供顾客收听、收看电台、电视台正在播出的节目，以及“点播影院”提供联网电视机，供顾客点播腾讯视频、爱奇艺等视频网站中的影视剧。这些行为的共同特征都是经营者提供机械装置，供公众自己动手操作，以获取存储在本地或远端的作品，或接收从远端传出的作品。其本质都是“使公众获得作品”，也就是提供了可能性（making available）。

对此，世界知识产权组织编写的《世界知识产权组织管理的版权和相关版权条约指南》指出，在缔结条约的过程中，各方达成的共识是：

> 应当以一种中立的方式描述交互式传输行为……且澄清当公众中的成员可以在其个人选定的时间和地点获得作品或相关权的客体时，该作品或相关权的客体应被认定“向公众”提供了。[②]

由此可见，实际的传输过程由用户的操作行为而触发，并不是否认将作品以上传或其他方式置于向公众开放的服务器中的行为人实施了传播行为的理由。只要将作品以上传或其他方式置于向公众开放的服务器中，也就是提供了使公众获得作品的可能性，就实施了受信息网络传播权规制的向公众传播行为。

三、对“获得作品”应作广义解释

根据我国《著作权法》的规定，只有以有线或者无线方式向公众提供，使公众可以在其选定的时间和地点“获得作品”的行为，才受信息网络传播权的规制。有一种观点认为：我国《著作权法》使用了“获得作品”一词来定义信息网络传播权，遗漏了不提供下载而只提供在线浏览的行为，“导致一些未经权利人许可而提供对电影等作品在线浏览的不法网站可能逃脱法律的约束”[③]。这应是不了解信息网络传播权立法来源所导致的误解。“获得作品”译自《世界知识产权组织版权条约》第 8 条中的“access these works”。“Access”包括了“获得、访问、接触”等丰富的含义，如去图书馆阅览而不借阅书籍就可以说成“access to the library”。

---

① 典型案例包括：北京市第二中级人民法院（2003）二中民初字第 08846 号民事判决书，北京市高级人民法院（2004）高民终字第 156 号民事判决书，上海市第一中级人民法院（2004）沪一中民五（知）初字第 115 号民事判决书。当然，随着卡拉 OK 厅越来越多地采用在局域网服务器中存储并提供曲目点播的模式，相关的专有权利应当是信息网络传播权，而不是放映权。

② WIPO Guide to Copyright and Related Rights Treaties Administered by WIPO and Glossary of Copyright and Related Rights Terms，WIPO Publication No. 891（E），2003，pp. 275－276.

③ 2005 年 6 月 27 日在国家版权局于上海大学主持召开的“信息网络传播权立法研讨会”上有关人士的发言. http：//www. co-effort. com/news20050816. htm.

因此在网站上仅提供作品的在线浏览、欣赏服务而不允许下载，如音乐网站和视频网站采用技术措施，确保用户仅可在线点播并欣赏音乐和影视剧，但无法将音乐和影视剧下载至计算机或移动设备存储，无疑可以使公众在其选定的时间和地点获取作品内容（access the work），也就是"获得"作品。由于在中文里确实难以找到与"access"完全对应的一个用语，《著作权法》第10条中使用"获得"一词无可厚非，但要求法院在适用时结合该术语的来源进行合理解释，不能将"获得"视为"下载"的同义语。

世界知识产权组织在对《世界知识产权组织版权条约》的"基础提案"中有关"向公众传播权"［在《世界知识产权组织版权条约（草案）》中为第10条，在最终通过的文本中为第8条］的说明中指出：对于使公众获得作品而言，究竟是使用户获得了作品的复制件，还是仅使作品能够被用户感知并由此使用（the work is simply made perceptible to，and thus usable by，the user），是无关紧要的。[①] 显然，任何导致公众在线接触作品内容，如在线阅读、收听、观看文艺作品和在线安装、运行软件（如"在线杀毒"）等的行为，均应构成使公众"获得"作品的行为。

在"郑成思诉北京书生数字技术公司"案中，被告虽然只是未经许可在其数字图书馆中对原告的作品提供在线阅览服务，并未开放下载功能，但一、二审法院仍然认定："书生公司未经郑成思许可，将郑成思享有著作权的涉案图书上载于书生之家网站上供公众浏览，侵犯了郑成思对上述作品享有的信息网络传播权"[②]。北京市高级人民法院《关于审理涉及网络环境下著作权纠纷案件若干问题的指导意见》第2条第2款也明确规定：将作品、表演、录音录像制品上传至或以其他方式置于向公众开放的网络服务器中，使作品、表演、录音录像制品处于公众可以在选定的时间和地点下载、浏览或以其他方式在线获得，即构成信息网络传播行为，无须当事人举证证明实际进行过下载、浏览或以其他方式在线获得的事实。这说明我国法院对"获得作品"含义的认识是正确的。

四、"选定的时间和地点"与对时间、地点和条件的限制

根据我国《著作权法》对信息网络传播权的定义，只有那些能够"使

---

① WIPO Doc. CRNR/DC/4，Basic Proposal for the Substantive Provisions of the Treaty on Certain Questions concerning the Protection of Literary and Artistic Works to be Considered by the Diplomatic Conference (1996)，prepared by the Chairman of the Committees of Experts on a Possible Protocol to the Berne Convention and on a Possible Instrument for the Protection of the Rights of Performers and Producers of Phonograms，para. 10. 10.

② 北京市海淀区人民法院（2004）海民初字第12509号民事判决书，北京市第一中级人民法院（2005）一中民终字第3463号民事判决书。

公众可以在其选定的时间和地点获得”作品的行为才受该权利的规制。那么，对“公众可以在其选定的时间和地点获得”该如何理解呢？试举三例：（1）网站将一部电影上传至服务器，供用户在线点播欣赏或下载，却只在每晚7点至10点之间开放服务器，用户只能在这一时间段登录服务器并点播欣赏或下载电影；（2）某图书馆将购买的正版“电子书”（也就是文字作品的数字版本）上传至图书馆中的计算机终端，供进入馆舍的读者阅读，用户只能在图书馆的馆舍中使用其终端进行阅读；（3）某人将一部热门电影上传至其百度网盘存储，并在淘宝网中推销。付费者将获得该部电影的分享链接和密码，并可在网盘中下载该部电影。在前两个假想例中，网站和图书馆虽然提供了作品，却限定了用户欣赏的时间或地点。在第三个假想例中，他人虽然能获得作品，但前提是付费以换取百度网盘中作品的下载链接和密码。如果上述三个假想例都涉及未经许可提供作品，是否会构成对信息网络传播权的侵犯呢？

（一）“选定的时间和地点”与对时间或地点的限制

在过去几年发生的涉及网吧和近年来发生的涉及IPTV的著作权侵权纠纷中，类似于前两个假想例中的问题被反复提出。许多网吧在内部搭建了一个局域网，其中设有服务器，网吧中所有计算机都与该服务器联网。该服务器中存储了许多电影，供进入网吧的用户在终端计算机上点播欣赏。当电影作品权利人起诉网吧侵犯其信息网络传播权时，网吧经营者通常的抗辩理由为：公众只能在经营者单方指定的地点——“网吧内”欣赏电影，而不能随意选定地点，如自己家中。因此该服务不能“使公众在其个人选定的地点获得作品”，不构成对信息网络传播权的侵害。一些权利人还曾因为担心侵害信息网络传播权的诉讼请求无法得到支持，转而以网吧侵犯复制权和放映权为由起诉。有些法院也认定网吧侵犯了复制权或放映权。①

在涉及IPTV的著作权侵权诉讼中，上述问题更加突出。IPTV是媒体融合（早期为“三网融合”，即互联网、电信网和广播电视网的融合）的典型产物。IPTV系统可以使观众对已播出的电视节目在一段时间（目前多为72小时）内进行“回看”，即“回过头看已被播过的节目”，这实际上就是向IPTV用户提供在电视节目播出后的三天内进行点播的服务。对于IPTV限时“回看”服务是否可能侵害信息网络传播权的问题，有观点认为并不构成侵权，其理由之一“回看”与“点播”不同：

① 北京市朝阳区人民法院（2008）朝民初字第07065号民事判决书（认定网吧侵犯“复制权”），北京市东城区人民法院（2008）东民初字第1503号民事判决书（认定网吧侵犯“复制权”和“放映权”）。

> 点播在技术上实现形式多种多样，回看则渠道单一，属于受到较大限制的不完全互动式观看……回看由于是电视台的广电信号的延伸，首先时间很短，只有三天，因此说是受到较大限制的；其次，虽然三天内随时可以观看，但也不是在任何地方都可观看，还必须是在电视台节目的栏目并点击节目单方可回看，回看不进入公共搜索引擎的搜索范围，也就是公网上搜不到。①

从中可以看出，这一观点的本质是认为 IPTV 提供的限时“回看”不能使公众在其选定的时间和地点获得作品，因为时间被限定在三天之内，地点被限定于安装了 IPTV 设备的电视机，而不是连接公网的计算机或移动设备。一些法院也持有相关观点。在“乐视网信息技术公司诉广州珠江数码集团公司案”中，法院认为：

> （浙江广播电视台）的节目仅限于被告在约定的期限内传输给其网络内的用户收看……不符合我国《著作权法》规定的“使公众可以在其个人选定的时间和地点获得作品”的信息网络传播权的定义。②

在“西藏乐视网信息技术有限公司诉中国电信股份有限公司杭州分公司案”中，法院认为：

> “IPTV 回看”模式既有时间限制，又有地点选择限定，并不符合严格意义上的信息网络传播的“选定”特点。③

上述观点以 IPTV 限时“回看”服务仅能在有限的时间（通常为三天）、有限的地域范围（安装了 IPTV 系统的地点）提供作品为由，否认其构成受信息网络传播权规制的行为。这是对信息网络传播权的误读。如前文所述，《著作权法》规定的信息网络传播权来源于《世界知识产权组织版权条约》第 8 条后半句规定的“向公众提供权”，规制的是交互式传播行为，“使公众可以在其选定的时间和地点获得”的用语只是为了描述交互式传播的特征。（对此上文已有详述阐述，此处不赘述。）

由于“使公众可以在其选定的时间和地点获得”只是对交互式传播的描述，所以不能将“公众可以在其选定的时间和地点”绝对化地理解为公

---

① 刘春泉．从实务角度解读网络电视回看是否侵犯信息网络传播权?．http://mp.weixin.qq.com/s?__biz=MjM5MjYwOTg1NA==&mid=200058322&idx=3&sn=40c99fab942a44d61072a5089d0c751a&scene=3#rd.

② 广东省广州市越秀区人民法院（2012）穗越法知民初字第 1101 号民事判决书。二审法院维持了这一判决，参见广东省广州市中级人民法院（2013）穗中法知民终字第 1174 号民事判决书。

③ 杭州互联网法院（2018）浙 0192 民初 4603 号民事判决书。

众可以随意选择在全年365天的任意一天中的任意一个时刻和在世界上任何一个角落，否则，任何未经许可提供电影点播的网站只要每天关闭10分钟服务器，或者将某一个特定地点（如太平洋上一个偏僻但提供互联网接入服务的小岛）的IP地址段排除出服务范围，就可以宣称：由于公众不能选定在该10分钟内点播电影，或者不能在该特定地点点播电影，自己提供电影点播的行为就不能“使公众可以在其选定的时间和地点获得”，因而不侵犯信息网络传播权。这样一来，只有那些永远不关闭服务器、面向全世界所有国家和地区的所有连接互联网的设备进行的交互式传播才有可能侵犯此项权利。这样的结论显然是荒谬的。

参加为缔结《世界知识产权组织版权条约》而召开的1996年日内瓦外交会议的欧共体代表团团长莱因伯特博士和欧共体代表团成员莱温斯基博士对于该条约中“将其作品向公众提供，使公众中的成员在其个人选定的地点和时间可获得这些作品”的用语也指出：

> 能够选定时间的要件并不要求作品能够在不受限制的任意时间内获得。只要在一天中特定的几个小时内提供作品就可以了。[①] 即使对获得作品时间的选择可能因为（服务器）开放时间有限而受到制约，也不影响满足“选定时间”的要件。[②]
>
> 当可以从一个以上的计算机终端获得作品时，“选定地点”的要件就得到了满足，如存储在CD-ROM上的作品在大学、研究所、律师事务所、公司或图书馆的局域网中提供，使那些被授权使用局域网的人可以从与本地网相连的计算机终端获得CD-ROM上的作品。[③]

由此可见，只要在作品提供者所限定的时间和地域范围内，以交互式手段提供作品，使公众可以在该时间和地域范围内其自行选定的时间和地点获得作品，这种行为就受到《世界知识产权组织版权条约》第8条后半句规定的“向公众提供权”和我国《著作权法》规定的信息网络传播权的规制。相反，如果服务器虽然始终不间断地向全世界开放，但提供作品的方式并不是交互式的，如按照预先定好的节目时间表传播作品，则该行为就不受该项专有权利的规制。

由此可见，“使公众可以在其选定的时间和地点获得”是对交互式传

① Jörg Reinbothe，Silke von Lewinski，*The WIPO Treaties* 1996：*The WIPO Copyright Treaty and the WIPO Performances and Phonograms Treaty*：*Commentary and Legal Analysis*，Butterworths，2002，p. 109.

②③ Ibid.，p. 111.

播的描述，它强调的是公众可以进行按需点播，并未设定除要求交互式传播之外的另一个构成要件。在前文提及的视频网站仅在每晚7点至10点之间开放服务器，以及图书馆在局域网中提供电子书阅读的假想例中，虽然视频网站的服务器开放时间只有3个小时，但在这3个小时内，用户仍然可以自行选择时间（如晚8点）登录服务器，点击视频文件，从头开始欣赏电影。同样道理，虽然读者不能随意选择在图书馆馆舍外的地点去登录图书馆的网络获取作品，但其在图书馆馆舍之内，在图书馆对外开放期间，仍然可以自行选择一个时间点和一台局域网中的计算机终端，点击喜爱的电子书进行阅读。因此，图书馆在自行划定的地域范围（馆舍之内的局域网）和时间范围（如周一至周五上午9点至下午5点）内，以交互式手段提供作品，使公众得以在上述地域和时间范围内，自行选择时间和地点获得作品。故其仍然构成受信息网络传播权规制的行为。因此，假想例中的这两种行为均受信息网络传播权的规制。

实际上，《信息网络传播权保护条例》第7条已经暗示了上述意思。该条规定："图书馆、档案馆、纪念馆、博物馆、美术馆等可以不经著作权人许可，通过信息网络向本馆馆舍内服务对象提供本馆收藏的合法出版的数字作品和依法为陈列或者保存版本的需要以数字化形式复制的作品，不向其支付报酬"。这一条是对信息网络传播权的限制和例外，而"限制和例外"的对象必然是信息网络传播权。如果一种行为并不受到任何专有权利的控制，著作权立法根本没有必要在"限制和例外"条款中规定可以不经权利人许可实施该行为。例如，《著作权法》不可能规定"在家中可以不经著作权人许可播放音乐作品"，因为这种行为根本就不是公开表演，不受表演权的控制，当然不会构成侵权。因此，《信息网络传播权保护条例》规定图书馆等可以不经著作权人许可，通过信息网络向本馆馆舍内服务对象提供作品，本身就意味着图书馆等在本馆馆舍内向读者提供作品（注：着重号为引者所加），可以构成受信息网络传播权规制的行为。

北京市高级人民法院《关于网络著作权纠纷案件若干问题的指导意见》第9条规定：将作品、表演、录音录像制品上传至或以其他方式置于向公众开放的局域网中，使公众可以在其个人选定的时间和地点获得的，属于信息网络传播行为。其中强调"局域网"中的交互式传播属于信息网络传播权的规制范围，就是为了解决诸如在网吧、图书馆等向公众开放的场所设置的局域网中进行交互式传播的定性问题。

最高人民法院《关于做好涉及网吧著作权纠纷案件审判工作的通知》第3条第一句规定："网吧经营者未经许可，通过网吧自行提供他人享有著作权的影视作品，侵犯他人信息网络传播权等权利的，应当根据原告的诉讼请求判决其停止侵权和赔偿损失。”这就明确了网吧通过局域网提供作品交互式传播的行为仍然受信息网络传播权规制。

多数法院在司法实践中也正确理解了“使公众可以在其个人选定的时间和地点获得作品”的含义，将在向公众开放的局域网中实施的交互式传播纳入信息网络传播权的规制范围。例如，在“捷成华视网聚诉武汉市洪山区青柠茶饮店案”中，法院指出：

> 武汉青柠茶饮店系将涉案影片存储在电脑中通过局域网的方式提供给不特定的公众……不能将“个人选定的时间和地点”绝对地理解为个人可以随意选择任意时间任意地点。在传播者限定的时间和地域范围内，只要公众可以通过网络自行选择时间和地点去点播，仍然属于信息网络传播权规制的范围。武汉青柠茶饮店播放涉案影片的行为属于侵害作品信息网络传播权的行为。①

据此，在上述涉及网吧的侵权纠纷中，应当以网吧是否将作品置于局域网服务器中以交互式手段提供作品，作为认定其行为是否侵犯信息网络传播权的依据，而不能仅因交互式传播行为发生在网吧这一特定场所范围内，就认定网吧不可能侵犯信息网络传播权。同样道理，IPTV 服务提供者当然实施了交互式传播：虽然 IPTV 提供的“回看”服务限时三天，但在这三天内，用户可以随时在任意一个安装了 IPTV 系统的场所点播之前的电视节目，与“公众可以在其个人选定的时间和地点获得作品”的交互式传播特征完全吻合。

在“北京爱奇艺科技有限公司诉爱上电视传媒（北京）有限公司案”中，法院正确地认定爱上电视传媒（北京）有限公司提供 IPTV 限时“回看”服务侵犯了信息网络传播权：

> 爱上公司提供的“回看”服务不同于直播，而是为用户提供了一种回溯式的、可重复的观看体验，用户通过点击“回看”按钮即可在线观看存储于爱上公司服务器中的涉案作品，与通常而言的内容服务提供者所提供的在线播放服务并无本质区别。爱上公司提供涉案作品回看服务的行为已经落入信息网络传播权的控制范畴。②

---

① 四川省成都市中级人民法院（2017）川 01 民终 16929 号民事判决书。

② 北京市海淀区人民法院（2019）京 0108 民初 3739 号民事判决书，北京知识产权法院（2019）京 73 民终 3778 号民事判决书。

（二）“选定的时间和地点”与对获取条件的限制

与上同理，“使公众可以在其选定的时间和地点获得”不能被理解为：对已提供作品的获取不可以附加任何其他条件，比如付费或进行身份验证。否则，只有那些提供向全世界免费开放，且不需要登录注册的提供行为才构成“使公众可以在其选定的时间和地点获得”。这样一来，那些未经许可免费提供作品下载的网站可能侵犯此项权利，但收费网站反而不可能构成侵权。这样的结论同样是荒谬的。2020 年修改的《刑法》第 217 条明确将“通过信息网络传播作品”纳入可构成侵犯著作权罪的行为的范围，但前提是“以营利为目的”。如果收费提供作品下载不属于对信息网络传播权的侵犯，《刑法》的此项修改又有什么意义呢?

实际上，虽然收费网站要求用户为获得作品付费且设置登录名和密码，但任何人都可以付费成为注册用户并设定自己的用户名和密码，且在自己选定时间和地点登录该服务器进行下载。这种提供作品的模式完全符合“使公众可以在其选定的时间和地点获得”的要件。前文曾提出了一个假想例，即某人在淘宝上推销其上传至百度网盘的电影，只有向此人付费才能获得百度网盘的下载链接和密码。在该假想例中，仅仅将电影上传至百度网盘中存储，尚不构成受信息网络传播权规制的行为，原因是百度网盘并非像抖音等视频分享网站那样纯属供公众分享内容的信息存储空间，而是具备私密性。在用户将存储于其中的特定内容提供分享之前，百度网盘中的内容只能由网盘用户（上传者）自己在线浏览或下载，他人无从获得。此时网盘发挥的作用无异于外接移动硬盘，网盘用户（上传者）的行为尚未落入信息网络传播权的规制范围，因为该行为并未导致“公众”获得作品。然而，当该网盘用户（上传者）公开推销这部电影，并向任何付费者提供该部电影在其百度网盘中的下载链接及密码（注意：该链接与下节所讨论的深层链接问题无关，见下节的内容）时，就使该部电影可以为公众所获得：付费者可以获得下载链接及密码，并在该网盘用户（上传者）在提供下载链接时划定的时间范围（如一天或三天）内自行选择时间和地点下载（获得作品）。因此，增加付费这一环节，甚至增加付费后需要等待网盘用户（上传者）发送分享链接和密码这一环节，都不会影响对网盘用户（上传者）实施信息网络传播行为（使作品处于为公众所自行获得的状态）的认定。该行为类似于一个视频网站销售印有用户名和密码的会员卡：要进入该视频网站点播其中的影视剧，不仅需要先向视频网站付费，而且还需要等待视频网站寄送实物会员卡。但这并不影响对视频网站实施受信息网络传播权规制的交互式传播行为的认定。

第三节　“深层链接”与信息网络传播行为的认定

互联网和媒体融合在技术与商业模式方面的发展给著作权法带来了持续的挑战，其中讨论时间最长、争议最大、形式不断翻新的问题，就是对提供链接行为的法律定性，也就是能否将未经许可设置“深层链接”的行为认定为对信息网络传播权的直接侵犯。正如有学者所指出的那样，“链接是数字技术带来的主要版权问题，在过去的15年中，它一直是受关注的对象……当以链接为基础的新商业模式和服务出现后，情况变得更为复杂”①。

一、“深层链接”引发的定性问题

众所周知，链接（又称“超文本链接”）是互联网的核心要素。② 在互联网中，包括网页与文档、图片和音视频等媒体格式文件在内的任何资源都有各自的网络地址，如果缺乏一种资源链接机制，则用户如需访问这些资源，唯一的方法就是知道其网络地址并在浏览器中输入，而这当然会存在极大不便。而链接可以使用户便捷地从其所在网页访问其他网页或媒体格式文件，从而将网络中相互独立和分散的资源联结在一起，实现互联互通。可以说，没有链接就没有互联网，也不可能有媒体融合。

（一）链接的类型与引发的法律问题

对于链接而言，无论指向的是网站首页还是其中的次级网页或者媒体格式文件，其在技术上都是相同的，作用都是指示浏览器访问某特定网络地址。网站为使用户能够迅速找到其内部不同次级网页中的内容，可以提供“站内链接”，引导用户在首页、次级网页和媒体格式文件中穿梭、查询。例如，某网站先将一部小说上传至其服务器，再进行了如下设置：在首页上标明其站内有该部小说可供阅读，用户点击后，进入该网站中的一个提供文学作品的次级网页，再点击该网页中小说的名称，就可以进行在线阅读。显然，无论是作品还是指向该作品的链接，都是由该网站提供的。该链接属于对网站自己所提供作品的链接。

对于用于访问他人网站的链接而言，指向他人网站首页，用户点击之后能够引导浏览器脱离设链网站而跳转至该首页的链接被称为“普通链接”或“浅层链接”。此时浏览器中显示的网络地址为被链接的网页地址，

---

① Taina Pihlajarinne, “Setting the Limits for the Implied License in Copyright and Linking Discourse-the European Perspective”, 43 IIC 700, 2012, p. 700.

② Raphael A. Gutirrez and Les G. Hilger Ⅲ, “Deep Linking: Integral Design or Infringement?”, 6 *Intell. Prop. L. Bull.* 9, 2001, p. 9.

而不再是设链网站的地址。不指向网站首页，而是指向网站构架中更为深层次的网页（次级网页）或媒体格式文件的链接则被称为“深层链接”或“深度链接”①。

在链接的分类上，“深层链接”还可能与“加框链接”和“埋设链接”发生交叉。“加框链接”是指将链接与“加框”技术相结合，在用户点击链接之后，其效果如同开了一个天窗的设链网页覆盖在被链网页之上，只将其中有价值的部分在天窗中显露出来。“埋设链接”是指一旦用户进入设链网页，设链网页就自动依据其中的链接展示被链内容，无须用户点击任何链接。② 虽然“加框链接”与“埋设链接”可以指向其他网站的首页，但两者在绝大多数情况下都指向其他网站中的次级网页或媒体格式文件，故也属于“深层链接”。为表述简洁，对于指向他人网页或内容的链接，下文仍以“深层链接”一词概括除“普通链接”之外的上述链接形态。

不同类型的链接引发了不同的著作权问题。对上传人自己所提供的内容设置链接，如上节提及的某人将电影上传至百度网盘后，在淘宝网中向公众销售分享链接和密码，并不属于目前学术界和司法界争议的链接定性问题，因为该链接并不将用户导引至由他人控制的内容，而是让用户获取自己控制的内容。如果该作品未经权利人许可而提供，对自己所控制的服务器空间中所存储的作品提供链接，供公众在其选定的时间和地点获得，当然属于侵犯信息网络传播权的行为。在淘宝网上销售自己上传至百度网盘的电影，上传者就是在对自己提供的电影设置链接（该链接和下文讨论的“普通链接”与“深层链接”具有完全不同的性质），该上传者的行为当然侵犯了信息网络传播权。

“普通链接”被视为互联网中的常态③，并未引发争议。指向他人网站中次级网页的“深层链接”由于未将用户引导至载有广告的首页，曾引起被链网站（通常载有作品）经营者（通常是作品的权利人或被许可人）的不满。④ 但这类链接毕竟会使用户的浏览器跳转至被链网页并完整显示其内容及网络地址，故在次级网页也普遍登载广告的当下，其已逐渐获得认可。相

① Michael Travis，“What is the Legal Status of Hyperlinking and/or Deep Linking?”，9 *Auckland U. L. Rev.* 976（2000－2003），pp. 976－977. 随着技术的发展，链接不仅可以出现在网页中，也可以出现在应用程序中。但为了叙述的简洁，下文仍然使用“设链网页”或“设链网站”的用语。

② Brian D. Wassom，“Copyright Implications of‘Unconventional Linking’on the World Wide Web：Framing，Deep Linking and Inlining”，49 *Case W. Res. L. Rev.* 181（1998－1999），p. 193.

③ 有国外学者将此类链接之外的链接称为“非常规链接”，这也反映了此类链接被普遍接受的现实。Brian D. Wassom，“Copyright Implications of‘Unconventional Linking’on the World Wide Web：Framing，Deep Linking and Inlining”，49 *Case W. Res. L. Rev.* 181（1998－1999），p. 191.

④ 早在2000年，美国一个售票网站就因其竞争对手提供了指向其购票网页的“深层链接”而起诉对方侵犯其版权。美国法院认为：“深层链接本身并不违反《版权法》，因为其并不涉及复制。”Ticketmaster Corp. v. Tickets. Com，Inc.，2000 WL 525390，at 2.

反，在“深层链接”指向以媒体格式文件形式存在的各类作品的情况下，对被链作品的展示、播放和下载在表面上并未离开设链网页，同时此类链接也往往不以网络地址的原始形式出现，而仅使用了作品名称、图标等文字或图形信息，使人无从知晓信息背后是一个指向其他网站中的媒体格式文件的链接，由此造成不少用户误认为被链作品来自设链网站。①

我国《著作权法》所规定的信息网络传播权是指“以有线或者无线方式向公众提供，使公众可以在其选定的时间和地点获得作品的权利”②。上述“深层链接”给人的直观印象就是设链者“向公众提供，使公众……获得作品”。因此，提供此类“深层链接”是否等同于直接将作品置于服务器中传播，即是否可能构成对信息网络传播权的直接侵犯呢?

如果回答是肯定的，则设置此类“深层链接”的行为在性质上与直接将作品以上传等方式置于网络服务器中提供交互式传播没有任何差异，该行为将构成对信息网络传播权的直接侵犯。③ 如果回答是否定的，则该设链行为并不等于交互式传播本身，不受信息网络传播权的控制，不可能构成直接侵权。只有设链者在知晓被链网站未经许可传播作品、侵犯信息网络传播权的情况下，仍然设置对侵权作品的链接，才构成帮助侵权（间接侵权）。

（二）“深层链接”争议的演化：从链接侵权内容至聚合合法内容

在我国互联网发展的早期，网站经营者的著作权意识相对淡薄，未经许可将作品置于网站服务器中传播的现象相当普遍，因此，当时有关“深层链接”的著作权纠纷，主要涉及对其他网站中未经许可传播的作品设置链接。对此，未经许可传播作品的被链网站经营者自然不会提起诉讼，而涉案作品的权利人起诉的理由，通常为链接提供者未经许可传播作品，即认为对在其他网站中传播的作品提供“深层链接”与将作品置于自己控制的服务器中传播无异。④ 其时正值《信息网络传播权保护条例》的起草和颁布，由于该条例第 23 条借鉴了美国《千禧年数字版权法》为搜索与链接服务提供者规定的“避风港”规则，将提供链接服务所可能导致的侵权

---

① Alain Strowel，Nicolas Ide，“Liability with Regard to Hyperlinks”，24 *Columbia VLA J. Law Arts* 403（2001），p. 407.

② 《著作权法》第 10 条第 1 款第 12 项。

③ 早在 2000 年发生的“刘京胜诉搜狐案”中，权利人就认为提供链接构成侵权行为。北京市第二中级人民法院（2000）二中知初字第 128 号民事判决书。

④ 如在当时发生的一系列涉及“深层链接”的诉讼中，唱片公司起诉的理由是，“在未经原告许可的情况下，在互联网上传播原告制作的录音制品”，因此“深层链接”属于“在线播放和下载服务”，“侵犯了原告录音制作者的信息网络传播权”。北京市第一中级人民法院（2004）一中民初字第 400 号民事判决书，北京市第一中级人民法院（2005）一中民初字第 7978 号民事判决书。

行为定性为共同侵权而非直接侵权[①]，因此，尽管当时对“深层链接”的定性就存在争议，但是多数法院认为，基于故意或重大过失对侵权作品提供“深层链接”构成间接侵权。[②] 尽管追究链接提供者的间接侵权责任以证明存在直接侵权为前提，以及链接提供者具有过错，即知道或有合理理由知道被链作品属于未经许可传播。与将提供“深层链接”定性为信息网络传播行为并追究链接提供者的直接侵权责任相比，这对权利人的举证责任要求较高。但由于当时被链接的电影、音乐等作品大都未经许可传播，直接侵权的情形显而易见，且许多链接提供者为了追求良好的用户体验，所提供的链接大都以作品名称形式出现，并对明显未经许可传播的热门作品进行了推荐、排序等编辑处理，其促进侵权作品传播的主观过错十分明显[③]，故而认定提供“深层链接”构成间接侵权并不困难。间接侵权者与直接侵权者作为共同侵权者承担连带责任，权利人所获得的损害赔偿也并不因此而打折扣，因此多数法院未将提供“深层链接”定性为信息网络传播行为并不会影响权利人的利益。

然而，随着互联网内容提供者著作权意识的加强、商业模式的发展以及国家对侵权行为日趋严厉的打击，越来越多的网站都取得了著作权人对传播作品的许可。与此同时，以“深层链接”为基础的网络技术和商业模式也在更新，在媒体融合时代更是出现了“聚合”服务，如视频聚合、音乐聚合和新闻聚合等。所谓“聚合”，是指对在他人网站服务器中存储和传播的大量作品提供以作品名称形式出现的“深层链接”，并进行分类和排序。用户在点击作品名称（背后是“深层链接”）后，通常在不脱离设链网页的情况下就可欣赏被链作品。

被链作品所在的网站在取得作品权利人的许可时，受经济实力及权利人许可意愿等因素的限制，不可能就某一领域中所有热门作品都获得许可，同时往往要求用户付费。而通过“深层链接”进行“聚合”，几乎可以将某一领域中分散于诸多网站中的热门作品全部汇集在一起，且使用户能够便利地进行检索和免费欣赏。这就使“聚合”服务俨然成为欣赏海量作品的入口，对用户的吸引力更强。通过放置广告等方式，“聚合”服务

① 《信息网络传播权保护条例》第 23 条规定：“网络服务提供者为服务对象提供搜索或者链接服务……明知或者应知所链接的作品、表演、录音录像制品侵权的，应当承担共同侵权责任”。

② 北京市高级人民法院（2004）高民终字第 01303 号民事判决书，北京市高级人民法院（2007）高民终字第 1184 号民事判决书。

③ 北京市高级人民法院（2007）高民终字第 1184 号民事判决书，上海市第一中级人民法院（2006）沪一中民五（知）初字第 384 号民事判决书。

提供者从中获得经济利益的事实也自不待言。未经许可的“聚合”服务对作品权利人和经其许可传播作品的网站经营者的利益都会造成损害：首先，“聚合”服务提供者经常会先规避被链网站对注册用户的身份验证措施，然后再提供“深层链接”，使原本需要付费才能阅读或欣赏的作品可以通过“深层链接”被用户免费获得。这使被链作品的经营者无法再向用户收取费用，著作权人也因此丧失分成收益。其次，由于“深层链接”指向的是以媒体格式文件形式存在的作品本身，用户在点击之后，并不会进入载有被链网站的商业标志和广告的网页，而是可直接欣赏被链作品。这就使用户误认为作品来源于“聚合”服务提供者，由此导致了作品来源的混淆并降低了被链作品所在网站的广告收入。最后，“聚合”服务在与已获许可传播相同作品的网站的竞争中具有上述竞争优势，实质性地影响了著作权人向这些网站发放许可的机会并降低其许可使用费收入。

在被链作品在其网站中的传播已获许可的情况下，并不存在直接侵权，“聚合”服务自然不可能构成间接侵权。对著作权人和已取得专有许可的网站经营者而言，在著作权法中规制“聚合”服务的最佳方法，就是将提供“深层链接”的行为界定为受信息网络传播权规制的交互式传播行为。由于上述“聚合”服务损人利己的事实显而易见，司法实践中出现了将提供“深层链接”的行为界定为直接侵权的倾向①，部分学者也提出了支持该做法的理由。

在著作权法中，对提供“深层链接”的行为的定性是一个涉及互联网发展和利益平衡的重大问题。如果提供“深层链接”构成受信息网络传播权规制的交互式传播行为，那么不仅未经许可的“聚合”服务，而且几乎所有基于“深层链接”的行为和商业模式（大都未经许可），都将被认定为直接侵害信息网络传播权。

二、“用户感知标准”、“实质呈现标准”和“法律标准”（“提供标准”）之辩

近年来，在国内司法界和学术界产生较大影响的观点，是将提供“深层链接”定性为交互式传播行为的“用户感知标准”、“实质呈现标准”和“法律标准”（又称“提供标准”）。笔者认为：“用户感知标准”和“实质呈现标准”在本质上是相同的，只是侧重点不同。而所谓“法律标准”（“提供标准”）是一个缺乏实质内容的“标准”，是对法律规定的同义反复。

① 近期的判决参见北京市海淀区人民法院（2015）海民（知）初字第40920号民事判决书，北京市朝阳区人民法院（2015）朝民（知）初字第44290号民事判决书。

(一)"用户感知标准"和"实质呈现标准"的问题

"用户感知标准"是指:如果"深层链接"会使用户在不离开设链网页的情况下欣赏被链内容,导致"从用户感知的角度,会以为是设链网站在提供该作品"①,就应当认定链接提供者实施了信息网络传播行为。② 以2005年唱片公司和其他音乐权利人针对百度提起的系列诉讼为例:当时百度提供MP3搜索与链接服务,用户在"百度MP3"网站中的搜索框输入关键词后,页面将显示链接,用户在点击链接之后,百度网页上会弹出一个对话框,标明被链接的音乐文件位于第三方网站的真实网址,同时在对话框的"权利声明"中表明百度只是帮助用户找到第三方网站中的内容,其自身不存储被链接内容。但由于用户对被链接音乐文件的试听和下载均可以在百度网页中弹出的对话框内完成,所以许多用户并不会仔细观察音乐文件的真正网址,也不会点击阅读百度的"权利声明",而是误认为自己是从百度网盘中下载或欣赏音乐的。根据"用户感知标准",法院就应当认定是百度未经许可"向公众提供作品,使公众得以在其个人选定的时间和地点获得作品",从而构成对信息网络传播权的直接侵犯。

根据"实质呈现标准",提供"深层链接"导致的结果是"实质性地改变了作品呈现方式,损害著作权人的利益",就算"设链者以合理方式提示作品地址信息,可能可以消除用户的误解",但由于"设链者控制的用户界面实质呈现他人作品","将他人作品作为自己网页或客户端的一部分向用户展示,使用户无须访问被设链的网站","设链者就应当被视为作品的提供者"③。在针对"百度MP3"网站的系列诉讼中,权利人诉称百度提供"深层链接"构成直接侵权的理由可以总结为以下几点:(1)用户可以在百度等提供音乐文件搜索和链接的网站上,直接打开音乐文件进行试听(如通过百度的"音乐盒")和下载,而无须离开百度等网站进入真正存储音乐文件的第三方网站获取音乐文件。(2)百度等以这种方式对第三方网站中的音乐文件设置深层链接,实际上是将第三方网站作为自己的外置存储器来使用,百度等可以在节省大量硬盘资源的情况下,控制第三方网站中的音乐文件并向公众传播。这实际上是认为百度通过"深层链接"使被链网站沦为百度的外置存储器,从而实质性地替代被链网站来呈现作品。

① 吕长军.简析深度链接、加框链接与盗链.中国版权,2016(2):41.

② 一些法院明确将用户的感知作为对提供链接行为的定性依据,如认为"用户难以感知到系第三方网站提供了作品,故……上述链接行为已经构成实质性替代第三方网站直接向用户提供涉案作品"[上海市浦东新区人民法院(2015)浦民三(知)初字第150号民事判决书]。

③ 崔国斌.加框链接的著作权法规制.政治与法律,2014(5):90-91.

由此可见，“用户感知标准”和“实质呈现标准”都认为提供链接使用户点击后能在设链网页中展示作品的行为属于信息网络传播行为，差异仅在于前者强调用户的主观感受，即用户会误认为被链作品来源于链接提供者，后者则强调客观效果，即实质呈现了被链作品。[①]

笔者认为，将“用户感知标准”和“实质呈现标准”作为推定被诉侵权人实施了受信息网络传播权规制的交互式传播行为的方法是合适的。这是因为被诉侵权人将作品直接置于服务器中传播，与对他人网站中的作品提供“深层链接”，在许多情况下二者在获得作品的外在表现和用户体验方面并无二致，权利人和法院也很难判断被诉侵权人究竟实施了何种行为。从举证责任分配的角度，可以推定被诉侵权人将涉案作品置于自己的服务器中传播，如果其以仅提供“深层链接”为由进行抗辩，则其应承担举证责任。[②] 由此，“用户感知标准”和“实质呈现标准”就可成为分配举证责任的合理依据。但是，将“用户感知标准”与“实质呈现标准”用于判断“深层链接”是否构成信息网络传播行为并不恰当。

1. 忽略行为的方式与手段

是否实施了受专有权利控制的行为，如复制、发行和交互式传播等，应当以客观事实为依据。外部表现当然可用于推定客观事实，但如果外部表现与客观事实存在差异且客观事实可以查明，当然应以客观事实为准。“用户感知标准”以用户的感知作为界定行为性质的依据，不符合行为评价的客观准则。《世界知识产权组织版权条约》第 8 条后半句在规定“向公众提供权”，以及我国《著作权法》据此规定信息网络传播权时，均将这项权利的控制范围限定于“向公众提供（作品）……”，而“提供（作品）”是一种客观行为，某人实施“提供行为”是一个既定事实。无论用户对究竟何人是行为实施者产生了怎样的误解，都不应影响法院根据客观事实认定真正的行为实施者。单纯以高度主观的“用户感知标准”去认定“提供行为”的实施者是没有法律依据的。

“实质呈现标准”在表面上强调行为的客观性，但其中的“实质”并不是指提供“深层链接”行为与公认的受信息网络传播权规制的交互式传

① 但“实质呈现标准”也要求“设链者控制网页或服务端并以自己名义对外展示作品”。崔国斌．得形忘意的服务器标准．知识产权，2016（8）：8.

② 在司法实践中，法院也曾以“在观看影片的过程中无法感知到第三方网站的存在”“涉案节目播放过程中未出现网址跳转情况”为由否认被告仅提供了链接。上海市浦东新区人民法院（2009）浦民三（知）初字第 304 号民事判决书，北京市海淀区人民法院（2015）海民（知）初字第 9288 号民事判决书．

播行为即将作品置于向公众开放的服务器中供用户获得，在行为方式上具有同一性，而是强调提供“深层链接”的效果是展示作品的内容。对于设置了众多专有权利，且必须在促进创作与促进传播之间维系精妙平衡的著作权法而言，在受专有权利规制的行为中区分此行为与彼行为，以及区分受专有权利规制的行为与不受专有权利规制的行为，恰恰必须考虑作为特定行为构成要件的实施行为的方式与手段，而不能仅仅以效果为依据。这是因为使用不同方式或手段利用作品，即使可能实现类似甚至相同的效果，对利益平衡的影响也有区别，著作权法给予权利人的控制力就可能有所不同。如销售正版音乐CD与提供相同音乐下载的效果相差无几，即都能使消费者获得作品复制件，但前者属于“发行”，对其可以适用“发行权用尽”，即权利人无权制止二手CD的公开销售；后者属于受信息网络传播权规制的交互式传播行置，不属于“权利用尽”原则的适用范围，权利人可制止用户将其下载的音频文件重新上传至网络。对这两种效果类似的行为著作权法作出了不同定性，说明在著作权法中，行为的实施方式或手段对行为的定性可能具有实质性影响。

2. 难以解释对提供“深层链接”行为的定性差异

更为重要的是，“实质呈现标准”难以对提供“深层链接”所导致的定性差异作出合理解释。“实质呈现标准”主要是为了解决“视频聚合”等“聚合”类服务损害著作权人和被许可人的利益的问题。① 前文已经陈述了各类以“深层链接”为基础的“聚合”服务导致的利益失衡，对其进行法律规制的必要性是毋庸置疑的。但是，著作权法对行为的定性应具有普适性，即对同类行为应给予相同评价，不能仅因其中某一行为具有特殊效果而区别对待。试举一例：假设某音乐网站首页的网络地址为www. abc. com，次级网页的网络地址为www. abc. com/music，其中一首歌曲的网络地址为www. abc. com/music/song. mp3。根据“实质呈现标准”，另一网站贴出www. abc. com的链接，当然不构成受信息网络传播权规制的交互式传播行为。如其贴出www. abc. com/music的链接，虽然在技术上属于提供“深层链接”，因为它并不指向他人网站的首页，但由于在用户点击之后会发生网页跳转，用户的浏览器会完整显示被链网页及其网络地

① “实质呈现标准”的主要倡导者崔国斌教授对提出该标准的背景作了说明：“网络视频的搜索与加框播放是中国近期的热门话题，也是促成笔者创作本文的重要原因。”[崔国斌．得形忘意的服务器标准．知识产权，2016（8）：92] 有关“‘实质呈现标准’是目前最为合理的认定信息网络传播行为的标准”的论述，也是在讨论“视频聚合”时提出的。冯晓青．视频聚合平台盗链行为直接侵权的认定．人民法院报，2016-08-03（7）.

址，故该行为也不属于受信息网络传播权规制的交互式传播行为。① 但该网站贴出 www. abc. com/music/song. mp3 就构成受信息网络传播权规制的交互式传播行为，因为该链接直接指向以媒体格式文件形式存在的音乐作品，用户点击之后，被链歌曲所在的服务器将自动作出回应，启动该首歌曲音频文件向用户计算机的传输过程，用户可以不离开设链网页而欣赏该歌曲。在上述三种情形下，链接提供者实施的行为是相同的，都是贴出了一个网络地址。但依“实质呈现标准”，对三者的评价截然不同。这说明该标准对受信息网络传播权规制的交互式传播行为的定性依据并不是行为本身的特征，而是行为的效果。

3. 无法准确打击不当行为，导致伤及无辜

根据“用户感知标准”和“实质呈现标准”，对他人网站中的作品（以媒体格式文件形式存在）提供“深层链接”将被认定为受信息网络传播权规制的交互式传播行为，从而在事实上形成了针对此类“深层链接”的“设链权”。只要未经许可提供该“深层链接”就构成对信息网络传播权的直接侵犯，与被链接的作品在他人网站中的传播是否经过许可并无关系。由此导致的结果，是无法精准地将打击范围限于那些触及业界道德底线并损害著作权人及其被许可人的利益的不当行为。相反，这将不可避免地误伤许多正当行为并损害未来的互联网创新和媒体融合发展。

例如，在博客发布的评论文章中嵌入对他人文章的链接，使用户可以点击链接阅读被链文章，已成为博客的生态。假如文章以 word 文件形式存在，有自己独立的网络地址如 www. abc. com/paper. doc，根据“实质呈现标准”，博主嵌入该链接的行为“实质性地改变了作品呈现方式”，属于“将他人作品作为自己网页或客户端的一部分向用户展示，使用户无须访问被设链的网站”②，且因未经许可提供链接，博主的行为构成侵权。③ 同样，若讲授某一课程的教师要求学生阅读他人论文，并在自己的教学网站上将他人论文 word 文件的网络地址列出，使学生点击后就可直接在线

① 崔国斌教授对此指出：“那些直接绕过被链网站主页而直接链向底层内容的链接……笔者实际上将它列入普通链接的范围，也认为并不直接侵害著作权。”［崔国斌．加框链接的著作权法规制．政治与法律，2014 (5)：91.］

② 崔国斌．加框链接的著作权法规制．政治与法律，2014 (5)：90-91.

③ 代表作者群体的“国际文学与艺术协会”持有类似观点，其认为“（提供）直接指向特定受保护作品的链接，也就是使用了该作品独一无二的 URL 地址的链接……属于向公众提供作品”(ALAI，Report and Opinion on the Making Available and Communication to the Public in the Internet Environment-Focus on Linking Techniques on the Internet，p. 9，at http：//www. alai. org/assets/files/resolutions/making-available-right-report-opinion. pdf)。

阅读，则依“实质呈现标准”，该名教师的行为将被认为与直接贴出他人论文的全文无异，也会构成直接侵权。①

一些以“深层链接”为基础的商业模式也将因此受到毁灭性打击。在微信朋友圈中的“转发”在许多情况下属于提供指向特定内容的链接，这些链接并不会导致网页跳转并将引导用户访问被链内容所在的网页。如果认为该行为因“实质呈现”被链内容而构成受信息网络传播权规制的交互式传播行为，则社交媒体将受到极大影响。

同样，一些搜索引擎除提供普通的搜索服务之外，还提供针对特定类型文件的高级搜索，其实质就是对特定类型文件设置深层链接，供用户在不离开搜索页面的情况下下载。例如，在进入 Google 的“高级搜索”之后②，用户可以指定 Google 只搜索 doc 文件、ppt 文件和 pdf 文件等。在搜索框中填入关键词后，Google 就会显示指向其他网站中这些文件的深层链接，用户点击之后，可以在不进入其他网站首页的情况下，直接下载被链接的文件（见图 7－1）。

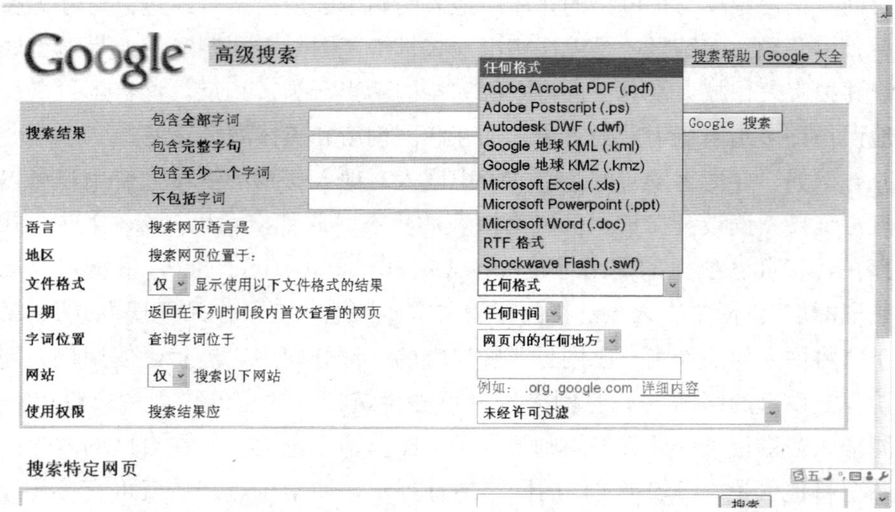

图 7－1

Google 的“高级搜索”页面可将搜索的“文件格式”限定于 pdf、doc 或 ppt 等。“高级搜索”实现的就是对第三方网站中特定类型文件的深层链接（见下页图 7－2）。

① Gerrie Ebersöhn,“Hyperlinking and Deep-linking”, 11 *Juta's Bus. L.* 73 (2003), p. 75.

② http://www.google.cn/advanced_search? hl=zh-CN，访问日期：2009－08－10。

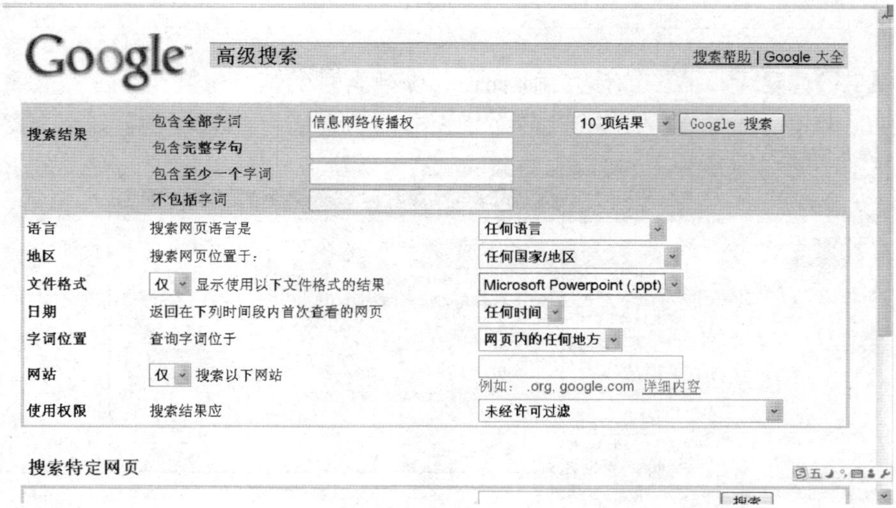

图 7－2

在 Google 的“高级搜索”得到的搜索结果（见图 7－3）中，搜索以“信息网络传播权”为关键词的 ppt 文件，由此获得搜索结果均为指向第三方网站中的 ppt 演示文件，而不是网页。

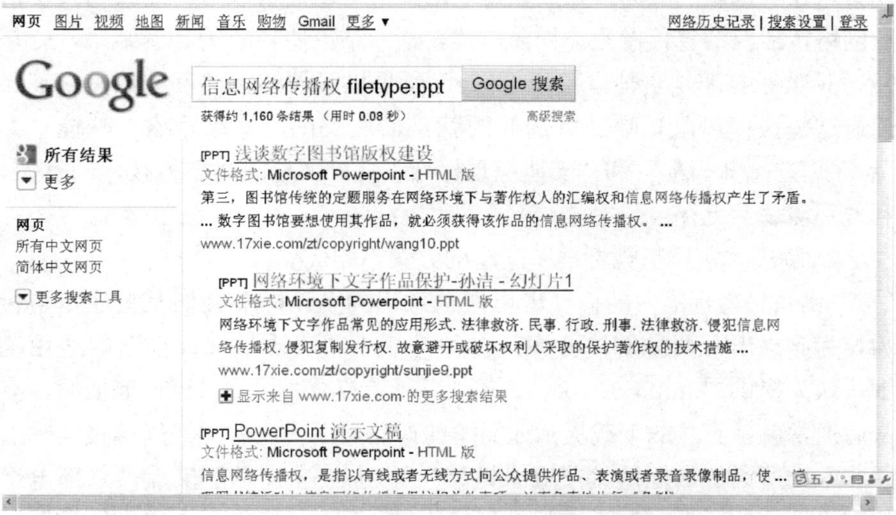

图 7－3

用户点击第一条搜索结果后，将可在不脱离 Google 页面的情况下在线打开该 ppt 文件或将其下载至自己的计算机（见图 7－4）。

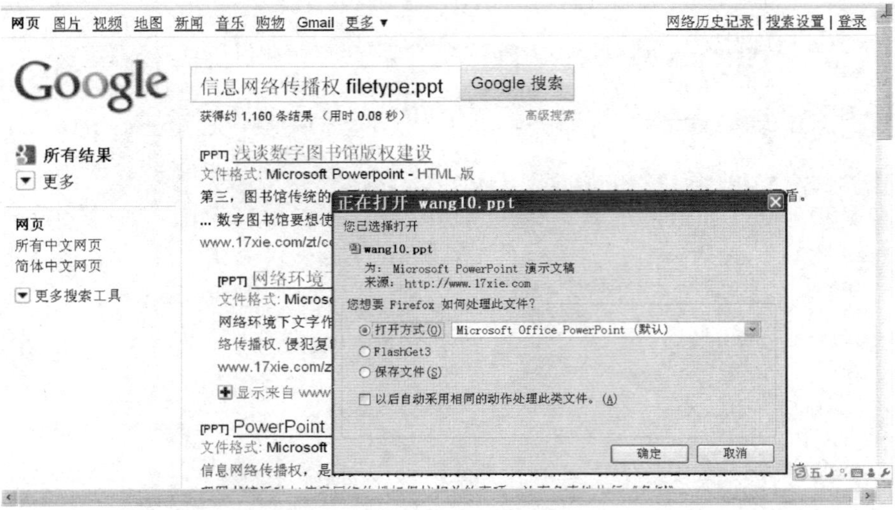

图 7－4

如果采用“用户感知标准”和“实质呈现标准”，就会得出是 Google“传播”了被链接文件的结论。而这些被链接文件必然涉及大量作品，对于这些作品，Google 对其提供“深层链接”就成了“未经许可提供作品，使公众在其选定的时间和地点获得”的行为，从而构成对作品权利人之信息网络传播权的直接侵犯。如前所述，这一结论所导致的必然结果，就是 Google 要承担赔偿责任。鉴于 Google 所提供深层链接的巨大数量，其要规避这一法律风险，唯一可选择的就是彻底关闭“高级搜索”功能。无疑，“用户感知标准”和“实质呈现标准”将极大地阻碍搜索技术的发展，利益平衡荡然无存。

4. 解决“实质呈现标准”问题的方案不能成立

“实质呈现标准”的倡导者可能也意识到了该标准会伤及上述正当行为，为此提出了两种解决方案。一种是缩小“实质呈现标准”的适用范围，认为提供“. mp3、. doc、. pdf、. gif 等格式的文件 URL 地址后，点击后通常就是直接的下载提示或简陋的访问页面……此类深度链接实际上并非本文所说的加框链接或聚合链接”①。这意味着对于仅提供一部电影的网络地址的行为，由于访问页面较为“简陋”，其并不构成受信息网络传播权规制的交互式传播行为。但只要附加其他行为，包括将可点击的对象变成电影海报照片（背后是电影的网络地址）并进行编辑与整理，使访

① 崔国斌．得形忘意的服务器标准．知识产权，2016（8）：6：注释 18.

问页面变得“华丽”，同时设置媒体播放程序①，就可以构成受信息网络传播权规制的交互式传播行为。“实质呈现标准”的倡导者对此特别强调，“导致聚合平台的设链者角色变化的，并非‘设链行为’本身，而是其控制网页或客户端、对外宣示控制者身份并对第三方提供的信息数据进行加工呈现等一系列行为”②。这等于认为提供链接是否构成受信息网络传播权规制的交互式传播行为，并不取决于其自身的特征，而是取决于其他行为。

任何著作权专有权利都必须以特定行为作为规制对象，而且必须对这些行为进行类型化，归纳出其构成要件，使专有权利对同一类行为具有普适性。这样才能使公众了解专有权利的界限，避免未经许可实施受专有权利规制的行为。对含有链接的访问页面进行华丽设计，对链接进行加工整理，以及宣示自己是作品提供者等并不是引发作品传播的行为，将它们作为认定受信息网络传播权规制的交互式传播行为的依据，就无法实现受控行为的类型化，也难以在此行为与彼行为之间划出清楚的界限。对提供链接的行为，著作权法应当给予独立的评价。无论链接提供者实施了何种其他行为，都不应改变对提供链接行为本身的定性。这正如在判断某行为是否构成“表演”时，不能以行为人穿了何种衣服、观众是否发笑、声音是原声还是配音作为依据。

为减轻“实质呈现标准”不利影响所提出的第二种方案，是认定部分提供“深层链接”行为构成合理使用，因“某些网络多媒体作品的创作和呈现……（通过不发生网页跳转的链接）引用源自世界各地的第三方网站的文字、图片、声音、视频等作品，使之融为一体，成为一个新的多媒体作品……就非常接近传统著作权法所说的介绍和评论目的的使用”；同时还要求在分析链接行为的合理性时考虑作品的类型，“关于视频作品的分析结论并不一定适用于图片、MP3 音乐作品等”③。代表作者群体的国际文学与艺术协会（简称 ALAI）也持类似观点，其认为：一方面，可认定提供“深层链接”构成受“向公众提供权”规制的交互式传播行为；另一方面，可适用“转载政治、经济、宗教问题的时事性文章”以及“适当引

---

① “设链者有时还会提供一些辅助的服务，比如，对于在客户端无法直接播放被链接的格式文件，设链者可能提供转码或格式化服务以实现播放”［崔国斌．加框链接的著作权法规制．政治与法律，2014（5）：85］。

② 崔国斌．得形忘意的服务器标准．知识产权，2016（8）：6.

③ 崔国斌．加框链接的著作权法规制．政治与法律，2014（5）：92－93.

用”的限制与例外，使部分此类链接提供者免责。①

然而，提供“深层链接”往往并不是为了“在（自己创作的）作品中”对他人作品进行“引用”，以介绍、评论或说明某一问题②，而是为了使用户快速定位他人作品。而且即使是为了介绍、评论或说明而“引用”，“引用”的量也必须适当。对他人完整作品的传播，除非与介绍、评价或说明的需要相适应，否则很难被认定为合理使用。③ 将他人作品作为创作素材聚合到自己作品中，而不是将他人作品作为介绍、评论的对象使用，难以构成合理使用。至于“转载政治、经济、宗教问题的时事性文章”的合理使用，由于其受到作品类型的限制，更难以成为消除“实质呈现标准”负面影响的主要手段。只要认定提供“深层链接”构成受信息网络传播权规制的交互式传播行为，则该行为与直接将作品上传至网络服务器中予以传播无异，难以构成合理使用，这与被链作品是电影还是摄影作品、美术作品或音乐作品无关，因为无论是最高人民法院有关合理使用的司法政策④，还是该政策的主要参照依据即美国《版权法》，都只要求考虑“被使用作品的性质”，即被使用的作品是具备高度创造性的作品，还是基于大量客观事实的作品，由于前者应受到较高程度的保护，因此对其未经许可的使用被认定为合理使用的可能性相对较小。⑤ 两国都不要求考虑“被使用作品的类型”，也就是被使用的是电影作品，还是美术作品、摄影作品或音乐作品。

由此可见，根据“实质呈现标准”，用户点击链接后只要在设链网页中呈现了被链作品，提供相关链接的行为都将构成受信息网络传播权规制的交互式传播行为，其中只有极少数可能属于合理使用。这就意味着当作品以媒体格式文件形式在网站上向公众传播时，任何未经许可在其他网站

---

① ALAI, Report and Opinion on a Berne-compatible Reconciliation of Hyperlinking and the Communication to the Public Right on the Internet, pp. 5 - 8, at http: //www. alai. org/en/assets/files/resolutions/201503-hyperlinking-report-and-opinion-2. pdf.

② 《著作权法》第 24 条第 1 款第 2 项规定，“为介绍、评论某一作品或者说明某一问题，在作品中适当引用他人已经发表的作品”可以不经著作权人许可，不向其支付报酬。

③ 最高人民法院借鉴了美国《版权法》第 107 条，要求在判断合理使用时应考虑四个因素，“被使用部分的数量和质量”是其中之一（参见最高人民法院《关于充分发挥知识产权审判职能作用推动社会主义文化大发展大繁荣和促进经济自主协调发展若干问题的意见》第 8 条）。美国法院认为，对作品进行整部复制的行为虽然并不必然构成侵权，但通常不利于认定合理使用。Bill Graham Archives v. Dorling Kindersley Ltd., 448 F. 3d 605, 613 (2d Cir., 2006).

④ 最高人民法院《关于充分发挥知识产权审判职能作用推动社会主义文化大发展大繁荣和促进经济自主协调发展若干问题的意见》第 8 条。

⑤ 17 U. S. C 107 (2); Stewart v. Abend, 495 U. S. 207, 237 (1990).

中公布该媒体格式文件的网络地址的行为即提供“深层链接”的行为，几乎都将构成对信息网络传播权的侵犯。“实质呈现标准”的打击对象将超出“视频聚合”服务的范围，而扩大至其他正当行为和商业模式。

（二）“法律标准”（“提供标准”）的问题

自“深层链接”出现以来，对于如何认定其性质，产生了各种观点和激烈的争论。除了笔者所赞同的“服务器标准”，还有前文提及的“用户感知标准”和“实质呈现标准”。有观点认为这些争论毫无意义，理由是既然《著作权法》规定“……向公众提供，使公众可以在其选定的时间和地点获得作品”，就应当以行为人是否实施了法律规定的“提供”行为为依据，也就是适用“法律标准”①。

笔者认为，“法律标准”（“提供标准”）对于解决问题并无帮助。无论是支持“服务器标准”还是支持“用户感知标准”或“实质呈现标准”，参与讨论者当然都知道《著作权法》对信息网络传播权的规定，当然都明白该定义中的“提供”是构成受信息网络传播权规制的交互式传播行为的关键。但分歧产生的原因，正是在于各方对于何种行为构成“提供”存在不同见解。“法律标准”（“提供标准”）只是强调该行为必须以“提供”为构成要件，而这一点是众所周知的，它并没有说明什么才是“提供”行为。那么该标准的意义又在哪里呢？

试举一例：民法学界对于认定自然人权利能力的起始应采用“独立呼吸标准”还是“生命体征标准”存在争论。② 面对这样的争论，如果提出一种观点——既然《民法典》第13条规定了“自然人从出生时起到死亡时止，具有民事权利能力……”，就应当以“出生标准”为依据适用“法律标准”。试问：该观点有何意义？它能够解决“独立呼吸标准”和“生命体征标准”之争吗？难道这两种标准的提出者不知道《民法典》规定了“自然人从出生时起到死亡时止，具有民事权利能力”吗？显然，这里的“法律标准”（“出生标准”）不过是对法律规定的同义反复而已，对于解决争议、明晰标准并无帮助。同样道理：“服务器标准”、“用户感知标准”和“实质替代标准”都在试图解释何为“提供”，其分歧真实存在，不是

① 王艳芳．论侵害信息网络传播权行为的认定标准．中外法学，2017（2）．

② 重庆市第一中级人民法院（2016）渝01民终5395号民事判决书。该案法官在相关的评析文章中指出：“本案的争议焦点为唐某娩出的胎儿是否具有民事权利能力。虽然我国未在法律上明确认定自然人出生标准，但主流观点以‘独立呼吸说’为准，本案裁判理由则认为，胎儿脱离母体后虽不能自主呼吸，但其具有生命体征可认定其生命活动存在，具有民事权利能力，依法享有民事权利。”［人民法院报，2017-05-11（6）．］

简单地适用“法律标准”（“提供标准”）就能形成统一意见的。

（三）“新公众”标准的问题

与前文所述的“用户感知标准”、“实质呈现标准”和“法律标准”（“提供标准”）不同，欧盟法院提出的“新公众”标准（本书第四章第二节第三目已作过介绍）是从“公众”范围的角度来认识设置“深层链接”行为的。欧盟法院认为，对于针对他人网站中传播的作品设置“深层链接”是否构成“向公众传播”的问题，也要适用“新公众”标准。由于前文所述的我国学术界和实务界对于设置“深层链接”的定性存在的长期且激烈的争议和分歧，“新公众”标准也受到了我国一些学者的关注，并被认为可以用于合理地解决“深层链接”的定性问题。① 有法院甚至已经在其颁布的有关为“深层链接”定性的文件中采用了“新公众”标准。② 笔者认为，除了本书第四章第二节第三目所述的“新公众”标准的本质缺陷之外，如果我国法院应用“新公众”标准为设置“深层链接”的行为定性，还将不可避免地导致逻辑混乱。

1. 以被链作品的网站是否采用技术措施为“深层链接”定性混淆了对传播权的保护和对技术措施的保护

在“尼尔斯·斯文森诉 Retriever Sverige 案”（以下简称“斯文森案”）中，欧盟法院首次应用“新公众”标准对设置“深层链接”行为进行定性。在该案中，原告斯文森等几名瑞典记者为《歌德堡邮报》撰写的新闻评论在该报社开设的网站中供公众免费阅读。被告提供“新闻聚合”服务，其经营的网站向用户提供新闻评论的目录，标题背后是指向在其他网站中的相关文章的“深层链接”。用户点击目录中的新闻评论标题（点击“深层链接”）后，就可以在不离开被告网站的情况下阅读被链接的新闻评论。

原告认为被告侵犯了原告依据瑞典《著作权法》享有的“向公众提供权”（《世界知识产权组织版权条约》和欧盟《版权指令》中“向公众传播权”的子权利，即我国《著作权法》中的信息网络传播权）。瑞典维亚上诉法院提请欧盟法院澄清设置“深层链接”的行为是否构成“向公众传播”③。

欧盟法院认为：被告对已在其他网站中传播的作品设置“深层链接”，

① 范长军．加框链接直接侵权判定的“新公众标准”．法学，2018（2）：42－58．郭鹏．深度链接侵害信息网络传播权再思考——从技术解析窠臼趋向权利保护本位．法学论坛，2021（4）：71－80．

② 《上海市高级人民法院知识产权审判庭关于涉链接的信息网络传播权纠纷若干问题的解答》。

③ Nils Svensson v. Retriever Sverige AB，Case C-466/129（2014），paras. 8，13.

将导致访问被告网站的用户能够直接获得被链作品，因此设链行为应被认定为“提供行为”，属于一种“传播行为”。而且该传播行为面向的是访问被告网站的大量潜在用户，因此属于向“公众”的传播。但欧盟法院重申了“新公众”标准的作用，强调该案涉及的初始传播与后续传播采用了相同技术手段，即通过互联网进行传播，且均针对相同作品，因此只有面向“新公众”，即面向版权人在授权初始传播时没有预见的公众，才能构成“向公众传播”。在该案中，欧盟法院认为：《歌德堡邮报》的网站并没有采取限制访问的措施，任何网络用户都可以免费阅读其中的作品，因此，对涉案作品初始传播所面向的公众是由可能访问该网站的所有用户构成的。虽然被告通过“深层链接”向其用户传播了被链作品，但即使没有该链接，这些用户也能直接在实施初始传播的网站（被链网站）中获得被链作品。因此，被告的用户属于初始传播的潜在受众，落入了权利人授权初始传播时已经预见的公众范围。换言之，只要该作品在被链网站中经权利人许可免费提供，则该初始传播的公众包括所有互联网用户。既然本案中设置“深层链接”的行为并不导致面向“新公众”的传播，也就无须获得权利人的许可。即使用户点击该链接后，感觉作品是来源于设链网站的，上述结论也不会改变。①

与此同时，欧盟法院又认为：如果载有作品的网站采取了限制公众访问相关作品的措施，将能够获得该作品的受众限于该网站的注册用户，而“深层链接”能使用户规避该限制措施，则在没有该链接的情况下，设链网站的用户就无法获得在被链网站中传播的作品。此时，设链网站的用户就应被认为是“新公众”，“深层链接”所导致的“向公众传播”就必须得到权利人的授权。②

在此后发生的“贝斯特沃特国际公司诉米歇尔·梅布斯案”中，欧盟法院重申了其在“斯文森案”中的观点。在该案中，原告贝斯特沃特国际公司是水过滤系统的制造商，其制作了一部关于水污染的视频，该视频已在 YouTube 发布。被告是原告竞争对手的产品的代理商，其在自己的网站中对 YouTube 中的该视频设置“加框链接”，使用户在不离开被告网站的情况下就能观看被链接的视频。德国联邦最高法院请求欧盟法院判断设置“加框链接”是否构成“向公众传播”③。

---

① Nils Svensson v. Retriever Sverige AB, Case C-466/129 (2014), paras. 18, 20, 22 - 32.

② Ibid., para. 31.

③ BestWater International GmbH v. Michael Mebes and Stefan Potsch, Case C - 348/13 (2014), paras. 2 - 11.

欧盟法院认为：通过“加框链接”，被告可以在不复制涉案作品的情况下向公众提供作品，但事实仍然是其没有导致该作品被传播给“新公众”；事实上，只要作品在链接指向的网站上免费提供，就必须认为，当权利人授权传播时，他们将所有互联网用户视为公众。一旦在被链网站中经权利人许可向公众免费提供作品，整个互联网（的用户）都是该传播面向的公众。因此，在一个网站中对已在另一网站中免费提供的作品设置“加框链接”，由于没有采用不同于初始传播的特定技术手段进行传播，也没有向“新公众”进行传播，因此不能被认定为“向公众传播”①。

由上述两案可见，对于设置“深层链接”行为的定性，欧盟法院的“新公众”标准和我国学术界与司法界长期讨论争议的“服务器标准”、“用户感知标准”、“实质呈现标准”和“法律标准”（“提供标准”）等均存在本质区别。它并不关心用户是否对作品来源产生了混淆，也不在乎“深层链接”是否改变了作品呈现的方式或是否在设链网页中呈现作品，以至于产生了替代用户访问被链网站的效果，而是以被链网站是否采取了限制访问作品的技术措施为依据进行分类。

具体而言，在被链网站（进行初始传播的网站）未采取技术措施限制公众获取作品时，由于所有人均可自由进入被链网站获取作品，也就是所有人均是被链网站初始传播的目标群体，他人对其中的作品设置“深层链接”不会导致不同于原目标群体的“新公众”获得作品，因而不构成“向公众传播”。反之，如果被链网站此前已经采取技术措施限制公众对其中作品的获取，由于只有部分用户（如付费，取得了用户名和密码的用户）才能进入该网站获取作品，他人对该网站中的作品设置“深层链接”，将使其他用户（如未付费，未取得用户名和密码的用户）获得作品，也就是导致不同于原目标群体的“新公众”获得作品，因而构成“向公众传播”。

笔者认为，上述“两分法”难以成立，理由在于：首先，如果要讨论传播的受众范围，则该范围并不是指实际获得作品的人群，而是指有可能获得作品的所有人，也就是“潜在”的受众。如果在传播时采用技术措施限制可获得作品的公众的范围，则必须分清技术措施对什么施加了限制——是将作品的受众限定在具备特定身份的人群，还是限定在进行了与特定身份无关的注册（包括通过注册而付费）的人群。

如果是前者，则该限制确实会缩小受众的范围。例如，某大学图书馆

① BestWater International GmbH v. Michael Mebes and Stefan Potsch, Case C－348/13 (2014), paras. 17－19.

向本校师生提供特定作品的在线阅读，但通过技术措施验证师生身份，确保只有本校师生才能阅读。此时图书馆传播的“潜在”受众范围就是本校师生，而不是互联网的所有用户。相反，如果是后者，则该限制并没有缩小受众的范围。例如，某视频网站要求用户必须首先用手机号进行注册并设置登录密码，再用此账号付费，并采用技术措施确保只有付费注册的用户才能点播其中的影视剧。试问：该技术措施是否缩小了受众的范围？相信此类视频网站的经营者一定会给出否定的回答，因为他们都希望互联网的所有使用者都成为视频网站的付费注册用户。换言之，即使有该技术措施的存在，任何互联网用户都可以进行注册并付费，从而点播视频网站中的影视节目。因此相关传播“潜在的受众”仍然是互联网的所有用户。

在“斯文森案”中，欧盟法院所述的“限制公众获得相关作品”的措施，实现的正是上文提及的后一种效果，因为其“将能够获得该作品的受众限于该网站的注册用户”。显然，这样的技术措施根本就没有缩小相关作品（被链作品）的受众范围，因为互联网的所有使用者都是“潜在的受众”，都可以通过完成注册程序而获得相关作品。更何况许多网站虽然将进行注册作为用户登录数据库在线浏览或下载作品的前提，但完全免费。在这种情况下，与在设链网站点击“深层链接”获得作品相比，在被链网站直接获得作品只不过多了一个注册和登录的步骤，用户（公众）的范围并没有发生任何变化，又谈何“深层链接”导致向“新公众”传播呢？

如果设置“深层链接”能够使用户规避技术措施，可以免费获得原本只有付费用户方能获得的作品，当然违反了著作权法有关禁止向公众提供规避技术措施的手段的规定，并损害了被链网站和权利人的利益，但是否仅因此就构成“向公众传播”呢？回答是否定的。例如，对于收费卫星节目而言，在信号覆盖范围内的家庭用户虽然都能接收到，但只有付费用户才能通过电视台提供的解密装置正常收看。如果有人破解了卫星信号中的加密措施，制作并提供专门用于解密的“智能卡”，使购买者无须向电视台付费就能欣赏收费的卫星节目，那么此人的行为是否构成“广播”行为？回答显然是否定的，这属于著作权法所禁止的规避技术措施的行为，但该行为本身并不是“向公众传播”。

同理，破解其他网站采用的确保只有付费的注册用户才能获得作品的技术措施之后，对其中的作品设置“深层链接”，供用户通过“深层链接”绕开技术措施，实际上是向公众提供了用于规避技术措施的手段，但该行为本身并没有对已在被链网站中面向公众（互联网的所有用户都是“潜在的受众”）提供的作品实施传播行为。欧盟法院以被链网站是否采用限制用户获得作品的技术措施来评判对该网站中的作品设置“深层链接”是否面向“新公众”传播，混淆了著作权法对传播权的保护和对技术措施的保护。

与此同时，应用“新公众”标准对“深层链接”定性的前提，是认为设置“深层链接”本身就是“传播”。但欧盟法院在“斯文森案”中，对如此重大的问题，只进行了可谓轻描淡写的论证——为了确保对权利人的高水平的保护，对“传播行为”必须作广义解释；设置“深层链接”使用户能够直接获得被链作品，因此设链行为应被认定为“传播行为”①。这等于没有对为什么设置“深层链接”构成“传播行为”作出任何实质性解释。正如批评者指出的那样：“该判决的读者立即会感到吃惊的是，法院在分析向公众传播权的两个构成要件——‘传输’和‘面向公众’时在文字长度上的不平衡……在作出‘设置链接构成传播行为’这一对链接的法律定性至关重要的论述时，没有任何深入的法律推理……法院没有作出解释，为什么链接就构成了对作品的传输，其分析的贫乏令人难以置信”②。而且“确保对权利人的高水平保护”的政策实不足为据。

2. 以设链者是否知道被链接作品侵权为“深层链接”定性混淆了直接侵权与间接侵权

在“斯文森案”中，被告设置的“深层链接”指向的是在原告的网站中经过权利人许可传播的作品。如果“深层链接”指向的是在其他网站中未经权利人许可传播的作品，但该网站也未设置限制公众获得作品的技术措施，是否还能根据“斯文森案”，认定该“深层链接”并未面向“新公众”传播作品，因此不构成“向公众传播”呢？

在“GS 媒体公司诉萨诺玛媒体公司案”中，有人在被告的网站中多次上传链接，指向在第三方的网站中未经许可传播的照片。《花花公子》杂志的出版商是这些照片的权利人，其起诉被告通过设置“深层链接”侵犯其“向公众传播权”。荷兰最高法院请求欧盟法院澄清对未经许可传播的作品设置链接是否构成“向公众传播”③。

欧盟法院认为：对本案中被告的行为，不能应用“斯文森案”的结论，因为在“斯文森案”中认定设置“深层链接”不属于向“新公众”传播、不构成“向公众传播”的前提，是被链接的作品已在第三方的网站中

---

① Nils Svensson v. Retriever Sverige AB，Case C-466/12（2014），paras. 17 – 19.

② Emanuela Arezzo，“Hyperlinks and Making Available Right in the European Union：What Future for the Internet after Svensson?”，IIC 45（5），2014，at 539.

③ GS Media BV v. Sanoma Media Netherlands，Case C-160/15（2016），paras. 7 – 21.

经权利人许可免费传播。以此为基础，欧盟法院对于向其他网站中未经许可免费传播的作品设置“深层链接”的行为，以设链者是否知道被链接的作品系未经许可传播为依据，进行分类定性：如果该“深层链接”由并非出于牟利目的的个人所设置，由于个人很难确定被链接的对象是否属于受保护的作品以及其在被链网站中的传播是否经过权利人许可，再加之公众本来就可以获得被链网站未采取技术措施的被链作品，因此不能认为此人的设链行为构成“向公众传播”[①]。相反，如果此人知道或应当知道其设置的链接指向未经许可传播的作品，则此人的设链就构成了“向公众传播”。那么，如何判断设链者的主观认知呢？欧盟法院认为有两种途径：一是权利人向设链者发过通知；二是当以牟利为目的进行设链时，设链者有审查义务，以确保被链内容不属于未经许可在被链网站中传播的作品。此时应当推定设链者完全知道被链接的内容是受保护的作品，以及该作品可能是未经许可被传播的。只要该推定未被相反证据推翻，就能认定对未经许可在其他网站中传播的作品设链，构成“向公众传播”。在本案中，涉案作品在第三方的网站中的传播未经权利人许可，而被告提供涉案链接具有营利性质，也无法推翻其知道该情况的推定，因此其行为构成“向公众传播”[②]。

需要指出的是，欧盟法院应用“新公众”标准认定设链行为性质的上述做法，也对我国法院产生了影响。《上海市高级人民法院知识产权审判庭关于涉链接的信息网络传播权纠纷若干问题的解答》设定的第一个问题及解答为：

网络服务提供者未经权利人许可对作品、表演、录音录像制品设置链接是否侵害信息网络传播权？

答：设置链接一般不构成侵害信息网络传播权，但以下情况除外：

1. 明知或应知所链接的作品表演录音录像制品侵权的；

2. 故意避开或者破坏技术措施实施链接的。

该解答对设链行为的定性，几乎就是欧盟法院对设链行为应用“新公众”标准形成的三个案例的翻版。然而，欧盟法院上述认定存在逻辑问题是显而易见的。一种行为是否属于受专有权利规制的特定行为，应当基于对客观事实的认定，也就是对于是否满足其此类行为的构成要件进行判断，与行为人的主观过错并无关系。主观过错是行为人承担赔偿责任的必

---

① GS Media BV v. Sanoma Media Netherlands, Case C-160/15 (2016), paras. 41, 43, 46-48.

② Ibid., paras. 49-51, 54.

要条件，但并不是受控行为的构成要件。例如，要判断一种行为是否构成复制，只需要查明行为人是否在物质载体上固定了作品，从而形成了作品的复制件。如果回答是肯定的，则该行为就构成了受复制权规制的复制行为。至于行为人是否知道其复制的是受著作权法保护的作品，以及其用于制作复制件的原始复制件是不是未经许可制作的，都在所不问。假如某出版社收到了抄袭他人作品的手稿，由于抄袭者本人就是著名作家，而被抄袭的作品此前从未以任何形式公开，出版社没有理由怀疑该手稿中的作品是抄袭而来的。试问：出版社将手稿印刷成书并公开销售的行为是否构成复制行为和发行行为？对此问题不会存在任何争议。既然出版社将作品固定到了新的物质载体上，形成了复制件，而且以销售的方式向公众提供这些复制件，其行为当然属于复制行为和发行行为。至于出版社可否主张自己不知道手稿中的作品是抄袭而来，并因此免于承担赔偿责任，与其行为是否构成复制和发行毫无关系。①

对“向公众传播”（远程传播）的认定也是如此。只要行为人以某种技术手段将作品向不在现场的公众进行传播，该行为就属于“向公众传播”（远程传播）。行为人是否知道被传播的内容是受保护的作品，以及初始传播是否未经权利人许可，都与“向公众传播”（远程传播）的认定无关。本书以第四章第二节提及的“ITV 广播公司诉 TVCatchup 公司案”为例：假设在该案中，电视台未经许可播放一部电影，作为被告的互联网网站收到电视信号后，通过互联网进行实时转播。网站并不可能知道电视台对电影的初始传播未经许可。试问：该网站的行为是否构成“向公众传播”（远程传播）？回答当然是肯定的。

笔者认为，欧盟法院对“GS 媒体公司诉萨诺玛媒体公司案”的判决的根本问题在于混淆了直接侵权与间接侵权的认定标准。直接侵权是指行为人未经许可实施了受专有权利规制的行为所导致的侵权，此时判断行为人是否实施了受控行为是关键，无须考虑其主观上是否有过错。间接侵权是指行为人并未实施受控行为，但在知道他人行为的侵权性质时，予以帮助或引诱。此时判断行为人是否知道他人的行为属于直接侵权是关键。例如，当网络用户将侵权作品上传至网络论坛传播时，由于网络论坛的经营者并没有实施提供作品的行为（受信息网络传播权规制的交互式传播行为），其行为并不能被认定为直接侵权。但是，如果该作品的侵权性质非

---

① 《著作权法》第 59 条规定的“合法来源抗辩”也证明了这一点。复制品的发行者能证明其发行的复制品有合法来源的，不承担赔偿责任，但这并不意味着其行为不构成对发行权的侵犯。

常明显，一望即知（如匿名注册的用户向视频网站上传正在影院热播的完整电影视频，且网站进行了审核），或者权利人通知网络论坛的经营者该作品系未经许可上传，而经营者仍然允许该侵权作品的发布，或未能及时删除该作品，则论坛经营者是在知道用户侵权行为的情况下予以帮助，其行为构成间接侵权（帮助侵权）。对于设链行为是否构成受信息网络传播权规制的交互式传播行为的判断，实际上是对设链者是否实施直接侵权的评价，与设链者主观上是否有过错本身无关。设链者是否知道或应当知道被链的内容为受保护的作品以及在被链网站中的初始传播构成侵权，只可能作为评判其设链行为是否属于间接侵权（帮助侵权）的依据。欧盟法院将之与认定“向公众传播”（远程传播）的要件混淆，显属不当。基于将本身就存在致命缺陷的“新公众”标准应用于设链行为导致的逻辑混乱，我国法院对其所进行的借鉴实不足取。

三、“传播源”理论与“服务器标准”

设置“深层链接”行为定性之争的核心在于是否认定提供“深层链接”属于受信息网络传播权规制的交互式传播行为。该行为必然是一种“向公众传播”（远程传播）行为。如本书第四章第二节所述，任何传播行为都必须形成“传播源”，受信息网络传播权规制的交互式传播行为当然也不例外。运用“传播源”理论分析设置“深层链接”行为，可以得出其并不构成传播行为的结论，并且对“服务器标准”提供有力的支持。

（一）“向公众提供权”对“初始（传播）行为”的要求等同于对“传播源”的要求

“传播源”理论为《世界知识产权组织版权条约》第 8 条后半句中的“向公众提供权”（我国《著作权法》中的信息网络传播权）只规制“初始传播”的要求提供了理论支撑。如前文所述，《世界知识产权组织版权条约》第 8 条规定的是“向公众传播权”（远程传播权），其中的“向公众提供权”（right of making available）是其子权利，其内容和我国《著作权法》中的信息网络传播权的内容相同，其作用在于控制交互式传播行为。①

对于交互式传播而言，传输过程由接收者（网络用户）的行为触发，而不是由传播者主动启动。例如，将一首歌曲上传至服务器，并设定为供

① 无论是《著作权法》还是其后的《信息网络传播权保护条例》其立法者均承认我国规定的“信息网络传播权”来源于《世界知识产权组织版权条约》第 8 条。胡康生．中华人民共和国著作权法释义．北京：法律出版社，2002：56. 张建华．信息网络传播权保护条例释义．北京：中国法制出版社，2006：92.

用户点击欣赏或下载的状态后，服务器并不会就此向任何用户的计算机传送该歌曲，只有在用户点击歌曲，即发出请求之后，服务器才会作出回应，启动传输过程。换言之，信息网络传播行为只能使作品处于其传输过程可被用户触发的状态，这与电台、电视台根据节目时间表主动发射无线电信号，向公众传输作品的情况完全不同。《世界知识产权组织版权条约》第 8 条后半句在规定“向公众提供权”时，其关键用语为“making available to the public of their works”，直译是“使他们的作品可为公众获得”①，意译为“向公众提供他们的作品”，强调的也是使作品处于“可被公众获得”的状态。那么，怎样的行为才属于向公众提供作品，使作品可被公众获得呢？对此，在 1996 年为缔结《世界知识产权组织版权条约》和《世界知识产权组织表演和录音制品条约》而召开的外交会议上，非洲集团提出了一项建议：

> 对于第 10 条（《世界知识产权组织版权条约》最终文本的第 8 条“向公众传播权”——引者注）而言，“向公众传播”一词，对于任何传播而言，意为向公众提供作品的初始行为（initial act of making the work available），而不包括仅仅为促进或进行传播提供便利或手段的行为。②

该建议为 1996 年外交会议所接受。关于《世界知识产权组织版权条约》的“基础提案”在对“向公众提供权”[在《世界知识产权组织版权条约（草案）》中为第 10 条，在最终通过的文本中为第 8 条] 进行说明时即使用了类似的措辞：

> 有意义的是使作品可为公众获得的初始行为，而不是单纯提供服务器空间、通讯连接或为信号的传输或路由提供便利的行为。③

那么，何种行为属于“初始行为”呢？如果将“初始行为”理解为在整个互联网中首次使作品处于可为公众获得的状态的行为，就意味着第二

① 《著作权法》第 10 条第 1 款第 12 项定义信息网络传播权时的用语“向公众提供作品”，显然是“making available to the public of their works”的意译。

② WIPO Doc. CRNR/DC/56, Amendment to Articles 7, 10, 13 and 14 of Draft Treaty No. 1, proposed by the Delegations of Algeria, Angola, Burkina Faso, Cameroon, Chad, Côte d'Ivoire, Egypt, Ethiopia, Gabon, Gambia, Ghana, Kenya, Lesotho, Libya, Madagascar, Malawi, Mali, Mauritius, Morocco, Namibia, Niger, Nigeria, Senegal, South Africa, Sudan, Togo, Tunisia, United Republic of Tanzania, Zambia and Zimbabwe, p. 2, para. 2.

③ WIPO Doc. CRNR/DC/5, Basic Proposal for the Substantive Provisions of the Treaty on Certain Questions concerning the Protection of Literary and Artistic Works to be Considered by the Diplomatic Conference, para. 10. 10.

次使作品处于可为公众获得的状态的行为就不是受信息网络传播权规制的交互式传播行为。这会导致交互式传播行为只能像发表行为那样实施一次，即作者只有一次发表作品的机会，作品一旦被作者公之于众，该公开状态就不可逆转，不存在第二次、第三次发表作品的可能。该结论显然不能成立，否则未经许可对权利人在自己博客中发表的作品进行网络转载就不可能侵害信息网络传播权。

采用本书第四章第二节详述的“传播源”理论，就能使“初始行为”获得圆满的解释。“初始行为”就是形成“传播源”的行为，它关注的是作品所处状态的转变，即从不能为公众获得的状态变成可为公众获得的状态，也就是形成了“传播源”，从而使服务器能够根据用户的请求启动传输过程，成为这次传输的源头，而无论作品此前是否在其他服务器中已处于可为公众获得的状态，即是否存在其他“传播源”并不重要。换言之，即使权利人已经首次将作品置于某网络服务器中面向公众传播，本人或他人将同一作品置于另一网络服务器中面向公众传播，仍然属于“初始行为”，因为它形成了不同于前一“传播源”的“传播源”。关于《世界知识产权组织版权条约》的“基础提案”以非穷尽方式列举的行为，包括单纯提供服务器空间、通讯连接或为信号的传输或路由提供便利，都不能形成有别于原始“传播源”的另一“传播源”，因此都不属于“初始行为”，无法构成受信息网络传播权规制的交互式传播行为。虽然在缔结《世界知识产权组织版权条约》时，“深层链接”现象并不普遍①，但对于在网络中已经能为公众所获得的作品设置“深层链接”，由于没有形成一个有别于原始“传播源”的另一“传播源”，是无论如何也不能被称为提供作品的“初始行为”的。由此可见，《世界知识产权组织版权条约》对“初始行为”的要求，本质上就是对“传播源”的要求。

日本《著作权法》的规定从一个侧面清楚地揭示了“初始行为”与“传播源”之间的关系。该法第 23 条第 1 款规定：“作者享有公开传输其作品的专有权利，使其作品在自动进行的公开传输（交互式传输——引者注）状态下，处于可被传输的状态。”该法对“使作品处于可被传输的状态”的定义是，将作品置于这样一种状态，使交互式传输可以通过以下几种行为来实现：（1）将作品存储于已与供公众使用的电信网络连接的“交互式传播服务器”的存储器中；（2）将存储了作品的存储器添加到“交互式传播服务器”之中；（3）将存储了作品的存储器转为“交互式传播服务

① 关于这一点笔者与搜索引擎的技术人员核实过。

器”的存储器；（4）将作品输入该“交互式传播服务器”；（5）当“交互式传播服务器”所带的存储器中存储了作品，将该服务器与电信网络连接。[①] 这几种行为显然都是“基础提案”所述的“初始行为”，虽然行为手段存在差异（有的是先将服务器与电信网络连接，再存入作品；有的实施相反的步骤，先在服务器中存入作品，再将服务器与电信网络连接），但它们都形成了“传播源”，使公众可以从中获得作品。

由此可见，传播必须在客观上形成“传播源”，是隐含在各类传播权中的要求。对向公众传播权的“传输”要求以及对其子权利——信息网络传播权的“初始行为”要求，实际上就是对“传播源”的要求。

（二）“向公众传播权”的“议定声明”并未否定对“传播源”的要求

有一种观点认为，《世界知识产权组织版权条约》关于第 8 条“向公众传播权”的“议定声明”表明“向公众传播权”中的传播是十分广义的概念，并不限于创设“传播源”的行为。该议定声明为：“不言而喻，仅仅为促成或进行传播提供 physical facilities 不致构成本条约或《伯尔尼公约》意义下的传播”。根据该观点，这里的 physical facilities 是指“实物设施”，因此该“议定声明”所述的不构成传播的行为，仅限于提供“为制造或者销售电缆/计算机或者提供作品所需要的设备”，既不包括提供信息存储空间，也不包括提供信息定位服务。这一观点是不能成立的。Facility（复数为 facilities）不仅有中文中“设施、设备”等“硬件”的含义，还有“便利”的意思。

如前文所述，在 1996 年为缔结《世界知识产权组织版权条约》和《世界知识产权组织表演和录音制品条约》而召开的外交会议上，非洲集团就“向公众传播”的含义提出了建议，其中也含有 facilities 一词：

> “向公众传播”，对于任何传播而言，意为向公众提供作品的初始行为，而不包括仅仅为促进或进行传播提供便利（facilities）或手段（means）的行为。[②]

新加坡代表提出“仅仅为促成或进行传播而提供便利（facilities）并

---

① (Japan) Copyright Act，Article 2，ixquinquies.

② WIPO Doc. CRNR/DC/56，Amendment to Articles 7，10，13 and 14 of Draft Treaty No. 1，proposed by the Delegations of Algeria，Angola，Burkina Faso，Cameroon，Chad，Côte d'Ivoire，Egypt，Ethiopia，Gabon，Gambia，Ghana，Kenya，Lesotho，Libya，Madagascar，Malawi，Mali，Mauritius，Morocco，Namibia，Niger，Nigeria，Senegal，South Africa，Sudan，Togo，Tunisia，United Republic of Tanzania，Zambia and Zimbabwe，p. 2，para. 2.

不构成侵权”①。新加坡代表团在发言中说明了其为什么建议对“向公众传播权”加以澄清：

> 本代表团尤其担心广义的传播权会使无辜的、通过网络对信息进行传输的人（carriers of information over such networks）因传输该信息而承担责任。为了适应这些在线和其他服务提供者的需要，本代表团已建议对第10条（最终通过的《世界知识产权组织版权条约》第8条——引者注）进行修改，新增加一段，内容为“仅仅为促成或进行传播而提供便利（facilities）并不构成侵权”②。

显然，新加坡代表团的提议针对的是“通过网络传输信息的人”，也就是网络服务提供者（在线服务提供者），而并非制造和销售硬件设备的厂商。

关于《世界知识产权组织版权条约》的“基础提案”在对“向公众提供权”进行说明时采用了类似的措辞，也使用了facilities一词：

> 有意义的是使作品可为公众获得的初始行为，而不是单纯提供服务器空间、通讯连接或为信号的传输或路由提供便利（facilities）的行为。③

上述《世界知识产权组织版权条约》的“基础提案”中明文列举的三个实例——单纯提供服务器空间、通讯连接以及为信号的传输或路由提供便利（facilities），均是在提供服务过程中涉及硬件设备的，而不是指单纯制造和销售硬件设备的行为。在缔结《世界知识产权组织版权条约》的1996年外交会议上，会议主席对此再次重申：与第8条后半部分相关的是提供（making available），也就是决定提供特定作品（the decision to make a given work available），而不是单纯提供服务器空间、通讯连接或为信号的传输或路由提供便利的行为。④ 在非洲集团、新加坡代表团、“基础提案”和主席发言中，在“facilities”之前甚至没有出现“physical”。

虽然在正式通过的“议定声明”中，“facilities”被改成了“physical facilities”，但这并不能说明两者之间存在实质性差异，因为：对网络传输

① WIPO Doc. CRNR/DC/12，Amendments to Articles 6，7，8，10，12，13 and 14 of Draft Treaty No. 1，proposed by the Delegation of Singapore，p. 2.

② WIPO Doc. CRNR/DC/102，Summary Minutes，Main Committee I，para. 309.

③ WIPO Doc. CRNR/DC/5，Basic Proposal for the Substantive Provisions of the Treaty on Certain Questions concerning the Protection of Literary and Artistic Works to be Considered by the Diplomatic Conference，para. 10. 10.

④ WIPO Doc. CRNR/DC/102，Summary Minutes，Main Committee I，para. 299.

提供的便利条件（facilities）需要通过具有“实物”性质的（physical）网络来提供。更何况，根据此次外交会议的记录，新加坡代表团在发现其提出的“提供”（facilities）被改成了“提供”（physical facilities）后，明确表示其不作反对。① 如果“提供”（physical facilities）是指制造或销售硬件设备，就会与新加坡代表团提议的初衷大相径庭，新加坡代表团又怎么可能不反对呢？

萨缪尔森（Samuelson）教授对此条“议定声明”作了以下解读：

> 作为对电话公司和在线服务提供者（online service providers）担忧的回应，外交会议的代表采纳了用于解释《世界知识产权组织版权条约》的议定声明，称仅仅为传输数字作品提供服务（merely providing services for transmission of digital works）不应被认为是向公众传播。该议定声明，以及第7条提案（关于复制权范围、承认“临时复制”是复制行为的那一条——引者注）被从最终文本中删除的事实，意味着电话公司和在线服务提供者最终可以对在日内瓦缔结的版权条约松一口气了。②

显然，在萨缪尔森教授看来，议定声明中的“facilities”一词与“services”是同义语。而且她强调，这一条消除的是“电话公司和在线服务提供者”，而不是“硬件制造商”的担忧。同时，如果将提供（physical facilities）理解为单纯制造和销售硬件设备，未免会让人误认为制造和销售通用电信设备的人会因使用者的侵权行为而承担责任。这正是“实质性非侵权用途”早已解决的问题。

当然，《世界知识产权组织版权条约》关于第8条的议定声明意图解决的，只是单纯提供实物设施/便利是不是向公众传播作品的行为，也就是其是否可能构成直接侵权的问题。它并不解决信息存储空间和链接服务提供者的行为是否可能，根据国内法，在特定条件下构成间接侵权并承担责任的问题。③ 因此，既不能从该议定声明中得出设置“深层链接”构成受信息网络传播权规制的交互式传播行为的结论，也不能认为设置“深层链接”可以根据该议定声明免责。正确的理解应当是：设置“深层链接”

① WIPO Doc. CRNR/DC/102，Summary Minutes，Main Committee I，para. 997.

② Pamela Samuelson，“The U. S Digital Agenda at WIPO”，*Virginia Journal of International Law*，Vol. 37，1997，p. 369，at 308.

③ 对此观点，see Jörg Reinbothe，Silke von Lewinski，*The WIPO Treaties* 1996：*The WIPO Copyright Treaty and the WIPO Performances and Phonograms Treaty*：*Commentary and Legal Analysis*，Butterworths，2002，p. 112。

由于未形成“传播源”，并非一种传播行为，不可能构成对《世界知识产权组织版权条约》第8条规定的“向公众传播权”的直接侵犯。但其完全可能在特定情况下构成帮助侵权。

（三）对“服务器标准”的澄清

将“传播源”理论应用于认定受信息网络传播权规制的交互式传播行为，自然可以推出“服务器标准”。“服务器标准”的含义是，只有将作品以上传等方式置于向公众开放的服务器中供公众以交互式手段获得，才能构成受信息网络传播权规制的交互式传播行为。在将作品以上传等方式置于向公众开放的服务器时，将形成作品的“传播源”，导致作品以该服务器为起点向公众进行交互式传播。根据“服务器标准”，对他人网站中已经处于传播状态的作品设置“深层链接”，并不会将该作品置于向公众开放的服务器中形成新的“传播源”，而是利用了作品在被链网站服务器中已经形成的公开传播的状态，因此其并不构成受信息网络传播权规制的交互式传播行为。

在讨论“服务器标准”时明晰其内涵非常重要。目前对“服务器标准”的一些批评是建立在误读该标准的基础上的，因此有澄清的必要。

1.“服务器”不限于商用服务器

一些批评“服务器标准”的观点将该标准中的“服务器”理解为那种价格动辄数万元甚至几十万元的商用服务器，并据此认为依“服务器标准”无法认定一些明显侵害信息网络传播权的行为。在2012年最高人民法院颁布《关于审理侵害信息网络传播权民事纠纷案件适用法律若干问题的规定》之后，相关人士在接受采访时指出：

> 随着技术的发展，不经过服务器的存储或中转，通过文件分享等技术也可以使相关作品置于信息网络之中，以单纯的“服务器标准”技术标准界定信息网络传播行为不够准确，也难以应对网络技术的飞速发展，因此应将信息网络传播行为作广义的理解，以是否直接提供权利人的作品的法律标准取代服务器标准来界定信息网络传播行为。①

此处的“不经过服务器的存储或中转，通过文件分享等技术也可以使相关作品置于信息网络之中”显然是指通过P2P软件的应用文件分享技术来传播作品。但是，认为“服务器标准”不能解决利用文件分享（P2P）

① 加强网络环境下著作权保护 促进信息网络产业健康发展——最高人民法院知识产权庭负责人答记者问. 人民法院报，2012-12-27（3）.

技术未经许可传播他人作品的问题，显然是误解了“服务器标准”中“服务器”的含义，将其与商用服务器混为一谈。“通过文件分享技术使相关作品置于信息网络之中”最为典型的例子，就是安装当年流行一时的“电驴”等 P2P 软件，将欲与他人分享的作品置于 P2P 软件划定的“共享区”或将计算机中存储的作品制成种子文件上传至网络论坛。同款 P2P 软件的用户就可以从分享者的计算机中下载被分享的作品。此时是否存在“服务器标准”所述的“服务器”呢？回答当然是肯定的！上述作品分享的过程，是分享者使用 P2P 软件使自己的计算机发挥了服务器的功能，从而使公众从存储了作品的该台计算机中获取作品。要实现作品分享，不可能“不经过服务器的存储或中转”，只是该“服务器”包括了发挥服务器功能的个人计算机。

由此可见，“服务器标准”中的“服务器”并不限于互联网网站所使用的商用服务器，而是指一切可以发挥服务器功能的带有存储设备的信息处理设备。一台个人计算机和手机都可以成为“服务器标准”中的“服务器”，“服务器标准”当然可以用于认定上述利用文件分享技术分享作品的行为。分享者未经许可将作品置于 P2P 软件划定的“共享区”或将计算机中存储的作品制成种子文件上传至网络论坛，就是“以上传等方式将作品置于网络服务器中”并向公众提供，当然属于信息网络传播行为，并可构成对信息网络传播权的侵害。

2. 以“上传”之外的其他方式也可将作品置于服务器中传播

根据“服务器标准”，只有将作品以上传等方式置于向公众开放的服务器中供公众以交互式手段获得，才能构成受信息网络传播权规制的交互式传播行为。适用“服务器标准”的关键是将作品置于向公众开放的服务器中，从而形成交互式传播的“传播源”。“置于”的手段则可以多种多样，虽然“上传”最为常见，但并不排除其他手段的存在。

前文曾提及日本的《著作权法》对“交互式传播”的规定清楚地反映了这一点。该法第 23 条第 1 款规定：作者享有向公众传输其作品的专有权利，其中包括在进行交互式传输的情况下，使其作品处于可被传输的状态。“使作品处于可被传输的状态”则是指将作品置于这样一种状态，使交互式传播可以通过以下几种行为来实现：（1）将作品存储于已与供公众使用的电信网络连接的“交互式传播服务器”的存储器中；（2）将存储了作品的存储器添加到“交互式传播服务器”之中；（3）将存储了作品的存储器转为“交互式传播服务器”的存储器；（4）将作品输入该“交互式传播服务器”；（5）当“交互式传播服务器”所带的存储器中存储了作品时，将该服务器与电信网络连接。①

在这几种行为中，(1) 和 (4) 两种行为即为“上传”，也就是将作品存储于已通过电信网络向公众开放的网络服务器的存储介质中。其余几种行为都不是通常所说的“上传”，但均属于通过某种手段将作品置于向公众开放的服务器中，从而形成交互式传播的“传播源”。其中行为 (2) 是指将事先存有作品的存储器（如硬盘或光盘等）置于向公众开放的网络服务器，从而使公众可以通过交互式手段获得作品。例如，某人使用 P2P 软件分享作品，在开机联网、运行 P2P 软件后，将存储了欲被分享作品的移动硬盘插入计算机，由此启动分享过程。此人的行为根据“服务器标准”当然构成信息网络传播行为。

上述行为 (3) 则是指使在某种存储介质中原本未处于向公众传播状态的作品，转变为向公众传播的状态。例如，某人将一部电影上传至其名下的百度网盘存储。百度网盘属于该人的存储空间，具有私密性，类似于带锁的柜子，其中的内容并不能够为公众所获得，因此向百度网盘上传作品，虽然也使作品被置于网络服务器之中，但并没使其处于“向公众传播的状态”。假设一名黑客采用技术手段破坏、绕开了网盘经营者为保护网盘安全所采用的“防火墙”以及个人用户设置的用户名和密码，从而进入了该用户的网盘空间，并在网络论坛中对该网盘中存储的那部电影设置了链接，使公众可以通过点击链接从该网盘中下载该部电影。在这种情况下，黑客并没有实施上传行为，也就是没有将电影存储于网络服务器中，但黑客的行为使在服务器中存储的作品从原先的私密状态转变为可为公众获得的传播状态。这就是日本《著作权法》所说的“将存储了作品的存储器转为交互式传播服务器的存储器”。根据“服务器标准”，该行为属于以其他方式将作品置于向公众开放的服务器中，也构成信息网络传播行为。

（四）“服务器标准”符合立法原意且能维系利益平衡

如前文所述，我国《著作权法》规定的信息网络传播权来源于《世界知识产权组织版权条约》第 8 条后半句规定的“向公众提供权”。

根据《世界知识产权组织版权条约》第 8 条对“向公众提供权”的规定和我国《著作权法》对信息网络传播权的定义，“提供”应当是能够使作品处于可为公众所获得的状态的行为，也就是形成“传播源”的初始行为，从而导致作品可被公众在其选定的时间和地点获得。以上传等方式将作品置于向公众开放的服务器，当然能够导致作品处于可为公众所获得的

① (Japan) Copyright Act, Article 2, ixquinquies.

状态，形成“传播源”，使服务器成为传播的起点。只要作品没有被从服务器中删除，以及服务器一直联网并开放，这个状态就会持续下去。而对该服务器中的该作品设置“深层链接”，本身不可能导致作品处于能够为公众所获得的状态，也就是没有形成有别于原始“传播源”（被链作品所在的服务器）的另一“传播源”。设置“深层链接”只可能使本身已经在该服务器中处于“为公众所获得的状态”的作品被公众获得，因为会有许多人通过点击链接实际获得他们原本通过直接登录该服务器就可以获得的作品。无论有多少人是通过点击链接获得作品的，他们利用的始终是作品在该服务器中处于的“为公众所获得的状态”。换言之，“深层链接”利用的是原先就已存在的“传播源”。如果该服务器被关闭，或该作品被从该服务器中删除，那么作品都不可能处于“为公众所获得的状态”。此时即使链接仍然存在，也不能使作品保持“为公众所获得的状态”。因此，作品“为公众所获得的状态”并非由设置“深层链接”的行为形成，而仅是以上传等方式将作品置于服务器中传播的行为导致的。

与之形成鲜明对比的是，如果有人将该服务器中的该作品下载之后，又上传到其他网站的服务器中，则此时作品在两部服务器中各自形成了能够为公众所获得的状态，也就是分别形成了两个“传播源”。若有人登录第二部服务器获得了作品，则他利用的并非作品在第一部服务器中处于的“为公众所获得的状态”（原始“传播源”），而是在第二部服务器中处于的“为公众所获得的状态”（新的“传播源”）。而导致这一新的、独立的“为公众所获得的状态”的，是此后下载作品后又上传至另一向公众开放的服务器中的行为。两相对比，可以清楚地看出：能够使作品处于“为公众所获得的状态”的，只能是以上传或其他方式将作品置于向公众开放的服务器的行为，而不可能是设置“深层链接”的行为。因此，在认定网络服务提供者是否实施了受信息网络传播权规制的交互式传播行为时，应当采用“服务器标准”。

目前，多数国家的司法实践是认同“服务器标准”的。其中原因，除该标准本身就符合《世界知识产权组织版权条约》第 8 条的立法原意之外，也与该标准能够最大限度地维系利益平衡有关。许多国家的立法在界定直接侵权时，并未将主观过错作为构成要件。只要未经权利人许可实施了受专有权利控制的行为，就构成直接侵权。侵权人即使能够证明自己没有主观过错，也要向权利人支付法定赔偿金或侵权所得利润。例如，美国《版权法》第 502 条 c 款第 2 项规定：在法院认定侵权人不知道也没有合理的理由认为自己的行为侵犯版权的情况下，法院可以根据情况将法定赔偿金额降低至不超过 200 美元。再如，澳大利亚《版权法》第 115 条第 3 款规定：如果在实施侵权行为时，侵权人不知道，也没有合理的理由怀疑自己的行为构成版权侵权，版权人仍然有权要求侵权人支付因侵权行为而获得的利润。德国《著作权法》101 条规定：在权利人要求对无过错（既无故意也无过失）的侵权人下达禁令，销毁或没收侵权复制件或设备时，如果这些法律措施会给无过错侵权人造成严重的或与其侵权行为不成比例的损害，而又有理由认为权利人应接受金钱赔偿，则无过错侵权人可以对权利人进行金钱赔偿，其数额应等于原本通过合同授权时权利人应获得的合理许可使用费。《与贸易有关的协定》第 45 条第 2 款也根据多数国家的立法规定：在适当情况下，即使侵权人不知道，也没有合理的理由知道自己实施了侵权行为，各成员仍可授权司法机关责令其返还利润和/或支付法定赔偿金。

在我国，虽然对于侵犯著作权的构成是否需要主观过错还存在争议，但在司法实践中，法院普遍以《著作权法》第 52 条为参考①，采取过错推定的方法，即：对于未经许可实施受专有权利控制的行为，首先推定行为人有主观过错，只有当行为人能够举出充分的相反证据证明其已尽到法律要求的注意义务时，才认定其没有过错。如对于销售了侵权作品的书店，只有当其能够证明作品的来源合法时，法院才会认定其没有主观过错。在实务中，除侵权作品的出版者和其他销售者之外，被推定具有主观过错的行为人往往很难举证证明自己已经尽到了合理注意义务，并无过错。② 因此在最后的判决结果上，我国的情况与多数国家并无太大区别。

因此，只有采用“服务器标准”，才可能维系利益平衡。设置“深层链接”（包括单纯提供针对特定类型文件的自动搜索服务）由于不涉及将作品上传至服务器的行为，并不构成受信息网络传播权规制的交互式传播行为，当然也不可能构成对信息网络传播权的直接侵犯。只有设链者具有主观过错，即明知或应知其他网站中存储的内容侵权仍然设置链接，或在

① 《著作权法》第 52 条规定：复制品的出版者、制作者不能证明其出版、制作有合法授权的，复制品的发行者或者视听的作品、计算机软件、录音录像制品的复制品的出租者不能证明其发行、出租的复制品有合法来源的，应当承担法律责任。该条规定显然采用了“过错推定”的方法。

② 例如，在“何季民诉新浪案”中，世界知识出版社与新浪公司签订合同，将其出版的《靖国神社大揭秘》一书在新浪网上连载。但实际上该书是世界知识出版社未经作者何季民许可出版的。何季民只许可过香港的文汇出版社将该书以繁体版在香港地区出版发行。法院认定新浪公司未尽到合理注意义务，具有主观过错。[北京市海淀区人民法院（2005）海民初字第 23339 号民事判决书。] 从此案可见，除侵权作品的出版者和其他销售者之外，其他人很难通过证明自己已尽到合理注意义务来推翻对其过错的推定。

知晓之后不断开链接的，才构成间接侵权。[①] 如在"十一大唱片公司诉雅虎案"等一系列诉讼中，法院一方面依"服务器标准"认定被告设置深层链接不构成对信息网络传播权的直接侵犯，另一方面则认定其应知第三方网站中的内容侵权而提供链接，构成间接侵权。[②] 因此，"服务器标准"能够包容网络搜索技术的发展和合法应用，且权利人的合法利益可以通过间接侵权规则得到合理的维护，不会因采用"服务器标准"而受到损害。

（五）2020 年对"信息网络传播权"定义的修改与"深层链接"

《著作权法》于 2020 年修改时，对信息网络传播权的定义也进行了调整，从"以有线或者无线方式向公众提供作品，使公众可以在其个人选定的时间和地点获得作品的权利"（注：着重号为引者所加），改为"以有线或者无线方式向公众提供，使公众可以在其选定的时间和地点获得作品的权利"，也就是分别从前半句和后半句中删除了"作品"和"个人"。据笔者了解，这两处文字修改属于纯粹技术性的调整，但引起的误解大概是立法者始料不及的。有一种观点是，将"提供作品"改为"提供"意味着立法者认为提供设置"深层链接"也应当受信息网络传播权的规制，因为设置"深层链接"虽然不能等同于提供作品（将作品以上传等方式置于网络服务器向公众提供），但其实际效果与直接提供作品无异，应当根据"用户感知标准"或者"实质替代标准"，认定该行为属于"提供行为"，如未经许可实施，将构成对信息网络传播权的直接侵犯。

这一说法是缺乏依据的。如前文所述，设置"深层链接"究竟是否属于受信息网络传播权规制的行为，是学术界和实务界长期激烈争论的问题。如果立法者有意通过修改《著作权法》对信息网络传播权的定义而将设置"深层链接"定性为交互式传播行为，应该会在立法说明中对此表明态度。但是有关《著作权法修正案草案》的说明、有关修改情况的汇报、

---

① 在美国的"Perfect 10 诉 Google 案"中，法院在采用"服务器标准"时强调："服务器标准"维系了版权法所努力实现的精妙的平衡，也即在鼓励创意作品的创作与鼓励信息传播之间的平衡。仅仅对网络内容进行索引，以使用户能够更容易地查找他们想要的信息，并不构成直接侵权。但"服务器标准"并没有全面排除深层链接或加框链接行为的法律责任。它仅仅使搜索引擎无须为对储存在第三方网站上的侵权内容设置内置链接或加框链接承担直接侵权责任。如果链接设置者知晓被链接内容侵权，权利人可以要求其承担间接侵权责任。Perfect 10 v. Google, 416 F. Supp. 2d 828, at 843 - 844 (C. D. Cal., 2006). 该案判决的中文翻译见王迁，王凌红．知识产权间接侵权研究．北京：中国人民大学出版社，2008：167 - 203。

② 北京市高级人民法院（2007）高民终字第 1184 号民事判决书。拙作《论"信息定位工具"提供者间接侵权的认定》、《再论"信息定位工具"提供者间接侵权的认定》和《三论"信息定位工具"提供者间接侵权的认定》（分别载于《知识产权》2006 年第 1 期、2007 年第 4 期和 2009 年第 2 期）也论述了深层链接设置者百度、雅虎等在何种情况下可构成间接侵权。

有关审议结果的报告和有关修改意见的报告对此均只字未提。① 如果立法本意就是对设置“深层链接”进行定性，对具有深远影响的如此重大的修改，全国人民代表大会宪法和法律委员会不可能不作任何说明。

与此同时，作为我国《著作权法》中的信息网络传播权的定义直接来源的《世界知识产权组织版权条约》第8条（“向公众传播权”）的后句，使用的术语正是“向公众提供作品”，其原文如下：

…authors of literary and artistic works shall enjoy the exclusive right of authorizing communication to the public of *their works*, by wire or wireless means, including the making available to the public of *their works* in such a way that members of the public may access these works from a place and at a time individually chosen by them.（文学和艺术作品的作者应享有专有权，以授权将其作品以有线或无线方式向公众传播，包括将其作品向公众提供，使公众中的成员在其个人选定的地点和时间可获得这些作品。）（注：斜体和着重号为引者所加）

如果认为从“提供作品”中删除“作品”两字，是为了将设置“深层链接”纳入信息网络传播权的规制范围，也就是将作品作者的专有权利可以规制的传播的对象从作品扩大为包括作品之外的其他东西，即使先不讨论其在理论上是否能够成立，至少偏离了国际版权条约的明文规定。对此重大修改，全国人民代表大会宪法和法律委员会也不可能不作出说明。

既然如此，为什么还要将“提供作品”改为“提供”呢？笔者认为，这是因为立法者感觉2020年修改之前的《著作权法》对信息网络传播权的定义“以有线或者无线方式向公众提供作品，使公众可以在其个人选定的时间和地点获得作品的权利”中，前后出现了两处“作品”，且都是作为动词的宾语，显得比较啰唆，因此删除前面一处“作品”，并不改变本句的意思。从“使公众可以在其个人选定的时间和地点获得……”中删除“个人”两字，也是为了使文字更加精简，因为在立法者看来，“公众选定”当然就是指组成公众的每个个体自己的选择，无须再使用“个人”一词。

---

① 2020年4月26日司法部党组书记、副部长袁曙宏在第十三届全国人大常委会第十七次会议上所作的《关于〈中华人民共和国著作权法修正案（草案）〉的说明》；在2020年8月8日第十三届全国人大常委会第二十一次会议上，全国人民代表大会宪法和法律委员会《关于〈中华人民共和国著作权法修正案（草案）〉修改情况的汇报》；在2020年11月10日十三届全国人民代表大会常务委员会第二十三次会议上，全国人民代表大会宪法和法律委员会《关于〈中华人民共和国著作权法修正案（草案）〉审议结果的报告》；在2020年11月11日第十三届全国人大常委会第二十三次会议上，全国人民代表大会宪法和法律委员会《关于〈全国人民代表大会常务委员会关于修改《中华人民共和国著作权法》的决定（草案）〉修改意见的报告》。

2020年《著作权法》修改的参与者编写的《中华人民共和国著作权法导读与释义》对修改后的信息网络传播权的定义的解释是：

> 信息网络传播权是指著作权人通过互联网或其他有线或者无线的信息传输网络向公众提供作品，供公众在其选定的时间和地点获取作品的权利。①

显然，参与立法者自己也认为“提供”的对象就是作品，而不是“深层链接”。同时，该书在解释信息网络传播权时，自始至终都没有提及“链接”或“深层链接”。如果修改信息网络传播权定义的意图确实是将设置“深层链接”纳入信息网络传播权的规制范围，该释义又怎么可能对此只字未提呢?

笔者认为，虽然从语法上看，对信息网络传播权定义的修改确实使文字更加精练，且符合汉语习惯，但是考虑到理论界和实务界长期以来对设置“深层链接”之定性的争议，将“提供作品”改为“提供”，在立法技术上实无必要。其引起的猜想、争论和澄清所招致的额外成本远远大于文字精练所带来的收益。事实上，《世界知识产权组织版权条约》第8条的同一句中前后出现了两处“作品”（works）——“... the making available to the public of their *works* in such a way that members of the public may access these *works* ...”（注：斜体为引者所加）。尽管中文与英文在语法上存在差异，但省去一处在立法者眼中多余的“作品”两字，实为得不偿失。

四、对设置“深层链接”行为之性质的正确认定

根据上述“传播源”理论，一个网站在其服务器中存储作品（以媒体格式文件形式存在）之后，贴出网络地址，供用户点击获得的行为，因形成了“传播源”，构成受信息网络传播权规制的交互式传播行为。但对于已在他人服务器中面向公众传播的作品，无论该作品的获得是否受到技术措施的限制，对该作品设置“深层链接”的行为并不会在客观上形成有别于初始“传播源”的新“传播源”，因此该行为不构成受信息网络传播权规制的交互式传播行为，当然也不可能构成对信息网络传播权的直接侵犯。下文将区分被链接的作品是否受到技术措施的保护，分别加以论述。

（一）对已自由传播的作品设置“深层链接”

任何含有作品的网页和以媒体格式文件形式存在的作品都有其网络地址，在没有采取限制访问的技术措施的情况下，用户在浏览器中输入该网

---

① 黄薇，王雷鸣．中华人民共和国著作权法导读与释义．北京：中国民主法制出版社，2021：94.

络地址就能获得该作品。无论是“普通链接”还是“深层链接”，其本质都是网络地址，两者只在引导用户获得被链作品的途径方面有所不同。如果将他人网站比作可任意进入的美术馆，则“普通链接”的作用就是将参观者（用户）送入大厅（首页），参观者需要自己推开各展厅的门（点击“站内链接”）进入其中（进入次级网页）欣赏画作；“深层链接”则类似魔法师的飞天扫帚，可使参观者飞过美术馆和各展厅打开的窗户，直接落入展厅欣赏画作。该名参观者可能并不知道自己身处何处，并误认为这是飞天扫帚提供者的场所（对作品的来源产生了混淆），但无论飞天扫帚造成了何种损害，画作都是在美术馆公开展览的，这一客观事实并不因为飞天扫帚提供了不同的参观路径而被改变。同样道理，“深层链接”也没有改变被链作品从其所在网站的服务器中向用户传输的客观事实。① 换言之，无论是普通链接还是“深层链接”，其本质都是引导用户的浏览器从他人的服务器中获取被链作品，因此利用的是初始“传播源”，即存储被链作品的他人服务器，而没有形成有别于初始“传播源”的另一“传播源”。对于“深层链接”而言，用户点击链接后没有发生明显的网页跳转，导致用户不能直观地感知其浏览或下载的作品来源于或者存储于他人控制的服务器中（初始“传播源”），而误认为设链网站即为作品的来源，即误认为设链者创设了另一“传播源”。但这并不足以改变设链行为并未形成另一“传播源”的客观事实。② 因此，设链行为不可能构成传播行为。我国有法院对此也有正确的认定：“通过技术手段将案外网站上的视频文件链接到其网站上实现在线播放，其提供的是网络链接服务，并不存在将作品置于网络中的行为，故不构成作品提供行为”③；“判断兔子视频（被控侵权的‘视频聚合’服务提供者——引者注）提供被诉内容的行为是否属于信息网络传播行为，关键因素在于被诉内容是否存储于兔子视频的服务器中”④。

---

① 正因为如此，美国著名版权学者戈斯坦教授和荷兰著名版权学者休根霍茨认为，对于已经可从其他网站中获得的作品设置链接，并不是一种独立的传播行为。Goldstein P.，Hugenholtz PB，*International Copyright：Principles，Law and Practice*，3rd ed.，Oxford University Press，2013，p. 336.

② 在涉及在 Google 进行图片搜索时对其他网站中的图片设置“深层链接”的“Perfect 10 诉 Google 案”中，针对 Perfect 10 公司提出的用户会误认为图片来自 Google 的指称，美国联邦第九巡回上诉法院指出：“虽然内置的加框链接可能导致计算机用户以为他们正在观看 Google 网页（中的图片），但与商标法不同，版权法并不帮助版权人制止导致消费者混淆的行为”，可谓一语中的。Perfect 10 v. Google，508 F. 3d 1146，1160（9th Cir.，2007）.

③ 上海知识产权法院（2015）沪知民终字第 269 号民事判决书。

④ 北京知识产权法院（2015）京知民终字第 559 号民事判决书。

在国外的司法实践中，美国联邦第九巡回上诉法院、澳大利亚联邦高等法院、德国联邦最高法院和挪威最高法院在相关判决中均认为，对已面向公众传播的作品设置“深层链接”并不构成“向公众传播”（远程传播）。

1. 美国联邦第九巡回上诉法院的判决

美国判例早已认定“链接本身并不构成版权侵权行为”①。美国版权法方面公认的权威著作《Nimmer论版权》明确指出：提供指向有侵权文件的站点的链接并非“直接侵权”②。在“Kelly诉Arriba软件公司案”中，被告对原告的摄影作品设置了深层链接，使用户可以在被告的网站通过点击以“缩略图”形式出现的链接而欣赏位于第三方网站中的“大图”。美国联邦第九巡回上诉法院认为原告的行为构成对被告的作品的“展示”③。但这一判决受到广泛批评，因为将摄影作品置于网上“展示”的是被链接的网站。④ 最终美国联邦第九巡回上诉法院撤销了这一判决。⑤

2006年在美国发生的“Perfect 10诉Google案”再次涉及设置链接是否构成“直接侵权”的问题。在该案中，原告Perfect 10公司是一批成人照片的版权人，一些网站未经许可将这些照片上传到了自己的服务器上，而Google经营的“图片搜索”网站能够通过关键词搜索到这些网站中存储的这些照片，并以“缩略图”形式加以排列。同时，Google还对这些照片设置了“埋设链”。从操作过程来看，用户在输入关键词之后，就能在Google的搜索页面上看到以“缩略图”形式展示的被链接照片，在点击该“缩略图”之后就能在Google的搜索页面上看到原始尺寸的大

---

① Ticketmaster Corp. v. Tickets Com., Inc., 2000 U.S. Dist. LEXIS 4553, at 6 (C.D. Cal., 2000).

② Melvile B. Nimmer & David Nimmer, *Nimmer on Copyright*, §12B.05 [A] [2], Matthew Bender & Company, Inc., 2003. 其他美国学者也指出，“那些链接到侵权网站的人几乎肯定并未实施任何受《版权法》第106条专有权利控制的任何行为”。Stacey L. Dogan, “Infringement Once Removed: The Perils of Hyperlinking to Infringing Content”, *Iowa Law Review*, Vol. 87, 2002, pp. 829, 899.

③ Kelly v. Arriba Soft Corp280 F. 3d 934 (9th Cir., 2002)，美国是通过扩大“发行权”“展示权”“表演权”的控制范围来实施《世界知识产权组织版权条约》第8条的，并未像我国那样新增一项类似“信息网络传播权”的“专有权利”，因此未经许可将摄影作品上传至网络服务器供用户在线欣赏构成美国版权法意义上的“展示”（display）行为。

④ Melvile B. Nimmer & David Nimmer, *Nimmer on Copyright*, §12B.01 [A] [2], Matthew Bender & Company, 2003.

⑤ Kelly v. Arriba Soft Corp., 336 F. 3d 811 (9th Cir., 2003)。美国联邦第九巡回法院撤销原判之后，作出了新的判决，但新判决只涉及被告在自己的网站上以“缩略图”的方法“展示”原告的摄影作品是否构成“合理使用”，而未涉及被告允许网络用户点击“缩略图”以欣赏第三方网站中的“大图”的行为是否侵权。Kelly v. Arriba Soft Corp., 336 F. 3d 811 (9th Cir., 2003).

图。由于美国《版权法》实施《世界知识产权组织版权条约》第 8 条的方法不是像我国《著作权法》那样增加一项信息网络传播权，而是以复制权、发行权、表演权和展示权共同控制交互式网络传播行为，因此 Perfect 10 公司起诉认为 Google 以设置“埋设链”的方式向用户展示原始尺寸照片的行为构成对展示权的直接侵犯。此案中，用户之所以能够在点击“缩略图”之后看到原始尺寸的大图，并不是因为 Google 将照片下载到了自己的服务器，而是因为 Google 对第三方网站中的照片设置了“埋设链”，导致用户在点击“缩略图”之后，用户的浏览器就会根据“埋设链”的引导自动去第三方网站下载被链接照片并加以展示。可见，此案的关键仍然在于设链（“埋设链”）的行为是否受到展示权的控制，是否构成直接侵权。

此案的一、二审法院均拒绝承认根据“用户感知标准”认定 Google 的行为直接侵权。进行一审的加利福尼亚中区联邦地方法院指出：

> 在判断 Google 页面下方的加框链接是否构成对侵权图片的“展示”时，最恰当也是最直接的标准就是：储存内容并且直接通过服务器把内容提供给用户的网站，而不是设置了内置链接的网站，‘展示’了侵权内容。因此，本法院采纳的是“服务器标准”。

法院为此提出：“服务器标准”是基于用户在浏览网页之时在技术层面所发生的事实，以反映图片在出现于用户计算机上之前如何在互联网中穿梭的现实。用户点击链接之后，所看到的图片并不是 Google 所储存并通过服务器提供的，而是用户的计算机与第三方网站建立了直接联系，从第三方网站传输至用户的计算机的，所以应该由第三方网站对内容的传输负责。“用户感知标准”则无视网络在物理上和逻辑上互连互通的属性，也无视互联网所具有的可将多种来源聚合并展示内容的能力，因此不能为法院所接受。而且采用“服务器标准”既不会鼓励诸如 Google 之类的搜索引擎从事版权侵权行为，也没有简单地排除设链行为的法律责任。“服务器标准”仅仅否认搜索引擎对第三方网站上的侵权内容设置链接构成直接侵权，版权人仍然可以追究设链者的“间接侵权”责任。法院指出：“服务器标准”维系了版权法所努力争取的精妙平衡，也即在激励作品创作与鼓励信息传播这两者之间的平衡。仅仅对网络中的内容设置索引，以使用户能够更容易地查找他们想要的信息，并不构成“直接侵权”，但是存储和提供侵权内容则可能是直接侵权。①

① Perfect 10 v. Google，416 F. Supp. 2d 828，at 843 - 844 (C. D. Cal.，2006).

在该案的二审中，美国联邦第九巡回上诉法院完全支持“服务器标准”。针对 Perfect 10 公司提出的用户会误认为图片来自 Google 的指称，法院指出：

> 虽然内置的加框链接可能导致计算机用户以为他们正在观看 Google 网页（中的图片），但与商标法不同，版权法并不帮助版权人制止导致消费者混淆的行为。①

在拒绝“用户感知标准”的同时，美国联邦第九巡回上诉法院进一步指出：Google 传播的并非图片本身，而是可以引导用户浏览器到存储和展示图片的第三方网站的网络地址。该行为不可能构成对（图片版权的）直接侵权，只可能构成间接侵权。②

2. 澳大利亚联邦法院的判决

澳大利亚《版权法》实施《世界知识产权组织版权条约》第 8 条的方式是为权利人增加了一项“向公众传播权”，而受这项专有权利控制的行为之一是“向公众在线提供作品”（make a work available online）③，即通过网络进行交互式传播。这与我国《著作权法》中信息网络传播权规制的交互式传播行为是相同的。④ 因此，澳大利亚法院对“在线提供行为”的认定对我国法院具有高度参考价值。

2005 年 7 月 14 日由澳大利亚高等法院判决的“环球音乐公司诉 Cooper 案”与在同一时期发生在我国的“唱片公司诉百度案”几乎完全相同。⑤ 原告澳大利亚环球唱片公司对音乐网站 www.mp3s4free.net 的经营者 Cooper 提出的第一项指称，就是其通过设置指向第三方网站中的

---

① Perfect 10 v. Google，508 F. 3d 1146，1160（9th Cir.，2007）.

② Ibid.，1161.（Google 仅仅传输或传播了将用户的浏览器指引至存储并展示图片的网站的地址，Google 自己并没有对图片的展示进行传播。）

③ （Australia）Copyright Act（2005），S. 10.

④ 澳大利亚于 2000 年通过的《版权法修正案（数字议程）》为实施《世界知识产权组织版权条约》第 8 条增加了一项“向公众传播权”（the right of communicate to the public），而“传播”被定义为“使作品或其他客体可以被在线获得或进行电子传输”。（Australia）Copyright Act（2005），S. 31（1）（a）（iv），S. 31（1）（b）（iii），S. 10. 由于“使作品在线获得”（交互式传播）和“电子传输”（非交互式传播）是“向公众传播权”控制的两种行为，澳大利亚学者认为“向公众传播权”可以分解为两种“传播权”——“在线提供权”和“电子传播权”。Andrew Christie，“The New Right of Communication in Australia”，*The Sydney Law Review*，Vol. 27，2005，pp. 237，252.

⑤ 第一被告 Cooper 经营一家专门对 MP3 歌曲文件提供定位服务的网站。该网站设有“流行歌手”、“50 首最常下载的歌曲”以及“50 首新加入的歌曲”等目录，用户点击进入后就可以根据按照字母排序的歌手姓名或歌名查找 MP3 歌曲文件链接，再点击链接就可以从第三方网站下载或在线欣赏歌曲。

侵权歌曲文件的链接“向公众提供，使公众可以获得”录音制品，理由是用户只要在被告的网站上点击链接，就能直接从第三方网站中下载歌曲文件。[①] 对此，澳大利亚高等法院主审法官指出：

> 我不认为Cooper的网站使音乐录音制品在法律意义上“可以被获得”。是远端网站使录音制品可以被获得，数字音乐文件是因发送到远端网站的请求而从远端网站被下载的。
>
> Cooper的网站（向公众）提供了更容易地寻找和选择数字音乐文件和指明远端网站的便利……虽然触发下载的请求是从Cooper的网站上发出的，但使音乐文件得以被获得的却是远端的网站，而不是Cooper的网站。
>
> 在我看来，对音乐录音制品的传输是在最终用户所指定的远端网站启动下载录音制品（过程）时开始的……但这并不是从Cooper的网站进行的传播。
>
> 我不认为Cooper向公众“传播”了录音制品。也就是说，Cooper并没有使录音制品能够为公众所获得，或以电子方式将其传输给公众。[②]

特别需要注意的是，“在线提供行为”是“传播”的一种类型[③]，而澳大利亚《版权法》又规定：“除广播之外的传播是由负责决定传播内容（responsible for determining the content of the communication）的人进行的”[④]。环球唱片公司认为被告“有能力对其网站中的链接加以控制，能通过在其网站中设置链接决定使何种文件、以何种方式能够（被公众）所获得，这说明其负责决定传播内容”[⑤]。这与当时发生在我国的“正东、新力和华纳三大唱片公司诉北京世纪悦博案”（Chinamp3案）的一审法院的观点——设置链接的网站“控制着被链接网站的资源”几乎完全相同。对此，澳大利亚高等法院主审法官强调：

> 我不认为对存有录音制品的其他网站提供链接的网站所有者、管理者或经营者决定了传播的内容。当一个人或一个机构提供了从一个网站访问另一远端网站的便利，并提供使录音制品得

① Universal Music Australia Pty Ltd. v. Cooper，[2005] FCA 972，para. 60.

② Ibid.，paras. 63，65，66，67.

③ 澳大利亚《版权法》第10条规定：“传播意味着在线提供作品或其他客体，或者以电子手段传播作品或其他客体……”因此，“在线提供行为”是“传播行为”中的一类行为。

④ （Australia）Copyright Act，S. 22（6）.

⑤ Universal Music Australia Pty Ltd. v. Cooper，[2005] FCA 972，para. 75.

以被从该远端网站下载的机制时，认为其要为从远端网站传播的内容负责的观点是极端武断的。事实是：根据证据，Cooper 并没有‘决定’、‘设计’或‘创建’传播发生地——远端网站中的内容。①

从 Cooper 的网站上移除指向远端网站链接的权力（power）并不是一种决定远端网站内容和向互联网用户传输内容的权力或责任（responsibility）。阻止在网站中增加链接，并因此阻止互联网用户通过 Cooper 的网站获得录音制品的能力（capacity），与决定从远端网站（向互联网用户）传播哪些内容的能力并不是一回事。②

3. 德国联邦最高法院的判决

在德国联邦最高法院于 2003 年判决的“Paperboy 案”中，“服务器标准”也得到了体现。此案中，被告经营名为 paperboy 的搜索引擎，该搜索引擎会根据用户输入的关键词搜索新闻并对搜索结果设置“深层链接”。原告为一家出版商，其在发现被告对自己网站中的文章设置“深层链接”后，起诉被告侵犯其著作权。科隆地区法院和科隆上诉法院对于被告的行为是否构成侵权观点不一。③

德国联邦最高法院拒绝认定对其他网站中的文章设置“深层链接”构成“向公众传播”，并强调设置链接“既没有根据需要保存作品，也没有应他人的请求自行传输作品。是那些将作品置于网络中的人决定了作品是否持续处于向公众提供的状态”④。德国联邦最高法院最终认定：只要作品已经在互联网上传播，而且传播者没有采用禁止设链的技术措施，对该作品设链仅仅意味着为用户获得作品提供便利。因此，对原本已经能够为公众所获得的内容设置深层链接，并不侵犯任何专有权利，包括复制权和向公众传播权。⑤

4. 挪威最高法院的判决

挪威最高法院在 2005 年判决的“Tono 诉 Bruvik 案”中得出了相同的结论。该案中，一名学生创建了一个网站，其中包含了指向第三方网站

---

① Universal Music Australia Pty Ltd. v. Cooper，［2005］FCA 972，para. 74.

② Ibid.，para. 75.

③ Paperboy，Court of Appeal Köln (Cologne)，27 October 2000，AZ：6 U 71/00. Paperboy，District Court Köln (Cologne)，12 January 2000，AZ：28 O 347/99.

④ Paperboy site，BGH，17 July 2003，Case IZR 259/00［2005］，para. 42.

⑤ Ibid.，ECDR 7.

中的歌曲的链接，而第三方网站中的歌曲均是未经权利人许可而上传的。国际唱片业协会（IFPI）、挪威表演权协会（TONO）和挪威机械复制权协会（NCB）等起诉该名学生侵权。一审法院认定被告对那些非法上传的歌曲设置链接，侵犯了音乐作品作者、表演者和录制者的"向公众提供权"（making the works available to the public，即我国《著作权法》中的信息网络传播权）。这显然意味着法院认为被告设置链接的行为就是"向公众提供作品、表演和录音制品"，因此构成直接侵权。二审法院则不认为被告的行为构成对"向公众提供权"的侵犯。挪威最高法院认为，链接的形式是"深层链接"还是"普通链接"无关紧要，关键在于作品是如何通过技术手段被获取的，而仅提供网址（设置链接）并不属于向公众提供作品。挪威最高法院指出：

> 仅仅在互联网上提供网址使公众知晓并不是使公众获得作品的行为（is not making a work publicly available），这一点毋庸置疑，而且无论网址指向的内容是合法的还是非法的。①

5. 欧盟法院的判决

在前文提及的2014年涉及设置"深层链接"行为定性的"斯文森案"中，由知名学者组成的欧洲版权协会同样认为，由于"传输"是构成"传播"的前提条件，而设置链接并不等于"传输"，因此其并不构成传播行为。② 欧盟法院经审理后认为：只要被链网站对作品的访问未采取限制措施，点击"深层链接"获得作品的用户就未超出权利人授权被链网站传播时所预期的公众范围，也就未导致向"新公众"传播，因此并不构成对向公众传播权的侵犯。③ 该判决结果被认为"挽救了互联网"④，"包容了互联网未来的创新"⑤。但是，欧盟法院在没有作出任何实质论证的情况下

---

① Tono，et al. v. Bruvik，37 IIC 121（2006）.

② European Copyright Society，"Opinion on the Reference to the CJEU in Case C-466/12 Svensson"，p. 2，at http：//papers. ssrn. com/sol3/papers. cfm？abstract_id=2220326，last visit on April 2，2015. 该份意见由19名欧洲知名著作权法专家署名。

③ Nils Svensson v. Retriever Sverige AB，Case C-466/12（2014），paras. 24-31. 欧盟法院在此后发生的涉及"加框链接"的案件中，采用了相同立场［BestWater International GmbH v. Michael Mebes，Case C-348/13（2014）］。德国联邦最高法院此后也认定，对已在YouTube网站中自由传播的视频设置加框链接，虽然构成传播行为，但不属于向"新公众"传播，因此不构成侵权。Reality Ⅱ，BGH，9 July 2015，Case I ZR 46/12.

④ Mihály J. Ficsor，"Svensson：Honest Attempt at Establishing Due Balance Concerning the Use of Hyperlinks-Spoiled by the Erroneous 'New Public' Theory"，p. 1，at http：//www. copyrightseesaw. net/archive/？sw_10_item=63.

⑤ Mira Burri，"Permission to Link：Making Available via Hyperlinks in the European Union after Svensson"，5 *J. Intell. Prop. Info. Tech.*，& *Electronic Com. L.* 245（2014），p. 251.

认定设置“深层链接”本身属于“向公众传播”，这一定性在欧盟内部也受到了质疑。欧盟委员会、德国政府、葡萄牙政府和斯洛伐克政府都表达了不同意见。[①] 欧盟委员会的调查也表明，多数欧盟成员国都不认为设置链接本身构成传播。[②] 值得注意的是，在欧盟法院审理的另一起涉及“深层链接”的案件——“GS 媒体公司诉萨诺玛媒体公司案”中，负责向欧盟法院提供意见的欧盟法务官也否认对已自由传播的作品设置“深层链接”属于“向公众传播”或其中的“向公众提供”（交互式传播），并明确指出，将“向公众传播”的概念扩展到对已在其他网站中自由传播的作品设置链接的行为，需要欧盟议会修改立法。[③]

除上述欧盟国家的判例外，欧盟“信息社会技术”（Information Society Technologies，IST）项目发布的研究报告对于“设置链接能否侵犯向公众提供权”的问题，也清楚地回答：

> 相关内容是由将内容存储在其网站服务器中的人提供的。设置链接的人——无论是浅层链接、深层链接、内链接或加框链接，都仅仅是提供了获得并浏览在原网站中内容的额外途径。如果不在一个网站中存储相关内容，对该网站设置链接也不能使人获得该内容。这样，通过链接能否获取内容取决于在被链的原网站中是否存在内容，而（向公众）提供作品的行为则独立于设链行为。因此，只有原网站的管理者能够控制（向公众）提供受保护作品的行为，仅仅提供对内容的链接并不等于将其向公众提供。[④]

西班牙马德里地方法院在 2007 年判决的“Sharemula 案”中，也采用了“服务器标准”。此案中，Sharemula 网站一方面向用户提供 P2P 软件 emule（中国用户熟悉的“电骡”软件），另一方面设置了大量指向电影、软件等作品的链接，供其 P2P 软件用户点击后下载，但网站自身不存储任何作品。西班牙《刑法》第 270 条规定：以营利为目的，未经权利人

---

① GS Media BV v. Sanoma Media Netherlands BV，Case C-160/15（2016），opinion of Advocate General Wathelet delivered on 7 April 2016，paras. 23，26.

② Directorate General for Internal Market and Services of the European Commission，“Report on the Responses to the Public Consultation on the Review of the EU Copyright Rules”，p. 19.

③ GS Media BV v. Sanoma Media Netherlands BV，Case C-160/15（2016），opinion of Advocate General Wathelet delivered on 7 April 2016，paras. 54，60，79. 但欧盟法院在该案判决中并未接受这一意见。GS Media BV v. Sanoma Media Netherlands BV，Case C-160/15（2016），para. 12.

④ Henning Grosse Ruse，Copyright Aspects of Hyperlinking（IST Project 1999 - 12278，Electronic Commerce Legal Issues Platform Ⅱ），pp. 1，2.

许可，复制、抄袭、发行或向公众传播文学、艺术或科学作品等，构成刑事犯罪。微软公司等以 Sharemula 网站的经营者"以营利为目的向公众传播作品"为由，提起刑事诉讼。法院认定：Sharemula 网站并没有直接实施未经许可向公众传播作品的行为，因为其没有在服务器上存储作品的复制件，而且用户也不是从其网站中下载作品的。虽然 Sharemula 网站提供经过选择或编辑的链接及相关信息，以及提供 P2P 软件可能构成间接侵权，但这种帮助本身不构成对作品的传播。①

由此可见，当被链作品在其服务器中处于自由传播的状态时，任何获得该作品的请求都会得到服务器的回应，从而触发传输过程，"深层链接"只是为用户提供了从同一"传播源"获得作品的不同途径，并不会使作品从不能为公众获得的状态转变成可为公众获得的状态。由于"深层链接"利用的仍然是原始的"传播源"，没有形成新的"传播源"，因此设置"深层链接"并不构成"向公众传播"。

（二）规避技术措施并设置深层链接

在许多情形下，特别是向用户收费的情况下，网络经营者在将服务器中存储的作品设定为传播状态的同时，会采用技术措施以确保只有输入正确的用户名和密码，或以其他方式验证了身份的用户（以下统称为"注册用户"），才能在线欣赏或下载作品。在技术措施本身有效的情况下，该作品的真实网络地址常会被隐藏起来，搜索引擎搜索不到，注册用户在线欣赏或下载该作品时也无法用常规手段找出，因此他人也无从提供直接指向该作品的"深层链接"。

所谓"道高一尺，魔高一丈"，任何技术手段都可能被规避。如果有人破解了验证用户身份的技术措施，自然可以找出作品的真实网址并设置"深层链接"，非注册用户点击该链接后，就可以避开验证用户身份的程序，在线欣赏或下载作品。此时"深层链接"起到的作用，就是使用户避开技术措施，从而获得作品。

设置此类"深层链接"在表面上似乎实现了"使公众获得作品"，属于受信息网络传播权规制的交互式传播行为。欧盟法院在"斯文森案"中认为，如果进行初始传播的网站采取了限制公众访问作品的措施，将能够获得该作品的受众限于该网站的注册用户，而"深层链接"能使用户规避

① Microsoft v. Sharemula. com，1089/2006 28，Court of Instruction n. 4 of Madrid (September 2007).

该限制措施，则设置该“深层链接”就必须得到权利人的授权。① 该观点也是基于点击此类“深层链接”的用户原本无法直接获得作品的现实。德国联邦最高法院和部分欧洲学者也认为，设置能够避开技术措施的“深层链接”构成传播行为。②

上述结论忽视了一个重要的事实，即只要被链接作品已在其所在服务器中传播，“传播源”就已经存在。用户可以完成注册和登录程序，从该“传播源”获得作品。如果用户选择点击“深层链接”，仍然是从同一“传播源”获得作品，只是省去了注册和登录过程（当然，还可能避免了付费）。他人规避技术措施并设置“深层链接”的行为，当然违反了著作权法中有关禁止直接规避技术措施和提供规避服务的规定（下文对此有分析）。但设置“深层链接”并没有形成有别于原始“传播源”的新“传播源”，作品仍然是从原始“传播源”中传输出去的，“深层链接”所在的服务器并不是作品的“传播源”，传输过程也与该服务器无关。这与进入餐厅等经营场所的公众打开里面的收音机、电视机欣赏正在播出的广播电视节目是完全不同的，因为经营场所内的公众在欣赏作品时，利用的是收音机、电视机这一新的“传播源”，作品是由该新“传播源”传出的。换言之，在设链行为没有形成另一“传播源”的情况下，被链网站是否采用技术措施限制未注册用户或未付费用户获取相关作品，与传播行为的构成要件无关，在认定设链行为是否属于传播行为时，不应被纳入考虑范围。

前文在讨论对已自由传播的作品设置深层链接行为的性质时，曾将该“深层链接”比作魔法师的飞天扫帚，将被链作品所在的服务器比作人们可任意进入的美术馆，在此对于避开了技术措施的“深层链接”而言，它仍然像魔法师的飞天扫帚，只是此时的美术馆门口有验票员把守，只有持票参观者（注册用户）才能进入。这把飞天扫帚则能够载着参观者“穿越”美术馆外墙和各展馆的墙壁，直接落入展厅。飞天扫帚利用的仍然是美术馆对作品的公开展览。尽管它对美术馆造成了明显的损害，包括降低了美术馆的收入，误导了参观者对画作所在位置的认识，但并没有将画作搬出美术馆另行展览，展览行为还是由美术馆实施的。同样道理：对于一家设置了自动点唱设备并对外售票经营的卡拉 OK 厅，有人撬开锁闭的后

① Nils Svensson v. Retriever Sverige AB，Case C-466/129 (2014)，para. 31.

② Session-ID，BGH，29 April 2010，Case I ZR 39/08，paras. 27，30. P. Bernt Hugenholtz，Sam C. van Velze，“Communication to a New Public? Three Reasons why EU Copyright Law can Do without a ‘New Public’ ”，p. 13，at http：//ssrn. com/abstract=2811777.

门，在营业时间将客人带入包厢，谎称这是自己经营的卡拉 OK 厅，供其使用点唱设备进行娱乐。于此情形此人也没有实施新的传播行为，因为只要卡拉 OK 厅营业，所有包厢内的点唱设备都是对公众开放的，其中所有的歌曲也自然处于为公众所获得（点唱）的状态。引路者利用的仍然是卡拉 OK 厅对作品的公开传播，他并没有创造新的“传播源”。

依据“传播源”理论，设置用于避开技术措施的“深层链接”除了构成违反禁止提供规避技术措施的手段的规定之外，也并非完全不可能同时构成受信息网络传播权规制的交互式传播行为。将作品上传至向公众开放的网络服务器使公众获得，当然属于典型的受信息网络传播权规制的交互式传播行为。除此之外，还可通过其他方式使作品在服务器中从不能为公众获得的状态变成可为公众获得的状态。对于在他人控制的服务器中存储，但因受技术措施的限制并未处于向公众传播的状态的作品而言，因其没有被置于“向公众开放的”网络服务器中（如视频分享网站中用户上传后尚在审核期内的视频），故其与存储在尚未联网的计算机中的作品无异。在这种情况下，存储相关作品的服务器并不是向公众传播该作品的“传播源”。在破解技术措施后对该作品设置具有避开技术措施效果的“深层链接”，相当于将作品“置于向公众开放的网络服务器中”传播，也类似于前文所述日本《著作权法》规定的第三类“交互式传播行为”，即将存有作品的“传输服务器”与供公众使用的电信网络进行连接。该行为形成了“传播源”，构成“信息网络传播行为”。仍以卡拉 OK 厅举例：假设某卡拉 OK 厅尚未对外营业，有人撬开了门锁，将客人带入包厢使用点唱设备，其行为会使尚未处于公开传播状态的歌曲开始向公众传播，“传播源”由此形成。

由此可见，即使是在破解技术措施之后设置“深层链接”，对其定性也不能一概而论。只有当该行为将作品从原先不能为公众获得的状态转变成可为公众获得的状态，即形成了“传播源”时，该行为才可能构成受信息网络传播权规制的交互式传播行为。

五、对设置“深层链接”的法律规制

无论对设置“深层链接”行为的定性存在何种争议，有一点是十分清楚的，即某些以“深层链接”为基础的行为和商业模式（如某些“视频聚合”服务）损人利己，导致了严重的利益失衡。① 问题在于：既然多数情况下设置“深层链接”并不构成受信息网络传播权规制的交互式传播行为，那么对此类行为应如何合理地进行规制？

---

① 杨勇．深度链接的法律规制探究．中国版权，2015（1）：54－56.

对此首先需要指出的是，如果链接设置者意图“搭便车”，利用“深层链接”不当攫取被链网站的利益，造成作品来源混淆，完全可适用《反不正当竞争法》对其行为进行规制。[①] 当然，反不正当竞争行为具有个案认定的特征，并非任何未经许可设置“深层链接”的行为均构成违法。但在个案中根据链接设置者的主观恶意和行为的不正当性认定不正当竞争[②]，恰恰可以适应“深层链接”的复杂性，为正当的行为与合理的商业模式留下空间。

当然，这并不意味着《著作权法》不能对设置“深层链接”的行为进行规制，如果被链接作品在其网站中未经许可传播，那么设置链接的行为就可能在设置者有过错时构成间接侵权，对此前文已作论述。与此同时，随着越来越多的网站通过支付不菲的许可使用费来获得对作品的传播许可，其经营者当然希望通过向用户收费或让用户浏览广告获得回报，因此其经营者倾向于采取技术措施，以确保只有在该网站注册或付费的用户才能在线欣赏或下载作品，并防止他人对以媒体格式文件形式存在的作品设置“深层链接”。如果他人破解该技术措施后设置“深层链接”，使用户在点击后可以直接获得作品，则可以适用《著作权法》中保护技术措施的条款规制此类行为。

（一）依据保护技术措施的规定进行规制的合理性

规避网站采用的技术措施并对其中的作品设置“深层链接”会导致公众在未注册或未付费的情况下获取相关作品，同样损害了作品权利人和被许可人的利益（存储作品的网站多为被许可人），理应受到规制。这正如电影院在放映电影时，有人撬开了上锁的边门，带领未购买电影票的人入场观影，利用的是电影院的初始“传播源”（电影播放设施），没有形成另一“传播源”，因此不构成传播行为，但这种明显损害电影院正当利益的行为当然应当被制止。

根据公认的分类方法，受著作权法保护的技术措施可分为两类：第一类是防止未经许可阅读、欣赏文学艺术作品或运行计算机软件（防止未经

① 北京市高级人民法院《关于审理涉及网络环境下著作权纠纷案件若干问题的指导意见》体现了这一思路，其第 7 条规定：提供搜索、链接服务的网络服务提供者所提供服务的形式使用户误认为系其提供作品、表演、录音录像制品，被链网站经营者主张其构成侵权的，可以依据反不正当竞争法予以调整。美国法院则在涉及“加框链接”的“谷歌缩略图案”中指出：“与商标法不同，版权法并不帮助版权人制止导致消费者混淆的行为”。Perfect 10 v. Google，508 F. 3d 1146，1160（9th Cir.，2007）.

② 奥地利联邦最高法院曾认定一种设置“深层链接”的行为构成不正当竞争，而且适用的是《反不正当竞争法》第 1 条（原则性条款）。OGH 19. 12. 2000，4 Ob 225/00t.

许可“接触”作品)，简称“接触控制措施”。第二类是防止未经许可以复制、传播等方式利用作品（也即阻止侵权行为)，简称“版权保护措施”①。我国《著作权法》将受保护的“技术措施”定义为“用于防止、限制未经权利人许可浏览、欣赏作品、表演、录音录像制品或者通过信息网络向公众提供作品、表演、录音录像制品的有效技术、装置或者部件”②。其中“用于防止、限制未经权利人许可浏览、欣赏作品……的有效技术、装置或者部件”明显是指“接触控制措施”，而“用于防止、限制未经权利人许可……向公众提供作品”的技术措施则属于“版权保护措施”③。

那些确保只有注册用户在完成对用户名和密码等身份验证后才能在线浏览、欣赏作品的技术措施起到了“防止、限制未经权利人许可浏览、欣赏作品”的作用，当然属于“接触控制措施”。一些经营者对作品的媒体格式文件或其获取机制进行加密处理，并在自己提供的应用程序中嵌入“密钥”，以实现用户只有使用该应用程序时才能正常浏览、欣赏作品。这种技术措施类似于电影DVD中的“内容扰乱系统”，该系统会对电影内容通过“扰乱”的方式进行加密。只有使用经许可制造并安装了“密钥”的DVD播放器或光驱，才能在播放DVD时将被“扰乱”的内容复原。④此类技术措施仍然属于“接触控制措施”。此外，经营者并不限制用户浏览、欣赏其网站中的作品，但用技术手段防止对作品媒体格式文件的下载，其采取的就是“版权保护措施”。

上述技术措施只要由著作权人或被许可人所采取，用于防止著作权侵犯行为或保护权利人在著作权法中的正当利益，即从公众对作品的利用中

---

① 美国《版权法》明确采取了该分类［17 U.S.C. 1201 (a)(2), (b)］。因“版权保护措施”控制的是以复制、传播等方式对作品的使用，故其也被称为“使用控制措施”［郭禾．规避技术措施行为的法律属性辨析．电子知识产权，2004 (10)：12］。

② 《著作权法》第49条第3款。

③ 《著作权法》之所以只规定了保护信息网络传播权的技术措施，而没有涉及保护复制权等其他专有权利的技术措施，是因为《著作权法》在2020年修改时增加的技术措施的定义是逐字逐句照搬自《信息网络传播权保护条例》第26条第2款，而《信息网络传播权保护条例》作为授权立法，只能就信息网络传播权的保护作出规定。但这并不意味着保护其他专有权利的技术措施不能受到《著作权法》的保护。如果认为《著作权法》对技术措施的定义排斥了用于保护复制权等其他专有权利的技术措施，就会导致我国违反《世界知识产权组织版权条约》和《世界知识产权组织表演和录音制品条约》中关于保护技术措施的规定，这显然是不可取的解释。

④ RealNetworks v. DVD Copy Control Association，641 F. Supp. 2d 913，918 (N. D. Cal.，2009).

获得报酬[①]，而且无法被普通用户轻易规避，就属于“有效”技术措施[②]，就应当受到著作权法的保护。他人如要设置“深层链接”，使用户能够通过链接浏览、欣赏或下载作品，就必须破解这些技术措施。破解技术措施和设置能够避开技术措施的“深层链接”[③]，均属于受法律禁止的行为。[④]此时著作权人和被许可人当然可以追究设链者的法律责任，包括要求其赔偿损失[⑤]；对于同时损害公共利益的行为，还可依法进行行政处罚。[⑥] 设链者如果规避技术措施并提供规避手段（设置“深层链接”）以营利为目的，情节严重，还可能被追究刑事责任。[⑦]

如果认为设置具有避开技术措施效果的“深层链接”构成受信息网络传播权规制的交互式传播行为，就意味着当普通用户对他人设置的“深层链接”进行转发时，其行为相当于转载作品，只要未经许可就构成直接侵权，无须考虑其是否有过错或有营利目的。此时很难找到使其免责的法律依据。相反，如果不认为该行为属于受信息网络传播权规制的交互式传播行为，而是适用保护技术措施的规定，结果就会较为合理，因为相关的违法行为是指未经许可“故意避开或者破坏”技术措施，包括“故意”向他人提供规避手段。[⑧] 这就意味着普通用户转发已在网络中传播的“深层链接”，通常情况下并不构成规避技术措施的违法行为，因为普通用户并无

① 王迁．版权法保护技术措施的正当性．法学研究，2011（4）：100－101.

② 《信息网络传播权保护条例》第 26 条第 2 款将受保护的“技术措施”限定为“……有效技术、装置或者部件”。据此，根本无法发挥保护作用、可轻易被用户以常规操作手段规避的技术措施，不能受到法律保护。

③ 《信息网络传播权保护条例》的参与制定者指出：“避开是指绕过技术措施，使得技术措施对自己失去效用……”（张建华．信息网络传播权保护条例释义．北京：中国法制出版社，2006：16.）

④ 根据《信息网络传播权保护条例》第 4 条的规定，直接规避技术措施（故意避开或者破坏技术措施）和提供规避手段（故意……向公众提供主要用于避开或者破坏技术措施的装置或者部件……故意为他人避开或者破坏技术措施提供技术服务）均属于受禁止的行为。

⑤ 《著作权法》没有明确规定如何计算规避技术措施造成的损失，但民法中有关损害赔偿的一般原则应可适用于此。国外立法也印证了这一点，如美国《版权法》规定，违反禁止规避技术措施规定者应承担赔偿责任，权利人可就实际损失及违法者的额外获利请求赔偿，或者选择请求获得法定赔偿，法定赔偿的计算方法为：对于每次规避行为，每次规避服务或每一规避设备，视情况赔偿 200 美元至 2 500 美元。17 U. S. C. 1203（c）.

⑥ 《著作权法》第 53 条第 7 项，《信息网络传播权保护条例》第 18 条第 2 项、第 19 条第 1 项。

⑦ 《刑法》第 217 条规定：“以营利为目的，有下列侵犯著作权或者与著作权有关的权利的情形之一，违法所得数额较大或者有其他严重情节的，处三年以下有期徒刑，并处或者单处罚金；违法所得数额巨大或者有其他特别严重情节的，处三年以上十年以下有期徒刑，并处罚金：……（六）未经著作权人或者与著作权有关的权利人许可，故意避开或者破坏权利人为其作品、录音录像制品等采取的保护著作权或者与著作权有关的权利的技术措施的。”

⑧ 参见《著作权法》第 53 条第 6 项，《信息网络传播权保护条例》第 4 条。

法律义务和技术能力查明该链接是否用于规避技术措施，很难认定其“故意”提供规避手段。这样一来，对于设置“深层链接”的行为，就可以区分情况进行合理的规制，避免一概将其认定为侵权行为而导致过于严苛的法律后果。

上述规制方法还可以同时向权利人和链接设置者传递明确的信息。一方面，权利人可以采取技术措施，以确保用户进行注册、登录或使用含有密钥的应用程序，并从用户的付费或对广告的浏览中取得正当收益。另一方面，链接设置者不能规避技术措施，否则将招致与侵害信息网络传播权后果类似的法律责任。有一种观点认为，通过保护技术措施的规定来规制“深层链接”，会导致对著作权人之利益的损害，因为“著作权人在许可网站通过网络传播作品之前，或者作品从授权网站流向非授权网站之后，均没有机会表达自己反对加框链接的意思”①。笔者认为，在法律规则清楚、明确的情况下，著作权人会基于维护自身利益的考虑，视情况选择是否要求被许可网站采用技术措施。对于有较大商业价值的作品而言，在“聚合”模式已为权利人所普遍知悉的情况下，理性的权利人会要求被许可人采取技术措施。至于对未经许可传播的作品设置“深层链接”的情形，完全可以根据间接侵权规则加以应对。

在司法实务中，已有法院正确地将破解视频网站中的技术措施后设置“深层链接”的行为与信息网络传播行为进行了区分。在涉及“视频聚合”的“深圳市腾讯计算机系统有限公司诉北京易联伟达科技有限公司案”中，腾讯公司指称被告对其视频网站中的影视剧设置“深层链接”，侵犯了其信息网络传播权。北京知识产权法院在否定被告的行为侵犯信息网络传播权的同时，明确指出：

> 虽然被上诉人（腾讯公司——引者注）在一审起诉理由中曾提及上诉人系在破坏技术措施的情况下设置了针对被链接网站的深层链接，但因其并未单独针对破坏技术措施行为提出侵权诉请，而仅是认为其在破坏技术措施的情况下设置深层链接的行为属于侵害著作权法第十条第（十二）项信息网络传播权这一专有权利的行为，故对于上诉人破坏技术措施行为本身是否侵害其权利，本案不予审理，被上诉人可另行选择救济方式。②

法院的判决已经向权利人发出了明确的信号：在涉及“视频聚合”的

---

① 崔国斌．加框链接的著作权法规制．政治与法律，2014（5）：82.

② 北京知识产权法院（2016）京73民终143号民事判决书。

纠纷中，视频网站单独针对规避技术措施的行为提出侵权诉讼请求，是可能获得法院支持的。在“飞狐信息技术（天津）有限公司诉深圳市迅雷网络技术有限公司案”中，法院一方面指出，被告对涉案影视剧设置“深层链接”的行为不属于直接提供作品，不构成直接侵权，同时也因被链接的影视剧在原告的网站中的传播已取得合法授权，设置“深层链接”的行为也不构成间接侵权；另一方面认定：被告故意避开或者破坏原告为涉案作品采取的保护信息网络传播权的技术措施，应承担赔偿责任。① 这一判决结果是笔者所赞同的。

在“腾讯诉真彩多媒体案”中，法院对侵犯信息网络传播权与规避技术措施的区分，以及认定规避技术措施的举证责任作出了合理合法的判断。在该案中，视频网站经营者腾讯公司认为“聚合平台”经营者的真彩公司既破坏了其技术措施，又侵害了其信息网络传播权。对此，法院指出：

> 破坏技术措施的行为与侵犯信息网络传播权的行为是两类不同性质的侵权行为，即使上诉人（原审被告——引者注）通过破坏技术的方式设置链接，（由）破坏技术措施行为的存在并不能够当然得出侵犯信息网络传播权的结论。在上诉人未实施将涉案作品置于（向）公众开放的服务器中的行为的情况下，其虽然实施了破坏技术措施的行为，但仍然不构成对涉案作品信息网络传播权的直接侵犯。②

该论述清楚地区分了两种不同性质的行为，也纠正了此前司法实践中的偏差。③ 诚然，在某些情况下规避技术措施是侵犯信息网络传播权的手段，如对于他人通过技术措施仅限于内部访问的作品，在破坏技术措施之后使之可被公众所获得，此时权利人仅追究此人侵犯信息网络传播权的责任就足以保护自己的利益，但在该案中，涉案影视剧本身就已在视频网站服务器上向公众传播，设链行为本身并没有创造新的“传播源”、形成新的传播行为，并不属于对信息网络传播权的侵犯。此时破坏技术措施就会导致独立的法律后果。

（二）著作权人和非专有被许可人的诉权

在不少纠纷中，有人破解了被许可人在其网站中对作品采取的技术措

---

① 参见广东省深圳市中级人民法院（2016）粤 03 民终 4741 号民事判决书。

② 上海知识产权法院（2018）沪 73 民终 319 号民事判决书。

③ 此前有法院认为，设置深层链接构成“对信息网络传播权的专有控制权的直接侵犯，其行为属于未经许可的作品再提供”。广东省深圳市中级人民法院（2018）粤 03 民终 8807 号民事判决书，广东省深圳市南山区人民法院（2015）深南法知民初字第 498 号民事判决书。

施并设置了"深层链接"，著作权人对其提起诉讼。[①] 问题在于：在设置"深层链接"不构成信息网络传播行为的情况下，没有直接对作品采取技术措施的著作权人是否享有诉权？

对此问题的回答应当是肯定的。著作权法对专有权利和技术措施采取了不同的保护机制，设置技术措施本身不是一项与信息网络传播权等并列的专有权利[②]，技术措施也只是权利人用于实施自力保护的手段。其中"接触控制措施"针对的并不是侵犯著作权的行为，而是未经许可阅读、欣赏作品等"接触"行为。这些行为本身不构成侵权，因为著作权法中并无所谓"阅读权""欣赏权"等可被称为"接触权"的权利。只是这些行为损害了权利人在著作权法中的正当利益[③]，如阅读盗版电子书会降低权利人的合法收入，因此权利人可以采取"接触控制措施"加以预防。正是因为技术措施针对的并不一定是侵犯著作权的行为，规避技术措施本身也不是对著作权的直接侵犯，在多数情况下也不构成间接侵权。[④]

正是由于规避技术措施并不是著作权法中的"侵权行为"，在以规避技术措施为诉因的诉讼中，诉权的行使无须遵循著作权侵权诉讼的相关规定，其中最典型的表现，就是非专有被许可人无须获得著作权人的许可，就可以对规避技术措施的行为提起诉讼。如某网站获得了一部电影的信息网络传播权的非专有许可，其可以采取技术措施确保只有付费用户才能在线欣赏该部电影，也当然有权起诉他人规避该技术措施的行为。同样道理，他人规避"接触控制措施"的直接后果并不是对复制权等专有权利的侵犯，而是可能导致权利人的合法利益受损。此时即使技术措施是由被许可人采用的，著作权人也享有诉权。

---

① 北京市海淀区人民法院（2015）海民（知）初字第40920号民事判决书。

② 《著作权法》第49条第1款规定："为保护著作权和与著作权有关的权利，权利人可以采取技术措施。"但该条并不能被解读为创设了属于专有权利的"设置技术措施权"，因为是否设置技术措施，是权利人的自由，属于"法无禁止皆可行"的范围。

③ 北京市高级人民法院《关于审理涉及网络环境下著作权纠纷案件若干问题的指导意见（一）》第32条指出，《信息网络传播权保护条例》第26条规定的技术措施是指为保护权利人在著作权法上的正当利益而采取的技术措施。

④ 王迁．论提供规避技术措施的手段的法律性质．法学，2014（10）：42-45.《著作权法》第53条第6项将规避技术措施作为与侵犯复制权等专有权利的行为并列的"侵权行为"并不合适，在国际上也没有类似立法例。2014年由当时的国务院法制办公室公布的《著作权法修改草案》（国务院法制办公室公开征求意见稿）对此的规定更为合理，其第77条列举了侵害复制权等专有权利的行为，用语是"下列侵权行为"，其中并不包括规避技术措施的行为；第78条则将直接规避技术措施和提供规避手段规定为"违法行为"。这说明当时的起草者意识到了规避技术措施并不是侵害著作权专有权利的行为。遗憾的是，2020年《著作权法》没有采用这一正确的做法。

虽然我国立法对此未作出明确规定，但国外立法与司法实践可供借鉴。英国《版权法》规定，对于受技术措施保护的作品，向公众传播者或其复制件发行者可对技术措施的规避者提起诉讼，如果版权人或其专有被许可人不是上述传播者或发行者，也有权提起诉讼。① 可见该法明确赋予了版权人自己提起规避技术措施之诉的权利，而无论技术措施是否由他本人采取。美国《版权法》也规定，任何因他人违反保护技术措施的规定而受损害的人，都可以在适合的美国联邦地区法院就该违法行为提起民事诉讼。② 其中“任何……受损害的人”当然包括版权人本人。加拿大、新加坡等国家的法律笼统地规定，版权人对规避技术措施的行为享有诉权。③

如果有人破解了被许可人采取的技术措施，并相应地设置“深层链接”，则该行为一方面对被链网站造成了影响，如使其无法向用户收取费用或向其展示广告；另一方面还可能损害著作权人的利益，如其从被许可人处获得的分成由此降低，以及他人获得许可的意愿由此下降。在这种情况下，著作权人对此种规避技术措施的行为理应享有诉权。

（三）规避技术措施侵权诉讼的举证责任

在实务中，一些视频网站担心无法举证证明对方规避技术措施。笔者认为，“谁主张，谁举证”并不意味着在提出主张的一方尽力提供了证据之后，法院不能从已有证据中推定事实；更不意味着对举证责任的要求，严苛到了除使用商业间谍等非常规手段之外，没有人能够履行的程度。

笔者认为，权利人只要证明无法利用搜索引擎等通用工具找到涉案作品的真实网络地址并提供“深层链接”供用户点击后获得作品，就尽到了有关自己采取了有效技术措施而他人规避了该技术措施的举证责任。被控规避技术措施者则必须证明，可以使用通用工具轻易找到作品的真实网络地址并提供可用的链接。以视频网站起诉“聚合平台”为例：视频网站当然需要证明自己采用了有效技术措施，要履行这一举证责任并不困难。例如，作为原告的视频网站可以向法院说明并演示，使用搜索引擎等通用工具并不能找出涉案影视剧的绝对地址和相应链接，而点击“聚合平台”中的“深层链接”就可以直接欣赏影视剧。此时的举证责任就应转移至“聚合平台”，其应当对自己的链接如何能使用户绕开技术措施作出合理解释。换言之，此时应由“聚合平台”证明自己没有规避有效技术措施并提供规避手段，如向法院演示，使用搜索引擎等普通用户掌握的通用工具就可以

① (UK) Copyright, Designs and Patents Act, Section 296ZA (3).

② 17 U. S. C. 1203 (a).

③ (Singapore) Copyright Act, 261C (2); (Canada) Copyright Act, Section 41.1 (2).

获得指向视频网站中的影视剧的“深层链接”。如果“聚合平台”举证不能，法院自然可以认定其故意规避了该有效技术措施，其向用户提供的“深层链接”就相当于私自配置的开锁钥匙，属于规避手段。

这一举证责任分配机制，对于权利人举证而言简便易行；对那些将“深层链接”作为其商业模式的经营者而言，要求其保留被链网站未采取有效技术措施的证据，也并不苛刻。这样的保护机制，不会给权利人造成实质性损害，同时更有利于利益平衡。在前文所述的“腾讯诉真彩多媒体案”中，腾讯公司提交了鉴定意见，证明自己对涉案影视剧采用了技术措施。法院对此予以采纳，认可“腾讯公司对涉案作品采取了技术保护措施”，“以控制未经许可接触涉案作品”。而真彩公司无法向法院展示其使用何种技术手段绕开腾讯公司的加密措施，使用户通过其提供的软件及“深层链接”直接播放涉案影视剧。法院因此认定其故意避开或破坏腾讯公司为保护涉案作品而采取的技术措施，“应承担违反著作权法的责任”①。这正是合理运用证据规则，在原告已证明采用技术措施的情况下，推定被告故意规避技术措施的典型范例。在赔偿方面，法院根据涉案影视剧的知名度、许可使用费和真彩公司的主观过错程度等因素，判决定真彩公司应为其故意规避技术措施的违法行为承担赔偿 11 万元的损失的责任。这与因侵犯信息网络传播权而应向权利人承担的赔偿金在数额上并无二致。

由此可见，在权利人和法院正确认识著作权法中的保护技术措施的意义，以及法院合理运用证据规则的情况下，著作权法对技术措施的保护可以成为权利人维护自身合法权益的有力武器，也是减少分歧、凝聚共识的有效途径。

“对于每一个复杂的问题，都有一个明确、简单和错误的答案”。用 H. L. 门肯这句被广为引用的名言概括围绕着设置“深层链接”的定性之争再合适不过了。“深层链接”的复杂性在于，它既能被用于严重损害著作权人及其被许可人的利益的商业模式，也可成为互联网世界中，特别是媒体融合时代正常活动的组成部分。在技术上，甚至无法用一个词语对那些公认需要打击的行为进行界定，无论这个词汇是“深层链接”（因为多数人不反对指向次级网页但能发生网页跳转的“深层链接”）、“加框链接”（因为许多受到强烈反对的、指向媒体格式文件的链接并不属于“加框链接”），还是“聚合服务”（因为前文提及的教师在教学网站中列出指

① 上海市杨浦区人民法院（2017）沪 0110 民初 21339 号民事判决书。

向论文 word 文件的链接集合，也是“聚合服务”）。将设置“深层链接”的行为定性为受信息网络传播权规制的交互式传播行为，固然提升了对权利人的保护水平，但不可避免地会产生误伤。适用“传播源”理论，把那些对他人网站中自由传播的作品设置“深层链接”的行为排除在信息网络传播行为之外，同时将其中明显违反商业道德、损害竞争秩序的行为认定为不正当竞争，并适用禁止规避技术措施的规定，打击那些规避技术措施并设置相应“深层链接”的行为，虽然略显复杂，却能实现对不当行为的精准打击，并为正当行为及合理的商业模式留出空间。对复杂问题的复杂回应，是在复杂的网络世界中无可回避的艰难选择。

第四节　复制权与信息网络传播权的关系

从表面上看，复制权和信息网络传播权是互不相关的，前者自著作权法诞生之时就出现了[①]，后者则是随着网络的发展才被创设的。[②] 然而，实际情况并非如此简单。这是因为大多数通过网络对作品进行交互式传播的行为，都需要将作品上传至网络服务器存储，而该行为构成复制。这就意味着多数侵犯信息网络传播权的行为必然侵犯复制权，那么适用复制权不就可以规制此类行为了吗？规定信息网络传播权的意义又在哪里呢？在《著作权法》同时规定了复制权和信息网络传播权的情况下，两者的关系又如何协调？如果某网站仅取得了信息网络传播权的许可，没有获得复制权的许可，其将作品上传至网络服务器进行交互式传播的行为，是否会导致对复制权的侵犯？这些问题都需要探讨。

一、相关行为构成的差异

本书第二章第一节在讨论复制行为的构成时曾提及，将作品固定在物质载体之上的行为属于复制，至于固定的具体方式及手段则在所不问。在网络环境中这一基本原理仍然适用：将作品上传至网络服务器存储当然构成复制行为，因为这将导致作品被固定在网络服务器的硬盘中形成作品的

① 现代意义上第一部版权法——英国的《安娜女王法》即规定：作者独占享有印刷书籍的权利。See 8 Anne C. 19（1710）. 其中的“独占……权利”（sole right）与“专有权利”（exclusive right）同义。而“印刷”（print）就是最典型的复制行为。我国于 1990 年颁布的《著作权法》第 10 条也规定了复制权。

② 1996 年缔结的《世界知识产权组织版权条约》首次为作者统一规定了信息传播权（条约称“向公众提供权”，参见《世界知识产权组织版权条约》第 8 条后半句）。我国于 2001 年修改《著作权法》时，增加了信息网络传播权（参见 2001 年《著作权法》第 10 条第 1 款第 12 项）。

复制件。我国法院也曾认定未经许可上传他人作品侵犯复制权。如早在2000年判决的“《大学生》杂志社诉京讯公司、李翔案”中，被告未经许可将《大学生》杂志的内容上传到网站中。当时《著作权法》尚未规定信息网络传播权。法院认定：“将他人作品上载的行为亦属于对他人作品的复制”，从而构成对原告的复制权的侵犯。[①] 同时，如本章第二节所述，多数受信息网络传播权规制的交互式传播行为都需要先将作品上传至网络服务器中。换言之，在多数情况下复制作品是对作品进行交互式传播的步骤之一。但这并不意味着受信息网络传播权规制的交互式传播行为与复制行为别无二致，更不意味着复制权可以代替信息网络传播权。

对于受信息网络传播权规制的交互式传播行为的构成，本章第二节已有详细分析，此处不赘述。信息网络传播权规制的交互式传播行为必须面向公众“提供”作品，也就是使作品处于被公众获得的状态。因此，将作品上传至尚未向公众开放的网络服务器，只构成复制行为，并不构成受信息网络传播权规制的交互式传播行为。例如，某人将作品上传至其拥有账号的网盘中存储，尽管也将作品传到了网络服务器中，但由于该网盘并不向公众开放，故该行为只是复制而非传播。由此可见，虽然多数受信息网络传播权规制的交互式传播行为涉及对作品的复制，但实施这两种行为的目的和效果并不相同：复制行为的效果是形成作品的复制件，至于是否以某种方式使公众获取该复制件，或者是否以某种方式使公众获取其中的作品，在所不问。受信息网络传播权规制的交互式传播行为意在使公众在其选定的时间和地点获得作品，将作品上传至服务器中存储仅是传播过程中的一个步骤，并不是传播行为的目的。

与此同时，在某些情况下对作品的交互式传播行为并不涉及对作品的复制。前文介绍的日本《著作权法》对“交互式传播”的界定清楚地揭示了日本《著作权法》中的复制权和“交互式传播权”（我国《著作权法》中的信息网络传播权）之间的区别。例如，视频网站的经营者如欲通过网络向公众提供一部电影的点播服务，既可以将这部电影上传至服务器的硬盘中，也可以将载有电影的那张DVD放置在服务器的光驱中。在后一种情况下，在用户点击网页中的电影名称（背后是指向光驱路径的站内链接）之后，服务器将直接从光盘中调取数据，并通过网络传送至用户的计算机。对于视频网站的经营者而言，将光盘置于光驱中的行为当然不是“复制”，而服务器从光盘中调取数据的过程仅涉及在内存中的“临时复

---

① 北京市第二中级人民法院（2000）二中知初字第18号民事判决书。

制”。如本书第二章第四节所述，“临时复制”并非著作权法意义上的复制行为，并不受复制权的控制。因此，视频网站的经营者的上述行为可以实现对电影作品的交互式传播，但并不涉及对电影作品的复制。

再如，电影作品权利人自己动手将电影文件复制到硬盘中，再把硬盘交给视频网站的经营者装入服务器之中，以提供电影点播服务。在这种情况下，实施复制行为的是权利人而非视频网站的经营者。但将硬盘装入服务器中，再通过对系统的设置和与网络的连接，对电影作品实施交互式网络传播行为的则是视频网站的经营者。由此可见，在网络服务器已经联网并运行，能够向公众提供交互式传输服务的情况下，直接将作品上传至服务器中，或将事先存有作品的存储器（如硬盘或光盘等）置于服务器中，导致公众可以通过交互式手段获得作品的，都构成交互式传播。其中事先将作品存储于网络服务器中的，并不一定是网站经营者。这充分说明复制行为与信息网络传播行为是可以分开的。如果《著作权法》只规定了复制权而未规定信息网络传播权，则权利人在控制不涉及复制的交互式传播行为时就会遇到困难。

目前，世界上许多国家的著作权立法中同时规定了复制权和“向公众提供权”（我国《著作权法》中信息网络传播权），这说明复制权和信息网络传播权并不重合，也印证了复制权和信息网络传播权的区别所在：前者控制的是单纯的复制行为，而后者控制的是上传等提供行为，其导致作品处于可为公众在其选定的时间和地点获得的状态。

二、侵权救济方式的区别

正是由于复制权与信息网络传播权并不重合，实施复制行为和交互式传播行为的目的与效果各不相同，对于侵犯复制权和信息网络传播权的行为，《著作权法》规定的救济方式也存在重大差异。权利人如果希望通过提起侵犯复制权之诉实现对侵犯信息网络传播权的救济，其目标不可能实现。

（一）停止侵权责任的适用

对作品的复制使作品被固定在物质载体上，从而形成作品的复制件。复制件一旦产生，一次特定的复制行为也就实施完成了。对作品的再次复制需要实施新的复制行为。例如，某复印店将一部小说复印了 10 册，其实施的并不是一次复制行为，而是 10 次复制行为。且第 10 册复印完成后，第 10 次复制行为也就结束了。如果小说作者起诉复印店侵犯其复制权，且法院认定侵权成立，能否要求复印店“停止侵权”呢？回答自然是否定的，因为“停止侵权”的法律责任只能适用于正在实施的侵权行为，而复印店未经许可复制作品的侵权行为已经实施完毕，又如何停止呢？对于侵犯复制权的行为，只有在使用印刷设备连续复制且在诉讼时仍在继续的情况下，才有“停止侵权”的可能。

当某人未经许可将作品上传至向公众开放的网络服务器，提供作品的在线浏览和下载时，如果《著作权法》仅规定了复制权而没有规定信息网络传播权，或者权利人仅起诉此人侵犯其复制权，而没有起诉此人侵犯其信息网络传播权，则法院在认定被告侵犯复制权之后，并不能判决被告“停止侵权”。这同样是因为作品一旦被上传至网络服务器形成复制件，复制行为就自然实施完毕，并不处于持续状态。对于该项已经实施完成的侵犯复制权的行为，判决侵权人“停止侵权”是没有意义的。

与之形成对比的是，作为一项传播权，信息网络传播权针对的并不是将作品上传至网络服务器中产生复制件的复制行为，而是由此形成的使作品为公众以交互式手段所获得的状态。只要被上传的作品保留在向公众开放的服务器中供公众点击欣赏或下载，该作品就一直处于能够为公众获得的传播状态，侵犯信息网络传播权的行为就一直在持续。权利人对这种持续性的侵权行为才可能享有“停止侵权”的救济。

（二）侵权损害赔偿金额的计算

基于过错侵害著作财产权的行为会给权利人造成经济损失，侵权人应当承担赔偿损失的法律责任。如果就实施相关行为向权利人寻求许可，通常需要向权利人支付许可使用费。然而侵权行为使权利人丧失了本应获得的许可使用费，该许可使用费损失当然可以成为计算赔偿金的基础。2020年修改的《著作权法》也规定在侵权人在赔偿权利人的损失时，“可以参照该权利使用费给予赔偿”①。但是，对于侵害不同专有权利的行为，计算损害赔偿金额的具体方法也有所差异。实施复制行为的目的和效果在于制作作品的复制件，因此未经许可复制作品给权利人造成的损失体现在复制件本身的价值上，也就是权利人本应从许可复制件的制作中获得的报酬。

当某人未经许可将作品上传至向公众开放的网络服务器，提供作品的在线浏览和下载时，如果《著作权法》仅规定了复制权而没有规定信息网络传播权，或者权利人仅起诉此人侵犯其复制权，而没有起诉此人侵犯其信息网络传播权，则法院在认定被告侵犯复制权之后，在确定损害赔偿金时，只能以涉案作品一份复制件对权利人而言的价值（制作该复制件的许可使用费）为标准。因为单纯侵犯复制权的结果只是侵权复制件的产生，

① 《著作权法》第54条第1款。

所以权利人的损失也只能按侵权复制件的数量和价值来计算。至于这一份侵权复制件在网络端生成之后，该网站向公众开放了多长时间，以及有多少人曾点击该作品进行在线欣赏或下载，则在所不问。这正如某电影院未经许可制作了电影的拷贝并公开放映了100场，而电影权利人只起诉该电影院侵犯复制权而未起诉侵犯放映权，则法院只能以一份拷贝的价值（制作该拷贝的许可使用费）计算损害赔偿金，而不能考虑未经许可播放的场次。由于多数侵害著作权的行为都以未经许可复制作品为前提，所以如果在以侵犯复制权为由提起的侵权之诉中考虑对未经许可复制的作品进行后续利用的情况，将产生架空其他财产权的后果。

显然，对于未经许可将作品上传至网络服务器中进行交互式传播的行为，仅以侵害复制权的诉由计算损害赔偿金，对于权利人而言是非常不公平的，远不能补偿对权利人实际造成的损失。该项行为属于对作品的传播，复制作品只是实施传播过程中的一个环节，并不是实施该项行为的本质目的和效果。未经许可对作品进行交互式传播导致的损害，是由使作品处于能够为公众以交互式手段所获得的状态（处于持续性的传播状态）造成的，远大于单纯未经许可复制作品、形成一份侵权复制件造成的损害后果。

例如，未经许可将一部电影上传至一个视频分享网站进行交互式传播，虽然只形成了一份侵权复制件，却会导致无数人的反复点播或下载。仅以制作一份侵权复制件作为衡量损害后果的依据，并不能填平权利人实际遭受的损失。只有在规定了信息网络传播权并以侵害此项权利追究行为人的法律责任的情况下，才可能根据传播范围和传播持续的时间（作品在服务器中公开传播的时间）等因素综合计算侵权人应当向权利人支付的损害赔偿金数额。假设甲、乙两个网站都未经许可将同一部电影上传至其服务器中供用户在线点播和下载，甲网站将访问范围限制在我国境内，传播时间为3个月，乙网站则不限制访问范围，传播时间为1年，则甲、乙网站因未经许可对作品进行交互式传播而给电影作品权利人造成的损失是不同的。对于该侵犯信息网络传播权的行为，乙网站应当比甲网站向权利人支付更高数额的损害赔偿金。但甲、乙网站因未经许可对作品进行复制而给电影作品权利人造成的损失是相同的。仅就侵害复制权的行为而言，两网站向权利人支付的损害赔偿金数额应当是相同的。

由此可见，虽然将作品上传至网络服务器提供交互式传播，既构成复制行为，也是多数信息网络传播行为中的一个步骤，但复制行为与信息网络传播行为并不相同，复制权与信息网络传播权也不重合。仅借助复制权并不能在网络环境中合理地保护权利人的利益。

三、诉因的选择与被侵害权利的认定

上文的分析已经指出，当权利人发现他人未经许可将其作品上传至网络服务器中提供交互式传播时，为了使法院能够判决对方停止侵权并获得充分的损害赔偿，权利人应当提起侵犯信息网络传播权之诉。但是，此种未经许可上传作品的行为毕竟属于对作品的复制，而且明显不属于合理使用，故也构成了对复制权的侵权。如果权利人选择同时提起侵犯复制权之诉和侵犯信息网络传播权之诉，法院在裁判时应当如何处理呢？

笔者认为，被诉行为确实同时构成复制行为和信息网络传播行为（但如前文所述，并非所有的信息网络传播行为都涉及复制），同时侵犯了复制权和信息网络传播权，因此，当权利人同时以侵犯复制权和侵犯信息网络传播权为由起诉时，法院当然可以在认定被告的行为侵犯了信息网络传播权的同时，认定其侵犯复制权。只是在这种情况下，复制是信息网络传播的一个步骤，就是为了使作品能够处于为公众所获得的状态。未经许可复制本身给权利人造成的损害，可以认为已经完全被未经许可进行信息网络传播给权利人造成的损害所吸收。故此时无须单独认定侵犯复制权的法律责任并计算由此给权利人造成的损失。

四、对信息网络传播权许可合同与复制权之关系的解释

如前文所述，多数信息网络传播行为都涉及将作品上传至网络服务器中进行存储。在上传之前也可能需要对作品进行其他形式的复制，如对作品进行格式转换，将电影从光碟中拷贝至硬盘中，以及将音乐作品录制为录音制品等。但是，当权利人许可他人对作品进行信息网络传播时，许可合同通常只写入了对信息网络传播权的许可，并没有明确将对复制权的许可也纳入其中。待被许可人将作品上传至网络服务器中提供交互式传播时，如权利人认为被许可人超越许可范围实施复制行为，从而构成对复制权的侵害，应当如何为被许可人的行为定性呢？

在“音著协诉芝兰公司案”中，这一问题成为焦点。在该案中，被诉侵权人芝兰公司从中国音乐著作权协会（简称“音著协”）的代理人处获得了涉案音乐作品信息网络传播权的非专有许可，并将其制作为 Flash 动画，通过其经营的儿歌网站“贝瓦网”及客户端应用程序向用户提供在线试听及下载服务。音著协认为：复制权与信息网络传播权是两项权利，“其向芝兰公司授予涉案词曲作品信息网络传播权，芝兰公司仅能直接使用涉案词曲作品，可以将涉案词曲上传至芝兰公司服务器以在线试听的方式提供给公众收听，制作成 Flash 需要再次获得复制权的许可”；“芝兰公司在flash动画，即影音合成的类电影作品中使用涉案词曲，应当取得涉案词曲作品的复制权"①。

该案涉及对信息网络传播权许可合同的解释，其中的关键在于如何处理复制权与信息网络传播权的关系。对合同的解释应当使合同具有意义，使其符合缔约目的，而不能导致合同丧失其存在的价值。该案的权利人认为，对音乐作品（词曲）的信息网络传播，与将音乐作品制作为Flash动画，也就是将歌词以字幕形式和将曲调以声音形式融入Flash动画，分别涉及信息网络传播权和复制权。这一观点本身是正确的。《伯尔尼公约》第9条第3款规定："所有录音录像均应视为本公约所指的复制"。我国《著作权法》第10条第1款第5项规定："复制权，即以……录音、录像……等方式将作品制作一份或者多份的权利"。利用词曲制作Flash动画与将词曲制成电影的插曲，在行为性质上并无不同，均是以录音、录像等技术手段将音乐作品固定在物质载体上，从而形成音乐作品复制件的行为，因此都属于受制于复制权的复制行为。

在该案的权利人看来，既然许可合同只针对信息网络传播权，并不包括复制权，则被许可人只能将涉案词曲上传至服务器供用户欣赏，不能以制作并在其网站提供flash动画的方式使用涉案词曲。这一对合同的解释难以成立。《著作权法实施条例》第4条第3项将"音乐作品"定义为"歌曲、交响乐等能够演唱或者演奏的带词或者不带词的作品"。显然，音乐作品就是指"曲"或者"曲＋词"。试问：人们如何欣赏音乐作品？正如有学者指出的那样，"有些艺术家甚至可以在图书馆里对着贝多芬的交响乐谱，或是施特劳斯的轻音乐的乐谱，读得津津有味。但是，能做到这一点的人，毕竟很少"②，绝大多数人不可能通过阅读印有"曲"或者"曲＋词"的乐谱来欣赏音乐作品，而是需要倾听对音乐作品的演唱或演奏才能欣赏音乐。

要对音乐作品提供交互式网络传播，只可能有两种方式：一种是将载有"曲"或者"曲＋词"的乐谱置于网络服务器中供公众点击阅读或下载，另一种是将录制了音乐演唱或演奏的录制品置于网络服务器中供公众点击欣赏或下载。显然，第一种方式只可能面向乐团、乐队、其他表演者和音乐的教学者、学习者，对于绝大多数公众而言其意义寥寥。除了以上述专业性使用者为受众群体的专业音乐网站，又有哪个网站愿意去获取一

① 北京市海淀区人民法院（2015）海民（知）初字第19657号民事判决书。

② 保罗·贝克，亨得里克·威廉·房龙．音乐简史．曼叶平，译．北京：中国友谊出版社，2005：120.

个仅仅允许自己提供乐谱的信息网络传播权许可呢？

正是由于在绝大多数情况下仅提供乐谱并不是被许可人获取音乐作品信息网络传播权的目的和意义所在，因此不能将对音乐作品信息网络传播权的许可解释为仅仅允许被人提供乐谱，除非许可合同明确将被许可人利用音乐作品的方式限定于此，或者基于被许可人的特定身份（如它是仅提供乐谱下载的专业曲谱网站），并结合其他因素，能够推定双方的缔约目的仅为提供乐谱。特别需要指出的是，“音著协诉芝兰公司案”中的被许可人是一个专门提供儿歌的网站，许可人当然也知道这一点。难道被许可人获得音乐作品信息网络传播权许可，是为了提供乐谱下载，以便宝宝的父母将乐谱打印下来，自己照着乐谱向宝宝哼唱歌曲，或者让宝宝自己阅读吗？这一对音乐作品信息网络传播权许可的解释是不合常理的。

由此可见，为了使对音乐作品的信息网络传播权许可合同有意义并符合缔约目的，除了针对专业曲谱网站提供乐谱的许可之外，应当将该许可合同解释为允许被许可人利用音乐作品制作表演的录制品，并通过网络进行交互式传播。为此目的而对音乐作品进行的复制，包括对演唱或演奏的音频或视频录制，将录制品进行格式转换，拷贝至硬盘以及上传至网络服务器，均属于被许可实施的行为。

与此同时，如前文所述，即使法院支持权利人有关利用音乐作品制作Flash动画的行为侵犯复制权的主张，也无法判决停止侵权，同时也只能基于一两份复制件的价值计算损害赔偿金。这恐怕并不是权利人希望实现的诉讼目的。因此，审理“音著协诉芝兰公司案”的法院驳回了原告有关被告侵犯其音乐作品复制权的诉讼请求。① 该判决结果是在解释信息网络传播权许可合同时对信息网络传播权与复制权之关系的澄清，是正确的。

第五节　邻接权人与信息网络传播权

《著作权法》不仅在第10条第1款第12项为作者规定了信息网络传播权，而且还在第39条第6项、第44条和第47条分别为表演者、录制者和广播组织规定了“通过信息网络向公众传播”的权利（其中广播组织的此项权利为2020年修改《著作权法》时所加）。虽然邻接权人享有的这

① 北京市海淀区人民法院（2015）海民（知）初字第19657号民事判决书。

项权利也被称为“信息网络传播权”[①]，但《著作权法》在为这三类邻接权人规定此项权利时，既未使用“信息网络传播权”的术语，更未进行定义，没有像第 10 条第 1 款第 12 项规定作者的信息网络传播权那样，将其界定为“即以有线或者无线方式向公众提供，使公众可以在其选定的时间和地点获得（已录制的）表演/录音录像制品/广播、电视权利”。

《著作权法》为作者和表演者、录制者与广播组织规定信息网络传播权模式的不同，引发了一个法律解释问题。如本书第四章第一节所述，“向公众传播”（远程传播）既包括交互式传播，也包括非交互式传播。2020 年修改之后的《著作权法》中的广播权是向公众传播权（远程传播权）中的非交互式传播权。“通过信息网络向公众传播的权利”在不加限定和解释的情况下，当然同时包括通过信息网络以交互式手段和非交互式手段向公众传播的权利。那么，能否据此认为，表演者、录制者和广播组织享有的“通过信息网络向公众传播的权利”在范围上大于作者享有的信息网络传播权，既可以规制交互式传播，也可以控制非交互式传播？

笔者认为，这是一个极其重要的法律解释问题，因为它涉及邻接权人相关专有权利的范围。下文将应用法律解释方法，分别对表演者、录制者和广播组织“通过信息网络向公众传播的权利”进行解释。

与此同时，《著作权法》第 37 条在为出版者规定版式设计权时，使用的用语极其模糊。该条规定：“出版者有权许可或者禁止他人使用其出版的图书、期刊的版式设计。”该条并未像《著作权法》第 10 条第 1 款为作者赋权时那样，具体列出版式设计权所包含的各项专有权利，如复制权、发行权和信息网络传播权等，而是仅使用了含义高度不确定的“使用”一词。那么“使用”是否包含交互式传播？这一问题同样需要得到澄清。

一、表演者、录制者和广播组织“通过信息网络向公众传播”的权利仅为交互式传播权

虽然《著作权法》第 39 条第 6 项、第 44 条和第 47 条在分别为表演

---

① 在 2001 年修改《著作权法》时，全国人大法律委员会《关于〈中华人民共和国著作权法〉修正案（草案）审议结果的报告》包含以下内容：“六、关于信息网络传播权。修正草案第二次审议稿第十条第（十一）项、第三十七条第（六）项、第四十一条规定了信息网络传播权。”（胡康生．中华人民共和国著作权法释义．北京：法律出版社，2001：276.）其中“第三十七条第（六）项、第四十一条”规定的分别是表演者和录制者“享有通过信息网络向公众传播”的权利，可见立法者认为这项权利就是“信息网络传播权”。2020 年为广播组织增加禁止未经许可“将其播放的广播、电视通过信息网络向公众传播”的权利后，参与立法者编写的《中华人民共和国著作权法导读与释义》同样将这样权利称为“信息网络传播权”（黄薇，王雷鸣．中华人民共和国著作权法导读与释义．北京：中国民主法制出版社，2021：237）。

者、录制者和广播组织规定“通过信息网络向公众传播的权利”时，并未对此项权利的范围进行限定，但应用法律解释方法，完全可以清楚地界定此项权利的范围。

（一）对表演者、录制者和广播组织“通过信息网络向公众传播”的权利的解释

首先，从著作权法原理来看，由于作品涉及的智力投入程度通常高于表演、录音录像制品和作为广播组织权客体的广播、电视所涉及的智力投入程度，因此著作权法对作品的保护力度相应地高于对这些邻接权的客体的保护力度，至少不会低于对它们的保护力度。这就是为什么作者所享有的专有权利在数量上多于邻接权人享有的。在区分作者权（狭义著作权）与邻接权的国家，其著作权法也始终以作者的著作权为核心。因此，著作权法不可能在同样赋予作者和表演者、录制者和广播组织同一项专有权利的情况下，规定表演者、录制者和广播组织享有的这项专有权利在范围上更大。

其次，《著作权法》为作者规定了涵盖任何以非交互式手段实施向公众传播行为的广播权（广播权的第一项子权利）。以视听作品为例：视听作品的著作权人不仅可以凭借广播权的第一项子权利规制电台、电视台按照预定的节目时间表通过无线电波或有线电缆传送视听作品的行为，还可以规制互联网网站按照预定的节目时间表传播视听作品的行为（参见本书第五章第一节）。但是，《著作权法》并没有为表演者规定针对已录制表演的广播权，没有为录音制作者规定针对录音制品的广播权（仅在第45条规定了获酬权[①]），也没有为广播组织规定针对其播放的广播、电视节目的广播权（录播权，也就是规制他人将电台、电视台播放的广播、电视节目录制之后再通过有线或者无线方式以非交互式手段进行播放的权利）。《著作权法》仅为录像制品制作者规定了许可电视台播放的权利（电视广播权）。[②] 这就意味着表演者、录制者和广播组织在非网络环境中并不享有针对已录制的表演、录音录像制品或已录制的广播、电视节目的非交互式传播权。如果将表演者、录制者和广播组织“通过信息网络向公众传播的权利”解释为可以规制非交互式传播的专有权利，就意味着会出现如下

---

① 《著作权法》第45条规定：“将录音制品用于有线或者无线公开传播，或者通过传送声音的技术设备向公众公开播送的，应当向录音制作者支付报酬。”该条规定的是单纯的获酬权，而不是专有权利。

② 《著作权法》第48条规定：“电视台播放他人的……录像制品，应当取得……录像制作者许可，并支付报酬……”

结果：电台按照预定的节目时间表播放歌曲演唱的录音，无须经过歌手（表演者）和唱片公司（录音制品制作者）许可，因为表演者对于已录制的表演并不享有广播权，录制者对于录音制品也仅享有广播获酬权，而不享有作为专有权利的广播权。但“蜻蜓 FM”等网络电台按照预定的节目时间表播放（通过网络非交互式传播）歌曲演唱的录音，却必须经过歌手（表演者）和唱片公司（录音制作者）许可。这显然是不合逻辑的。

第三，《世界知识产权组织版权条约》第 8 条规定：“……文学和艺术作品的作者应享有专有权，以授权将其作品以有线或无线方式向公众传播，包括将其作品向公众提供，使公众中的成员在其个人选定的地点和时间可获得这些作品”。而《世界知识产权组织表演和录音制品条约》第 10 条（提供已录制表演的权利）和第 14 条（提供录音制品的权利）则仅规定：表演者和录音制品制作者应享有专有权，以授权通过有线或无线的方式向公众提供其录音制品，使该表演和该录音制品可为公众中的成员在其个人选定的地点和时间获得。两相对比，可以清楚地发现：《世界知识产权组织版权条约》要求缔约方赋予作者以覆盖范围极广的“向公众传播权”（远程传播权），以规制通过任何技术手段向不在传播发生地的公众传播作品的行为，其中既包括交互式传播（其第 8 条后半句“向公众提供权”规制的行为），也包括非交互式传播。但《世界知识产权组织表演和录音制品条约》第 10 条和第 14 条只要求缔约方赋予表演者和录制者以交互式手段提供其（已录制的）表演和录音制品的专有权利。对于以广播或其他非交互式手段向公众传播已录制的表演和录音制品的行为，《世界知识产权组织表演和录音制品条约》第 15 条仅要求缔约方为表演者和录音制作者规定获得合理报酬的权利，而非专有权利。

考虑到我国《著作权法》为作者、表演者和录制者规定的信息网络传播权皆借鉴自上述两个互联网条约①，《著作权法》不可能超越这两个条约的要求，将表演者和录制者享有的网络传播权的范围规定得比作者享有的相同权利的范围还广。

参与立法者对此也清楚地表明了其立法意图。其指出：“依照本条第一款第六项规定［《著作权法》第 39 条第 1 款第 6 项的内容为：表演者对其表演享有下列权利：……（六）许可他人通过信息网络向公众传播其表演，并获得报酬。——引者注］，表演者对其表演享有许可他人通过信息

① 胡康生．中华人民共和国著作权法释义．北京：法律出版社，2001：56，176. 张建华．信息网络传播权保护条例释义．北京：中国法制出版社，2006：92.

网络向公众传播其表演，并获得报酬的权利。2001 年修改著作权法适应网络环境下的新问题，与本法第十条赋予作品著作权人信息网络传播权的内容相对应，赋予表演者此类邻接权人以信息网络传播权……”① “此项权利［《著作权法》第 47 条第 1 款第 3 项规定的权利：广播电台、电视台有权禁止未经其许可的下列行为：……（三）将其播放的广播、电视通过信息网络向公众传播。——引者注］是本次修法新增加的内容。所谓通过信息网络向公众传播，可参考本法第十条第十二项信息网络传播权的定义，即‘以有线或者无线方式向公众提供，使公众可以在其选定的时间和地点获得作品的权利’。”②（着重号均为引者所加）从中可以看出，邻接权人享有的“通过信息网络向公众传播”的权利，就是交互式传播权，并不能规制非交互式传播。

最后，《信息网络传播权保护条例》第 26 条第 1 款规定：“信息网络传播权，是指以有线或者无线方式向公众提供作品、表演或者录音录像制品，使公众可以在其个人选定的时间和地点获得作品、表演或者录音录像制品的权利。”③（注：着重号为引者所加）这一条规定清楚地表明：表演者和录制者享有的“通过信息网络传播的权利”与作者享有的信息网络传播权在范围上是相同的，只涉及交互式传播。

《著作权法》修改的参与者编写的《中华人民共和国著作权法导读与释义》还专门对表演者享有的“通过信息网络向公众传播其表演的权利”与作者享有的信息网络传播权的同一性进行了说明：

> 依照本条（2020 年修改后的《著作权法》第 39 条——引者注）第一款第六项规定，表演者对其表演享有许可他人通过信息网络向公众传播其表演，并获得报酬的权利。2001 年修改著作权法，适应网络环境下的新问题，与本法第十条赋予作品著作权人信息网络传播权的内容相对应，赋予表演者此类邻接权人以信息网络传播权，使表演者的财产权利更加完整。④

从中可以清楚地看出，参与立法者不仅将表演者享有的“通过信息网络向公众传播其表演”的权利称为“信息网络传播权”，而且强调此项权

① 黄薇，王雷鸣．中华人民共和国著作权法导读与释义．北京：中国民主法制出版社，2021：211.

② 同①237.

③ 《信息网络传播权保护条例》于 2006 年颁布，当时的《著作权法》还没有为广播组织规定信息网络传播权。在本书完稿之时，《信息网络传播权保护条例》正在修订中，修改后的条例应会在“作品、表演或者录音录像制品”后增加“广播、电视”。

④ 同①.

利与著作权法赋予作者的信息网络传播权的内容相对应。

广播组织权中的“通过信息网络向公众传播”电台、电视台播放的广播、电视的权利并非来自国际版权条约。事实上，世界知识产权组织主持讨论的《世界知识产权组织保护广播组织条约》迄今尚未缔结。是我国立法者主动赋予了广播组织禁止未经许可“将其播放的广播、电视通过信息网络向公众传播”的权利。虽然对此并无相应的国际版权条约中的条款可以参照，但在同一部立法中，相同的术语应当具有相同的含义，这是立法的基本规范，也是解释法律时应当遵从的原则。既然表演者和录制者享有的“通过信息网络向公众传播”的权利，与作者享有的信息网络传播权一样，都是交互式传播权，那么广播组织享有的“通过信息网络向公众传播”其播放的广播、电视的权利，也必然是交互式传播权。

既然《著作权法》为作者规定的信息网络传播权和为表演者、录制者与广播组织规定的“通过信息网络向公众传播”的权利是一回事，为什么《著作权法》没有对后者进行定义，将其明确限定为交互式传播权呢？《信息网络传播权保护条例》的制定者专门就对条例对“信息网络传播权”的定义进行了解释：

> 细心的读者不难发现，《著作权法》在赋予表演者、录音录像制作者权利时并没有将该权利明确规定为“信息网络传播权”，而是表述为通过信息网络向公众传播的权利，那么，表演者、录音录像制作者享有的这项权利与作者享有的信息网络传播权是否不同呢？从《著作权法》的规定看，这三者享有的是同一种权利，只是由于立法技术而产生了差异。《著作权法》在规定著作权人享有的 17 项权利时，给每项权利都赋予了相应的名称，如署名权、修改权、出租权等，而在表述表演者、录音录像制作者享有的权利时，没有给每种权利进行命名，而是明确了每项权利的实际内容。因此，在审查该条例时……最终多数人认为还是定义信息网络传播权比较好，并把著作权人、表演者、录音录像制作者享有的该项权利一同表述，避免产生歧义。①

这段论述印证了著作权人享有的信息网络传播权与表演者和录制者享有的“通过信息网络向公众传播”的权利具有相同的内容，均是控制交互式传播的权利。上书出版于 2006 年，当时《著作权法》还没有为广播组织规定通过信息网络向公众传播其播放的广播、电视的权利，因此上一段

① 张建华．信息网络传播权保护条例释义．北京：中国法制出版社，2006：93.

论述没有提及广播组织的此项权利。如前文所述，在同一部立法中相同的表述应当具有相同的含义，因此上述分析当然用于广播组织享有的此项权利。

此外，《著作权法》并未给表演者、录制者和广播组织规定“兜底权利”，因此，如果他人未经许可通过网络以非交互式手段传播（“网播”）已录制的表演、录音录像制品和已录制的广播、电视，则表演者、录制者和广播组织不能主张自己的“通过信息网络向公众传播”的权利受到了侵害。当然，如果传播者的行为也涉及对已录制的表演、录音录像制品和已录制的广播、电视的复制，表演者、录制者和广播组织可以起诉网站侵犯了自己的复制权。对于信息网络传播权与复制权之间的关系问题，本书本章第四节已经进行了讨论，此处不赘述。

（二）对认定刑事犯罪的影响

2020年12月26日，全国人大常委会通过了《刑法修正案（十一）》，其中最为重要的修改之一，是在《刑法》第217条（侵犯著作权罪）列举的罪状中，增加了“通过信息网络传播”。修改后的《刑法》第217条规定：

> 以营利为目的，有下列侵犯著作权或者与著作权有关的权利的情形之一，违法所得数额较大或者有其他严重情节的，处三年以下有期徒刑，并处或者单处罚金；违法所得数额巨大或者有其他特别严重情节的，处三年以上十年以下有期徒刑，并处罚金：
>
> （一）未经著作权人许可，复制发行、通过信息网络向公众传播其文字作品、音乐、美术、视听作品、计算机软件及法律、行政法规规定的其他作品的；
>
> （三）未经录音录像制作者许可，复制发行、通过信息网络向公众传播其制作的录音录像的；
>
> （四）未经表演者许可，复制发行录有其表演的录音录像制品，或者通过信息网络向公众传播其表演的；
>
> …………（注：着重号为引者所加）

在《刑法修正案（十一）》实施后不久，就有检察机关与笔者探讨了一个问题：有人对作品实施了未经许可的“网播”，如游戏玩家在玩网络游戏时通过网络实时传播游戏对战的实况，在相关网络游戏的连续画面构成视听作品，且此人的行为符合《刑法》第217条规定的其他入罪标准的情况下，能否追究此人的刑事责任？由此可见，《刑法》中的“通过信息网络传播”，确有被误认为通过任何技术手段，包括非交互式手段传播的可能。

如前文所述，在《著作权法》中，表演者和录制者“通过信息网络向公众传播”的权利就是交互式传播权，对应的是作者享有的信息网络传播权。《刑法》第217条规定的是“侵犯著作权罪”，其中使用的与《著作权法》相关规定相同的术语，当然应当与其在《著作权法》中的含义保持一致。因此《刑法》第217条中“未经录音录像制作者许可……通过信息网络向公众传播其制作的录音录像”，以及“未经表演者许可……通过信息网络向公众传播其表演”，都应当限于未经许可以交互式手段传播录音录像制品和表演的录制品。

对于作者而言，其在《著作权法》中享有的远程传播权（“向公众传播权”）既包括交互式传播权（信息网络传播权），也包括非交互式传播权（广播权的第一项子权利），在解释《刑法》第217条时就会遇到一个问题，那就是能否将其中的“通过信息网络向公众传播”解释为既包括通过信息网络实施的交互式传播，也包括通过信息网络实施的非交互式传播。

对此问题仍然需要根据《著作权法》的体系和相关用语之间的关系作出合理的解答。《著作权法》第53条规定：

> 有下列侵权行为的，应当根据情况，承担本法第五十二条规定的民事责任……构成犯罪的，依法追究刑事责任：
>
> （一）未经著作权人许可，复制、发行、表演、放映、广播、汇编、通过信息网络向公众传播其作品的，本法另有规定的除外……（注：着重号为引者所加）

在该条列举的侵权行为中，“广播”和“通过信息网络向公众传播”是同时存在的，是并列关系。这就意味着这两种行为相互独立，互不包容。如果认为“通过信息网络向公众传播”包括了非交互式的网络传播行为，也就是本书第五章第一节讨论的“网播”，则这两个术语必然发生交叉重叠。

如本书第五章第一节所述，2020年修改《著作权法》时，对广播权进行了重新定义，广播权的定义被调整为：“以有线或者无线方式公开传播或者转播作品……但不包括本款第十二项规定的权利”。“本款第十二项规定的权利”就是信息网络传播权。该定义中的“以有线或者无线方式公开传播”涵盖了以任何技术手段向不在传播发生地的公众传送作品的行为。由于该用语既包括无线电广播、有线电缆传播和非交互式网络传播行为（“网播”），也包括交互式网络传播行为，因此为了避免与信息网络传播权的规制范围重叠，2020年《著作权法》修改时增加了“但不包括本款第十二项规定的权利（信息网络传播权——引者注）”的限定，从而使广播权的第一项子权利成为“非交互式传播权”的代名词。因此，非交互式网络传播行为在《著作权法》中的定性是非常清楚的。从中也可以看出，通过信息网络实施的各类远程传播行为被一分为二，其中交互式传播受信息网络传播权规制，而非交互式传播行为则落入了广播权的第一项子权利的规制范围，属于一种广播行为。

据此，《著作权法》第53条第1项中的“未经著作权人许可，……广播……通过信息网络向公众传播其作品的……”中的“广播”和“通过信息网络向公众传播”当然分别对应广播权和信息网络传播权。该项中的“广播”涵盖了所有非交互式传播行为，通过信息网络实施的非交互式传播行为当然被涵盖在内。“通过信息网络向公众传播”则仅限于交互式传播行为，必然不包括非交互式网络传播行为。

根据本书第三章第四节所述保护著作权保护“刑民衔接”的正当性与原则，《刑法》规定的某一项侵犯著作权的犯罪必须以该行为依《著作权法》构成相应的民事侵权为前提，对该项犯罪的认定应遵从《著作权法》对相关术语的界定。因此，《刑法修正案（十一）》规定的“通过信息网络传播”并不包括非交互式网络传播行为。“网络电台”“网络电视台”通过预定的节目时间表通过网络传播作品（“网播”），不能构成“侵犯著作权罪”。

还需要指出的是，这并非“刑民衔接”所导致的漏洞，反而有其合理性。如本章第二节所述，非交互式传播只能使公众在传播者单方决定的时间被动地获得作品，受众一旦错过时间就无从获得作品，即该行为的后果与电台、电视台根据预先公布的节目时间表通过无线电传播作品没有实质区别。交互式传播则使公众能自行选定时间获得作品，如果未经许可实施，其造成的损害远大于非交互式传播造成的损害。因此只将未经许可实施的交互式传播纳入刑法制裁范围具有正当性。

二、版式设计权与出版物电子版本的网络传播

《著作权法》第37条规定：“出版者有权许可或者禁止他人使用其出版的图书、期刊的版式设计。”该权利即为出版者享有的版式设计权。然而该条并没有像《著作权法》第10条第1款那样，分别列出权利人享有的专有权利的名称，如复制权，发行权和信息网络传播权等，并分别进行定义；也没有像《著作权法》第39条、第44条和第47条那样，规定表演者、录制者和广播组织有权许可或禁止哪些具体行为，如复制、发行和

通过信息网络向公众传播；而是仅仅采用了在含义上高度不确定的“使用”一词。那么这里的“使用”是否包含交互式网络传播？是否涵盖对已出版的图书、期刊进行扫描后，将由此形成的电子版本即数字文件上传至网络服务器提供浏览或下载的行为？

（一）版式设计权中不含信息网络传播权

对此问题在实务中出现了不同的做法。有法院对上述问题作出了肯定的回答。如某网站未经许可将某期刊数字化后在网络中提供在线浏览和下载，法院认为其行为“侵犯了该期刊版式设计的信息网络传播权，应当承担停止侵权及赔偿经济损失的民事责任”①。显然，审理该案的法院认为，版式设计权中包含信息网络传播权。

笔者认为上述做法是不能成立的，版式设计权中并不包含信息网络传播权，理由在于：首先，从信息网络传播权被纳入《著作权法》的历史来看，前文多次提到，我国《著作权法》是在 2001 年修改时，为作者、表演者和录制者规定了信息网络传播权。该项专有权利直接来源于 1996 年世界知识产权组织主持缔结的两个条约，即《世界知识产权组织版权条约》和《世界知识产权组织表演和录音制品条约》。这是参与立法者所反复强调的。对此前文已有说明，此处不赘述。只有广播组织的信息网络传播权不是参照国际版权条约制定的，而是我国立法者在 2020 年修改《著作权法》时的主动选择。尽管对这种选择的适当性存疑，但一方面，在 2020 年修改《著作权法》的过程中，各方对于是否应当为广播组织规定信息网络传播权进行了相当激烈的争论；另一方面，2020 年修改后的《著作权法》明确规定“广播电台、电视台有权禁止未经其许可的下列行为：……将其播放的广播、电视通过信息网络向公众传播。”绝不是仅靠“使用”二字就纳入了这项权利。

与之形成鲜明对比的是，早在 1991 年，《著作权法实施条例》就已经规定了版式设计权，当时的用语是“专有使用权”②。只是在 2001 年修改《著作权法》时，将这项权利纳入了《著作权法》。由于信息网络传播权也是在这次修改中被明确赋予作者、表演者和录制者的，所以立法者如果认为出版者也应当就其版式设计享有信息网络传播权，一定会明确表达其意图，至少会在阐明规定信息网络传播权原因的立法文件和随后的解释中说明这一点。然而，与 2001 年《著作权法》修改相关的立法报告和解释说

① 湖北省武汉市中级人民法院（2008）武知初字第 262 号民事判决书。

② 《著作权法实施条例》（1991 年颁布）第 38 条规定：“出版者对其出版的图书、报纸、杂志的版式、装帧设计，享有专有使用权。”

明一方面详细阐述了为作者、表演者和录制者规定信息网络传播权的理由[①]，另一方面完全没有提及出版者对其版式设计的信息网络传播权[②]，相反，还专门提出“版式设计权的保范围是很狭小的，一般仅仅表现为复制权”[③]。对此只可能有一种合理解释，那就是立法者无意为出版者就其版式设计增加信息网络传播权。

《信息网络传播权保护条例》第 26 条第 1 款对信息网络传播权的定义印证了出版者对其版式设计并不享有信息网络传播权。该款规定：“信息网络传播权，是指以有线或者无线方式向公众提供作品、表演或者录音录像制品，使公众可以在其个人选定的时间和地点获得作品、表演或者录音录像制品的权利。”如上文所述，版式设计权早在 1991 年颁布的《著作权法实施条例》就已经被规定了，2001 年更是被纳入了《著作权法》。2006 年颁布的《信息网络传播权保护条例》在定义信息网络传播权时，没有将版式设计规定为信息网络传播权的客体。这并不是条例制定者的疏漏，而是版式设计权中根本不含有信息网络传播权。

对此已有法院作出了正确的认定。在“北京大学出版社诉北京盛世创富广告传媒有限公司侵犯著作权纠纷案”中，北京大学出版社对涉案图书享有版式设计权，其指称被告在其经营的网站中提供该书电子版本的下载，认为其行为侵犯了自己对该书版式设计享有的信息网络传播权。法院指出：

> 根据《信息网络传播权保护条例》第二条的规定，《信息网络传播权保护条例》的保护对象仅限于作品、表演、录音录像制品。版式设计本身不属于作品、表演、录音录像制品，并非《信息网络传播权保护条例》的保护对象。[④]

法院据此驳回了原告的诉讼请求。该做法是正确的。

---

① 时任国家新闻出版署署长、国家版权局局长石宗源《关于〈中华人民共和国著作权法〉修正案（草案）的补充说明》//胡康生．中华人民共和国著作权法释义．北京：法律出版社，2001：264-368.《全国人大法律委员会关于〈中华人民共和国著作权法〉修正案（草案）审议结果的报告》包含以下内容：“六、关于信息网络传播权。修正草案第二次审议稿第十条第（十一）项第三十七条第（六）项、第四十一条规定了信息网络传播权。”（胡康生．中华人民共和国著作权法释义．北京：法律出版社，2001：276.）这三个条文分别对应作者、表演者和录制者的信息网络传播权。该报告中并未提及出版者对版式设计享有信息网络传播权。胡康生．中华人民共和国著作权法释义．北京：法律出版社，2001：55-56，161，176.

② 胡康生．中华人民共和国著作权法释义．北京：法律出版社，2001：148-150.

③ 同②148.

④ 北京市海淀区人民法院（2010）海民初字第 20431 号民事判决书。二审法院对此予以维持，参见北京市第一中级人民法院（2011）一中民终字第 1085 号民事判决书。

(二) 版式设计权中的复制权不适用于出版物电子版本的网络传播

有一种观点认为，版式设计权中虽然不含有信息网络传播权，但含有复制权，对已出版的图书、报刊以扫描、拍照的方式进行复制后，将由此形成的电子版上传至网络服务器中必然是复制行为，因此该行为仍然侵害了版式设计权。该观点集中体现于北京市高级人民法院 2018 年颁布的《侵害著作权案件审理指南》第 6.6 条（版式设计权保护范围）。该条规定："将图书、报刊扫描复制后在互联网上传播的，构成侵害版式设计权。"对此起草者的解释是：

> 有观点认为，根据信息网络传播权保护条例的规定，信息网络传播权的保护对象仅限于作品、表演、录音录像制品。版式设计权的保护范围不包括信息网络传播权。因此，将他人图书、报刊扫描复制后在互联网上传播的，不构成对版式设计权的侵害。
>
> 对此我们认为，如前文所述，版式设计权的保护范围很小，一般仅体现为专有复制权，认为版式设计权不包括信息网络传播权，本身并无不当。但对于将图书、报刊扫描复制后在互联网上传播的行为，应当区分为扫描复制行为以及后续的信息网络传播行为两项行为。对于后一种行为，由于属于信息网络传播权的调整范围，不应认定为侵害版式设计权。但对于前一项行为，则应纳入复制权的调整范围，可以认定构成对版式设计权的侵害。在具体的案件中，应当根据原告诉请的内容、权利依据以及被告实施的具体行为作出认定。①

对该规定和观点，笔者难以认同。上述观点的实质，是以复制权替代信息网络传播权。本章第四节已经指出这是不可行的，其结论完全可以适用于版式设计权。首先，将已出版的图书、期刊进行扫描，以及将由此生成的电子版本上传至网络服务器，会分别以计算机的硬盘和服务器的硬盘为载体形成图书、期刊的复制件，因此确实属于复制。但在法院认定该行为未经许可实施，因此侵犯复制权时，由于该复制行为已实施完毕，所以享有版式设计权的出版者并不能要求法院判决上传者停止侵权。

其次，如果出版者以未经许可上传出版物的电子版本侵犯其复制权，导致其遭受经济损失为由，要求法院判决对方承担赔偿损失的责任，则法院在计算损害赔偿数额时，只能考虑制作两份复制件（扫描和上传各形成

---

① 杨柏勇．北京市高级人民法院知识产权庭．著作权法原理解读与审判实务．北京：法律出版社，2021：223.

一份复制件）时应向出版者支付的使用其版式设计的许可使用费，完全不能考虑该电子版本被上传至服务器后持续传播了多长时间，有多少人曾经在线阅读或下载。这是因为侵害复制权的后果与侵害传播权的后果完全不同：侵害复制权的后果就是生成作品的侵权复制件，给权利人造成的损害仅仅是复制件自身的价值。而侵害传播权的损害后果则与传播的时间跨度和地域范围、受众人数有关。显而易见的是，侵权人未经许可将已出版的图书、期刊的电子版本上传至网络服务器中供用户下载，对于侵犯作者的信息网络传播权而言，该电子版本在服务器中传播的时间越长，地域范围越广，下载的人数越多，赔偿金额越高。相反，由于未经许可扫描和未经许可上传电子版本只会分别在本地计算机和网络服务器中以硬盘为载体各生成一份复制件，所以出版者作为版式设计权的权利人，所能够主张获得的损害赔偿金数额也只有这两份复制件的价值。假设零售价为 50 元的一本小说书被未经许可扫描成电子版本后上传至网络服务器，供他人下载阅读，在认定扫描和上传行为侵害了版式设计权中的复制权的情况下，无论该电子版本曾经被多少人下载阅读，出版者能够获得的赔偿只能是其版式设计在 50 元的售价中所占的合理比例。由于作者通常也只能获得图书标价 10%以下的稿酬（复制权和发行权的许可使用费），出版者的版式设计权作为邻接权，其许可使用费在图书销售价格中的比重大约不会超过作者的稿酬所占的比重。哪怕法院以被告故意侵权为由判决其支付原告损失金额的 5 倍的惩罚性赔偿①，总金额估计也不会超过 100 元。这样的判决对于保护版式设计又有什么意义呢？

最后，从版式设计权的制度设计来看，扫描已出版的图书、期刊后上传电子版本的行为并不在版式设计权的规制范围之内。版式设计权当然是为了保护出版者的利益而设置的，但是出版者的首要利益是利用其从作者手中获得的专有权利的专有许可，阻止他人未经许可利用其出版物的内容（作品），即阻止他人侵犯作者的著作权并由此损害出版者作为专有被许可人的独占性利益。由于出版者并非作品内容的创作者，不可能直接对内容享有专有权利，所以其只能依据与作者签订的许可合同获得专有出版权（以纸质版本复制和发行作品的专有许可）和信息网络传播权的专有许可，以阻止其他出版者在合同约定的时间和地域范围内出版同一部作品，以及阻止他人擅自将出版物的内容制成电子版本传播。

① 《著作权法》第 54 条规定："……权利人的实际损失或者侵权人的违法所得难以计算的，可以参照该权利使用费给予赔偿。对故意侵犯著作权或者与著作权有关的权利，情节严重的，可以在按照上述方法确定数额的一倍以上五倍以下给予赔偿。"

与之形成对比的是，版式设计权并不针对作品的内容，只针对作品出版物的版式设计。规定版式设计权，与出版业的技术背景有密切关系。在计算机数字化排版技术尚未出现的年代，对印刷品进行版式设计是极为费时费力的工作，需要相当的投入。同时，不同的出版者出版的同一部作品，在版面格式上往往有不小的区别，这体现了出版者的劳动和设计成果。尤其是在出版音乐作品的曲谱时，出版者经常会根据同一音乐作品的不同使用目的，如独奏、合奏等，对其格式进行不同的安排。[①] 虽然出版者的版式设计难以达到独创性的要求，无法作为作品受到保护，但如果放任其他出版者在出版相同作品时，通过翻印其出版的印刷品而使用其中的版式设计，对于设计者而言显然是不公平的。故《著作权法》特设版式设计权以对出版者的这种成果予以保护。需要指出的是，在当时的技术条件下，只有当出版者出版了公有领域的作品时，版式设计权才会有实际意义。如果出版在著作权保护期内的作品，则依出版界的惯例，出版者会与作者签订专有出版合同，从而取得以纸质形式复制和发行作品的专有许可。其他出版者无论是原样翻印该出版物还是采用不同的版式设计出版同一作品，均构成对出版者专有出版权（根据复制权和发行权的专有许可合同取得的权利）的侵犯。可见，出版者完全不需要再借助版式设计权来保护自己的利益。

在计算机数字化排版技术尚未被普遍运用的年代，对于某一出版社者在一部作品（如《水浒传》）的印刷品上采用的版式设计，另一出版者在另一部作品（如《红楼梦》）的印刷品上使用，同样要经历费时费力的排版过程，远不如直接翻印那样容易，因此这并不是版式设计者所要禁止的行为。因此版式设计权在当时的主要用途，是防止后一个出版者通过直接翻印前一个出版者出版的同一部作品（特别是已进入公有领域的作品）的印刷品，而使用前一个出版者对该作品的版式设计。换言之，版式设计权针对的“使用”行为，是指另一出版者不经过自己的设计而套用同一作品出版物的已有版式设计，也就是直接翻印已有出版物的行为。将出版物扫描成电子版本在网络中传播的行为，虽然在表面上也“使用”了版式设计，但这种“使用”与版式设计权欲规制的行为大异其趣。

由此可见，对于将已出版的图书、期刊扫描成电子版本后在网络中传播的行为，以版式设计权中的复制权进行规制，不但偏离了版式设计权的立法目的，也难以取得理想的实际效果，属于事倍功半，实不值得法院采用。

---

① 胡康生．中华人民共和国著作权法释义．北京：法律出版社，2001：149.

参考文献

一、著作、论文

（一）中文著作

1. 郑成思. 版权法. 修订本. 北京：中国人民大学出版社，1997.

2. 吴汉东. 著作权合理使用制度研究. 3 版. 北京：中国人民大学出版社，2013.

3. 汤宗舜. 著作权法原理. 北京：知识产权出版社，2005.

4. 寿步，陈跃华. 网络游戏法律政策研究. 上海：上海交通大学出版社，2005.

5. 贺志军. 我国著作权刑法保护问题研究. 北京：中国人民公安大学出版社，2011.

6. 李兰英，高扬捷，等. 知识产权刑法保护的理论与实践. 北京：法律出版社，2018.

7. 陈兴良. 刑法的价值构造. 3 版. 北京：中国人民大学出版社，2017.

8. 何怀文. 中国著作权法：判例综述与规范解释. 北京：北京大学出版社，2016.

9. ［匈］米哈依·菲彻尔. 版权法与因特网. 郭寿康，万勇，相靖，译. 北京：中国大百科全书出版社，2009.

10. ［德］保罗·贝克，［美］亨得里克·威廉·房龙. 音乐简史. 曼叶平，译. 北京：中国友谊出版社，2005.

11. 杨柏勇. 著作权法原理解读与审判实务. 北京：法律出版社，2021.

12. 世界知识产权组织. 著作权与邻接权法律术语汇编（中英法对照）. 刘波林，译. 北京：北京大学出版社，2007.

13. 世界知识产权组织. 保护文学和艺术作品伯尔尼公约（1971 年巴黎文本）指南. 刘波林，译. 北京：中国人民大学出版社，2002.

14. 全国人大常委会法制工作委员会国家法室. 中华人民共和国立法

法释义. 北京：法律出版社，2015.
15. 胡康生. 中华人民共和国著作权法释义. 北京：法律出版社，2002.
16. 张建华. 信息网络传播权保护条例释义. 北京：中国法制出版社，2006.
17. 黄薇，王雷鸣. 中华人民共和国著作权法导读与释义. 北京：法律出版社，2021.
18. 姚红. 中华人民共和国著作权法释解. 北京：群众出版社，2001.
19. 联合国教科文组织. 版权法导论（汉英对照）. 张雨泽，译. 北京：知识产权出版社，2009.
20. 高铭暄，马克昌. 刑法学. 北京：北京大学出版社，高等教育出版社，2019.
21. 张文显. 法理学. 北京：法律出版社，1997.
22. 王利明. 物权法论. 北京：中国政法大学出版社，1998.
23. 梁慧星，陈华彬. 物权法. 北京：法律出版社，2004.
24. 朱庆育. 民法总论. 2 版. 北京：北京大学出版社，2014.
25. 郑成思. 版权法. 2 版. 北京：中国人民大学出版社，1997.
26. 李明德，许超. 著作权法. 2 版. 北京：法律出版社，2009.
27. 吴汉东. 知识产权法学. 6 版. 北京：北京大学出版社，2014.
28. 张玉敏，张今，张平. 知识产权法. 北京：中国人民大学出版社，2009.
29. 刘春田. 知识产权法. 5 版. 北京：中国人民大学出版社，2014.
30. 来小鹏. 知识产权法学. 北京：中国政法大学出版社，2011.
31. 崔国斌. 著作权法：原理与案例. 北京：北京大学出版社，2014.

（二）中文论文

32. 靳学军，石必胜. 信息网络传播权的适用. 法学研究，2009（6）.
33. 袁泳. 计算机网络上数字传输的著作权问题研究. 中外法学，1998（1）.
34. 王艳芳. 论侵害信息网络传播权行为的认定标准. 中外法学，2017（2）.
35. 崔国斌. 加框链接的著作权法规制. 政治与法律，2014（5）.
36. 俞小海. 网络游戏外挂行为刑法评价的正本清源. 政治与法律，2015（6）.
37. 于同志. 网络游戏“外挂”的认定与处罚. 政法论丛，2018（6）.
38. 范长军. 加框链接直接侵权判定的“新公众标准”. 法学，2018（2）.

39. 贾学胜. 著作权刑法保护视阈下“复制发行”的法教义学解读. 知识产权，2019（6）.

40. 崔国斌. 得形忘意的服务器标准. 知识产权，2016（8）.

41. 郭禾. 规避技术措施行为的法律属性辨析. 电子知识产权，2004（10）.

42. 于志刚，陈强. 关于网络游戏中“外挂”行为的刑法思考. 山东警察学院学报，2009（1）.

43. 王春燕. 贸易中知识产权冲突之解决原则——权利穷竭的含义、理论基础及竞争力范围. 中国人民大学学报，2003（1）.

44. 何怀文. 网络环境下的发行权. 浙江大学学报（人文社会科学版），2013（5）.

45. 戴哲，张芸芝. 网播组织的著作权法保护问题研究. 编辑之友，2017（8）.

46. 李小文，杨永勤. 网络环境下复制发行的刑法新解读. 中国检察官，2013（3）.

47. 朱河囡. 网络发行之路. 出版科学，2005（5）.

48. 郭鹏. 深度链接侵害信息网络传播权再思考——从技术解析窠臼趋向权利保护本位. 法学论坛，2021（4）.

49. 吕长军. 简析深度链接、加框链接与盗链. 中国版权，2016（2）.

50. 杨勇. 深度链接的法律规制探究. 中国版权，2015（1）.

51. 肖永平，岳为群. 论著作权中的发行权用尽规则. 湘潭工学院学报（社会科学版），2000（2）.

52. 张国梅. 基于流媒体的视频点播（VOD）技术研究与应用. 电脑知识与技术，2009（5）.

53. 孔彬. 开启“网播”模式. 中国数字电视，2013（9）.

54. 薛虹. 因特网上的版权及有关权保护//郑成思. 知识产权文丛：第1卷. 北京：中国政法大学出版社，1999.

（三）外文著作

55. Tomas J. Smedinghoff. Online Law：The SPA's Legal Guide to Doing Business on the Interent. Addison-Wesley Developers Press，1996.

56. Henry H. Perritt，JR.. Law and the Information Superhighway. Wiley Law Publications John Wiley & Sons，Inc.，1996.

57. Mihály Ficsor. The Law of Copyright and the Internet：The 1996 WIPO Treaties，Their Interpretation and Implementation. Oxford University Press，2002.

58. World Intellectual Property Organization. Guide to the Copyright and Related Rights Treaties Administered by WIPO and Glossary of Copyright and Related Rights Terms. WIPO Publication No. 891 (E), 2003.

59. World Intellectual Property Organization. Guide to the Berne Convention for the Protection of Literary and Artistic Works (Paris Act, 1971). WIPO Publication No. 615 (E), 1978.

60. Melvile B. Nimmer & David Nimmer. Nimmer on Copyright. Matthew Bender & Company, 2016.

61. Paul Goldstein. Copyright. 2nd edition. Aspen Law & Business, 2002.

62. Craig Jayce, William Party, Marshall Leaffer, Peter Jaszi. Copyright Law. third edition. Mattew Bender & Company, 1996.

63. Jörg Reinbothe, Silke von Lewinski. The WIPO Treaties 1996: The WIPO Copyright Treaty and the WIPO Performances and Phonograms Treaty: Commentary and Legal Analysis. Butterworths, 2002.

64. Nicholas Caddick, Gwilym Harbottle & Uma Suthersanen. Copinger and Skone James on Copyright. Sweet & Maxwell, Ltd., 1998.

65. Bryan A. Garner (ed.). Black's Law Dictionary. 11th ed.. Thomson Reuters, 2019.

66. Barlow Burke. Personal Property. second edition. West Publishing Co., 1993.

67. Alain Strowel & Jan Corbet. BEL International Copyright Law and Practice. Matthew Bender & Company, 2003.

68. Lionel Bentlyn, William R. Cornishn. UK International Copyright Law and Practice Scope. Matthew Bender& Company, 2003.

69. Sam Ricketson, Jane C. Ginsburg. International Copyright and Neighbouring Rights: The Berne Convention and Beyond. 2nd edition. Oxford University Press, 2006.

70. Silke von Lewinski. International Copyright Law and Policy. Oxford University Press, 2008.

71. Paul Edward Geller (ed.). International Copyright Law and Practice. Matthew Bender & Company, 2018.

72. Ansgar Ohly. Economic Rights// Estelle Derclaye (ed.). Research Handbook on the Future of EU Copyright. Edward Elgar Publishing, Cheltenham, 2009.

73. Michael Freeman (ed.). Legislation and the Courts. Dartmouth

Publishing, 1997.

74. Hugh Laddie, Peter Prescott & Mary Vitoria. The Modern Law of Copyright and Designs. 4th edition. LexisNexis, London, 2011.

75. Goldstein P, Hugenholtz PB. International Copyright: Principles, Law and Practice. 3rd ed.. Oxford University Press, 2013.

(四) 外文论文

76. Katrine Levin, Mai V. Peak. Should Loading Operating System Software into RAM Consitute Copyright Infringement? Golden Gate University Law Review. Vol. 24, 1994.

77. Information Infrastructure Task Force. Intellectual Property and the National Information Infrastructure (the Report of the Working Group on Intellectual Property Rights), 1995.

78. Pamela Samuelson. The U. S Digital Agenda at WIPO. Virginia Journal of International Law. Vol. 37, 1997.

79. Jon Bing. The New or Evolving "Access Right" //International Literary and Artistic Association (ALAI) Congress, Adjuncts and Alternatives to Copyright: ALAI-USA. New York, 2001.

80. Naoki Koizumi. The New or Evolving "Access Right" //International Literary and Artistic Association (ALAI) Congress, Adjuncts and Alternatives to Copyright: ALAI-USA. New York, 2001.

81. Andrew Christie. The New Right of Communication in Australia. The Sydney Law Review. Vol. 27, 2005.

82. R. Anthony Reese. The First Sale Doctrine in the Era of Digital Networks. Boston College Law Review. Vol. 44, 2003.

83. Lothar Determann & Aaron Xavier Fellmeth. Don't Judge a Sale by Its License: Software Transfers under the First Sale Doctrine in the United States and the European Community. University of San Francisco Law Review. Vol. 36, 2001.

84. World Intellectual Property Organization. Annotated Principles of Protection of Authors, Performers, Producers of Phonograms and Broadcasting Organizations in Connection with Distribution of Programs by Cable. Copyright Monthly Review of the World Intellectual Property Organization. No. 4 (April, 1984).

85. R. Anthony Reese. Copyright and Internet Music Transmissions:

Existing Law, Major Controversies, Possible Solutions. University of Miami Law Review. Vol. 55, 2001.

86. Jane C. Ginsburg. Copyright Legislation for the "Digital Millennium" . Columbia-VLA Journal of Law and the Arts. Vol. 23, 1999.

87. Taina Pihlajarinne. Setting the Limits for the Implied License in Copyright and Linking Discourse-the European Perspective. 43 II C 700, 2012.

88. Raphael A. Gutirrez & Les G. Hilger Ⅲ. Deep Linking: Integral Design or Infringement? 6 Intellectual Property Law Bulletin 9, 2001.

89. Michael Travis. What is the Legal Status of Hyperlinking and/or Deep Linking? 9 Auckland University Law Review 976, 2000—2003.

90. Brian D. Wassom. Copyright Implications of " Unconventional Linking" on the World Wide Web: Framing, Deep Linking and Inlining. 49 Case Western Reserve Law Review 181, 1998—1999.

91. Alain Strowel, Nicolas Ide. Liability with regard to Hyperlinks. 24 Columbia VLAJ Law Arts 403, 2001.

92. Gerrie Ebersöhn. Hyperlinking and Deep-linking. Juta's Business Law. Vol. 11, 2003.

93. Emanuela Arezzo. Hyperlinks and Making Available Right in the European Union: What Future for the Internet after Svensson? . IIC 45, 2014.

94. Stacey L. Dogan. Infringement Once Removed: The Perils of Hyperlinking to Infringing Content. Iowa Law Review. Vol. 87, 2002.

95. Mira Burri. Permission to Link: Making Available via Hyperlinks in the European Union after Svensson. Journal of Intellectual Property. Information Technology and E-Commerce Law. Nbr. 5 - 3, 2014.

96. Directorate General for Internal Market and Services of the European Commission. Report on the Responses to the Public Consultation on the Review of the EU Copyright Rules.

97. Henning Grosse Ruse. Copyright Aspects of Hyperlinking (IST Project 1999—12278), Electronic Commerce Legal Issues Platform Ⅱ.

98. Séverine Dusollier. Situating Legal Protections for Copyright-related Technological Measures in the Broader Legal Landscape: Anti Circumvention Protection outside Copyright. in International Literary and Artistic Association (ALAI) Congress. Adjuncts and Alternatives to Copyright. Columbia University Press, 2001.

99. Pamela Samuelson. Strategies for Discerning the Boundaries of Copyright and Patent Protections. 92 Notre Dame Law Review 1495, 2017.

二、立法资料、官方报告和研究报告

（一）世界知识产权组织

1. WIPO Doc. CRNR/DC/2, Draft Rules of Procedure of the Diplomatic Conference.

2. WIPO Doc. CRNR/DC/4, Basic Proposal for the Substantive Provisions of the Treaty on Certain Questions concerning the Protection of Literary and Artistic Works to be considered by the Diplomatic Conference, 1996.

3. WIPO Doc. CRNR/DC/5, Basic Proposal for the Substantive Provisions of the Treaty for the Protection of the Rights of Performers and Producers of Phonograms to be considered by the Diplomatic Conference, 1996.

4. WIPO Doc. CRNR/DC/12, Amendments to Articles 6, 7, 8, 10, 12, 13 and 14 of Draft Treaty No. 1, proposed by the delegation of Singapore.

5. WIPO Doc. CRNR/DC/22, Amendment to Articles 7 of Draft Treaty No. 1, proposed by the delegation of Norway.

6. WIPO Doc. CRNR/DC/53, Amendment to Articles 2, 7, 9 and 10 of Draft Treaty No. 1, proposed by the delegation of Australia.

7. WIPO Doc. CRNR/DC/56, Amendment to Articles 7, 10, 13 and 14 of Draft Treaty No. 1, proposed by the delegations of Algeria, Angola, Burkina Faso, Cameroon, Chad, Côte d'Ivoire, Egypt, Ethiopia, Gabon, Gambia, Ghana, Kenya, Lesotho, Libya, Madagascar, Malawi, Mali, Mauritius, Morocco, Namibia, Niger, Nigeria, Senegal, South Africa, Sudan, Togo, Tunisia, United Republic of Tanzania, Zambia and Zimbabwe.

8. WIPO Doc. CRNR/DC/64, Amendments to Partly Consolidated Text of Draft Treaty No. 1 (CRNR/DC/55), proposed by the delegation of the People's Republic of China.

9. WIPO Doc. CRNR/DC/101, Summary Minutes, Plenary.

10. WIPO Doc. CRNR/DC/102, Summary Minutes, Main Committee Ⅰ.

11. WIPO Doc. BCP/CE/Ⅶ/4-INR/CE/VI/4.

12. WIPO Doc. BCP/CE/Ⅵ/12, Comparative Table of Proposals and Comments Received by the International Bureau, 1996.

13. WIPO Doc. IAVP/DC/3, Basic Proposal for the Substantive Provisions of an Instrument on the Protection of Audiovisual Performances to be considered by the Diplomatic Conference, notes on Article 10.

14. WIPO Doc. SCCR/14/2, Non-Mandatory Appendix on the Protection in Relation to Webcasting to the WIPO Treaty on the Protection of Broadcasting Organizations.

15. WIPO Doc. CE/MPC/Ⅲ/2, Draft Model Law on Copyright, Memorandum prepared by the International Bureau of WIPO, Committee of Experts on Model Provisions for Legislation in the Field of Copyright, Third Session, 1990.

(二) 中国

16. 袁曙宏. 关于《中华人民共和国著作权法修正案（草案）》的说明. 全国人民代表大会常务委员会公报，2021 (1).

17. 江必新. 全国人民代表大会宪法和法律委员会《关于〈中华人民共和国著作权法修正案（草案）〉修改情况的汇报》. 全国人民代表大会常务委员会公报，2021 (1).

18. 江必新. 全国人民代表大会宪法和法律委员会《关于〈中华人民共和国著作权法修正案（草案）〉审议结果的报告》. 全国人民代表大会常务委员会公报，2021 (1).

19. 江必新. 全国人民代表大会宪法和法律委员会《关于〈全国人民代表大会常务委员会关于修改《中华人民共和国著作权法》的决定（草案）〉修改意见的报告》. 全国人民代表大会常务委员会公报，2021 (1).

(三) 美国

20. House Report No. 94 - 1476, 94th Congress, 2nd Session, 1976.

21. House Report No. 104 - 274, 104th Congress, 1st Session, 1995.

22. House Report No. 105 - 796, 105th Congress, 2nd Session, 1998.

23. Senate Report No. 162, 98th Congress, 1st Session, 1983.

24. US Copyright Office. DMCA Section 104 Report: A Report of the Register of Copyrights Pursuant to 104 of the Digital Millennium Copyright Act (August 2001). http://www.copyright.gov/reports/studies/dmca/sec-104-report-vol-1.pdf.

25. Rober L. Oakley. Digital Future Coalition Testimony on the "NII Copyright Protection Act of 1995". Prudence S. Adler, et al.. Copyright and the NII: Resources for the Library and Education Community. Association of

Research Libraries, 1996.

26. Information Infrastructure Task Force. Intellectual Property and the National Information Infrastructure (the Report of the Working Group on Intellectual Property Rights), Washington, D. C. , 1995.

(四) 欧盟

27. Commission of the European Communities. Copyright and Related Rights in the Information Society. Brussels, 1999.

28. Commission of the European Communities. Communication from the Commission. Follow-up to the Green Paper on Copyright and Related Rights in the Information Society. Brussels, 1996.

29. Commission of the European Communities. Amended Proposal for a European Parliament and Council Directive on the Harmonisation of Certain Aspects of Certain Aspects of Copyright and Related Rights in the Information Society / * COM/99/0250 final-COD 97/0359 * /, 1999.

30. European Commission. Report from the Commission to the Council, the European Parliament and the Economic and Social Committee on the Implementation and Effects of Directive 91/250/EEC on the Legal Protection of Computer Programs, COM/2000/0199 final, 2000.

31. Proposal for a Council Directive on the Legal Protection of Computer Programs, COM/88/816, Final/Revised Version, 1989.

(五) 澳大利亚

32. Attorney-General's Department and the Department of Communications and the Arts of Australia. Copyright Reform and the Digital Agenda, 1997.

33. House of Representatives Standing Committee on Legal and Constitutional Affairs. Advisory Report on Copyright Amendment (Digital Agenda) Bill 1999, 1999.

34. House of Representatives. the Parliament of the Commonwealth of Australia. Copyright Amendment (Digital Agenda) Bill 1999.

35. House of Representatives, the Parliament of the Commonwealth of Australia. US Free Trade Agreement Implementation Bill 2004.

36. Attorney-General's Department and the Department of Communications and the Arts of Australia. Copyright Reform and the Digital Agenda, 1997.

(六) 其他国家

37. (加拿大) Canadian Information Highway Advisory Council. Copyright

and the Information Highway, 1995。

38. （新西兰）Ministry of Economic Development. Digital Technology and the Copyright Act 1994: Internal Working Paper, 2002。

三、案例

（一）中国案例

1. “张旭龙诉汤丽著作权侵权纠纷案”（一审），北京市朝阳区人民法院（2004）朝民初字第 6811 号民事判决书.

2. “傅敏诉吉林音像出版社有限责任公司、无锡当当网信息技术有限公司案”（一审），江苏省无锡市高新技术产业开发区人民法院（2015）新知民初字第 0016 号民事判决书.

3. “傅敏诉吉林音像出版社有限责任公司、无锡当当网信息技术有限公司案”（二审），江苏省无锡市中级人民法院（2015）锡知民终字第 0039 号民事判决书.

4. “《大学生》杂志社诉北京京讯公众信息技术有限公司、李翔案”（一审），北京市第二中级人民法院（2000）二中知初字第 18 号民事判决书.

5. “上海玄霆娱乐信息科技有限公司诉北京百度网讯科技有限公司等案”（二审），上海市卢湾区人民法院（2010）卢民三（知）初字第 61 号民事判决书.

6. “蔡骏诉广东省深圳市宜搜科技发展有限公司案”（一审），广东省深圳市福田区人民法院（2010）深福法知产初字第 70 号民事判决书.

7. “深圳市腾讯计算机系统有限公司诉北京字节跳动科技有限公司案”（一审），北京市海淀区人民法院（2017）京 0108 民初 21649 号民事判决书.

8. “张剑伟、游皇光侵犯著作权罪案”（一审），上海市第二中级人民法院（2010）沪二中刑初字第 85 号刑事判决书.

9. “刘毅诉广西壮族自治区南宁卷烟厂、南宁真龙伟业广告有限公司案”（二审），广西壮族自治区河池市中级人民法院（2004）桂民三终字第 3 号民事判决书.

10. “北京北大方正电子有限公司诉山东潍坊文星科技开发有限公司案”（二审），北京市高级人民法院（2005）高民终字第 443 号民事判决书.

11. “刘光军侵犯著作权案”（一审），广东省深圳市南山区人民法院（2012）深南法知刑初字第 31 号刑事判决书.

12. “张乐、黄谦等侵犯著作权罪案”（一审），上海市浦东新区人民法院（2010）浦刑初字第3240号刑事判决书.

13. “张乐、黄谦等侵犯著作权罪案”（二审），上海市第一中级人民法院（2011）沪一中刑终字第411号刑事裁定书.

14. “余刚、曹志华等侵犯著作权犯罪案”（一审），上海市徐汇区人民法院（2011）徐刑初字第984号刑事判决书.

15. “肖某某等侵犯著作权案”（一审），四川省成都市武侯区人民法院（2015）武侯刑初字第55号刑事判决书.

16. “高某等侵犯著作权案（《海盗王 ONLINE》外挂刑事案）”（一审），上海市静安区人民法院（2012）静刑初字第478号刑事判决书.

17. “谈文明等非法经营案”（一审），北京市海淀区人民法院（2006）海法刑初字第1750号刑事判决书.

18. “谈文明等非法经营案”（二审），北京市第一中级人民法院（2007）一中刑终字第1277号刑事判决书.

19. “王蒙等六作家诉世纪互联通讯技术有限公司案”（一审），北京市海淀区人民法院（1999）海知初字第57号民事判决书.

20. “王蒙等六作家诉世纪互联通讯技术有限公司案”（二审），北京市第一中级人民法院（1999）一中知终字第185号民事判决书.

21. “华夏电影发行有限责任公司诉北京华网汇通技术服务有限公司等案”（一审），北京市朝阳区人民法院（2004）朝民初字第1151号民事判决书.

22. “北京源泉知识产权代理有限公司诉北京百度网讯科技有限公司等案”（一审），上海市第一中级人民法院（2009）沪一中民五（知）初字第23号民事判决书.

23. “王某某侵犯著作权罪案”（一审），上海市浦东新区人民法院（2012）浦刑（知）初字第27号刑事判决书.

24. “某某侵犯著作权罪案”（一审），上海市杨浦区人民法院（2013）杨刑（知）初字第122号刑事判决书.

25. “韩兴峰侵犯著作权罪案”（一审），上海市杨浦区人民法院（2013）杨刑（知）初字第119号刑事判决书.

26. “叶海仁侵犯著作权罪案”（一审），北京市石景山区人民法院（2012）石刑初字第330号刑事判决书.

27. “王莘诉北京谷翔信息技术有限公司等案”（一审），北京市第一中级人民法院（2011）一中民初字第1321号民事判决书.

28. “王莘诉北京谷翔信息技术有限公司等案”（二审），北京市高级人民法院（2013）高民终字第1221号民事判决书.

29. “北京华视聚合文化传媒有限公司与宁波市鄞州中河悠康饮品店案”（一审），浙江省宁波市鄞州区人民法院（2019）浙0212民初8809号民事判决书.

30. “北京爱奇艺科技有限公司诉广州市有戏餐饮有限公司案”（一审），北京互联网法院（2019）京0491民初28628号民事裁定书.

31. “寰亚电影发行（北京）有限公司与上海汉涛信息咨询有限公司案”（一审），上海市浦东新区人民法院（2018）沪0115民初23717号民事判决书.

32. “寰亚电影发行（北京）有限公司与上海汉涛信息咨询有限公司案”（二审），上海知识产权法院（2019）沪73民终11号民事判决书.

33. “四会市东城区动感网吧与北京网尚文化传播有限公司案”（一审），广东省肇庆市中级人民法院（2013）肇中法民一初字第66号民事判决书.

34. “四会市东城区动感网吧与北京网尚文化传播有限公司案”（二审），广东省高级人民法院（2014）粤高法民三终字第1165号民事判决书.

35. “捷成华视网聚（常州）文化传媒有限公司诉成都市青柠微影科技有限公司等案”（一审），四川省成都高新技术产业开发区人民法院（2017）川0191民初6108号民事判决书.

36. “捷成华视网聚（常州）文化传媒有限公司诉成都市青柠微影科技有限公司等案”（二审），四川省成都市中级人民法院（2017）川01民终16929号民事判决书.

37. “捷成华视网聚（常州）文化传媒有限公司与北京网尚数字电影院线有限公司等案”（一审），北京市海淀区人民法院（2018）京0108民初47799号民事判决书.

38. “捷成华视网聚（常州）文化传媒有限公司诉北京京瑞房产有限公司案”（一审），北京互联网法院（2019）京0491民初6559号民事判决书.

39. “中国音像著作权集体管理协会诉武汉市东西湖宏都量贩式KTV馆案”（一审），湖北省武汉市中级人民法院（2016）鄂01民初1560号民事判决书.

40. “福州中久华飞文化传播有限公司诉播州区万金芒果娱乐城案”（一审），贵州省遵义市中级人民法院（2019）黔03民初751号民事判决书.

41. “叶佳修诉琼海昌隆酒店、王冠案”（一审），海南省第一中级人民法院（2018）琼96民初134号民事判决书.

42. “中国音像著作权集体管理协会诉佛山市骏雅大酒店有限公司案”（一审），广东省佛山市禅城区人民法院（2017）粤0604民初420号民事判决书.

43. “中国音像著作权集体管理协会诉江门市新会区欢唱餐饮娱乐有限公司、肖傅旺案”（一审），广东省江门市新会区人民法院（2017）粤0705民初839号民事判决书.

44. “北京太合麦田音乐文化发展有限公司诉北京鑫鑫金唱纳练歌场有限公司案”（一审），北京市石景山区人民法院（2014）石民初字第4860号民事判决书.

45. “北京华夏金马文化传播有限公司诉武汉乐迪熊音乐娱乐有限公司案”（一审），湖北省武汉市中级人民法院（2009）武知初字第38号民事判决书.

46. “蒋峰诉广东金融学院案”（一审），广东省广州市中级人民法院（2005）穗中法民三知初字第241号民事判决书.

47. “华纳唱片有限公司诉北京唐人街餐饮娱乐有限公司侵犯著作权纠纷案”（一审），北京市第二中级人民法院（2003）二中民初字第08846号民事判决书.

48. “华纳唱片有限公司诉北京唐人街餐饮娱乐有限公司侵犯著作权纠纷案”（二审），北京市高级人民法院（2004）高民终字第156号民事判决书.

49. “郑成思诉北京书生数字技术有限公司案”（一审），北京市海淀区人民法院（2004）海民初字第12509号民事判决书.

50. “郑成思诉北京书生数字技术有限公司案”（二审），北京市第一中级人民法院（2005）一中民终字第3463号民事判决书.

51. “西藏乐视网信息技术有限公司诉中国电信股份有限公司杭州分公司案”（二审），杭州互联网法院（2018）浙0192民初4603号民事判决书.

52. “宁波成功多媒体通信有限公司诉北京时越网络技术有限公司案”（一审），北京市海淀区人民法院（2008）海民初字第4015号民事判决书.

53. “宁波成功多媒体通信有限公司诉北京时越网络技术有限公司案”（二审），北京市第一中级人民法院（2008）一中民终字第5314号民事判决书.

54. “上海升登永文化传播有限公司诉上海东方电视购物有限公司等案”（一审），上海市杨浦区人民法院（2018）沪0110民初16067号民事判决书.

55. “湖南广播电视台广播传媒中心与中国音乐著作权协会案”（再审裁定），最高人民法院（2019）最高法民申6175号民事裁定书.

56. “安乐影片有限公司诉北京时越网络技术有限公司等案”（一审），北京市第二中级人民法院（2008）二中民初字第10396号民事判决书.

57. “安乐影片有限公司诉北京时越网络技术有限公司等案”（二审），北京市高级人民法院（2009）高民终字第3034号民事判决书.

58. “中国音乐著作权协会诉深圳康佳通信科技有限公司等案”（一审），北京市第二中级人民法院（2004）二中民初字第11835号民事判决书.

59. “央视国际网络有限公司与北京百度网讯科技有限公司案”（二审），北京市第一中级人民法院（2013）一中民终字第3142号民事判决书.

60. “央视国际网络有限公司（央视公司）诉百度、搜狐侵犯著作权纠纷案”（一审），北京市海淀区人民法院（2012）海民初字第20573号民事判决书.

61. “央视国际诉迈视网案”（一审），北京市西城区人民法院（2012）西民初字第16143号民事判决书.

62. “北京新浪互联信息服务有限公司诉北京天盈九州网络技术有限公司案”（一审），北京市朝阳区人民法院（2014）朝民（知）初字第40334号民事判决书.

63. “中国音乐著作权协会诉绍兴市新闻传媒中心案”（一审），浙江省绍兴市中级人民法院（2019）浙06民初582号民事判决书.

64. “北京晨钟科技有限公司诉成都蓝海之星科技有限公司案”（一审），北京互联网法院（2021）京0491民初18012号民事判决书.

65. “北京晨钟科技有限公司诉成都蓝海之星科技有限公司案”（二审），北京知识产权法院（2021）京73民终4127号民事判决书.

66. “中国音乐著作权协会诉中国移动通信集团浙江有限公司等案”（一审），北京互联网法院（2019）京0491民初21677号民事判决书.

67. “中国音乐著作权协会诉中国移动通信集团浙江有限公司等案”（二审），北京知识产权法院（2021）京73民终3442号民事判决书.

68. “王某诉东莞市环宇激光工程有限公司等案”（一审），广东省广州市天河区人民法院（2010）天法知民初字第 94 号民事判决书.

69.“王某诉东莞市环宇激光工程有限公司等案”（二审），广东省广州市中级人民法院（2011）穗中法民三终字第 269 号民事判决书.

70.“新乡市万家教育科学服务有限公司诉四川幼体联教育科技有限公司案”（一审），河南省新乡市中级人民法院（2018）豫 07 民初 39 号民事判决书.

71.“新乡市万家教育科学服务有限公司诉四川幼体联教育科技有限公司案”（二审），河南省高级人民法院（2018）豫民终 1168 号民事判决书.

72.“罗永浩诉北京硅谷动力电子商务有限公司案”（一审），北京市海淀区人民法院（2006）海民初字第 9749 号民事判决书.

73.“罗永浩诉北京硅谷动力电子商务有限公司案”（二审），北京市第一中级人民法院（2006）一中民终字第 13333 号民事判决书.

74.“北京爱奇艺科技有限公司诉广州市有戏餐饮有限公司案”（一审），北京互联网法院（2019）京 0491 民初 28628 号民事裁定书.

75.“北京华视聚合文化传媒有限公司诉南青酒店经营管理（上海）有限公司案”（一审），上海市浦东新区人民法院（2020）沪 0115 民初 40330 号民事判决书.

76.“新力唱片（香港）有限公司诉上海好乐迪音乐娱乐有限公司案”（一审），上海市第一中级人民法院（2004）沪一中民五（知）初字第 115 号民事判决书.

77.“北京华谊兄弟影业投资有限公司诉北京达通网苑上网服务有限公司案”（一审），北京市朝阳区人民法院（2008）朝民初字第 07065 号民事判决书.

78.“北京天龙企业管理有限公司诉北京鑫苹果互联网上网服务有限公司案”（二审），北京市东城区人民法院（2008）东民初字第 1503 号民事判决书.

79.“乐视网信息技术（北京）股份有限公司诉广州珠江数码集团有限公司案”（一审），广东省广州市越秀区人民法院（2012）穗越法知民初字第 1101 号民事判决书.

80.“乐视网信息技术（北京）股份有限公司诉广州珠江数码集团有限公司案”（二审），广东省广州市中级人民法院（2013）穗中法知民终字第 1174 号民事判决书.

81.“北京爱奇艺科技有限公司诉爱上电视传媒（北京）有限公司案”（一审），北京市海淀区人民法院（2019）京 0108 民初 3739 号民事判决书.

82. “北京爱奇艺科技有限公司诉爱上电视传媒（北京）有限公司案”（二审），北京知识产权法院（2019）京 73 民终 3778 号民事判决书.

83. “刘京胜诉搜狐爱特信信息技术（北京）有限公司案”（一审），北京市第二中级人民法院（2000）二中知初字第 128 号民事判决书.

84. “正东唱片有限公司诉北京世纪悦博科技有限公司案”（一审），北京市第一中级人民法院（2004）一中民初字第 400 号民事判决书.

85. “正东唱片有限公司诉北京百度网讯科技有限公司案”（一审），北京市第一中级人民法院（2005）一中民初字第 7978 号民事判决书.

86. “华纳诉世纪悦博案”（二审），北京市高级人民法院（2004）高民终字第 01303 号民事判决书.

87. “十一大唱片公司诉雅虎案”（二审），北京市高级人民法院（2007）高民终字第 1184 号民事判决书.

88. “广东中凯文化发展有限公司诉广州数联软件技术有限公司等案”（一审），上海市第一中级人民法院（2006）沪一中民五（知）初字第 384 号民事判决书.

89. “深圳市腾讯计算机系统有限公司诉北京易联伟达科技有限公司案”（一审），北京市海淀区人民法院（2015）海民（知）初字第 40920 号民事判决书.

90. “深圳市腾讯计算机系统有限公司诉北京易联伟达科技有限公司案”（二审），北京知识产权法院（2016）京 73 民终 143 号民事判决书.

91. “西安佳韵社数字娱乐发行有限公司诉东方有线网络有限公司等案”（一审），上海市浦东新区人民法院（2015）浦民三（知）初字第 150 号民事判决书.

92. “北京某某影视文化传播有限公司诉某某计算机有限公司等案”（一审），上海市浦东新区人民法院（2009）浦民三（知）初字第 304 号民事判决书.

93. “湖南快乐阳光互动娱乐传媒有限公司与北京电信通电信工程有限公司等案”（一审），北京市海淀区人民法院（2015）海民（知）初字第 9288 号民事判决书.

94. “刘某等诉重庆市渝北区妇幼保健院案”（二审），重庆市第一中级人民法院（2016）渝 01 民终 5395 号民事判决书.

95. “何季民诉北京新浪互联信息服务有限公司案”（一审），北京市海淀区人民法院（2005）海民初字第 23339 号民事判决书.

96. “上海幻电信息科技有限公司、上海看看牛视网络传播有限公司诉华视网聚（常州）文化传媒有限公司案”（二审），上海知识产权法院（2015）沪知民终字第269号民事判决书.

97. “湖南快乐阳光互动娱乐传媒有限公司与同方股份有限公司案”（二审），北京知识产权法院（2015）京知民终字第559号民事判决书.

98. “深圳市迅雷网络技术有限公司诉飞狐信息技术（天津）有限公司案”（二审），广东省深圳市中级人民法院（2016）粤03民终4741号民事判决书.

99. “深圳市腾讯计算机系统有限公司诉上海真彩多媒体有限公司案”（一审），上海市杨浦区人民法院（2017）沪0110民初21339号民事判决书.

100. “深圳市腾讯计算机系统有限公司诉上海真彩多媒体有限公司案”（二审），上海知识产权法院（2018）沪73民终319号民事判决书.

101. “深圳市腾讯计算机系统有限公司诉上海千杉网络技术发展有限公司案”（二审），广东省深圳市中级人民法院（2018）粤03民终8807号民事判决书.

102. “飞狐信息技术（天津）有限公司与深圳市迅雷网络技术有限公司案”（一审），广东省深圳市南山区人民法院（2015）深南法知民初字第498号民事判决书.

103. “中国音乐著作权协会诉芝兰玉树（北京）科技股份有限公司案”（一审），北京市海淀区人民法院（2015）海民（知）初字第19657号民事判决书.

104. “北京龙源网通电子商务有限公司诉武汉鼎森电子科技有限公司等案”（一审），湖北省武汉市中级人民法院（2008）武知初字第262号民事判决书.

105. “北京大学出版社诉北京盛世创富广告传媒有限公司案”（一审），北京市海淀区人民法院（2010）海民初字第20431号民事判决书.

106. “北京大学出版社诉北京盛世创富广告传媒有限公司案”（二审），北京市第一中级人民法院（2011）一中民终字第1085号民事判决书.

107. （香港）HKSAR v. Chan Nai Ming，FACC 3/2007.

（二）美国案例

108. Superior Form Builders，Inc. v. Dan Chase Taxidermy Supply Co.，Inc.，74 F. 3d 488 (4th Cir.，1996).

109. Sony Corporation of America，et al. v. Universal City Studios，

Inc.，et al.，464 U. S. 417 (1984).

110. Capitol Records，L. L. C. v. ReDigi Inc.，934 F. Supp. 2d 640 (S. D. N. Y.，2013).

111. Vault v. Quaid，847 F. 2d 255，257－258 (5th Cir.，1988).

112. MAI Systems Co. v. Peak Computer Inc.，991 F. 2d 511 (9th Cir.，1993).

113. Stenograph L. L. C. v. Bossard Assoc.，144 F. 3d 96，100 (D. C. Cir.，1998).

114. In re Indep. Serv. Org. Antitrust Litig.，910 F. Supp. 1537 (D. Kan.，1995).

115. MAI v. ACS，845 F. Supp. 356 (E. D. Va.，1995).

116. MDY Industries v. Blizzard Entertainment，629 F. 3d 928 (9th Cir.，2010).

117. Cable News Network v. Cartoon Network，536 F. 3d 121 (2nd Cir.，2008).

118. Twentieth Century Fox Film Corp. v. Cablevision Sys. Corp. (Cablevision Ⅰ)，478 F. Supp. 2d 607 (S. D. N. Y.，2007).

119. Gordon Roy Parker v. Yahoo!，Inc.，U. S. Dist. LEXIS 74512，at 18 (E. D. Pa.，2008).

120. BMG Music v. Cecilia Gonzalez，430 F. 3d 888 (7th Cir.，2005).

121. Feist Publications v. Rural Telephone Service，499 U. S. 340 (1991).

122. Playboy Enters.，Inc. v. Frena，839 F. Supp. 1552 (M. D. Fla.，1993).

123. Playboy Enters.，Inc. v. Chuckleberry Publ'g，Inc.，939 F. Supp. 1032 (S. D. N. Y.，1996).

124. A&M Records，Inc. v. Napster，239 F. 3d 1004 (9th Cir.，2001).

125. Warner Bros. Records，Inc. v. Payne，2006 U. S. Dist. LEXIS 65765 (W. D. Tex.，2006).

126. London-Sire Records，Inc. v. John Doe 1，542 F. Supp. 2d 153 (D. Mass.，2008).

127. Arista Records L. L. C. v. Greubel，453 F. Supp. 2d 961 (N. D. Tex.，2006).

128. New York Times Co. v. Tasini，533 U. S. 483 (2001).

129. Hotaling v. Church of Jesus Christ of Latter-Day Saints，118 F. 3d 199

(4th Cir., 1997).

130. Warner Bros. Records, Inc. v. Payne, 2006 WL 2844415 (W. D. Tex.).

131. Capitol Records v. Jammie Thomas, 79 F. Supp. 2d 1210 (D. Minn., 2008).

132. Capitol Records, L. L. C. v. ReDigi Inc., 934 F. Supp. 2d 640 (S. D. N. Y., 2013).

133. Buck v. Jewell-LaSalle Realty Co., 283 U. S. 191 (1931).

134. Dreamland Ball Room, Inc. v. Shapiro, Bernstein & Co., 36 F. 2d 354 (7th Cir., 1929).

135. Shapiro Bernstein and Co. v. H. L. Green Co., 316 F. 2d 304 (2d Cir., 1963).

136. Fonovisa, Inc. v. Cherry Auction, Inc., 76 F. 3d 259 (9th Cir., 1996).

137. Microsoft Corporation v. Silver Star Micro, 2008 WL 115006 (N. D. Ga.).

138. Adobe Systems, Inc. v. Christenson, 809 F. 3d 1071 (9th. Cir., 2015).

139. Burke & Van Heusen, Inc. v. Arrow Drug, Inc., 233 F. Supp. 881 (E. D. Pa., 1964).

140. American Int'l Pictures, Inc. v. Foreman, 576 F. 2d 661 (5th Cir., 1978).

141. Bobbs-Merrill Co. v. Straus, 210 U. S. 339 (1908).

142. Kernal Records Oy v. Mosley, 794 F. Supp. 2d 1355 (S. D. Fla., 2011).

143. American Broadcasting Companies, Inc. v. Aereo, Inc., 134 S. Ct. 2498 (2014).

144. Columbia Pictures Industries, Inc. v. Reed Horne Inc., 568 F. Supp. 494 (W. D. Pa., 1983).

145. Turner Broadcasting Systems, Inc. v. F. C. C., 512 U. S. 622 (1994).

146. Moskal v. United States, 498 U. S. 103 (1990).

147. RIAA v. Verizon Internet Service, 240. F. Supp. 2d 24 (D. C. Cir., 2003).

148. Ipsu Arista Records v. Launch Media, Inc., Defendant, 578 F. 3d 148 (2d Cir., 2009).

149. Ticketmaster Corp. v. Tickets. Com, Inc., 2000 WL 525390 (C. D. Cal., 2000).

150. Bill Graham Archives v. Dorling Kindersley Ltd., 448 F. 3d 605 (2d Cir., 2006).

151. Stewart v. Abend, 495 U. S. 207 (1990).

152. Kelly v. Arriba Soft Corp., 280 F. 3d 934 (9th Cir., 2002).

153. RealNetworks v. DVD Copy Control Association, 641 F. Supp. 2d 913 (N. D. Cal., 2009).

154. Perfect 10 v. Google, 416 F. Supp. 2d 828 (C. D. Cal., 2006).

155. United States v. Am. Soc. Of Composers, Authors, & Publishers, 627 F. 3d 64 (2d Cir., 2010).

(三) 欧洲法院案例

156. Land Nordrhein-Westfalen v. Renckhoff, Case C-161/17 (2018).

157. Infopaq International A/S v. Danske Dagblades Forening, Case C-5/08 (2009).

158. Public Relations Consultants Association Ltd. v. Newspaper Licensing Agency Ltd. and Others, Case C-360/13 (2014).

159. Nintendo Co., Ltd. and Others v. PC Box Srl and 9Net Srl, Case C-355/12 (2014).

160. Peek & Cloppenburg KG v. Cassina SpA, Case C-456/06 (2008).

161. Art & Allposters International BV v. Stichting Pictoright, Case C-419/13 (2015).

162. Aleksandrs Ranks and Jurijs Vasiļevičs v. Finanšu un ekonomisko noziegumu izmeklēšanas prokoratūra and Microsoft Corp., Case C-166/15 (2016).

163. Società Consortile Fonografici (SCF) v. Marco Del Corso, Case C-135/10 (2012).

164. Reha Training v. GEMA, Case C-117/15 (2016).

165. Sociedade Portuguesa de Autores CRL v. Ministério Público, Case C-151/15 (2015).

166. Football Association Premier League Ltd. v. QC Leisure, Case C-403/08 and C-429/08 (2011).

167. Sociedad General de Autores y Editores de Espana (SGAE)

v. Rafael Hoteles, Case C－306/05 (2006).

168. ITV Broadcasting Ltd. v. TVCatchup Ltd. , Case C－607/11 (2013).

169. Phonographic Performance (Ireland) Limited v. Ireland, Case C－162/10 (2012).

170. Stichting Brein v. Ziggo BV, Case C－610/15 (2017).

171. Airfield Canal Digitaal v. Sabam, Joined Cases C－431/09 and C－432/09 (2011).

172. GS Media BV v. Sanoma Media Netherlands, Case C－160/15 (2016).

173. BestWater International GmbH v. Michael Mebes and Stefan Potsch, Case C－348/13 (2014).

174. Nils Svensson v. Retriever Sverige AB, Case C－466/129 (2014).

175. UsedSoft GmbH v. Oracle International Corp. , Case C－128/11 (2012).

（四）英国案例

176. George Hensher Ltd. v. Restawile Upholstery (Lancs) Ltd. , [1976] A. C. 64.

177. Public Relations Consultants Association Limited v. the Newspaper Licensing Agency Limited and Others, [2013] UKSC 18.

178. Kabushiki Kaisha Sony Computer Entertainment Inc. and Others v. Ball, [2004] EWHC 1738 (Ch).

179. Nova Productions Ltd. v. Mazooma Games Ltd. , [2007] EWCA Civ. 219.

180. Experience Hendrix L. L. C. v. Purple Haze Records Ltd. , [2007] F. S. R. 31.

181. Polydor Limited and Others v. Brown and Others, [2005] EWHC 3191 (Ch).

（五）澳大利亚案例

182. Kabushiki Kaisha Sony Computer Entertainment and Others v. Stevens, (2002) 200 ALR 55.

183. Stevens v. Kabushiki Kaisha Sony Computer Entertainment and Others, [2005] HCA 58.

184. Universal Music Australia Pty Ltd. v. Sharman License Holdings Ltd. , [2005] FCA 1242.

185. Universal Music Australia Pty Ltd. v. Cooper, [2005] FCA 972.

（六）德国案例

186. Paperboy，AZ：6 U 71/00，Court of Appeal Köln（Cologne）（27 October 2000）.

187. Paperboy，AZ：28 O 347/99，District Court Köln（Cologne）（12 January 2000）.

188. Paperboy，IZR 259/00，BHG（17 July 2003）.

189. Reality II，I ZR 46/12，BGH（9 July 2015）.

190. Session-ID，I ZR 39/08，BGH（29 April 2010）.

（七）其他国家或国际组织案例

191. （挪威）Tono，et al.，v. Bruvik，37 IIC 121（2006）。

192. （西班牙）Microsoft v. Sharemula. com，1089/2006 28，Court of Instruction n. 4 of Madrid（September 2007）。

193. （奥地利）OGH 19. 12. 2000，4 Ob 225/00t。

194. （世界贸易组织）World Trade Organization，The Report of the Panel on United States-Section 110（5）of the US Copyright Act，WT/DS160/R。

四、报纸资料

1. 加强网络环境下著作权保护 促进信息网络产业健康发展——最高人民法院知识产权庭负责人答记者问. 人民法院报，2012－12－27（3）.

2. 席锋宇. 卡拉 OK 盗版歌曲库每年导致音乐权利人损失超 20 亿. 法制日报，2008－06－30（8）.

3. 杨茜，田舍郎. 市中级人民法院刑事案件庭审首次“网播”. 嘉兴日报，2010－01－29（4）.

4. 致远. 网播执法，监督与被监督同在阳光下. 广西日报，2021－08－06（6）.

5. 许春明. 网播“刷量”产业链的透析及对策. 上海法治报，2018－09－12（B06）.

6. 惠正一. 热播节目免费上线——迪斯尼推出免费网播. 第一财经日报，2006－04－12（C03）.

7. 陈颖颖. 获得网播权“在线听书”为何仍惹官司 录音录像制品的传播需另行获得著作权人许可. 人民法院报，2016－07－12（3）.

8. 冯晓青. 视频聚合平台盗链行为直接侵权的认定. 人民法院报，2016－08－03（7）.

9. 李立新，黄琦. 案例精选. 人民法院报，2017－05－11（6）.

10. 刘仁. 网络正版发行为电影产业拓新路. 中国知识产权报，2007－

11－09 (9).

11. 专访张一鸣：告诉你今日头条到底在玩什么.［2022－04－25］. http://blog. sina. com. cn/s/blog _ 4974cbcb0101inoa. html.

12. 知识产权刑法保护研讨会.［2017－10－14］. http://baijiahao. baidu. com/s? id=1581119790321689162&wfr=spider&for=pc.

13. Reply Comments of the Library Associations Before the Library of Congress, The United States Copyright Office and The Department of Commerce, National Telecommunications and Information Administration, Washington D. C. ［2000－09－05］. http://www. mlanet. org/government/dmca/dmca _ reply02. html.

14. Determination of Country of Origin When a Work Is First Publicly Disclosed over the Internet, Report by the Country of Origin Study Group of the International Literary and Artistic Association (ALAI). ［2016－07－10］. http://www. alai. org/assets/files/resolutions/country-of-origin. pdf.

15. 中国电影著作权协会. "点播影院"使用电影作品的情况介绍. 其部分内容见 http://www. gapp. gov. cn/chinacopyright/contents/518/248478. html。

16. European Copyright Society, Opinion on the Reference to the CJEU in Case C－466/12 Svensson. ［2015－04－02］. http://papers. ssrn. com/sol3/papers. cfm? abstract _ id=2220326.

17. Peter Schonning, etc. , National Reporter for Danmark, submitted to ALAI 2001 Congress, New York: Adjuncts and Alternatives to Copyright. ［2012－02－01］. http://www. alai-usa. org/2001 _ conference/Reports/Denmark _ ic _ en. doc.

18. Mihály J. Ficsor, Svensson: Honest Attempt at Establishing Due Balance concerning the Use of Hyperlinks － Spoiled by the Erroneous "New Public". ［2016－08－28］. http://www. copyrightseesaw. net/archive/? sw _ 10 _ item=63.

19. ALAI, Opinion on the Criterion "New Public" Developed by the Court of Justice of the European Union (CJEU). ［2022－04－25］. http://www. alai. org/en/assets/files/resolutions/2014-opinion-new-public. pdf.

20. 刘嘉. 音乐版权红线在先，主播怎能"想唱就唱".［2018－08－01］. http://www. legalweekly. cn/article _ show. jsp? f _ article _ id=16676.

21. 国家版权局局长石宗源向全国人民代表大会常务委员会作关于《中华人民共和国著作权法修正案（草案）》的说明.［2017－02－03］. http://www. npc. gov. cn/wxzl/gongbao/2001－12/04/content _ 5280683. htm.

22. 中国电影著作权协会. “点播影院”使用电影作品的情况介绍. 其部分内容见 http://www. gapp. gov. cn/chinacopyright/contents/518/248478. html。

23. IT Law WIKI, “Interactive service”. [2022-04-25]. http://it-law. wikia. com/wiki/Interactive_service.

24. 2005 年 6 月 27 日在国家版权局于上海大学主持召开的“信息网络传播权立法研讨会”上有关人士的发言. [2022-04-25]. http://www. co-effort. com/news20050816. htm.

25. 刘春泉. 从实务角度解读网络电视回看是否侵犯信息网络传播权. [2022-04-25]. http://mp. weixin. qq. com/s? __biz=MjM5MjYwOTg1NA==&mid=200058322&idx=3&sn=40c99fab942a44d610725089d0ca751a&scene=3#rd.

26. ALAI. Report and Opinion on the Making Available and Communication to the Public in the Internet Environment-Focus on Linking Techniques on the Internet. [2016-07-14]. http://www. alai. org/assets/files/resolutions/making-available-right-report-opinion. pdf.

27. ALAI. Report and Opinion on a Berne-compatible Reconciliation of hyperlinking and the Communication to the Public Right on the Internet. [2016-07-14]. http://www. alai. org/en/assets/files/resolutions/201503-hyperlinking-report-and-opinion-2. pdf.

28. P. Bernt Hugenholtz, Sam C. van Velze. Communication to a New Public? Three Reasons why EU Copyright Law Can Do without a “New Public”. [2016-07-19]. http://ssrn. com/abstract=2811777.

后　记

从踏进著作权法研究的大门开始，笔者就有一种直觉——划定专有权利的适用范围最为重要。与之相比，其他问题尽管也让我着迷，但都排在专有权利的适用范围之后。比如认定何种成果为作品，在涉及作品著作权的侵权诉讼中当然是讨论的起点，但毕竟在多数案件中，被告未经许可利用的成果被公认为作品。而一旦认定涉案的成果是作品，被告的行为是否构成侵权，首先就将取决于该行为是否落入了某项专有权利的规制范围。如果说在互联网兴起之前，各项专有权利之间的界限相对清楚，各自规制的行为类型相对明晰，那么在互联网兴起之后（正好是我开始对著作权法感兴趣的时候），特别是媒体融合发展之后，对于各种涉及网络的行为应适用何种专有权利，就引发了相当多的疑惑。从“网播”、在网吧等局域网或内网中提供点播、IPTV 提供限时回看，到设置“深层链接”，以及“点播影院”提供互联网电视和网络视频点播账号，无不引发了学术争议和法院的不同判决。

2020 年《著作权法》对广播权定义的修改，解决了其中的部分问题。例如，今后如果再因网站按预定的节目时间表播放电视连续剧而产生侵权纠纷，大概不会有法院认定该行为侵犯信息网络传播权了。然而，《著作权法》的修改并没有解决专有权利适用中的大部分问题，因为多数问题的产生并不是因为《著作权法》对专有权利的规定本身存在缺陷（《著作权法》对多数专有权利的规定与国际版权条约及其他国家和地区的规定并无实质区别），而是因为对专有权利的解释存在相当大的分歧。例如，在 2020 年《著作权法》实施后，笔者多次在研讨会上听到这样一种观点，即：修改后的广播权只能规制对“作品”的非交互式传播，而不能规制对“作品的表演”的传播。因此对于网络主播在网络直播中演唱歌曲的行为，只能适用表演权（表演权的定义是“……以及用各种手段公开播送作品的表演的权利）。这样的问题，实在不是修改《著作权法》对广播权的规定就可以解决的。

显然，要发展媒体融合，要在媒体融合的过程中合理地保护著作权，最为重要的一环是正确认识《著作权法》中各项专有权利的规制范围，避免在发放权利许可时和认定侵权时出现混乱。为此，本书对复制权、发行权、广播权、表演权、放映权和信息网络传播权在网络环境中的适用都进行了分析，希望通过对这些能够，或者被理解为能够适用于网络环境的各项专有权利进行研究，清楚地界定相关专有权利的适用范围，也就是明晰对涉及网络的某一行为应当适用哪一专有权利。只有这样，作品的权利人和使用人才能恰当地约定对专有权利的许可，媒体融合才能健康发展，法院也才能正确地解决侵权纠纷，避免出现同案不同判的问题。希望本书对此有所裨益。

随着网络技术的进步、商业模式的发展和媒体融合的发展，有关网络环境中专有权利适用的新问题一定会层出不穷。本书也会随之修订，真诚地希望读者不吝对本书提出批评和建议，使本书不断完善。

王　迁

2022 年 6 月 27 日于上海

图书在版编目（CIP）数据

网络著作权专有权利研究/王迁著. --北京：中国人民大学出版社，2022.8
（中国当代青年法学家文库. 王迁知识产权法研究系列）
ISBN 978-7-300-30583-7

Ⅰ.①网… Ⅱ.①王… Ⅲ.①著作权—研究 Ⅳ.①D913.04

中国版本图书馆 CIP 数据核字（2022）第 065396 号

中国当代青年法学家文库·王迁知识产权法研究系列
网络著作权专有权利研究
王 迁 著
Wangluo Zhuzuoquan Zhuanyouquanli Yanjiu

出版发行	中国人民大学出版社		
社　　址	北京中关村大街 31 号	**邮政编码**	100080
电　　话	010－62511242（总编室）		010－62511770（质管部）
	010－82501766（邮购部）		010－62514148（门市部）
	010－62515195（发行公司）		010－62515275（盗版举报）
网　　址	http://www.crup.com.cn		
经　　销	新华书店		
印　　刷	涿州市星河印刷有限公司		
规　　格	165 mm×238 mm　16 开本	**版　　次**	2022 年 8 月第 1 版
印　　张	32 插页 4	**印　　次**	2022 年 11 月第 2 次印刷
字　　数	545 000	**定　　价**	138.00 元